U0861597

中国年鉴精品工程
High Quality Project of China's Yearbook

德化年鉴

YEARBOOK OF DEHUA

2021

中共德化县委　德化县人民政府　主办
中共德化县委党史和地方志研究室　编

方志出版社
Publishing House of Local Records

图书在版编目（CIP）数据

德化年鉴. 2021 / 中共德化县委党史和地方志研究室编. -- 北京 : 方志出版社, 2022.2
ISBN 978-7-5144-5249-5

Ⅰ. ①德… Ⅱ. ①中… Ⅲ. ①德化县－2021－年鉴
Ⅳ. ①Z525.74

中国版本图书馆 CIP 数据核字（2022）第 090144 号

德化年鉴（2021）

编　　者：中共德化县委党史和地方志研究室
责任编辑：李静
出 版 者：方志出版社
地址　北京市朝阳区潘家园东里 9 号（国家方志馆 4 层）
邮编　100021
网址　http://www.zgfzcb.cn
发　　行：方志出版社图书营销中心
电话（010）67110500
经　　销：各地新华书店
印　　刷：福州雄胜彩印有限公司
开　　本：889×1194　1/16
印　　张：23
字　　数：560 千字
版　　次：2022 年 2 月第 1 版　2022 年 2 月第 1 次印刷
印　　数：001～700 册
ISBN 978-7-5144-5249-5　定价：320.00 元

· 版权所有　翻印必究 ·

《德化年鉴（2021）》编纂委员会

顾　　问：梁玉华

主　　任：黄文捷

常务副主任：方俊钦

副 主 任：黄俊荣　张秋英　郑荣尊　陈荣省　甘建安　林亮国　刘劲松　吴振伟

成　　员：黄发梓　谢绍欣　许荣生　彭钦毅　颜如春　周启宗　林美兴　李仁殿
童宝春　陈敏坤　杨德源　陈正忠　李远平　赖清长　周益国　黄文和
苏奕塏　赖诗坛　郑宝林　郑声威　陈子苹　黄永怀　方华宇　郑德全
黄全忠　蒋声彬　陈文锋　曾华基　黄鹏辉　连　婷　张文都　杨庆丰
戴志辉　曾昭亮　陈祖承　陈国跃　许金标　苏开良　涂青云　彭建稽
郭少壬　黄秉文　林合虎　曾宪升　黄小康　叶小全　陈章琳　陈晓燕
郑素霞　林大利　李添发　赖佳忠　郭启建　黄新颖　徐华军　赖礼基
孙　韬　谢培坤　林耀心　方文才　李典棋　陈行泉　蒲贻水　王艳琦
许从清　陈为富　郑智强　郭宏儒　陈煌林　苏荣禄　陈添树　林思荣
赖呈游　徐良春　林志威　周盛全　罗家渊　林建兴　赖宝彬　赖雅芬

《德化年鉴（2021）》编辑部

主　　编：刘劲松　吴振伟

副 主 编：许琼蓉　李园园

责任编辑：许琼蓉　曾丽茹

编　　务：林淑玲　康泷玉　黄蔚南　占莉莉　郑华春

序

国务院办公厅2015年8月印发的《全国地方志事业发展规划纲要（2015—2020年）》（以下简称《规划纲要》）要求，到2020年要做到地方综合年鉴一年一鉴，公开出版，实现省、市、县三级综合年鉴全覆盖。《规划纲要》还要求，坚持存真求实，正确处理质量与进度的关系，将精品意识贯穿于年鉴编纂出版工作全过程。2015年12月，中国地方志指导小组办公室启动中国年鉴精品工程，将其与先期实施的中国志书精品工程视为姊妹工程，一道作为加强地方志质量建设的重要抓手。

实施中国年鉴精品工程有助于推动中华优秀传统文化传承发展。近年来，在党中央、国务院的高度重视和关心支持下，全国地方志事业发展迎来最好的发展时期。年鉴编纂发端于欧洲，鸦片战争后被引入我国，在我国走过了100多年的发展历史。在长期的编纂中，年鉴在内容和形式上不断发展，逐渐演变成为适合反映中国国情、具有鲜明中国特色的一种文化载体，并在改革开放后出现了快速发展的局面。2006年5月，国务院《地方志工作条例》颁布施行，明确将地方综合年鉴纳入地方志工作范畴，年鉴工作走上了有法可依的轨道。《规划纲要》出台，为从依法编鉴转变到依法治鉴指明了方向。2016年12月，中国地方志指导小组印发《全国年鉴事业发展规划（2016—2020年）》，更进一步明确了到2020年全国年鉴事业的任务书、时间表、路线图。经过多年的发展，年鉴工作已经成为地方志工作的重要组成部分，成为中华民族优秀文化传统的有机组成部分，其存史、育人、资政作用日益彰显。实施中国年鉴精品工程，是年鉴工作者紧扣时代脉搏、坚持创新发展的一项重要举措，对于坚定文化自信，传承弘扬好中华优秀传统文化意义重大。

实施中国年鉴精品工程有助于为全面建成小康社会提供更多智力支持和历史借鉴。党的十八大作出全面建成小康社会的战略部署。党的十八届五中全会提出到2020年如期实现全面建成小康社会的目标要求。完成《规划纲要》确定的目标任务是年鉴工作者的神圣使命，更是年鉴工作者以自身力量为全面建成小康社会献上的厚礼。一方面，可以更好地利用年鉴这种年度资料性文献，及时记录各地区在全面建成小康社会伟大征程中每年取得的新成绩和新经验、出现的新情况和新问题、涌现的优秀人物和典型事迹等；另一方面，可以更好地积累地情、国情资料，为推动经济社会发展和深化改革提供智力支持，为推进国家治理体系和治理能力现代化提供历史借鉴。

实施中国年鉴精品工程有助于全面推进地方志事业转型升级。地方志不是单纯修志编鉴工作，而是全体方志人“修志问道，以启未来”的一项事业，这项事业包含着巨大的时代担当与使命追求。地方志工作要在“五大建设”总体布局和“四个全面”战略布局中发挥与其自身价值、功能相匹配的作用，就要因时而谋、乘势而上、顺势而为，全面推进地方志事业转型升级。转型升级，当下最重要的目标就是完成“两全”目标，包括“年鉴全覆盖”目标；长远的目标就是基本形成地方志编修体系、理论研究和学科建设体系、质量保障体系、资源开发利用体系、工作保障体系“五位一体”的地方志事业发展综合体系，包括“五位一体”的年鉴事业发展综合体系。中国年鉴精品工程是一项探索工程，也是一项创新工程，是推进地方志事业转型升级的重要内容。通过实施中国年鉴精品工程，不仅有助于确保年鉴质量，不断编纂出版具有鲜明时代特征、年度特点和地域特色的精品年鉴，也有助于推动年鉴工作适应经济社会发展形势和时代需要，不断改革创新，与时俱进。

多年来，在中国地方志指导小组办公室的指导和全国各级地方志工作机构的共同努力下，年鉴种类数量快速增长，年鉴成果粲然可观，为实施中国年鉴精品工程奠定了坚实的基础。实施中国年鉴精品工程，就是要在全国地方志系统起到示范作用，进一步培育精品意识，打造精品年鉴，以点带面，在提高年鉴质量方面探索出一条切实可行之路，使这项探索工程和创新工程能够积累经验，发挥引领作用。

“万山磅礴，必有主峰；龙衮九章，但挈一领。”实施中国年鉴精品工程，是筑牢地方志事业特别是年鉴事业发展根基之举，其意义与价值不言而喻。但编修出年鉴精品佳作，绝非朝夕之功，需要付出长期艰辛的努力。希望通过实施中国年鉴精品工程，能够进一步推进年鉴质量建设，使年鉴真正成为传承中华民族优秀传统文化的重要载体，成为展示中国国情、地情的重要窗口，成为“为当代提供资政辅治之参考、为后世留下堪存堪鉴之记述”的资源宝库，在全面建成小康社会过程中作出更大贡献。

是为序。

中国社会科学院原副院长
中国地方志指导小组原常务副组长 李培林

编辑说明

一、《德化年鉴》是中共德化县委、德化县人民政府主办，中共德化县委党史和地方志研究室编纂的年度资料性文献。《德化年鉴》创刊于2007年，2021年卷为第14卷。

二、《德化年鉴》以马克思列宁主义、毛泽东思想、邓小平理论、“三个代表”重要思想、科学发展观、习近平新时代中国特色社会主义思想为指导，坚持辩证唯物主义和历史唯物主义的立场、观点和方法，力争实事求是地记载德化县年度发展状况，反映德化县政治、经济、文化、社会、生态等领域发展状况，为社会各界了解德化、研究德化、置业德化、旅游德化提供尽可能全面、翔实的地情资料。

三、《德化年鉴》采用分类编辑法。主体内容设类目、分目、条目3个结构层次，以条目为基本记述单元。

四、《德化年鉴（2021）》记述时限为2020年1月1日至12月31日，根据需要，个别事项的记述时间适当上溯。

五、《德化年鉴（2021）》着重反映2020年德化县的基本情况，全书设专记、大事记、德化概览、世界陶瓷之都、中国共产党德化县委员会、德化县人民代表大会、德化县人民政府、中国人民政治协商会议德化县委员会、中国共产党德化县纪律检查委员会　德化县监察委员会、民主党派　群众团体、法治、军事、应急管理、外事　侨务　台港澳事务、经济管理、农业农村　水利、工业、商贸流通、城乡建设、生态环境、金融、旅游业、交通　邮政　通信、教育、科学技术、文化、体育、卫生健康、社会生活、乡镇、人物　荣誉、重要文献、统计资料、附录、索引等35个类目，约59万字。

六、《德化年鉴（2021）》突出年度特征，对编写大纲进行修订，“中共德化县委员会”类目下“精神文明建设”移至“社会生活”类目下；“城乡统筹发展”移至“城乡建设”类目下；“商贸服务业”改为“商贸流通”，并增设“住宿餐饮”分目；“综合经济管理”类目名改为“经济管理”，将“应急管理”单独设置类目，“市场监督管理”并到“经济管理”类目下。

七、《德化年鉴（2021）》文字、标点符号、计量单位均依国家现行规范；涉农业部分内容，适当保留计量单位“亩”。文中凡简称“党”均指中国共产党，“省”指福建省，“市”指泉州市，“县”指德化县，“疫情防控”指新冠肺炎疫情防控。

八、《德化年鉴（2021）》资料由全县各级机关、群众团体、企事业单位提供。统计数据以德化县统计部门资料为准。统计部门统计范围之外的数据由各供稿单位审核后入鉴。

九、为便于读者查阅，本卷在卷首设有目录；卷后配有索引，采用内容分析法，内容按汉语拼音字母顺序排列。

十、封面图由陈志明提供。

福建省地图出版社 编制

审图号:泉S〔2021〕13号

资料截至2020年12月

德化名片 ↘

世界陶瓷之都
千年古县
中国瓷都
全国文明城市
国家卫生县城
国家全域旅游示范区
中国最佳生态旅游县
国家生态县
国家园林县城
全国科技进步先进县
全国绿化模范县
全国水电农村电气化县
国家绿色能源示范县
国家水土保持生态文明县
中国电子商务百佳县
全国电子商务百强县
全国县城新型城镇化建设示范名单
中国陶瓷之乡
中国小水电之乡
中国油茶之乡
中国竹子之乡
中国天然氧吧
中国陶瓷历史文化名城
中国全面小康十大示范县
全国科普示范县
全国基层中医药工作先进县

国家生态文明建设示范区
全国循环经济典型模式示范县
国家智慧城市试点县
全国低碳旅游示范区
国家电子商务示范基地
国家外贸转型升级专业型示范基地
国家级出口陶瓷质量安全示范区
国家生态文明建设示范县
国家绿色矿业发展示范区
全国版权保护先进单位
中国产业集群百佳
2020 年中国县域全生态百优榜
石牛山国家 AAAA 级旅游景区
九仙山国家 AAAA 级旅游景区
岱仙湖国家级水利风景区
石牛山国家地质公园
石牛山国家森林公园
福建省知识产权强县
福建省优秀旅游县
福建省文化先进县
福建省双拥模范县
福建省最佳人居地
福建省十大醉美县城
福建省电子商务示范县
福建省“四好农村路”示范县

（图 / 黄谷莹）

数字德化
（2020年）

德化县进城大道“南海一号”城雕

（图 / 许华森）

总面积：**2232.16** 平方千米

户籍人口：**354276** 人

常住人口：**332148** 人

地区生产总值：**287.66** 亿元

人均地区生产总值：**86775** 元

第一产业增加值：**12.75** 亿元

第二产业增加值：**170.08** 亿元

第三产业增加值：**104.83** 亿元

工业总产值：**372.76** 元

规模以上工业产值：**320.57** 亿元

农业总产值：**24.61** 亿元

陶瓷产业产值：**402.47** 亿元

陶瓷工业产值：**321.58** 亿元

规模以上陶瓷业产值：**237.97** 亿元

矿山开采环节产值：**17.49** 亿元

规模以上矿山冶炼业产值：**60.61** 亿元

旅游总收入：**55.38** 亿元

一般公共预算总收入：**19.37** 亿元

税收收入：**16.44** 亿元

一般公共预算支出：**30.92** 亿元

社会消费品零售总额：**136.39** 亿元

外贸出口总额：**24.59** 亿元

外贸进口总额：**822.38** 万元

实际利用外资：**0.26** 亿元

金融机构存款余额：**240.08** 亿元

金融机构贷款余额：**260.49** 亿元

城镇居民人均可支配收入：**37702** 元

农村居民人均可支配收入：**18105** 元

城镇单位在岗职工平均工资：**73795** 元

公路通车里程：**2826** 千米

汽车数：**61874** 辆

在校学生数：**73679** 人

教职员工数：**4724** 人

医院床位数：**1538** 张

卫生技术人员：**1919** 人

全县用电量：**18.46** 亿千瓦时

全县供水总量：**1672.84** 万吨

德化县"十三五"（2016—2020）发展成就

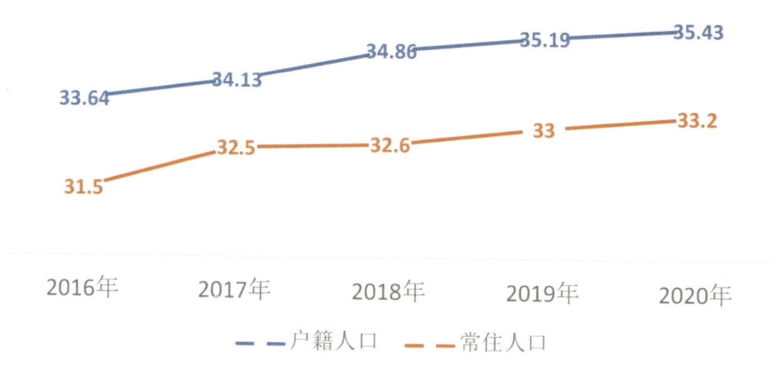

户籍人口与常住人口（万人）

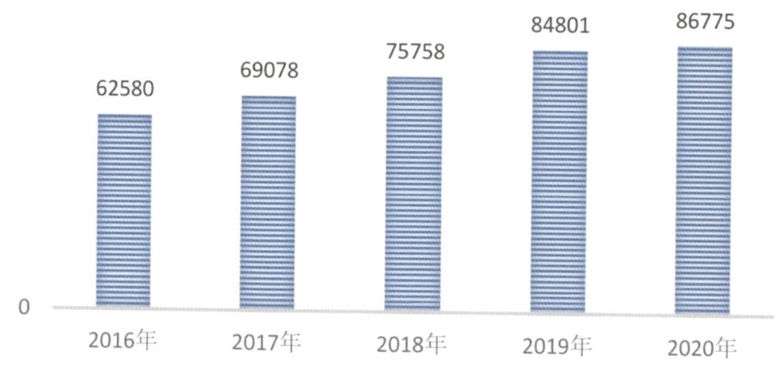

人均地区生产总值（元）

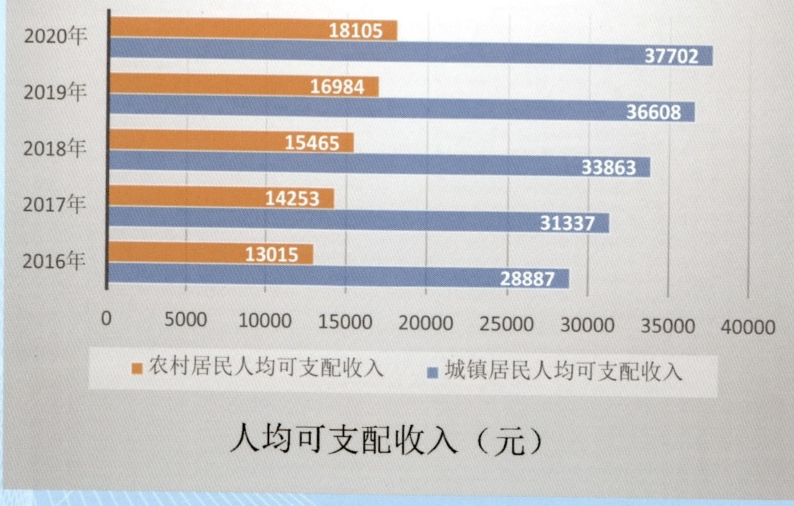

人均可支配收入（元）

194.31
221.05
246.23
278.15
287.66
2016年
2017年
2018年
2019年
2020年
地区生产总值（亿元）

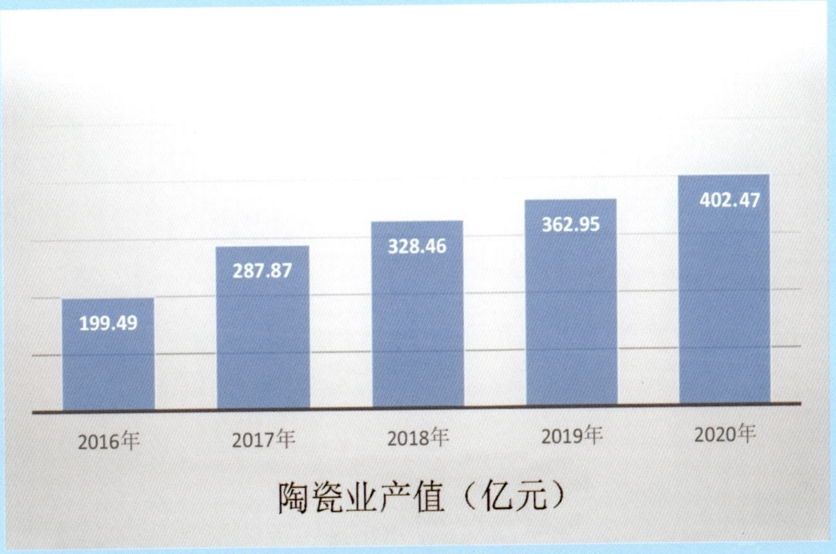
199.49
287.87
328.46
362.95
402.47
2016年
2017年
2018年
2019年
2020年
陶瓷业产值（亿元）

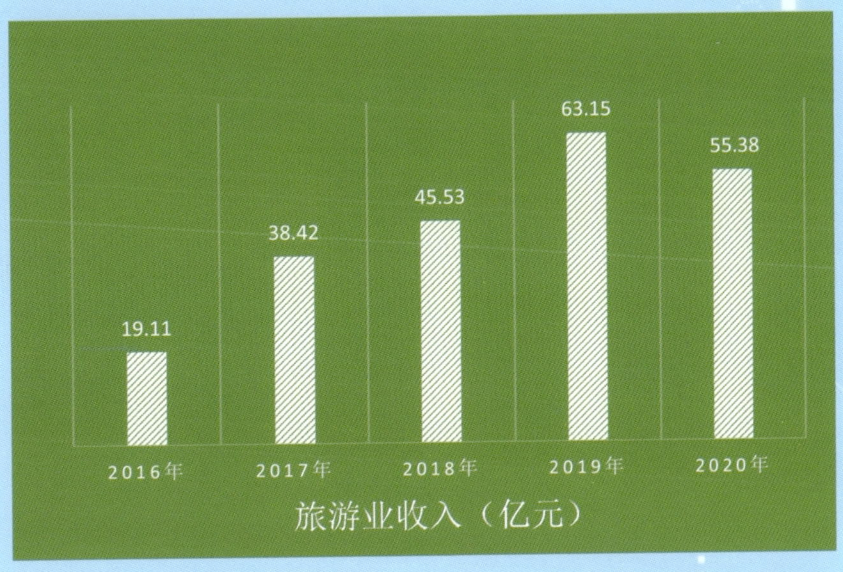
19.11
38.42
45.53
63.15
55.38
2016年
2017年
2018年
2019年
2020年
旅游业收入（亿元）

德化城区（摄于 2020 年 4 月 9 日）

（图 / 赖建明）

2020 年 1 月 26 日，德化县委召开第 84 次县委常委会会议，部署疫情防控工作 （图 / 林婉清）

2020 年 1 月 28 日，德化县医院选派重症科医护人员赖宝萍（左）、陈春梅（右）驰援湖北疫情防控 （图 / 县融媒体中心）

2020 年 2 月 5 日，县卫健局执法人员到龙浔镇丁溪村第七卫生所进行现场检查　（图 / 县卫健局）

2020 年 2 月 20 日，憨鼠爱心小分队和县文旅协会到葛坑镇开展疫情防控志愿服务　（图 / 县卫健局）

2020 年 2 月 24 日，德化团县委招募 500 多名青年志愿者助力开展疫情防控工作　（图 / 团县委）

在上涌镇集中隔离医学观察场所，工作人员做好防护，准备进入留观区工作（摄于 2020 年 3 月 2 日）

（图 / 县卫健局）

2020 年 3 月 3 日，葛坑镇下玲村志愿者张贴疫情防控知识宣传单　（图 / 县卫健局）

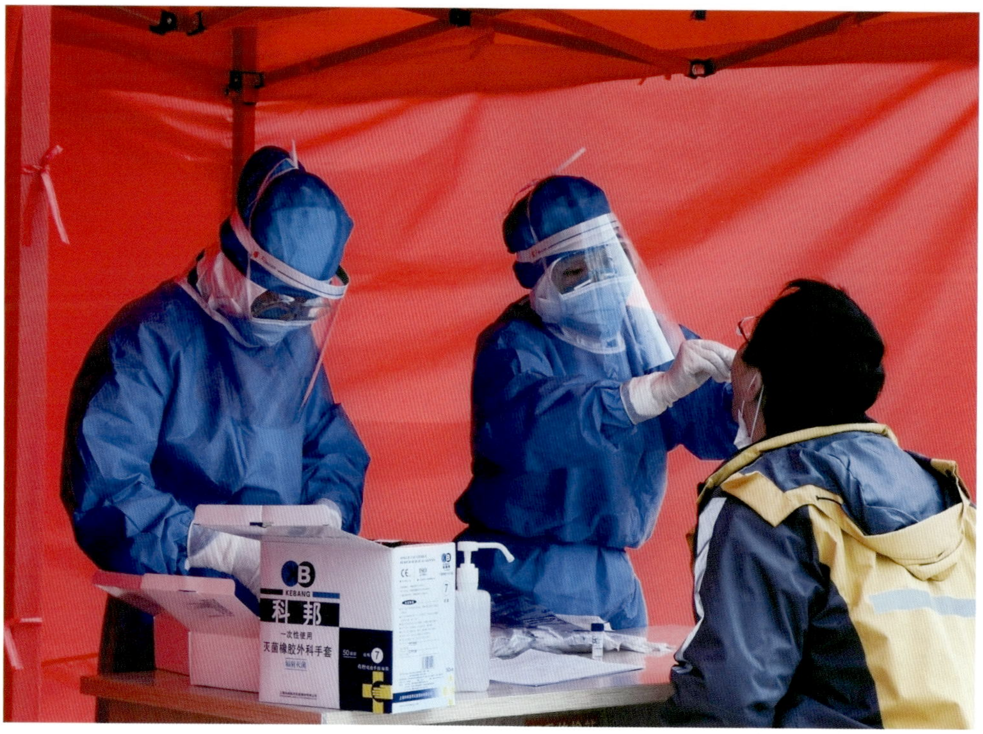

在德化县中医院核酸采样点，医护人员为群众做核酸检测（摄于 2020 年 3 月 6 日）

（图 / 县卫健局）

2020 年 3 月 23 日，德化县卫健局执法人员现场检查福建得心酒店管理发展有限公司疫情防控工作情况

（图 / 县卫健局）

2020 年 2 月 1 日，雷峰镇朱紫村工作人员以敲锣、扩音喇叭等形式进村宣传疫情防控知识

（图 / 陈能璧）

2020 年 4 月 7 日，德化一中高三年级学生返校复学

（图 / 县卫健局）

2020 年 5 月 6 日，德化县组织对校外辅导中心的老师进行核酸检测

（图 / 县卫健局）

2020 年 10 月 17 日，第三届德化陶瓷博览会暨茶具文化节在中国茶具城开幕　（图 / 三班镇）

2020 年 12 月 15 日，首届德化“中国白”中国传统陶瓷艺术双年展在县陶瓷博物馆开幕

（图 / 连江水）

2020 年 11 月 6 日，2020“何朝宗杯”中国（德化）陶瓷工业设计大赛颁奖仪式在德化陆升陶瓷酒店举行（图 / 连江水）

2020 年 9 月 15 日，德化陶瓷（波兰）线上经贸对接会在波兰国际礼品及家居用品展云展会平台开幕。图为工作人员直播展示陶瓷样品（图 / 林婉清）

2020 年 10 月 19 日，海外客商在 2020 中国德化陶瓷博览会展位前挑选商品（图 / 李宏图）

2020 年 12 月 12 日，在瓷韵观白 2020——中国白 · 德化瓷艺术作品联展上，工艺美术大师现场创作陶瓷作品（图 / 许华森）

2020 年 12 月 25 日，德化开展陶瓷产业科技创新工作推进活动（图 / 许华森）

兴泉铁路德化站施工现场（摄于 2020 年 1 月 14 日） （图 / 郑永集）

2020 年 2 月 11 日，陆升集团开工复产。图为工人检查陶瓷坯体完整度 （图 / 许华森）

2020 年 2 月 18 日，全县 44 个重点项目建设复工。图为第五实验小学项目施工现场

（图 / 连江水）

2020 年“双 11”期间，德化电商企业尚言坊网络销售现场

（图 / 许华森）

2020 年 9 月 28 日，德化县举行纪念孔子诞辰 2571 周年典礼暨孔子文化教育奖颁奖仪式（图 / 连江水）

2020 年 10 月 25 日，德化县第二十届瓷都广场文化活动共青团专场在县瓷都广场举行（图 / 连江水）

2020 年 11 月 19 日，“泉州知青上山下乡德化纪念墙”落成典礼在唐寨山森林公园举行（图 / 黄谷莹）

2020 年 9 月 11 日，德化实验小学举行中小学学生民族管弦乐演奏会　　（图/吴有森）

2020 年 10 月 22 日，福建省“我们的节日 · 重阳”主题系列活动在德化县举办。图为“关爱老人　情暖重阳”活动现场　　（图/林婉清）

2020 年 12 月 11 日，“让小说走进人民”暨海丝文学创作交流系列活动在泉州举行。图为参加活动的作家在德化县城市规划馆前合影　　（图/连江水）

2020 年 9 月 8 日，赤水镇西洋村举办以“扬家风、传家训，共建爱心幸福城”为主题的系列活动

（图 / 吴有森）

2020 年 9 月 9 日，县委统战部、县教育局联合发放统一战线“同心教育奖”。图为颁奖现场

（图 / 林小龙）

2020 年 7 月 9 日，2020 年德化县"圆梦瓷都"关爱一线职工志愿活动在县瓷都广场启动　（图 / 林婉清）

2020 年 5 月 22 日，德化县"圆梦瓷都 · 走进爱心厨房"志愿服务活动在汤头乡福山村举行　（图 / 黄蔚南）

2020 年 10 月 20 日，德化县在县瓷都广场举办社会科学普及宣传周集中宣传活动　（图 / 吴有森）

2020 年 6 月 19 日，浔中镇吉祥社区首次开办“四点半学校”　（图 / 县委文明办）

2020 年 10 月 22 日，国宝乡开展以“孝亲敬老 · 暖重阳”为主题的家风讲堂　（图 / 国宝乡）

2020 年 4 月 28 日，德化县小喇叭文明交通志愿劝导队成立　　（图 / 县委文明办）

2020 年 6 月 11 日，德化县为首例造血干细胞捐献者举办表彰会。图为工作人员与捐献者李进财（中）合影　　（图 / 县红十字会）

2020 年 12 月 9 日，德化县新时代文明实践中心成立仪式暨文艺汇演在县瓷都广场举行　　（图 / 县委文明办）

德化县全力推进2020年国家全域旅游示范区建设。图为新建的石牛山玻璃观景台（摄于2020年7月11日）

（图 / 连江水）

2020年9月30日，2020年曾坂“大地艺术节”启动仪式在上涌镇举行

（图 / 许华森）

2020 年 8 月 18 日，阿嫲家油·主题馆开馆

（图 / 许华森）

2020 年 9 月 26 日，2020 年“中国农民丰收节”暨古樟小镇第四届民俗文化旅游节活动在美湖镇小湖村举行

（图 / 美湖镇）

2020 年 11 月 5 日，桂阳乡第三届“寨见贵湖”油茶文化旅游节在洪田村开幕。图为游客在体验摘油茶果的乐趣

（图 / 李宏图）

2020年5月12日，德化与同元集团达成战略合作，签订观音岐文化旅游古镇项目投资协议书。图为签约现场

（图／连江水）

2020年8月14日，2020年春美乡第三届“母亲花”观赏文化旅游节在春美乡母亲花观光园举办

（图／连江水）

2020年11月20日，德化县第二届剪纸文化旅游节暨杨梅乡第四届银杏文化旅游节在杨梅乡举办（图／许华森）

目 录

专　记

大事记

德化概览

世界陶瓷之都

中国共产党德化县委员会

德化县人民代表大会

德化县人民政府

中国人民政治协商会议德化县委员会

中国共产党德化县纪律检查委员会 德化县监察委员会

民主党派　群众团体

法 治

军 事

应急管理

外事 侨务 台港澳事务

经济管理

农业农村　水利

工　业

商贸流通

城乡建设

生态环境

金　融

旅游业

交通 邮政 通信

教 育

科学技术

文　化

体　育

卫生健康

社会生活

乡　镇

人物　荣誉

重要文献

统计资料

附　录

索　引

德化县“十三五”建设成就回顾

2020年，德化县各项工作取得的成效，为德化县国民经济和社会发展第十三个五年规划纲要（2016—2020年）（简称“十三五”规划）收官做出积极贡献。回顾过去五年，在习近平新时代中国特色社会主义思想指引下，通过全县上下的不懈努力和共同奋斗，德化县战胜诸多困难和风险，经受住严峻挑战和考验，全面完成“十三五”规划主要目标。

“十三五”期间，经济发展向高质量迈进。德化县成立城建、文旅两大集团，国企改革稳步推进。经济保持较快增长，整体实力迈上新台阶。2020年，全县地区生产总值达287.66亿元，比上年增长4.1%，人均地区生产总值较2015年增长34.67%、达8.68万元，固定资产投资年均增速超过两位数，社会消费品零售总额较2015年实现翻番，一般公共预算总收入、一般公共预算收入分别达19.37亿元、12.86亿元，主要经济指标增速位居全市中上游水平。

“十三五”期间，产业发展向高层次跃进。陶瓷业加快升级。德化县制订陶瓷产业跨越发展五年行动计划，启动“中国白”未来共享、全球推广、创新提升三项计划，陶瓷产值年均增长11%。创建国家级出口陶瓷质量安全示范区、全国最大的陶瓷电子商务产业基地，获评国家级电子商务进农村综合示范县，农村电商和产销对接十大典型县获国务院表彰，国家版权局与世界知识产权组织向全球推广陶瓷版权保护“德化经验”，德化陶瓷品牌价值达1086亿元、居全国陶瓷产区第一位。旅游业迅速崛起。德化县把旅游业作为战略性支柱产业来培育，打造石牛山、九仙山、云龙谷等拳头旅游产品，东线山水生态、西线栖养度假、中线陶瓷文化三条精品旅游线路逐渐成形。农林业发展壮大。德化县实施“百亩基地、千亩产业”建设，深化“一镇一业、一村一品”，创建省市级龙头企业17家、农民合作示范社30家、家庭农场示范场40家、林下经济基地112个，新增“三品一标”认证42个，农业总产值年均增长1.2%。

“十三五”期间，城乡建设向高品质推进。厦沙高速德化段、国道355城关至三班（永春界）路段建成通车，兴泉铁路德化段快速推进，争取城关至永泰嵩口高速列入海西高速公路网，在全省率先实现所有乡镇通二级公路。城区建成区扩大6.46平方千米达30.46平方千米，城镇

2020年5月28日，海西天然气管网德化支线工程德化段开工

（图/李宏图）

国宝乡云龙谷景区（摄于2020年5月19日）（图/黄谷莹）

化率提高2个百分点达75.8%，获评国家卫生县城、园林县城。

“十三五”期间，生态环境向高颜值提升。德化县完成造林绿化7800公顷。彭村水库投产发电，完成闽江防洪工程德化段（一期）建设，成功创建龙门湖国家水利风景区和银瓶湖、大龙湖省级水利风景区，打造“一河一湖一景”德化版河湖长制。环境空气质量综合指数排名全市第一，饮用水水源水质达标率100%，生态环境质量持续保持全省前列。排名“全国百佳深呼吸小城”第十一位，获评中国天然氧吧，荣膺全国绿化模范县、首批国家生态文明建设示范县。

“十三五”期间，民生幸福向高指数攀升。德化县高质量打赢脱贫攻坚战，实现现行扶贫标准下建档立卡贫困人口全部脱贫、贫困村全部摘帽，扶贫工作绩效连续三年位列全市第一，获评中国全面小康十大示范县之一。滚动实施民生“XIN”行动项目15个。投入10.35亿元，推进32个教育项目建设，竣工投用27个，新增学位2万个，上学难问题逐步缓解。成立县总医院，建成投用县中医院新院区、县医院医技楼和浔中镇社区卫生服务中心，获评全国基层中医药先进县。进城务工人员安居工程获中国人居环境范例奖。新时代文明实践工作列入全国试点。荣膺中国营商环境百强区县、省级科普示范县、双拥模范县、食品安全社会共治示范县。

五年的奋斗负重前行，得到的收获来之不易。这些成绩的取得，是以习近平同志为核心的党中央坚强领导的结果，是习近平新时代中国特色社会主义思想科学指引的结果，是上级党委、政府和县委正确领导的结果，是县人大、县政协和社会各界监督支持的结果，是全县上下敢拼敢赢的结果。

对标先进地区和人民群众的期望，德化发展中的挑战和工作中的不足主要是：新冠肺炎疫情流行背景下经济下行和财力增长压力较大，地区生产总值未能完成年度目标，财政收支处于常态化“紧平衡”状态；转型升级和结构调整仍然任重道远，企业特别是中小微企业保市场生存困难不小，重大项目支撑不足，发展后劲乏力；农业农村基础较为薄弱，统筹城乡发展的层次和水平有待提升；民生事业存在短板，与人民群众的新期待还有差距；政府职能转变还需加快，政府治理体系和治理能力现代化还需大力推进。对此，我们将化压力为动力，强化举措，全力以赴加以解决。

（县政府办）

德化县决战决胜脱贫攻坚

自2016年打响“十三五”脱贫攻坚战以来，德化县始终坚持深入学习贯彻中共中央总书记习近平关于扶贫开发的战略思想，围绕“精准脱贫、不漏一户、不落一人”的总体要求，探索精准扶贫新思路新机制，谋划出台一系列脱贫攻坚政策，采取一系列有力措施，举全县之力打好脱贫攻坚战。全县建档立卡贫困户1088户2956人，家庭人均纯收入从2016年的0.43万元，增长到2020年的1.61万元，达到吃穿不愁脱贫标准；50个贫困村村集体经营性收入从村均2.13万元增长到23.84万元，实现脱贫“摘帽”。德化县被评为中国全面小康十大示范县之一。全县脱贫攻坚做法、典型经验等在人民网、新华网、《福建日报》《八闽快讯》、学习强国（福建频道）等市级以上媒体宣传报道100余次，多项工作做法得到省、市领导的批示肯定。2017年以来，德化县在市对县脱贫攻坚绩效考核中连续3年位列全市前列。

构建闭环链条，责任到人、落实到位

强化“一把手”责任。德化县调整充实县精准扶贫工作领导小组，形成一把手亲自抓、分管领导具体抓，一级抓一级、层层抓落实的工作格局。2016 年以来，累计召开县委常委会、县政府常务会、专题协调会议等 60 余场次，第一时间学习贯彻上级扶贫精神，专题研究部署脱贫攻坚工作。乡镇通过党政联席会、工作部署会、督促检查等措施传导压力、压实责任，确保脱贫攻坚责任“不断档”。制定决战决胜脱贫攻坚工作闭环管理办法，明确县、乡、村和挂钩帮扶责任人等各层面工作职责及要求，每月进行收账，进一步压紧压实责任。

强化“全方位”保障。主要做好人、财、政策保障：人的方面，县扶贫办配齐 10 名干部、每个乡镇配强 1 名专职干部，并把脱贫攻坚纳入全县收账范围，实行干部一线实绩考察法，2017—2020 年，提拔、重用扶贫干部 13 名，树立良好用人导向。财的方面，2016—2020 年，累计投入 3.5 亿元，其中 2016—2019 年分别筹集各级扶贫资金 6037 万元、6919 万元、8495 万元、7022 万元（其中县级财政投入 668 万元、1043 万元、1164 万元、1300 万元，高于一般公共预算收入增幅），2020 年筹集各级资金 6592 万元（其中县级专项扶贫资金 1430 万元）。政策方面，针对脱贫攻坚中碰到的问题，先后制定出台 40 多份政策文件，涉及医疗保障、农村公路、社会救助等工作，做到以制度机制管扶贫。

强化“正反向”激励。一方面是正向激励，把脱贫攻坚纳入绩效考评，进一步加大分值比重，发挥考评指挥棒作用。另一面是反向约束，县主要领导带头开展“五不两直”督查，并纳入县委巡察、全面从严治党责任制检查等范围，5 年共对 13 个单位、27 名干部进行问责。同时，完成省委巡视、扶贫资金绩效评价、市委扶贫领域交叉巡察等问题整改，做好“后半篇文章”。

强化“三精准”落实。精准识别。严格执行“两公示一公告”，强化贫困人口识别及动态调整，实事求是识别贫困人口和返贫人口，核对扶贫对象名单，做到“应纳尽纳、应退尽退、应扶尽扶”。精准管理。通过“平台”（全国扶贫开发建档立卡信息系统）+“纸质”（一镇一册、一户一档贫困户信息档案纸质资料）的双向管理办法，实行精准管理。2016 年以来，通过开展建档立卡“回头看”、季度动态管理，定期进行信息采集、调整、录入系统及纸质档案管理。精准帮扶。落实一户一挂钩、一户一方案、一户一策等措施，确保每户贫困户都有公职人员结对帮扶（其中 38 户脱贫不稳定户调配科级领导干部挂钩），每季度至少入户 1 次，对于老弱病残等重点对象每月入户 1 次以上，做到结对帮扶一包到底，脱贫不脱钩。同时，组织开展领导互访、资金支持、人才支援、劳务协作等，深化与红寺堡区、莆田市城厢区对口协作，主动对接泉州市丰泽区北峰街道、城东街道等 7 个沿海发达街道结对帮扶县内赤水镇、上涌镇等 7 个扶贫开发重点乡镇贫困户工作。

开展综合施策，一个不少、一户不落

解决“两不愁”。主要是通过三种方式增加贫困户收入：以产业增收入。2016 年以来争取上级财政产业专项扶贫资金 1900 多万元，设立 1200 万元的扶贫小额信贷风险担保基金，累计发放小额贷款 3900 万元，支持贫困户因地制宜，发展特色种养、光伏发电、全域旅游等增收项目。筹资 3800 万元建设光伏扶贫项目，120 个光伏发电站于 2020 年 5 月纳入国家光伏扶贫第四批目录，每年能实现发电收入 500 多万元，500 多户贫困户每年可享受 1000—3000 元收益分配；结合“三黑三黄三宝”等特色产业，实施托养式产业扶贫模式，有 300 多户贫困户与合作社对接，实现稳定增收。以就业稳收入。建立精准就业扶贫信息库，及时更新就业扶贫信息，开展“贫困劳动力就业技能培训月”活动，集中组织开展电子商务、保育员、农业技术、陶瓷等职业技能培训 3200 多人次，实现有劳动能力和就业意愿的贫困户全部就业。同时，开发公益性岗位，在护林、护路、管水、治安、保洁等方面安置扶贫对象 197 人次，累计发放公益性岗位补贴 185 万元。以兜底保收入。根据经济社会发展水平，稳步提高农村低保标准，2016—2020 年分别为 295 元 / 月、420 元 / 月、460 元 / 月、560 元 / 月、660 元 / 月，年均增长 22.9%，并于 2017 年实现低保标准和扶贫标准“两线合一”。通过定期开展数据比对，把完全丧失劳动能力和部分丧失劳动能力的建档立卡贫困户全部纳入低保兜底保障，低保贫困人口为 1307 人。

强化“三保障”。义务教育有保障。按规定免除贫困

2020 年 8 月 23 日，德化县开展陶瓷就业技能培训

（图 / 县农业农村局）

家庭学生从义务教育到普通高中、中职教育阶段的学杂费，落实资助补助政策，阻断贫困代际传递，全县累计落实贫困家庭学生补助3000多人次230多万元，社会各界资助3200多人次880多万元。全县未发现义务教育适龄儿童因贫失学辍学问题，也未发现贫困家庭存在教育支出明显超过家庭收入或承受范围问题。基本医疗有保障。针对县内因病因残致贫贫困户占到全县贫困人口80.5%的实际，实施基本医保、大病保险、医疗救助、精准扶贫医疗叠加保险、精准扶贫医保补充补助、市县商业补充医疗保险等“六重”保障政策，最大限度减轻贫困人口医疗费用负担，加快破解因病致贫返贫难题。2018—2020年，贫困人口就医实际报销比例分别为86.47%、93.46%、96.29%，其中34种重特大疾病的贫困人口报销比例达到99.76%，县财政出资为贫困户购买每人50元的商业医疗补充保险，累计为826人次发放住院补贴102.45万元。此外，全面开展“先诊疗、后付费”、上门评残服务、医保扶贫红利告知单、巡回医疗等，打通健康扶贫“最后一公里”。住房安全有保障。2020年，全县所有建档立卡贫困户住房问题都得到妥善解决。为让群众住得更安全、更舒心，德化县开展住房安全调查评估及“回头看”活动，对建档立卡贫困户进行全覆盖评估，没有发现贫困户住在C、D级危房的情况；开展消防电力精准扶贫百日行动，投入100多万元解决500多户贫困户住房电线老化、乱接乱拉、用火用电不规范等问题，切实消除火灾隐患；开展住房提升改造工程，投入1400多万元用于安装扶梯、改水、改厕、加固门窗等，惠及800多户贫困户，切实做到让贫困群众在住得安全的基础上，住得更加舒心、更有获得感。

保障饮水安全。全面落实贫困人口饮水安全排查复核和整改提升，明确县、乡、村三级挂钩联系人，制作联系卡上墙，并委托第三方采取电话回访的方式，了解贫困户饮水安全动态，及时发现和解决存在问题，防止饮水安全出现反复。针对集中式供水，在解决饮水安全基础上，累计投入2109.6万元开展农村饮水安全巩固提升及补缺提升项目，进一步提升124个村9.64万名群众饮水安全标准；同时，聘请工程专职管护人员，负责456个农村饮水安全工程日常维修养护工作，加强集中式供水工程的管护和消毒，提高出水质量，确保长效运行。针对分散式供水，为434户贫困户加装家用净水器，并委托第三方进行水质监测，确保饮水绝对安全。

完善三大机制，常抓常管、长效长治

防止贫困人口返贫预警机制。按照“四个不摘”要求（摘帽不摘责任、摘帽不摘政策、摘帽不摘帮扶、摘帽不摘监管），组织挂钩帮扶责任人开展定期走访、帮扶月集中走访等活动，重点关注因病因灾致贫、无劳动能力致贫、依靠政府兜底脱贫等三类对象，及时给予救助扶持，防止出现返贫现象。针对38户脱贫不稳定户、5户受疫情影响存在返贫风险户，每户调配1名科级干部挂钩，因户施策，落实提高低保标准、新增纳入低保、安置公益性岗位、住房改善提升、应急救助补助、发展生产、教育资助补助等综合帮扶措施373项，每户新增3项以上有效帮扶措施，“开小灶”集中力量帮扶，确保年度收入增幅高于其他贫困户10%以上，43户返贫风险点均已“消除”。同时，通过集中走访活动，摸排受疫情影响贫困户368户、1210人、贫困村17个，在省、市专项政策的基础上，细化出台促进农产品产销衔接、支持发展产业项目等19条措施，没有出现返贫问题。

贫困线边缘群众致贫预防机制。在全市率先出台低收入家庭申请认定实施意见，密切关注低保户、重病户、残疾人户、独居老人户、无劳动力户等非建档立卡贫困户对象，认定低收入对象5002人，将其全部纳入帮扶范围，防止转化为新增贫困人口。开通县级报贫服务热线，截至12月15日，全县受理闽政通“一键报贫”申报140件，实行“当日汇总、次日转交、周核实”，其中误操作和县级初核不符合直接办结84件，反馈乡镇核实56件，未发现符合纳入监测对象的农户。对符合条件的贫困线边缘群众，给予低保、医疗、应急救助等帮扶，防止转化为新增贫困人口。

“因病、因灾、因学”等突发原因致贫应急救助机制。实施最低生活保障、特困人员供养、医疗救助、教育救助、住房救助、就业救助、受灾人员救助、临时救助等八大方面救助，建立定期宣传、主动发现、快速响应等配套制度，并把救助审批权限下放到乡镇，在全市率先开启大救助工作格局。2018年以来，通过部门筛查自付医疗费用较高低收入群体、镇村干部入户排查等，发放救助金861.52万元，临时救助2606人次，实现社会救助与精准扶贫的高效衔接。同时，为切实做好因病、因学等刚性支出较大贫困户的防返贫、稳脱贫工作，再投入20万元为建档立卡贫困户购买“防贫保”商业补充保险，就读中专以上的贫困家庭学生可获得1000—2500元的补助，贫困人口初次诊断罹患重大疾病可获得一次性补助金3000元。

创新经验做法，培育亮点、打造品牌

创新“党支部+”两项机制。建立“党支部+合作社+基地+农户”机制，让贫困户入股合作社，实现稳

2020 年 8 月 29 日，德化县医院到赤水镇铭爱村开展健康扶贫巡回医疗活动 （图 / 县农业农村局）

定增收、稳定脱贫。建立“党支部 + 老年协会 + 互助组 + 志愿者”机制，由村党支部按自然角落组建义务互助小组，以生产互帮、生活互助、发展互促、精神互慰为主要内容，巩固提升脱贫实效。两项机制得到省委、市委主要领导的批示肯定。

创新电商扶贫机制。依托当地丰富的特产资源，主动对接淘宝、京东、憨鼠购等电商平台，扶持农村电商发展。2020 年，全县电商从业人员 3 万多名，占全县常住人口的 10%，特别是通过“村小二 + 贫困户”“社区 O2O 平台 + 农业合作社 + 贫困户”等渠道，带动 150 多户贫困户增收脱贫。

“抱团驱动”激发村集体经济发展壮大新活力。实施村集体经济“消薄倍增”行动，多渠道筹措专项资金 1.17 亿元，推行扶持资金入股龙头企业享受分红、资源入股发展旅游、产权流转发展农林业、发展光伏项目促增收、整合资产抱团发展等模式，2018 年底全面消除 52 个“空壳村”，2019 年底全面消除 94 个薄弱村，2020 年底 191 个村集体经营性收入均达到 10 万元以上，其中 129 个村（贫困村 46 个）达到 20 万元以上，占 67.54%。村集体经济“消薄倍增”工作先后得到省委常委、秘书长郑新聪，省政协副主席阮诗玮的批示肯定。

创新公益组织扶贫机制。引导社会爱心人士创建德化县憨鼠爱心小分队，依托 30 万名《德化网》注册会员，采取网上义卖、爱心团购、网上捐赠、专题募捐等筹集爱心善款，对贫困户、孤寡老人、残疾人、贫困学子等群体提供爱心帮扶。憨鼠爱心小分队累计下乡开展扶贫助困活动 600 多次，组织大型专题爱心活动 100 多场，慰问对象 1 万多户（人）次，募集发放善款善物总值 1050 万元。

建立巡回医疗服务新模式。针对全县留守群众多为贫困户、老年人、残疾人，农村公共医疗资源紧缺，再加上山区交通不便，群众就医买药难的问题，探索建立巡回医疗服务模式，组建医疗团队下乡开展巡回医疗，打通健康服务“最后一公里”。2019 年以来，累计为留守群众诊疗 2.5 万多人次，体检 2 万多人次，送药 1.9 万多人次。

创建“爱心幸福城”。以“瓷名天下 爱满德化”为主题，募捐“爱心幸福城”资金 1819 万元，累计开展爱心早餐、爱心结对、爱心厨房、爱心义诊、爱心理发、爱心电工、关爱留守老人、关爱留守儿童、慰问贫困母亲、直播带货义卖等系列活动、志愿服务 2260 多场，参与人数 8 万余人次。

强化独居贫困户监测和帮扶。摸排独居贫困户，进行单独造册、单列管理，在落实市“四个一”（确定“一名党员联系人”、签订“一份照料协议”、落实“一日一询问”、落实“一名帮扶责任人”）制度的基础上，德化县再由财政出资为 234 名贫困老人安装助老手机，遇到突发情况可以“一键呼叫”。同时，依托所在的老人义务互助小组，结合全县“爱心幸福城”创建活动，开展义务互助、爱心聚餐、巡回医疗等关爱活动，让留守老人的生活更有温度。

德化县信用联社《扶贫助学路，农信引路人》案例入选《2020 年中国金融扶贫及创新年鉴》，县教育局教师陈碧清《心若向阳花自开，人若向暖清风徐来》在全国“我所经历的脱贫攻坚故事”征集展示展播活动中获得文字类二等奖。

（县农业农村局）

德化县：勠力同心，全力以赴，打赢疫情防控阻击战

2020年，面对来势汹汹的新型冠状病毒感染的肺炎疫情（简称“新冠肺炎疫情”），德化县按照国家和省、市决策部署要求，实施“群防群控、内防扩散、外防输入”的防控方针，把维护人民群众生命安全和身体健康放在第一位，统一指挥、统一协调、统一调度，责任落实到位，措施精准有力，全县上下勠力同心、全力以赴，疫情防控形势总体平稳，保持“零确诊”，牢牢守住德化这块“净土”。县卫健局局长连婷被市委、市政府授予“疫情防控阻击战先进个人”，被省人力资源和社会保障厅、卫生健康委评为“2016—2019年度全省卫生健康系统先进工作者”；县医院院长助理李新锋被省委、省政府授予“福建省抗击新冠肺炎疫情先进个人”。

成立“指挥部”，优化资源调度

新冠肺炎疫情发生后，德化县第一时间成立县防控新冠肺炎疫情应急指挥部，第一时间启动突发公共卫生事件一级响应，先后召开应急指挥部会议66次，制定完善疫情防控、应急处置、核酸检测、院内感染、疫苗接种、督导检查等系列方案，坚持24小时疫情防控值班，持续抓紧抓实抓细各项防控措施的实行；在全县各乡镇成立疫情防控和医疗救治组，建立农村防控、区域协查、核酸检测、流调溯源、疫苗接种、转运隔离等工作专班，及时协调落实防控工作各项任务，推动防控工作迅速有序开展。为了确保人民群众的生命健康，指挥部统一协调以县医院、县中医院为牵头单位的2家紧密型医共体，成立2支共30人的医疗专家队伍，组建1支防控专家队、5支流调队、40支核酸采样队、3支应急检测队，并对全县23辆救护车实行统一调度使用，科学合理分配医护资源，有效提升抗“疫”效率。疫情防控进入常态化阶段后，在保持原有指挥体系总体架构不变的基础上，建立疫情防控工作专班，定时集中会商研判，持续加强联防联控，保质保量坚持落实各项防控措施。

卡住“关键点”，筑牢第一道安全防线

德化县交通运输部门按照“一断三不断”（坚决阻断病毒传播渠道，公路交通网络不断、应急运输绿色通道不断、必要的群众生产生活物资运输通道不断）工作要求，第一时间在省道215线小溪、英山格、高速出口等通往外县（市）主干道设置临时检疫点11个，指派工作人员进驻车站督促落实疫情防控主体责任，联防联控把好关口，为全县广大群众构筑起第一道安全防线。据统计，1月23日至2月22日0时，各检疫点检查车辆64683车次，检测体温116027人次，移送就医9人次，劝返车辆734辆次、劝返1373人次，移送后勤组留置观察77人次；2月10日至5月14日，2个客运站检测旅客体温40376人次，移送得心酒店隔离3人次，移送医院观察1人次，移送有关乡镇跟踪1人次。强化市、县两级联动，从3月23日起至5月15日，指派5人分别在晋江机场、泉州动车站配合设立服务组，落实“点对点”接回人员89人次，其中移送得心酒店88人次、移送相关乡镇1人次。

2020年1月30日，德化上涌高速路口设置临时检疫点。图为医务人员给进入德化的人员测量体温 （图/李宏图）

利用“大数据”，精准排查重点人群

疫情流行阶段，正值春节返乡热潮，德化县认真落实社区（村）精准防控，强化“大数据+网格化”管理，严格要求社区（村）加强新进人员、流动人员的排查、核实、管控，各级部门严阵以待，严格遵照落实常态化防控要求。县抗疫指挥中心利用公安和内网小程序等收集大数据，并及时下发到有关部门进行分析，每日掌握境外入德以及国内中、高风险地区旅居史等新进人员的精准摸排情况，实行全过程全链条闭环管控，督促落实各项防控措施。随着疫情逐渐得到控制，在防止“外来输

入”的同时，“内防反弹”的工作也丝毫不松懈。对境外和国内高、中风险地区入（返）德人员，严格按规定实施“14+7”医学观察措施。全县各单位在工作中落实“四早”要求，严格执行早发现、早报告、早隔离、早治疗措施，充分发挥发热门诊“哨卡”功能和核酸检测筛查作用，发现异常情况迅速报告、转运至相应部门，并确保信息及时畅通，按照应对方案第一时间开展流行病学调查，严格落实集中医学观察管理措施，完善服务措施，切实切断传播途径。

制定政策方案，助力复工复产复学

作为低风险地区，德化县坚持疫情防控与复工复产“两手抓，两手硬”，加快复工复产的步伐，争取尽快全面恢复正常秩序，把疫情对经济社会发展影响降到最低。各医疗部门组建38支127人“千医连万企”防控服务活动医务团队，主动与企业对接，当好企业疫情防控工作的“三大员”，为企业提供疫情防控工作专业化指导，服务复工复产企业467家。2月2日，德化县防控新冠肺炎疫情应急指挥部办公室下发《德化县企业复工疫情防控审核方案》等通知，对企业复工提出要求，严格企业开复工核准管理，明确未经核准同意，一律不得擅自复工，提出加强企业疫情防控措施和落实企业疫情防控责任等相关要求。2月6日，德化县出台《关于应对新型冠状病毒感染的肺炎疫情扎实做好“六稳”工作的若干措施》，围绕加强金融支持、减轻税费负担、降低运营成本、推进项目建设、援企稳岗力度等五大方面，提出20条具体措施，支持和组织推动各类企业复工复产，促进经济社会持续健康发展。2月10日，第一天开工企业282家，开工企业员

2020年4月13日，德化旺达陶瓷有限公司复工复产后加紧赶制外贸订单。图为工人拖运素坯 （图/李宏图）

2020年4月7日，德化一中高三年级学生返校复学。图为学校例行学生入校前检测体温 （图/县卫健局）

工6263人。县政府先后抽调2批共233名县直部门干部协同县城3个乡镇的干部，通过网格化管理方式，对城区企业开展“拉网式”摸排走访；其余15个乡镇自行组织摸排，全面宣传复工复产必要条件。全县共摸排企业4308家、在建工程238个、个体工商户25183家、出租户23398家，发放复工汇编材料1.28万份，签订承诺书22170份，发放整改告知书1206份，统筹做好疫情防控与复工复产工作。为保证教育事业持续稳定发展，与教育部门紧密配合，选派18批次388名医务人员，实行“一对一、点对点”进驻学校指导落实防疫管理、环境消杀，加强校园管理，确保师生的健康安全。4月7日，高三学生正式开学复课；4月21日，初三学生正式开学复课；4—6月，全县各中小学校、幼儿园采取错时错峰入校、拆分班级等措施复学，做细做实各项防控措施，确保各学校安全有序开学。

提升检测效率，核酸检测常态化

德化县投入942.76万元，快速建设3个PCR实验室（疾控中心、县医院、县中医院，有PCR操作证的实验室检测人员14人），配备提取仪6台、扩增仪5台，全县最大日检测能力约4000人份，采取10合1混采检测，最大日检测能力约4万人次，进一步加强“应检尽检”人员常态化核酸检测。全面落实属地、行业、单位责任，扩大核酸检测频次、范围，对重点从业人员、冷链食品和经营场所进行不间断不定期核酸检测。截至12月23日，全县开展核酸检测123128人次，检测结果均为阴性，其中10月28日省、市提出加大检测频次新要求以来，开展检测

县疾控中心微生物安全二级实验室开展病毒核酸检测（摄于2020年2月7日） （图/许华森）

4.52万人次。全年组织食品从业人员进行核酸检测6288人次，检测结果均为阴性。

加强冷链食品监管，守卫生鲜市场抗疫防线

在确认新冠病毒可能会通过进口生鲜食品传播后，德化县按照上级要求，及时成立进口冷链食品疫情防控专项工作小组，进一步明确各部门工作职责，设立进口冷链食品集中监管仓1个。开展冷链食品生产经营疫情防控技术指南和消毒技术指南培训7场次、培训从业人员215人次；组织人员进店宣传并发放《疫情防控告知书》330多家次；对全县84家冷藏冷冻库经营单位（其中有经营库存进口冷链食品41家）持续开展专项执法检查，严厉打击索证索票不全、未履行信息报备等行为，严格督促业主落实“四证”（报关单、检疫合格证明、核酸检测证明、消毒证明），要求自11月14日起停止进口冷链食品。在排查行动中共计摸排到库存进口冷链食品21吨，检查中发现未按要求落实疫情防控措施的商家2家、封存冰柜2台；根据群众举报，查封未落实进口冷链食品疫情防控规定的冻库1个。11月19日起，对全县进口冷链食品、经营场所、从业人员进行全面核酸检测，完成冷链食品监测1698份，冷链外环境采样监测1198份，抽检38家中大型冷库进口冷链食品外包装标本570份，检测从业人员2343人次，检测结果均为阴性。同时，强化冷链监测，对大型农贸市场、商超、冷藏冷冻库房等进口冷链食品和经营场所外环境每周各开展核酸抽检不少于60份。在对库存进口冷链食品及经营场所进行预防性全面消毒的基础上，再次对库存进口冷链食品最小外包装进行二次消毒，落实库存进口冷链食品件件消毒1718件。

2020年11月20日，县市场监管局组织开展进口冷链食品专项执法检查 （图/兰瑞群）

完善防范措施，防止医疗机构感染

全县各医疗机构严格执行预检分诊和发热门诊工作流程，落实首诊负责制和转诊制度，严格落实24小时值班制度。投资1800万元在县医院新建发热门诊楼，11月2日正式投用，是全市首家“一站式”完成预检分诊、收费、药房、检验、放射、留观等闭环管理的发热门诊，极大降低院内感染风险。中医院投入130万元，按照最新导则规范改造发热门诊，达标并规范投入使用。各医疗部门在完善医疗机构设施的同时，加强对流行病史的调查，严格落实“一患一陪护”禁止探视和门禁管理等制度，加强健康监测管理，降低院内感染风险。县医院、中医院分别举行医院感染防控和应急采样队专项培训2轮，并对医共体成员单位（县医院、中医院、6个乡镇卫生院）共85人进行应急采样理论培训、防护服穿脱实训以及核酸采集现场跟班实训。

织密抗疫防护网，形成全过程闭环管理

10月20日，县主要领导召开会商会专门制定11个防控工作方案，对重点场所防控、人员摸排管控、大规模人群核酸筛查检测、方舱医院建设、院内感染控制、防控工作督查、学校传染病防控、集中医学观察场所、“一线两重点”、城区日常清洁消毒、遵守防控规定等工作进行再细化、再完善、再落实，强化对制度、机制、措施、落实上形成全过程闭环管理。在公共场所严格落实“验码、测温、不聚集、戴口罩”防控措施，截至9月22日（市最近一次通报），全县八闽健康码使用率97.3%，位居全市第一。在缜密的校园疫情防控政策的支持下，全县122所中小学、幼儿园近7万名学生安全返学复课；各地区强

化校地联防联控机制，每所学校都由当地一名党政分管领导联系。为提升全县卫生质量，切断可能传播途径，结合“一清二整三美化”，广泛开展爱国卫生运动，累计开展集中整治活动237次，集中整治村居180个、市场21个、“四害”孳生地5184处，预防传染病发生。9月8日下午，县卫健局召集县医院、中医院、县疾控中心，在县医院六楼会议室进行秋冬季新冠肺炎疫情应急演练桌面推演。10月15日，举办由县卫健局牵头，龙浔、浔中两镇及县直有关部门参与的德化县应对秋冬季新冠肺炎疫情应急处置演练活动，并召开点评会，研究解决当前防控工作存在的困难和问题，进一步提升应急处置能力。12月11日，在龙浔、浔中两镇同时开展大规模人群核酸筛查检测实战演练，县防控成员单位和各乡镇、医疗机构负责人以及城关两镇村（社区）主干到现场观摩学习，并召开演练点评会，积极查找存在问题与不足、对演练各环节进行再梳理细化与完善，有效提高全县大规模人群核酸检测应对准备能力。

备足抗疫物资，做好场所人员双保障

德化县做好大规模人群核酸筛查检测应对准备，组建40支240人采样队，预设244个核酸采样点，超出县检测能力范围的，申请全市统筹调剂并与第三方检测机构协作，按照创城工作模式，由当地政府牵头，村（社区）工作人员和单元网格员为主，文明片区的理事长单位配合组织人员检测，力争按时间要求完成全县29.7万名常住人口核酸检测任务。为了保证医疗场所能满足抗疫要求，完成方舱医院与集中医学观察场所的准备，将县医院作为定点救治医院（床位209张），县中医院作为后备收治医院（床位90张）；设计改造城东青少年校外活动中心（建筑面积2299.98平方米）作为方舱医院（设计床位200张），安排得心酒店（建筑面积11291平方米，房间107间）和上涌二中教师培训基地（建筑面积2732平方米，房间48间）作为集中隔离场所，签约德商酒店作为备用留观场所。强化医疗队伍建设，全县医疗机构有医护人员1452人，其中医生653人、护士799人，抽调6名医务人员分别赴香港地区、晋江机场、厦门机场支援疫情防控工作；组建3支（9人）核酸检测应急小组、30支（180人）核酸采样应急队伍、10支（60人）后备核酸采样队伍及20名核酸采样机动人员，组织分期分批到采样点跟班实训（每名采样人员采样效率达到45人次/小时），并按照核酸采样队工作需要做好采样队防护物资储备；成立1支（12人）应对疫情防控专家队、5支（30人）疫情流调工作队。县疾控中心按不少于10人规模组建专业消杀队伍，镇、村两级按每村（社区）3人规模统筹建立乡镇（社区）消杀队，配合县级专业消杀队开展消毒处置工作。强化医疗应急物资供应保障，县卫健局出台《关于印发全县医疗卫生机构应对秋冬季新冠肺炎疫情物资保障工作方案的通知》，要求县医院、中医院以30天的量做好物资储备工作，县疾控中心及基层医疗卫生机构以10天的量做好物资储备工作，对应急物资进行滚动轮储，有力保障防控需求、减少医疗资源浪费。截至年底，全县收入防控专项资金1431.06万元，拨付使用1420.72万元，储备各类口罩51万个，连体防护服1.1万套，护目镜1906个，防护面罩7820个，隔离衣6378件，检测试剂盒2.2万人份、提取试剂2.1万人份等。做好新冠病毒疫苗紧急使用准备，根据上级有关工作要求，专门制定下发《德化县关于新冠病毒疫苗紧急使用方案》，对接种对象准备、部门分工协作、新冠疫苗指定接种单位安排、疫苗采购、疫苗接种、专家组组建等工作进行部署，对不同人群暴露风险和实际需求进行摸底登记汇总。德化没有承担入境人员隔离医学观察场所，暂无首批疫苗紧急使用人员；第二批5类人员（从事冷链、运输相关工作的从业人员，抗疫一线医疗、防疫和集中隔离医学观察场所人员，拟赴疫情较严重国家、地区工作或学习培训人员，面临较高境外疫情风险的边境口岸工作人员，城市运行保障人员）共1112人。12月12日，对全县相关行业人员紧急使用新冠疫苗情况进行调查摸底共12.91万人。指定龙浔、浔中社区卫生服务中心负责实施疫苗接种工作，12月10日，县疾控中心对接种单位进行疫苗接种技术培训。

截至年底，德化县委、县政府通过不同阶段精准施策，全县上下齐心协力，无发生新冠肺炎确诊或疑似病例。经济社会各项事业发展稳中有进，全面完成各项既定目标任务，全县生产总值比上年增长4.1%，工业增加值增长4%，固定资产投资增长6.9%，一般公共预算总收入19.37亿元，一般公共预算收入12.86亿元，主要经济指标居全市中上游水平。

（县卫健局、县融媒体中心）

德化县获评第六届全国文明城市

2020年11月20日，全国精神文明建设表彰大会在北京召开，中央文明办公布第六届全国文明城市入选城市名单和复查确认保留荣誉称号的前五届全国文明城市名单。其中，德化县入选第六届全国文明城市。县委书记梁玉华参加大会并代表德化县和35万多名德化人民捧回沉甸甸的“全国文明城市”奖牌。全国文明城市是中国所有城市品牌中含金量最高、创建难度最大的一个，是反映城市整体文明水平的综合性荣誉称号，是国内城市综合类评比中的最高荣誉，也是最具有价值的城市品牌。

2018年以来，德化县以获评全国县级文明城市提名城市为动力，坚持“创建为了人民、创建依靠人民、创建成果由人民共享”的工作理念，以创建全国文明城市统揽精神文明建设，聚焦服务城市建设、城市经济、城市管理，与推进转型发展、提升城市功能、优化发展环境、改善民生福祉深度融合，努力建设宜居之城、秀美之城、崇德之城、幸福之城、文明之城，使创建过程成为推动科学发展、改变生活方式、提升文明素质、改善城市环境、造福人民群众的过程。终于喜结文明果，在2020年11月20日召开的全国精神文明建设表彰大会上，荣膺第六届全国文明城市。

*顶层设计建机制，建设宜居之城。*德化县坚持把创建文明城市作为推动全县经济社会持续健康发展的总抓手，作为建设“世界陶瓷之都”的重要工程。推动“三全制”，实现常态化管理。全力推进。县四套班子领导担任29个文明片区的“片长”，定期到片区一线开展现场办公、实地指导、督促检查，纵向传导任务落实；同时担任10个创城工作职能组组长，每半个月开展一次督查，分领域、分模块、分阶段实行销号管理，横向推动创城整改。全面动员。利用网格化管理工作机制，把29个文明片区划分成146个文明网格，由机关企事业单位担任文明网格的“格长”，全面负责该网格内的市容市貌整治工作；每个网格配备“1名乡镇责任人+1名村（社区）两委+1名城管+1名交警”基础创建队伍，下沉执法力量、形成责任闭环。全民参与。通过“搭台子”“找路子”“金点子”等为市民群众参与创城提供阵地。开展“文明创城 志愿先行”系列活动800多场次，组建县直各单位、各乡镇、各村（社区）志愿服务支队及憨鼠爱心小分队、小喇叭文明交通志愿劝导队等本土特色志愿服务队伍300多支，积极发动5.4万名在册志愿者参与活动，确保志愿服务深入全县各个阶层、各个群体。开展创城“随手拍”活动，借助手机APP，打造“市民随时拍问题——后台及时审问题、开清单——职能部门抓整改——市民积分换红包”的闭环，做到聚民力、集民智、解民忧。通过“三全”工作机制，形成上下联动、左右互动、全面参与的工作格局，实现创城常态化管理。实行“三考评”，实现精细化创建。紧抓全面考评。发挥创城办的“指挥哨所”作用，立足其专业性、系统性优势，围绕上级态势、创建形势、内部情势，加强向上对接、做细向下部署，把创城涉及的所有指标纳入常态化考评体系，创城办负责对创城有关所有乡镇、社区（村）、点位进行考评（占50分），通过全面考评，促进工作落实、了解存在问题、明确整改方向，确保创建无死角、无盲区，各项工作不断档。突出一线考评。社区作为创城的“主战场”，承担大量“老大难”工作，是各项任务落实的载体、各类矛盾交织的关键、各种问题显现的部位，德化县紧盯社区“只做不管”“无权难管”等突出问题，坚持一线考评、下放打分权限，由社区负责对辖区内网格单位参与创城的情况进行考评（占30分），彻底改变过去网格单位只来不做的“看客心理”和应付了事的“甩手掌柜”作风，凝聚起网格齐抓共管的创建合力。引入职能考评。针对创城工作精细化、差异化、标准化导向，德化县按照创城工作要求、部门职能特点、行业任务差异，建立10个创城工作职能组，主要承担日常指导、定期考评、督促落实等任务。10个职能组每半个月开展考评（占20分），确保创城各个方阵、各个模块有序推进任务落实。建立“三挂钩”，实现高效化落实。与绩效考核挂钩。把创城融入日常工作，做到同部署、同检查、同落实、同奖惩。各单位参与创城工作年度考评结果抄送县效能办，作为县绩效评估方案“创建全国文明城市”专项工作指标得分，单独

占5分，用绩效考核撬动各单位参与创城积极性，在全县形成“争先进、比创城”的浓厚氛围。与基础创建挂钩。把创城年度考评结果作为评选推荐各级文明村镇、文明社区、文明单位、文明校园的重要依据，单独占5分；对于处在全县后三名的，实行“一票否决”，直接取消当年度参评资格。把创城作为基础创建的“前置条件”，真正让文明单位从“有畏”到“有为”。与文明奖金挂钩。把单位参与创城考评结果作为当年度文明城市奖金和文明单位奖金发放依据，实行“四档分数差异奖金”的阶梯奖励。充分发挥奖惩的激励作用，撬动全县干部职工参与创城的积极性，取得良好的成效。

*城乡统筹提颜值，建设秀美之城。*提升城市品位。强化项目带动。2018年以来，德化县根据《德化县城总体规划修编》（2008—2020），投入90多亿元推进100多个市政提升工程。完成城区绿化、夜景及瓷都大道、浐溪两侧景观风貌、唐寨山公园等提升工程，缨溪公园、驾云亭公园扩建一期、坪埔安置小区公园、龙门桥、八中人行天桥、车碓岭道路改造建成投用。通过开展“项目攻坚”、城乡“6+4”（“6”即省、市提出的交通、能源、市政、水利、信息、环保6项提升工程，“4”即德化县根据实际提出的民生、企业转型、旅游、文化创意4项提升工程）提升工程等重点建设项目，实施一批道路、绿道、桥梁、停车场（停车位）等方面的工程，进一步优化街区路网结构。进行城区道路沥青化改造工程、城东综合停车场（纵二路道路工程）、北环路边岭格停车场、新寨一路、瓷艺城纵一路、霞田文体园（隆中路南段）、纵十二路（丁墘小学至南三环）、旅游集散中心市政道路、城区道路沥青化改造、城区停车场等工程建设。全县共有公交线路13条，公交车辆117部。进行专项整治。针对市容环境、交通秩序、校园周边、集贸市场、社区小区等薄弱环节，逐项开展创城专项整治行动，加大对环境卫生脏乱差、占道经营、交通秩序混乱等重点问题专项整治力度，全面提升城市建设管理精细水平。推进乡村振兴。制定实施《德化县乡村振兴发展战略（2018—2022）》，2018年以来，处理68248吨农村生活垃圾，垃圾无害化处理率100%。投资1389万元，新建改造23座镇区公厕、46座农村公厕，实现乡镇所在地公厕全覆盖。持续打造35个省级“千村整治、百村示范”美丽乡村，争取省、市补助资金1620万元，推进危旧农房改造，推广“戴云山筑”风格，做好农房整治、房前屋后整治、新建农房管控、传统建筑修缮、村容村貌提升等各项工作，累计完成投资10111.6万元，完成裸房整治630幢。依托历史文化名镇名村、传统村落和美丽乡村等，因镇因村制宜，科学规划，发展文化创意、乡村旅游、民宿改造等项目，积极培育上涌、水口、龙门滩等集文化保护、生态休闲于一体的特色旅游村镇。加强生态建设。划定戴云山生态涵养红线区，落实主体功能区规划和生态环境功能区规划，实行差别化的区域开发和环境管理政策，优化城乡生产力布局，推动形成产业布局与环境资源承载能力相协调的区域开发格局。巩固对自然保护区、森林公园、水源涵养地、生态公益林等生态用地的保护措施，确保生态用地比例不断提高，至2020年达到83%。成立“推进‘三线一单’工作”领导小组，对“三线一单”基础资料进行再收集，共收集44个项目（或园区）边界矢量图。根据县域空间布局，强化产业引导，实现污染控制关口前移。

2020年6月3日，画工在电力环网柜作画提升城市品位

（图/许华森）

*内外兼修塑气质，建设崇德之城。*传播文明理念，引领瓷都新风。印发《关于推进公益广告宣传工作的通知》，将城区公益广告宣传责任化、分片化，明确宣传责任单位，并强化追责力度，形成宣传实效。凸显地方特色。聘请专业人士设计13幅融入德化瓷文化的“文明健康 有你有我”公益广告、6幅“爱心幸福城”公益广告。在设计上运用陶瓷、刻纸等元素，凸显瓷都文化特点和地方特色，提高观赏性和渗透力，实现美化环境与社会宣传的高度统一。同时，在广告设计上，做到图文并茂、形象生动，在商场、超市、商业街等公共场所利用卡通画等形式开展宣传，增强趣味性，吸引注意力。拓展宣传阵地。在高速公路出入口、重要路段设置大型公益广告牌、电子显示屏，每个建筑工地、每条主次干道制作刊播“图说我们的价值观”“讲文明 树新风”“移风易俗”“文明健康 有你有我”等公益广告；在宾馆饭店的餐桌上放置“使用公勺公筷”“拒绝野味”“严禁浪费”等文明提示牌，并制作小钥匙扣、小毛巾、小纸巾等，把宣传内容

2020年7月10日，浔中镇新时代文明实践所开展“文明健康 有你有我”暨移风易俗树新风宣传活动 （图/县委文明办）

渗透到千家万户；利用“道德讲堂”、社区活动中心、社区宣传栏、农家书屋等群众身边活动场所，以漫画等群众喜闻乐见的形式广泛进行“社会主义核心价值观”“遵德守礼”“文明礼仪”等公益广告宣传。通过图文并茂的标语、口号、宣传雕塑等，引导群众树立正确的价值观，做友善、明礼、诚信、敬业的德化人。坚定理想信念，树立社会主义核心价值观。开展德化县第六届道德模范表彰活动3场次，表彰全县各行各业、各系统单位的10名道德模范。结合主题教育和疫情防控，选树身边的榜样，挖掘全县各部门单位、各系统、各乡镇、各村社区、各领域的先进典型人物20名，并对典型人物先进事迹进行展播，教育广大干部群众。坚持以“道德讲堂”建设为抓手，推动省、市、县级文明单位、文明村镇、文明校园结合“道德讲堂”开展学习宣传教育活动120场次；在“瓷都讲坛”、县委党校等平台开设爱国主义教育的专门课程，定期开展宣传教育活动，坚守意识形态阵地。依托瓷都志愿服务驿站、各级新时代文明实践中心（所、站）、“圆梦瓷都”等阵地载体，组建“1+19+N”志愿者队伍，定期开展活动。将公民道德建设和爱国主义教育融入基层巡讲、“文明实践宣讲”等宣传活动中，开展宣讲15场次，受教育干部群众2000多人次。开展清明、端午、“庆祝中华人民共和国成立70周年”、经典诵读等活动，传承中华优秀传统文化，激发群众爱国热情。优化党政引领，筑牢创建根基。实施党建引领创建行动，厚植创建工作基础支撑。党建引领方面。重点培育21个红旗村；持续发展壮大村集体经济，坚持县、乡、村三级联动统筹，投入扶持资金2123万元，助推村集体经济发展。全县94个经营性收入5万元以下的“薄弱村”全面消除，127个村经营性收入达10万元以上，占比66.49%。县纪委监委聚焦整治漠视侵害群众利益行为，围绕扶贫、涉黑涉恶腐败、民生等领域，确定县纪委监委、乡镇、村（社区）三级责任主体，凝聚县、乡、村（社区）三级监督力量。2018—2020年，全县综合运用监督执纪“四种形态”处置1111人次。其中，第一种形态879人次，占比79.1%；第二种形态150人次，占比13.5%；第三种形态45人次，占比4.1%；第四种形态37人次，占比3.3%。政务规范方面。不断加强行政审批事项清单调整管理，调整各类权责事项109项，其中取消14项、新增26项、因机构改革划转49项，其他调整20项，认真做好行政审批制度改革各项有关工作。深化“多证合一”改革，企业开办时间由30个工作日缩减至2个工作日。深化“互联网+审批”模式，建设“开放式”24小时自助行政服务平台，推行网上办事和微信预约办事。进一步提高政府服务效能。全面推行“双随机、一公开”监管机制，不断提高监管效能，制定完善随机抽查事项清单252项；统筹建立执法检查人员名录库和检查对象名录库，将具有执法资格的416名执法检查人员列入执法名录库，将19429户市场主体列入检查对象名录库，并对名录库实行出入库动态管理。

2020年6月7日，县憨鼠爱心小分队到相垵水源头开展保护“母亲河”净滩环保志愿服务活动 （图/县委文明办）

共建共享惠民生，建设幸福之城。完善公共服务。做好经济困难公民和特殊案件当事人法律援助服务工作，受理法律援助案件1435件。做好残疾儿童、弃婴救助和收养安置工作，通过公开选拔，聘请第三方机构评估48户家庭，依法确定12户收养家庭，15名被拐儿童得到妥善安置。推进残疾人劳动就业，就业率98.35%。贯彻《全国医疗卫生服务体系规划纲要（2015—2020年）》，建设县医院医技楼、立体停车楼、妇幼保健院、第三医院和16家中医馆。国家公共文化服务体系示范区建设扎实推进，建成桂祥图书馆，提升改造乡镇综合文化站、村级综合文化服务中心示范点31个，创建“非遗”和文创展示基地3家。打造“爱心幸福城”。2020年，德化县以“瓷名天下 爱满德化”为主题，在全省首创“爱心幸福城”，进一步提升文明城市精神高度和人文温度。重点建设“爱心厨房”，作为展示人文关怀、情聚瓷都温暖的主阵地。参与对象涵盖三主体，围绕“帮助谁、谁来帮、谁协调”命题，贯通“留守老人有需求、志愿者有服务、文明办有协调”工作链条，确保无缝化对接。活动内容包含三方面，围绕新时代新要求，开展爱心聚餐，构筑邻里守望，打造精神家园；开展理论宣讲，突出凝魂引智，传递文明新风；开展志愿服务，延伸关爱帮扶，彰显实践惠民。依托建成的85个村级“爱心厨房”示范点，定期开展爱心义诊、爱心理发、爱心电工等活动，并向全县推广拓展，形成“爱心厨房”工作矩阵，确保“镇镇有亮点，村村有阵地”，辐射全县各个村落。活动流程遵循三步骤。“前抓精准”，准确定位留守老人需求、志愿者技能要求、帮扶物资清单，做到供需有效衔接。“中抓规范”，组织市场监管力量指导“爱心厨房”制定食品留样查验等4项制度，全程守护“爱心厨房”群众用餐安全。“后抓公开”，由村老人协会负责统筹资金安排，明确专人管理“爱心厨房”财务，确保财务使用公开。筹资方式贯通三渠道。县里募集资金573.26万元，分批拨付到各村，作为启动资金；现有114个文明单位与47个村结对共建，由挂钩单位党员发动，单位、企业家、公益团体和村民共同捐款捐物，共筹集爱心专款415万元（含物资）；村民乡贤响应号召，自发捐资达800多万元（含物资）。社会和谐稳定。完善公共安全视频监控建设联网应用，建设良好社会治安环境，群众安全感率持续保持较高水平，先后7次进入全省前十名（其中2次居全省第一名），连续三轮获评全省首批“平安县”，2019年被列入全省第四轮首批平安县创建复核验收县，平安建设（综治）工作连续16年获得泉州市优秀表彰，成为全省最有安全感的地区之一。德化县的综治中心工作经验在全省综治中心建设现场会上推广，并作为全省唯一代表在全国综治工作视频会上作典型发言。推进减灾、防灾、救灾综合协调机制和灾害应急管理体系建设，全面提升全社会抵御自然灾害的综合防范能力。推动应急通信专用网络和应急指挥系统建设，有效提升全县应急管理能力，保障群众生命财产安全。开展打击“黄毒赌”行动，进一步净化社会风气。

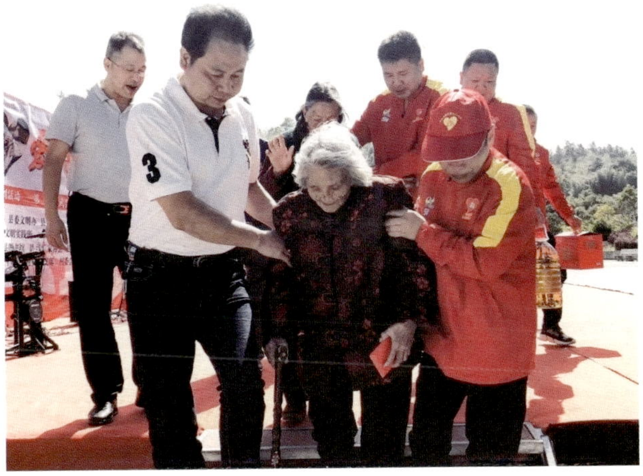

2020年10月24日，雷峰镇雷峰村开展“悦享夕阳 爱满雷峰”爱心幸福城主题活动 （图/县委文明办）

文明实践谱新篇，建设文明之城。依托新时代文明实践，让新思想落地生根。以建设全国新时代文明实践试点县为契机，在贯通三级阵地、拓展七大平台上下功夫，发挥好学用新思想、唱响主旋律、凝心育新人、争当志愿者、展现瓷都范五大功能。截至2020年底，成立德化县新时代文明实践中心1个、新时代文明实践所18个、新时代文明实践站215个，覆盖面100%。各实践所（站）共开展各类志愿服务活动2300多场次。深化移风易俗，提升乡风文明。2018年，发掘选树宝美苏氏家风家训馆、国宝移风易俗特色馆、浔中村四会劝导“集中办丧”、赤水猛虎村“爱心厨房+移风易俗”等特色做法；2019年，确定36个移风易俗“村村行”示范点；2020年，在36个示范点建设的基础上，重点培育县级10个“移风易俗示范乡镇、村（社区）”、10个“爱心厨房示范点”、10个县级“家风家训馆”、10个“移风易俗示范点带头人”、10个“新时代文明实践示范所（站）”和“十佳移风易俗村（居）规民约”。深化基础创建，夯实创城基础。全面梳理创城与基础创建（文明村镇、文明社区、文明单位、文明校园）的内在联系，有机整合2份“工作清单”，通过双创融合，各单位既“减负”又“赋能”。2020年，全县有全国文明镇2个、省级文明村镇4个、市级文明村镇24个、市级家风家训馆1个、县级文明村镇56个、县级家风家训馆22个。

（县委文明办）

“世界瓷都·自在德化”全域旅游品牌
——石牛山景区开园迎客

2020年8月8日，以“登牛山、走牛运、做牛人”为发展路径的石牛山景区正式开园迎客。副市长周真平，县委书记梁玉华、县长黄文捷、县人大常委会主任王传敬、县政协主席温文英、县委副书记林祖传等出席开园启动仪式，并共同为石牛山景区按下开园启动键。黄文捷主持开园启动仪式。

石牛山景区位于德化县东北部水口镇境内，主峰海拔1782米，因山上巨石似牛而得名，素以峰险、石怪、树奇、洞幽、瀑高、水秀、竹茂而闻名，先后获“国家森林公园”“国家地质公园”“国家水利风景区”“国家AAAA级旅游景区”4块国字牌称号。

2016年，德化县委、县政府提出要把旅游作为战略性支柱产业来培育，打造除德化陶瓷之外的“第二张名片”，启动国家全域旅游示范区创建工作，把石牛山景区作为全县的龙头核心景区，改造提升工作也同步列入重要议程。2017年7月，景区按照《石牛山国际旅游度假区总体规划》和国家AAAAA级旅游景区标准建设，以“一园两镇八村一带”为空间布局，总规划面积106平方千米，涵盖南埕镇与水口镇，累计投资6.5亿元。3年间，德化石牛山景区建设亮点纷呈，可谓是“一步一景，步移景异，时时不同”，上可登石牛顶峰，下可享岱仙绿水。景区植被茂盛，森林覆盖率92.5%，每立方厘米负氧离子含量高达7万—8万个，是一处天然氧吧；景区集亲子、科研、探险、观光、休闲、娱乐功能于一体，吸引众多旅游观光客。

梁玉华在致辞中表示，石牛山景区开园，是德化发展旅游业取得的又一重大成果，也是社会各界翘首以盼、期待已久的盛事，标志着德化县打造国家全域旅游示范区又迈出新的步伐。石牛山经过一千个日夜的精雕细琢，建成7168米的福建最长索道，长达3千米的心形悬崖栈道，悬空高度314米、全国面积最大的玻璃观景台，以及国家

2020年8月8日，石牛山景区开园

（图/福建省高空协会）

地质博物馆、石龙溪橡皮艇漂流、岱仙溪竹筏漂流等特色项目，景区正以崭新的容颜呈现在世人面前、迎接八方来客。在景观台上远望，可饱览重重叠叠山，层层密密林，弯弯曲曲路；在悬崖栈道上眺望，四面皆绿，峰回路转，移步换景；更可乘坐索道，穿林海，跨断崖，越云层。

启动仪式后，“天下第一牛馆”揭牌开馆。“天下第一牛馆”是以“牛”为主题的综合艺术馆，集中展出“牛山牛瓷、石牛神韵”主题活动征集到的300多件牛瓷作品和150多件书画作品，展览旨在展示瓷都德化浓厚的陶瓷文化和生态特色，石牛山优美的自然生态景观、铺展深远的宗教文化意蕴、挖掘深远的人文内涵、进一步增添石牛山的文化魅力。

开园活动吸引新华社、中新社、光明日报、中央人民广播电台、香港商报、福建日报、福建电视台等50多家国家、省、市媒体90多名记者前往采风报道。

（林婉清）

大事记

1月

1日，泰华宸“中国白·陈仁海”国礼艺术特展在晋江泰华宸美术馆开幕，展览持续至2月28日。

2—4日，江苏省新闻出版局（版权局）考察团到德化考察世界知识产权组织版权保护优秀案例示范点创建工作。

6日，位于城东工业项目园区的进城务工人员保障性住房百德·东城美居，在县公证处公证员监督、证明和公示下，对申购报名的10165户公开摇号，确定900户入围。

同日，省计生协会名誉会长黄贤模、会长彭锦清一行到德化调研计生协会工作情况。

7日，泉州工艺美院美湖写生基地在美湖镇揭牌成立。

9日，德化开展2019年特色亮点项目观摩活动，先后观摩大铭乡文史馆、春美乡游学园、美湖镇有轨观光小火车、龙浔镇宝美振兴馆、县“三创”公共服务平台、三班镇茶具城党群服务中心、县法院廉政文化长廊等项目的运作模式、特色亮点、服务群众等情况。并召开观摩点评会，对各个项目逐一点评。

同日，县南音艺术家协会举办迎新春南音演唱会。

10日，省公路事业发展中心主任胡玉库一行到德化开展“迎接交通运输部2020年全国干线公路养护管理评价工作”调研，市交通运输局副局长蔡永忠、市公路局局长郭根才、德化公路分局局长蔡国珊等人参加调研。

同日，三班镇锦山村开展以“统筹城乡发展 关爱留守老人”为主题的爱心厨房活动，100多名老年人共享爱心午餐。

14日，瓷都女子书画院在德化县妇女儿童活动中心举行成立揭牌仪式，并开展迎新春现场书画笔会。

同日，省民政厅副厅长林弘到德化县开展春节前走访慰问活动。

17日，中国气象局党组书记、局长刘雅鸣到九仙山气象站慰问气象站工作人员。

同日，副市长朱启平到上涌镇调研特色水产养殖业并慰问贫困户。

同日，市委文明办一行到德化县走访慰问全国道德模范提名奖获得者、省道德模范毛碧华，市道德模范林爱华、林秀香。

20日，德化县召开创建“爱心幸福城”工作会。

21日，“非遗过大年，文化进万家——德化县杨梅乡云溪刻纸作品展”在三明市艺术馆开展。

28日，县医院举行“抗击新型冠状病毒感染的肺炎疫情请战与出征大会”，在22名主动请战驰援湖北的医护人员中选派危重症科医护人员陈春梅和赖宝萍等2人支援湖北。

29日，全县小区实行封闭式管理，进入小区需测量体温。

30日，市长、疫情应急指挥部总指挥长王永礼采取“四不两直”（“不发通知、不打招呼、不听汇报、不用陪同接待、直奔基层、直插现场”）突击检查德化疫情防控措施落实情况。

2月

11日，景远（德化）建材有限公司向县红十字会捐赠30万元，助力德化县疫情防控工作。

12日，德化县37位省级及以上工艺美术大师捐赠义卖陶瓷作品开卖。义卖37件德化陶瓷艺术作品所得善款将捐赠给德化县用于防控疫情工作。

同日，市公路局局长郭根才率督导组到德化督导疫情防控、春运安全、工程项目复工开工等工作落实情况。

14日，德化新的社会阶层人士联谊会会长郑德荣代表健德建材有限公司向德化县慈善总会捐赠20万元，助力疫情防控。

16日，旅港乡贤颜禧强、颜宝铃伉俪捐赠给德化县疫情防控急需物资6万个医用口罩。

17日，德化县陆续恢复疫情防控期间停运的所有公交线路。

19日，市农业农村局调研组一行到德化县调研农业农村工作。

20日，德化憨鼠爱心小分队与县文旅协会爱心人士，到赤水镇猛虎村、湖岭村，上涌镇上涌村、西溪村、下涌村，葛坑镇葛坑村、富地村、龙塔村等沿公路8个乡村开展疫情防控宣传和送爱心活动。

27日，市委常委、组织部部长孔繁军到德化调研“两新组织”疫情防控和复工复产工作情况。

3月

3日，泉州团市委书记杨凤翔一行到德化县桂阳乡开展“五个一”帮扶活动。

同日，福州市上下杭开发有限公司与福州市德化商会、福州市永春商会签订福州永德会馆场地使用合同，标志着永德会馆使用权正式回归德化、永春两县。

6日，全县重点项目工作会召开，对加快重点项目开工复工进行部署。

10日，农业农村部公布第一批45个全国农业综合行政执法示范单位，德化县农业农村局入选。

13日，县委副书记林祖传先后在德化陶瓷发展委员会办公室展厅和德化县电商平台戴玉堂直播间，录制短视频，为世界陶瓷之都德化代言，通过线上云推介和云带货，为“中国白·德化瓷”在线“种草”。

16日，县委常委会（扩大）会议召开，研究部署德化县开展安全隐患排查及百日攻坚行动工作。

17日，市督导组到德化督导安全生产大排查大整治活动，通过召开座谈会、实地检查的方式，了解德化县安全生产隐患大排查大整治工作进展情况。

18日，省应急管理厅到德化开展安全生产隐患大排查大整治服务指导工作。

同日，德化县医院立体停车楼正式竣工。

19日，德化县1个项目参加泉州市举行2020年重大项目集中云签约活动，同时在德化分会场网络签约3个项目。

同日，德化县召开创建文明城市工作会，总结部署创建文明城市工作。

同日，德化县举行“圆梦瓷都·慰问防抗疫情最美志愿者”活动。

23日，福建首次高山气象站纪念“3•23”国际气象日暨抗疫快板活动在德化九仙山举行。

同日，2020年全县工作会议召开。会议传达贯彻中央和省委、市委农业农村工作会议精神，总结回顾2019年德化县农业农村等工作，表彰先进，研究部署2020年全县工作，动员全县上下立即行动起来，打好疫情防控阻击战，推动经济社会发展迅速突破，确保完成全年赶超发展目标。

24日，德化县召开企业家座谈会，倾听企业家的意见建议，探讨政企如何共同发力，推动陶瓷产业持续健康发展。

25日，福建省扶老公益协会、泉州市泉城公益协会、泉州广播电视台新闻中心主办的“小城大爱”为德化偏远山区贫困户送温暖、献爱心志愿服务活动在德化举行，助力德化打造“爱心幸福城”。

26日，省妇联党组书记、主席徐姗娜到德化调研，实地考察女企业家带领的企业复工复产情况。先后考察顺美集团、如瓷生活文化馆等。

同日，德化县召开乡镇发展务虚会，督促指导各乡镇围绕县委“五个年”（全域旅游呈现年、陶瓷转型突破年、城乡建设提升年、保底创优深化年、干部创业比拼年）部署，抓紧完善各乡镇目标思路，推进新一年工作开展，确保完成全年各项目标任务。

30日，全县农业农村工作暨决战决胜脱贫攻坚推进会召开。

4月

2日，县直单位服务发展工作务虚会召开。县直各单位围绕县委“五个年”部署，站位全局、立足职能，重点就2020年服务全县发展等逐一进行谈思路、谈举措、谈项目。

3日，德化县召开电商企业座谈会，研究解决电商企业复工复产遇到的问题，推进德化陶瓷电商、农村电商、跨境电商发展。

7日，县旅游行业代表座谈会召开，与会人员立足德化县实际，围绕如何加快推进全域旅游发展、提升旅游市场运作能力、做大做强德化旅游事业等提出意见建议。

8日，副市长朱启平到德化检查防汛备汛工作。

9日，德化县疫后振兴之路线上直播培训开讲，邀请北京巅峰智业旅游文化创意股份有限公司创始人、华侨城旅游投资管理集团有限公司董事长刘锋，北京巅峰智业旅游文化创意股份有限公司文创事业部总裁、峰物文创品牌创始人吴晖分别作主题讲解。

13日，省佛教文化研究会副秘书长慧渡法师到德化县龙门滩镇霞山村水府自然保护区，考研历史古迹与人文传承。

15日，省文旅厅党组成员、副厅长林守钦带领督导组到德化开展“四送六进”（送政策、送理念、送服务、送扶持，走进全省重点文化企业、文旅重点项目、文创产业园区、A级景区、星级饭店、旅行社）活动，推进企业复工复产。先后到顺美集团、新秀园等地进行实地督导调研，详细了解文旅企业复工复产、市场运营等情况，并就疫情防控措施、复工复产、相关扶持政策落实和疫情防控期间企业经营遇到的问题等情况召开座谈会。

同日，市人大常委会副主任吴汉宗带领调研组到德化开展养老服务体系建设情况专题调研。

16日，德化县召开陶瓷艺术大师、新秀代表座谈会，集思广益，完善举措，推动德化陶瓷产业持续健康发展。会议解读《德化陶瓷艺术大师服务管理办法》，介绍德化陶瓷艺术驻地中心、中国白德化陶瓷艺术双年展等相关情况。各陶瓷艺术大师、新秀代表围绕2020年陶瓷产业发展存在问题、如何突破等提出意见建议。

18日，“中国白·德化陶瓷艺术大师作品展”在广东省韶关市中环广场益华百货一层展厅开展，展出18位德化籍国家级、省级陶瓷艺术大师及青年陶瓷艺术新星作品。

20日，拼多多陶瓷类目德化面对面深度交流招商会在德化县电商园举行，德化县百余家陶瓷电商企业、生产企业参加。

21日，德化县召开陶瓷文创及营销代表座谈会，中瓷网络、戴玉堂、永继陶瓷分享各自陶瓷营销案例，陶瓷文创及营销代表就2020年如何拓宽艺术陶瓷销售渠道、当下陶瓷产业发展的痛点、市场营销难点等问题建言献策。

22日，市委书记、市房屋安全隐患大排查大整治指挥部总指挥长康涛带领市住建局相关负责人，到德化检查指导房屋安全隐患大排查大整治工作。县委书记梁玉华参加检查。

23日，首届德化“瓷谷仙境”柴烧作品展开展，展出51位艺术家57件（套）作品，展期为4月23日至6月30日。“瓷谷仙境”陶瓷艺术村位于浔中镇仙境、石鼓、祖厝等村内，有50多家工作室入驻。

24日，在“泉州线上产业直播节”世界瓷都分会场，县长黄文捷走进直播间，通过拼多多直播频道向网友介绍德化县人文历史、区域情况及产业发展等，现场为10家商家品牌及爆品进行推介。

25日，全市2020年第二批重大项目集中“云签约”活动举办，德化县政府签约代表与麻双鸣艺术巡展总部基地项目投资方代表进行网络项目签约，与美的电器物流园项目投资方福建省易乐电器股份有限公司代表进行现场签约。

26日，德化县知识产权维权服务中心举行揭牌仪式。

27日，省人大常委会副主任檀云坤带领执法检查组到德化开展野生动物保护法及福建省实施办法执法检查，并走访慰问企业领域人大代表。检查组实地查看戴云山国家级自然保护区野生动物保护情况，详细了解唐寨山森林公园的建设情况，听取德化县关于贯彻落实野生动物保护法的工作情况汇报，并征求对《福建省实施〈中华人民共和国野生动物保护法〉办法》的修改意见、建议。

29日，全县群团代表座谈会召开，听取群团代表对全县经济社会发展以及群团工作的意见建议。

5月

7日，县青年工作联席会第一次全体会议召开，审议通过《德化县青年工作联席会议制度》《德化县青年工作联席会议议事规则》。

7—8日，全国政协委员、省政协副主席、民盟福建省委会主委阮诗玮带领省政协民宗委及福建社科院等单位部门负责人，到德化英山珍贵淮山合作社、顺美集团、同鑫陶瓷、祥山大果油茶公司、龙浔镇高阳村造福工程、双全农业有限公司、浔中镇石鼓村和祖厝村等地开展调研活动，详细了解德化产业扶贫、企业复工复产、陶瓷机械代工、农产品深加工、棘胸蛙养殖加工、美丽乡村建设、扶贫项目等情况，并召开座谈会。

10日，市委书记康涛到德化一线调研督导脱贫攻坚和安全生产等重点工作。

12日，德化与同元集团达成战略合作，签订观音岐文化旅游古镇项目投资协议书。

同日，县广电妇女联合会成立大会举行。

14日，省社科院调研组到德化调研挂钩帮扶工作，并召开座谈会。

19日，市长王永礼到德化调研德化窑遗址“申遗”工作进展情况。

同日，市人大常委会副主任许文贵带领调研组到德化调研生态公益林保护管理情况。

同日，市总工会调研组到德化调研共享“职工之家”和医生休息室建设等情况。

19—20日，省政协副主席张兆民带领文化文史和学习委员会专题调研组，到德化调研工艺美术行业和民办博物馆建设发展情况。

20日，市人大常委会副主任张建生带领调研组到德化开展文化旅游融合发展情况专题调研。

同日，德化县爱心幸福城“爱心联盟”成立并启动爱心公益周活动。70多支爱心志愿者队伍加盟，现场开展爱心早餐、爱心义诊、爱心理发等9场活动。活动持续到26日，有爱心厨房、爱心义诊、爱心电工等12项志愿服务活动。

21日，应急管理部矿山救援中心处长贾春玉带领工作组到德化开展“两会”期间明察暗访工作。

25日，全县脱贫攻坚工作推进会召开。

27日，全县经济工作会召开，会议传达贯彻中央、省、市经济工作会议及统筹推进疫情防控和经济社会发展的有关精神，总结回顾德化2019年经济工作，表彰经济工作先进典型，研究部署2020年经济工作任务。

28日，海西天然气管网德化支线工程德化段开工。该项目是国家天然气互联互通重点工程、福建省主管网“两纵两横”中间联络线的重要组成部分。

同日，省工商联调研组到德化调研民营企业疫情防控、复产达产和创新发展以及基层工商联改革和所属商会改革发展情况。

同日，市总工会调研组到德化县多娇生活陶瓷公司、三班镇刘志军劳模工作室开展调研，并为德化4位“泉州工匠”颁发证书。

6月

7日，广东省生态环境与土壤研究所研究员到赤水镇猛虎村，与德化农业技术人员交流探讨“生态稻田”建设经验。

8日，县新媒体联盟正式成立，首批新媒体联盟共38家政务媒体和46家新媒体加入。

同日，广东省福建德化商会第一次会员大会在深圳召开，选举产生第一届理事会、监事会，会长王文玉、理事长张炳升、监事长陈事福。

11日，德化9件白瓷雕塑作品在上海艺术品博物馆举行的第十届（上海）国际传统艺术邀请展亮相。

12日，清华大学美术学院陶瓷艺术创作交流会在县陶瓷艺术驻地中心举行。

15—16日，县长黄文捷带领考察团到宁夏红寺堡区考察闽宁协作工作开展情况。考察期间，德化县恒峰陶瓷有限公司、福建省泉州得盛集团有限公司分别与同原村、弘德村签订结对帮扶协议，并分别向同原村、弘德村捐赠扶贫资金10万元。

19日，县委文明办、浔中镇党委政府在金凤社区和吉祥社区举办爱心幸福城•520爱心公益周系列活动——“四点半学校”启动仪式。

24日，共青团德化县第十八次代表大会召开。

25日，市委书记康涛到德化调研德化窑遗址保护工作，详细查看窑炉遗址、作坊区、加工区、出土物，了解古代窑炉类型特征、陶瓷生产流程、营造技术等。

29日，县宣传系统党委、县总医院党委及下属各党支部等联合在美湖镇开展2020年“党建引领服务•共建爱心厨房”公益活动。

7月

1日，“牛山牛瓷　石牛神韵”作品展暨“瓷谷仙境”柴烧作品展颁奖仪式在县陶瓷博物馆举行。其中“牛山牛瓷”展出189位大师新秀272件牛瓷作品，是德化陶瓷创作中，同一个主题，参与人数最多、作品最多的一次活动。

3日，以“‘德风化雨润瓷红’——陶瓷文化与旅游”为主题的首期新秀园陶瓷文化沙龙在德化新秀园举行。

7日，德化县召开陶瓷产业发展联席会第七次会议，协调解决德化陶瓷产业发展中的问题，强化部门间相互配合，促进德化陶瓷产业提质增量、转型升级。

9日，“夏送清凉志愿服务，助力‘爱心幸福城’”2020年“圆梦瓷都”关爱一线职工志愿活动在瓷都广场启动，现场为环卫工人、文明交通劝导员代表等一线劳动者发放防暑降温慰问品。

10—11日，省专家组一行到德化检查2020年国家全域旅游示范区省级初审工作。

15日，2020年德化县“志愿服务集中活动周”启动仪式在瓷都广场举行，龙浔、浔中两镇各社区新时代文明实践站志愿服务队及县总工会、德化县文明交通志愿队等参与，现场还开展爱心义诊、“夏送清凉”慰问一线职工、“公筷公勺、文明餐桌”宣传倡议等志愿活动。

21日，市文旅局调研组到德化调研“十四五”文化和旅游改革发展专项规划开展情况。

23日，宁夏回族自治区吴忠市红寺堡区区长谭兴玲带领考察团到德化参观考察，详细了解德化特色农业发展、乡村振兴、全域旅游、陶瓷产业发展等情况，对接闽宁协作事宜。

27日，市委书记康涛到德化调研督查防灾减灾工作。

28日，市人大常委会调研组到德化调研国际陶瓷艺术城项目进展情况。

29日，省人大常委会党组副书记、副主任雷春美带领调研组到德化调研历史文化名城名镇名村和传统村落保护、慈善工作情况。

30日，《泉州晚报》《东南早报》、县融媒体中心等多家媒体到石牛山景区采风，为8月8日石牛山景区开园宣传提前预热造势。

同日，国风文化电商平台玩物得志与德化陶瓷产业带达成战略合作，双方联合打造的文玩供应链服务中心——德化服务中心正式落成。

8月

1日，由市委文明办、县委文明办、国宝乡党委主办的“文明创城志愿同行暨爱心幸福城活动”在国宝乡内坂村举行。

8日，以“登牛山、走牛运、做牛人”为发展路径的石牛山景区正式开园迎客。开园启动仪式后，“天下第一牛馆”揭牌开馆。

10日，副市长肖汉辉到德化调研检查安全生产工作。

12日，泉州市助学帮扶协会德化双拥共建联络点在县退役军人事务局成立。

12—14日，由中国轻工业联合会和中国陶瓷工业协会组成的考评组到德化开展“中国瓷都·德化”荣誉称号复评工作。经过考察评审，专家组认为，德化的陶瓷产业已形成较为完整的产业体系，在产业规模、市场占有率、产业链配套、产品种类、公共服务平台建设、社会影响力等方面，符合中国轻工业联合会《中国轻工业特色区域和产业集群共建管理办法》（修订版）的要求，建议中国轻工业联合会和中国陶瓷工业协会继续授予德化县“中国瓷都”称号。

13日，德化县举办石冻王（棘胸蛙）全基因组测序成果发布会暨福建师范大学与双全农业有限公司校企合作签约活动。

同日，泉州市农业学校与桃花岭农业观光园专业合作社签订“校企项目”合作协议，设立校外实践基地。

14日，德化县第三届“母亲花”欣赏文化旅游节在春美乡母亲花观光园举办。

15日，市委书记康涛带队到德化县检查指导安全生产、防汛防台风、脱贫攻坚等工作，强调要深入贯彻落实习近平总书记重要讲话重要指示批示精神，牢固树立人民至上、生命至上理念，推动各项工作落深落细落实。

17日，市委政法委组织检查验收组到德化开展“七五”普法总结验收。

18日，县第二届茶油文化旅游节暨阿嫲家油主题馆开馆仪式在安娜茶油文化产业园举行。

19日，“云见面　真幸福”助力“爱心幸福城”系列活动在浔中镇石山村正式启动。启动仪式上，分别举行石山村“爱心厨房”捐赠仪式和石山村“农家书屋”书籍捐赠仪式以及文化下乡活动。

21日，县举办第三届陶瓷艺术名人、艺术大师推荐学习活动（德化）现场陶瓷技能实操比赛。

25日，市委史志室副主任高友士带领调研组一行4人，到德化开展党史研究和宣传教育专项调研活动。

同日，县融媒体中心获全省“十佳报道组”称号。

28日，县陶瓷艺术分享交流会召开。

29日，全市产业链招商推介会暨项目集中签约活动举行。德化8个项目成功签约，总投资73.8亿元。

9月

1日，红旗坊·文旅产业园PPP项目举行签约仪式。项目总投资约13亿元，规划用地面积17.67公顷，规划总建筑面积13万平方米，其中保护与修缮建筑面积约5.7万平方米。

1—4日，泉州市2020年残疾人网络直播定向培训班在德化县的泉州工艺美术职业技术学院举办。

2日，德化县国家工业设计研究院建设接受工业和信息化部产业政策与法规司副司长于晓东带领的专家组的现场评估。

同日，国家文物局副局长宋新潮带领调研组到德化县调研古窑遗址。

8日，中国民主促进会泉州市委会向县第五实验小学捐资助教。

同日，赤水镇西洋村举办“扬家风、传家训，共建爱心幸福城”为主题的系列活动，进一步倡导敬老、爱老、助老的新风尚。

10日，“戴云清风讲堂”首讲开讲，讲堂围绕《〈政务处分法〉实务解读》和《网络环境下意识形态工作的挑战与对策》进行专题讲座。

11日，县实验小学举行德化县中小学学生民族管弦乐团授牌仪式。

15日，世界陶瓷之都——德化陶瓷（波兰）线上经贸对接会在波兰国际礼品及家居用品展云展会平台开幕，德化陶瓷首次通过境外线上平台展出。

18日，雷峰镇瑞坂村“爱心厨房”暨“孝亲敬老”系列活动启动。

22日，德化县和德化一中被省教育科学研究所确定为“福建省教育科研基地”，并举行授牌仪式。

25日，广西壮族自治区梧州市蒙山县考察团到德化参观考察。

同日，国内领先的文玩艺术品电商平台微拍堂与德化陶瓷产业带达成战略合作，双方联合打造的微拍堂·德化白瓷服务站正式落地。

26日，以“自在德化·魅力美湖”为主题的德化县2020年“中国农民丰收节”暨古樟小镇第四届民俗文化旅游节活动在美湖镇小湖村举行。

28日，德化县举行纪念孔子诞辰2571周年典礼暨孔子文化教育奖颁奖仪式。

30日，德化县举行2020年烈士公祭活动暨“烈士光荣证”颁授仪式。

同日，2020年上涌镇大地艺术节活动在曾坂村举办。

10月

1—8日，中秋和国庆长假期间，德化县各景点接待游客36万人次，实现旅游收入3.24亿元。全县各景区和观光工厂客流量恢复到上年同期的90%以上。

13日，德化县与宁夏红寺堡区对口帮扶协作联席会召开，与会人员就两地对口帮扶工作进行交流探讨。红寺堡区委书记丁建成、德化县委书记梁玉华参加对口帮扶协作联席会。

15—16日，全国政协委员、省政协副主席阮诗玮带领省政协民宗委及挂钩帮扶单位负责人，到德化县开展挂钩帮扶和化解积案专题调研。

17—19日，由中国陶瓷工业协会、中国茶叶流通协会、中国工艺美术学会主办，德化县陶瓷发展委员会、中国茶具城承办，福建荟源国际展览有限公司协办的“2020中国德化陶瓷博览会暨茶具文化节”在中国茶具城举办。展会吸引全国各地近万名采购商参加，现场贸易成交额2186万元，意向成交额8682万元。

19日，由市委文明办、市志愿者协会主办的2020年泉州市志愿服务组织负责人培训班在德化县开班。

22日，“瓷都热淘”网络农特产品展销平台战略合作签约，“瓷都热淘”是网络农特产品展销平台，包括“关注直播”“工会专栏”“特色农产品”“时令采摘”“主播推荐”“德化陶瓷”“消费扶贫”等板块。

22—23日，由省委文明办主办，德化县委、县政府，泉州市委文明办联合承办的2020年福建省“我们的节日·重阳”主题系列活动在德化县举办。活动共有4场，分别是“孝亲敬老·暖重阳”的爱心幸福城系列活动、福建省“我们的节日·重阳”主题系列活动启动仪式和文艺汇演、“瓷都民俗·乐重阳”为主题的民俗会演、“瓷情瓷意·诵重阳”为主题的经典诵读活动。

29日，莆田市城厢区考察团到德化县参观考察陶瓷产业发展情况。

同日，2020年泉州市陶瓷行业职工技能竞赛在德化县的泉州工艺美术职业学院落下帷幕，王冬燕、陈宏伟、王祖掌3人从58位参赛选手中脱颖而出，分获第一、二、三名。

11月

1日，德化县第七次全国人口普查进入正式登记阶段。

3日，《瓷都热淘》开展直播经验分享线上培训，并为电商技能竞赛的获奖者颁奖。

4日，副市长朱启平到德化调研指导脱贫攻坚工作。

5日，德化召开第一届德化陶瓷艺术大师联盟成立大会。中国陶瓷工业协会副秘书长樊瑞新、福建省陶瓷行业协会会长陈建新到会祝贺。

同日，桂阳乡第三届“寨见贵湖”油茶文化旅游节在洪田村开幕。

6日，“何朝宗杯”2020中国（德化）陶瓷工业设计大赛颁奖仪式在德化陆升陶瓷酒店举行，颁出特等奖1名、金奖3名、银奖5名、铜奖20名，总奖金43.5万元。特等奖《“折忆折”系列手冲咖啡具》为清华大学美术学院学生潘欣萌作品。

10日，莆田市城厢区区长吴文恩带领考察团到德化参观考察。

同日，首届“中国白”中国传统陶瓷艺术双年展作品征集圆满收官，收到报名作品1330件。

12日，中国少年先锋队德化县第五次代表大会召开。

同日，“双十一”期间（11月1日0点到11月11日24点），德化网络零售总额6.06亿元，比上年增长36.7%。

13日，“瓷语德化”分享会——“德化陶瓷雕塑艺术”分享活动在城市规划展示馆举行。

16日，德化县获省交通运输厅、省农业农村厅、省扶贫办命名的第四批“四好农村路”省级示范县称号。

17日，市政协调研组到德化县兴泉铁路德化站前广场、德化国际陶瓷艺术城、县社会福利中心迁建工程、县妇幼保健院等重点项目建设现场，开展“一线协调活动旬”工作。

18日，德化县入选文化和旅游部公布的第二批国家全域旅游示范区名单。

19日，“泉州知青上山下乡德化纪念墙”落成典礼在唐寨山森林公园举行。

同日，市道安办到德化督查预防重特大道路交通事故专项整治行动工作。

19—20日，宁夏红寺堡区委副书记周永根带领考察团到德化考察调研美丽乡村建设、全域旅游和陶瓷产业发展等情况。

20日，省扶贫“两会”调研组到德化英山珍贵淮山产业联系点开展关于“脱贫攻坚和乡村振兴”工作的专题调研。

同日，德化县入选第六届全国文明城市。

同日，德化县第二届剪纸文化旅游节暨杨梅乡第四届银杏文化旅游节在杨梅乡“忆初心党员教育基地”举行。

20—21日，国家图书馆调研组到德化调研文创工作。

24日，新加坡、泰国、菲律宾驻厦门领事官员到德化访问。

同日，德化黑鸡产业合作社社员刘志军获中共中央、国务院表彰的“全国劳动模范”称号。

26—27日，省记协调研组到德化调研陶瓷文化、融媒体中心建设等，并为德化作《突发舆情引导处置的实践与思考》专题讲座。

27日，福建省太极拳协会石牛山景区教学基地暨福建省非物质文化遗产“张三丰原式太极拳”石牛山景区传习所举行揭牌仪式。

12月

1日，市委宣讲团到德化宣讲中共十九届五中全会精神。

3日，徐本章文选《瓷都探论》首发式暨德化陶瓷文化研究座谈会在城市规划馆举行。

4—7日，在第十三届海峡两岸（厦门）文化产业博览交易会上，德化签约2个10亿元以上项目：陶瓷文化手工艺创意产业园签约金额30亿元，德化红旗坊·文旅产业园签约金额13亿元。

9日，县政府与福建省招标采购集团签订《战略合作框架协议书》，签约后双方将在项目建设咨询服务、“6•18”科技成果服务、项目对接、孵化、产业化等领域展开全面、长期的合作。

10日，市领导带队到德化县进口冷链食品集中监管仓、超市等地，督导检查德化常态化疫情防控工作。

11日，德化举行中国供销（德化·国际）智慧农副产品直批电商物流博览园项目签约仪式。

同日，“让小说走进人民”暨海丝文学创作交流系列活动在泉州举行，多位知名作家携手走进德化采风，感受陶瓷文化，交流分享海丝题材文学创作理念。

12—19日，“瓷韵观白2020——中国白·德化瓷艺术作品联展”在福州海峡文化产权交易所开展，展出德化白瓷作品200多件。

15日，以“弘扬匠心·致敬传统”为主题的首届德化“中国白”中国传统陶瓷艺术双年展开幕式暨颁奖典礼在德化县举行。

同日，福州永德会馆开馆典礼暨福州永春商会、福州德化商会乔迁庆典在福州市台江区上下杭硋埕里20号举行。

16日，在泉州的省人大代表到德化视察脱贫攻坚、乡村振兴等工作。

同日，市机关宣讲小分队到德化开展中共十九届五中全会精神宣讲活动，为德化宣传系统和总医院党委作辅导讲座。

17日，县四套班子领导以及各乡镇、有关部门负责人到上涌、汤头、盖德、浔中、雷峰等乡镇观摩2020年特色亮点项目。

18日，德化举行招商引资项目签约仪式，分别与泉州市德祥包装辅料有限公司、厦门帷盛发休闲用品有限公司签约。

22日，“石牛山十大牛瓷”颁奖暨“牛山牛瓷创作展示基地”揭牌仪式在石牛山景区举行。

23日，德化城建集团有限公司与泉州市城建置业有限公司签订合作成立合资公司合同。

25日，县政协在县图书馆分馆——桂祥书院设立的“德化县陶瓷图书专馆”举行揭牌仪式，馆藏1700多本国内外有关陶瓷方面书籍。

29日，市委政法委调研组到德化调研“酒驾”专项整治工作。

30日，省减灾办调研组到德化指导开展防范应对大范围寒潮天气工作，详细了解防范寒潮应急预案、工作措施以及疫情防控等工作落实情况，并召开座谈会。

同日，《德化年鉴（2019）》获中国地方志指导小组、中国地方志学会联合表彰的第七届全国地方志优秀成果（年鉴类）县级综合年鉴一等年鉴。《德化年鉴（2019）》于3月份入选省精品年鉴工程，6月9日正式出版。全书79.4万字，配有40幅彩图。

（县委史志室）

德化概览

自然地理

【地理位置】 德化县位于福建省泉州市西北部，北纬25°33′～25°56′，东经117°55′～118°32′，东西宽62.1千米，南北长60.4千米，总面积2232.16平方千米。

【地质地貌】 地质条件。德化县地势较高，山脊多呈北东—西南走向，地貌以低中山地为主，部分为丘陵、山间盆地和河谷阶地。最高点戴云山主峰海拔1856米，素有“闽中屋脊”之称；最低点汤头乡岭脚村海拔217米。大部分地区海拔700米。

地质构造。德化县大地构造位于华南褶皱带东部周宁至华安断隆带。地形以中低山地为主。县城位于戴云山南侧山间河谷阶地之中。

地貌类型。德化县中部高耸，往四周呈阶梯状渐降，东南低于西北。海拔800—1856米山地，占土地总面积39.3%，主要分布在赤水、上涌、桂阳、葛坑、汤头、大铭、雷峰、南埕等乡镇；海拔500—800米山地，占土地总面积46.5%；海拔217—500米山间丘陵、盆地、河谷阶地仅占总面积14.3%，主要分布在雷峰、浔中、三班等乡镇。德化县山岭连绵，河谷剧烈下切，峡谷、嶂谷十分发育，如猛虎格附近河谷深切达400米，谷宽不过百米，两岩坡度50°。散布在群山之中的山间盆地和河谷阶地，面积较大的有浔中、三班、上涌、美湖、水口等乡镇。德化县75%以上的村驻地在海拔600—900米；美湖镇洋坑村、大铭乡金黄村、水口镇榜上村、盖德镇吾华村、赤水镇铭爱村和小铭村、汤头乡吉山村等7个村海拔都在1000米以上。

【山脉河流】 德化县地处“闽中屋脊”戴云山麓，地势较高、地形复杂，地貌以低中山为主，海拔1000米以上山峰258座，福建第二大山脉戴云山主峰横亘境内，是典型的山区县。

戴云山曾名迎雪山、佛岭，是福建省中部主要山脉，走向为北东—南西和北西—南东，由大戴云、小戴云和中尖、白鹿贡、莲花池贡、牛皮尖、大格贡等海拔均达1660米以上的7座山峰组成，远望仅见5峰，似莲花。主峰大戴云位于北纬25°40′、东经118°11′。1985年5月16日经福建省政府批准成立戴云山自然保护区，隶属德化县政府。保护范围位于上涌、赤水、雷峰、大铭4个乡镇交界处，包括九仙山，总面积9730.47公顷，约占德化县总面积的1/23。自然保护区内地势一般为海拔900米以上的中山地，山体坡度在40°—60°。

九仙山海拔1658米，在赤水、上涌、大铭3个乡镇交界处，位于北纬25°42′、东经118°06′，面积约35平方千米，构成以火成岩为主，地面起伏较大，西北坡陡峭，东南坡较平缓，呈北西—南东走向。

石牛山海拔1782米，位于水口镇与南埕镇交界处，北纬25°37′，东经118°28′，呈北西—南东走向。西起南埕，东至秀才山，北起水口，南至石龙溪，面积约140平方千米。因山腰石壶寺前池中和顶峰各有石似牛而得名。山巅由火山喷出含镁铁成分多的基性岩浆形成盾形火山锥，地下热水丰富，山陡林密，木材蓄积量大，是德化县重要林区和天然中草药库。

德化县境内河流以戴云山为中心，向四周分流，分属闽江水系和晋江水系。河流水力资源丰富，但河水流量随季节变化，夏季较大。温泉分布在老断裂带，水温高，可利用价值较大。境内集雨面积在50平方千米、长度在10千米以上的河流有浐溪、涌溪、大张溪、小尤溪、雷潭溪、双芹溪、梓溪、蕉溪、大溪、下甸溪、岭脚溪、双翰溪等12条，其中浐溪、涌溪集雨面积最大、河流最长、流量最大。

【土壤植被】 德化县境内土壤可归纳为6个土类，其中林业用地土壤有5个土类，以红壤面积最大，占林地土壤总面积的84%；黄壤次之，占16%。成土母岩主要有5类：酸性岩，主要为流纹岩、凝灰熔岩、花岗岩；中性岩，主要为英安岩、安山岩、石英闪长岩、粗面岩；基性岩，主要为辉绿岩、辉长岩；泥质岩，主要为粉碎岩、变粒岩、灰绿二云母片岩、石英片岩；砂质岩，主要为砂岩、砾岩。成土母质中，山地土壤多为残积、坡积物，部分为堆积物；水稻土、梯田以坡积物为主；山垅田多为坡积、洪积二元结构；河流沿岸以冲积物为主，部分为坡积、冲积二元结构。

土壤类型垂直分布明显，海拔800米以下为红壤分布地带，800—1300米为红壤与黄壤过渡地带，1200—1500米为黄壤地带，1500米以上有粗骨性黄壤和山地草甸土分布。林地土壤土层深厚，有机质含量较高，含水量适宜，质地较疏松，理化性状较好，但磷、钾含量普遍较低或缺乏。耕地主要是水稻土，耕地土壤肥力较低，茶果园地等以红泥土为主。一级肥力田仅占德化县耕地总面积1.7%。有机质含量中等的占41.43%，丰富的占55.42%。

红壤面积8.47万公顷，是德化县最大的林业用地土壤类型，较集中分布于东南部及西北部的低山、丘陵，海拔300—1000米，自然植被为常绿阔叶林，以马尾松、矮灌及芒箕骨等为主的次生林。粗骨性红壤面积649.07公顷，多分布于植被受破坏、水土流失严重的山顶或陡坡。黄红壤面积5.08万公顷，主要分布于赤水、上涌、南埕、水口、雷峰等地。暗红壤面积0.74万公顷，发育于植被茂密的山坡上，土壤深厚80—160厘米，质地为轻壤或中壤，腐殖质层厚0—40厘米，淀积层厚45—140厘米。红土面积0.24万公顷，分布于桂阳、赤水、南埕等乡镇。水化红壤面积0.9万公顷，主要分布于水口、南埕、汤头等乡镇的低山、高丘的中下坡，植被较茂密，多生长马尾松、芒箕骨、竹、桃金娘、青岗、枫树等。黄壤面积2.11万公顷，分布于海拔1000—1400米的中山坡的中下坡地，植被为稀疏松林，土层厚75—155厘米，质地为沙壤或轻壤，腐殖质层厚0—16厘米，淀积层厚40—110厘米。粗骨性黄壤面积0.81万公顷，主要分布于赤水、水口、美湖、葛坑、雷峰等地，海拔1100—1600米的中山山脊或陡坡地带。黄泥土总面积218.3公顷，主要分布于美湖、赤水、桂阳等乡镇。草甸土面积259公顷，主要分布于戴云山、石牛山，海拔1600米以上的孤峰，地势较低的山间洼地也有小块分布。紫色土面积18.67公顷，分布于赤水街、村，由紫色凝灰熔岩构成的中山西北坡中段，海拔835米，坡度26°，坡形平直，生长杉木、马尾松、黄瑞木、芒箕骨等。潮土面积13.67公顷，零星分布于水口、浔中、上涌溪流沿岸，成土母质为冲积、洪积物，土层较厚，剖面中可见到粗细分选的沉积层理，具有不同的质地层次。水稻土是德化耕地的主要土壤类型，面积1.22万公顷，占耕地面积的92.7%，从海拔210米的湖坂涌口至海拔1300米的昆坂均有分布，但集中于海拔500—800米的山丘坡地、垅谷、溪谷平地。

德化县属常年暖湿的照叶林地带的南岭东部山地常绿槠类照叶林区，闽中东戴云山鹫峰山绿槠类照叶林小区，即属于南亚热带照叶林区。这里地处南亚热带和中亚热带的交界处，因而植物区和植被类型具有某些过渡性的特点，原始常绿阔叶林已不多见，而代之以次生阔叶林、针叶林和针阔混交林等。常绿针叶林的马尾松、杉木等遍布德化县，以甜槠、米槠、硬斗柯、木荷、梨茶、阿丁枫、楠、樟树等为主要组成部分，与杉、松、竹形成针阔混交林、竹阔混交林。林下灌木通常有杜鹃属、柃木属、冬青属、以乌药、黄杞、石斑木等一些种类为主。草本植物一般都较稀疏、种类也不多，通常以里白、狗脊、蕨类植物，以及乔木科、莎草科的一些种类为多。

针叶林有常绿针叶林和落叶针叶林，多系次生林、人工林。常绿针叶林遍布德化县，主要是马尾松、杉木、黄山松、建柏、油杉和柳杉，落叶针叶林面积很小，建群种主要是水杉。马尾松次生林，在海拔1200米以下普遍种植，1200米以上则多为黄山松，林冠低矮。戴云山保护区马尾松分布上限为海拔1300米，在永安岩（海拔1290米）南坡，坡度18°仍有生长，一般在海拔1100—1200米为马尾松、黄山松过渡带。

针阔混交林多分布在海拔1000米以下山地，以红壤为主，较常见的有马尾松、杉木、毛竹、甜槠、米槠混交林和马尾松、木荷混交林。

阔叶林中常绿阔叶林多为次生林，保留于交通不便的边远、偏僻山谷，树种繁多。落叶阔叶树种常见的有南酸枣、拟赤杨、擦树、栓皮栎，还有引种的黑荆树、火力楠、湿地松等热带、南亚热带树种。

竹林有毛竹林、毛竹与针阔混交林。除毛竹外，常见的尚有石竹、桂竹、刚竹、苦竹、麻竹、绿竹、枞生竹、藤枝竹以及少量雷公竹、四方竹、斑竹、紫竹、花竹等，高海拔山头还有箭竹。

次生灌丛有丘陵、低山次灌草丛，中山和林下灌草丛。在较湿润的林地，常见的有水团花、天仙果、变叶榕、掌叶榕、山乌桕、毛冬青等；常混生的有绵毛猕猴桃、山葡萄；较干燥的林地常见的有野茉莉、肖梵天花、映山红、石斑木、狗骨柴等。地被层常见的有芒箕骨、草珊瑚、百两金、老鼠刺、狗脊及其他阴性蕨类。层外藤本植物常见的有忍冬科、菊科和瓜馥木、龙须藤、鸡血藤和藤黄檀等。

荒山草坡主要有禾本科、玄参科、菊科、莎草科，其中芒箕、五节芒分布最为广泛，在村庄附近的丘陵、低山以及中山地带都有。其他属于原生植被破坏后而形成的逆行演替的次生植被。

【气候】 2020年，德化县年平均气温18.7℃，比常年偏高0.4℃；年降水量1572.4毫米，比常年偏少251.4毫米；年日照时数1770.2小时，比常年偏多0.9小时。冬季气温偏高，夏季气温显著偏高；夏季降水量偏少，且暴雨呈分散性，持续天数较短，强度偏弱。

气温 2020年，德化县平均气温18.7℃，比常年偏高0.4℃；年极端最高气温出现在7月13日，为36.2℃；年极端最低气温出现在1月13日，为0.1℃。全年≥35℃高温天气出现3天，出现在7月13—14日、24日。四季平均气温分别为17.6℃、26.0℃、19.7℃、11.9℃。

降水 2020年，德化县降水量为1572.4毫米，比常年偏少251.4毫米，降水量比多年平均值少14%，属正常。出现大雨及以上的日数25天，其中暴雨日数5天。日最大雨量为66毫米，出现在3月28日。四季降水量分别为581.6毫米、537.8毫米、311.7毫米、146.2毫米。

日照 2020年，德化县年日照时数1770.2小时，比常年偏多0.9小时，属正常。四季日照时数分别为355.8小时、571.4小时、474小时、441.3小时。

主要气候事件及其影响 2020年，德化县气象灾害总体较轻。主要灾害性天气有暴雨、强对流天气、台风、高温、干旱，以暴雨和强对流造成的气象灾情为重。有1个台风2006号“米克拉”影响德化县，与常年相比偏少，影响较轻。春季冷空气较为活跃，雨季开始后西南暖湿气流活跃，强对流天气多发。春季3—5月强降水天气较多，降水强度较强，出现2次冰雹天气：5月6日、5月16日。其中5月6日浔中镇、雷峰镇、上涌镇、桂阳乡、汤头乡、葛坑镇、杨梅乡等7个乡镇出现冰雹，最大冰雹直径约20毫米。夏季≥35℃高温日数3天，其中7月13日极端最高气温浔中镇36.2℃、水口40.6℃、南埕40.2℃。有两次强冷空气过程：1月26日至2月1日，受多股冷空气影响，1月29日九仙山出现雾凇，1月29日至2月1日，夜晨持续出现4℃以下霜或霜冻天气，中北部乡镇有结冰，过程最低气温出现在31日早晨，以桂阳乡-4.5℃为最低，过程降温超过10℃，达到强冷空气标准；2月16—18日，受强冷空气影响，气温明显下降，过程降温幅度达7—14℃；过程最低气温出现在18日早晨，最低≤5℃，达到寒潮标准。

【水文】 2020年，德化县水文局下辖凤洋水文站、水口水文站，德化水位站，17个雨量站（赤水、格头、盖德、英山、彭村、德化、凤洋、龙门滩、雷峰、春解、枣坑、水口、涌口、涌溪、东固、葛坑、双翰）。凤洋水文站位于德化县浔中镇乐陶村，东经118°16′58″、北纬24°29′42″，是国家二类精度水文站，控制流域面积270平方千米。

2020年，全县平均降水量1572.4毫米，比多年平均偏少14%，平均降雨日数140天，各站降水量在1176.5（彭村水库）—1655.5毫米（春解）；辖区内最大日降雨量101.0毫米，发生在3月27日凤洋站。凤洋水文站没有发生超警戒水位（464.0米）的洪水，3月28日出现年最高洪水水位463.42米，相应流量187立方米/秒；年径流量1.563亿立方米，径流深度575.1毫米，平均输沙率1.99千克/秒，平均含沙量0.403千克/立方米。

【资源】 德化县境内资源丰富，拥有“山多、水足、矿富、瓷美”四大优势，素有“闽中宝库”之称。

生物资源 德化县地处中亚热带季风区，气温条件好，地形、地势复杂多样，动植物和微生物种多量丰，其中有世界特有的树种“活化石”银杏、水杉，世界珍稀的动物角怪。德化珍稀树种有鹅掌楸、福建柏、油杉、黄檀等国家二、三级保护树种，珍贵树种有三尖杉、南方红豆杉、黄山松、百日青、戴云栎、阔瓣白兰花、木荚红豆树、建宁椴等；还有黄连、土洋参（属国家三级保护珍稀植物）、瑞香、七叶一枝花、石香薷、大血藤、卷丹、山含笑、杜鹃花及多种兰花等。美湖镇小湖村的古樟树为唐代所植，树高28.01米，胸围16.7米，地围27.05米，冠幅东西33.8米、南北39.95米，为福建最古老的樟树。水口镇淳湖村、久住村亦尚存几株古樟，九仙山永安岩寺庙前有数株大柳杉，其中最大一株高34.6米，胸径1.9米，被誉为“柳杉王”。赤水镇戴云村、葛坑镇大正村还有“杉树王”等。德化野生动物有水生脊椎动物、陆生脊椎动物。其中，水生鱼类有15科、38属、48种。陆生脊椎动物有两栖纲、爬行纲、鸟纲、哺乳纲。国家一级保护动物有蟒蛇、黄腹角雉、云豹、豹、

2020年德化县各季气温、雨量、日照及评价一览表

表1

季节	气温（℃）	气温评价	雨量（毫米）	雨量评价	日照（小时）	日照评价
冬季	11.9	偏高	146.2	正常	441.3	正常
春季	17.6	正常	581.6	正常	355.8	正常
夏季	26.0	显著偏高	537.8	偏少	571.4	正常
秋季	19.7	正常	311.7	正常	474.0	正常

2020年德化县各月气温、雨量、日照及评价一览表

表2

月份	气温（℃）	气温评价	雨量（毫米）	雨量评价	日照（小时）	日照评价
1月	11.6	显著偏高	35.7	偏少	141.4	正常
2月	11.9	正常	80.6	正常	130.2	正常
3月	14.8	正常	219.6	偏多	72.7	正常
4月	15.7	显著偏低	113.7	偏少	177.8	异常偏多
5月	22.3	偏高	248.3	正常	105.3	正常
6月	25.9	异常偏高	183.1	偏少	175.0	偏多
7月	26.5	正常	146.9	偏少	201.4	正常
8月	25.5	正常	207.8	偏少	195.0	正常
9月	22.7	正常	302.5	显著偏多	104.5	显著偏少
10月	19.0	正常	3.9	异常偏少	184.3	正常
11月	17.3	显著偏高	5.3	异常偏少	185.2	正常
12月	11.1	正常	25.0	正常	97.4	显著偏少

鼋等5种；二级保护动物有穿山甲、豺、黑熊、水獭、大灵猫、小灵猫、金猫、鬣羚、猕猴、虎纹蛙、雀鹰、鸳鸯、松雀鹰、乌雕、白腹山雕、鹊鹞、林雕、鸢、蛇雕、鹰雕、游隼、燕隼、红隼、（白腿）小隼、白鹇、短耳鸮、长耳鸮、雕鸮、领鸺鹠、斑头鸺鹠、鹰鸮、领角鸮、草鸮、褐林鸮、褐翅鸦鹃、小鸦鹃、虎纹蛙等37种；福建省重点保护动物有滑鼠蛇、眼镜蛇、眼镜王蛇、黑斑蛙、白鹭、白额山鹧鸪、喜鹊、家燕、黑枕黄鹂、画眉等18种。游隼、黄腹角雉、黑熊、水獭、金猫、豹、云豹、鬣羚、虎纹蛙、眼镜王蛇等被列入濒危野生动植物种国际贸易公约（CITES）（1995）附录Ⅰ、Ⅱ。

土地资源　根据2020年土地利用现状，德化县国土总面积2232.16平方千米。其中耕地17631.5公顷、林地182236.72公顷、园地面积5749.4公顷、草地面积2932.4公顷、水域及水利设施用地3377.97公顷、商务用地111.26公顷、工业用地1297.47公顷、住宅用地3192.08公顷、公共管理与服务用地313公顷、特殊用地137.24公顷、交通运输用地面积3128.48公顷、其他土地面积161.87公顷、湿地面积104.66公顷。

矿产资源　德化县境内有高岭土、煤炭、石灰石、铁矿石、泥煤、叶蜡石、金、铅、锌、铜、钨、锰等矿藏40多种。2020年，开发利用的主要矿种有铁矿、金矿、叶蜡石矿、水泥用灰岩、陶瓷土、地下热水以及建筑用石料等9种。矿产资源开发利用统计对象共29家矿山企业，其中在产矿山企业16家、停产矿山企业13家，矿山从业人数1005人。

水资源　德化县多年平均降雨量在1600—2100毫米。河流坡降较大，蕴藏着丰富的水能资源，多年平均水资源总量24.92亿立方米，约占泉州市的四分之一，平均每平方千米产水量111.64万立方米，人均水资源占有量7400立方米，居泉州市首位，是全省平均水平的2.5倍、全国平均水平的3.8倍。水能资源理论蕴藏量49.7万千瓦，其中技术可开发的31.2万千瓦、已经开发利用29.1万千瓦，开发率93.27%，设计年发电量约10亿千瓦时。

（陈志恒）

人文历史

【建置沿革】 德化建县前疆域分属尤溪县、永泰县管辖。唐贞元年间（785—805年）析永泰县归义乡置归德场，场址设在今德化县城，隶属永泰县，德化县雏形初具。五代后唐长兴四年、闽龙启元年（933年）由永泰县析出归德场置德化县。后晋开运二年、闽天德三年（945年），德化县隶属闽国东都（今福州）；后汉乾祐二年、南唐保大七年（949年）尤溪县析常平、进城二乡归德化县辖，时属南唐清源军（今泉州）；宋属清源军、平海军和泉州；元属泉州路、泉宁府和泉州分省；明属福建布政使司泉州府；清初沿袭明制，清雍正十二年（1734年），划属永春直隶州；民国2年（1913年），永春废州立县，德化县隶属福建省兴泉永道（南路道），民国3年（1914年）南路道改称厦门道。民国16年（1927年）废道，德化直属福建省。民国23年（1934年）7月后，德化县先后隶属福建省第四、第六、第九行政督察区。1949年11月24日德化解放，属福建省第七专区（后称永安专区），1950年10月划归晋江专区。1971年，晋江专区改称晋江地区。1985年，撤晋江地区建地级泉州市，德化县属之。

【行政区划】 2020年，德化县辖12个镇（龙浔、浔中、盖德、三班、龙门滩、雷峰、南埕、水口、赤水、美湖、上涌、葛坑），6个乡（国宝、大铭、春美、汤头、桂阳、杨梅），25个社区、191个村委会。

2020年德化县行政区划情况表

表3

乡镇	社区数（个）	村数（个）	社区、村名称
全县	25	191	
龙浔镇	13	6	社区：浔东、德新、兴南、南门、金锁、龙鹏、湖前、园丁、浔南、龙井、大洋、鹏都、鹏祥 村：宝美、丁溪、丁墘、大坂、英山、高阳
浔中镇	11	11	社区：凤池、富东、东埔、龙东、凤凰、金凤、阳光、东顺、吉祥、祥安、东裕 村：浔中、乐陶、后所、凤洋、龙翰、石鼓、仙境、祖厝、石山、蒲坂、世科
盖德镇	—	14	村：盖德、下寮、有济、下坑、福阳、大墘、上地、吾华、三福、上坑、林地、仙岭、凤山、山坪
三班镇	—	10	村：三班、泗滨、东山洋、奎斗、儒坑、锦山、龙阙、桥内、蔡径、岭头
龙门滩镇	—	12	村：硕儒、霞碧、碧坑、苏洋、磻坑、石室、湖景、内洋、村兜、朱地、霞山、大溪
雷峰镇	—	14	村：朱紫、蕉溪、潘祠、坂仔、雷峰、格后、溪美、肖坑、长基、瑞坂、李溪、荐解、上寨、双芹
南埕镇	—	12	村：西山、高漈、前峰、半岭、南埕、塔兜、枣坑、许厝、望洋、连山、蟠龙、梓垵
水口镇	—	16	村：亭坑、丘坂、凤坪、上湖、久住、祥光、八逞、樟境、村场、湖坂、淳湖、毛厝、昆坂、梨坑、承泽、榜上
赤水镇	1	14	社区：赤水 村：戴云、东里、苏坂、猛虎、湖岭、岭边、福全、吉岭、永嘉、苏岭、西洋、锦洋、小铭、铭爱
美湖镇	—	8	村：上岸、小湖、美湖、上漈、洋坑、洋田、斜山、阳山
上涌镇	—	17	村：上涌、黄井、辉阳、后坂、后宅、刘坑、下涌、曾坂、云路、西溪、桂格、传豪、桂林、中洋、下村、门头、东山
葛坑镇	—	12	村：葛坑、下玲、湖头、漈头、邱村、水门、大岭、蓝田、富地、大正、龙漈、龙塔
国宝乡	—	8	村：国宝、佛岭、上洋、南斗、祥云、内坂、厚德、格头
大铭乡	—	7	村：大铭、联春、金黄、上徐、琼英、琼山、琼溪
春美乡	—	7	村：古春、梁春、上春、春美、新阁、尤床、双翰
汤头乡	—	7	村：汤头、草村、吉山、福山、格中、岭脚、汤垵
桂阳乡	—	9	村：桂阳、溪洋、王春、安章、涌溪、洪田、彭坑、梓溪、陈溪
杨梅乡	—	7	村：杨梅、白叶、西墘、上云、云溪、安村、和顺

【人口】 2020年，全县户籍人口354276人，常住人口332148人。常住人口中，男175769人、女156379人，总人口性别比112.4（以女性人口为100，下同）。出生3931人，人口出生率15.99‰，死亡率4.43‰，人口自然增长率11.7‰；出生男婴2185人、女婴1746人，出生性别比125.14；初婚1235对，晚婚1072对；晚育率86.8%。

【民族】 德化县有汉族、畲族、回族、壮族、苗族、土家族、侗族、布依族、瑶族、蒙古族、彝族、满族、高山族、水族、藏族、维吾尔族、傣族、毛南族、锡伯族等19个民族，少数民族以畲族人口最多，有2个民族村（龙门滩镇大溪畲族村、葛坑镇龙塔畲族村）和1个民族自然村落（雷峰镇瑞坂村义民自然村落），其他少数民族一般因工作或婚嫁而迁移，散居在全县各乡镇。

【宗教和民间信仰】 德化县有佛教、道教和基督教三大宗教。除宗教信仰外，民间信仰历史悠久，庙宇遍及每个乡镇的各个自然村落。据2006年底调查统计，德化县建筑面积10平方米以上的民间信仰活动场所有311处。其中，始建于秦代1处、汉代1处、唐代10处、宋代16处、元代7处、明代50处、清代72处，民国至中华人民共和国成立前兴建的6处，中华人民共和国成立后兴建的（含部分因重修造成始建年代不可考据的场所）96处，建造年代无法考据的52处。

【风俗】 德化地处“闽中屋脊”戴云山麓，境内崇山峻岭，重峦叠嶂，山脉连绵，地貌大部分以低、中山为主。古代中原汉人或避战乱、饥荒，或屯田，或随军几经辗转、播迁，进入德化境域与当地畲族一道拓荒垦殖，渐成村落，逐渐形成独具特色的德化民俗。德化先民“农居山谷专事稼穑，妇女辟绩之外无他业，园蔬、池鱼、山果仅取自给，弗鬻于市”；“市无巨商大贾，稍有力者营田积谷，以图温饱，不肯出资营什一之利”。德化自古交通闭塞，“处万山之中”“舟楫不通”（清乾隆《德化县志》）。然土地肥沃，宜居宜耕，社会稳定。

德化人的衣、食、住、行源于中原文化，尤以民居古式大厝最具代表性：有厅堂、住房、厨房、护厝，附有天井、门庭、围墙、花台绣土等配套设施，屋顶有歇山式、硬山式、庑殿式等燕尾脊曲线。德化农业亦源自中原农耕文化，居民世代以农业为主，自古有迎春、育种、播种、田管、占天象测农事等生产习俗；民间信仰广泛，崇信孔夫子、五谷真仙、玉皇大帝、观音菩萨、释迦牟尼等；祖先崇拜风俗浓厚，有家祭、祠祭、墓祭等，尊崇宗法制度，家族宗祠或大门往往挂有镌刻“鲁国传芳”“颖水永泽”“江夏衍派”“清河留芳”等表示姓氏郡望的门匾。“德化”尚德，德化人倡导善举，为人处世严谨规范、谦卑恭敬。

由于古代德化山深地僻，交通闭塞、与世隔绝的状态使许多源自中原的文化被较完整地保存下来，或发扬光大。德化民间除信奉全国性的神祇外，还有自己独特的民间信仰，如法主公、三代祖师、窑坊公、苏公尊王、陈统军、陈公祖师、史公祖师、吴公真仙等。还有对自然现象或动物的独特崇拜，如四灵崇拜（龙、凤凰、龟、麒麟）、飞禽崇拜（喜鹊、燕子、鸡、乌鸦、猫头鹰）、走兽崇拜（虎、狮、獐、狐狸），以及蛇、鲤鱼崇拜。德化民间认为，万物皆有灵，植物常被视为有神灵附着而被人崇拜、敬祀，如樟树、椿树、桃树、竹子等。德化民间艺术带有闽南特色，如提线木偶、布袋戏、梨园戏、高甲戏等；民间舞蹈有八仙舞、拍胸舞、苏岭蚌舞、道士舞、蒲扇舞、龙虎旗等；德化山歌种类繁多，有劳动歌、时政歌、仪式歌、历史传统歌、情歌等，它们源于生活，用德化方言演唱，具有非常浓厚的乡土气息。每年农历三月十五日保生大帝诞辰日，龙浔镇大卿宫都会举行“摆大龟”活动，摆放大龟12个（闰月13个），每龟大小与八仙桌一样，均以40千克糯米精制而成。每年农历五月十六日窑坊公诞辰纪念日，当地制瓷业者、窑主会聚祖龙宫，设坛祭祀，坛前供奉品为各窑主新产陶瓷品。

今日德化民俗是历史长期发展演变的结果：如婚嫁习俗，从一夫一妻多妾制发展为一夫一妻制，童养媳、指腹婚、冥婚、纳妾、交换婚、转房婚、冲喜婚等旧式婚姻被取缔，婚礼仪式由烦琐到简单，传统“六礼”婚俗不再，近现代以来婚礼从简、婚事新办，甚至出现旅游结婚新风尚；又如丧葬习俗，从土葬习俗到21世纪火葬逐渐实行，从送终、搬铺、守灵、大殓、封棺、哭丧、出殡、下土、回龙、做七、服丧守孝、拾骨等一系列繁文缛节到丧事简化；再如生育习俗，从传统的怀孕禁忌、分娩接生、满月、洁月、周岁、命名等烦琐习俗中逐渐简化，随着科学知识的普及和少生优生政策的推行，孕妇保健、生育均在医院，“洗三”也由医院护士代为完成；再如寿诞习俗，今人大都到酒家举行。

德化的陶瓷制作技艺与文化传承密切相关，从唐代颜化彩编纂《陶业法》，绘制《梅岭图》，将制作技艺传给后世开始，传承至今。其传承习俗有家传、师承、学校教育三大类。古人重视一技之长，男孩长大成人，父母要为他们选择某种职业，以便自食其力，建家立业。因此，旧时拜师学艺是一种时尚，流传至今。传统的家教、家规、家训、家范在人们思想和行为规范中影响深远，《弟子规》《朱子家训》家喻户晓。孝道被视为诸德之首、百善之先和教化之始，善事父母、勤俭节约、尊师爱生、尊老惜幼、拾金不昧、热心公益、互助救济等美德得到发扬光大。德化的节令习俗亦丰富多彩。

【历史人物】 *颜仁郁* 字文杰，号品俊，唐大和年间（827—835年）生。今德化县三班镇泗滨村人。唐末归德场场长，后梁开平三年（909年），闽王王审知任命颜仁郁为闽国农官。唐代著名诗人，其诗作《农桑》第一首和《山居》第二首入编《全唐诗》。仁郁卒后，民怀其德，建“颜长官祠”“忠应庙”，塑像祀之。

苏奉礼（生卒年不详） 号长源，今德化县春美乡人。五代末参谋军事，北宋初礼部右侍郎，北宋建隆三年（962年）礼部尚书、仆射，封开国公，受绿袍靴笏。北宋太平兴国二年（977年）进士及第。

苏十万（1232—1280年） 原名一侯，字万仁，号留义，排行纶千五，今德化县雷峰镇长基村人。为宋太中大夫、翰林院太学博士、国师校书郎苏总龟三世孙。官武职忠义军都指挥使，为宋末德化组织义军抗元的著名将领。

凌辉（1389—1461年） 又名邦辉，字清峰，今德化县葛坑镇田地村人。明永乐三年（1405年）中举人；永乐十年（1412年）会试，登进士第，初任广东道监察御史，后改任河南道；升江西按察司副使、都察院监察御史、中宪大夫等职，屡次跟随成祖皇帝出征，居官33年，曾参与编修《大明一统志》，廉洁自持，政绩斐然。辞官回乡后，于明天顺二年（1458年）主修成首部《德化县志》（已散失）。

赖垓（生卒年不详） 字宇肩。今德化县大铭乡琼溪村人。明天启七年（1627年）在顺天府（今北京）考取举人，明崇祯元年（1628年）中进士。初为浙江平湖县知县，擢为翰林院检讨，转右春坊（太子宫）任右庶子，为太子讲学。其后，请假省亲，得册藩之役，晋升伯宗任学士。未及回京，值清兵入关，遂归琼溪故乡，隐居不仕。清廷差使征召，垓托病固辞，家居近20年。

何朝宗（1522—1600年） 又名何来，学名容海，字来观，德化县浔中镇后所村人。明代著名瓷雕艺术家，瓷雕艺术达明代瓷坛艺术高峰，被誉为“瓷圣”。何朝宗吸收中国泥塑、木雕、石刻等艺术风格，融会于瓷雕，运用捏、塑、雕、镂、贴、接、推、修等技法，独创“何派”瓷雕艺术，作品采用优质胎釉材料烧制，瓷质“如脂似玉、莹润透彻”，是“中国白”（亦称“猪油白”“象牙白”）的杰出代表，被誉为“东方艺术”和“天下共宝之”的珍品。北京故宫博物院收藏其盘膝观音菩萨、达摩，泉州文馆会收藏其渡海观音，均为国家一级文物。

李道泰（1617—1683年） 字子交，号藿思，今德化县浔中镇诗墩人。清顺治八年（1651年）乡试中试，顺治十八年（1661年）中进士。任江西南康府建昌县（今江西省永修县）知县，康熙十二年（1673年）冬，因参与平定“三藩之乱”（平西王吴三桂、靖南王耿精忠、平南王尚可喜叛乱）有功，战后以功晋升南康府同知，不久擢云南省开化府知府。

邓启元（1699—1733年） 字幼季，号蓝阳，今德化县浔中镇蒲坂村人。清雍正二年（1724年）入京，上《劝学赋》，钦点第二名。雍正五年（1727年），邓启元应礼部会试中第九名，殿试榜眼及第。授翰林院编修、武英殿纂修。年少任职，勤勉谨慎，为众人所佩服。雍正十年（1732年），主持湖北乡试。乡试结束后，邓启元又将落选的数千试卷加以点评。邓启元回朝后，参与编纂《三礼》，日夜操劳，积劳成疾，终年34岁。

王必昌（1704—1788年） 字乔岳，号后山，今德化县浔中镇凤池社区人。清乾隆十年（1745年）中进士，受赐吏部观政。乾隆十一年（1746年）应德化知县鲁鼎梅聘，纂修《德化县志》；乾隆十七年（1752年）又应台湾知县鲁鼎梅之聘，赴台编修《台湾县志》。乾隆十八年（1753年），任湖北郧西县知县，兼理竹溪县事。

郭鸣高（1774—1843年） 乳名瑞，字行祥，号怀莪，别号蔼士，今德化县浔中镇世科村人。清嘉庆十五年（1810年）中举；嘉庆二十四年（1819年）中二甲进士。历任则例纂修、文选司员外郎、监察御史、贵州思南府知府。著有《经史印示儿浅说》及《虫鸟吟诗稿》传世。

苏履吉（1779—？） 乳名发祥，字其旋，号九斋，今德化县春美乡双翰村人。清嘉庆十八年（1813年）登拔萃科，十九年（1814年）在京参加廷试，以二等第一名入选，钦点知县，签分甘肃。三知敦煌，委署贵德司马，升安西直隶州正堂，署哈密府正堂。道光（1821—1850年）中丁忧归梓服丧，期满调广东佛山海防厅。卒于任上，舆榇归葬。

王光张（1866—1936年） 字金义，号石峰，今德化县浔中镇凤池社区人。清光绪二十九年（1903年）举人，江西省布库大使，敕授文林郎，钦加五品衔，赠奉直大夫。民国德化县县长。

徐会春（1900—1986年） 乳名德旺，别号光宇，曾用名徐英，今德化县盖德镇三福村人。民国18年（1929年）任国民党军营长，民国25年（1936年）任陆军独立37旅

109团中校团副，民国26年（1937年）任陆军194师581团团副，民国30年（1941年）因战功升任194师上校副师长，民国32年（1943年）秋因战功被授予“陆军少将”军衔。1949年1月任194师师长。2005年，获由中共中央总书记胡锦涛题词，中共中央、国务院、中央军委颁发的“纪念抗日战争胜利六十周年”勋章。

蔡尚思（1905—2008年） 号中睿，今德化县浔中镇诗墩村人。中国当代著名文史学家、思想家、哲学家。曾任复旦大学教授、副校长、社会科学学术委员会副主任、研究生部副主任、中国思想文化研究室主任、上海市政协委员等。蔡尚思研究领域涉及中国通史、中国古典文学、中国文化史、学术史、中国思想史、哲学史。主要专著有《中国思想研究法》《中国历史新研究法》等20多部。

（县委史志室）

2020年8月8日，石牛山景区开园。图为游客在石牛山玻璃观景平台上游玩

（图/许华森）

经济社会发展

【概况】 2020年，德化县实现地区生产总值287.66亿元，比上年增长4.1%；一般公共预算总收入19.37亿元，比上年增长2.9%；一般公共预算收入12.86亿元，比上年增长7.4%；农林牧渔业总产值25.21亿元，比上年增长5.3%；工业增加值130.26亿元，比上年增长4%；建筑业增加值39.83亿元，比上年增长9.2%；第三产业增加值104.83亿元，比上年增长2.3%；固定资产投资增长6.9%；社会消费品零售总额136.39亿元，比上年下降1.4%；实际利用外资0.26亿元，比上年增长17.2%；全体居民人均可支配收入32568元，比上年增长3.4%。

【三大产业发展】 2020年，德化县一、二、三产业增加值分别为12.75亿元、170.08亿元和104.83亿元，分别比上年增长4.3%、5%和2.3%。三大产业比例4.43:59.13:36.44。

2020年，德化县深入推进乡村振兴战略，建设高标准农田1220公顷，完成粮食生产播种面积9013.33公顷，创建省级乡村治理体系建设试点县、示范乡镇2个、示范试点村18个，上涌镇入选2020年全国农业产业强镇，国宝乡乡村振兴特色乡镇展获第十三届海峡两岸（泉州）农产品采购订货会最佳展台奖；新增国家地理标志农产品示范基地6个，市级以上农民合作示范社19家、家庭示范农场13家、林业专业合作示范社和示范家庭林场8家，省级优质农产品标准化示范基地3个；戴云农家等8家企业获得第二十一届中国绿色食品博览会金奖，春秋农林三产融合联合体获评农业产业化省级示范，祥山大果公司跻身省级一、二、三产业 “百千”增产增效行动重点企业行列。

2020年，德化县坚持以落实“六稳”“六保”各项政策为抓手，推动复工复产、稳产满产，工业生产加快恢复提升，工业增速处于全市前列。兑现政策资金2.4亿元，运用1500万元企业应急保障周转资金帮助企业转续贷5亿元；引进自动化、半自动化生产线80台（套）；陆升集团厂房B区技术改造等7个项目列入市级重点技改项目库；华夏金刚、同鑫陶瓷列入2020年省级工业新增长点，佳美公司等41家企业列入省、市一、二、三产业“百千”增产增效行动制造业重点扶持企业名单；双旗山金矿、邱村金矿、鑫阳铁矿入选全国绿色矿山名录。全县实现工业总产值372.76亿元，比上年增长5%。

2020年，德化县32个服务业重点项目完成投资25.93亿元。石牛山景区完成提升并开园迎客，水口镇被省文旅厅评为福建全域旅游生态小镇，潘祠村被省文旅厅评为福建金牌旅游村，佛岭村入选第二批全国乡村旅游重点村、中国美丽休闲乡村，完成智慧旅游（一期）项目建设，基本建成“一码游德化”导览小程序。全县接待境内外游客超500万人次，旅游总收入55.38亿元。电商产业加快突破，天猫服务中心、微拍堂、玩物得志平台落户德化，建成国内首个文玩供应链服务中心，成立直播工作室102间，350多家电商企业通过直播带货销售1亿多元，52家限额以上电商企业实现累计零售额12.6亿元、增长8.2%。商品房销售65.92万平方米、增长7.8%。金融机构人民币存、贷款余额分别为240.08亿元、260.49亿元，分别比上年增长9.1%、17.5%。

【重点领域改革】 2020年，德化县213个重点项目完成投资152.6亿元，增长22.9%。其中，13个在建省、市重点项目完成投资34.5亿元，完成年度投资计划的118.24%，增长15.8%。新引进项目59个，协议总投资186亿元。其中，投资额亿元以上项目23个，在谈项目74个、意向总投资159.96亿元。开展“营商环境攻坚提质”活动，全面清理不符合《优化营商环境条例》的规范性文件及其他政策的文件；在全省首创“一县通办”机制，推行“三机制、四通办、五免费”，持续深化企业开办、工程建设项目审批、乡镇便民服务等领域改革，进驻县行政服务中心1099个事项授权到窗口的单环节审批88%，当日办结率96%，70.5%的事项实现“一趟不用跑”；持续推进“三十五证合一”“证照分离”，新增市场主体1.2万户、增长26.6%，全县有各类市场主体5.69万户。凝练生成一批科技项目，获科技部“科技助力经济2020”立项1项、省级科技项目立项5项、市科技项目立项16项，获省科技进步一等奖1项、三等奖1项；新增高新技术企业33家，省级以上众创空间2家，省科技小巨人领军企业10家，市级新型研发机构2家、瞪羚企业15家、星创天地2家。成立“德化县知识产权维权服务中心”；新增专利1682件、国内商标6729件、国际注册商标44件，每万人口发明专利拥有量11.65件。35家企业通过专利权质押获得贷款3.9亿元，212家企业共获专利奖励及专利权质押贷款贴息、贯标认证、国家及省优势示范、地理标志商标、马德里商标国际注册和单一国家注册等奖补资金1412.98万元。

【城乡建设】 2020年，德化县投入11亿元实施市政提升工程24个；完成农村公路提级及“单改双”66千米，新增城市道路30千米，新购置纯电动公交车35部，新增泊车位783位；新改建污水、供水、燃气管网63.63千米；维护路灯夜景超2300盏（次），新装路灯超1200盏，平均亮灯率99.42%；抽水蓄能电站前期工作、李溪水库应急备用水源工程加快推进。推行“网格化+城市管理”机制，综合治理“乱摆乱卖”“乱搭乱建”等现象，加强主次干道、农贸市场等重点区域占道经营行为监管，合理设置地摊244位、便民摊点302位；严格控制新增“两违”，拆除“两违”11.2万平方米；新建或改造城区垃圾中转站5座、城乡公厕30座，垃圾无害化处理率100%。

【社会民生】 2020年，德化县投入4950万元，建设妇幼保健院、第三医院、发热门诊、龙门滩隔离病区等医疗卫生项目，县医院立体停车楼、县医院医技楼正式投用，快速建成3个PCR实验室，骨科、儿科2个省级临床重点专科建设项目落地德化县。投入3.3亿元推进城区中小学、幼儿园新改扩建，竣工投用8个，新增学位4000个；新增认定5所普惠性民办幼儿园；9所学校被确定为省级教改基地校，省级教育科研基地落户德化县，进修学校获评省示范性县级教师进修学校，职校获评省示范性现代中等职业学校。建成桂祥图书馆（德化县图书馆分馆）并对外开放，霞田文体园“一场两馆”加快推进，提升改造盖德大墘村、赤水岭边村2个综合文化服务中心。全面落实全民参保计划，城乡居民参保15.9万人、参保率99.56%，城镇职工养老保险、机关事业单位参保登记分别达4.3万人、0.7万多人。援岗稳岗力度加大，兑现一次性稳就业奖补56.83万元、失业保险稳岗补贴2186.25万元，发放创业担保贷款贴息821万元，城镇新增就业1500人，城镇登记失业率2.74%。落实急难救助措施，发放临时救助337.82万元，发放特殊困难群体价格补贴129.96万元。在全省首创“爱心幸福城”，188个村开展“爱心厨房”关爱系列活动900多场，近7万人次参与。筹集各级扶贫资金6600多万元，发放小额信贷贴息资金60多万元，扶持400多户贫困户因地制宜发展特色种养、电子商务、全域旅游等增收项目；安置扶贫对象就业112名，完成职业技能培训545人；投入200多万元为贫困户进行改水、改厕、电力线路改造、住房环境卫生整治等；城乡低保标准提高至每人每月660元，城乡低保覆盖率1.4%（含特困人员）；贫困人口实际就医报销比例96.29%，43户贫困户消除返贫风险，1143户贫困户实现稳定脱贫。全体居民人均可支配收入32568元，比上年增长3.4%。

【生态文明建设】 2020年，德化县持续开展“一清二整三美化”，全县卫生考评稳居全市前列。实施“碧水清源”专项行动，加快推进雷峰蕉溪、美湖小尤溪、涌溪上涌段等清新流域样板工程，全县完成水土流失治理2173.33公顷，集中式生活饮用水水源地Ⅰ—Ⅲ类水质达标率、国控省控各断面Ⅰ—Ⅲ类水质比例均达100%。打好“洁净蓝天”保卫战，推进10个精准减排整治项目，6项污染物指标浓度均值均达到国家二级标准，全县空气质量优良率位列全市第一。全国林地占补平衡扩大试点持续推进，植绿护绿力度不断加大，全县完成造林绿化1533.33公顷，创建国家森林村庄14个，戴云山森林步道被列入省第一批森林步道名单，桂阳乡被列入全国森林康养基地试点建设乡镇。

（县发改局）

世界陶瓷之都

综 述

【概况】 德化陶瓷制作始于新石器时代，3700多年前的夏商时期开始制作原始青瓷，是中国陶瓷文化发祥地之一。德化陶瓷以“白”见长，瓷雕技艺享誉天下，宋元时期就成为“海上丝绸之路”重要出口商品，被誉为“中国白的故乡、瓷艺术的摇篮”。德化瓷烧制技艺被列入国家首批非物质文化遗产保护名录，作品入选厦门金砖会晤国宴瓷和国礼瓷，被国家博物馆等40多家国内外知名博物馆收藏。

德化是全国最大陶瓷工艺品生产和出口基地、国家级出口陶瓷质量安全示范区、全国最大的陶瓷茶具和花盆生产基地，获评中国瓷都、中国民间文化艺术之乡、中国陶瓷历史文化名城等称号，被联合国世界手工艺理事会授予全球首个“世界陶瓷之都”。

2020年，德化县制定《2020年“陶瓷转型突破年”活动实施方案》，出台《促进陶瓷产业健康稳定发展若干措施》，制定《德化陶瓷产业改造提升实施方案》。全县有陶瓷企业3000多家，从业人员10多万人，陶瓷产业产值402.47亿元，比上年增长10.9%。其中陶瓷工业产值321.58亿元，比上年增长10.9%。陶瓷业纳税2.3亿元。

【国内第一份陶瓷艺术大师管理办法出台】 2020年3月6日，德化县出台国内第一份陶瓷艺术大师管理办法——《德化陶瓷艺术大师服务管理办法（试行）》，对陶瓷艺术大师队伍从扶持电商直播业态、支持举办展览展销、宣传打造“三好大师”（业界口碑好、陶瓷技艺好、价格体系好）、加强陶瓷艺术交流、鼓励参与赛事评比、加大陶瓷市场营销等6方面进行扶持奖励。县陶瓷办及时设计制作申报指南，并深入大师工作室宣传、解读、辅导，于12月集中申报。

【德化县陶瓷艺术大师联盟成立】 2020年11月5日，成立德化县陶瓷艺术大师联盟，吸纳联盟成员198名，许瑞峰为德化县陶瓷艺术大师联盟主席，林建胜为德化县陶瓷艺术大师联盟秘书长。

【陶瓷大师队伍】 2020年，德化县拥有中国工艺美术大师4名、中国陶瓷艺术大师9名、中国陶瓷艺术终身成就奖1名、中国工美行业艺术大师2名、省工艺美术大师94名、省陶瓷艺术大师106名，省工艺美术名人83名，省陶瓷艺术名人7名，市工艺美术大师96名，市级以上非物质文化遗产传承人30名。其中，德化郑雄彭、林建胜、许瑞峰获评“2019年度十佳工艺美术大师”。

【陶艺人才培养】 2020年12月8—

2020年11月5日，第一届德化陶瓷艺术大师联盟成立大会召开 （图/县陶瓷办）

11日，在德化职业技术学校凤凰山讲堂举办“2020年德化县工艺美术（陶瓷）传承创新发展高级研修班”，吸引县内外陶瓷工艺师、工艺美术大师、新秀、民间名艺人204人报名参加。研修班以集中授课学习为主，以分组现场考察学习为辅，邀请佘卫平、佘国富、刘大志、徐建明、杨树青、乐茂顺等工艺美术界实力派权威专家教授到德化集中授课，提升县陶瓷艺人队伍素质。

【工艺美术大师（工作室）评选推荐】 2020年，德化县向市城联社推荐5位工艺美术大师参加“2019年度泉州市十佳工艺美术大师”评选，许瑞峰、林建胜、郑雄彭获评“2019年度泉州市十佳工艺美术大师”。县城联社联合县财政局，向市城联社、市财政局推荐18家工作室参评2020年度工艺美术大师工作室，11家工作室获市城联社授牌命名，获授牌命名数量居全市第一。获授牌命名的工作室均获得市财政补助1万元。

【陶瓷营销活动】 2020年，德化县印发《德化艺术陶瓷销售体系建设年活动方案》，策划“瓷惠万家”陶瓷营销主题系列线上线下27项活动。开展疫后文旅振兴、艺术陶瓷营销、抖音实战技巧分享、电商直播运营等各类培训及沙龙10多场次，700多人次参与。

陶瓷历史

【概况】 德化陶瓷制作始于4000多年前的新石器时代，3700多年前的夏商时期开始制作原始青瓷。唐末初具规模。宋元时期开始大规模生产，并成为“海上丝绸之路”重要出口商品。明代，德化白瓷制作技艺、德化窑瓷雕艺术都达到新高峰，开创捏、塑、雕、刻、刮、削、接、贴“八字技法”，德化陶瓷风靡欧洲并给欧洲乃至世界陶瓷业带来深远影响。清代，青花瓷成为德化窑生产的主流，窑址遍布全县各地。清末民国后，德化陶瓷日渐式微，但少数民间艺人仍执着于制瓷事业，出现金彩、黑花、电光、贴花等釉上彩新工艺。中华人民共和国成立后，特别是改革开放以来，德化陶瓷产业重获新生，德化逐渐发展成为全国规模最大、技术最先进、发展最迅速、后劲最强的瓷雕艺术产业基地，产品日趋丰富，技艺日臻成熟。德化县贯彻可持续发展理念，开展“以电代柴、天然气烧瓷、微波烧瓷”三次能源革命，陶瓷开始走向自动化生产。

【新石器时代】 早在4000多年前的新石器时代，德化先人就开始制作和使用陶器，有硬陶和印纹陶的制作。

【夏商时期】 夏商时期，德化出现原始青瓷制作。2007年，在三班镇辽田尖山发现夏商原始青瓷窑址，存有许多原始瓷片和陶片，上有“戳点纹”“绳纹”“网纹”等原始青瓷典型花纹。说明德化窑是已知的最早烧制原始青瓷的古窑，有力佐证德化是世界陶瓷文化发祥地之一。

【唐末五代】 唐末五代，德化陶瓷初具规模。当时德化三班、泗滨一带的制瓷业较发达，并编纂世界第一部完整的陶瓷专著《陶业法》，比欧洲出现同类的陶瓷工艺专著早800多年，绘制了世界上第一幅陶瓷工厂规划设计图《梅岭图》。

【宋元时期】 宋元时期，德化瓷产品以青白瓷为主，主要是国内外所需的日常生活用品，器型主要有碗、盘、炉、盒、壶、军持等。这些瓷器造型优雅，釉色晶莹润泽，温润如玉。随着泉州港的崛起、海外贸易的发展，德化陶瓷漂洋过海，传播到世界各地，是古代“海上丝绸之路”的三大主要输出商品（茶叶、丝绸、陶瓷）之一，成为中国古陶瓷外销史上最早大量外销的陶瓷产区。当时德化窑址多达42处。1976年发掘的宋元屈斗宫古窑址，窑基全长57.1米，宽1.4—2.95米，分为17间。宋代，德化制瓷工艺发生变化，采用轮作、模印和胎接成型技术，窑炉革新先驱林炳发明龙窑，不仅烧瓷数量增加，而且烧成质量也更好，后人将其奉为“窑神”。当时的德化以龙窑大量烧制各式青瓷、青白瓷、白瓷及少量黑釉瓷，其中阶级窑烧制技艺在明末清初传到日本，被日本尊为“串窑的始祖”；宋代沉船“南海一号”上出水1.3万件德化瓷器。元代，德化开始建造“分室龙窑”（当地俗称“鸡笼窑”），陶瓷烧制由宋初的还原烧成技术发展为氧化烧成技术，釉面晶莹、光亮，色质如玉，备受世人喜爱。意大利旅行家马可•波罗在他的游记中盛赞德化瓷器：“既多且美。”当年他归国时带回的德化瓷珍藏在威尼斯圣马可大教堂，被称为“马可•波罗瓷”，成为有文字记载的第一件到达欧洲的中国瓷器。

【明清时期】 明代，德化陶瓷制作工艺从造型到釉色都登上新境界，生产能力和工艺水平远在宋元之上。所生产的白瓷瓷质致密，胎釉纯白，以温润、明净、典雅、精巧的玉质美感驰名中外，被誉为“象牙白”“鹅绒白”，标志着白瓷制作工艺达到巅峰，代表世界白瓷生产的最高水平，有“世界白瓷之母”“世界白瓷看中国，中国白瓷看德化”的美誉。明代又是德化窑瓷雕艺术最为繁盛的时期，以何朝宗、林希宗、林朝景、陈伟等为代表的一大批瓷塑艺术大师，开创捏、塑、雕、刻、刮、削、接、贴“八字技法”，制作出独树一帜的德化瓷雕作品，把德化窑瓷雕艺术推向一个前无古人的境界，他们的瓷雕作品造型优美，气韵生动，被视为“东方艺术珍品”，从而“天下共宝之”。同时，随着葡萄牙、西班牙、荷兰人的到来，他们除了大肆采购当时市场上的德化瓷外，还在德化大量订制基督教风格的德化瓷，当这些光泽如玉、温润明净、宛似象牙的瓷器进入欧洲，迅速在欧洲风靡起来，以超越黄金的价格，成为上流贵族追逐的对象。欧洲皇室贵族将德化陶瓷看作财富、地位和品位的象征，极力研究、仿制德化陶瓷，直接推动世界著名的迈森瓷器制造厂的诞生，开启欧洲长达300年的仿制史，给欧洲乃至世界陶瓷业带来深远影响，德化被称作是“中国白的故乡，瓷艺术的摇篮”“世界官窑”。明末清初，阶级窑烧制技艺传到日本，被日本尊为“串窑的始祖”。清代，青花瓷成为德化窑生产的主流，窑址遍布全县各地，多达177处，产品大量销往全国各地以及东南亚、非洲等世界各地。“泰兴号”沉船发现的35万件德化青花瓷器，进一步证明德化瓷的生产和外销在清代达到鼎盛时期。

【民国时期】 晚清民国后，德化瓷业走入低谷，但少数民间艺人仍坚持制瓷事业，民国时期的苏学金、许友义等，他们继承传统，锐意创新，“捏塑瓷梅花”“木兰从军”“关公”等作品先后在巴拿马、英国、日本等国际博览会上斩获金奖。这一时期，德化窑青花瓷产量减少，白瓷产品增多，釉下青花逐渐被釉上彩所代替，釉上彩装饰手法有所创新，主要有五彩、墨彩，还出现金彩、黑花、电光、贴花等新工艺。

【中华人民共和国成立后】 1949年中华人民共和国成立后，德化陶瓷业获得新生，特别是改革开放后，德化县委、县政府每年举办中国瓷都德化陶瓷展览会，组织企业参加广交会和法兰克福、洛杉矶、纽约、米兰、拉斯维加斯、东京等国际性展览，倡导企业将分公司设至美国、德国、英国等国家，及时研发新产品，形成传统瓷雕、出口工艺瓷、日用瓷三大产品体系，包括成套餐具、神仙佛像、人物雕像、动物果蔬、盆景花篮等。德化贯彻循环经济发展理念，率先走出一条特色陶瓷产业之路，先后开展“以电代柴、天然气烧瓷、微波烧瓷”三次能源革命，开创中国陶瓷产区的若干个“第一”。德化县是全国第一个无黑烟污染的陶瓷产区，解决了“林瓷之争”，森林覆盖率从30年前的50%提高到2020年的78.40%；也是全国第一个进行窑炉技术革新的陶瓷产区，先后建成电热窑、油窑、液化气窑、天然气窑等新型窑炉。1993年，国务院总理李鹏为德化题词“德化名瓷，瓷国明珠”。2006年，德化瓷烧制技艺被列入国家非物质文化遗产。2010年后，德化陶瓷业发展迅速，成功发行德化窑瓷器特种邮票、中国—摩洛哥建交50周年纪念邮票、中国—马尔代夫建交40周年纪念邮票，举办中国德化国际陶瓷节、央视“寻宝——走进德化”等活动。德化成为全国规模最大、技术最先进、发展最迅速、后劲最强的瓷雕艺术产业基地之 ，涌现出许兴泰、苏清河、柯宏荣、苏献忠、寇富平等一批国家级工艺美术大师、陶瓷艺术大师，他们的作品在国内外瓷坛的各种评比中摘金夺银，成为国家领导人出访时的礼品，许多作品被故宫博物院、中国国家博物馆、人民大会堂等永久收藏。日用工艺陶瓷产业集群被评为中国百佳产业集群，是全国最大的工艺陶瓷生产和出口基地。2015年，联合国世界手工艺理事会高度肯定德化作为中国陶瓷的发源地之一，授予德化全球唯一的“世界陶瓷之都”称号。

陶瓷文化

【概况】 2020年，德化县举办陶瓷艺术比赛9场、陶瓷作品展览10场、陶瓷文化交流5场。举办中瓷拍卖·爱心陶瓷拍卖专场暨首场“全国技术能手”艺术瓷拍卖专场，成交额18.55万元，拍卖所得全部捐给“爱心幸福城”基金。县长黄文捷、县委副书记林祖传陶瓷直播带货，线上推介“中国白·德化瓷”，“世界陶瓷之都·德化”的影响力进一步提升。

【陶瓷艺术比赛】 “石牛山十大牛瓷”评选　2020年4月4日，德化县启动“石牛山十大牛瓷”评选活动，活动收到全县陶瓷大师、新秀创作的牛瓷作品300多件。12月22日，“石牛山十大牛瓷”颁奖暨“牛山牛瓷创作展示基地”揭牌仪式在石牛山景区举行，评选出“匠心牛人奖”12名，“传承牛人奖”10名，“创新牛人奖”10名，“神气牛人奖”10名，“雅趣牛人奖”10名。

“石牛山杯”硬笔书法比赛　2020年4月，德化县启动“石牛山杯”硬笔书法比赛，收到作品481幅，其中成人作品243件、学生作品238件。分别评出成年组、少儿组一、二、三等奖及优秀奖共134名。7月1日，在“牛山牛瓷 石牛神韵”作品展上展出139件作品，为获奖作品及5件特邀嘉宾创作的精美作品。

“何朝宗杯”中国（德化）陶瓷工业设计大赛　2020年6月16日，启动2020“何朝宗杯”中国（德化）陶瓷工业设计大赛，收到40个国家和地区的4132件公众报名作品。经过初评、人气票选、复评、终评等各个环节，最终评出各个奖项。11月6日，举行终评答辩暨颁奖仪式。评选出特等奖1名、金奖3名、银奖5名、铜奖20名，总奖金43.5万元。

第三届“中国白”国际陶瓷艺术大奖赛启动　2020年8月18日，由“中国白”国际陶瓷艺术大奖赛组委会主办，英蓝创意基金会支持的第三届“中国白”国际陶瓷艺术大奖赛启动仪式在北京798艺术区艺术中心举行。中国美术家协会陶瓷艺术委员会主任、清华大学美术学院陶瓷系主任、第三届大奖赛评审委员会主席白明在新闻发布会上宣布2021“中国白”国际陶瓷艺术大奖赛正式启动。“中国白”国际陶瓷艺术大奖赛组委会秘书长胡欣主持新闻发布会。

第三届陶瓷艺术名人、艺术大师推荐学习活动（德化）现场陶瓷技能实操比赛　2020年8月21日，第三届陶瓷艺术名人、艺术大师推荐学习活动（德化）现场陶瓷技能实操比赛在德化职业技术学校举行，参加比赛的选手有152人，其中陶瓷雕塑组99人、现代生活陶艺（装饰、瓷花、瓷画、产品设计等）35人、手拉坯成型组18人。于8月22日公布152名陶瓷匠人的排名。陈照峰获陶瓷雕塑组第一名，张丽娇获现代生活陶艺组第一名，杨树振获手拉坯成型组第一名。

“匠人得志”德化陶瓷现场创作大赛　2020年8月28日，由省陶瓷行业协会、县陶瓷发展委员会办公室、杭州装点文化创意有限公司（玩物得志）主办的“匠人得志”德化陶瓷现场创作大赛在德化职业技术学校举行，55位选手参赛，评选出一等奖2名、二等奖3名、三等奖6名、优秀奖19名。其中一等奖获奖选手入驻玩物得志平台名人堂，享受倾斜流量曝光。

2020中国技能大赛——第六届全国陶瓷职业技能竞赛　2020年9月24日，由省陶瓷行业协会、省财贸轻纺烟草医药工会工作委员会主办的福建省陶瓷行业职工技能大赛暨2020中国技能大赛——第六届全国陶瓷职业技能竞赛预选赛在德化陶瓷艺术驻地中心举办，86名选手报名参加比赛，其中陶瓷装饰工33名，陶瓷产品设计53名，共同角逐全国决赛的资格。10月20日，经过预选赛入围的22名选手参加“高岭杯”第六届全国陶瓷职业技能竞赛总决赛，其中12名选手在陶瓷装饰工与陶瓷产品设计师比赛中取得优异成绩，德化县选手获得全国技术能手1名、全国轻工技术能手4名、全国陶瓷行业技术能手6名。

市陶瓷行业职工技能竞赛　2020年10月29日，由市总工会、市人社局主办的市陶瓷行业职工技能竞赛在泉州工艺美术职业学院落下帷幕，王冬燕、陈宏伟、王祖掌3人从58名参赛选手中脱颖而出，分获第一、二、三名。

第七届中国·徐州文化博览会暨2020中国“汉博杯”工艺美术创意设计大赛　2020年，县城镇集体工业联合社发动并组织大师新秀参加由中国工艺美术协会、徐州市政府主办的第七届中国·徐州文化博览会暨2020中国“汉博杯”工艺美术创意设计大赛，德化陶瓷作品摘得9枚金奖、14枚银奖、20枚铜奖、13枚优秀奖。

第三届福建省工艺美术创意设计大赛　2020年，县城联社组织94件陶瓷作品参加由福建省工艺美术行业发展促进中心主办的第三届福建省工艺美术创意设计大赛，经专家评委评审，获金奖7件、银奖11件、铜奖11件、优秀奖27件。

第二届福建省“陶艺杯”陶瓷技能现场创作大赛　2020年11月25—26日，县城联社联合县人社局、县总工会、县陶瓷办、三班镇政府共同承办第二届福建省“陶艺杯”陶瓷技能现场创作大赛，大赛以“亲清润瓷都，孝廉筑清风”为主题，弘扬传统孝廉文化、红色文化，吸引来自德化、永春、厦门、南平等地58名选手报名参赛。经评审，评出金奖5名、银奖9名、铜奖11名。大赛前三名选手张劼、涂永平、林志勇被县人社局授予“德化县技术能手”称号。

【陶瓷作品展览】　泰华宸“中国白·陈仁海”国礼艺术特展　2020年1月1日，泰华宸“中国白·陈仁海”国礼艺术特展在晋江泰华宸美术馆开幕，展览持续至2月28日。展览展出众多国礼作品，所展示的国礼大多与重要的外交事件和重要的人物有联系，具有较高历史价值、艺术价值和纪念象征意义。

首届德化“瓷谷仙境”柴烧作品展　2020年4月23日，省陶瓷行业协会、浔中镇政府、县陶瓷发展委员会办公室联合举办首届德化“瓷谷仙境”柴烧作品展，展出51位艺术家57件（套）作品，展期为4月23日至6月30日。“瓷谷仙境”陶瓷艺术村位于浔中镇仙境、石鼓、祖厝等村内，有50多家工作室入驻。

第十届（上海）国际传统艺术邀请展　2020年6月11日，第十届（上海）国际传统艺术邀请展在上海艺术品博物馆启幕，德化9件白瓷雕塑作品亮相。展期为6月12日至7月12日。该邀请展由上海市长宁区政府和上海市创意产业协会主办，上海艺术品博物馆和上海工艺美术学院承办，以“涓汇成流”为主题，吸引来自日本、韩国、美国、澳大利亚、伊朗、波兰等22个国家130余位艺术家、非物质文化遗产传承人参展。其中李甲栈、张明贵、陈照峰、林似钦、薛雄杰等5位德化陶瓷艺术大

2020年7月1日，德化"牛山牛瓷 石牛神韵"作品展开幕式暨"瓷谷仙境"柴烧作品展颁奖仪式在县陶瓷博物馆举行（图/吴有森）

师、新秀的作品被上海艺术品博物馆收藏。

"牛山牛瓷 石牛神韵"作品展览暨"瓷谷仙境"柴烧作品展颁奖仪式 2020年7月1日，"牛山牛瓷 石牛神韵"作品展览暨"瓷谷仙境"柴烧作品展颁奖仪式在县陶瓷博物馆举行。其中，"牛山牛瓷"展出189位大师新秀272件牛瓷作品，是德化陶瓷创作中，同一个主题参与人数最多、作品最多的一次活动。"石牛神韵"展出130位书画家的158幅书画作品；12月，展出作品以《石牛神韵》为名结集出版。"瓷谷仙境"柴烧作品展评选出金奖1件（套）、银奖3件（套）、铜奖5件（套）、优秀奖10件（套）、入围奖32件（套）。

首届德化"中国白"中国传统陶瓷艺术双年展 2020年7月，首届德化"中国白"中国传统陶瓷艺术双年展启动，收到中国29个省份和地区及日本、英国等多个国家1330件报名作品。德化本土305名大师新秀报送作品465件。262件作品进入复评，158件作品入围，评选出特等奖1名、金奖2名、银奖4名、铜奖6名、优秀奖20名，技艺传承奖、工艺创新奖、评委特别奖、特殊荣誉奖、优秀组织奖等多个奖项若干名。奖金总额106万元，其中特等奖奖金28万元。12月15日，举行开幕式暨颁奖典礼、特邀展及中国陶瓷艺术研讨会。

德化陶瓷（波兰）线上经贸对接会开幕 2020年9月15日，世界陶瓷之都——德化陶瓷（波兰）线上经贸对接会在波兰国际礼品及家居用品展云展会平台开幕，为德化陶瓷首次通过境外线上平台展出，展期将持续至2021年3月11日。"臻南陶瓷""卓越陶瓷""豪晟艺品""晖龙陶瓷"等23家陶瓷企业参展。波兰国际礼品及家居用品展是东欧地区规模最大的礼品行业专业展会，有德国、英国、印度、荷兰等20多个国家参展，吸引来自波兰及中东欧地区2万余人次参观，专业采购商7500多人次，是德化县陶瓷企业拓展销售渠道、获取订单的重要展会之一。德化县出台《促进陶瓷产业健康稳定发展若干措施》，加大对陶瓷企业线上开拓市场的支持，该次参展的陶瓷企业可获得50%参展费补贴。

中国德化陶瓷博览会暨茶具文化节 2020年10月17—19日，中国德化陶瓷博览会暨茶具文化节在中国茶具城举办，设立9个分会场，开展23项主题活动，吸引全国625家参展商，规模比上年增长近20%，现场成交额2100多万元，意向成交额8600多万元。该届博览会荟萃德化当地和全国各地陶瓷产区的陶瓷、茶具及茶配套精品，设置德化陶瓷品牌企业、茶具代表性产区、茶配套和中国茶具城四大展区，本土品牌企业悉数亮相，县外参展企业来自福建南平、福州，广东佛山、潮州、江门，江苏宜兴、浙江温州、山东潍坊等地，展示日用陶瓷、艺术陶瓷、各类茶具及茶盘、茶叶、茶空间摆件、茶包装等茶配套产品。同步开启"云上"模式，通过"云展览""云直播""云采购""云成果"等四大核心功能，加码打造"云展会"，实现线上线下融合，互联互动，打造"永不落幕的博览会"。中国茶具城被中国茶叶流通协会授予"最具潜力中国茶具交易市场"。

2020中国（北京）国际精品陶瓷展览会 2020年11月7—10日，2020中国（北京）国际精品陶瓷展览会在北京·中国国际展览中心举办，德化县组织国家级工艺美术大师、全国技术能手以及石牛山景区"牛山牛瓷系列"和部分特色陶瓷企业共500多件陶瓷精品集中展示，进一步打响"中国瓷都·德化"的知名度和影响力。德化县设立三类展馆，分别是"中国瓷都·德化"形象馆，石牛山景区"牛山牛瓷"系列形象馆，飞天、立琦、青心等5家特色陶瓷企业精品馆。中国白作品吸引众多国内外游客、采购商前往咨询采购。据了解，作品涵盖柯宏荣、连紫华、陈明良、赖礼同4位中国工艺美术大师，林建胜、周金田、林灵月等8位全国技术能手具有代表性的陶瓷艺术作品60多件，以及德化传统雕塑、艺术摆件、金砖国宴日用陶瓷、工艺陶瓷等品类陶瓷珍品500余款。

“德化瓷”联展在福州举办　2020年12月12—19日，瓷韵观白2020——中国白·德化瓷艺术作品联展在福州海峡文化产权交易所开展，展出德化白瓷作品200多件，包括传统陶瓷、现代艺术瓷、文创礼品瓷、家居生活瓷等，其中多件国家级金奖作品。

“全闽乐购”跨年购暨第二届商博会　2020年12月25日，“全闽乐购”跨年购暨第二届商博会在福州举行。活动现场设置13个大展示区，其中德化白瓷展厅展区面积约1800平方米，有61家陶瓷企业和16名省级工艺美术大师、陶瓷艺术大师参展。

【陶瓷文化交流】　江苏省新闻出版局考察团到德化考察　2020年1月2—4日，江苏省新闻出版局（版权局）考察团到德化考察世界知识产权组织版权保护优秀案例示范点创建工作。考察团一行到中国茶具城、陆升（福建）集团有限公司、德化陶瓷知识产权保护教育基地、中国白陶瓷有限公司、顺美集团有限公司、德化陶瓷博物馆等地考察并召开座谈会，详细了解德化县世界知识产权组织版权保护优秀案例示范点创建工作情况，并对德化县所取得的成效表示赞赏，一致认为德化版权工作的创新做法值得推广与借鉴。

“文旅振兴 公益同行”线上巅峰大会　2020年3月22日，“中国白·德化瓷”云带货再次亮相由巅峰智业、峰物优选主办，新华网、新华网客户端特别联合主办的“文旅振兴 公益同行”线上巅峰大会，在线观看38.3万人，进一步打响“世界陶瓷之都·德化”“中国白·德化瓷”品牌。

德化县陶瓷艺术大师与文创营销机构对接会　2020年7月17日，由县陶瓷办、县文旅集团联合主办的德化县陶瓷艺术大师与文创营销机构对接会在德化陶瓷艺术驻地中心举办。德化县相关部门领导、文旅集团、人力资本公司及8家文创营销机构负责人、陶瓷艺术大师新秀等参加。东家、厦门古美术、泉州唐颂艺术街区、中瓷网络、掌向影视、迦尔文化、还巢文化、龙鹏艺术馆8家文创营销机构先后上台推介，让现场陶瓷艺术大师、新秀进一步了解各家机构的专业及服务，为后期合作对接奠定基础。现场掌向影视与中国工艺美术大师赖礼同、还巢文化与福建省工艺美术大师陈为坦对接成功，并进行签约。现场还举行县陶瓷办与陶瓷艺术驻地中心入驻机构代表清正文化的签约仪式。

白明陶瓷艺术分享会　2020年8月28日上午，清华大学美术学院陶瓷艺术设计系主任、中国美术家协会陶瓷艺术委员会主任、中国白国际陶瓷艺术大奖赛评审委员会主席、教授白明在德化县作“陶瓷艺术传统中的现代”的主题分享。中国陶瓷品牌集群副主席、福建省品牌建设促进会专家委员会副主任李冀平应邀出席。德化县人大常委会副主任陈德峰主持会议，德化县直有关部门领导，福建省工艺美术学会有关负责人，泉州工艺美院、德化县职校领导，德化县中国陶瓷品牌集群企业负责人，德化陶瓷品牌企业负责人，德化陶瓷艺术大师，在中央美院、清华美院进修的德化学生代表等170多人参加讲座。白明围绕陶瓷艺术传统中的现代问题的研究、如何理解传统陶瓷艺术中的现代性、对传统陶瓷艺术的现代哲学与审美思考及当代意义进行讲解分享，并鼓励艺术新秀要用超越性的眼光来看待传统，在传统的基础上，结合时代精神进行创新创作，努力提升中国陶瓷的国际艺术水平。

陶瓷产业科技创新工作推进活动　2020年12月25日，德化开展陶瓷产业科技创新工作推进活动。30家科技企业负责人调研参观新博龙陶瓷、坤泰机械公司和同鑫陶瓷有限公司。随后，召开陶瓷科技创新工作推进会，探讨高性能先进陶瓷材料及其在高科技领域的应用。进行稀土材料在陶瓷的应用、陶瓷智能装备、陶泥3D打印满足创新需求、陶瓷高性能耐火材料等高科技项目推介，举行高科技陶瓷中试研究院揭牌仪式和高科技陶瓷合作项目签约仪式，进一步推进德化陶瓷产业科技创新工作，助力陶瓷产业“五个年”建设。

【首场爱心陶瓷拍卖会举办】　2020年9月29日，中瓷拍卖·爱心陶瓷拍卖专场暨首场“全国技术能手”艺术瓷拍卖专场圆满收槌，连紫华、林建胜、周金田、兰全盛、李锦峰、林灵月、许文矛、林丽品等8位“全国技术能手”的8件艺术瓷在爱心拍卖会上，实现100%成交，总成交价18.55万元。其中连紫华作品《坐岩观音》以9万元定槌，被国内著名收藏家蔡铭超委托拍得。拍卖所得全部捐给“爱心幸福城”基金。

该次拍卖会为德化首次自主承办的艺术瓷拍卖会，特邀国家注册拍卖师张如亮到场主持，拍卖会当天，县政府、陶瓷办、融媒体中心有关领导，陶瓷大师、新秀，陶瓷爱好收藏者等在拍卖现场，共同见证中瓷拍卖的首拍时刻。拍卖会采用线上线下同步拍卖的新模式，让未能亲临现场的买家远程参与拍卖。

【陶瓷直播带货】　2020年3月13日，县委副书记林祖传先后在德化陶

2020 年 4 月 24 日，县长黄文捷（右）直播带货向网友推介德化陶瓷

（图 / 许华森）

瓷发展委员会办公室展厅和德化县电商平台戴玉堂直播间，录制短视频，为世界陶瓷之都德化代言，进行线上云推介和云带货，通过互联网电商直播帮助破解新冠肺炎疫情带来的线下营销困境，助力德化陶瓷企业打赢抗击疫情、复工复产攻坚战。4 月 24 日，在“泉州线上产业直播节”世界瓷都分会场，县长黄文捷走进直播间，通过拼多多直播频道向网友介绍德化县人文历史、区域情况及产业发展等，现场为 10 家商家品牌及爆品进行推介。此外，德化县还开展线上招商会、商家直播等活动。借助直播节活动，推动德化县“陶瓷 + 电商”线上线下资源全面对接和深度融合，推广德化本土网红特色产品。

陶瓷人物

【概况】 2020 年，德化县拥有中国工艺美术大师 4 人：柯宏荣、连紫华、陈明良、赖礼同；中国陶瓷艺术大师 9 人：柯宏荣、邱双炯、陈桂玉、苏献忠、许瑞峰、苏玉峰、陈明华、陈明良、赖礼同；中国陶瓷艺术终身成就奖 1 人：寇富平；中国陶瓷行业工艺美术大师 2 人：颜松柳，连紫华；省工艺美术大师 94 人；省陶瓷艺术大师 106 人；省工艺美术名人 83 人；省陶瓷艺术名人 7 人；市工艺美术大师 96 人；市级以上非物质文化遗产传承人 30 人。

【古代人物】 颜化綵（864—933 年） 又名颜徒纹，德化县三班镇泗滨村人。德化有史记载最早的陶瓷研究名家。颜化綵总结德化先辈制作陶瓷的技术和经验，编著德化第一部陶瓷工艺专著《陶业法》，绘制《梅岭图》，介绍泗滨梅岭制瓷工场和工艺技术。

何朝宗（1522—1600 年） 内容详见 P28。

苏学金（1869—1919 年） 名光铨，号蕴玉，字学金，别号博及渔人，德化县龙浔镇宝美村人。毕生以瓷雕为业，民国 4 年（1915），苏学金所作《梅花》参加巴拿马万国博览会展出，获得金奖，为明代以后德化瓷雕名艺人的杰出代表和德化瓷塑参与大型国际展览评比首次金奖获得者。

【现当代人物】 邱双炯（1932—） 德化城关人。中国陶瓷艺术大师，高级工艺美术师，2010 年获得中国工艺美术终身成就奖，曾任中共德化县委常委、副书记，1991 年退休。1993 年，创办福建省德化凤凰陶瓷雕塑研究所并任所长，首创陶瓷薄胎彩塑新工艺。主要作品有历史人物、佛、道、儒等造像，在国内及东南亚地区享有盛誉，多次获大奖。《贵妃醉酒》《贵妃出浴》《木兰易装》等作品被中国历史博物馆、中国工艺美术馆收藏。

寇富平（1938—） 德化县盖德镇下寮村人。中国陶瓷艺术终身成就奖得主，福建省工艺美术师，福建省国际友好联络会理事。1959 年，寇富平毕业于江西景德镇陶瓷学院艺术系。2017 年被中法文化论坛授予“中华陶瓷文明弘扬与传播贡献奖”。其代表作《刻花牡丹笔筒》为人民大会堂毛泽东休息室设计，被誉为“主席笔筒”；作品《羊头花瓶》《芭蕉花瓶》《牡丹花瓶》多次作为国礼赠送外宾；《和谐瓶》《路路平安》作为金砖国家领导人厦门会晤征选礼品，寇富平设计团队被授予礼品研制征选作品团队奖；《喜上眉梢》《羊头花瓶》《螭龙瓶》被中国国家博物馆收藏。

许兴泰（1941—2006 年） 德化县龙浔镇湖前社区人。中国陶瓷艺术大师、中国工艺美术大师、高级工艺美术师，曾任德化县政协委员、政协常委、泉州市政协委员。1990 年，被中华全国总工会授予“全国自学成才者”称号。其作品《立龙观音》被中国工艺美术馆珍藏，另有 5 件作品被中国历史博物馆、国家珍宝馆、福建省工艺美术珍品馆收藏。

苏清河（1941—2012 年） 德化县龙浔镇宝美村人。中国工艺美术大师、中国陶瓷艺术大师，高级工艺美术师，国家级非物质文化遗产“中国白瓷烧制技艺”传承人。其作品12寸《泰国佛》被中国国家博物馆收藏，《提如意坐石观音》《立莲观音》被中国工艺美术珍品馆收藏，《坐莲观音》《海蚌姑娘》等被福建省工艺美术珍品馆收藏。

杨剑民（1945—2012年） 泉州市鲤城区人，定居德化县龙浔镇龙鹏社区。中国陶瓷艺术大师，高级工艺美术师，中国工艺美术协会高级会员，福建省工艺美术协会常务理事，享受国务院政府特殊津贴，省级非物质文化遗产代表性传承人。1989年9月，国务院授予其“全国劳动模范”称号。代表作品有《维纳斯影灯》《渡海观音》《八仙过海》《闽龙出海》等。

苏玉峰（1946—） 字长秀，德化县龙浔镇宝美村人。中国陶瓷艺术大师、福建省工艺美术大师、高级工艺美术师、中国工艺美术学会会员，首批省级非物质文化遗产项目传承人，德化蕴玉瓷庄第三代传人，德化县蕴玉陶瓷雕塑艺术研究所艺术总监。代表作品有《十八罗汉》《相声》《济公》《十二生肖》等。作品《高白百花争艳28英寸瓷塑花篮》入选北京人民大会堂福建厅饰品，《十八罗汉瓷塑》获全国（成都）星火科技精品金奖，《达摩过江》被中国美术馆收藏，《戏狮罗汉》被福建省工艺美术珍品馆收藏。

许兴泽（1947—2014年） 德化县龙浔镇湖前社区人。中国陶瓷艺术大师、福建省工艺美术大师、高级工艺美术师，享受国务院政府特殊津贴。其创作的作品《立龙观音》获1984年中国工艺美术百花奖珍品金杯奖，并被中国工艺美术馆、福建省工艺美术馆收藏；《滴水观音》获1991年中国工艺美术百花奖珍品金杯奖，并被中国工艺美术馆、福建省工艺美术馆收藏；《戴冠观音》获2008年中国传统工艺美术精品大展金奖。

柯宏荣（1962—） 德化县龙浔镇人。中国工艺美术大师、中国陶瓷艺术大师，享受国务院政府特殊津贴。福建省劳动模范，福建省高技能人才，德化宏益陶瓷雕塑研究所所长，中国工艺美术学会会员、中国工艺美术协会陶瓷专业委员会副会长、全国古陶瓷专业委员会委员、硅酸盐陶瓷分会第四届理事会理事、福建省陶瓷艺术专业委员会委员。1986年，与陈桂玉结婚。2000年，与陈桂玉联合创作的作品《九歌·山鬼》《三月三》入选“中国文化美国行”活动展品，在美国纽约等5个城市展览，受到时任美国总统克林顿的赞赏，并被中国工艺美术珍宝馆收藏。《天鹅湖》《老子》等数十件作品先后在中国陶瓷美术创作、景德镇国际精品大赛、中国工艺美术大师精品展中获奖。《长相依》《苏武牧羊》等多件作品被中国工艺美术珍宝馆、中国博物馆、台北故宫博物院、日本朝日新闻美术馆等收藏。香港“大紫荆勋章”获得者、华人知名作家、社会活动家金庸称柯宏荣夫妇为“神雕艺侣”，并题字赠之。

陈桂玉（1962—） 女，柯宏荣之妻，德化县龙浔镇人。中国陶瓷艺术大师、高级工艺美术师，德化宏益陶瓷雕塑研究所副所长。中国古陶瓷专业委员会委员、中国工艺美术学会会员、福建省陶瓷艺术专业委员会委员。2000年，与柯宏荣联合创作的作品《九歌·山鬼》《三月三》入选“中国文化美国行”活动展品，在美国纽约等5个城市展览。《龙女牧羊》《将相和》等多件作品先后在中国陶瓷美术创作、景德镇国际精品大赛、中国工艺美术大师精品展中获奖。

陈明良（1963—） 德化县龙浔镇高阳村人。中国工艺美术大师、中国陶瓷艺术大师，高级工艺美术师，中国传统工艺大师，福建省工艺美术大师，享受国务院政府特殊津贴，德化县风池瓷雕研究所艺术总监，中国陶瓷工业协会理事，福建省收藏家协会常务理事。其作品《静卧禅思》获中国工艺美术精品博览会金奖；作品《千手千眼观音系列》获首届北京国际博览会金奖；《王母祝寿》《乐在其中》等分别获“第二届中国（莆田）海峡工艺品博览会”优秀作品评比、第六届中国工艺美术博览会、第四届中国工艺美术学术奖“华艺杯”金奖。《成功从这里开始》获中国工艺美术学术奖“华艺杯”金奖。《文昌帝君》被福建省博物院永久收藏；《自在观音》被英国珍宝博物馆收藏，《乐在其中》《志在书中》被中国工艺美术馆收藏；《千年窑火》被中国国家博物馆收藏。论文《德化窑古瓷鉴定》《潮州窑与德化窑历代产品工艺比较》分别发表于《文物鉴定与鉴赏》《南国瓷珍》。

陈明华（1966—） 女，德化县葛坑镇人，中国陶瓷艺术大师，高级工艺美术师，福建省陶瓷艺术大师，福建省工艺美术大师，福建省民间工艺大师，全国青年民间工艺大师，中国工艺美术学会会员，福建德化明华陶瓷艺术研究所所长兼艺术总监。其作品《双鱼瓶》获全省陶瓷新品创作金奖、《通花梅瓶》获福建省首届民间艺术品博览会铜奖，《双龙争艳通花瓶》获福建省工艺美术精品“争艳杯”大赛铜奖、中国工艺美术“华艺杯”铜奖，《东方之珠通花瓶》获福建省首届青年民间工艺品制作大赛金奖、全国青年民间工艺品制作“金博士杯”大赛金奖。论文《论对德化陶瓷镂空技术的继承与发展》发表于《美术大观》。

赖礼同（1968—） 德化县上涌镇人，中国工艺美术大师、中国陶瓷艺术大师、高级工艺美术师、福建省工艺美术大师、福建省陶瓷艺术大师、福建省工艺美术学会常务理事，全国劳动模范，享受国务院政府特殊津贴，德化县博古陶瓷研究所所长兼艺术总监。其作品《伟大领袖毛主席》《福到眼前》获中国工艺美术大师精品展金奖，《皆大欢喜》获创新艺术金奖，《飞天》获银奖。作品《山鬼》《富贵吉祥》《托起半边天》被中国国家博物馆收藏，《吉祥花瓶》被北京故宫博物院破例收藏，《倚貉披坐提书观音》被中国国家博物馆收藏，《关公》等10余件作品被福建省博物馆收藏。

许瑞峰（1969—） 德化县龙浔镇许厝人。中国陶瓷艺术大师、高级工艺美术师、福建省工艺美术大师、福建省非物质文化遗产传承人、全国青年优秀工艺美术家、德化县泰峰瓷坊董事长兼艺术总监。德化县政协常委、福建省陶瓷行业协会副会长、泉州市工艺美术协会副会长、福建商业高等专科学校客座教授。其釉艺作品《中华红》获国家级金奖1件，铜奖2件，国家级收藏1件；釉艺作品《宝石釉》获国家级金奖1件、三等奖1件，省级金奖2件，入选全国展2件，省级收藏1件。作品《大富大贵》被中国美术馆收藏，《葫芦瓶》被国家文物局收藏，《春满人间》被世博会博物馆、福建省工艺美术珍品馆收藏。论文《残月巫山夕，余霞洛浦晨》《附属物还是主导者》发表于《陶瓷中国》。

连紫华（1970—） 德化县国宝乡格头村人。中国工艺美术大师，中国陶瓷行业工艺美术大师，高级工艺美术师、国家一级/高级技师，德化友滨陶瓷研究所艺术总监。其创作的作品《祥和观音》《西方三圣》分别获得中国工艺美术精品“百花奖”特等奖、金奖，《立岩观音》获中国传统工艺精品赛金奖。论文《德化陶瓷与宗教的不解之缘》《从达摩渡江看何朝宗艺术风格》发表于《陶瓷与科学技术》，《临摹何朝宗瓷雕作品有感》发表于《东方收藏》。作品《立莲如意观音》被中国国家博物馆收藏，《祥和观音》被中国工艺美术馆收藏，《唐玄奘》被福建省博物馆收藏。

苏献忠（1974—） 又名苏珠庄，德化县龙浔镇人。中国陶瓷艺术大师，高级工艺美术师，国家一级技师，福建省工艺美术大师，中国工艺美术学会雕塑委员会会员，德化百年老字号“蕴玉瓷庄”第四代传人，德化县蕴玉陶瓷雕塑艺术研究所所长兼创意总监。其作品《汉戏》获中国第二届陶瓷产品设计金奖，《江南丝竹》被中华民族艺术珍品馆收藏，《水浒108将》在2005年上海大师精品展中获金奖。《思》在2006年中国民间艺术大师精品展中获金奖，《听松，闻涛》在2006年第八届全国陶瓷艺术创新评比中获银奖。《蹴鞠》《顶缸》《角抵戏》入选北京2008年奥运主题雕塑汇报展。《“误”读水浒》在2010年第九届全国陶瓷艺术创新评比中获金奖。

颜松柳（1977—） 德化县城关人。中国陶瓷行业工艺美术大师，福建省工艺美术大师，高级工艺美术师，德化县瓷言坊陶瓷工艺有限公司艺术总监。其作品《净瓶观音》《八方通胜天鸡尊》《禅·莲》等多次获“百花杯”“争艳杯”“天工杯”等专业评比金奖，《春风得意马蹄疾》被中国工艺美术馆、英国珍宝博物馆收藏，《一苇渡江》被英国珍宝博物馆、福建博物院收藏，《观沧海》被福建省工艺美术珍品馆收藏。

（许建杨）

陶瓷研究

【概况】 2020年，泉州市陶瓷科技研究所（市属事业单位，驻地在德化县）加强与中科院、高校科研机构合作共建，引进高层次人才，致力陶瓷智能装备、陶瓷新材料研究。组织专人负责发明专利中试和科技成果转化，同时做好陶瓷原材料检测及相关技术咨询服务，全年为60多家陶瓷企业提供检测服务210次。

【德化县中科陶瓷智能装备研究院合作共建】 2020年5月27日，泉州市陶瓷科技研究所与中科院沈阳自动化研究所（昆山）智能装备研究院、德化县科技局签订合作协议，德化县中科陶瓷智能装备研究院揭牌。7月31日，研究院与新博龙陶瓷有限公司签订陶瓷生产自动化项目合同，该设备设计完成，进行功能试验。8月初，第一套陶瓷滚压成型多瓣膜自动化设备到达德化县新博龙陶瓷公司车间，与客户现场的滚压半自动生产线配套，可实现陶瓷滚压成型全自动生产。11月初，与德化丰弘陶瓷机械公司完成新项目洽谈，双方签订协议。研究院与顺美集团、艺苑、嘉顺、成艺等陶瓷企业达成注浆、辊压、制模机械购买意向；与博古陶瓷、华贸陶瓷洽谈“智能工厂”建设方案，与集发机械、豪鹏注浆配套机械签订机械代工合作意向书。泉州市陶瓷研究所完成研究院引进高层次人才团队项目答辩、现场考察评审会，并通过专家组评审。

【德化县高科新材料陶瓷产业中试研究院合作共建】 2020年8月，泉州市陶瓷科技研究所与中科院物构所洽谈合作共建“德化县高科新材料陶瓷产业中试研究院”事宜；同时，与厦门大学材料学院、合肥工业大学材料科学与工程学院、中科院包头稀土研究中心、西安交大国家技术转移中心、中科院昆山智能装备研究院就共建“德化县高科新材料陶瓷产业中试研究院”等事项达成合作意向。12月25日，德化县高科新材料陶瓷产业中试研究院揭牌。

【利用铁尾矿砂制作微晶陶瓷项目初试】 2020年，泉州市陶瓷科技研究所与德化县政协一同多方面调研论证利用尾矿制作微晶陶瓷的可行性，并在县政府“高科技陶瓷发展”协商会上作专题发言。县陶瓷科技研究所与厦门大学材料学院、合肥工业大学材料科学与工程学院、中科院包头稀土研究中心、西安交大国家技术转移中心、中科院昆山智能装备研究院就微晶玻璃晶体的检测研究等事项达成初步合作意向；引入福建省德化唐华微晶材料科技有限公司参与微晶玻璃的研究，并依据厦门大学材料学院、合肥工业大学材料学院出具的微晶玻璃样品分析报告，以铁矿尾矿为主原材料，分析微晶玻璃配方，调整析晶温度和工艺，试制微晶玻璃，取得初步进展。

【陶瓷手机背壳项目中试】 2020年，泉州市陶瓷科技研究所组织专业技术人员调整氧化锆配方，就稀土在氧化锆陶瓷原材料的应用研究项目与中科院包头稀土研究中心展开合作，完成氧化锆、氧化钇等原材料配方试验，完成指纹识别器干压成型技术的实验，并按照中试项目要求制作出成品。

【发明专利中试与科技成果转化】 2020年，泉州市陶瓷科技研究所组织专人负责发明专利《德化雪白瓷器及其制备方法》《高强度餐具瓷及其制备工艺》《德化珍珠白瓷器及其制备工艺》的中试，各项指标基本达到预期值。同时，给予合作方技术支持，安排专人负责科技成果转化工作，相关产品在企业规模化生产。

【陶瓷原材料检测及相关技术咨询服务】 2020年，泉州市陶瓷科技研究所免费为陶瓷企业提供技术咨询服务300多次，为60多家陶瓷企业提供检测服务210次，出具陶瓷检测报告200份，为企业的陶瓷原料、釉料研究工作提供翔实的试验数据。

（泉州市陶瓷科学技术研究所）

陶瓷品牌

【概况】 2020年，德化县通过引进天猫、淘宝、玩物得志等知名线上销售平台、高端资源，探索跨界融合等创新营销方式。至年底，全县拥有国内注册商标25015件，陶瓷大师、名人的“人名商标”86件，国际注册商标97件，地理标志证明商标7件，驰名商标6件，地理标志保护产品2件。驰名商标数量、大师人名商标数量居全省山区县前列。编印《中国白·德化瓷——德化陶瓷基本知识》，撰写完成《德化当下的可能Ⅱ》书稿，在德化陶瓷艺术驻地中心设立工艺美术书籍专柜。

【经纪人服务引导】 2020年，戴玉堂、掌向影视、还巢文化等机构签约50多名大师新秀，开通40多个大师抖音运营号，进行直播或视频营销，播放量累计超过1000多万次。举办陶瓷艺术大师与文创营销机构对接会，做到“月月有营销，月月有活动”。

【知名线上销售平台引入】 2020年，德化县建立天猫德化工作站，开设天猫德化陶瓷官方旗舰店。建设淘宝直播基地，设立18间直播间。玩物得志设立德化服务中心，为全国首个文玩供应链服务中心，举办“钱塘驾到”栏目国内首场现场直播，举办“匠人得志”德化陶瓷现场创作大赛。微拍堂落地德化白瓷服务站。

【高端资源引进】 2020年，德化县引进江苏中超集团利永紫砂陶公司与德化县陶瓷企业达成合作，采购茶叶罐、茶具、个人杯、茶具套组等系列陶瓷产品。筛选并发布5批900多家陶瓷相关部门和社会组织名单，供部门、企业及陶瓷大师对接联系。建立德化陶瓷营销中心交流群，跟进服务北京、浙江、内蒙古等地新建营销中心事宜，抢抓线下实体市场。

【跨界融合探索】 2020年，德化县开展“石牛山十大牛瓷”征集评选活动，征集到217位大师313件牛瓷作品，举办“牛山牛瓷”沙龙及专题展，推动“陶瓷+旅游”跨界融合，打造“中国白+中国牛”营销新模式。引导鼓励企业、大师新秀深挖产品内涵与创新设计，创作开发小而精的茶宠、把玩件、家居摆件、收藏精品等文创产品，打造行业爆款。

【产业发展合力形成】 2020年，德化县接受并顺利通过“中国瓷都”复评。组织召开陶瓷产业发展联席会第七次会议、陶瓷艺术大师新秀代表座谈会、陶瓷文创及营销代表座谈会，“一会一节”“双年展”工作部署会、明确发展方向，找准突破抓手。

陶瓷平台

【德化陶瓷艺术驻地中心建成】 2020年1月31日，德化县利用龙鹏集团文创园2号楼（浔中镇诗泰街6号）1—6层，约4300平方米，建成德化陶瓷艺术驻地中心，中心设有办公室、文化艺术机构办事处、会客厅、多功能厅、公共创作基地、创作室、展销厅、国家陶瓷工业设计研究院等。主要为艺术家、艺术工作者和爱好者陶瓷艺术创作提供全面、综合性的服务，为海峡两岸陶瓷文化艺术交流提供服务，为德化县企业、大师或个人建立的陶瓷艺术创作基地提供指导和服务。至年底，有13家文创机构和7名艺术家入驻，落地天猫、玩物得志、微拍堂3家营销平台服务机构。举办10多场主题活动。新增臻峰文创园、琨臻文创园、泰峰等10个陶瓷艺术创作基地，总数达35个，吸引千余名艺术家及艺术爱好者到德化进行艺术交流创作。

【“中国白”推广展示中心建设】 至2020年底，“中国白”推广展示中心建成晋江馆、石狮馆、厦门馆、福州馆，并加强场馆的管理和服务工作，发挥宣传展示的窗口作用，指导开展多场陶瓷新品发布、艺术交流等活动。

【德化陶瓷产业创新发展研究院】 2020年，实施海峡两岸青年陶瓷创客“i—China”计划，开展“共抗疫情•用设计助力德化陶瓷企业”、2020“何朝宗杯”中国（德化）陶瓷工业设计大赛、陶瓷设计对接会2期，创新文化沙龙等设计活动23场，持续建设国内一流、国际领先的陶瓷产业智库平台。

【国家陶瓷工业设计研究院创建】 2020年，德化县组织申报省科技厅、社科院课题2项并成功入围“2020年度省级技术创新重大项目”。建立知识产权服务、陶瓷3D打印暨VR展示、台北泉州设计中心暨德化陶瓷台北展示中心等7个平台。完成众创空间建设1个，“哲选”体验中心1家（台北），举办沙龙、对接会29期，与6家陶瓷企业、1家包装企业签订“海峡两岸大学生设计工作坊”承办协议书。与46家陶瓷企业开展合作，25款设计打样。作为主要单位参与《陶瓷行业职业经理人考评要素》编制。9月2日，德化县创建国家陶瓷工业设计研究院项目接受工信部专家组现场评估。

【中瓷网络“互联网+陶瓷”建设】 2020年，中瓷网络“互联网+陶瓷”入选福建省2020数字福建区块链重点项目、泉州首批数字新基建重点项目和区块链+传统产业应用示范，完成中瓷和爱陶瓷品牌系统建设，持续推进线上线下融合新零售模式，注册成立全县首家艺术陶瓷专业拍卖机构福建中瓷拍卖有限公司，顺利举办爱心陶瓷拍卖首拍专场，总成交价18.55万元，拍卖所得捐献给“爱心幸福城”基金。

【“瓷谷仙境”建设】 2020年，德化县推动“瓷谷仙境”国际陶瓷艺术村建设，打造石鼓片区10多家柴烧陶瓷工作室示范点和17个培育点，建设石鼓村柴烧文化馆，举办首届德化“瓷谷仙境”柴烧作品展，并出版作品集。

【麻双鸣德化瓷·神州行世界巡展总部基地动工】 2020年7月1日上午，德化县月记窑文创产业园区首个文化类招商项目——中国工艺美术大师麻双鸣“德化瓷·神州行”世界巡展总部基地破土动工。

麻双鸣“德化瓷·神州行”世界巡展总部基地为德化县2020年招商引资重点项目，投资1亿元，占地1公顷，项目计划通过在全国各省会城市和“一带一路”倡议支点城市，以深度融合当地大型会展活动、热点活动及国家外事活动为契机，长期举办“德化瓷•神州行”德化瓷巡展，持续性向国内外推介德化陶瓷，建设提升德化陶瓷产业队伍，延伸扩大德化陶瓷产业链条，汇聚各类顶级高端资源，打造成为全球知名陶瓷品牌文化基地，为全国创造可复制、可推广的德化经验，助力世界非遗传承保护，助推德化陶瓷产业跨越发展。项目投资人麻双鸣是德化县引进的首位中国工艺美术大师，被列为泉州市第二层次引进人才，先后在海南三亚、儋州等城市举办多场“德化瓷•神州行”专场展览，为德化陶瓷对外宣传和交流推广做出积极贡献。

（许建杨）

陶瓷产业

【概况】 德化是中国陶瓷文化发祥地之一。早在新石器时代，德化先民已烧制出釉陶器和印纹陶器。魏晋时代有青釉陶器。唐代始制青瓷。宋代以来，质地优良的瓷器一直是对外贸易的重要输出品。清代晚期，德化瓷业一度走入低谷，但民间艺人仍继承传统，坚持从事制瓷事业。中华人民共和国成立后，德化陶瓷业迎来新的发展时期。特别是20世纪80年代后，全面推广窑炉改造和烧成技术革新，以冷煤气、油、电、液化气等燃料代柴烧瓷获得成功。20世纪90年代后，德化县实施“科技兴瓷、艺术兴瓷”战略，建设多处陶瓷工业区，多项陶瓷产品在全国或国际上获奖，并到国内大中城市和国外参展，加入国际互联网，开展网上贸易，与190多个国家和地区客商建立长期的贸易关系。陶瓷成为德化经济发展的支柱产业。

【陶瓷矿产资源开采】 德化开发陶瓷矿产资源历史悠久。唐代，观音岐、金竹坑瓷土矿开始开采，附近村民烧制陶瓷，用的就是这两个矿点的瓷土。宋元时期，盖德、山坪、丁墘、观音岐等瓷土矿的开采为盖德碗坪仑龙窑、宝美屈斗宫龙窑烧制精美陶瓷提供优质材料。明代及清初，德化全境掀起寻矿采矿的热潮，东至水口丘坂，西至春美尤床，南至三班岭头，北至杨梅白叶的瓷土矿点开采随处可见。优质瓷土矿的大量开采，加快了德化陶瓷业的发展，全县100多处瓷窑大量生产白瓷和青花瓷。清末及民国期间，德化陶瓷业处于低谷，瓷土矿开采规模较小，开采量也少。中华人民共和国成立后，随着德化陶瓷业的恢复，陶瓷矿产的开采利用逐渐步入有序的轨道。1960年以前，陶瓷业所用的瓷土等由生产者和生产单位自行采选。1962年，美湖公社在金竹坑（根竹坑）建立开采瓷土矿企业。此后，三班、浔中、盖德、桂阳等公社相继创建开采瓷土矿企业。1969年，金竹坑瓷土矿转为县办企业。1977年，金竹坑瓷土矿精选50吨优质高岭土运往北京，用于制作毛泽东遗体水晶棺。1988年12月，县政府成立德化县矿产资源管理办公室（简称“矿管办”）。1989年，县矿管办在美湖、浔中、三班、盖德、桂阳5个乡镇设置矿管站，制定中长期开采计划，对优质高岭土限量开采，并与水土保持相结合，实行专业化管理，相对集中资金、技术力量开办瓷土加工企业，提高资源利用率。1990年，县政府宣传贯彻《中华人民共和国矿产资源法》，实行“生产统一计划、销售统一安排”的经营方式。1992年，开始创办瓷土矿开采股份制企业，年开采量增至4万多吨。1993年以后，德化矿产业坚持“在保护中开发，在开发中保护，全面规划，规范管理，有效利用”的原则，逐步走向市场化。1999年，全县瓷土矿开采企业发展到18家，瓷土加工企业30多家，年开采瓷土（矿石）80万吨，精制高岭土（含低温瓷石）30万吨，除满足德化县陶瓷业发展的需求外，还销往晋江、厦门、广东等地。其他陶瓷矿产资源也加快开发利用，石灰石年开采量达50万吨，钾长石、石英石、叶蜡石、紫砂石、陶土、白埴土等都有开采。至2001年，德化县陶瓷矿产资源开发形成“股份投资，共担风险，合作办矿”、乡镇企业和个体企业共同发展的格局。

【陶瓷烧制能源变迁】 历史上，德化先民用炭薪柴、山芒、山草、杂木等燃料为主烧制陶器，以松木、松枝，辅之以杂木烧制瓷器。中华人民共和国成立后，德化窑烧瓷仍以松木及杂木为主燃料。1956年，德化瓷厂用永春天湖山无烟煤块作燃料烤花试验成功，为德化以煤代柴烧瓷开了先河。1960年，德化瓷厂建成混合煤气炉和通风煤气炉各1座，用煤气烧瓷试验取得成功。至21世纪初，烧窑、烤花、干燥仍用冷煤气。1972年12月，德化瓷厂第一座柴油隧道窑点火。1973年，红旗瓷厂隧道窑用柴油作燃料。1989年，国宝瓷厂、福美瓷厂、继美瓷厂、第五瓷厂等瓷厂的隧道窑开始用柴油作燃料。1977—1991年，全县瓷厂耗柴量100万立方米，瓷、林矛盾日益突出。1982年，中共中央总书记胡耀邦、水利电力部副部长李鹏视察德化，指示要大力发展水电，以电代柴烧制陶瓷，保护森林资源，发展瓷业生产。此后，德化县加快水力资源的开发利用，于1989年实现初级电气化，成为全国100个初级电气化县之一。1992年以后，德化小水电业迅速发展，陶瓷企业逐渐以电、油、气代柴烧制陶瓷，不仅给陶瓷业的发展带来新的生机和活力，而且使德化经济步入与生态环境协调发展的良性循环轨道。

【陶瓷生产工艺】 唐代以来，德化瓷民发挥资源优势，不断改革陶瓷生产工艺。唐代的轮制成型以及马蹄形窑和小龙窑，宋代的印模成型和龙窑（蛇目窑），宋、元期间为分室龙窑（鸡笼窑），元末明初开始出现阶级窑，以及生产过程中的制备、成型、施釉、装饰和雕塑等制作工艺。20世纪70年代后，德化引进高档瓷自动生产线，用电、油、气烧制陶瓷，先后出现井式窑、隧道窑、蒸笼窑、辊道窑、环型窑等新式窑炉。

【陶瓷贸易】 德化陶瓷贸易历史悠久，销售量多面广，在国内外市场上享有盛誉。唐代，德化陶瓷产品主要供当地及邻县村民作日常生活用具。北宋，泉州设市舶司，德化瓷器由官府统一收购，开始销往菲律宾、印尼、越南等东南亚国家。南宋，德化瓷器由荷兰人贩运至欧洲。明代，郑和七次出使西洋，数次在泉州起锚，德化瓷器是船队装载的主要货物之一。尔后，泉州港官办海外贸易衰落，民间贸易频繁，德化瓷器仍大量生产和外销。明末清初，转从厦门港销往东非、欧、亚地区。此外，还通过福州销往日本、朝鲜等国家，通过尤溪等邻县销往国内市场。民国时期，战乱不断，内销减少，外销受阻。中华人民共和国成立前夕，德化瓷外销几乎为零。中华人民共和国成立后，德化陶瓷贸易从零起步，逐渐恢复和发展。1952年，县供销社开始收购瓷器，销往国内市场。1955年，德化瓷器恢复出口，并呈较快增长趋势。1978年，全县陶瓷生产量3969万件，其中出口量2055万件、出口额1019.33万元。20世纪80年代，德化企业家走出国门，引进西洋工艺瓷样品投入生产，企业规模迅速扩大，贸易量迅速增加，呈跨越式向前发展。1990 年，生产量增至 6541 万件，出口额 6500 万元。20 世纪 90 年代，德化实施“政府搭台，企业唱戏”的营销策略，组织企业家到北京、上海及香港等地举办展销会、展览会，拓展国内市场。参加广州商品交易会及新加坡、马来西亚等名瓷展览会，到国外办公司，开展网上贸易，建立销售网站等。1992 年，成立泉州进出口商品检验局德化办事处，负责对德化出口陶瓷商品进行检验和管理。21 世纪，德化陶瓷产品销售网络遍布全国大中城市，销往世界 190 多个国家和地区。

【陶瓷业管理】 唐至清，德化陶瓷业以家庭作坊或多家合伙经营，生产依各窑场业主能力与市场需求自行组织管理。民国期间，德化陶瓷业仍以家庭作坊为主，陶瓷业管理组织有五窑盟会、窑盟、瓷业同业公会、德化瓷业公司等。其间，开始出现的国营企业由政府派员管理，私营企业由业主自行管理。中华人民共和国成立初期，德化陶瓷业国营、集体、公私合营等经济成分并存，按计划经济模式进行管理。改革开放以后，德化县政府建立专门管理机构，优化发展环境，提供优质服务。

【陶瓷科研】 德化陶瓷发展与陶瓷科技进步紧密相关。在陶瓷生产过程中，德化先民通过不断探索与实践所掌握的烧制陶瓷技术，为子孙后代留下宝贵的财富。唐代，德化始制“青瓷”，其制作技术达到相当水平，瓷工已娴熟掌握加工、配料、成型、上釉、烧成等工艺技巧。宋元时期，德化烧制青白瓷、白瓷技术进一步提高，氧化焰、还原焰烧成的白瓷销往东南亚、中东地区和欧洲，被称为“白色的金子”。明代及清初，德化烧制陶瓷技术炉火纯青，陶瓷发展进入黄金时期。民国时期，特别是抗日战争期间，德化陶瓷生产一度低落，德化制瓷技术没有新的突破。中华人民共和国成立后，德化陶瓷恢复发展，先后引进先进的技术和设备，陶瓷业从小作坊式生产走上工业化生产道路。德化瓷厂、红旗瓷厂成为福建省最大的国营陶瓷企业。20 世纪 70 年代初，德化瓷厂建成全国首座用白煤造气烧制日用细瓷的煤气发生炉和大型煤气隧道窑投入生产。1980 年后，科技进步为德化陶瓷生产开辟新天地。“中低温瓷土”配方和色釉调配试验的成功，使德化大规模生产西洋工艺瓷成为现实。以油、气代柴，特别是以电代柴烧制陶瓷获得成功，解决瓷与林的矛盾。德化自然生态与陶瓷生产走上良性循环、可持续发展的轨道。民营陶瓷科研所成为德化陶瓷科技一支生力军，稀土工艺色瓷、轻质瓷、红壤陶、生态稀土陶瓷、耐热陶瓷和紫砂、珠白瓷、纹片釉先后研制成功。德化传统瓷雕艺术更加绚丽多彩。21 世纪，佳美集团公司、第五瓷厂、冠福集团公司等一批高新技术企业成长壮大；耐热陶瓷煲、釉下多彩轻质陶瓷、无铅镉水转移花纸、陶瓷刀具、天目釉产品开发等项目先后研制成功。陶瓷科技队伍的高、中级职称人员不断增多，陶瓷技术不断向更高层次发展。

【陶瓷教育】 德化陶瓷业的发展与陶瓷教育息息相关。唐代，颜化彩受到良好教育，编著《陶业法》，绘制《梅岭图》，才有后来的梅岭窑火。陶瓷教育的发展为宋、元、明、清时代直至民国时期的陶瓷烧制技术打下坚实的基础，诞生何朝宗、林朝景、苏学金、许友义、徐其中等陶瓷大家。教育铸造德化瓷文明，德化陶瓷教育以家传、师承和学校教育相结合为特色。浔中镇乐陶村、三班镇泗滨村、龙浔镇宝美村等历来倡导“学艺先学文”，重视文化基础教育。明嘉靖九年（1530 年），乐陶村在宏祠设立社学。万历二十年（1592 年），孙凤栖建上梧书斋，陈至言建墩仔书斋；清雍正五年（1727 年），孙文沐建鹏翔书楼；清乾隆十一年（1746 年），瑶台先民在程田寺格创办瑶台书院；清乾隆间，泗滨村颜英助妻张氏建瑞绵书斋，延师课督儿孙读书。宝美村太学生苏明裕、贡生苏重光建后井尾库窑。太学生颜有绥从事瓷业。民国 24 年（1935 年），省教育厅在德化创办省立德化陶瓷职业学校。中华人民共和国成立后，为加快陶瓷业的发展，先后创办德化瓷业技术学校、福建省晋江地区技工学校德化分班、德化县城关职业中学、泉州成人中等专业学校。20 世纪末，德化创办德化陶瓷技术学院。21 世纪，德化为构建瓷都人才培养基地，有泉州工艺美术职业学院（大专）和德化职业技术学校（中专）2 所院校。

陶瓷产业园区

【概况】 2020 年，德化县陶瓷产业园区利用城市周边的山杂地集中建设工业项目区，请工业“上山”，利用荒坡开发“工业梯田”，使园区布局更加合理。园区管委会集中力量抓好基础设施建设，包括交通、供电、供水、供气、电信、环卫、排水、污水和垃圾无害化处理、园林绿化等。基本形成设施配套、功能完善、布局合理、运行可靠的现代化园区基础设施体系，以便于筑巢引凤，发展壮大园区规模。截至年底，园区累计入园企业 1950 家，就业人数 8.6 万人，

陶瓷产业园区城东三期局部（摄于2020年1月1日）

（图/陶瓷产业园区管委会）

实现工业总产值195亿元，规模以上工业增加值39亿元，税收收入10.5亿元。园区形成以陶瓷业为主导产业的发展模式，产业集聚水平达82%。

【重点项目建设】 2020年，陶瓷产业园区推进县重点项目建设35个，完成投资199770万元（其中财政性投资项目16600万元），完成年度投资计划的100.57%。

城东三期完成投资约4230万元，完成年度计划105.75%。完成绿化工程建设76%，完成标志标线工程建设90%，完成凤洋片区基础设施工程第二标段，完成首期人行道、路灯、高架桥工程，完成凤洋扩区、瓷土加工区扩区土石方工程。

城东四期古洋片区完成投资9500万元，占全年投资计划的118.7%。累计完成土石方开挖约350万立方米、截水沟铺设3.5千米、污水管道施工15.2千米、给水管道施工10.7千米、排水设施施工3.5千米，路面碎石层及水稳层施工3.9万平方米，水泥路面施工2.5万平方米。

城东四期中小企业创业园累计完成投资2500万元，占全年投资计划的100%。Ⅰ期累计完成工业路路基分层碾压1.5万立方米，路基强夯1.8万平方米；碎石层和稳定层铺设3.3千米、面层铺设2.5千米，污水管线铺设1.8千米、排水沟施工2.5千米。

紫洋陶瓷科技文化产业园完成场地平整和道路配套设施工程的设计单位、勘探单位招标工作。林业报批，道路及边坡用地60多公顷、工业用地101.2公顷、商住用地14.33公顷完成林业报批；其他学校及安置用地19.6公顷，筹备送林业窗口报批。

国宝竹木加工区，项目规划面积约67.87公顷，可提供工业用地约27.33公顷。项目区完成地形图测量，完成首批34.67公顷林地报批，完成控规专家评审，完成征迁方案初稿，并根据专家评审意见修编控规，同时启动前期征迁程序。

紫云高科技材料产业园，规划面积约40.4公顷，其中工业用地约25公顷。项目完成大部分土地报批、现状地形图测量及控规编制，完成勘察、设计单位招投标工作，完成勘察外业勘探工作及设计方案。

【园区招商引资】 2020年，陶瓷产业园区配备专人负责衔接招商各项工作，加强与各乡镇、各部门的沟通协作，发挥园区招商选资平台优势，整合多方资源，形成合力，提高效率。全年完成在谈项目5个，签约4个，引进投资约41亿元。做好落地招商项目服务工作，强化基础保障，确保项目有序推进。

【生态环保】 2020年，德化陶瓷产业园区内企业均采用自建地下污水管网的形式，建成后全部接入县污水处理厂集中处理。园区生活垃圾由当地镇政府环卫站负责统一清理；工业垃圾由企业出资定期运至县级垃圾填埋厂集中进行处理。园区规划建设瓷土集中加工区，建设瓷土集中加工区污水管网配套工程，将浐溪上游瓷土加工类企业集中规划进区。园区开发建设过程中注重做好水土保持、绿化养护等各项工作，建设街边绿地、袖珍公园。园区内有阳光公园、嘉裕公园、月亮湾公园等场所供辖区内群众休闲娱乐。

（林亮敏）

中国共产党德化县委员会

综　述

【概况】 2020年，中共德化县委坚持疫情防控与经济社会发展工作“两手抓、两手硬”，深入推进“五个年”，推动发展超越提质提速，把不利影响降到最低，全县经济社会各项事业发展稳中有进，全面完成各项既定目标任务，全县生产总值比上年增长4.1%，工业增加值增长4%，固定资产投资增长6.9%，一般公共预算总收入19.37亿元，一般公共预算收入12.86亿元，主要经济指标居全市中上游水平。

【学深做实“新思想”】 2020年，中共德化县委召开常委会会议17次，认真学习领会中共中央总书记习近平重要讲话重要指示批示和中共十九届五中全会精神，研究部署贯彻落实具体措施。按照省委“三四八”贯彻落实机制，对2019年贯彻落实习近平重要讲话重要指示批示精神开展“回头看”，推动涉及德化的36项重要指示批示落实到位。召开县委十三届十次全会，通过《关于深入学习贯彻习近平总书记重要讲话重要指示批示精神全方位推动高质量发展超越的决定》，制定科技创新、产业结构、居民收入等3个行动计划，全方位推动高质量发展超越。开展县委中心组专题学习19次，围绕《习近平在福建》等系列采访实录、《习近平谈治国理政》第三卷开展交流研讨。成立“学习强国”宣讲队，开展各类宣讲320多场，直接受众2万多人次，推动新思想“飞入寻常百姓家”。

【全面从严治党】 2020年，中共德化县委扛起全面从严治党政治责任，全面贯彻新时代党的建设总要求，落实“五抓五看”“八个坚定不移”具体部署，确保工作任务落实。

2020年，中共德化县委坚持民主集中制，执行请示报告制度，筹备召开县委十三届十一次全会，研究德化县“十四五”规划和二〇三五年远景目标的建议。定期听取县人大常委会、县政府、县政协和“两院”党组工作汇报，就重大工作召开县四套班子领导会议，凝聚工作合力。加强与各民主党派、工商联以及异地商会、港澳台同胞、海外华侨华人等沟通联系，打响同心工作品牌。领导推动群团改革，智慧团建、支持妇女发展、残疾人证办理等工作经验在全省发文推广，科协院士合作实现突破，县总工会职工服务中心获评省“五一”先锋号。落实党管武装制度，圆满完成征兵任务，专武干部集训、“四会”教练员比武、民兵整组编训等持续走在全市前列。

2020年，德化县深化党建引领乡村振兴“红旗村”培育行动，新增“红旗村”培育试点14个，整顿转化提升软弱涣散党组织18个，完成188个村活动场所规范化建设，推动农村基层党组织全面过硬。全面推行近邻党建工作，提升社区“大党委”运行机制，在居民小区、城市商圈、产业园区等城镇核心区组建近邻党支部51个，提升社区党组织服务群众能力。推行“党建+产业链”发展模式，以陶瓷同业公会和茶油产业龙头企业为依托，分别组建陶瓷、茶油产业链党建联盟，推进党的建设和产业发展深度融合。发挥党的政治和组织优势，281支疫情防控党员突击队和服务队日夜奋战，1.3万名党员干部坚守在疫情防控最前沿，把800多名优秀党员干部压到疫情防控、复工复产、安全生产等第一线，协助镇村开展工作5400多人次。

【疫情防控】 2020年，新型冠状病毒肺炎疫情突发，德化成立县防控新型冠状病毒感染的肺炎疫情应急指挥部，第一时间启动突发公共卫生事件一级响应，先后召开66次应急指挥部会议，推动防控工作迅速有序开展。防控初期，抓好大数据排查、村居网格化摸排、入德交通管理、医疗救治准备等工作，及时组织口罩、消毒水、体温枪等物资，投入943万元

2020年1月30日，县委书记梁玉华（左一）到上涌镇高速出入口督查疫情防控工作
（图/许华森）

快速建设3个PCR实验室，稳定社会群众情绪；防控中期，突出入德健康检测、居家或集中观察、防控物资储备等重点，抽调200多名干部协同做好复工复产工作，摸排企业4308家、在建工程238个、个体工商户25183家、出租户23398家，做到疫情防控和复工复产“两不误”；进入常态化阶段，抓好核酸检测、进口冷链物流、重点场所防控等工作，投资1800万元建成全市首家“一站式”闭环管理的发热门诊，“八闽健康码”使用率居全市第一，做到“外防输入、内防反弹”。通过不同阶段精准施策，全县上下齐心协力，全县无新冠肺炎确诊病例。

【全域旅游创建】 2020年，德化县坚持“点线面”协同推进，推进25个旅游重点项目建设，获评国家全域旅游示范区，为泉州唯一获此称号的县域。全年接待游客503万人次、旅游总收入55.38亿元。持续打造石牛山、九仙山、县城陶瓷文化三大核心景区，形成以县城陶瓷文化景区为主体，石牛山、九仙山景区为两翼的“凤凰展翅一体两翼”全域旅游发展格局。石牛山景区改造提升工程完成，8月8日顺利开园，国庆日接待游客近万人，成为全省最为火爆的景区之一。坚持每个乡镇打造1个以上景点，18个乡镇共打造特色旅游景点近50个，顺美陶瓷文化世界获评国家AAA级旅游景区，桂阳乡获评全国森林康养基地试点建设乡，水口镇获评福建全域生态旅游小镇，形成“星罗棋布，众星拱月”的崭新局面。持续布局一批“短平快”配套项目，开发“一码游德化”导览系统，制定德化旅游攻略，开展精品民宿评选、金牌导游大赛、特色乡土菜评选等活动，“吃住行游购娱”配套更加完善。同时，开展石牛山景区开园、666营销活动等旅游节庆22场次，月月有活动、季季有热点，德化旅游的曝光度全面提升，打响“世界瓷都·自在德化”旅游品牌。

【陶瓷转型升级】 2020年，德化县深入实施陶瓷产业跨越发展五年行动计划，补短板、铸链条、建集群。全年陶瓷产值突破400亿元大关。瓷艺城、月记窑、红旗坊、电商物流园等平台建设进展顺利。其中，红旗坊正式与泉州文旅集团达成合作，成立项目公司，按协议有序推进；电商物流园公共实训基地和司机之家启动基础施工。城东工业园区规划建设高端日用陶瓷产业园、生活家电产业园，成立陶瓷智能装备研究院、高科技陶瓷中试研究院，签约引进高端碳化硅陶瓷及复合材料项目，累计推广自动化及半自动化生产线270多套、完成工业技改投资75.7亿元，将形成日用瓷、工艺瓷、大师瓷、卫浴陶瓷、建筑陶瓷、高科技陶瓷“六大板块”。在晋江、石狮、泉州、厦门、福州等城市布局中国白展示推广中心5家，推动陶瓷营销从卖产品向卖文化转变提升。引进中瓷网络、玩物得志、微拍堂等网络营销平台，设立拼多多直播基地和中国白直播基地，完成电商交易额150亿元。成立德化陶瓷艺术大师联盟，建设陶瓷艺术驻地中心、“中国白”国际艺术家驻地创作交流基地，成功举办“一会一节”、中国传统陶瓷艺术双年展等展会赛事，进一步提升德化陶瓷在业界的辨识度、知名度和话语权。

【城乡建设提升】 2020年，德化县推进“大城关”发展战略，获评全国文明城市，蝉联国家卫生县城，入选全国县城新型城镇化建设示范名单。全面拉开九大片区改造提升，其中世科片区、霞田文体园正式动建，官路片区全部腾空拆除，蒲坂片区征收有序推进。投入11亿元实施市政提升工程24个，推进园丁新村、农贸商城等12个老旧小区改造，新改建各类管网64千米、新增城市道路30千米、新增公共停车位近800个，城市承载力显著提升。持续推进教育重点项目建设，新增学位4000个，全面兑现换届之初向全社会作出增加2万个学位的承诺。深化紧密型医共体建设，第三医院、县医院医技楼建成投用，全县医疗床位1700多张，提升健康德化建设水平。产业兴旺方面，实施“四个一”工程，拥有国家农产品地理标志8个，数量居全省第一，培育国家地理标志登记保护农产品示范基地6个，上涌镇列入全国农业产业强镇；生态宜居方面，推广“一清二整三美化”，实施“一革命四行动”，完成农房整治1000栋；乡风文明方面，启动“爱心幸福城”创建，收到各类捐款2000多万元，开展“爱心厨房”900多场、参与近7万人次；治理有效方面，推行三种管理服务模式，激发村级干部队伍活力；生活富裕方面，持续巩固脱贫攻坚成果，推行壮大村集体经济“五种模式”（扶持资金投资入股龙头企业享受分红、资源入股发展旅游、产权流转发展农林业、发展光伏项目促增收、整合资产抱团发展），全县村级经营性收入全部达到10万元以上，其中达20万元以上的村131个、占68.6%。

【保底创优深化】 2020年，德化县开展房屋安全“百日攻坚”、安全隐患大排查大整治、安全生产三年行动，抽调199名优秀干部推进网格化排查整治安全隐患，生产安全事故起数和死亡人数连续三年“双下降”。推进陶瓷行业污染整治，治理水土流失面积2173.33公顷，造林绿化1533.33公顷，完成全国第二次污染源普查、中央第二轮生态环境保护督察整改工作，获评国家绿色矿业发展示范区，上榜“2020年中国县域生态百优榜”。深化特色亮点培育工作，社会治理、智慧团建、林电互动等12项经验做法获省直部门发文推广，32项工作得到国家部委领导和省、市领导批示肯定，有效助力政策对接、资金争取、招商引资等工作。

【项目建设】 2020年，德化县213个重点项目完成投资152.6亿元，比2015年的69.5亿元增长119.57%。实施“五个一批”项目攻坚，新增“五个一批”项目88个、总投资427亿元。深化“大招商招大商”活动，健全招商闭环管理机制，开展产业链招商、专业组招商、以商招商等工作，签约引进项目59个、协议总投资186亿元。做好资源要素保障工作，全年供应土地101.33公顷、清理批而未供与闲置土地49公顷、林地报批499.47公顷。

【资金争取】 2020年，德化县持续落实资金争取考评机制，全年向上争取到位资金15亿元以上，争取债券11.6亿元、高于年度任务数16.4%。

【审批改革】 2020年，德化县开展营商环境攻坚提质活动，深化行政审批提速增效改革，推行“三机制、四通办、五免费”三项举措，在全省率先推出“单环节”审批机制，企业开办35个事项全部实现“一日办”，96%的事项实现“网上办”，激发社会创新创业活力，全县新增市场主体1.2万户。

重要会议

【概况】 2020年，中共德化县委召开全体会议2次，常委会（扩大）会议2次，专题会议13次，共同商讨全县政治、经济、文化、社会、生态等工作。

【县委全体会议】 2020年9月3日，中共德化县委十三届十次全体会议召开。县委书记梁玉华代表县委常委会向全会作报告，并就《中共德化县委关于深入学习贯彻习近平总书记重要讲话重要指示批示精神全方位推动高质量发展超越的决定（讨论稿）》作说明。会议审议通过《中共德化县委关于深入学习贯彻习近平总书记重要讲话重要指示批示精神全方位推动高质量发展超越的决定（草案）》及《中共德化县委十三届十次全体会议决议（草案）》。

12月25日，中共德化县委十三届十一次全体会议召开。县委书记梁玉华传达省委十届十次全会、市委十二届十三次全会精神，代表县委常委会向全会作报告，并就《中共德化县委关于制定德化县国民经济和社会发展十四个五年规划和二〇三五年远景目标的建议（讨论稿）》作说明。会议审议通过《中共德化县委关于制定德化县国民经济和社会发展十四个五年规划和二〇三五年远景目标的建议（草案）》及《中共德化县委十三届十一次全体会议决议（草案）》。

【常委会会议】 2020年3月16日，县委常委会（扩大）会议召开，传达省、市有关会议文件精神，部署全县安全生产隐患大排查大整治百日攻坚行动工作。县委书记梁玉华、县长黄文捷、副县长苏锡培等参加会议。

11月3日，县委常委会（扩大）会议召开，传达贯彻中共十九届五中全会和省委、市委常委会（扩大）会议精神。

【专题会议】 2020年1月20日，全县“不忘初心、牢记使命”主题教育总结会议召开。市委第六巡回指导组组长陈炯仁出席会议并讲话。

1月20日，党（工）委书记抓基层党建工作述职评议会召开。各乡镇党委书记进行会议述职，参会人员填写民主评议表，进行评议。市委组织部干部二科科长庄树雄出席会议并作点评讲话

1月22日，县纪委十三届五次全会召开。传达中央、省、市纪委全会主要精神，进行分组讨论，并通过

相关决议。

3月17日，全县房屋安全“百日大整治”行动部署会召开。传达省、市相关会议精神，并作具体部署。县委书记梁玉华、县长黄文捷等领导参加会议。

3月23日，全县工作会议召开，贯彻落实中央和省委、市委农村工作会议精神，总结2019年工作及部署2020年全县工作。会议由县长黄文捷主持。宣读表彰文件，解读2020年收账工作实施意见、《关于规范村级组织日常运行机制的实施意见（暂行）》，宣读“爱心幸福城”创建方案。

3月23日，全县经济工作会召开，解读《关于促进陶瓷产业健康稳定发展若干措施的通知》《德化县支持全域旅游发展实施意见的通知》，回顾2019年经济工作及部署2020年经济工作，宣读通报及表彰文件。

3月30日，全县党的建设工作会议召开。通报2019年度党建工作考评结果，县委政法委、组织部、宣传部、统战部传达中央、省、市有关会议精神，总结2019年工作，部署2020年工作。

3月30日，全县农业农村工作暨决战决胜脱贫攻坚推进会召开。解读《创建“一清二整三美化”环境整治村（社区）的实施方案》和《关于印发提升粮食生产能力若干奖励措施的通知》，传达学习中央、省、市决战决胜脱贫攻坚座谈会精神，通报第三方扶贫评估工作检查存在的问题，部署决战决胜脱贫攻坚和市委脱贫攻坚专项巡察“回头看”工作。

6月28日，全县安全生产专项整治三年行动工作部署推进暨第三季度防范重特大生产安全事故及疫情防控工作部署推进会议召开。浔中镇、三班镇、公安局、水利局汇报相关工作。部署疫情防控工作，部署推进安全生产专项整治三年行动及第三季度防范重特大生产安全事故工作。

6月30日，德化县创城工作推进会召开。县长黄文捷主持会议。通报2019年度测评情况及2020年上半年创城工作情况并部署下阶段创建工作，解读德化县创建全国文明城市督查工作方案。

8月26日，县管干部学习贯彻中共十九届四中全会精神轮训主题报告会视频会议召开。县长黄文捷主持会议。县委书记梁玉华作主题报告。

10月9日，全县工作推进会召开，盘点“十三五”主要指标及全年目标任务完成情况，确保“十三五”圆满收官；完善提升“十四五”发展规划，提前谋划明年的工作思路、项目盘子和重点任务，确保“十四五”开好局。

12月3日，全县深化全国文明城市创建工作及表扬大会召开。会议通报三年创城综合测评情况，部署下阶段创建工作；并宣读创建全国文明城市工作先进集体、先进个人表扬决定。

（县委办）

组织工作

【概况】 2020年，德化县委组织部门推进干部队伍建设、基层党组织和党员队伍建设、人才队伍建设。全年提拔使用24人，职级晋升3人，试用期满县管干部转正32人，嘉奖行政（参公）工作人员330人，连续3年年度考核优秀干部记三等功40人，新发展党员198名。全县党组织数741个，党员总数17707名。

【干部教育培训】 2020年，德化县制发《德化县2020年度干部培训计划》，统筹协调有关部门举办各类培训班、研讨班和辅导班等122班次，联合开展学习贯彻中共十九届四中全会精神专题培训，举办第九期、第十期科级干部进修班，开办“戴云山讲台”选学活动2期，组织县乡领导干部收看“学习习近平生态文明思想”“国土资源规划与优化区域协调发展布局”专题授课视频报告会9场次，提高干部制度执行力和治理能力。围绕思想政治教育和技能业务培训，举办2020年中青年干部培训班，组织62名县管优秀年轻干部参训，采取党校主训、网校点学、现场实教等培训方式，完善述学、评学、考学机制，不断提高干部教育培训质量和水平。

【干部选任机制】 2020年，德化县建立县直机关单位成建制挂钩支援城区29个疫情防控责任片区以及挂钩重点乡镇参与安全专项整治行动和网格化监管2项机制；选派5300多名党员领导干部和全部县管优秀年轻干部，深入一线开展疫情防控、复工复产、安全生产等工作。组织开展2020年“干事创业比拼年”活动，在重点项目、招商引资、资金争取、党的建设等领域搭建比拼平台，实行“项目进度月亮晒、亮点工作季推选，红黑名单年评比”激励约束机制，相关做法在《泉州晚报》《侨区快讯》刊发。开展第二批中青年干部交流挂职，选派县乡23名优秀中青年干部到招商引资、工业经济、项目审批、应急处突等岗位挂职锻炼。出台《关于在疫情防控阻击战一线实绩考察识别领导班子和领导干部的通知》，深化跟踪考察、蹲点考察、专项考察、突击考察、印证考察等知事识人方式，将主动担当、工作实绩突出的120名干部列入一线考察“红名单”，将失职失责、落实工作不力的5名干部列入“黑名单”。强化考察结果运用，坚持“两个优先”原则，全年提拔使用24人，职级晋升3人。

2020 年 2 月 9 日，德化县干部实绩一线考察现场　（图 / 县委组织部）

【公务员管理】 2020 年，德化县分类开展 2019 年县管领导班子、县管干部、机关工作人员年度考核和试用期满县管干部考核，实行“一把手”“县领导 + 党政正职 + 所在单位 + 考核组”分类量化考评，全面了解、核实评价领导班子运行情况和干部综合表现，并对 32 名试用期满县管干部予以转正、330 名行政（参公）工作人员予以嘉奖、40 名连续 3 年年度考核优秀干部记三等功。健全公务员平时考核体系，实行优秀比例统一联审，加强干部一线实绩考察组经常性挂钩调研，相关做法在《八闽快讯》专报件刊发。推荐考察一批年轻干部纳入县管优秀年轻干部库进行专项梯次培养。配合推进乡镇机构改革人员转隶，统筹设立 20 个公务员（含参公）招考岗位。协助做好宁夏赴闽、市直机关到德化挂职干部期满考核工作，接收闽宁对口帮扶宁夏到德化挂职干部 2 名。规范清理“一票否决”和签订责任状事项 20 余项。召开干部监督联席会议 2 场，改进“12380”信访举报受理查核机制，加大问题线索分析认定和查核处理力度，防止“带病提拔”。对落实疫情防控措施不力的 6 名领导干部进行谈话提醒。规范领导干部在社会团体、基金会兼职行为，分别请示报批 2 名市管干部、审批 4 名县管干部兼任社团领导职务。做好干部出国（境）政审和备案对象因私出国（境）证照管理、7 名领导干部任期经济责任审计、9 名干部学历学位更改审批确认、干部请销假审批备案和操办婚丧喜庆事宜备案等工作。推进干部信息综合应用系统和人事档案数字化建设，更新个人重大事项、违纪违法惩处记录等干部信息，完成全县 3189 份纸质干部人事档案数字化任务。

【农村基层党建】 2020 年，德化县制定出台《关于规范村级组织日常运行机制的实施意见》，在全县 216 个村（社区）分类推行村干部全员坐班、驻城返村、轮值坐班等 3 种服务管理模式，推动村干部工作落实和服务群众效能最大化，相关做法在《福建组工通讯》《侨区快讯》专期刊发，并入选 2020 年度全市“强基促稳”十佳示范案例。深入实施“海丝先锋”达标创星专项行动，排查整顿软弱涣散农村党组织 18 个，全县农村先进党组织占比 57.07%。完成所有村级组织活动场所标准化规范化建设，综合设置民政村建、计生卫生、纠纷调解等工作岗位，建设爱心驿站、便民联络站，提升村级党群服务中心服务功能。持续加强村级组织带头人队伍建设，建立健全村干部教育培训、日常管理、激励保障等制度，累计培训驻村干部、村（社区）干部 2100 多人次，落实村（社区）党组织书记县级备案制度，“一人一档”建立村党组织书记档案 216 份，选派 20 名村党组织书记到 13 个先进村挂职锻炼，调整不能正常履职、受过刑事处罚的村党支部书记 3 名。实施村集体经济“消薄倍增”计划，策划生成城乡广场综合体、新农村综合服务站等项目，全县经营性收入 10 万元以上的村达到 100%，其中 20 万元以上的村 131 个、占 68.59%。深入实施党建引领乡村振兴“红旗村”培育行动，健全党委（党组）书记、党代表联系党支部制度，相关经验做法在《八闽快讯》刊发。健全落实县委常委挂钩联系小区党支部、城市基层党建工作联席会议、社区“大党委”等制度，出台《深化“双报到”制度强化党建引领“近邻”基层治理的通知》，成立小区党支部 49 个，推选党员街巷长、党员楼长 438 名，构建“社区‘大党委’+ 社区党支部 + 居民小区（网格）党组织 + 党员街巷长、党员楼长”四级组织体系，形成区域统筹、条块协同、上下联动、共建共享的城市基层党建格局。探索建立城市基层党建专职工作者和网格员工作互联、消息互通、职能互动的高效运转模式，推动两支队伍双向进入、交叉任职、职能互补，实现党建和综治网格化管理“两网融合”，相关经验做法在《侨区快讯》专期刊发。

【非公企业和社会组织党建】 2020年，德化县推行“党建+产业链”发展模式，以陶瓷同业公会和茶油产业龙头企业为依托，分别组建陶瓷、茶油产业链党建联盟，全年协调解决疫情防控物资、劳资纠纷、资金拆借、用工招工等问题800多个，助力2000多家联盟成员企业复工复产，相关做法在《八闽快讯》《侨区快讯》专期刊发，得到泉州市主要领导批示肯定。成立“非公企业党组织书记工作室”，聘请党建工作经验丰富且热衷于非公企业党建研究探索的正科级党员领导干部担任顾问，举办非公企业党组织书记示范培训班，开展现场观摩交流活动，培养一支“讲政治、懂企业、懂党建”带头人队伍。推行民营企业党建融入公司治理“1533”（围绕一个目标、明确五项内容、强化三项措施、实现三个提升）工作机制，培育创建5家“1533”工作机制示范点，龙鹏集团、成艺陶瓷、戴玉堂陶瓷等示范点相关党建做法在《先锋泉州》微信公众号刊发。

2020年11月13日，德化县委组织部开展《“1+3”基层党建融合机制》专题党课
（图/县委组织部）

【城市基层党建】 2020年，德化县延伸拓展“1+3”（以城乡统建为主，村村联建、边界联建、线上线下联建为辅）基层党建融合机制，紧抓进城党群城市家园附属楼建设，对接设计公司研究确定智慧共享中心规划建设方案，协调乡镇便民服务专窗、司法调解、信访接访、医疗健康、政策咨询、志愿服务、特色农产品交易信息发布、安置房不动产登记等功能入驻，构建全城通办的一体化办公便民服务体系，推动城市家园功能最大化。建立“大党建志愿者”联盟，开展“党员共筑爱心幸福城”专项行动，推动志愿服务从机关向村、社区、非公企业和社会组织领域延伸，引领各领域党组织和党员结合各自职能深度参与“爱心幸福城”创建。全年累计举办大党建志愿服务活动1600多场次，参与党员1.9万多人次，经验做法在《八闽快讯》刊发。深化实施联带联建活动、联合党课“夜学堂”、离退休干部“夕阳红党旗红”行动等推进各领域党建深度融合8项措施，推动各领域基层党建优势互补、信息互通、资源互享、工作互动、发展互促。

【党员教育管理】 2020年，德化县制定实施《德化县贯彻落实〈2019—2023年全国党员教育培训工作规划〉的实施方案》，征订《习近平在厦门》《习近平在福州》《习近平谈治国理政》（第三卷）等书籍3万多套（本），推动各级党组织用习近平新时代中国特色社会主义思想武装头脑、指导实践、推动工作。严把发展党员政治关、入口关、程序关，举办全县发展对象培训班3期，发展党员198名。开展排查整顿农村发展党员违规违纪问题工作，将全县58个村（社区）525名党员纳入排查整顿范围，排查发现四类问题（“带病入党”问题、弄虚作假问题、徇私舞弊问题、严重违反入党程序问题）13个，严格审慎认定，抓好整改落实。制定《关于加强党的领导进一步发挥基层党组织战斗堡垒和党员先锋模范作用推动疫情防控责任落实的通知》，成立临时党组织7个，防控疫情党员突击队、服务队281支，引领带动农村党员9000多人到一线参与疫情防控工作，发动全县1.7万多名党员捐款近130万元。落实党内激励关怀帮扶机制，开展“两节”、疫情防控、七一等走访慰问活动，看望困难党员、群众866人，慰问战斗在疫情防控斗争第一线的医务工作者和基层党员、干部1600人，发放慰问金84.5万元、省市关心关爱资金17.15万元，购买疫情防控药品、物资等30.72万元。开辟战“疫”先锋专栏，对在疫情防控工作一线表现突出的24个先进基层党组织和73名先进个人由县委及时予以通报表扬，并依托德化电视台、《瓷都德化》报对先进典型进行宣传报道，弘扬正能量。改造提升中共德化支部旧址，打造一座集展示、教育、交流、互动、服务、实践等功能于一体的“支部生活体验馆”，为各领域党组织和广大党员提供“预约制、自助式、专题化、开放性”的支部生活服务。

【人才引进】 2020年，德化县鼓励支持企事业单位通过技术指导、岗位顾问、项目合作以及建立工作室、开展“师带徒”等形式，引进或吸引一批重大项目推进、重点技术攻关、主导产业发展所急需高层次人才、高校毕业生，引进人才42人、名医工作室3个、技术团队1个，吸引“双一流”大学与国内外高水平高校毕业生50名，落实大学生安居补助180万元，惠及334人次。加大陶瓷技能人才培养力度，推荐9名技能人才参评享受国务院政府特殊津贴、中华技能大奖、全国技术能手和国家级、省级技能大师工作室等荣誉称号，打造陶瓷技能人才聚集高地，相关做法在《中国组织人事报》《中国人才》刊发。全县新增市人才“港湾计划”高层次人才252名。

【人才政策】 2020年，德化县开展人才政策效用评估，对2011—2020年出台的人才政策文件进行专项清理，废止现行文件5件，并修订文件部分条款，进一步整合人才政策资源。制定鼓励柔性引才、高层次人才享受休假疗养待遇、高层次人才积分服务管理、创新“人才+营销”模式壮大陶瓷营销人才队伍等6项人才政策，推动人才指标前置植入全县产业、科技、评优等涉企政策。引导双全农业有限公司实行人才“股权期权激励”，推进成艺、戴玉堂等5家企业建立“党建+人才”基地，不断激发用人主体活力。坚持政银企联动，撬动信用联社、农商银行授信5.02亿元，发放“人才贷”“人才卡”“人才宝”信贷产品，开展“百名行长进万企”活动，走访企业685家、涉及融资3530万元。实施大学生就业创业“引领”、陶瓷产业人才“集聚”、旅游产业人才“壮大”、技能人才“支撑”、社会事业人才“保障”、特色文化人才“传承”、乡村振兴人才“助推”等七大人才工程，分行业分领域推进各支人才队伍建设，累计举办“订单式”选学培训、人才沙龙、“人才助力全面小康——2020年德化县人才工作新闻摄影暨短视频比赛”等各类活动50多期，1500多人次参与，发放214个领军人才和青年陶艺人才项目奖励资金111.39万元，相关做法在《中国组织人事报》刊发。

【人才平台建设】 2020年，德化县组建德化人力资本有限公司，承接企事业单位人员委托招聘、劳务派遣、人才引进等业务工作，推动人力人才资源效益最大化。引进13家文创营销机构和8位艺术家设立工作室入驻，为企业对接国内知名专家、高层次人才17名，开展人才招聘、培训等活动70多场次。创新陶瓷“人才+营销”模式，组建德化陶瓷艺术大师联盟，促进天猫、玩物得志、微拍堂等知名营销平台落地德化，设立淘宝、抖音、“中国白”直播基地，推动“请进来”驻留创作、“走出去”参赛巡展等形式，引进和培养一批陶瓷营销人才队伍。建设“德化瓷谷仙境”陶艺村，打造集龙窑集市、柴烧展示中心、文创园等为一体的柴烧文创艺术中心，串联陶瓷文化旅游资源，共同打造福建省陶瓷文化旅游精品线路，吸引73名柴烧陶艺人才创建陶瓷艺术工作室。坚持用事业平台引聚、成就人才，新成立协同创新院陶瓷产业分院、德化县陶瓷同业公会服务中心、德化人才工作厦门联络站，新增国家级和省级“众创空间”各1家、市级新型科研机构和星创天地各2家、市级专家工作站1家、人力资源服务机构3家、省级工业设计研究院1家并列入首批国家工业设计研究院培育对象，院士朱永官与春秋农林科技有限公司签订院士创新中心创建协议。建强德化人才志愿者服务队，招募陶艺、旅游等人才志愿者354名，常态化开展爱心捐赠、“爱心幸福城”创建等志愿服务活动，相关做法在《中国组织人事报》《党建文汇》刊发。

【人才发展环境优化】 2020年，德化县建强“线上+线下”人才服务阵地。线上依托微信小程序开发“德化人才超市”，打造集人才专享、服务比拼、人才积分管理等功能为一体的人才工作信息化服务平台；线下连片联网抓好“人才之家”、社区人才服务站建设，提升人才工作服务水平。加大人才政策宣传，组建人才“港湾计划”政策宣讲团，开设“爱才比拼台”专栏，推出“世界瓷都•人才之歌”，制作人才政策“一图读懂”、陶瓷企业人才扶持政策摘要汇编，运用融媒体等宣传渠道开展宣传报道，造浓重才爱才敬才氛围。承办高层次人才子女入学申请35件次，完成第三批50套人才公寓装修，入住高层次人才134名。建立县乡村（社区）人才工作领导小组成员挂钩联系高层次人才及企业助力复工复产制度，挂钩联系高层次人才472人次、企业860家次。实行人才工作专项述职制度，将抓人才工作纳入党委（党组）书记抓党建述职内容。举办全县人才工作者培训班和人才项目拉练活动，通过业务知识培训、现场观摩、听取典型案例介绍等形式，推动人才工作和服务落深落细落实。制定高层次人才享受休假疗养待遇政策，确定16个人才疗养点，举办德化县高层次人才疗养研修活动和协办2020年度泉州市高层次人才疗养研修活动、安南永德（安溪、南安、永春、德化）四地提升市级“人才之家”建设水平座谈会，吸引晋江、台商投资区等县（市、区）高层次人才160多人参加，相关做法在《海峡人才报》刊发。

（县委组织部）

宣传工作

【概况】 2020年，德化县推动理论武装、对外宣传、舆论引导、文明创建、文化文艺等各项工作深入开展，县委宣传部（新闻出版广电局）获国家版权局2019年度查处重大侵权盗版案件有功单位，《德化县“爱心厨房”四个三工作法》案例获省委宣传部部长邢善萍肯定并向中央文明办推送，《德化县拓展“祠堂+”功能 打造乡风文明实践示范点》获市委副书记张永宁批示肯定，“‘爱心厨房’搭舞台 文明实践唱新戏”项目获评“2020年福建省志愿服务项目大赛优秀项目奖”，“爱心厨房”新时代文明实践项目在全国文明实践志愿服务项目展示交流会上展示。

【理论武装】 理论学习。2020年，德化县制定县委理论学习中心组学习计划，结合学习中共中央总书记习近平重要讲话重要指示批示精神、中共十九届五中全会精神等，组织县委中心组开展专题学习17次，围绕《习近平在福建》系列采访实录、《习近平谈治国理政》（第三卷）、《中国共产党宣传工作条例》等开展交流研讨7次；下发《关于进一步推动学习宣传贯彻习近平新时代中国特色社会主义思想走深走实的工作方案》，把中共十九届五中全会精神作为推动学习宣传贯彻新思想走深走实的重要内容，督促指导各党委（党组）中心组开展制度化、规范化、常态化学习，学习针对性、实效性持续增强。

理论宣讲。2020年，德化县发挥“瓷都讲坛”宣传引领作用，邀请专家、学者举办中共十九届五中全会精神和保护文物也是政绩、学习《中华人民共和国民法典》等专题讲座5场。创新建立“学习强国”阅享会交流平台，成立“学习强国”宣讲队，结合“爱心厨房”、新时代文明实践活动等，开展各类宣讲活动320余场，受众2万余人次，进一步推动党的创新理论深入基层。

理论研究。2020年，德化县围绕重大理论问题和社会热点问题，组织参与理论调研活动，加强理论研讨和经验总结，县委中心组成员结合德化实际和年度重点课题或年度重点工作策划实施18个专题调研，形成调研报告，为德化县全面总结“十三五”各项工作，科学编制“十四五”规划提供决策依据和参考。

【媒体宣传】 正面宣传。2020年，德化县整合全县各类新闻宣传资源，依托德化电视台、《瓷都德化》报、“瓷都德化”微信公众号等，开辟“世界陶瓷之都”“全域旅游”“疫情防控”“创建文明城市”等专题专栏，做好预防电信违法犯罪、扫黑除恶等主题宣传，助推全县中心工作大局。县融媒体中心采编制作电视节目3000多条、专题200多期；编辑出版报纸52期，刊发专题报道文章200多篇；新媒体推送稿件6000多篇、日均阅读量1万人次以上。

舆论矩阵搭建。2020年，德化县联合38家政务媒体和46家新媒体，在全市率先成立县级“新媒体联盟”，引导联盟成员共同参与石牛山景区开园、“一会一节”等全县重大主题宣传活动，进一步加强全县新媒体阵地建设和管理。

媒体融合。2020年，德化县优化县融媒体中心内部体制机制改革，重构再造采编发流程，做到音频、视频、图片、文字等信息互动，破除传统媒体与新兴媒体的壁垒。12月，县融媒体中心成为全省首批取得互联网新闻信息服务许可证的17个县级融媒体中心之一，旗下“瓷都德化”新闻网站、“瓷都德化”APP等新媒体平台正式获得互联网新闻信息采编资质，成为拥有独立采访权的新媒体平台，进一步推进媒体深度融合发展。县融媒体中心先后被评为“全省广播电视系统先进集体”“全省十佳报道组”。

讲好德化故事。2020年，德化县按照“全媒体动员、全方位对接、全领域覆盖”要求，围绕县委“五个年”，做好疫情防控、经济发展、安全生产、脱贫攻坚、“六稳”“六保”等重点工作宣传引导，邀请中央和省、市级主流媒体深入报道德化县统筹推进疫情防控和经济社会发展、全域旅游、陶瓷文化、“爱心幸福城”创建等取得的重大成果，不断提升县域品牌影响力。全年在《人民日报》、新华社、中央广播电视总台等市级以上媒体刊播新闻、专题2000多篇（条、次）。其中，《精准稳妥复工复产》《瓷韵文学之旅》等4条新闻在《人民日报》刊发。

【意识形态工作】 2020年，德化县委成立宣传思想文化（意识形态）工作领导小组，制定《领导小组工作规则》《宣传思想文化（意识形态）工作联席会议制度》等，进一步加强全县意识形态工作的统筹领导，形成全党委统一领导、党政齐抓共管、宣传部门组织协调、各部门分工负责的大宣传工作格局。执行意识形态工作责任制“八个纳入”〔纳入重要议事日程，纳入党建工作责任制，纳入领导班子、领导干部目标管理，纳入抓基层党建工作述职评议考核内容，纳入巡视巡察监督内容，纳入执行党的纪律尤其是党的政治纪律和政治规矩的监督检查范围，纳入干部考核，纳入文明城市（城区、县城）和文明单位测评指标体系），制定下发县《落实意识形态工作责任制规范化任务清单》，建立意识形态正面、负面“两个清单”，结合“强基促稳”工作部署，开展提升基层意识形态和舆情处置能力专项行动，进一步推动全县意识形态工作高效化、规范化。制定2020年意识形态工作专题督查方案，并从县委意识形态工作责任制专项巡察（督查）人才库抽调20名干部，组成5个督查组，对全县72个党委（党组）意识形态工作责任制落实情况开展专项督查，以督查倒逼问题整改，推动工作落细落实。按照“谁主管谁负责”要求和属地管理原则，加强全县各类新闻媒体、出版物和思想文化阵地的监管，落实意识形态工作重要事项报告制度，督促有关部门做好各类报告会、讲座、论坛、研讨会的审查备案，确保各类意识形态阵地可管可控。

【网络安全和信息化管理】 2020年9月15—18日，德化县委宣传部、网信办、县公安局联合网络安全等级保护评估专业机构，对县融媒体中心、县医院等20多家网络安全重点单位进行网络安全现场检查，督促相关单位落实网络安全责任制和国家网络安全等级保护制度，确保网络安全防护落地，对存在风险的网站进行检查结果反馈。加大对县内网站内容的管理、查处整顿力度，找出漏洞，及时整改。开展教育类移动应用程序专项整治和网络游戏信息内容专项整治，网络短视频专项整治和网上假新闻及新闻敲诈问题专项整治，以专项活动为契机，营造清朗网络空间。在“纪念中国人民志愿军抗美援朝出国作战70周年”、国庆长假、德化县“两会”等重大活动期间，全面实行应急响应值班制度，带班领导和工作人员24小时在岗在线值班，做到中央、省、市各项举措和指令全天候随时贯彻落实到位，实现全县应急值班期间网络安全零风险。

【精神文明创建】 2020年，德化县全面对标对表，优化常态管理，创新建立“三全制”（全力推进、全面动员、全民参与），实行“三考评”（紧抓全面考评、突出一线考评、引入职能考评），落实“三挂钩”（与绩效考核挂钩、与基础创建挂钩、与文明奖金挂钩），推进文明城市建设，德化县获评第六届全国文明城市。组织各中小学、幼儿园开展“清明祭英烈”“童心向党”歌咏比赛等活动400多场次，引导未成年人坚定理想信念、厚植爱国主义情怀。发挥先进典型示范引领作用，组织开展道德模范、身边好人宣传活动200多次，推动形成崇德向善的社会风尚。发动社会各界爱心人士捐资捐物，累计筹得爱心捐款及物资2000多万元，在全县18个乡镇全面铺开爱心厨房、爱心义诊、爱心理发、爱心电工、爱心驿站等系列爱心活动，推动形成关心关爱农村留守老人的社会风尚，打造瓷都特色爱心工作品牌。

【文化惠民】 2020年，德化县以打造公共文化服务“德化经验”为抓手，组织开展“我们的节日”文化主题活动、第二十届瓷都广场文化活动、“墟日文化车”百场文艺展演进乡镇、全民阅读、书法写生等活动650多场次，打通公共文化服务“最后一公里”。制定出台《德化县文化产业三年（2021—2023）发展实施方案》，获省文化产业竞争性发展专项资金900万元；引导县内陶瓷企业申报省、市两级文化产业发展专项资金，其中福建泉州顺美集团有限责任公司入选省“文化企业十强”，福建省德化同鑫陶瓷有限公司入选省“最具成长性文化企业”，9家企业获评省“高新技术企业”，获各类奖励290万元。

【文化市场净化】 2020年，德化县持续深化“五个专项行动”（打击新闻敲诈专项行动、打击假媒体假记者站假记者专项行动、深化整治少儿出版物市场专项工作、治理中小学教辅材料专项工作、规范报刊发行秩序专项工作）和系列集中整治，针对复工复产、复学复课、全国“两会”、中共十九届五中全会等重要节点，组织开展出版物市场检查358次，查访书店、文具店、音像店、地摊、墟场、印刷企业等1285家次，查缴各类非法违规出版物1.1万本（张）。县委宣传部（新闻出版广电局）获评国家版权局2019年度查处重大侵权盗版案件有功单位。

（县委宣传部）

统战工作

【概况】 2020年，德化县把握大团结大联盟主题，加强对民主党派、非公经济、宗教人士的思想政治引领，夯实共同思想基础。开展“一乡镇一特色、一团体一主题”活动，强化统战意识形态阵地建设，构建大统战格局。创建“同心”品牌，开展“同心”抗疫、“同心”爱心厨房、“同心”助学等活动。推动少数民族村经济社会发展，为少数民族村争取补助资金150万元。帮助企业解决疫情防控紧缺物资和解读政策措施，促进企业复工复产。

【政治引领】 2020年，德化县组织统一战线系统深入学习贯彻习近平新时代中国特色社会主义思想。邀请九三学社、民盟、民建、无党派人士学习中共十九届四中、五中全会精神，继承和发扬多党合作优良传统，坚定多党合作自信。在非公经济人士队伍中常态化开展理想信念教育，不断增强非公经济人士对中国特色社会主义的信念，对党和政府的信任，对企业发展的信心。利用统战系统各团体、协会相关会议，开展党的政策理论宣讲，向党外代表人士传递党的声音。6月30日，在忠义庙开展统战理论政策法规宣传活动。开展国旗、宪法和法律、社会主义核心价值观、中华优秀传统文化等“四进”宗教场所活动，推进宗教中国化方向。邀请省民族与宗教研究所所长杨文法在“瓷都讲坛”作宗教政策法规辅导讲座，县委统战部领导到县委党校、宗教团体等各类培训班为学员讲授统一战线政策法规等知识。通过宣传引领，让党的统一战线政策法规在各个层面得到延伸和拓展，广泛形成共识，增进政治认同、思想认同、理论认同和情感认同，为做好统战工作夯实共同思想基础。

【大统战工作格局构建】 2020年，德化县调整充实统一战线工作领导小组，建立和完善宗教工作专题会和民族工作联席会议制度。开展“一乡镇一特色，一团体一主题”活动，激发乡镇和相关团体围绕各自特色和优势，发挥主观能动性，提高统战工作水平，全县形成统战特色项目26个。加强系统协会建设。成立广东省福建德化商会、德化县佛教协会，赤水镇商会的筹备工作基本完成，德化四川商会进入筹备阶段，台胞台属联谊会换届工作开始启动。强化统战意识形态阵地建设，持续做好“瓷都德化统战”“德化商界”微信公众号。推出“德化新阶联”公众号和小程序，打造德化乡音专栏，传递统一战线的好声音和正能量。

【“同心”品牌创建】 2020年疫情防控初期，县委统战部发动海内外统一战线人士捐款捐物，“同心”抗疫。收到疫情防控捐款100多万元（含捐往武汉）、防护服1940套、乳胶手套8万多双、各类型口罩9万多个、二氧化氯近500千克。同时，派员到乡镇和社区参与防控工作。随着防控形势的变化，严格落实上级“外防输入、内防反弹”等有关部署要求，及时调整工作方向，做好境外人员的疫情防控工作，不断完善工作机制，形成工作闭环。向海内外德化籍乡亲及其亲属发出《致海外和台港澳德化籍乡亲的一封信》3000份、短信2000多条，做好海外各界人士的联系和关怀关爱工作。组织开展“五个一”关怀暖心活动，向境外回德医学观察人员送出慰问纪念品62份，向日本乡亲捐赠口罩2000个，分别向马来西亚德化联合总会、香港德化同乡会捐赠口罩2万个。发动新阶联、商协会等统一战线广大成员力量，响应“爱心幸福城”创建活动，助力光彩事业，为“同心”爱心厨房捐赠150多万元。与福州德化商会联合举办“情系桑梓、感恩家乡”2020年“同心”高考志愿公益线上咨询活动，邀请专家教授指导德化高考学子填报志愿。指导县新阶联支持10所中小学建立“同心”书屋。在教师节前后，组织“同心教育奖”“同心助学金”发放仪式、党外人士奖学奖教及程田寺奖学助困等活动4场，向全县37所学校288名师生发放奖教助学金50多万元。

【民族宗教界统战工作】 2020年，德化县推进少数民族村经济社会发展，争取少数民族补助资金150万元，为少数民族学生发放助学金1.7万元。保护和传承民族文化，完成龙塔畲族村畲族文化展示馆建设；龙塔畲族村被确定为第一批全省民族团结进步重点区、首批“福建省民族乡村振兴示范村”培育对象，并申报省民宗厅第四批中国少数民族特色村寨。县民宗局落实“消薄倍增”计划，指导龙塔畲族村按固定回报率投资境内招商引资项目和投资农村信用社股份，年可增加村财政收入10万元。开展“宗教政策法规学习月”活动，进一步提高宗教政策法规普及率。组织开展宗教活动场所房屋安全隐患排查，发现较大房屋结构安全隐患5处，其中拆除重建1处、修缮2处、硬隔离封存2处。推进“文明敬香”活动，创建生态和谐寺观。规范宗教场所管理，石壶祖殿管委会完成换届。推动成立县佛教协会，程田寺实现教职自主管理，龙湖寺引进教职人员进驻负责日常宗教事务。

【非公经济领域统战工作】 2020年，德化县根据疫情防控形势的变化，帮助企业解决防控物资紧缺问题，促进企业复工复产。通过公众号、微信群和入企业走访解读各项复工复产政策措施，提振企业发展信心。推进诚信建设工作，开展陶瓷行业“十佳诚信企业”评选活动，并进行表彰奖励，联合县法院设立全省首家“法院+协会”调解工作室——“德化县人民法院·德化县陶瓷同业公会调解工作室”，为企业靠前服务提供答疑解惑、化解纠纷。加强人才队伍建设，工商联评审通过初级工艺美术师119人、助理工程师46人，收集陶瓷工程助理工程师15人，审核上报高级工艺美术师31人、陶瓷工艺美术师161人，高级工程师3人、工程师17人。开展招商引资。引进投资50亿元的观音岐古镇项目5月份签约，与泉州泉韵工艺品洽谈生产销售水泥、纤维工艺制品项目，投资6亿多元的电陶炉项目签约待供地。县工商联引进投资超10亿元项目3个，超亿元项目1个，1个超10亿元的项目在沟通中。县侨联招商项目“唐寨山温泉度假村”在洽谈对接中。

【“同心”帮扶】 2020年，德化县开展“百企帮百村”“百侨帮百村”“百个宗教活动场所帮百村”活动，县工商联发动企业副主席（副会长）、执委、异地商会会员参与精准扶贫工作，落实帮扶资金40.62万元。县侨办到挂钩扶贫村锦山村召开脱贫攻坚座谈会，与镇村干部面对面谈思路、找问题、寻对策，协调三班镇政府给予锦山村3万元支持侨文化基地建设，联系泉州市民革帮扶5户贫困户，落实帮扶资金2500元及部分帮扶物资。

（县委统战部）

机构编制

【概况】 2020年，德化县委机构编制工作持续巩固党政机构改革成果，稳步推进乡镇机构改革，协同推进重要领域体制机制改革。创新、优化机构编制管理体制，激发干部干事创业热情。健全权责清单动态管理工作机制，构建高效、便民的服务型政府。完成266家事业单位法人的年度报告公示。

【乡镇机构改革】 2020年，德化县针对过去乡镇事业站所多、职能分散交叉等问题，整合优化乡镇党政内设机构和事业单位，采取“6办+3中心”（党政综合、党建工作、经济发展、社会事务、社会治理、农业农村办公室，综合便民服务中心、社会事务服务中心、综合执法队）基本构架模式统一综合设置。凸显地域产业差别，2个经济发达镇（龙浔镇、浔中镇）采取“7办+4中心”（党政综合、党建工作、经济发展、社会事务、社会治理、农业农村、城镇管理办公室，综合便民服务中心、社会事务服务中心、企业服务中心、综合执法队）机构设置模式，增设城镇管理办公室、企业服务中心。推进集中审批服务改革，整合乡镇行政审批和公共服务职能，18个乡镇统一设置“综合便民服务中心”，承担乡镇行政审批事务性工作和公共服务职能，实现“一站式服务”和“一门式办理”。构建基层党建新机制，18个乡镇统一调整设置“党建工作办公室”和“党群服务中心”（加挂在乡镇综合便民服务中心），夯实党在基层的执政基础。改革后，乡镇共设置党政机构内设机构110个和事业单位56家，事业单位比改革前精简16家。

人员编制配备优化。德化县采取“量化分值”法，对乡镇进行排序，并根据排序调整配置乡镇行政事业编制，确保“编、事相适”。在全县乡镇领导职数总量内，统筹调剂乡镇副科级领导职数5名，充实到重点乡镇。按照“编随事走、人随编走”的总原则，做好乡镇人员转隶工作，全县341人全部平稳转隶到位。加大乡镇工作人员招考力度，用编进人计划向乡镇基层一线倾斜，不断充实基层治理工作力量。

执法延伸。德化县整合乡镇站所、县直派驻机构执法力量和资源，组建乡镇综合执法队（加挂综合执法协调中心牌子）。按照“编随事走、人随编走”原则，推进行政执法权限和力量向基层延伸和下沉，有94名编制和65名人员划入新组建的乡镇综合执法队，把更多编制资源从事前审批转到加强事中事后监管上来，实行“一支队伍管执法”，提升基层治理效能。

关爱政策落实。德化县将新组建的乡镇事业单位机构规格提升为相当副科级，全县18个乡镇共增加副科级领导职数56名，不断拓展事业干部成长空间，调动基层干部干事创业积极性。

【机构改革检视评估】 2020年，德化县委编办组织人员深入部门跟踪了解、评估机构、职责运行情况，对存在的问题及时从调整优化职责及机构编制事项等方面给予解决，推动部门全面正确执行“三定”（定职能、定机构、定人员）规定，不断巩固机构改革成果。

【事业单位改革】 2020年，德化县全面梳理、剥离事业单位承担的行政职能，划归相应的主管部门，除行政执法机构外，不再保留承担行政职能的事业单位，并对全县200多家事业单位的名称、职责、内设机构等事项进行统一规范。规范全县74家事业单位名称和177家事业单位职责。

【森林公安体制改革】 2020年，县公安局森林分局划归县公安局直接领导管理，调整为县公安局森林警察大队，作为县公安局内设执法执勤机构，原有编制和人员一并划入县公安局，县公安局森林警察大队所需编制在县公安局政法专项编制总量内调剂。县公安局森林警察大队职能与划转前保持不变，业务上接受县林业局指导。内设综合勤务、森林火灾、林地林木和野生动物案件查处等4个中队。县公安局龙门滩、水口等6个森林派出所暂成建制划转县公安局，其职责任务、管辖范围、机构规格维持不变，待上级进一步明确后予以调整。

【经济发达镇行政管理体制改革】 2020年3月份起，县委编办、县委改革办结合龙浔镇和浔中镇实际，细化改革措施，制定龙浔、浔中经济发达镇行政管理体制改革实施方案，进一步扩大经济发达镇经济社会管理权限，公布经济发达镇权责清单，赋予经济发达镇部分县级经济社会管理权限 11 项。

【机构编制管理】 2020 年，德化县在全县编制总量内，打破乡镇、部门编制固有格局，全力保障重点领域、重点工作。统筹调剂编制，保障县融媒体中心、国有资产运营中心、人民群众接访中心、未成年人思想道德建设服务中心等部门编制，满足经济社会发展重点项目、民生领域的用编需求。根据专业对口、保障重点急需领域用编等原则，结合编制资源余缺情况，完成接收安置军转干部用编 2 名、退役士兵用编 5 名、选调生用编 4 名。缓解疫情特殊时期应届高校毕业生就业压力，提前谋划主动预留编制，侧重面向应届高校毕业生公开招考。年度公务员“四级联考”招考用编 20 名，事业单位公开招考用编 118 名，中小学幼儿园教师招考编内教师 53 名、编外教师 50 名。保障研究生学历招考用编，招考用编研究生学历人才 27 名。

【权责清单调整】 2020 年，德化县健全权责清单动态管理工作机制，县直部门权责清单调整方面，完成权责清单事项调整部门 8 个，保留权责清单事项 316 项。乡镇权责清单调整方面，经县政府常务会议研究同意后在县政府门户网站予以公布，其中法定权责事项 195 项、县直部门委托权责事项 16 项、县直部门派驻机构权责事项 1101 项、属地管理责任事项 33 项、赋权目录事项 11 项。

【事业单位登记管理】 2020 年，德化县推进疫情防控期间登记赋码工作，实行事业单位法人年度报告公示工作全流程网上办理工作机制，采取“不见面”办理，确保“一次办好”，提前完成 266 家事业单位法人 2019 年度的年度报告公示，公示率 100%。全年办理信用代码证初领 1 家、变更 18 家、撤销 3 家，事业单位法人设立 22 家、变更 28 家、注销 33 家。

（县委编办）

县直机关党建

【概况】 2020 年，德化县直机关党建工作围绕县委“五个年”发展部署，以党的政治建设为统领，以“机关党建提质增效年”为目标，做足“擦亮创新点、抓实典型点、整治薄弱点、服务中心点”四篇文章，推进模范机关创建工作，不断提升机关党建的品牌力、引领力、组织力和战斗力，推动机关党建引领各领域党建齐头并进、全面提质增效。全年发展党员预审通过 41 人。

【思想建设】 2020 年，德化县坚持把学习贯彻习近平新时代中国特色社会主义思想摆在首要位置，突出政治引领，用新思想统领机关党建各项工作。为工委干部订阅《习近平谈治国理政》《习近平新时代中国特色社会主义思想学习纲要》《习近平在厦门》《习近平在宁德》《习近平在福州》《习近平在福建》《习近平关于力戒形式主义官僚主义重要论述选编》等政治理论读本，利用工委工作会、支部党员大会等时机，加强学习交流。引导党员干部利用“学习强国”“旗帜网”、省市机关党建信息网、微信工作群等学习平台，用好《党的生活》党建杂志，加强 8 小时以外的学习，结合业务实际，注重学习借鉴和成果转化。开展现场实践学。策划推动“共过政治生日、永葆入党初心”“传承良好家风，争作廉洁表率”“光盘行动、从我做起”等主题党日活动，组织党员干部到德化县支部生活体验馆（中共德化支部旧址忆初心党员教育基地）、盖德镇有济村吴氏家风馆、党员生态文明教育基地等参观学习。用好瓷都廉洁文化研学线路，以“亲清润瓷都，孝廉筑清风”为主题，创新推出情景互动的体验式打卡答题积分活动，党员干部利用手机扫码，体验不一样的打卡方式，引导党员干部立德尚廉、知孝崇廉，自觉筑牢拒腐防

2020 年 6 月 29 日，县直机关工委在德化县支部生活体验馆开展主题党日活动

（图 / 县直机关工委）

变的思想防线。

【组织建设】 2020年，德化县印发《德化县直机关党建工作责任清单》《2020年机关党建工作收账方案》，细化机关党建工作任务和责任清单。起草县委《关于加强和改进新时代机关党的建设的若干措施》、印发《关于在县直机关开展创建“让党中央放心、让人民群众满意的模范机关”活动的指导意见》，引导县直各级党组织践行“三个表率”（在深入学习贯彻习近平新时代中国特色社会主义思想上作表率，在始终同党中央保持高度一致上作表率，在坚决贯彻落实党中央各项决策部署上作表率），打造“模范机关”。工委主要负责人为16个县直党委上专题党课《贯彻选举工作条例、筑牢基层战斗堡垒》，暨学习《中国共产党基层组织选举工作条例》，强调落实主体责任，强化督导推动，提升工作水平。落实党建问题整改。组织召开2019年县直系统党委书记抓机关党建工作述职汇报会议，全面了解把握县直各党委履行基层党建工作责任情况。要求县直党委围绕上年度县委点评问题、自己查摆问题，以及巡视、巡查反馈意见中关于基层组织建设方面的问题等进行整改落实，县直各党委及支部建立机关党建问题清单及整改工作台账344项，分别清单，建好台账，抓好整改落实。抓实党建业务指导。落实《中国共产党党和国家机关基层组织工作条例》《支部工作条例》相关规定，抓好涉及机构改革重组及新组建党组织的规范化建设，县总医院、财税系统、城建集团、文旅集团等新成立党委不断规范组织构建、人员配置、机制运行、任务落实、党费收缴等各项工作。开展党支部“达标创星”创建活动，认定五星支部15个、四星支部23个、三星支部16个。持续推动“一委一项目一支一特色”，开展机关特色党建项目亮点培育活动，确定党建项目36个，其中重点打造项目7个。加强对各党委特色党建项目的督查指导，组织4个参评项目进行现场演练、现场点评指导，选送4个项目参加市特色党建项目展评均获得好成绩，《“四联四带”党建跨界强引领，林电互动保安全》以县序列预赛第一名成绩进入决赛，决赛获得二等奖。举办发展对象培训班，严格审核把关发展党员工作，全年发展党员预审通过41人。

【作风建设】 2020年，德化县引导县直各级党组织以打造“模范机关”为目标，结合“爱心幸福城”系列创建活动和单位业务实际，策划生成年度机关党建“四进四助”（进农村、进社区、进企业、进项目，助力疫情防控、助力乡村振兴、助力脱贫攻坚、助力开业复产）活动项目174个。《德化县开展“四进四助”活动推动机关党建更好服务高质量发展落实赶超》在省《八闽快讯》专期刊发。推动县直党委围绕业务工作策划生成特色亮点项目，打造一批机关党建特色品牌。从县直机关中确定18个项目进行县直机关特色党建项目现场评选，检阅特色党建项目成果、加强经验交流等，评出一等奖2名、二等奖3名、三等奖5名。发动县直单位参与第三届“推进机制活、建设新福建”机关体制机制创新优秀案例征集评选活动，向泉州市推荐县非机关党建类优秀案例8个、机关党建类优秀案例6个，有5个典型案例获奖，其中获得省三等奖1个，获得市一等奖1个、二等奖2个、三等奖2个。

【机关文化建设】 2020年，德化县围绕服务县委“五个年”工作部署，以重要节日、纪念日庆典为契机，以体育竞技、陶冶情操、促进和谐为根本，牵头开展机关文化活动，确定主题活动项目6个，要求县直各党委至少组织开展一场机关文化活动。由工委牵头，联合开展“比拼担当、助力‘五个年’”唐寨山登山活动、“亲清润瓷都 孝廉筑清风”健走活动、“比拼担当，助力‘五个年’”主题征文和演讲比赛活动、“初心故事·让城市更美好”主题作品征集活动、“众志成城 抗击疫

2020年11月27日，德化县“亲清润瓷都 孝廉筑清风”健走活动在县文庙启动
（图／县直机关工委）

情”演讲比赛等。

【“联合党课学堂”品牌】 2020年，德化县印发《2020年度德化县联合党课学堂师资及课程内容》，调整充实“师资库”“课题库”，引导以跨党委、跨党支部、跨领域等方式，组织党员特别是党员数量较少的支部到教学点集中上联合党课，各党委独立或联合举办联合党课（“夜学堂”）16期，推进支部“三会一课”等党内政治生活制度化、规范化、长效化。《德化县推行联合党课学堂，推动机关党建工作创新发展》获第三届“推进机制活、建设新福建”全省机关体制机制创新优秀案例三等奖、市机关体制机制创新优秀案例一等奖。组织参加全市机关党建课题调研，选送优秀党课5篇，其中《关于在新时期加强基层党员教育培训的实践探索与理论思考》获市机关党建课题调研论文一等奖。

【“大党建”志愿者活动】 2020年，德化县建立“大党建志愿者”联盟，以各领域党建融合为目标、以创建“爱心幸福城”为载体，开展“党员共筑爱心幸福城”专项行动，督促指导县直各党委每月开展 “党员共筑爱心幸福城”志愿活动，县直16个党委共开展“大党建志愿服务活动”1600多场次，参与党员1.9万人次。以“党建+志愿者服务”的形式，要求党员干部在疫情防控一线亮身份、见行动、作贡献，主动参与村、社区工作，深入开展政策宣传、技能培训、法律服务、创业指导等志愿服务活动1000多场次，推动机关党员志愿服务向村、社区、非公企业和社会组织领域延伸。《德化县探索建立“大党建志愿者”联盟》在《八闽快讯》刊发。

老干部工作

【概况】 2020年，德化县有离休干部19人，“5•12”退休干部（1949年10月1日到1950年5月12日之间参加工作，享受供给制待遇的退休干部）8人，原任副处级以上退休干部27人。全年新成立离退休干部党支部3个，开展各类志愿服务活动10场，保障落实老干部政治、生活待遇。《德化县坚持“三个注重”打造老干部服务品牌》经验做法在《侨区快讯》第81期刊发，并获市政府副市长肖汉辉及市政协副主席林志建的批示肯定。

【离退休干部党建】 2020年，德化县通过与有关乡镇、部门沟通协调，将离退休干部党组织班子成员补助和党员活动经费列入县、乡两级财政预算。正式将离退休干部党建工作纳入每年年底全县党建检查内容及基层党委书记党建工作述职评议考核内容。制定印发《德化县离退休干部党组织建设和党的工作覆盖三年行动计划（2020—2022年）》，新成立浔东社区、德新社区、南门社区、富东社区3个离退休干部党支部，2个老党员之家及老党员服务站，扩大离退休党组织覆盖面。深化“五联五共”（党建联动共谋、组织联合共建、阵地联用共享、活动联办共抓、党员联抓共管）离退休党建工作机制，开展“城乡互动，老党员爱心厨房在行动”“爱在重阳 幸福共享”“学习榜样精神 凝聚奋进力量”联合主题党日活动等各类联建活动12场次。开展离退休干部党建典型培育工作，7月，凤池社区离退休干部党支部被省委离退休干部工委、省委老干部局授予全省首批“示范党支部”；12月，雷峰镇老干部党支部、浔东社区离退休干部党支部、德新社区老党员之家、富东社区老党员服务站获评市级“离退休党建示范点”，江金清、郑金杯、郑顺通、林淑霞等4名老干部获评市级“先锋老党员”称号。

【正能量活动开展】 2020年，德化县组织引导100多名老党员争当“四员”（疫情防控宣传员、移风

2020年11月，县委老干部局组织老党员志愿服务队到盖德镇开展下乡义演活动

（图／县委老干部局）

易俗劝导员、农村社区守门员、安全生产督察员），参与到疫情防控、企业复工复产、房屋安全隐患排查行动中，相关经验做法在《中国老年报》、省委老干部局简报、中国网等刊发。响应县委、县政府关于创建全国文明城市和“爱心幸福城”的号召，探索“党建＋志愿服务”的模式，开展“做最美老党员·助力创城活动”“决胜脱贫攻坚战·共建爱心幸福城”专题文艺汇演、“老党员下乡义演”、走访慰问高龄困难老人等各类志愿服务活动10场，在助力全县经济社会发展中凸显“瓷都桑榆红”正能量工作品牌。组织召开“我看脱贫攻坚新成就”老干部专题调研座谈会，向老干部通报全县脱贫攻坚工作情况，引导老干部畅谈建言，收集到合理化意见建议14条。

【待遇保障落实】 2020年，德化县组织老干部先后到水口镇、永春县介福乡，开展“发展全域旅游·助力乡村振兴”参观考察及“学习英模精神·携手共话发展”参观学习活动。每半年召开1次全县老干部工作通报会，邀请老干部列席县人大、政协及全县经济工作等重要会议，引导广大离退休干部为德化经济社会发展建言献策。建立在职干部联系老干部工作制度，划分老干部“网格化”联系责任片区，明确挂钩责任人，及时掌握老干部的思想、家庭、健康状况，跟踪落实帮扶举措。全面走访慰问省内居住及省外易地安置的79名离休干部及遗属、35名“5•12”干部及处级退休干部，上门为6名“登十”老干部祝寿，发放慰问金及慰问品价值16万余元。

（县委老干部局）

【关心下一代工作】 2020年，德化县关心下一代工作委员会（简称“县关工委”）围绕捐资助学、科技培训、未成年人帮教转化等开展关爱帮教青少年活动，同时关注未成年人思想道德建设和特殊青少年群体。加强推进基层组织建设，抓好“五好”基层关工委创建工作，全县建有各级关工委组织303个、民企关工委43个。县关工委发动社会各界捐资助学，在各机关、企事业单位以及社会各界有识之士赞助下，全年募捐爱心助学款12.6万元，资助贫困大学生37人，资助贫困中学生162名。联合县教育局、团委、妇联、科协等单位，利用2个实用技术培训基地，举办电子商务创业培训、陶瓷釉水配方等实用技术培训班2期，免费培训青少年120人次。与县公安局治安大队、刑侦大队合作，为4名未成年人担任法定代理人，进一步保护未成年人利益。县关工委和检察院利用“涉罪未成年人帮教中心＋就业技能培训基地”平台，对不具备有效监护条件的涉罪未成年人创设当地社会帮教条件，由县关工委、县妇联等工作人员担任“帮教合适成年人”，指导、督促法定代理人开展监护工作。经过努力，未成年人帮教中心成为青少年思想道德建设工作等领域的一张“名片”。

县关工委调整充实报告团成员，由县关工委、教育局、县委政法委、县委老干部局、法院、检察院、司法局、团县委、妇联、计生协会等10个单位的65人组成报告团。报告团全年受邀作报告205场次，其中思想道德58场、心理健康14场、法治教育30场、师德教育30场、家庭教育25场、社区教育48场，受教育6.69万多人次。全县各级关工委开展心理辅导、讲座、咨询活动135场次，参加活动的青少年35718人次。

县关工委与县特校联办残疾人陶瓷雕塑工艺培训班1期，并补助培训费2000元，参训12人。全县各级关工委组织针对特殊群体青少年开展活动、慰问32场次，协助解决生活、学习等实际困难145人次。

县关工委抓住泉州市委、市政府把建设“青少年社会教育活动中心”作为为民办实事的民生工程的契机，参与社会管理创新，全县有9个青少年社会教育活动中心，活动中心配备宣传教育栏、科技活动室、文艺活动室、图书阅览室，配备各种器材、图书、设备等。市、县关工委分别拨款8.02万元和5.4万元支持活动中心建设。

（陈　馨）

党校（行政学院）工作

【概况】 2020年，县委党校（行政学院）举办干部教育培训班9期，打造富有德化特色的现场教学基地3个，着手筹建新校区，撰写省校课题《习近平新时代中国特色社会主义思想的哲学创新》，党建调研课题《关于在新时期加强基层党员教育培训的实践探索与理论思考》获泉州市机关党建重点课题调研成果一等奖。

【教学培训】 2020年，县委党校（行政学院）与县委组织部等联合，先后举办第九期、第十期科级干部培训班，有124名干部参训。组织全县892名县管干部开展学习贯彻中共十九届四中全会精神专题培训班，举办2020年度青年干部培训班，62名优秀中青年干部参加培训。确定并推出《泉州申遗和宋元德化窑陶瓷的重要性》《努力学习与运用哲学思维》《领导干部的科学思维》等10个“戴云山讲台”选学课题，推荐4名党校教师参与全县“联合党课学堂”教学活动。挖掘地域文化资源，提炼和创建陶瓷文化、生态文化、红色文化等3个专题教学基地，持续打造富有德化特色的现场教学基地。

【教师队伍建设】 2020年，县委党校（行政学院）新招聘教师1人，外借教师回归1人。修改完善党校各类管理制度，落实“传帮带”工作机制，强化内部管理，优化教师队伍结构，提升干部队伍整体实力。选派1名教研人员到盖德镇交流挂职锻炼、1名党员教师到国宝乡内坂驻村挂职锻炼。其中，教师王鑫获评2019年度德化县“项目攻坚”先进个人。加强新课程开发和集体攻关研讨，推动校际教研交流，不断提升备课质量和教学水平，在2020年全市党校系统第五届精品课评选活动中，党校教师连贵斌《形式主义和官僚主义的现实表现、危害及其防治》一课获一等奖。

【新校区筹建】 2020年，德化县选址在浔中镇学府路建设党校新校区。联合相关部门和职能单位确定新校址用地红线图“四至”范围，拟订用地征迁方案，同步开展项目总平设计图纸设计工作。

【科研调研咨政】 2020年，县委党校（行政学院）持续推进教学科研和基层调研工作，服务县委中心工作。省校课题《习近平新时代中国特色社会主义思想的哲学创新》完成文稿撰写，向有关学术出版单位投稿。撰写完成《中国革命老区德化县发展史》。《现代市场经济法治背景下做大做强德化陶瓷产业研究》通过省委党校评审。完成《关于在新时期加强基层党员教育培训的实践探索与理论思考》《关于推进机关党建与城乡建设融合发展的基层探索与思考》党建调研课题，并报送县、市参评。其中《关于在新时期加强基层党员教育培训的实践探索与理论思考》一文获泉州市机关党建重点课题调研成果一等奖。

（县委党校）

党史和地方志

【概况】 2020年，德化县委党史和地方志研究室（简称“县委史志室”）继续实施年鉴精品工程，编纂出版《德化年鉴（2020）》，《德化年鉴（2019）》获评全国一等年鉴。开展旧志点校。推进乡镇志和部门志编纂，助力乡村文化振兴发展。深入挖掘地情资料，组织汇编《孝廉传家——德化孝廉人物和家风家训》。同时，做好地方党史资料征研，完善中共德化支部旧址等红色教育基地。编辑出版《德化月志》5期，重视史志文化宣传，进一步扩大史志文化的影响力。

【地方党史资料编纂】 2020年，县委史志室整理编印《中国共产党德化县历史大事记（2015—2019）》，完成编纂，并开展询价、采购、排版等工作。与县委组织部、县档案馆共同组织编纂《德化县组织史资料（1988年1月—2020年12月）》，史志室承担具体征集编纂工作，各项工作有序推进。继续征集整理《中共德化党史人物》及口述史等地方党史资料，为地方党史正本编撰做好积累，为社会各界了解德化县党史发展情况提供重要文献资料。

【红色教育基地史料完善】 2020年，县委史志室配合做好中共德化支部旧址完善布馆工作，整理提供福建省、泉州市、德化县组织史相关历史资料，进一步完善省级党史教育基地展陈，使之成为宣传德化县史志成果的一个重要平台。收集整理德化县1921年以来的历史大事、优秀基层党组织和英雄人物资料，报送市委党史和地方志研究室，作为泉州市党性教育基地的材料。

【史志文化宣传】 2020年，县委史志室向全县各乡镇、县直各单位、各界相关人士赠阅《德化人民革命史》《中国共产党德化历史（第二卷）》《德化革命史画册》《德化县志》，以及2020年正式出版的《德

2020年12月9日，县委史志室组织到上涌镇曾坂村开展“史志文化”下基层活动。图为捐赠史志书籍

（图/康泷玉）

化年鉴（2019）》、内部编印的《德化县革命遗址遗迹概览》等史志书籍，计700余册。为德化县政府网站“走进德化”栏目提供县情资料。开展“史志文化下基层”活动，先后组织人员到浔中镇后所村、上涌镇曾坂村、杨梅乡云溪村开展史志书籍捐赠活动，捐赠100多册，进一步扩大史志文化的影响力。

【年鉴精品工程实施】 2020年，县委史志室结合史志部门实际，持续将组织实施年鉴精品工程作为一项特色亮点工作进行打造，坚持“质量第一”的编纂原则，塑造精品年鉴品牌。年初，以县委办明传电报形式下发《德化年鉴（2020）》稿件征集通知，并按照精品年鉴编纂要求组织编纂，12月完成编纂工作并交付福建地图出版社排版印刷。3月，《德化年鉴（2019）》入选福建省年鉴精品工程名单。5月，在2020年福建省年鉴精品工程启动暨经验交流会上，县委史志室作年鉴精品创建工作经验交流发言（全省4家之一）。《德化年鉴（2019）》经省年鉴精品工程领导小组审定，按福建省初评一等年鉴参加第七届全国地方志优秀成果（年鉴类）评奖；12月，获评第七届全国地方志优秀成果（年鉴类）县级综合年鉴一等年鉴。至此，《德化年鉴》连续4年获评全国地方志优秀成果（年鉴类）奖项，其中一等年鉴2次，二等年鉴、三等年鉴各1次。

【《德化年鉴（2019）》获评全国一等年鉴】 2020年12月30日，中国地方志指导小组、中国地方志学会联合印发《关于对第七届全国地方志优秀成果（年鉴类）的通报表扬》（中指组字〔2020〕13号），《德化年鉴（2019）》以紧扣年度重点、突出地方特色、内容翔实丰富、编纂体例规范、版式装帧精美等特点，被评为第七届全国地方志优秀成果（年鉴类）县级综合年鉴一等年鉴（全国18部，全省唯一），是继《德化年鉴（2016）》获评全国地方志优秀成果（年鉴类）县级综合年鉴一等年鉴后再获殊荣。

【旧县志点校】 2020年，县委史志室加大旧志挖掘整理和开发利用力度，做好旧志点校工作，计划分3册编印《德化县志》（明嘉靖，清康熙、乾隆县志，乾隆续志，民国县志、民国县志资料）等6种旧志点校本，扩大旧志的阅读利用率和影响面，弘扬和传承本土优秀传统文化。

【志书编纂】 2020年，县委史志室继续推进乡镇志和部门志编纂工作，完成《德化县革命老区发展史》《德化县财政志》《德化县农业志》《汤头乡志》《市政大事纪略》（征求意见稿）和《德化一中校志》（初稿）审核修改。同时做好其他志书编纂的审核指导工作，审核《龙门滩镇志》，指导《云溪村志》编拟纲目。

【《孝廉传家》汇编】 2020年，县委史志室深入挖掘德化县孝廉文化资源和优良家风家训，组织汇编《孝廉传家——德化孝廉人物和家风家训》，在全县弘扬行孝崇廉的优良传统。全书分为“一镇一孝廉”、其他孝廉人物、家风家训等三大部分，完成德化县古代、现代孝廉人物和各乡镇家风家训的资料收集及德化县古代、现代孝廉人物的初稿编纂，编纂各乡镇家风家训初稿。

【《德化月志》编辑】 2020年，县委史志室做好《德化月志》编辑工作，加大精编力度、重新设计版面，实时记录全县实施“五个年”战略的举措、方法、成效，以及德化政治、经济、文化、社会和生态文明建设发展现状，全年编发《德化月志》2019年第6期、2020年第1—4期共1200册，2020年第5期完成编辑工作。

【媒体信息工作】 2020年，县委史志室整理和撰写《德化县聚焦“五个年”全面吹响“收官战”集结号》《德化县“三维”出击，决战决胜脱贫攻坚》《德化突出三个结合 加强革命旧址保护利用》《福建省委机关与德化坂里的情缘》等多篇文章，并在《福建党史》期刊刊发；在《瓷都德化报》和“德化史志”微信公众号上刊载“红色足迹——德化县革命遗址遗迹概览”系列文章，进一步扩大现代化世界陶瓷之都建设成果和德化红色历史文化宣传。加强“德化史志”微信公众号建设，打造史志文化宣传阵地，发布史志工作动态，全年编发各类信息88条。向《瓷城快讯》、泉州党史方志网等报刊网站报送信息，在泉州党史方志网发表信息5条，在《瓷城快讯》发表信息4条。

（县委史志室）

德化县人民代表大会

综　述

【概况】 2020年，德化县人大常委会召开常委会会议7次、主任会议8次，听取和审议专项工作报告11项，开展专题询问1次，开展执法检查、视察、调研活动10次，作出决议、决定和审议意见13个，对27个部门进行工作评议，任免国家机关工作人员22人次，重点督办代表建议4件，圆满完成县十八届人大四次会议确定的目标任务。

【人大信访工作】 2020年，县人大常委会进一步强化信访工作，严格规范信访接待，加强信访事项督办，促进信访工作法治化、制度化，受理人民群众来信18件，接待来访9批10人次。

重要会议

【概况】 2020年，德化县十八届人民代表大会召开会议1次。会议听取和审议县“一府一委两院”工作报告，听取和审议县有关年度国民经济和社会发展计划执行情况与国民经济和社会发展计划等报告；审查、批准县有关年度国民经济和社会发展计划执行情况的报告和国民经济和社会发展计划等。县人大常委会召开常委会会议7次，听取和审议有关政治、经济、文化、社会、生态等方面情况报告，并进行专题询问。会议还审议有关人事任免议案等。

【县十八届人民代表大会第五次会议】 2020年12月28—31日，县十八届人民代表大会第五次会议召开，会议听取黄文捷代表县政府向大会作的政府工作报告。县人大常委会主任王传敬向大会做县人民代表大会常务委员会工作报告。会议表决通过《德化县十八届人大五次会议关于政府工作报告的决议》《德化县十八届人大五次会议关于德化县国民经济和社会发展第十四个五年规划和二〇三五年远景目标纲要的决议》《德化县十八届人大五次会议关于德化县2020年国民经济和社会发展计划执行情况与2021年国民经济和社会发展计划的决议》《德化县十八届人大五次会议关于德化县2020年预算执行情况和2021年预算的决议》《德化县十八届人大五次会议关于德化县人大常委会工作报告的决议》《德化县十八届人大五次会议关于德化县人民法院工作报告的决议》《德化县十八届人大五次会议关于德化县人民检察院工作报告的决议》。

2020年12月28日，德化县第十八届人民代表大会第五次会议在县会议中心召开

（图／县人大常委会办公室）

【常委会会议】 2020年2月28日，县十八届人大常委会第二十三次会议召开，县人大常委会主任王传敬主持会议。会议审议通过《德化县人大常委会2020年工作要点和监督工作计划》、县人大常委会内司工委关于2019年规范性文件备案审查工作情况的报告。

2020年4月30日，县十八届人大常委会第二十四次会议召开，王传敬主持会议。会议听取和审议县人大常委会调研组关于全县土地“批而未供”情况的调研报告、关于瓷艺城和官路下片区规划方案的调研报告、关于德化县公共文化服务体系建设情况的调研报告，听取市人大代表履职情况报告，对2019年度工作评议对象进行工作测评，审议有关人事任免议案，并举行宪法宣誓仪式。

2020年6月29日，县十八届人大常委会第二十五次会议召开，王传敬主持会议。会议听取和审议县政府关于2019年度环境状况和环境保护目标完成情况暨浐溪流域水污染防治问题专题询问审议意见研究处理情况的专项工作报告，并对浐溪流域水污染防治问题专题询问审议意见研究处理情况进行满意度测评；听取和审议县政府关于脱贫攻坚工作情况的专项工作报告、县人大常委会视察组关于“七五”普法工作情况的视察报告。

2020年8月31日，县十八届人大常委会第二十六次会议召开，王传敬主持会议。会议听取和审议县政府关于2019年度财政收支决算情况的报告、关于2019年度预算执行和其他财政收支情况的审计工作报告、关于2020年上半年国民经济和社会发展计划及预算执行情况的报告、县人大常委会执法检查组关于实施《公共场所卫生管理条例》情况的执法检查报告；审议通过《德化县人民代表大会及其常务委员会选举任命的国家机关工作人员述职评议暂行办法》；审议确定2020年工作评议的具体评议对象；审议通过有关人事任免议案，并举行宪法宣誓仪式。对德化县食品安全问题进行专题询问。

2020年12月21日，县十八届人大常委会第二十九次会议举行宪法宣誓仪式。图为副县长李毓文进行任职宣誓 （图/县人大常委会办公室）

2020年10月30日，县十八届人大常委会第二十七次会议召开，王传敬主持会议。会议听取和审议县人大常委会视察组关于县城区农贸市场规划建设管理情况的视察报告、关于德化县2020年重点项目建设情况的视察报告，听取和审议县人大常委会执法检查组关于实施《中华人民共和国野生动物保护法》情况的执法检查报告、关于实施《中华人民共和国安全生产法》情况的执法检查报告，听取市人大代表履职情况报告。

2020年11月30日，县十八届人大常委会第二十八次会议召开，王传敬主持会议。会议听取和审议县政府关于2020年度预算调整方案的议案、关于提请审议批准2020年地方政府债务限额及新增债务限额安排情况的议案，书面听取县政府关于国有资产管理的综合报告，听取和审议县政府关于行政事业性国有资产管理情况的专项工作报告，关于县十八届人大四次会议代表建议、批评、意见办理情况的专项工作报告，对代表建议办理情况进行满意度测评，审议决定县十八届人民代表大会第五次会议召开时间、会议议程等事项，审议有关人事任免议案。

2020年12月21日，县十八届人大常委会第二十九次会议召开，王传敬主持会议。会议听取和审议县十八届人大常委会代表资格审查委员会关于个别代表资格的审查报告，讨论通过县人大常委会工作报告，审议决定县十八届人大五次会议有关事项，审议有关人事任免议案并举行宪法宣誓仪式。

人大监督

【概况】 2020年，县人大常委会听取和审议“一府一委两院”专项工作报告2次，听取和审议计划、预算执行情况和审计工作报告2次。组织代表开展执法检查、视察调研、专题询问、工作评议等监督活动。12个年度评议对象综合测评分值均在

80分以上。

【听取和审议“一府一委两院”专项工作报告】 2020年6月29日，县十八届人大常委会第二十五次会议听取和审议县政府关于2019年度环境状况和环境保护目标完成情况暨浐溪流域水污染防治问题专题询问审议意见研究处理情况的专项工作报告，针对存在的问题，县人大常委会作出审议意见：县政府及有关部门要抓整改，继续提升品质；抓督查，防止改后复燃；抓创新，切实形成合力。听取和审议县政府关于德化县脱贫攻坚工作情况的专项工作报告，为进一步做好防返贫、控新贫、稳脱贫工作，县人大常委会作出审议意见：进一步强化造血功能，在产业增收上要有新推进；进一步强化协同作战，在防返贫、控新贫、稳脱贫工作上要有强机制。11月30日，县十八届人大常委会第二十八次会议听取县政府关于2019年度德化县行政事业性国有资产管理情况的报告，结合县人大常委会的调研报告，针对存在的问题，县人大常委会作出审议意见：进一步落实责任，夯实资产管理基础；进一步细化管理，提升资产管理水平；进一步强化监督，促进资产保值增值。听取县政府关于国有资产管理综合报告的书面报告。听取县政府关于县十八届人大四次会议代表建议、批评、意见办理情况的专项工作报告。

【听取和审议计划、预算执行情况和审计工作报告】 2020年8月31日，县十八届人大常委会第二十六次会议听取和审议县政府关于2019年财政决算情况的报告和2019年度预算执行和其他财政收支审计工作报告。针对存在的问题，县人大常委会作出审议意见：更加有为落实积极财政政策，增强经济发展后劲；不断完善预决算编制工作，强化预算刚性约束；继续深化财政改革，提升资金使用绩效；强化财政和审计监督职能，提高预算执行效益。听取和审议县政府关于2020年上半年国民经济和社会发展计划及预算执行情况的报告。11月30日，县十八届人大常委会第二十八次会议审查批准县政府关于提请审议批准2020年地方政府债务限额及新增债务限额安排情况的议案；审查批准县政府关于提请批准2020年度预算调整方案的议案。

【执法检查】 2020年8月31日，县十八届人大常委会第二十六次会议听取和审议县人大常委会执法检查组关于《公共场所卫生管理条例》实施情况的检查报告，针对存在的问题，常委会作出审议意见：加强监管力度，提高公共场所卫生管理意识；创新工作模式，提升监督针对性有效性；强化量化分级管理，增强卫生监督信息透明度；提高整体素质，打造过硬卫生监督队伍。10月30日，县十八届人大常委会第二十七次会议听取和审议《中华人民共和国野生动物保护法》执法检查报告，针对存在的问题，常委会作出审议意见：要进一步加大宣传教育和打击力度。听取和审议县人大常委会执法检查组关于德化县实施《中华人民共和国安全生产法》情况执法检查的报告，针对存在的问题，常委会作出审议意见：强化机制，齐抓共管，推动形成安全生产工作合力；强化监管，多措并举，全面落实企业（业主）安全主体责任；强化夯基，多管齐下，持续提高安全生产工作水平；强化宣传，形式多样，切实提升全民安全生产意识。

【专题询问】 2020年8月31日，县十八届人大常委会第二十六次会议举行专题询问会，就全县食品安全工作开展专题询问，县政府分管领导及县市场监管局、城管局、卫健局、教育局、农业农村局、林业局、公安局、法院、检察院等有关部门负责人认真回答询问。会后，常委会形成专题询问审议意见和问题清单交由县政府限期办理，要求县政府3个月内向县人大常委会报告办理情况，进一步推动全县食品安全工作落到实处、取

2020年8月31日，德化县十八届人大常委会第二十六次会议召开食品安全问题专题询问会
（图/县人大常委会办公室）

得实效。

【视察调研】 2020年4月30日，县十八届人大常委会第二十四次会议听取和审议县人大常委会调研组关于德化县瓷艺城和官路下改造项目规划方案的调研报告，针对存在的问题，常委会提出4个方面建议：建议取消瓷艺城规划方案中酒店设置，另行选址规划建设；建议对博物馆和会展中心东侧大平台的设计进一步论证、优化；建议在官路下改造项目配套酒店；建议将旅游集散服务中心旁的客运站向城郊外迁选址。听取和审议县人大常委会调研组关于德化县土地“批而未供”情况的调研报告，针对存在的问题，常委会提出意见建议：要梳理排查，健全处置机制；要分类施策，加快盘活存量；要重拳出击，制止炒地行为；要强化监管，促进良性开发。听取和审议县人大常委会调研组关于德化县公共文化服务体系建设情况的调研报告，针对存在的问题，常委会提出意见建议：加快基础设施建设，扩大公共文化服务覆盖面；加强人才队伍建设，提升公共文化服务水平；丰富文化产品供给，提高公共文化服务质量。6月29日，县十八届人大常委会第二十五次会议听取和审议县人大常委会视察组关于德化县“七五”普法工作情况的视察报告，针对存在的问题，常委会提出意见建议：加强组织领导，在统筹推进上下功夫；突出重点难点，在全面推进“法律八进”上下功夫；强化依法治县，在坚持普治并举上下功夫；狠抓考核落实，在力促实效上下功夫。6—7月，县人大常委会调研组听取县政府关于全县食品安全问题情况工作报告，并组织深入工作一线实地查看、召开座谈会，具体了解全县食品安全问题工作情况，汇总存在的问题。10月30日，县十八届人大常委会第二十七次会议听取和审议县人大常委会视察组关于德化县城区农贸市场规划建设管理情况的视察报告，针对存在的问题，常委会提出意见建议：正视现状，分析不足；立足发展，规建并重；借鉴学习，提升服务。听取和审议县人大常委会视察组关于德化县2020年度重点项目建设情况的视察报告，针对存在的问题，提出意见建议：盯紧进度，加快建设；综合施策，强化保障；完善机制，规范管理；科学论证，谋划储备。

【工作评议】 2020年，县人大常委会采用票决方式确定县政府办、教育局、公安局、司法局、文旅局、审计局、应急局、退役军人事务局、信访局、教师进修学校、县残疾人联合会、泉州市医疗保障局德化分局等12个部门作为2020年度工作评议对象。经过评议准备、评议调查、问卷测评、网上测评、会议测评、评定结果等阶段，12个评议对象综合测评分值均在80分以上，测评结果均为满意。

人大建议办理

【概况】 2020年1月，县人大常委会完成县十八届人大四次会议期间建议件的分类梳理、整理上传工作；2月，确定5件重点督办件，并将建议集中交办；6月，召开建议办理工作推进会，听取重点督办件办理情况汇报，督查承办单位答复完成情况；8—10月，组织省、市、县人大代表现场视察《关于加快石牛山景区开发建设议案决议》办理情况，并提出40条意见建议；11月，视察代表建议重点督办件办理情况，听取和审议县政府关于县十八届人大四次会议代表建议、批评、意见办理情况专项工作报告，开展代表建议意见办理情况满意度测评。县十八届人大四次会议期间以及闭会期间，收到代表意见建议241件，内容涉及城市管理、农业农村、教育、文化旅游、基础设施、陶瓷发展、生态保护等方面，其中已解决或基本解决的131件、尚在解决或列入计划的84件，占总件数的89.21%。

【“采矿区综合治理”建议】 至2020年底，该建议由县自然资源局办理完成。完成情况：严格按照《福建省矿山地质环境治理恢复基金管理办法（试行）》落实；委托福建省197地质大队开展矿山地质环境治理恢复GNSS巡查，利用卫星遥感影像、无人机航摄、GNSS等技术手段，对全县除地热、矿泉水外的所有在采矿山进行检查，做到一矿一档，矿山治理恢复可量化可追溯；于2017年9月组织制定《福建省德化县矿产资源总体规划》（2016—2020年），严格环境准入要求，优化矿产资源开发空间格局；严格按照《福建省露天矿山综合整治实施方案》和《关于开展饰面石材建筑石料矿山专项整治的通知》要求，在全县范围摸排清查露天矿山、饰面石材建筑石料矿山资源开发利用与保护等有关情况以及存在的主要问题，建立台账。

【“加大对纳入国家地质公园和国家森林公园保护区的森林生态保护补偿力度”建议】 至2020年底，该建议由县林业局办理完成。完成情况：对石牛山国家森林（地质）公园经营范围进行优化整合；经向上级争取，生态公益林、天然林市级及以上补助标准分别提高至25.75元/亩、20元/亩；在财力允许的情况下，争取进一步提高生态公益林等补偿标准，村集体经济管护费比例也会相应提高。

【“支持创办玩陶制瓷俱乐部”建议】 至2020年底，该建议由县文旅局办理完成。完成情况：以陶瓷企业、陶瓷观光工厂、旅游企业、陶瓷营销中心为主体，创办顺美生活体验馆、如瓷生活馆、三德陶瓷、臻峰陶瓷文创园、亿加创意园等多家陶瓷体验中心，在陶瓷体验中心都设置有面对公众的陶吧、亲泥平台、陶瓷DIY、陶瓷彩绘、玩转手拉坯、创客空间等项目。

【“推进陶瓷产业知识产权综合管理”建议】 至2020年底，该建议由县市场监管局办理完成。完成情况：全县专利申请量1961件，专利授权量1408件；申请注册国内商标6825件，同比增长138.14%；国际商标24件（其中马德里国际商标20件），同比增长140%；版权作品登记2.46万件，占全省25%。共培育建设国家知识产权示范企业1家、国家知识产权优势企业2家，省知识产权优势企业2家；通过“企业知识产权管理规范标准”认证企业18家；培育国家版权示范企业2家。查处版权侵权案件2件，移送公安机关刑事立案1件；督促整改伪造产地、虚假广告、假冒商标、低价抢单等失信问题陶瓷企业28家，黄牌警告3家，“黑名单”2家，规范电商企业196户次，立案查处侵权假冒案件31件，罚没34.68万元；立案佳浩陶瓷厂、厦门多诚商贸有限公司复制、发行侵犯德化县腾艺陶瓷有限公司产品案件，扣押涉案陶瓷产品9.92万件，产品价值37.55万元；起诉涉及侵犯知识产权案件3件4人（含上年积存案件）；受理知识产权诉前证据保全6件，审结知识产权民事纠纷案件54件。

【“推进爱心系列活动持续性发展”建议】 至2020年底，该建议由县委宣传部、县民政局办理完成。完成情况：发动社会各界爱心人士捐资捐物，累计筹得善款及爱心资金2000多万元；对启动“爱心厨房”的182个村每村下发一次性开办补助费5000元；在全县18个乡镇全面铺开“爱心厨房”“爱心义诊”“爱心理发”等系列爱心活动，累计开展各类活动700多场次，惠及5万多人次。

【“加强乡镇中心派出所建设”建议】 至2020年底，该建议由县公安局办理完成。完成情况：强化基层警力保障，针对公安工作任务重、警力不足等实际情况，抓住森林公安管理体制调整契机，统筹调配警力，增加派出所警力配备，2019年新录用的8名民警全部被分配到基层派出所和一线实战单位，2020年4月，森林公安9名民警被安排到基层派出所。截至年底，派出所警力108名，达到县级公安机关总警力40%以上，符合配备规定。探索中心派出所做法，实行警务联勤，缓解警力不足。推进“暖警”工程建设，先后投入400多万元，对全县18个派出所“五小”工程、人文景观进行改造完善，购置一批警用车辆、单警装备、办公设施、生活设施和健身器材，规范内务设置，完善执法办案场所和服务窗口设施，改善基层派出所生活、工作条件。深化文化环境建设，围绕“生态美、建筑美、布局美、陈设美、标识美、内务美”标准，持续深入推进基层派出所警营文化建设。2个基层派出所被市公安局评为“2019年度全市派出所文化环境建设示范单位”。

【“学位就近派位”建议】 至2020年底，该建议由县教育局办理完成。完成情况：2020年秋季安排3326名进城务工人员子女就近入学；8个项目竣工投用，新增学位4000个。“十四五”期间初步确定45个建设项目，力争增加学位1万个。

【“加大对乡村振兴试点村的政策扶持力度”建议】 至2020年底，该建议由县农业农村局办理完成。完成情况：由县自然资源局牵头对13个省级乡村振兴试点村进行规划编制；将13个省级乡村振兴试点村都纳入“一清二整三美化”创建工作，提升村容村貌；对13个省级乡村振兴示范村采取统筹和“以奖代补”的形式进行资金补助，乡村振兴实绩突出村每个村每年一次性给予400万元奖励。

代表工作

【概况】 2020年，德化县人大常委会做好代表服务工作，继续推进履职平台建设，提高代表履职能力，加强和改进建议督办工作，不断提高办理工作的实效和质量。邀请35名代表参加常委会会议，组织代表参加县委及“一府一委两院”活动18人次，参与常委会监督活动74人次。

【代表服务保障】 2020年，德化县人大常委会提高代表履职能力，坚持把代表培训作为一项基础性工作来抓，人事代表工委组织开展乡镇人大主席团主席工作培训暨经验交流会，组织学习如何补选代表、代表监督管理、乡镇人代会工作、乡镇人大主席团工作及代表建议件的撰写等内容。汇聚抗疫力量，县人大常委会组织、引导广大代表投身疫情防控工作，涌现出一批先进典型，得到县委、县政府表彰的代表5名，得到福建人大网、泉州人大以及新浪泉州等媒体宣传21人次。同时，组织开展专题“双联”（县人大常委会组成人员联系代表、代表联系选民）活动，将常委会组成人员分成4组，由常

2020年12月16日，在泉州市的省人大代表到德化视察脱贫攻坚、乡村振兴等工作（图/林小龙）

委会4位副主任带领深入基层，与代表、群众座谈交流，推动“双联”工作常态化、零距离。邀请代表参加陶瓷产业发展、重点项目建设、乡村振兴、脱贫攻坚、环境保护、移风易俗、全国文明城市创建、“坚决制止餐饮浪费”等视察调研活动，组织市人大代表视察“十四五”规划编制情况，拓宽代表知情知政渠道。全年配合其他县（市、区）人大代表到德化开展异地视察53人次，邀请35名代表列席常委会会议，组织代表参加县委及“一府一委两院”活动18人次，参与常委会监督活动74人次，为代表参政议政、依法履职提供保障。

【代表履职】 2020年，县人大常委会继续推进代表履职平台建设，及时完成代表建议整理上传工作，督促部门及时答复、代表及时反馈。继续完善“代表之家”、18个乡镇代表联系群众活动室、中国茶具城人大代表联系群众活动室的建设，把平台打造成代表的宣传阵地、学习园地和履职场地。深入开展代表述职工作，完善述职程序，5名市人大代表向常委会报告履职情况，15名县人大代表向原选区选民进行述职，提升代表履职责任感。完善履职档案。要求代表及时在履职平台完成履职申报工作，加强对代表履职情况的登记审核，做到履职有登记，考核有依据。

人事任免

【概况】 2020年，德化县人大常委会召开有关人事任免议案的常委会6次，依法任免国家机关工作人员27人次。其中，任免县人大及其常委会工作人员3人次，政府组成人员4人次，审判人员12人次，检察人员8人次。

【县第十八届人大常委会第二十四次会议审议】 2020年4月30日，县第十八届人大常委会第二十四次会议审议决定：郑荣平任县人民法院刑事审判庭副庭长，徐晓璐任县人民法院审判员、生态环境审判庭副庭长，郑敏山、陈小鑫任县人民法院审判员，林立昕任县人民检察院检察员。

【县第十八届人大常委会第二十六次会议审议】 2020年8月31日，县第十八届人大常委会第二十六次会议审议决定：苏毅君任县政府副县长，免去苏达志县政府副县长职务，接受甘家添辞去县第十八届人民代表大会代表职务。

【县第十八届人大常委会第二十八次会议审议】 2020年11月30日，县第十八届人大常委会第二十八次会议审议决定：接受黄世兴、林恭兴辞去县第十八届人民代表大会代表职务，免去赖金明、李建东、李跃宝县人民检察院检察员职务。

【县第十八届人大常委会第二十九次会议审议】 2020年12月21日，县第十八届人大常委会第二十九次会议审议决定：李毓文任县政府副县长，免去张秋英县政府副县长职务，郑华峰任县人民法院副院长；颜鸣宙、郑聪养任县人民法院审判委员会委员，免去苏德丰县人民法院副院长职务，免去颜丽荣、陈志华县人民法院审判委员会委员职务，免去黄剑峰、张艺丽县人民法院审判员职务，童其倡任县人民检察院副检察长，免去李文革县人民检察院副检察长职务。

【县第十八届人民代表大会第五次会议审议】 2020年12月28日，县第十八届人民代表大会第五次会议审议决定：接受王声典辞去县人民检察院检察长职务，须报经泉州市人民检察院检察长提请泉州市人大常委会批准。12月31日，县第十八届人民代表大会第五次会议选举叶小全为县人民检察院检察长，须报经泉州市人民检察院检察长提请泉州市人大常委会批准。

（县人大常委会办公室）

德化县人民政府

综　述

【概况】　2020年，德化县统筹疫情防控和复工复产，经济运行快速恢复，实现地区生产总值287.66亿元，比上年增长4.1%；一般公共预算总收入19.37亿元，比上年增长2.9%；一般公共预算收入12.86亿元，比上年增长7.4%；全县用电量18.46亿千瓦时；矿业开采环节产值17.49亿元；社会消费品零售总额136.39亿元，比上年下降1.4%。固定资产投资比上年增长6.9%。城镇居民人均可支配收入37702元，比上年增长3%；农村居民人均纯收入18105元，比上年增长6.6%。

【农业生产】　2020年，德化县农业总产值24.61亿元，比上年增长3.2%。全年完成粮食生产播种面积9246.67公顷，建设高标准农田1666.67公顷。培育国家地理标志登记保护农产品示范基地2个，创建闽台农业融合发展示范基地4个，新增市级以上“一村一品”示范村7个、农民合作示范社15家、家庭农场示范场14家、休闲农业示范点5个，上涌镇列入全国农业产业强镇，“阿嫲家油”入选中国十佳粮油区域领导品牌。

【工业发展】　2020年，德化县出台支持企业复工稳岗5条、做好“六稳”落实“六保”39条、促进陶瓷产业健康稳定发展58条等一系列政策措施。兑现政策资金2.4亿元，新增减税降费2.3亿元，企业应急保障周转金为企业转续贷5亿元，发放专利权质押贷款3.9亿元、纾困贷款2.58亿元，推动经济复苏。开展陶瓷转型突破年活动，陶瓷业在逆境中升级突围，实现陶瓷产值402.47亿元，比上年增长10.9%。电子商务交易额150亿元，比上年增长17.5%。成立德化陶瓷艺术大师联盟，与清华大学共建德化当代陶瓷艺术研究所，举办首届德化“中国白”中国传统陶瓷艺术双年展、首届德化“瓷谷仙境”柴烧作品展、中国德化陶瓷博览会暨茶具文化节、中国陶瓷行业职业经理人标准（德化）研讨会、清华大学美术学院陶瓷艺术创作交流会，开展“牛山牛瓷·十大牛瓷”征集创作和评奖活动，区域品牌影响力进一步扩大。全年工业总产值372.76亿元，比上年增长5%。工业增加值130.62亿元，比上年增长4%。

【第三产业】　2020年，德化县开展全域旅游呈现年活动，获评国家全域旅游示范区。石牛山景区重新开园营业，顺美陶瓷文化世界获评国家AAA级旅游景区，水口镇获评福建全域生态旅游小镇，佛岭村获评全国乡村旅游重点村，创建省级以上（金牌）旅游村、美丽休闲乡村4个。全年接待游客503万人次，旅游总收入55.38亿元；房地产、金融业等稳步发展，实现第三产业增加值104.83亿元，比上年增长2.3%。

【项目建设】　2020年，全县213个重点项目完成投资152.6亿元，比上年增长22.9%。国际陶瓷艺术城、万达广场、红旗瓷厂等一批影响重大的项目推进。优化招商闭环管理办法，开展产业链招商季行动，全县新引进项目59个，协议总投资186亿元、比上年增长10%，其中亿元以上项目23个。

【城乡建设】　2020年，德化县开展城乡建设提升年活动，获评第六届全国文明城市，入选全国县城新型城镇化建设示范名单。投入11亿元实施市政提升工程24个。推进霞田、官路、世科、科技园等片区改造，瓷艺城被列入全市新片区更新改造比拼项目。新改建污水、供水、燃气管网63.63千米，管线缆化下地6千米。驾云亭公园扩建基本完工，建成唐寨山森林公园休闲绿道13.75千米，新增绿地面积26.5公顷。编制智慧德化规划，建成5G基站580个。持续开展市容市貌、占道经营、渣土车“滴洒漏”等专项整治，拆除“两违”建筑12.36万平方米，设置地摊244个、便民摊点302个。投资1.49亿元实施乡村振兴项目172个，推进国宝乡省级特色乡镇建设，完成13个省级乡村振兴试点村规划编制，龙塔村列入全省民族团结进步重点区、首批“省民族乡村振兴示范村”培育对象，3个村获评省乡村振兴实绩突出村，4个村列入省级传统村落，创建市级乡村振兴示范线2条。完成城关至上涌路段“白改黑”，建设上涌至桂阳镇通干线，获评“四好农村路”省级示范县。推进“一清二整三美化”专项整治，实施“一革命四行动”，完成农房整治1000栋，获评省村庄清洁行动先进县。

【生态建设】 2020年，德化县在全市率先开展林业有害生物综合防治管理试点，造林绿化1533.33公顷。戴云山森林步道被列入省第一批森林步道名单。桂阳乡被列入全国森林康养基地试点建设乡镇，石牛山入选省级森林康养基地。开展浐溪水质提升“碧水清源”专项行动，完成浐溪水口和赤水段、涌溪桂阳段、春美双瀚溪、雷峰蕉溪等安全生态水系建设，治理水土流失2173.33公顷。完成全国第二次污染源普查、中央第二轮生态环境保护督察整改，德化县获评国家绿色矿业发展示范区，上榜“2020年中国县域全生态百优榜”。

【社会事业】 2020年，德化县开展保底创优深化年活动，民生支出23.8亿元，占一般公共预算支出的76.9%，38件为民办实事项目全部完成。脱贫攻坚方面，筹集扶贫资金6610万元、壮大村集体经济资金2720万元，细化出台落实贫困户“战疫”措施19条，深入实施“消薄倍增”计划，全县191个村集体经营性收入全部达到10万元以上，其中131个村达20万元以上，占68.6%。教育事业方面，投入2.6亿元推进城区中小学、幼儿园新改扩建项目，竣工投用8个，新增学位4000个。德化职业技术学校、德化八中分别获评省示范现代中等职业学校、省二级达标高中，省级教育科研基地落户德化县，教育质量稳步提升。医疗养老方面，投入4950万元，建设县妇幼保健院、第三医院、县医院发热门诊楼、龙门滩隔离病区等医疗卫生项目。推进家庭医生签约服务、乡镇巡回医疗服务、分级诊疗平台改造提升等工作。创新建设“爱心幸福城”，动建县社会福利中心，盘活16个乡镇敬老院，关爱老年人服务体制机制不断完善。文化体育方面，开展文化科技卫生“三下乡”和“墟日文化车”百场文艺展演进乡镇等活动。桂祥图书馆建成开放。推进霞田文体园“一场两馆”（体育场，体育馆、游泳馆）建设，举办第二十四届全民健身节、第二十届瓷都广场文化节、百场万人体育活动。德化窑遗址被列入“泉州：宋元中国的世界海洋商贸中心”申遗点，完成尾林、内坂窑址考古发掘，建成德化窑宋元遗址展示馆。安全生产方面，深入开展房屋安全“百日攻坚”、安全隐患大排查大整治和安全生产专项整治三年行动，创新网格化挂钩责任片区工作制度，健全完善安全生产分级分类监管、联合惩戒等长效机制，推进陶瓷企业厂房消防安全、工业燃气安全等11个专项整治，排查各类生产经营单位和场所4698家、完成隐患整改15139项，排查房屋44058栋、完成分类处置871栋，生产安全事故起数和死亡人数连续3年“双下降”。综治平安方面，落实“强基促稳”行动，深入开展扫黑除恶专项斗争，强化信访案件化解攻坚，建立县级矛盾纠纷多元化解中心，公共法律服务站点乡镇全覆盖，社会治安防控体系不断完善。开展第七次全国人口普查。成立县佛教协会，提升宗教活动场所规范化管理水平。深入实施军民融合发展战略，健全完善退役军人服务保障体系。审计、人防、气象、地震、档案以及工会、青少年、残疾人、红十字会、计生协会、慈善等工作都取得新成效。

重要会议

【概况】 2020年，德化县召开县政府全体会议1次，县政府常务会议18次，研究讨论有关政治、经济、文化、社会、生态等方面的内容，并提出具体解决方案。

【县政府全体会议】 2020年12月31日，县政府全体会议召开，传达县十八届人大五次会议精神，部署节日前后各项工作。落实“一岗双责”和中央八项规定及其实施细则精神，确保风清气正、廉洁过节。做好年底迎检、疫情防控、民生保障、综治平安、安全生产、应急管理等各项工作。

【县政府常务会议】 2020年1月10日，县十八届政府第四十四次常务会议召开，研究《浔中镇区域新增道路命名和部分道路路线调整方案》（送审稿），传达学习《审计署办公厅关于印发国家重大政策措施落实情况跟踪审计实施办法（试行）的通知》《德化县渣土处置运输管理规定》（送审稿）、县土地管理委员会第48次会议议定的2019（工业）005号等33宗地块出让等事项。

2月6日，县十八届政府第四十五次常务会议召开，研究关于应对疫情扎实做好“六稳”工作的若干措施。

2月19日，县十八届政府第

四十六次常务会议召开，研究关于德化县东部片区生态旅游开发项目合作、引入具有国际高端品牌酒店管理先进经验的团队作为甲方代表参与石牛山景区酒店经营管理、2020年县重点项目安排、《2020年海峡两岸青年陶瓷创客“i—China”计划招募方案》（送审稿）、鼓励企业拓展境外市场若干措施、支持企业复工稳岗若干措施等事项。

3月11日，县十八届政府第四十七次常务会议召开，传达学习3月9日全省安全隐患大排查视频会议精神及《中共福建省委办公厅、福建省人民政府办公厅关于全面开展安全生产隐患大排查大整治的紧急通知》《泉州市安全生产委员会关于印发泉州市迅速开展安全生产百日攻坚行动方案的通知》文件精神并研究《德化县迅速开展安全生产百日攻坚行动方案》（送审稿），研究关于加大德化县松材线虫病防控力度的措施和意见、开展现行排除限制竞争政策措施规范性文件和其他政策措施清理并组织学习《福建省行政执法条例》、涉及食品药品安全领域规范性文件专项清理等事项。

3月19日，县十八届政府第四十八次常务会议召开，研究德化红旗坊·文旅产业园PPP项目、霞田文体园（公共建筑）规划设计方案确定设计单位及设计费用、原农林水大厦储备土地临时使用方案、2020（工业）002号等4宗土地出让等事项。

4月7日，县十八届政府第四十九次常务会议召开，研究《德化县属国有企业工资总额预算管理暂行规定》、组织开展打击治理电信网络诈骗违法犯罪专项行动和实行“七个一律”综合惩戒措施、《中国瓷都·德化国际陶瓷艺术城招商投资合作协议书》备忘录、瓷都大道大洋段项目风曙小区安置地边坡治理优化设计、G2020—01号等4宗地块使用权出让、确定小规模市政工程施工单位等事项。

4月29日，县十八届政府第五十次常务会议召开，研究关于德化县三班镇至县城市政大道工程投资建设项目相关诉求、德化县行政审批服务中介超市管理规定（试行）、G2019—28号等4宗地块出让等事项，传达学习贯彻《福建省人民政府办公厅关于全面禁止非法野生动物交易、革除滥食野生动物陋习、切实保障人民群众生命健康安全的决定》。

5月9日，县第十八届政府第五十一次常务会议召开，研究《福建省德化县“观音岐古镇”文化旅游特色小镇项目投资合同》（送审稿）、《德化县促进陶瓷产业健康稳定发展扶持若干措施》（送审稿）、《德化县支持全域旅游发展实施意见》（送审稿）、《关于扎实做好“六稳”工作落实“六保”任务的实施方案》（送审稿）等事项。

6月4日，县十八届政府第五十二次常务会议召开，研究关于《德化县属国有企业权责清单》（送审稿）、《德化县属国有企业大宗物资采购管理暂行规定》（送审稿），传达学习《全国安全生产专项整治三年行动计划》文件精神及德化县贯彻意见、传达学习市场监管总局加强食品安全监管工作电视电话会议、省政府第55次常务会议（食品安全部分）、市食安委第一次专题会议精神，研究关于《德化县深化改革加强食品安全工作实施方案》（送审稿）、《德化县食品安全委员会工作规则》（送审稿）、《关于贯彻落实福建省消防安全责任制实施办法的若干意见》（送审稿）、《关于抓好“三农”领域重点工作确保如期实现全面小康的实施意见》（送审稿）、《2020年德化县“三农”重点工作目标任务清单》（送审稿）、《德化县自然保护地整合优化工作方案》（送审稿）、第二轮中央生态环境保护督察反馈问题整改及信访件办理情况、涉及野生动物保护规范性文件专项清理问题、城区绿化推行市场化养护管理模式问题、《“何朝宗杯”2020中国（德化）陶瓷工业设计大赛活动方案》（送审稿）、《“中国白”德化陶瓷艺术双年展合作协议》（送审稿）、《首届“中国白”德化陶瓷艺术双年展方案》（送审稿）、《德化迪特工业产品设计有限公司项目合作协议》（送审稿）、《德化县乡村振兴新农村综合服务点（含加油站）政企合作协议书》（送审稿）等事项。

6月10日，县十八届政府第五十三次常务会议召开，传达学习贯彻全省、全市扫黑除恶专项斗争“六清”工作视频会议精神，研究《彭村水库工程建设征地移民安置包干协议》（送审稿）、关于2020（工业）005号等29宗地块使用权出让问题等事项。

6月23日，县十八届政府第五十四次常务会议召开，研究《全县安全生产专项整治三年行动实施方案》（送审稿）。

7月28日，县十八届政府第五十五次常务会议召开，研究《德化县工程建设项目废弃砂石综合处置利用管理实施方案》（送审稿）、《德化县属国有企业招用职工管理暂行规定》（送审稿）、《德化县属国有企业“三定”工作方案》（送审稿）、《德化县国有集团企业负责人业绩考核暂行规定》（送审稿）、《德化县国有集团企业负责人薪酬分配方案（试行）》（送审稿）、做好2020年普通高等学校毕业生就业创业工作、《进一步做好稳就业保就业工作若干措施》（送审稿）、《2020年度德化县绩效评估工作方案》（送审稿）、《德化县开展县城城镇化补短板强弱项工作实施方案》

（送审稿）、《德化县贯彻落实2020年度粮食安全省长责任制工作方案的实施意见》（送审稿）等事项，传达学习全省脱贫攻坚工作调度视频会议精神。

8月28日，县十八届政府第五十六次常务会议召开，传达学习贯彻省安委会《关于泉州欣佳酒店“3•7”坍塌事故调查处理情况的通报》和市委、市政府《关于欣佳酒店坍塌事故调查报告明确的事故主要教训和防范措施建议的整改落实方案》等两份文件精神、代省长王宁《在2020年省政府防范重特大生产安全事故暨警示教育视频会议上的讲话》精神、全国全省全市扫黑除恶专项斗争重点行业领域突出问题专项整治推进会议精神、省市《贯彻落实第二轮中央生态环境保护督察反馈意见整改方案》，研究2019年全县非县管公务员年度考核有关情况以及关于2020（工业）002号等16宗地块使用权出让问题等事项。

9月30日，县十八届政府第五十七次常务会议召开，传达学习《防范和惩治统计造假弄虚作假重要文件选编》主要精神，研究德化县第七次全国人口普查和《德化县消防救援队伍职业保障机制若干意见》（送审稿）、《政府性融资担保管理意见》（送审稿）、《政府性风险补偿资金管理规定》（送审稿）、《德化县城乡低保、特困人员审批权限委托下放工作实施方案》（送审稿）等事项。

10月30日，县十八届政府第五十八次常务会议召开，传达学习习近平在中央政治局第二十三次集体学习时重要讲话精神及省市学习贯彻会议精神、习近平关于粮食安全重要论述及重要指示精神、全市预防重特大道路交通事故专项整治动员部署暨第四季度道安工作视频会议精神，研究《2020年全县治理“餐桌污染”建设“食品放心工程”工作方案》（送审稿）、德化县第七批县级文物保护单位名单（送审稿）、2019德化县城镇基准地价应用事项、2020（工业）006号等12宗地块使用权出让问题等事项。

11月26日，县十八届政府第五十九次常务会议召开，研究德化抖音电商直播基地合作协议、G2020—12号等3宗地块使用权出让问题、德化县新寨小学和新寨幼儿园项目土石方问题、德化县乡镇权责清单、《关于进一步加强房屋建筑工程建设活动监管的若干意见》（送审稿）、《关于德化县属国有企业负责人履职待遇和业务支出管理暂行规定》（送审稿）、县城建集团与泉州市城建置业公司合作设立合资公司、县瓷艺城公司与泉州循墨公司合资成立德化县瓷艺城运营管理公司、德化县与福建省招标采购集团公司签订《战略合作框架协议书》《德化县关于进一步坚持和深化科技特派员制度的行动方案》（送审稿）、《德化县关于规范农村宅基地审批和建设管理实施意见（试行）》（送审稿）、德化县和清华美院陶瓷艺术设计与创新合作研究项目等事项，传达学习贯彻全国、全省、全市扫黑除恶专项斗争推进会议精神。

12月18日，县十八届政府第六十次常务会议召开，研究2021年德化县《政府工作报告（送审稿）》《2021年县委、县政府为民办实事项目（送审稿）》，传达学习贯彻全省统计法治专题视频学习会议精神，组织学习《中华人民共和国民法典》。

12月25日，县长黄文捷主持召开县十八届政府第六十一次常务会议，研究德化县国民经济和社会发展第十四个五年规划纲要和二〇三五年远景目标。

（苏忠兴）

招商引资

【概况】 2020年，德化县新引进项目59个；协议总投资186亿元，比上年增长10%。其中，投资额2000万元以上项目56个，完成县下达任务（20个）的280%；亿元以上项目23个，完成市下达任务（12个）的191.7%。全年新增投产招商项目18个，带动投资26.3亿元。

【陶瓷产业项目引进】 2020年，德化县引进总投资20亿元的高端碳化硅陶瓷及复合材料项目。引进深圳市玖盛隆家居用品有限公司等9家企业入驻高端日用陶瓷产业园，择优引进齐巨敏德科技有限公司等11家企业入驻生活家电产业园。同时，引进陶瓷机械、瓷土加工等一批陶瓷配套项目，持续优化陶瓷产业结构。

【文旅项目引进】 2020年，德化县引进五凤山生态旅游度假小镇、潘祠蕉溪中医药康体养生旅游基地、红旗坊•文旅产业园、陶瓷文化手工艺创意产业园、万佳国际酒店等一批旅游商服项目。其中，观音岐古镇项目完成展示区地块放样并启动征地，确定征迁红线，召开项目规划方案汇报会，业态打造上重点挖掘夜间经济业态的培育和扶持，着重培养美食业态、度假业态、非遗业态、酒吧等休闲业态，引入演艺旅游IP，强化旅游体验感，丰富德化旅游多样性。霞瑶云谷获批控制性详细规划，进行林地报批手续办理等前期工作和安、征迁方案制定。

【人才和技术引进】 2020年，德化县引进中国工艺美术大师麻双鸣、教授级高级技工焦红斌、一级建造师周茂松等落户德化投资兴业或专研艺术创作，推动麻双鸣艺术巡展总部基地、超细纤维环保材料、电商物流园等一批重大项目建设。同时，建立德化陶瓷电器科研平台，完成平台装修建设、部分团队入驻，申报陶瓷电陶炉、香薰机、超声波清洗机等产品发明专利7项、实用专利6项。

【营销渠道拓展】 2020年7月起，德化县每月举办一期亚马逊走进德化产业带跨境电商培训，带动更多陶瓷外贸相关企业与国际接轨，取得初步成效。全年培训企业10家、开设亚马逊店铺9家，简爱贸易、恒峰陶瓷、镜头文化传媒、同鑫陶瓷等陶瓷企业多批次通过国际物流，将产品销往美国、日本、英国、德国等国家。

【营商环境优化】 2020年，德化县持续深化行政审批改革，实施招商项目“一区通办”，提升审批服务效率。开展招商履约情况综合整治，处罚涉嫌违约变更股权结构企业4家，印发《关于2016年以来未履约项目处理情况的通报》，通过曝光违约典型案例，形成震慑，持续优化营商环境。从2020年6月国家统计局德化调查队的招商服务工作情况调研情况看，营商环境满意率99.11%，比2018年提高21.51%。

（县政府办）

服务保障

【概况】 2020年，德化县行政服务中心进驻单位38个、工作人员251名、审批服务事项1099项。中心通过探索创新“三四五”审批服务机制，继续深化企业开办、工程建设项目审批、乡镇便民服务建设等领域改革，不断刷新德化审批加速度，做到疫情防控和政务服务两手抓。“一县通办”做法被省政府《今日要讯》刊发，并得到省政协副主席阮诗玮的批示肯定；《德化县创新“全县通办”机制　推进乡镇行政审批和便民服务改革》被省审改办作为十三大典型经验案例之一发文在全省推广；《德化县推行“三个一”深化工程建设项目联合竣工验收改革》作为典型案例在省工审办发文推广，是泉州市唯一入选省工程建设项目建设审批制度改革典型案例。《优化营商环境　架起政企“连心桥”》在《人民政协报》和《政协天地》第十一期发表；《德化县“三个通办”打造一流审批服务》经验做法被《泉州改革财经情况》采用；《德化县创新“一县通办”机制助力高质量发展超越》经验做法被《八闽快讯》采用；《泉州市德化县创新工程项目审批服务由承诺件变为即办件》被作为典型经验做法在市审计局报告中刊发，并得到市长王永礼批示；《德化县：打造一流审批服务助力高质量发展超越》作为典型经验做法被《侨区快讯》专刊刊载；《让窗口更靓丽，服务更贴心——打造县域行政审批新样板》在《泉州晚报》刊发。

【“三机制”模式推行】 “单环节”机制。2020年，德化县在全省率先推出“单环节”审批机制，按照“进必授权”的要求，向进驻窗口人员授权，不断推进窗口受理人员与审批核准人员职责合并，对办事群众推行审批事项一个人、一个环节办结，对事项加强事后抽件监管，从而实现“受理、审批、出件三合一”，使审批流程更加精简、审批服务更加高效。至年底，进驻行政服务中心38个单位1099个事项中，授权到窗口的单环节审批事项、件数分别达到88%、99.19%。其中，县市场监管窗口企业开办等35个事项、交警窗口违章处理等全部33个事项、医保窗口基本医疗保险等全部9个事项的单环节审批均达到100%。

“一日办”机制。2020年，德化县对企业开办全流程“一件事”全面实行一日办结工作制，即重新梳理市场监管、税务、医保、人社等部门涉及企业开办的审批及服务流程，对各环节进行标准化、规范化建设，并将审批权限授权到窗口工作人员，通过材料再精简、流程再优化、环节再整合，审批时限从2.5个工作日压缩至1个工作日，企业开办35个事项全部实现“一日办”。截至年底，进驻的1099个事项当日办结率96%，其中689个即办事项实现半小时办结。

“增服务”机制。2020年，德化县政务服务由“大厅”向“基层”延伸。建立健全乡镇综合便民服务中心运行管理考核激励机制，以激励机制延伸服务触角，为基层群众提供更便捷的服务。盖德镇综合便民服务中心将与群众密切相关的购买农机具补贴事项纳入乡镇综合便民服务窗口办理。国宝乡进一步整合便民服务中心窗口，将供电服务窗口融入乡镇便民服务中心，提供电费缴纳、业务受理、电力政策宣传等服务，该业务入驻窗口半年来为村民代办电费缴费1286次，打印发票25次。龙门滩镇、汤头乡综合便民服务中心重新梳理办事事项，分别将事关民生的医疗救助和临时救助事项纳入窗口办理，申请对象只需到乡镇便民服务中心或行政服务中心乡镇便民专窗就近办理，后续工作由工作人员按照规范流程操作，避免群众来回跑，打通服务群众“最后一公里”。服务平台由“实体”向“网络”延伸。加强一体化平台建设，推动县级部门自建系统与一体化平台对接，打破部门壁垒，实现数据共享。政务服务一体机在全县18个乡镇及试点社区正式投入使用。梳理增加网办事项，推进更多审批事项通过一体化政务服务平台实现“不见面”审批。县级行政审批服务事项1099项，96%的事项实现网上可办理，70.5%的事项实现“一趟不用跑”，50.6%的事项实现“全流程网办”。全年全县网上办理审批服务事项778677件，网办率67.96%。服务时间由“8小时”向“24小时延伸”。建立“24小时便民自助服务区”，配备税务、社保、天然气、供电、农信社等自助服务设备，为群众提供全天候、不间断服务。提供周六全天候预约办事服务，解决上班族、外出人员在工作日内无法办理事项的问题。开展工作日延时服务，民政窗口在情人节、“520”等特殊纪念日主动加班为新人办理婚姻登记；交警窗口面对临下班时间群众仍取号办件的情形，多次开展延时服务，避免群众跑“冤枉路”。

【“四通办”改革】 企业开办一窗通办。2020年，德化县设立企业开办专窗，将企业设立登记、公章刻制、初次申领发票、涉税事项、医保社保等事项整合到专窗，一次性办理，实现企业开办“一窗通办”服务。同时，设立企业服务中心，为企业提供开办设立、优企惠企政策法律法规、项目审批报批等咨询服务。全年新增市场主体11656户、内资企业含合作社5093户、个体工商户6563户，受理企业咨询97家次，为企业解决问题97项，协调解决应急周转资金5.22亿元。疫情防控期间，分发复工复产材料1286份，宣传惠企政策300余次，累计减税降费5096万元。

项目建设一区通办。2020年，德化县围绕项目审批堵点难点痛点问题，在全国创新推出企业供地限时管控等改革举措，推进项目审批全流程再提速提质，实现建设项目“一区通办”。供地流程“全管控”。设立专区，从企业业主提出用地申请、推送相关部门会商、联合拟定供地方案、过会研究到建设用地批准等环节全部实行限时办理，实行专人跟踪，及时发函催办，建立供地跟踪台账，从而实现整个供地环节在中心全程跟踪管控之内，企业供地周期大幅压缩至40个工作日以内，实现“供地最短”。审批事项“全进驻”。梳理涉及工程建设项目前期策划生成的土地林地报批、规划控规调整、生态公益林调整等13个事项并纳入项目审批辅助流程，建立部门内部流转机制和限时办理制度，实现工程建设项目全流程“一站式”审批。评审评估“多变一”。出台“多评合一”“多审合一”配套改革方案，对立项用地规划许可阶段的可研报告、节能评估等实行联合评审，对工程建设许可阶段的设计方案和初设概算进行联合审查，实现“多评合一”，评审时限压缩至15个工作日以内。项目审批“加速办”。优化线上审批服务，建立项目审批微信群，审批服务由承诺件变为即办件；建立重点项目服务群，实现项目业主与审批人员无缝对接；引导项目业主在网上办事大厅全程网办，实现审批“加速度”、企业 “少跑腿”；设立项目审批会商联审室和咨询协调窗口，对项目审批前期实行“一对一”专家式联合会商，为业主“量身定制”审批方案。全年受理工程建设项目审批服务事项814个，电话回访项目业主416个，开展咨询协调、业务辅导、上门服务210场次，县并联审批的并联率居全市第一。

乡镇便民一县通办。2020年，德化县实行事项全县通办。在县行政服务中心乡镇便民综合窗口、进城党群城市家园便民服务窗口和18个乡镇综合便民服务中心设置收件专窗，构建覆盖全县的20个“网点”，通过软件系统升级、工作人员业务培训、相关设备配置，实现20个“网点”均可办理县域内的任一乡镇业务，打破业务办理的乡镇地域、户籍限制，让群众就近能办、一县通办。业务全员可办。建立乡镇各站所共有业务、共享信息、共用人员、共同服务的审批制度，对所有工作人员进行统一业务培训，确保每名工作人员都能“跨业务”查询所需信息、及时办理。针对乡镇工作人员经常下村、开会、进城等情况，建立乡镇便民服务内部交流群，利用交流群创新上传审批事项、交流审批事宜、形成审批意见的即办制度，确保审批结果能及时反馈，过后根据聊天记录补签字、归档案。办理全程监管。群众向任意一个“网点”提出审批申请后，工作人员立即将申请事项录入行政审批系统，县行政服务中心和接件“网点”动态掌握和监督提醒推送办理、反馈结果、统一出件、信息归集等每个环节，并负责对20个“网点”进行督查和考评管理，将工作开展情况纳入年度绩效考核内容，并评选先锋模范岗、设立流动红旗，营造比学赶超服务氛围。全年全县通办5871件，系统办件8574件，电子证照8574件。

政务服务网上通办。2020年，德化县推进政务服务“网上通办”，让企业群众办事像“网购”一样方便。推广不见面办理。宣传引导群众通过福建省网上办事大厅德化分厅、泉州政务服务APP、24小时政务服务一体机等方式网上申报办理，实现全程不见面、零跑腿。其中，人社窗口通过推行福建省“12333”公共服务平台网上办理、邮箱收件办理，网办率95%，办件窗口由原来的4个减到2个；不动产登记中心推广“互联网+不动产登记服务”，办件窗口由原来的15个减到9个；交警窗口将非现场交通违法行为到窗口处理可不记分变为一律实行“记分处理”，但通过“福建交通罚没”APP预约处理，审核通过后即可不记分处理，截至年底网上受理业务189990件，网办率80%。探索电子证照应用创新。

聚焦电子证照便利化，实现已归集电子证照在政务服务办事中普遍应用，优化24小时政务服务一体机自助查询、打印电子批文类事项功能。引入区块链技术。在电子证照应用中引入区块链技术，实现审批流程透明化，公共场所卫生许可、护士首次注册登记等便民事项秒批，全年生成电子证照205488份。探索“网格员+审批”服务。推动事项入驻“平安瓷都德化”微信公众号办理；针对需要提交纸质材料的审批事项，通过网格员对社区弱势群体上门收件，并将结果证照送件上门。梳理企业退休养老证、“残疾人证”核发等帮办代办事项3项。

【“五免费”服务实行】 2020年，县行政服务中心通过提供“五项免费”全方位便民服务，推动重点项目建设，助力重点产业发展。免费代办：建立服务陶瓷企业协办员机制，聘请5名协办员，开通快捷通道，帮助企业尤其是中小微企业在有关材料填报、送件办理、审批手续等具体事务上发挥“保姆”作用，做好导办、帮办、代办工作，解决企业在办件过程中“不会办”等问题。免费图审：针对县内没有图审机构、图审耗时长等问题，推行购买图审服务并纳入行政服务中心监督管理，并将消防、人防、防雷等技术审查并入图审内容，实现“多审合一”，审图用时压缩至11个工作日以内，全年受理审查业务196件，完成190件，为企业节省成本约151万元；政府主导项目完成53件，节省约76万元。免费刻章：为全县新开办企业免费提供企业公章、财务专用章、合同专用章3枚印章。全年享受免费刻章服务的企业4734户，发放印章12788枚，为企业节省费用307.71万元。免费送达：对无法亲自到场领取证照及其他材料的，实行双向免费邮寄。全年免费邮寄1100份，为企业和群众节省费用1.1万元。免费复印：对到中心办理事项的申请人实行免费复印，方便办事群众和企业。

（郑巧雯）

人事人才

【概况】 2020年，德化县事业单位招聘166人，办理职称晋升聘任手续959人、续聘4765人。新增国家级技能人才4名，新增高级技师4人、技师19人、高级工109人，全县技能人才突破1.5万人。落实“港湾计划”等人才服务政策，引进第二层次和第三层次人才3名。德化县“职称评在一线，人才聘往基层”经验做法在《中国组织人事报》和《就业与保障》刊发。

【事业单位招考】 2020年，德化县事业单位招聘166人，其中教育系统51人、卫生系统19人、泉州工艺美术学院4人、其他事业单位84人、临床医学专业毕业生定向到乡镇卫生院8人。

【事业单位岗位聘任管理】 2020年，德化县事业单位（除教育、卫生系统）专业技术高级、中级、初级岗位结构比例调整为1.5:4:4.5。幼儿园、小学、初中、高中的高级、中级、初级岗位结构比例分别调整为1:5.5:3.5、1.5:5.5:3、2.5:5:2.5、2.5:4:3.5；德化一中专业技术岗位结构比例调整为3.5:4.5:2，特殊教育学校专业技术岗位结构比例调整为2.5:5:2.5，县教师进修学校专业技术岗位比例调整为5:4:1。特殊教育学校专业技术岗位结构比例参照初中确定。全面落实在农村工作或特殊教育任教累计满25年以上专业技术人员职称直聘制度，开展“县级专设岗位”聘任。全年办理职称晋升聘任手续959人，其中高级114人、中级402人、初级443人；续聘4765人，其中教育系统3363人、卫生系统728人；享受“县级专设岗位”直聘政策的优秀专业技术人才3人，其中高级2人、中级1人。

【人才培养】 2020年，德化县新增国家级技能人才4名，其中推送中华技能大奖1人、享受国务院政府特殊津贴高技能人才1人、全国技术能手1人、国家级技能大师工作室1家；省级技能大师工作室4家、技术能手1人，市级技能大师4人、技术能手1人，县级技能大师20人、技能大师工作室10家、技术能手41人，新增高级技师4人、技师19人、高级工109人。全县技能人才突破1.5万人。全年举办职业技能竞赛15场，开展技能提升培训45期，培训6592人次，超额完成培训任务。德化县打造陶瓷技能人才高地经验做法在《中国组织人事报》刊发。

【人才服务】 2020年，德化县落实“港湾计划”，开展泉州市高层次人才审核认定、住房安居、医疗保健等方面“一站式”服务，做好试点企业高层次人才自主认定工作。引进第二层次和第三层次人才3名，通过泉州市高层次人才认定252人，申请入驻人才公寓42人，全县累计通过认定高层次人才901人次。做好大中专毕业生档案的接收、转递、管理工作，全年新接收毕业生档案1471份，转递465份，开具调档函155份。

（林恩茂）

信访工作

【概况】 2020年，德化县群众信访总量729件（批）次，比上年下降13.4%。群众来访42批44人次，批次比上年下降65.57%；来信8件，比上年下降74.19%；网上信访275件，比上年增长43.98%。办理“领导信箱”162件。信访结构进一步优化，呈现“访、信下降，来邮大幅上升”的局面，网上信访占比74.5%，网上信访成为群众诉求的主渠道。受理泉州市“12345”便民服务平台诉求1826件，办结1826件，满意率99.89%，位居全市第一。

【信访评理】 2020年，德化县在县、乡镇、村（社区）建立信访评理室，实行“一事一调解、一乡一评理”制度，在信访调解过程中启动信访评理，全县建立纵向到底的三级评理员库。至年底，建立县级评理室1个、乡级评理室18个、村（社区）级评理室216个；全县有评理员2785名，其中县级评理员63名、乡镇级评理员380名、村（社区）级评理员2342名。全年开展信访评理389件，化解率99.49%。在2020年度市委“强基促稳”年终考评中，两个专项（民意诉求回应机制创新、推进逐级走访强化信访案件化解攻坚）在第二方阵中民意诉求回应机制创新专项行动获评“A”档。

【领导接访】 2020年，县委、县政府主要领导接待来访群众19批22人次，受理信访件19件，全部解决或答复解释。

【信访业务培训】 2020年，德化县采取网络培训、挂职跟班、以会代训、用检促训等方式，对全县信访干部进行培训。全年举办信访业务培训会2场次，跟班培训12批次，选派1名干部到省驻京信访工作组挂职锻炼。

（县信访局）

机关事务管理

【概况】 2020年，德化县机关事务管理中心深化改革、细化管理、优化服务、强化建设，推动机关事务管理工作科学有序开展。完成公务用车信息化平台建设，保障会务服务约330场次，做好公务大厦的安保维稳工作，推动公共机构节能工作上新台阶。

【公车平台监管】 2020年，德化县全面完成公务用车信息化平台建设，同步接入“全省一张网”管理，实现信息化智能化管理。全县公务出行4480次，行政执法1098次。疫情防控期间，公车平台优化车辆调度，增强公车出行保障能力，重点保障防疫工作用车需求。

【会务保障】 2020年，德化县保障会务服务约330场次，完成党代会、县“两会”等大型会议保障工作。完成会务工作中承担的会场布置、卫生、音响等工作任务。

【安保维稳】 2020年，德化县根据疫情常态化防控需要，严格把控公务大厦各个出入口体温监测工作。加强对公务大厦及人民广场车辆进出管理，指引车辆按规定进出、停放。制定处突维稳方案，提高安保队伍的应急处突能力，引导并妥善处置信访过程中的各类事件，协助处理大中型群众集体信访17起。

【公共机构节能工作】 2020年，德化县开展节能宣传周活动，利用微信及手机客户端云直播视频等新媒体线上平台资源为主，以展牌、节能提醒贴士、电子显示屏、宣传栏、发放节能宣传海报等形式为辅，提升公共机构节能工作水平。年初完成2019年度全县公共机构能源资源消耗数据统计并上报。组织3名节能工作人员参加第七期公共机构节能远程培训并通过结业考核。有13家公共机构提交节能示范单位申报资料。

【办公用房管理】 2020年，德化县巩固全县党政机关办公用房清理整改成效，1月和6月先后下发通知，要求各党政机关单位组织开展本级及下属单位办公用房使用情况自查自纠工作，开展2轮办公用房督查工作，完成对55个单位办公用房情况的实地核查，对其中7个单位下达《超标办公用房清理整改通知书》，督促问题单位从严从快、从实从细彻底整改。全部单位整改到位。

（县机关事务管理中心）

退役军人事务

【概况】 2020年，德化县加强退役军人服务保障体系建设，完成县、乡、村三级退役军人服务中心（站）建设，做好退役军人就业安置、拥军优属等各项工作。推荐2名退役军人参加市“最美退役军人”评选，推荐参加首届退役军人创业创新大赛暨全国退役军人创业创新大赛评选活动。组织全县中小学参加泉州市退役军人事务局“清明祭英烈”征文活动，12篇征文获奖。

【服务保障体系建设】 2020年，德化县完成1个县级退役军人服务中心、18个乡镇退役军人服务站、216个村（居）退役军人服务站建设。其中，13个乡镇退役军人服务站通过示范型退役军人服务站创建验收，5个乡镇退役军人服务站、216个村（居）退役军人服务站通过基本型退役军人服务站创建验收。该项工作走在全市前列。

【就业安置】 2020年，县退役军人事务局与泉州工艺美术职业学院免费为退役军人提供为期5天的就业创业培训服务。设立3个德化县退役军人拜师学艺大师工作室、1个德化县退役军人培训基地、1个德化县退役军人创业孵化基地，为退役军人学艺提供场所。与邮政银行签订协议，推出“退役军人金融贷”和“退役军人卡”专属银行卡，10万元以下贷款免担保。实行贷款线上自助审批和自助放款，退役军人通过手机银行就可获得贷款。安置军转干部、符合政府安排工作的退役士官，按照档案量化评分排名，依名次由高分到低分顺序依次选岗。

【双拥共建】 2020年，德化县联合美的、创维、瓷都电器城开展“拥军优属福利工程”，并向县人武部、县退役军人服务中心、各乡镇退役军人服务站捐赠电视、落地电风扇，为现役和退役军人捐赠拥军补贴卡。联合县司法局设立法律援助工作室以及退役军人行政调解室，引导退役军人依法表达诉求、依法维护权益。成立全省首个“助学帮扶协会双拥共建联络点”。安排部队子女和获三等功及以上退役军人子女入园入学。建立医疗救助制度，为全县重点优抚对象代缴城乡居民基本医疗保险、设立个人门诊账户并发放医疗补助资金。提高重点优抚对象家庭数字电视补贴标准，增加视频监控、视频通话等服务功能，办理有线数字电视优惠。开展“向烈士致敬，为烈士寻亲”活动。在《东南早报》《瓷都德化》等报纸发布“为烈士寻亲”活动，为1名烈士寻找到后代，并沟通联系英烈祭扫事宜。

2020年9月26日，德化县退役军人就业技能（电子商务）培训班在泉州工艺美院举办

（图／县退役军人事务局）

【退役军人志愿服务】 2020年疫情防控期间，德化县宣传发动退役军人在防疫一线发挥退役不褪色作用。其中，上涌镇退役老兵赖发谈上阵抗“疫”事迹在新华网、学习强国平台、《中国双拥》杂志、东南网等刊发。县双拥办组织企业双拥协会副会长、全国双拥模范温素霞慰问一线警务、防疫、医务人员等，为他们送去爱心物资。发挥退役军人志愿服务先锋队作用。全县退役军人志愿者参与志愿活动8次。11月，与圆梦社会工作服务研究中心签订退役军人志愿服务项目合作。

【红色教育基地建立】 2020年，德化县退役军人事务局建设革命烈士纪念馆、福建省委旧址水口坂里纪念馆、中共德化支部丁墘支部旧址、国宝戴云之战革命历史陈列馆、雷峰罗浪励志室、杨梅林俊德祖籍文化馆等8个红色教育基地。

【退役军人作品获奖】 2020年，德化县推荐5家企业参加首届退役军人创业创新大赛暨全国退役军人创业创新大赛评选活动。其中，退役军人陈金通作品“无釉羊脂白糯米胎丝光玉瓷”获首届全国退役军人创业创新大赛决赛优胜奖、福建省首届退役军人创业创新大赛三等奖、传统产业及生活服务业组别第一名和泉州市首届退役军人创业创新大赛优胜奖。李海燕的作品《岐山堂》获省退役军人事务厅“特别的怀念，给特别的你”清明主题征文二等奖及市“清明祭英烈”主题征文优秀奖。

（李海燕）

中国人民政治协商会议德化县委员会

综　述

【概况】 2020 年，德化县政协召开全体会议 1 次，常委会会议 4 次；政协十届四次会议期间立案 161 件提案全部落实。10 月，省政协主席崔玉英到德化县调研，对德化县政协工作给予肯定，并要求德化县政协要自觉担负起全国政协主席汪洋莅临福建政协视察指导时赋予的建设“政协大省”重大责任。

【文史工作】 2020 年，县政协编撰《德化古大厝》文史专辑，进一步挖掘德化当地历史建筑文化内涵，传承千年文脉。在桂祥图书馆设立“德化县陶瓷图书专馆”，填补德化县陶瓷图书馆空白，向政协委员、陶瓷艺术大师等发出陶瓷图书征集倡议书，在县委、县政府和社会各界人士支持下，购买、收集各类陶瓷书籍 1700 多册。

【参与“爱心幸福城”活动】 2020 年，县政协响应县委、县政府创建“爱心幸福城”的号召，组织委员到浔中镇石山村、龙门滩镇苏洋村、盖德镇吾华村、上涌中心小学等开展爱心厨房、扶贫济困、捐资助学等社会公益活动，持续跟进厦门春华集团对口帮扶德化二中特色教育活动。

重要会议

【政协德化县十届五次会议】 2020 年 12 月 27—29 日，政协德化县十届五次会议召开。县委书记梁玉华出席并在开幕式上讲话。县政协主席温文英代表十届县政协常务委员会向大会作工作报告。县政协副主席张晓文向大会作十届四次会议以来提案工作情况报告。会议期间，全体委员学习《中国发展蓝图新的战略谋划》暨学习中共十九届五中全会精神专题辅导。闭幕式上，张晓文向大会作十届五次会议提案初审情况报告；审议通过县政协十届五次会议决议。会议期间，收到提案 144 件，审查立案 135 件。

【常委会会议】 2020 年 3 月 25 日，县政协十届十八次常委会会议召开。组织学习贯彻省、市政协会议精神；会议协商通过《十届县政协常委会 2020 年工作要点》以及人事任免有关事宜。对做好 2020 年县政协各项工作进行强调部署。

2020 年 8 月 26 日，县政协十届

2020 年 12 月 28 日，县政协第十届委员会第五次会议在县会议中心召开

（图／县政协办）

二十次常委会会议召开。县政协副主席颜鸿琪主持会议。县政协主席温文英，副主席刘志阳、张晓文出席会议，部分市、县政协委员和县政协机关全体干部列席会议。会议听取副县长苏锡培通报德化县2020年上半年经济社会发展情况。

2020年12月8日，县政协十届二十一次常委会会议召开，县政协副主席张晓文主持会议。会议组织学习中共十九届五中全会精神，听取副县长陈祥端通报2020年度委员提案办理情况，协商通过县政协十届五次会议有关事宜。县政协主席温文英就进一步做好政协工作提出要求。

政治协商

【概况】 2020年，县政协在十届五次会议期间，收到提案144件，审查立案135件。开展文化旅游、陶瓷产业、经济发展、行政审批等方面的专题协商调研，并提出意见建议。

【全面协商】 2020年，在县政协十届四次会议上，政协委员围绕“一府两院”工作报告开展讨论协商，提出涉及陶瓷产业、经济发展、文化旅游、城市管理、农业农村、教育卫生等方面意见建议63条，并呈送县四套班子领导，推动产业发展、民生改善、社会治理等得到提升。

【专题协商】 2020年，县政协确定“龙头景区服务品质提升”专题协商课题，围绕服务游客配套设施、旅游人才队伍建设、旅游交通与安全应急救援保障、旅游宣传服务等内容，深入旅行社、景区、酒店等实地查看、座谈交流，形成调研报告。5月25日，召开县委、县政协专题协商会议，县委书记梁玉华参加，与委员协商互动，为做好石牛山龙头景区开门迎客准备工作出谋划策。持续加强石牛山景区宣传，县政协提交的《关于把德化石牛山作为泉州市重要景区培育的建议》，被列为政协泉州市十二届五次会议大会发言之一。

2020年，县政协围绕“高科技陶瓷发展”课题深入调研，与县政府开展专题协商，县长黄文捷到会与委员共商发展，形成“要充分利用德化县丰富的矿山尾矿资源生产微晶陶瓷材料，把发展微晶陶瓷作为高科技陶瓷主攻方向”的协商建议。德化唐华微晶材料有限公司与合肥工业大学签订委托开发协议，开展初试工作；泉州市陶瓷研究所利用铁矿尾矿和金矿尾矿生产微晶陶瓷进行初试，取得阶段性成果。

10月29日，县政协针对德化县城市信息化专业技术人才欠缺、行业部门智能化滞后等问题，与县政府开展“进一步推动数字城市建设”专题协商，提出要加大对重点行业部门数字化建设的资金扶持，开展5G网络和新平台等新型基础设施建设，推进牵涉全局工作的陶瓷、旅游、城市管理等行业数字化智能化工作等建议，助力德化县城市管理方式创新，城市管理效能提高。

【对口协商】 2020年，县政协立足德化县生态旅游资源丰富、陶瓷文化氛围浓厚、夜间经济基础较好等优势，深入开展调研。9月4日，召开对口协商会议，提出近期分片区打造夜游精品路线、中远期打造一个示范街区和一台夜间舞台剧等建议，促进夜间经济与文旅融合发展。为规范审批服务中介市场，深入企业及发改、林业、住建等14个中介行业主管部门开展调研，形成《关于规范我县行政审批中介服务的几点建议》，致力于推动德化县打造成本低、效率高、服务优的营商环境，提高行政审批效率。报告得到县长黄文捷批示：“县政协主动开展课题调研、分析存在问题，提出建议切合实际。请各相关部门认真研究吸纳，进一步规范中介服务，提升行政审批效能。”调研工作及成效在《人民政协报》刊发。

2020年5月25日，县委、县政协在县会议中心召开“龙头景区服务品质提升”专题协商会议 （图／县政协办）

民主监督

【概况】 2020年，县政协推荐政协委员担任监督员，围绕疫情防控、教育发展、文明城市创建、综治平安、民生保障等问题开展民主监督。全年收集到社情民意99条。落实县委交给的督查督导任务，对50个城建与服务业重点项目实施督查收账，督促责任单位限时整改落实。

【委员监督】 2020年，县政协向县纪委监委、县机关效能建设领导小组和相关单位推荐“敢讲话、会讲话、说真话”的政协委员担任党风廉政监督员、机关效能建设监督员、政风行风监督员等。

【民意监督】 2020年，县政协在中国茶具城、泰峰瓷坊、县文旅协会等地设立5个委员基层联系点，进一步畅通群众意见建议渠道，收集到涉及疫情防控、教育发展、文明城市创建、综治平安、民生保障等的社情民意信息99条，其中《关于提高“直播带货”质量，促进经济发展的建议》《关于加强外卖行业安全监管的建议》等得到相关部门采纳。发挥委员基层联系点作用，组织委员做好协调关系、化解矛盾、理顺情绪、提气鼓劲等工作，维护社会和谐稳定。

参政议政

【概况】 2020年，县政协组织委员就家居陶瓷产业发展、加强野生动物保护、康养产业发展、青少年健康成长等方面开展调研，围绕旅游、物流产业开展专题视察。全年立案151件提案，并将其中10件列为重点评价提案，提高提案办理实效。

【调查研究】 2020年，县政协围绕“推动家居陶瓷产业发展”课题开展调研。针对市场营销不畅、瓷土资源不足、产业工人欠缺等问题，提出要补好产业发展短板，加大国内外市场潜力挖掘力度、规划建设瓷土加工区、增加廉租房供应吸引产业工人等建议，进一步撑大德化县家居陶瓷在以国内大循环为主体、国内国际双循环相互促进的新发展格局中的市场总量。根据第二轮中央生态环境保护督察反馈问题整改要求，开展“加强野生动物保护”课题调研，为更加有效保护德化县野生动物资源建言。着眼医疗保障方面民生短板，开展“关于加强医养康体系建设”课题调研，提出建立医养融合发展的运行机制和服务模式、丰富康养服务内涵、探索“医疗＋养生＋旅游”新模式等建议，深入挖掘德化县医养健康产业发展空间。调研报告得到县委书记梁玉华批示肯定。针对教育方式较为单一、青少年意志力薄弱、未成年人犯罪案件时有发生等问题，开展“加强我县青少年思想道德教育的建议”课题调研，提出整合社会资源、健全工作机制、加强师德师风建设、发挥环境育人功能，营造家庭、社会、学校一体化育人氛围等措施，为青少年健康成长建言献策。

【专题视察】 旅游产业专题视察。2020年，县政协组织委员围绕“主景区外旅游发展情况”“全域旅游要素保障情况”课题开展专题视察，从打造特色旅游文化、完善景区配套服务设施，补齐旅游产业弱项短板等方面提出意见，推动德化县旅游产业健康发展。其中《关于主景区外旅游发展情况的视察报告》得到县委书记梁玉华批示：“此份报告立意高、切合实际，请文旅局及相关部门认真学习、采纳，共同推进全域旅游创建工作。”

物流产业专题视察。2020年，县政协针对德化县物流企业“小、散、乱”，行业秩序不规范等问题开展视察，提出要统筹规划物流产业发展布局，以电商物流园区建设为龙头，在工业园区合理布局仓储转运式物流园区，避免物流车辆过于集中造成交通拥堵；要建设邮件转运处理泉州次中心，减少物流环节和降低成本；要引导物流企业使用性能安全、外饰统一LOGO标识的交通工具，促进物流产业快速良性发展等建议。

【重要议案摘编】 县政协十届四次会议立案161件提案，经县政协主席会议研究，确定《关于培养机器代工后续技能型人才的建议》等10件提案为2020年度重点评价提案，其余151件提案为一般提案。其中，《关于培养机器代工后续技能型人才的建议》《关于发展夜间经济增加旅游产品的建议》《关于尽快壮大幼儿园教师队伍的建议》《关于加强我县城区摩托车、电动车管理的建议》等4件提案为县政协主席领衔督办重点提案，《关于加强瓷土加工行业管理的建议》《关于打造“体育＋旅游”品牌赛事的建议》《关于对住宅小区消防通道车辆乱停放开展整治的建议》《关于中心城区建立（设置）环卫工人休息室的建议》《关于联合学术单位举办当代陶瓷学术展览及学术论坛的建议》《关于在尚思小学门口的十字路口增设红绿灯的建议》等6件提案为重点评价提案。

（孙伟辉）

提案办理

【概况】 2020年，县政协落实《德化县政协提案办理工作评价暂行办法》，推进县政协十届四次会议期间立案161件提案的落实。召开政协常委会会议听取县政府关于提案办理情况通报。组织3个视察组对主席会议确定的10件重点评价提案办理情况开展视察，评定等次，提高办理实效。相关经验做法在省《政协天地》《泉州政协》刊发。

【“培养机器代工后续技能型人才”建议】 至2020年底，德化县政府有关部门完成该提案办理。完成情况：进一步强化校企合作，深化产教融合，在泉州工艺美院添置3D打印、3D精雕、机械手、数位板等前沿设备，并开设相关课程，引入行业企业职业标准和技术标准，制定核心课程标准，同时选派学院骨干教师参与“工业设计师（3D建模）培训班”授课，培养适应产业发展、企业需要的技能人才；抓好扶持政策落实，将智能制造列入急需引才目录，对引进的智能制造高校毕业生进行安居补助、“零门槛”落户、发放大学生瓷都生活卡等措施扶持。

【“发展夜间经济增加旅游产品”建议】 至2020年底，德化县政府有关部门完成该提案办理。完成情况：以瓷都广场、浐溪沿岸休闲街、陶瓷街、中国茶具城、唐寨山森林公园、石鼓美食村等为载体，以“夜演＋夜宴＋夜购＋夜宿＋夜景＋夜娱”“6夜”模式为抓手，打造一批与德化特色相结合的夜间旅游娱乐品牌；制定《德化县支持全域旅游发展实施意见（2020—2022）》，对于开发体现德化地方特色的旅游驻场演出、旅游实景演出、地方曲艺、原生态民族音乐表演等项目，以及建设特色酒吧街区等旅游企业，按照投资额度、产品创新性和市场认知度等给予资金奖励，引导企业积极参与打造夜间经济。

【“尽快壮大幼儿园教师队伍”建议】 至2020年底，德化县政府有关部门完成该提案办理。完成情况：2016—2020年，共招聘中小学幼儿园（含职教、特教）教师254人，其中幼儿园教师79人，约占招聘总数的三分之一。2020年底，共有编外合同教师212人，其中幼儿园教师66人，约占总数的三分之一。继续实行“招聘编内教师＋局聘编外合同教师＋校聘临时教师”的方式以解决幼儿园师资队伍无法满足需求的问题。

【“加强城区摩托车、电动车管理”建议】 至2020年底，德化县政府有关部门完成该提案办理。完成情况：以村居为单位全面摸排群众购买和驾乘无牌摩托车、电动车情况，并登记造册，增设合格电动自行车注册登记点，先后9次对电动车销售店开展全面排查，逐一发放电动车经营者守法经营告知书；充分运用26个红绿灯路口电子警察，严厉查处摩托车、电动车未悬挂号牌、加装遮阳伞、闯红灯、遮挡号牌、超载等交通违法行为，全年查处摩托车、电动车各类交通违法行为1万多起；在小溪、进城大道、浔南路等路段施划摩托车专用车道，在龙津桥、龙津路一中路段设置非机动车专用道，减少机动车和非机动车混行。

【“加强住宅小区消防通道规范管理”建议】 至2020年底，德化县政府有关部门完成该提案办理。完成情况：全年投入约161万元对消防车通道进行统一划线，设置消防车通道警示标识，安装硬质隔离，全县完成48个物业小区、86个重点单位、56个老旧小区及部分城区公共区域的消防车通道划线工作，同时探索采用信息化技术手段对消防车通道违规停放占用问题进行全方位监控，选择8个路口进行测试，加大处理堵塞、占用消防车通道违法行为力度，共查处40处，曝光55处，拖离、清理占用消防车通道车辆374起，罚款3.74万元。

（孙伟辉）

中国共产党德化县纪律检查委员会
德化县监察委员会

综　述

【概况】 2020年，德化县纪委、监委受理各类信访举报183件次，其中检控类初信初访142件次；运用监督执纪“四种形态”397人次；立案91件，其中乡科级干部7件，给予党纪政务处分89人，移送司法2人；开展2轮常规巡察、1轮专项巡察和1轮巡察整改质效评估，巡察单位40个，发现问题1510个，移交边巡边改问题60个、问题线索20条。

【县纪委第十三届第五次全体会议】 2020年1月22日，县纪委十三届五次全会召开。会议回顾2019年纪检监察工作，部署2020年任务。县委书记梁玉华参加会议并讲话，县委副书记、县长黄文捷传达十九届中央纪委四次全会、省纪委十届五次全会、市纪委十二届五次全会精神，县委常委、县纪委书记、县监委主任黄俊荣作题为《聚焦全面从严治党　提升政治监督质效　为决胜全面建成小康社会提供坚强保障》工作报告。会议审议通过县纪委常委会工作报告和县纪委十三届五次全会决议。

【县纪委常委会（扩大）会议】 2020年，县纪委常委会（扩大）会议召开2次。9月4日，会议传达贯彻市县纪委监委领导能力建设专题研讨班和全市纪检监察系统半年工作推进会会议精神，部署推动当前工作，要求在服务中心大局方面强化政治监督、在日常监督方面突出精准高效，在专项治理方面做好监督保障脱贫攻坚，在正风肃纪反腐方面紧盯“四风”问题，在巡察工作方面坚持巡察工作安排与纪委监委日常监督、派驻监督“一盘棋”谋划，在干部队伍建设方面始终把政治建设摆在首位。11月24日，会议学习贯彻省委常委、省纪委书记、省监委主任李仰哲来德化调研有关工作精神，并提出初步贯彻意见。

党风政风监督

【“两个责任”落实】 2020年，德化县纪检监察部门协助县委健全主体责任落实体系、制定落实全面从严治党主体责任清单，牵头开展2019年度主体责任检查，发现327个问题均已整改，对1个党组织实施责任追究，并将排名末位的2个单位列为2020年度跟踪联系点。督促各责任单位完成省、市主体责任检查反馈问题的整改。运用项目化思维，推行“领办式”监督，要求有关党组织聚焦落实主体责任薄弱环节进行查摆梳理，形成48个领办项目，并对进展缓慢地进行跟踪督办，推动办公物品采购、项目招投标、村级“三资”（农村集体经济组织依法所有的资金、资产、资源）监管、简政放权等方面建章立制20余项，解决落实主体责任权责不清、措施不力等问题。

【执纪监督】 2020年，德化县开展表格填报乱象整治，从6个协作片区中各选取1个乡镇、1个村（社区）作为观察点，纠正表格填报过多、频繁报送、随意下发等问题。落实基层减负，梳理、比对、分析公务用车情况，督促职能部门确定15项督查检查考核项目，较上年减少25%。运用“1+X”监督机制，梳理摸清全县单位食堂数量117个，开展明察暗访7次，督促各单位落实节约粮食、制止餐饮浪费要求。

巡　察

【概况】 2020年，德化县开展县委第十一轮、十二轮巡察，对24个单位开展常规巡察，实现十三届县委巡察全覆盖。开展靶向监督、系统治理，围绕民生领域、扫黑除恶、行业乱象整治等重点，对16个单位开展整治漠视侵害群众利益行为专项巡察。巡察发现问题1510个，移交边巡边改问题60个、问题线索20条，提交关于校园周边食品安全、小区物业管理、渣土（建筑垃圾）运输、师德师风、校园欺凌等专题报告8件。

【巡察整改】 2020年，德化县制定出台巡察整改质效评估实施办法，派出4个评估组，对2017—2018年县委前8轮常规巡察的单位落实整改情况进行量化评估，并对2019年县委村级巡察整改情况进行抽查以及部分重点村开展“点穴式”巡察，客观准确地评价被巡察党组织整改工作质效，发现问题412个，提出意见建议11条，对2个单位启动巡察“回头看”。

【巡察成果运用】 2020年，德化县坚持把推动解决问题作为巡察工作的落脚点，突出标本兼治，不断深化巡察成果运用，制定出台巡察整改日常监督工作办法，推动被巡察党组织修订完善规章制度148项，处理349人次，挽回经济损失154.94万元。

纪律检查和案件审理

【违纪违法案件查办】 2020年，由挂钩委领导、纪检监察室对乡镇纪委监察组、派驻纪检监察组的问题线索处置、信访件办理等实行全程介入指导，出台落实容错纠错机制实施意见工作规程，梳理、制作容错纠错工作流程图，推行案件审理“一案三审”机制，提升案件办理质效。全县立案91件，涉及乡科级干部7人，留置2人，给予党纪政务处分89人，移送公安侦查1人、检察机关审查起诉1人。

【“四风”纠治】 2020年，德化县编印《德化县落实中央八项规定精神100问》漫画图册，发给科级以上干部和各单位，查处违反中央八项规定精神问题16起30人，给予党纪政务处分13人；查处形式主义、官僚主义问题8起12人；结合创建全国文明城市，开展制止“吃喝风”专项整治，倡导“不比操办比带头、不比排场比捐款、不比吃喝比爱心”，查处移风易俗违规违纪问题2起4人。

【“四种形态”运用】 2020年，德化县运用“四种形态”处理397人次，“四种形态”比例依次为77.3%、16.8%、3.8%、2.1%。坚持审慎稳妥、精准有效原则，实现“三个效果”（政治效果、纪法效果、社会效果）有机统一。

2020年9月3日，德化县纪委监委创新建设的数字监督暨瓷都孝廉文化研学平台上线启用
（图／县纪委、县监委）

廉政宣传教育

【概况】 2020年，德化县加强“廉”文化建设，创新互动体验式廉文化教育模式。以录制警示教育片、组织旁听庭审等方式开展警示教育。营造新闻宣传舆论声势，传播德化纪检监察好声音。

【“廉”文化建设】 2020年，德化县以“亲清润瓷都，孝廉筑清风”为主题，建设瓷都孝廉文化研学路线，运用信息化技术，建设瓷都孝廉文化研学平台，创新推出实时在线定位扫码答题积分活动。举办唐寨山森林公园孝廉文化徒步健走、书法创作，第二届福建省“陶艺杯”陶瓷技能现场创作大赛等廉洁文化系列活动，推动廉政教育全覆盖。

【警示教育】 2020年，德化县用好当地查处的党员干部违纪违法案例，开展处分决定宣布警示教育，组建工作专班录制警示教育片《沦丧》，组织旁听职务犯罪庭审2场次，发挥身边违纪违法典型案例的教育震慑作用。

【纪检监察宣传】 2020年，德化县营造新闻宣传舆论声势，传播瓷都纪检监察履职好声音。由市、县纪检监察部门联合撰写的《“一”令降疫魔》在省纪委监委官方微信公众号刊发，阅读量超10万人次；《架起连心桥，用情解民忧》在《中国纪检监察报》、省纪委监委官方微信公众号等刊发，并入选省纪委监委编写的《脱贫攻坚日记》。

（县纪委、县监委）

民主党派 群众团体

九三学社德化县支社

【概况】 2020年，九三学社德化县支社（简称“支社”）持续在参政议政、建言献策、民主监督、社会服务等方面发力，服务保障德化县经济社会发展。联系一批专业水平高、社会影响力大的优秀代表人士作为入社积极分子，并推荐入社工作。年底，支社社员45人。支社副主委洪泉泉被县委、县政府授予“抗疫先进个人”称号，当选为社市委提案工作委员会副主任；支社委员赖礼同被省总工会评为“福建省十大工匠”，“赖礼同技能大师工作室”被人力资源和社会保障部评为“国家级技能大师工作室”。

【调查研究】 2020年，支社组织社员（参与）开展石牛山旅游、陶瓷产业发展、乡村振兴、养老服务体系建设等一系列调查研究，形成《振兴德化陶瓷产业的对策研究》（郑姝敏执笔）、《城乡统筹，分类推进，走可持续发展的乡村振兴之路（以德化县龙门滩镇为例）》（陈能玺执笔）等调研报告。振兴德化陶瓷产业的课题被九三学社福建省委立项，并形成专题提案——《振兴德化陶瓷产业的几点建议》，《关于全省普及心肺复苏技术（CRP）的建议》（赖宏忠执笔）被九三学社福建省委选用，列为2021年度省政协提案。

【参政议政】 2020年，支社社员围绕生态环境、医药卫生、陶瓷产业、社会管理等社会热点，形成多份人大议案、政协提案、社情民意反映件。在泉州市政协十二届四次会议上，支社委员、市政协委员赖礼同、周冬菊提交《关于晋江流域下游加大对上游生态补偿力度的建议》《关于加大“机器换工”设备奖励政策覆盖面的建议》。在泉州市十六届人大五次会议上，支社主委、市人大代表郑向阳提交《关于加强择日入院工作的建议》。发动社员撰写提案8篇，经筛选上报社市委7篇。其中，赖宏忠撰写的《关于加快我市中医药强市建设步伐的建议》、林振忠撰写的《关于加快闽南乡土文化数字化建设的建议》被社市委确定为泉州市政协十二届五次会议提案。在德化县政协十届五次会议上，支社及社员提交提案11篇。支社主委郑向阳紧盯疫情发展情况，向社市委提交《关于保障医用抗疫物资的建议》等3篇建议。

【民主监督】 2020年，支社社员郑向阳、洪泉泉、王培景、陈能玺参加德化县党外代表人士通报会，郑向阳参加副市长肖汉辉主持的2021年市《政府工作报告》和泉州市国民经济和社会发展“十四五”规划纲要征求意见会，郑向阳、洪泉泉、赖宏忠、吴孝掌、钟秋娌参加全县党外代表人士“学习贯彻党的十九届五中全会精神”暨《中共德化县委关于制定德化国民经济和社会发展第十四个五年规划和二〇三五年远景目标的建议》征求意见会议，针对德化经济社会的发展现状，提出看法和建议。

【社会服务】 2020年，支社组织医务工作人员到汤头乡福山村、赤水镇苏岭村、雷峰镇朱紫村、赤水镇铭爱村、春美乡双翰村等地举办“爱心义诊”，诊治病人360余人、赠药1600元、彩超100余人次、心电图80余人次、DR60余人次、检测血糖和血压260余人次；向赤水镇苏岭村、雷峰镇朱紫村、赤水镇铭爱村、春美乡双翰村、盖德镇福阳村“爱心厨房”基金各捐赠5000元；参加德化县委统战部组织的2020年“同心助学”活动，向2名困难大学生捐赠1万元。支社委员赖礼同向德化县“爱心幸福城”基金捐赠2万元。

【建功立业】 2020年，支社社员郑姝敏成为福建省专业带头人培养对象；汪世晓主持的《视传专业服务德化陶瓷产业发展实践研究》获泉州工艺美术学院教育教学改革课题立项，参编的《字体设计》《数字插画艺术》规划教材在2020年出版，被评为泉州工艺美术学院2018—2020年度优秀教师；梁双升举办“‘瓷中言意蕴 釉里话乾坤’——梁双升、陈碧珍陶瓷艺术作品展”；林开淼主持的课题《福建省自然保护地游憩舒适性价值评价和优化策略》获福建省社科基金项目资助；王小龙作为市级科技特派员，协助派驻企业研发申报发明专利1项。中国工艺美术大师赖礼同10件作品、福建省高级工艺美术师郭鹏琳1件陶瓷作品参加九三学社中央举办的建社75周年艺术网络展。

（九三学社德化县支社）

德化县总工会

【概况】 2020年，县总工会发挥工会组织作用，探索服务职工群众新途径，各项工作取得新的进展和成效。县总工会获评全省工会财会工作先进单位、全省工会经审工作规范化建设“A级单位”“安康杯”竞赛组织工作优秀单位，连续6届获评市级文明单位，2019年度德化县“项目攻坚”新型城镇化和文明城市工作先进集体等，县总工会机关工会获评省“模范职工之家”，县总工会职工服务中心获评省“五一先锋号”。举办2期女职工素质提升课堂，205名女职工参加。

【劳模工匠精神弘扬】 2020年，德化县做好劳模工匠等先进荣誉的推荐评选工作，获评全国劳模1人、省“五一劳动奖章”2人、省“五一劳动奖状”1个、省“工人（五一）先锋号”3个、市“工人（五一）先锋号”5个、“泉州工匠”4人。开展“红五月”宣传，集中宣传各类先进集体、先进个人典型事迹；走访慰问各级劳模35人；组织各级劳模17人参加疗休养活动。

【“三创”公共服务平台】 2020年，德化县投入30万元在泉州工艺美术职业学院建设产业工人技能培训基地。组织16个职工创新项目参加国际（全国）发明展，49个项目参加全省百万职工“五小”创新大赛活动，其中获一等奖3个、二等奖5个、三等奖11个。组织150多名各级劳模工匠与750多名职工开展“名师带高徒”活动。培育农民工创业示范基地4个，每个基地扶持资金5万元。

【职工技能竞赛】 2020年，县总工会会同15个部门，围绕县委“五个年”工作部署，组织陶瓷、旅游、电子商务、消防救援等9个行业岗位练兵活动，开展职工技能竞赛14场。

【和谐劳动关系创建】 2020年，德化县开展集体协商“特别要约”行动，全县基层工会签订工资集体合同235份；健全完善基层工会劳动争议调解组织453个。开展民法典背景下的劳动法律法规授课3堂，培训工会干部140多人次。

【劳动安全】 2020年，县总工会履行南门片区疫情防控责任单位职责，参加南门社区疫情防控和房屋安全大排查大整治工作。组织发动800多家企事业单位参与“安康杯”竞赛活动，参与安全生产“百日攻坚”行动和“安全生产月”活动。

【职工队伍状况调查】 2020年，县总工会对德化县12家民营企业140名职工开展民营企业职工队伍状况问卷抽样调查，及时了解“疫情影响企业职工状况”等方面问题，及时研判劳动关系问题隐患舆情，形成数据分析报告，助力企业复工复产。

【精准帮扶】 2020年，县总工会开展送温暖活动，慰问“双万”（万名工会干部进万家）帮扶行动对象、大病慰问对象、医护人员、环卫工人等一线职工139人，发放慰问金21万元。“圆梦瓷都”夏送清凉志愿服务活动，慰问户外高温作业的一线工人1100多名，发放防暑降温物品13万多元。“金秋助学”活动帮助困难职工子女30人，发放助学金16万元。参与苏岭村等13个村的“爱心厨房”活动，给予资金9.5万元。职工医疗互助补助670人次、92.53万元，大病补助35人次、7.9万元。

【企业减负】 2020年，县总工会落实全国总工会全额返还小微企业工会经费政策，办理返还工会经费48家、14万元。对承租工会经营性房产的小微企业和个体工商户减免房租38万元。

【普惠服务】 2020年，县总工会开办“四点半课后服务”班33个、职工子女暑托班5个；投入8万元新建“爱心妈妈小屋”4家；投入18万元建设环卫工人休息室6个；投入10万元建设医生休息室2个；组织各基层工会按照每人不超过500元的标准向全体会员发放特殊慰问消费券；组织400名一线外来工、进城务工人员参加泉州一日游活动。

【基层工会建设】 2020年，德化县在宝美职工公寓建设“城南共享职工之家”。开展快递员等“八大群体”集中入会活动，向127名新入会代表赠送“入会礼包”。表彰县级星级示范工会21家，提升基层组织规范化建设水平。新组建基层工会50家，发展工会会员2368人。组织各级工会干部15人参加省、市工会开展的各类培训班。举办气排球、男子职工篮球赛等职工文体活动 12 场。

（县总工会）

共青团德化县委员会

【概况】 2020 年，共青团德化县委员会（简称“团县委”）加强青少年思想政治教育、基层团建工作，开展服务青年创业就业、青年志愿服务、特殊青少年关爱等主题实践活动，选树一批典型，打造“德化智慧团建”“瓷都育苗”“德化青年商会”等团建品牌，弘扬正能量，引领引导德化县青少年积极向上。召开共青团德化县第十八次代表大会，并召开共青团德化县第十八届委员会常委会（扩大）会议；召开德化县青年工作联席会议，审议通过《德化县青年工作联席会议议事规则》；召开中国少年先锋队德化县第五次代表大会。全年新增团员 850 人。至年底，全县有 554 个团组织、9468 名团员，其中学校团组织 211 个、乡镇团组织 319 个、县直单位团组织 24 个。

【青少年思想政治教育】 2020 年，团县委以“青年讲师团”计划、“青年大学习”网络主题团课等为抓手，发动各基层团组织开展线上大学习、大交流活动、主题团日活动等 120 余场，组织团员青年学习《习近平在厦门》《习近平在宁德》《习近平在福州》采访实录。开展“我们的节日”系列主题活动、“争做新时代好队员”“扣好人生第一粒扣子”“五四精神 传承有我”系列活动、“学‘民法典’做好少年”主题演讲比赛等各类主题教育实践活动 30 余场次，塑造向上向善的价值追求，“青年大学习”网上主题团课学习情况位居全市第一。开展首届“德化青年五四奖章”“两红两优”推荐申报工作，评出先进集体 28 个、先进个人 58 人；开展 2019 年度德化县学校团队工作先进集体和个人评选工作，评出先进集体 37 个、先进个人 94 人。举办“学习寄语精神，展现青春担当”优秀青年个人和集体事迹分享会，及时挖掘 5 名青年榜样和 2 个青年集体，拍摄“五四精神 传承有我”专题宣传片 7 期。全年有 9 个团组织、37 名青年获市级以上有关部门表彰。加强微信、微博等新媒体阵地建设和管理，编发微刊 200 余期 800 多条、微博 250 多条，传播好声音、传递正能量。3 月发布的《助力创建“爱心幸福城”倡议书》阅读数 12144 次。

【基层团建】 2020 年，团县委稳步推进“基层建设年”活动，通过建设“进城团员服务站”“九仙山景区石牛山景区”青年之家，全面推行“智慧团建”系统、开展组织整顿、星级团支部创建、发展团员调控等方式，激发基层团组织活力。落实县财政拨补村（社区）团支部书记津贴政策，确保所有村（社区）团支部书记每月享有 100 元津贴待遇。开展青年教师岗位大练兵、青年电子商务设计、摄影、视频技能竞赛活动，助力“干事创业比拼”。《德化县打造“智慧团建”推进基层团组织建设》经验做法分别在《侨区快讯》《八闽快讯》刊发，并得到团省委书记肖华鑫、副书记杨溢的批示肯定。成立德化县团代表联络站，将 118 名省、市、县团代表全部纳入联络站，召开德化县团代表联络站座谈会。

【少先队工作】 2020 年，德化县在全市率先推行少工委“双主任”制度及挂、兼职制度，设少工委主任 2 名、副主任 4 名，其中挂、兼职副主任各 1 名，进一步深化团教协作配合，推动全县少先队工作深入发展。11 月 12 日，召开中国少年先锋队德化县第五次代表大会。推进《少先队改革方案》的贯彻落实，推进挂钩少先队辅导员机制，走访慰问少先队优秀集体和个人，举办少先队工作表彰仪式，邀请德化籍研究生分享学习成长经历。组织开展“迎接少代会、争

2020 年 7 月 22 日，德化县团代表联络站成立揭牌仪式暨团代表座谈会举行

（图 / 团县委）

做好队员”“云”入队仪式、“一元捐 百分爱”“爱心幸福城”募捐活动、第三届小小朗读者大赛。参加市级组织各类活动，5名学生在“云上传书 写给战疫者”邮政杯泉州市中小学生书信比赛中获奖、17名青少年在泉州市第二届青少年书画大赛中获奖。六一期间，德化县作为分会场通过视频连线全程同步参与泉州市少先队主题“云”队会，全县2万多名少先队员、少先队辅导员在线上通过网络直播观摩活动。深化团教协作机制，加强少先队工作制度建设，成立实验小学等10所学校少工委。

【青年就业创业服务】 2020年，德化县举办陶瓷雕塑、公职类考试、电商创业等技能培训班，受训青年100多人次。开展高校交流会、返乡大学生新春座谈会、在京德化籍硕博研究生引才引智座谈会，组织德化籍大学生参观品牌电商企业等活动，搭建青年交流平台。推荐徐海燕获评福建十大青年创业楷模。发动17家青商会员企业推行“零接触”线上公益招聘，提供432个工作岗位。对接知名企业开展人才招聘，为大专以上学历毕业生提供80个工作岗位。招募41名高校大学生到30个村（社区）开展为期1个月的暑期实习活动。依托“青年创业就业见习基地”，为高校毕业生提供社会实践、勤工俭学平台。向暑期社会实践队30余名大学生宣传推介德化县人才优惠政策和就业创业政策，鼓励大学生到德化就业创业。深化“团银”合作，推行“青创卡”“青商贷”等团属金融产品，帮助青年解决创业资金困难。

【文明新风倡导】 2020年，团县委借助微信公众号发布《致全县机关、事业单位全体干部职工的倡议书》《关于进一步深化疫情防控期间移风易俗工作倡议书》，倡导健康生活方式。开展“文明之行 德耀瓷都”2020年度首场德化县道德模范、身边好人巡讲宣传活动走进共青团、“古道忆丝路，高阳献温情”新时代文明研学公益行实践活动、“青春逐梦 缘聚山水”青年人才交流联谊、“共筑和谐 你我平安”宣传等活动，走进桂阳乡、凤凰社区等村（社区）开展移风易俗宣传，发放《移风易俗倡议书》《移风易俗应知应会知识》等宣传材料，倡导“瓷都时代新风”。

【青年志愿服务】 2020年，团县委发动1000多名青年志愿者参加“情意暖寒冬”春运志愿服务活动、寒暑假阳光义教、“青春助孤•暖冬行动”爱心活动、“帮扶关爱 青春同行”学雷锋志愿服务活动、“‘河’我一起，守护瓷都”“爱心送水”助力高考、宣传劝导助力疫情防控、服务游客助力石牛山开园、保障后勤助力“一会一节”“文明创城 志愿同行”等主题的文明城市创建、助力国家全域旅游示范区创建等志愿服务活动20余场次，弘扬“奉献、友爱、互助、进步”的志愿精神。筹备成立青年志愿服务队伍、成立德化县青年志愿者协会。

【特殊青少年群体关爱】 2020年，团县委依托“青春同行•助孤行动”“大手拉小手”关爱留守儿童等活动载体，为特殊青少年群体提供针对性帮扶。开展共青团助力脱贫攻坚“千户结对帮扶”走进贫困青少年活动，组织开展走访慰问、扶贫助学、学业辅导、政策宣传等扶贫助困活动10多场次，发动6家青年文明号集体结对帮扶6户贫困孤儿，送去慰问金6000元。深化“共青团员义务星期六”“青年爱心志愿活动——走进十八乡镇”行动，发动憨鼠爱心小分队等社会各界力量，开展助孤义诊、贫困帮扶等志愿活动，帮扶慰问贫困儿童等弱势群体。

【疫情防控青年行动】 2020年，团县委成立共青团德化县委疫情防控工作协调小组，建立县、乡镇、村

2020年8月8日，德化团县委组织60名返乡大学生志愿者助力石牛山景区开园（图/团县委）

（社区）三级团干共抓共管、联防联控工作机制，聚焦“线上宣传+线下服务”，发动全县2000多名团员青年做好疫情防控工作。开通2条心理咨询热线；借助微信公众号、微博发布疫情动态、防控知识等信息450余条，阅读量达9万人次；发动各中小学共青团、少先队组织通过班级微信群、制作美篇等方式开展疫情防控宣传，10余所小学征集“抗击疫情　我参与我宣传我践行”书法、手抄报等作品600多幅；开通一线疫情防控志愿服务典型事迹宣传专栏，激发共筑抗“疫”防线的青春动能。招募500多名青年志愿者助力公交运营、开展巡街宣传劝导，为60名青年志愿者购买意外保险1.38万元；发动青商会、憨鼠网络团委、兰花草志愿服务队团支部等力量，筹集爱心款近20万元，为一线工作人员发放一次性医用口罩6.15万个、防护口罩114盒，送去消毒液、食品等物资1500余件，价值5万余元。走访慰问在一线表现突出的青年志愿者、村团支部书记、青年医务人员等75名，送去战“疫”笔记本及慰问金2.64万元；召开“绽放战疫青春·坚定制度自信”纪念五四运动101周年青年志愿者座谈会，为战“疫”志愿服务时长达40个小时以上的青年志愿者颁发证书，为500多名志愿者发放纪念笔记本及致个人和学校（单位）感谢信。

【“爱心幸福城”助力】　2020年，团县委借助“瓷都青年”微信公众号，发出《助力创建“爱心幸福城”倡议书》，浏览量1.4万人次，发动干部职工、共青团员、少先队员及青商会等共筹集爱心款61.94万元；联合县委文明办、民政局等相关单位走进梓溪村等8个村，举办“爱心幸福城”公益实践活动，为老人发放花生油等慰问品，送去“爱心厨房”爱心款2.8万元，发动憨鼠爱心小分队、涌溪水电有限公司提供爱心厨房、爱心义诊、爱心理发、电力线路检查等关爱服务，并发放《创建“爱心幸福城”倡议书》《农村用电安全常识》等宣传材料3000余份；发动青商会、憨鼠爱心小分队走进乡镇开展“爱心幸福城”创建活动50多场次，现场捐赠29.76万元；联合兰花草志愿服务队团支部于每周六早上为环卫工人送上“爱心早餐”；发动返乡大学生助力“四点半”学校开展。

【共青团扶贫助困】　2020年，团县委强化领导干部挂钩帮扶责任，做好政策宣传、项目帮扶、资金争取。开展“走在前作表率　助力脱贫攻坚”扶贫日活动，组织县青年商会走进桂阳乡王春村，捐赠“老年活动中心”建设扶贫资金3万元，为10名困难群众分别送上5000元慰问金和慰问品。联合团市委走进桂阳乡开展结对帮扶活动，送去大米、小家电、食用油等物资和慰问金6.36万元。发动青商会、憨鼠爱心小分队等团属社会组织走进18个乡镇，送去慰问金及爱心物资共计63万元。组织检察院团支部等4家省级团属优秀集体结对17户贫困户。借助憨鼠购平台直播带货方式，对接销售桂阳乡蔬菜1吨、龙门滩镇贫困家庭黑糯米200多千克、汤头乡吉山村番鸭500只等，帮助山村贫困户销售滞销农产品，其中“精准扶贫助残助农”线上直播带货活动在福建省电视台乡村振兴公共频道传播，在《泉州晚报》专题报道。助推闽宁对口扶贫协作，与红寺堡区柳泉乡签订2020年互学互助对口协作协议，出资2万元协助发展特色农产品或民宿旅游发展等。争取中国青少年发展基金会援建盖德中心小学项目资金45万元。

【团建特色品牌创建】　“德化智慧团建”品牌。2020年，团县委以“智慧团建”系统为抓手，提升“基础团务管理”功能、拓展“网上团支部”功能、延伸“抗疫网线”功能，推行园区化团建、创新区域化团建、打造城乡化团建，打造“工作网、联系网、服务网”三网合一的工作体系。至年底，录入团委34个、团支部611个，团员报到8425人。“智慧团建”推广运用工作在全省排名前列。

“瓷都育苗”品牌。2020年，团县委联合县检察院等部门，投入20万元，着重从采集录入重点青少年信息、加强青少年法治宣传教育、关爱帮扶重点青少年群体、打造预防青少年违法犯罪工作示范点等四大方面入手，通过调查摸底重点青少年、录制法治教育馆讲解视频、开展法治课堂、防性侵法治宣讲进校园、“刺桐花守护开学季”系列活动等，构建具有德化特色的青少年违法犯罪预防和控制体系。持续推进凤池社区创建全国第一期“青少年零受害零犯罪社区”试点工作，整合社区、机关团体单位、社会资源和力量，开展帮扶和社会宣传活动。依托团属专业社工机构，运用“网格化+职能应用”平台，推行“预青工作+网格化+社工”模式，开展重点青少年群体帮扶活动；加强青少年普法教育，联合有关部门配齐配强学校综治副校长，深入开展未成年人思想道德建设专题报告、“送法进校园”、禁毒宣传、自护教育等活动，深化青少年权益保护和犯罪预防工作。

“德化青年商会”品牌。2020年，团县委抓好青商会组织、平台、载体、制度建设，组织青商会企业家走进全县各乡镇开展“百善孝为先　孝为德之本”爱心厨房公益敬老活动，为60岁以上老人免费提供午餐和爱心义诊等服务，捐资26万元助力“爱心幸福城”创建。德化青商会党支部与汤头乡格中村党支部开展结对共建，为村里“爱心食堂”送去爱心善款3000元。捐赠王春村“老年活动中心”建设扶贫资金3万元。召开青企协暨青商会第六次会长办公会，邀请金融部门为企业家作相关优惠政策宣传和介绍，商讨和表决青商会重要事项。组织青商会举办“精准扶贫 助残助农”线上直播售鸭、“富硒—德化梨”爱心义卖等活动，通过电商扶贫、网上认购等方式助力甘肃省礼县苹果销售。

“青年文明号”品牌。2020年，团县委引导非公企业、青年社会组织等开展青年文明号创建活动，推荐9个优秀青年集体获评2019年度市级青年文明号；推荐三班派出所争创2020年度省级青年文明号；组织16个市级以上青年文明号集体开展“青年文明号爱心助力脱贫攻坚——号户结对活动”，通过心理引导、学业辅导、学费资助等方式结对帮扶16户事实孤儿贫困户。

（团县委）

德化县妇女联合会

【概况】 2020年，德化县妇女联合会（简称“妇联”）加强基层组织建设，设置“妇女微家”示范点29个。支持鼓励妇女创业创新，举办各类培训6场次，推广“巧妇贷”。关爱帮扶妇女儿童健康成长，维护妇女儿童合法权益，调解群众来访来电8例。树立家庭文明新风，评选省、市“最美家庭”“五好家庭”13户。深化巾帼志愿服务，开展主题志愿服务活动7场次。

【妇联组织建设】 2020年，德化县在县融媒体中心成立妇联组织，成立瓷都女子画院，在农村淘宝、家政公司、小区物业、单元网格等设置“妇女微家”示范点29个。5个基层妇联组织获评市级“基层妇联组织示范单位”；参选市妇联组织的“我履职我光荣”基层妇联组织特色项目展评，2个基层妇联组织获二等奖。实施“巾帼头雁”工程，获评市“三八红旗手”7人、“三八红旗集体”3个，命名表扬县“三八红旗手”47人、“三八红旗集体”9个。

【妇女创业创新】 2020年，德化县举办线上主播经验分享、线下巾帼主播培训、家政服务技能、陶瓷绘画等培训6场次，提升妇女自身发展能力。在新秀园设立巾帼众创空间，整合23位女性工艺美术大师、女性陶瓷艺术人才资源，举办“瓷映新秀，琴思古意”雅集活动和“创·新秀”当代陶瓷雕塑艺术沙龙，搭建创业妇女沟通交流、作品展示的平台。推广“巧妇贷”，对女企业家和巾帼示范基地单列信贷规模2亿元，争取省级巾帼示范基地经费补助2.5万元，破解妇女发展资金难题。

【妇女儿童关爱帮扶】 2020年，德化县关爱女性健康，“母亲健康1+1”公益募捐活动筹集资金11.76万元。申请省级救助款项6.5万元，救助“两癌”贫困妇女13人，为1958名女性购买“安康保险”。关怀贫困妇女，开展“贫困母亲·圆梦行动”“情系母亲·温暖瓷都”活动，慰问大病贫困妇女39人、3.3万元；开展“精准脱贫·春蕾圆梦”、慈善基金捐助等助学活动，资助大学生10名。争取“儿童之家”补助经费22.5万元，创建市、县级“儿童之家”6个。开展“我们和留守流动儿童在一起”“小桔灯曙光行动”，为90名贫困儿童送去慰问金、微心愿礼包及小桔灯成长包近5万元。

【妇女儿童权益维护】 2020年，德化县加强婚姻家庭纠纷预防化解，推行“网格化+妇女维权服务”，常态化宣传《中华人民共和国反家暴法》，成功调解群众来访来电8例。县妇女援助中心与水口镇驻城关片区妇联开展结对共建妇女维权岗。争取市级“妇女援助中心”项目补助经费10万元，提升妇女法律援助工作水平。

【家庭和儿童工作】 2020年，德化县树立家庭文明新风，获评省“抗

2020年6月8日，县妇联在茶油奶奶基地成立“妇女微家”并授牌　（图/县妇联）

2020年11月5日，"世界瓷都 凤凰飞翔"巾帼主播培训班在德化职校开班

（图／县妇联）

疫最美家庭"6户、省"最美家庭"2户、省"五好家庭"1户、市"最美家庭"4户，组织《福建省家庭教育促进条例》宣讲及家庭教育公益大讲堂等活动13场，开展"半边天"墟日文化车下乡活动30多场。举办"爸妈故事总动员"全城志愿活动、"悦享泥乐，亲子陶艺DIY""向国旗敬礼"等主题活动12场次，开展"守护童年，牵手共成长"科技公益夏令营2期，常态化宣传科普、爱卫、防疫知识，服务儿童近3000人次。

【疫情防控巾帼助力】 2020年，县妇联动员执委、巾帼志愿者、妇女群众等3000多人投身疫情防控一线，各级妇联组织及团体会员关心慰问一线女医务人员、妇女干部、贫困妇女660人，累计发放慰问款物价值22.9万元；县女能人联谊会为疫情防控捐款10万元。开展"抗击疫情祝福祖国"系列活动，线上开通"特殊的亲子时光""战疫家行动"专栏，线下开展"向战疫巾帼致敬""童心抗疫、祝福祖国"作品展，倡导妇女儿童参与疫情防控。做好复工复产，走访巾帼企业12家，宣传应对疫情"六稳"措施，为妇女儿童活动中心经营儿童服务项目的3家企业减免租金5.33万元。

【巾帼志愿服务】 2020年，德化县以创建"爱心幸福城"为契机，深化巾帼志愿服务，筹集2.5万元，发动女能人联谊会、旗袍协会等捐资捐物近10万元，助力学校、乡村创建"爱心厨房"。组织开展"爱在重阳 共享幸福"暨老年妇女联谊会成立30周年纪念活动以及学雷锋、移风易俗、"粽叶飘香、情暖端午、弘扬文明"、扫黑除恶、安全生产等主题志愿服务活动7场次，走访慰问县内首例女性造血干细胞捐献者。

（廖雪梅）

德化县科学技术协会

【概况】 2020年，德化县实施"人才港湾计划"，落实各项科普创先工作，开展科普宣传与活动，加强科普交流与合作，加强农村专业技术和劳动力转移培训。选送人员和作品参加各级青少年科技活动大赛并取得好成绩。新建浔东社区青少年科学工作室，新建德化二中丁墘校区、第六实小校园创新工作室。成立德化县绿佳农产品有限责任公司、德化颖达瓷艺研究所、泉州市戴云园林绿化有限公司等3家企业科协。

【科普创先】 2020年，县科协联合县全民科学素质工作领导小组成员单位和社会力量，巩固2016—2020年度福建省科普示范县的创建成果，加大科普设施建设力度，实施全民科学素质行动计划纲要，开展科普宣传活动，提高公众科学素质。基层科普行动被市科协评为2020年度县（市、区）科协创先争优绩效评估单项优秀项目。

【创新驱动助力工程】 2020年，县科协实施"人才港湾计划"。8月8—9日和9月11—13日，分别协助做好中国科学院厦门城市与环境研究所院士朱永官、中国工程院院士张全兴带领其科研团队到德化县调研的服务工作；做好院士工作站的服务管理工作。指导德化县绿佳农产品有限责任公司与福建农林大学新农村发展研究院教授朱朝枝及其科研团队合作建立专家工作站，12月17日，该工作站被泉州市委人才工作领导小组认定为泉州市第六批专家工作站；指导德化县优仙发农业专业合作社专家工作站推进项目合作等工作，5月25日，该项目通过市科协组织专家考核组的中期考核，获得市财政、市科协项目进展资金补助10万元；指导福建省德化县广善茶业有限公司与福建农林大学园艺学院合作创建科技小院，获评市级科技小院，获得建设补助资金5万元。

【科普设施建设】 2020年，德化县新建浔东社区青少年科学工作室，新建德化二中丁墘校区、第六实小校园创新工作室，组织德化县春秋三产

2020年9月11日，中国工程院院士张全兴（右三）带领科研团队到德化县调研生态环境保护问题
（图/县科协）

融合科普教育基地、安娜茶油文化产业园科普教育基地、杨梅银杏科普馆等申报第九批泉州市科普教育基地，组织德化一中、德化八中、三班中学、尚思小学、浔中中心学校等5所中小学校申报第九批泉州市青少年科技教育示范学校。

【科普阵地宣传】 2020年，县科协利用科普中国e站、“科普德化”微信公众号传播科普信息。每2个月定期更新科普画廊的科普宣传内容，宣传普及科技知识。

【基层科普行动计划实施】 2020年，德化县获评泉州市新时代文明实践中心科技志愿者服务试点，三班镇泗滨村、龙浔镇丁墘村获评泉州市科普示范村，龙井社区青少年科学工作室获评泉州市青少年科学工作室，德化江山美人庄园获“泉州市科技小院”称号。

【疫情防控科普活动】 2020年，县科协在科普微信公众号、科普e站、科普宣传栏以疫情防控海报、宣传单等形式，全面开展“疫情防控科普村村通”活动，编制海报20期近4000份，发布疫情防控应急科普宣传文章173篇，阅读量15万人次，受益28万余人次。1月27日，县科协发出《致德化县科技工作者的倡议书》，号召全县各级科协组织和广大科技工作者响应县委、县政府号召，迅速行动起来，开展疫情应急科普工作。县、乡镇、村（社区）三级科协组织发动和组织全县科普信息员、科技志愿者1925名，开展疫情防控科普宣传活动214场，把疫情防控知识、信息的宣传单分发到群众和企业中，受益18万人次。组织科协干部、科普信息员和科技志愿者，配合乡镇进企业进行防控宣传、排查摸底、督促指导、协助申报等，帮助企业早日复工复产。助力房屋安全“百日大整治”工作，抽调县科协骨干力量，配合龙浔镇丁墘村做好片区的大整治工作，紧盯工作目标，按要求和任务进村入户进行宣传动员，推进工作落实。

【全民科学素质工作】 2020年7月8日，德化县召开全县全民科学素质工作领导小组成员扩大会议，部署全民科学素质推进工作，提升公众科学素养，实现全县公民具备科学素质的比例达到10%以上的目标。全县福建省全民科学素质网络竞赛参赛14600人次。8月22—23日，杨梅乡上云村、龙浔镇园丁社区、浔中镇富东社区、吉祥社区代表泉州市接受中介评估，泉州市公民具备科学素质的比例达到11.2%。

【文化科技卫生“三下乡”】 2020年1月15—23日，县科协参加县委宣传部组织的以“送政策、送健康、送平安、送祝福、送知识、送欢乐”为主题的文化科技卫生“三下乡”活动，分别到上涌镇、水口镇、瓷都广场等地开展科普宣传活动。

【“全国科技工作者日”活动】 2020年4月26日，县科协联合县科技局下发《关于开展德化县2020年“全国科技工作者日”活动的通知》，发动各乡镇科协、县级学会（协会、研究会）、全民科学素质工作领导小组成员单位发挥自身优势，以“科技为民、奋斗有我”为主题开展系列活动。5月20日，联合县科技局开展“全国科技工作者日”慰问防疫一线医务人员活动，慰问德化县在疫情防控工作中做出突出贡献的一线医务人员6名。6月21日，联合教育局、德化一中，在德化一中举办观日偏食科普活动，向城区中学分发观测眼镜3000副，活动现场有城区153名中学生参加。

【全国科普日系列科普宣传活动】 2020年9月23日上午，县科协组织县直有关部门在瓷都广场开展以“决胜全面小康 践行科技为民”为主题的全国科普日主场宣传活动。全国科普日期间，开展科普进教育基地、进社区、进农村、进校园活动及媒体系列宣传培训活动。联合县农业农村局

2020 年 9 月 23 日上午，德化县在瓷都广场开展以“决胜全面小康 践行科技为民”为主题的全国科普日主场宣传活动 （图 / 县科协）

举办的“培育健康土壤，发展健康农业”专题培训班活动被中国科协表扬为 2020 年全国科普日优秀活动；县科协被省科协表扬为 2020 年福建省全国科普日活动优秀组织单位。

【青少年科技活动】 2020 年，德化县选送 87 名科技教师参加省市青少年科学影像、机器人竞赛、科技创新大赛等竞赛类辅导教师在线培训班培训。组织参加第三十五届福建省青少年科技创新大赛，科技创新项目获三等奖 1 项，科幻画获一等奖 1 幅、三等奖 1 幅。选送青少年科学影像作品 16 项参加第六届泉州市青少年科学影像作品竞赛活动，获一等奖 1 项、二等奖 2 项、三等奖 5 项。8 项青少年科学影像作品被市科协推荐参加全国青少年科学影像作品竞赛活动。组织科技教师撰写青少年科技教育论文，参加第十六届泉州市青少年科技教育论文评选活动，获一等奖 2 篇、二等奖 2 篇、三等奖 9 篇。组织开展第十一届德化县青少年科技创新大赛。9 月 19 日，邀请泉州市青少年科技创新大赛评委到德化县，对 105 项科技创新项目、6 项科技实践活动项目、127 幅科幻画进行评审，各评出一、二、三等奖若干名，推优选送 122 项（幅）科技作品参加第十七届泉州市青少年科技创新大赛，科技创新项目获一等奖 2 项、二等奖 3 项、三等奖 8 项，科技实践活动项目获二等奖 3 项、三等奖 1 项，科幻画获一等奖 3 幅、二等奖 3 幅、三等奖 7 幅。被市科协推荐参加第三十六届福建省青少年科技创新大赛的科技创新项目 2 项、科幻画 3 幅、辅导员项目 1 项。组织 16 组报名参加首届福建省青少年创意编程与智能设计大赛，有 3 组获得参赛资格。县实验小学学生黄伟涵的“合成疫苗 终结疫情”（指导老师：张秀珠）、德化三中学生叶子熙的“新型冠状病毒知识竞赛抢答系统”（指导老师：黄海生）获一等奖，德化三中学生林睿泽的“二分查询法探究”（指导老师：黄海生）获三等奖。进一步完善县科技活动中心、各社区校外科学工作室和校园创新工作室的设施，规范工作管理等制度，定期免费对外开放，为青少年在节假日开展科学体验和科技实践活动提供便利服务。

【农业专业技术和劳动力转移培训】 2020 年，县科协举办富硒德化梨管理、水稻病虫害防治实用技术、美人茶管理、淮山栽培实用技术等培训班，有 400 多人参加培训。联合县关工委等县直部门开展劳动力转移培训，举办社会青少年电子商务创业、陶瓷釉水配方等培训班，有 300 多人参加培训。9 月 27 日在赤水镇举办“培育健康土壤 发展健康农业”培训班，11 月 5 日在大铭乡就姜瘟防治举办“如何种好一块田”培训班，邀请广东省生态环境与土壤研究所研究员、博士陈能场授课，120 多人参训。

（县科协）

德化县归国华侨联合会

【概 况】 2020 年，德化县归国华侨联合会（简称“侨联”）助力德化窑的“瓷帮古道”申遗，做好联侨抗“疫”，为侨服务，贫困归侨、侨眷帮扶等工作，协助海外侨胞寻亲 5 宗。县侨联《搭好“五个平台”，在决战脱贫攻坚中贡献“侨智”“侨力”》《让寻根族谱助推“一带一路”建设——德化县以谱牒文化研究为突破谋求新时代新作为》获中国侨联副主席、省侨联主席陈式海的签批。

【“瓷帮古道”申遗助力】 2020 年，在泉州市政协十二届三次会议中，港胞、委员郭金发提出的《关于将“海丝闽南古通道——瓷帮古道”纳入“古泉州（刺桐）史迹”申遗保护开发的建议》获市政府复函，拟将“瓷帮古道”列入德化窑的组成部分，组合申遗。县侨联与县政协文史委共同完成出版“瓷帮古道”专辑，与县作家协会共同完成以三班镇为主题的“瓷路”专辑的组稿，共同助力德化窑的“瓷帮古道”申遗工作。

【“侨文化”建设】 2020年，德化县完成潘祠村归侨罗浪纪念馆、大铭乡文史馆、赤水镇文史馆、三班侨乡文化基地等侨文化展示，高阳村金厝烘侨厝修复工程、春美乡苏履吉纪念馆侨文化展示等项目建设进入实施阶段。设立“德化县海外人才族谱库”。拟用3年时间完成“德化县海外人才族谱库”建设。完成项目可行性研究，进入实施阶段，征集民间族谱扫描入库1010本，印制展示族谱50本。从扫描完成的族谱中搜集整理出各个姓氏族群外迁南洋的户数，为海内外侨胞寻根寻亲提供服务，成功协助海外侨胞寻亲圆梦5宗。

【涉侨普法宣传】 2020年，县侨联做好涉侨法律法规以及疫情防控知识宣传，引导侨界群众运用侨法维护自身的合法权益，营造全社会依法、守法的氛围。分发省侨联新型冠状病毒肺炎防护知识手册300本、涉侨法律法规与政策汇编200本、关于推进移风易俗的倡议书500份，以及福建省华侨保护权益、综治平安、消防安全知识等宣传材料，引导侨界群众尊良俗、去低俗、除恶俗，营造“知侨法、护侨益、聚侨心、促和谐”的氛围。

【联侨战疫】 2020年，县侨联通过微信工作群、朋友圈，做好新冠疫情防控宣传、摸排、服务工作。发出《众志成城，抗击肺炎》倡议书、《致全县基层侨联组织干部职工的倡议书》《新型冠状病毒感染的肺炎防控知识手册》，向全县归侨侨眷和广大海外侨亲解读有关政策措施，科普“新冠肺炎”防控知识，引导侨界群众积极正确面对疫情，增强侨界群众自我防护意识。联系海外德化社团、侨亲乡贤，推送倡议书和防护手册7份，公布24小时服务热线，为侨界群众答疑解惑，掌握计划返乡的海外侨胞信息，防范境外疫情输入，对返乡侨胞实施“五个一”人文关怀行动。发动海外侨胞及时采购和捐赠大量防疫急需物资，捐赠紧缺医疗物资（折合人民币约45万元）支持家乡抗击疫情。组织向马来西亚德化会馆联合会等捐赠防疫物资口罩2万个。传达全县疫情防控和复工复产工作专题会议精神，部署疫情防控宣传工作。

2020年3月4日，马来西亚德化会馆联合会向德化县捐赠疫情防控物资（图/县侨联）

【扶侨助侨】 2020年，德化县侨情普查数据显示，全县有归侨215人。大部分归侨年老体弱丧失劳动能力，无生活来源；个别归侨住在危房，或者身患重病、身有残疾；个别归侨为低保、五保对象，依靠国家补贴、社会救助生活。县侨联及时建立贫困归侨、侨眷资料数据库，全面掌

2020年8月29日，德化县侨联向三班镇三班村“爱心厨房”捐款（图/县侨联）

握他们的生产、生活状况，并定期回访，倾听心声，将了解到的有关生活困难原因及时整理分类，分级处理，扩大帮扶覆盖面，解决贫困归侨、侨眷生产生活难题。制定《德化县侨联精准扶贫结对帮扶工作实施方案》，与三班镇岭头村携手共谋脱贫攻坚，县侨联2名科级领导结对帮扶三班镇岭头村2名贫困归侨，以提供资金、信息服务等方式助其增加经济收入。春节期间，走访慰问贫困归侨26人次，发放慰问金1.3万元；为15名低保、五保或大病大灾贫困归侨申请省、市侨联贫困侨救助金54392元；合理使用华侨事务专项经费，对全县散居困难归侨侨眷、特殊困难老归侨生活进行补助、救助，发放慰问金6.42万元；协助开展“海西春雨·侨青助学”“同心助学·松柏成才”等活动，资助贫困学生27人次，发放资助金3.1万元。向全县13个村的“爱心厨房”捐资共6.5万元。携手泉州爱尔眼科医务团队继续开展“侨爱心·光明行”活动，深入全县中小学校开展校园筛查15场、专题讲座3场、社区义诊3场。县、镇、村三级侨联将三班镇锦山村的“锦山竹编”扶持成为贫困归侨侨眷的创业创收项目。8月，举办为期5天的锦山竹编技艺设计创作骨干培训班，聘请教授、竹编资深传承人等从技术、信息、销售上进行指导，促使学员进一步钻研锦山竹编工艺技能，掌握创业脱贫的本领。

【基层侨联组织建设】 2020年，县侨联协助三班、上涌镇侨联办理统一社会信用代码证书，解决基层侨联由于机构代码证无法登记、银行账户被冻结、境外侨胞捐赠款项接收难等问题。指导龙浔镇、赤水镇召开第三次归侨侨眷代表大会并进行换届选举，推荐一批经济上有实力、热心侨联事业的人士担任侨联负责人。开展创先争优活动，推动县、乡镇、村（居）三级侨联组织从“五有”（有组织、有队伍、有经费、有阵地、有活动）向“五好”（组织架构好、队伍素质好、经费保障好、阵地建设好、活动组织好）转变，指导三班镇锦山村侨联获评省级“侨胞之家”，利用“侨胞之家”平台做好引侨、育侨、凝侨、聚侨、为侨、护侨工作。组织基层侨务干部参加市侨联举办的专兼职干部业务培训班。

（徐婉嬿）

德化县工商业联合会

【概况】 2020年，德化县工商业联合会（简称“县工商联”）直属主管乡镇商会6家（三班镇商会、上涌镇商会、龙浔镇商会、盖德镇商会、水口镇商会、赤水镇商会），行业协会8家（德化县陶瓷同业公会、德化县矿产同业公会、德化县陶艺行业协会、德化县电子分销协会、德化县电商物流协会、德化县玻璃行业协会、德化县包装行业协会、德化县拥军协会），德化异地商会3家（德化县福州商会、德化县三明商会、德化县永春商会），异地德化商会9家（厦门市德化经济促进会、晋江市德化商会、北京市福建德化企业商会、郑州市德化商会、福州市德化商会、泉州市泉德商会、上海市德化商会、莆田市德化商会、广东省福建德化商会）。

【商（协）会组织建设】 2020年，县工商联指导广东省福建德化商会召开第一次会员大会，成立广东省福建德化商会；指导厦门市德化经济促进会召开第三届四次会员大会、北京市福建德化企业商会召开第二届二次会员大会、德化县三明商会召开第一届四次理监事会和一届二次会员大会、泉州泉德商会召开第二届一次会员大会和举行第二届理监事就职仪式；在厦门召开德化县异地商会工作交流会。县工商联被省工商联评为“2020年全省工商联系统信息工作先进单位”，《创新工作机制 搭建共谋发展平台——泉德商会创建基层“民营经济人士之家”实践与探索》获省政协副主席、省工商联主席批示肯定，“民营经济人士之家建设”被县改革办评为2020年特色亮点优秀项目。德化县陶瓷同业公会被省工商联评为2020年度福建省“四好”商会，泉州泉德商会被全国工商联评为2019—2020年度全国“四好”商会。

【陶瓷行业诚信建设】 2020年，县工商联通过召开加强陶瓷行业诚信建设领导小组成员会议，研究下发《德化县加强陶瓷行业诚信建设工作领导小组办公室关于开展2020年加强陶瓷行业诚信建设工作的实施方案》，组建专项整治失信行为队伍，分主题分片区逐项开展诚信建设综合整治活动，促进陶瓷行业诚信建设工作持续往深里走、往实里走。开展“双随机”专项整治4次，查处“伪造产地”企业3家、印制其他陶瓷产区花纸厂4家、“版权侵权”企业1家；评选陶瓷行业诚信企业，授予福建华夏金刚科技股份有限公司、陆升（福建）集团有限公司、福建省德化县成艺陶瓷有限公司、福建泉州顺美集团有限公司、福建省德化真泰尔陶瓷有限公司、福建德化陶知然陶瓷文化创意有限公司、泉州市德化县恒峰陶瓷有限公司、福建省德化龙顺陶瓷有限公司、福建省德化县唐丰陶瓷有限公司、德化县宏顺陶瓷有限公司等10家企业2019陶瓷行业“十佳诚信企业”称号，并通过专题报道提高诚信宣传力度，持续做好2020“十佳诚信企业”评选活动。

【陶瓷品牌打造】 2020年，县工商联做好地理标志商标的推广和申请工作，授权“德化陶瓷”“德化瓷雕”“德化白瓷”“德化玉瓷”“德化窑瓷器”等5件国家地理标志商标供30家企业使用。指导县陶瓷同业公会开展“德化青瓷”“德化青白瓷”“梅岭窑”3个国家地理标志商标的申请注册工作，被国家知识产权局商标局受理，梅岭窑递交补充材料。争创“德化白瓷”驰名商标，收集相关材料。推荐央视主持人为品牌代言，央视科教频道主持人张腾岳、军事农业频道主持人刘小唯和顾倩为豪峰陶瓷企业代言的同时，也为世界陶瓷之都德化代言。3月3日，福州市上下杭开发有限公司与福州市德化商会、福州市永春商会签订福州永德会馆场地使用合同，标志着建于清雍正年间、中华人民共和国成立初期被作为公产划给福州台江区管理使用的永德会馆使用权正式移交德化、永春两县。12月15日，永德会馆重新开馆。

【服务民营企业】 2020年6月，德化县公开招聘大学本科学历的企业协办员5名，成立陶瓷同业公会企业服务中心，协助企业做好厂房办证的对接及问题确认。协助企业申请“受影响企业稳岗返还”和“2019年度稳岗返还”的政策补贴，涉及金额240多万元；落实“企业吸纳应届高校毕业生”申报企业2家、“高校毕业生一次性创业扶持补贴”企业2家、“高校毕业生安居补助”企业3家、“企业吸纳见习人员补贴”企业1家。与县农村信用联社举办“服务陶瓷企业合作”的签约会，签订“服务小微合作协议”，为小微陶瓷企业解决资金困难。组织企业参加第十四届海峡两岸茶业博览会、全闽乐购跨年购暨第二届商博会。

【疫情防控民营经济助力】 2020年，县工商联向各商（协）会、企业发出倡议，感召爱心企业向红十字会捐资170多万元，义捐口罩7万个、消毒物资440千克。开展“共抗疫情·用设计助力德化陶瓷企业”活动、陶瓷艺术品义卖活动、首届线上广交会公益培训暨政银企融资政策对接会等活动，召开3场德化县“稳就业”座谈会，助力企业尽早开工复产。邀请福建麦瑞哲技术咨询有限公司团队走访县内企业，详细了解企业生产经营、产权保护、科研投入、政策享受等方面情况，帮助同鑫、龙顺、万盛申报省级工业互联网应用标杆企业，亿星、宇科环保申报省级工业互联网应用示范项目，助力企业把政策转化为红利。选送的福建汤头建筑工程有限公司被省工商联评为“抗击疫情先进民营企业”。

【商（协）会招商选资】 2020年，县工商联利用新春座谈会、各商（协）会会员大会等平台，做好招商工作宣传、协调、指导、参与、服务和重点项目推介跟踪。签约落地陶瓷文化手工艺创意产业园、五凤山生态旅游、鑫德顺智能家居生产、德化县潘祠蕉溪中医药康体养生旅游基地等4个项目，总投资48亿元。为献礼建党100周年，联合福州市德化商会、福建百魅影视文化传媒有限公司拍摄德化红色题材电影《血战戴云》，作为特色招商项目有序推进。

【非公职称评审】 2020年，县工商联组织开展非公职称评审会，评审通过助理工艺美术师120人、助理工程师46人；审核上报高级工艺美术师材料31份、陶瓷工艺美术师材料161份，高级工程师材料3份、工程师材料17份，高级经济师材料1份。新增评审陶瓷工程类职称，收集助理陶瓷工程师材料15份。

【参与精准扶贫】 2020年，县工商联企业副主席（副会长）、执委、异地商会会员等参与精准扶贫工作，组织开展“同心助学”、“同心安居”、慰问扶贫对象、“爱心厨房”等活动24次，落实帮扶资金40.62万元；认捐“爱心幸福城”基金108万元。

（郑紫琼）

德化县文学艺术界联合会

【概况】 2020年，德化县文学艺术界联合会（简称“县文联”）开展“德化文艺·遍地开花”活动，引导文艺创作，推动全县文艺事业不断繁荣发展，全年组织开展各类活动132场，其中文艺活动102场。县内文艺家、爱好者加入市级及以上协会超过80人次，其中国家级协会5人次、省级协会23人次。县文联获泉州市文联“庆祝中华人民共和国成立70周年文艺活动中表现突出单位”“在疫情防控阻击战中文艺创作和文艺宣传表现突出的先进单位”等通报表扬。

【文学作品创作】 2020年，县文联所属协会会员创作作品1630余件，出版（含即将出版）文艺刊物7本：《德化县文联及所属协会2019年开展文艺活动图片展》《德化县美术家协会2019年度工作材料汇总》《德化县美术家协会2020年度工作材料汇总（一）》《“石牛山杯”硬笔书法作品比赛获奖作品集》《瓷路——“瓷帮古道”德化陶瓷故事文学作品集》《“初心故事·让城市更美好”获奖作品集》和《足迹》郑光前文学作品集。县内文艺家、爱好者全年在市级及以上刊物发表作品600余件；文艺家或文艺作品在市级及以上单位组织的文艺作品评选、征集活动中获奖（入展、入选）400余人（件）次。

【文艺活动】 2020年，县文联组织防控阻击疫情文艺作品创作、“重走瓷帮古道，弘扬海丝文化”——“瓷帮古道”德化陶瓷故事文学采风创作、《众志成城抗疫情》书法创作征集、石牛山景区主题标志性摄影作品征集、石牛山主题摄影采风创作、石牛山风景区“登牛山、走牛运、做牛人”书法创作、“走近三班瓷乡、感悟海丝文化”文学采风、“爱心幸福城”剪刻纸作品创作、“丰收美湖”“多彩盖德”文艺作品征集活动等文艺综合采风、创作活动102场。春节前开展“爱心春联送祝福”及“送万福进万家”义写春联义送剪纸活动。组织下属美术家协会、古琴协会、书法家协会、剪纸艺术研究会参与举办“瓷都民俗·乐重阳”为主题的民俗会演等。县美协建立常态化活动机制，每2周开展一次到乡村、校园写生创作活动，全年开展活动17场，举办展览13场。主要有迎新春美术作品展、“笔墨与瓷器的相遇”——李安水瓷画艺术展、陶然自乐——福建省工艺美术大师张明贵作品展、“石牛山杯”硬笔书法作品比赛获奖作品展、“秦墨春秋”——福建省工艺美术大师赖颖秦瓷艺书画作品展、张金水书法陶瓷/陶瓷书法作品展、“瓷言釉话”——梁双升、陈碧珍陶瓷艺术作品展，在“德化网”举办“防控阻击疫情网上文艺作品展”2期等。组织“德化县音乐家协会走进消防救援大队”文艺演出、“琴润岁月，花样年华”古琴协会七夕雅集、南音公益培训班结业汇报演出、“我们的节日·重阳”综合演出，承办“决胜脱贫攻坚战　共建爱心幸福城”德化县第二十届瓷都文化广场活动等文艺演出19场。

【文艺交流】 2020年，县文联到三明市艺术馆举办“德化县杨梅乡云溪刻纸作品展”“‘艺’助全面小康”陶瓷书画优秀作品暨大师作品展。到晋江市举办“海丝韵·瓷都情”——德化县杨梅乡云溪刻纸作品展，并与当地艺术家交流。县作家协会、美术家协会、摄影家协会、南音艺术家协会、古琴协会、剪纸艺术研究会先后组织到石狮、厦门、南靖云水谣、南安、安溪、尤溪、大田、三明、晋江等地，与当地艺术家互动交流。

县文联先后邀请市美术家协会主席郭宁、省书法家协会驻会副主席余端照、中国民族管弦协会古琴专委会理事颜建程等名家到德化县举办讲座或艺术交流。清华大学美术学院教授、中国人民大学画院艺术家、省民间文艺家协会、省电影协会、省摄影家协会、石狮市作家协会、厦门市海沧区书法家协会、南安市南音协会、丰泽区南音协会、泉州市美术家协会等知名艺术家、文艺团体到德化互动交流。县文联制定和实施中国文联贯彻中共十九届五中全会精神之“让小说走进人民”暨海丝文学创作交流系列活动德化活动方案，迎来全国20多位名作家到德化采风、创作，并与当地作家对话、交流，提高德化瓷的知名度，激发作家们的创作灵感。

【公益培训及讲座】 2020年，德化县举办文艺类公益培训、讲座13期（场），主要有“瓷言坊”古琴传承班、南音艺术传承培训班、德化一中鹏祥分校“小小说的特征与创作技巧”文学讲座、德化一中鹏祥分校“书法艺术进校园”书法讲座、《结合德化美协采风写生团作品谈谈美术鉴赏》讲座、南音艺术传承提高班等。县文联文艺讲师团在德化一中文学选修班授课40节，书法家协会在城东实验小学开展“书法进校园　翰墨尽芬芳”活动。12月26日，县文联组织作协、书协、美协、摄协、剪

2020年6月11日，德化县2020年“‘艺’助全面小康”陶瓷书画优秀作品、大师作品展在三明市艺术馆举行

（图/县文联）

纸艺术研究会、古琴协会等团体，参加德化八中45周年校庆活动，推进“文艺进校园”。

【文艺赛事】 2020年，德化县第二届剪刻纸技能现场大赛在杨梅乡“忆初心”党员教育基地举行，19位艺人、新秀现场创作19件剪（刻）纸作品，共评出一、二、三等奖和优秀奖共14名，一等奖新秀同时获得县人社局授予“技术能手”称号。“‘石牛山’杯硬笔书法、绘画大赛”收到作品481件，其中成人作品243件、学生作品238件。现场评出成年组、少儿组一、二、三等奖及优秀奖共134名。“初心故事·让城市更美好”主题作品征集活动共收到符合要求的文学作品103件、美术作品100件、剪纸作品43件、摄影作品130件、书法作品111件、陶瓷作品38件，评选出一等奖6件、二等奖18件、三等奖30件、优秀奖76件。“建设幸福河湖”主题作品征集活动在省级水利风景区——涌溪水库启动，约50名文艺家和社会各界人士出席仪式，征集的文艺作品题材包括文学、书法、美术、摄影、剪纸、陶瓷等。

（县文联）

德化县国际贸易促进会（国际商会）

【概况】 2020年，德化县国际贸易促进会（简称“县贸促会”）发挥贸促系统对外联络资源优势，从约旦等国家采购口罩2万个，解决企业复工复产口罩需求。举办“世界陶瓷之都——德化陶瓷（波兰）线上经贸对接会”，促成意向合作金额近200万美元。推动政府在全省率先出台政策，对参加国际线上展销活动的外贸企业给予补助。“德化贸促”微信公众号全年发布资讯111期140篇。

【市场拓展】 2020年9月15日，县贸促会利用波兰国际礼品及家居用品展云展会平台，联合泉州市贸促会、中东欧—中国进出口商会、中东欧经贸联合商会，举办“世界陶瓷之都——德化陶瓷（波兰）线上经贸对接会”，吸引近2000多名观众和意向采购商通过网络平台参与活动，“臻南陶瓷”“宝艺陶瓷”“豪晟艺品”“晖龙陶瓷”等23家陶瓷企业与来自波兰、西班牙、法国、荷兰、秘鲁、捷克、匈牙利等7个中东欧国家的50多家采购商进行近70场次一对一的深入对接洽谈。促成意向合作金额近200万美元。对接会上，市贸促会副会长喻青松、德化县副县长苏锡培通过直播方式，现场与中东欧经贸联合会相关负责人和国外采购商视频连线，共同探讨疫情下跨境电商的对接问题，为德化陶瓷企业出海背书，提高德化陶瓷知名度，增强客户交易信心。

【商事法律服务】 2020年，县贸促会指导企业采取变更交付方式、延长交付期限等替代方案，成功帮助1家企业化解合同履行难题，涉及合同金额300万美元。创新展会服务模式，帮助企业了解和掌握线上展会平台功能、技巧和知识产权保护，利用全省商事法律服务平台，联合省、市贸促会在德化成功举办“福建省涉外商事法律服务八闽行（德化站）”——展会知识产权保护与国际贸易数字展培训讲座。中国贸促会知识产权服务中心企业与行业服务处处长刘颖、福建省易联展会展服务有限公司创办人施坤福、汇琴文化传媒副总裁刘志楠、Swatchbook大中华区总经理杨明等4人分别从知识产权保护、如何正确看待网上广交会、短视频如何制作和直播间留人技巧、网上广交会获客和客户开发技巧等方面进行生动讲解，为陶瓷企业即将参加网上广交会提供建设性建议。省、市贸促会领导充分肯定法律讲座的做法和效果，《中国贸易报》《福建东南快报》《泉州晚报》等作专题报道。

【资讯服务】 2020年，县贸促会通过“德化贸促”微信公众号发布应对疫情措施和建议、疫情防控下企业关心的法律问题50问、疫情防控期间各级政府帮扶企业政策措施汇总、贸促会关于有关国家（地区）因新冠肺炎疫情采取的相关措施提示等。全年累计发布资讯111期140篇。

（县贸促会）

德化县残疾人联合会

【概况】 2020年，德化县投入扶残助残资金1300多万元，实施扶残助残项目18个，开展助残活动33场次，受益残疾人3.2万多人次。配合做好全省“志愿云”信息系统基础性工作，完善助残志愿者信息系统，推进助残志愿服务制度化、规范化建设。县残疾人联合会（简称“县残联”）办理残疾人证工作经验被省残联发文推介，成为全省唯一一个被省残联连续3年公开发文推介工作典型做法的县（市、区），县残疾人职业培训和直播带货助残解困两项工作得到市政协副主席王瑞强批示肯定。开展残疾人证核发管理工作，全县有持证残疾人6910名，换发第三代残疾人证5423本，新办理残疾人证1127本。

【残疾人康复工作】 2020年，德化县启动康复“云指导”服务。利用信息化手段开展残疾人康复在线答疑、家庭指导和心理咨询服务，举办系列在线公益微课，对有康复需求的残疾人开展一对一的线上康复服务指导，为全县216名有康复需求的残疾人提供“云指导”服务，做到“停课不停训、停课不停学、服务不停歇”，满足残疾人在疫情防控期间的康复训练需求。实施残疾儿童康复救助项目。为全县187名残疾儿童提供康复救助项目补助176万元。落实残疾人基本型辅助器具适配补助项目，为146名残疾人提供辅助器具适配补助资金33.6万元。实施精神病患者康复救助项目，为38名精神病患者提供医疗救助7.8万元。开展康复服务活动，联合市残联康复中心、泉州市启胜听力语言康复中心常态化开展辅具适配下基层、义诊，为安装假肢的残疾人进行回访服务活动5次，免费发放药品、轮椅、拐杖等物资价值6万元。

【残疾人就业工作】　2020年，德化县深入宣传、贯彻和落实《残疾人就业条例》《福建省残疾人就业保障金征缴管理暂行办法》等有关法律法规，配合税务部门做好残疾人就业保障金税务统一代征工作，依法推进用人单位按比例安排残疾人就业。向用人单位征收残疾人就业保障金729万元，促进用人单位按比例安置残疾人就业31人。提前完成省级扶助农村残疾人就业创业项目，为130名农村残疾人提供每人5000元创业扶持资金，共计65万元。联合市残联举办泉州市2020年残疾人网络直播定向培训班，联合团县委、憨鼠购等单位到汤头乡吉山村开展“助残助农直播售鸭”等活动，得到市政协副主席王瑞强批示肯定。发动全县就业年龄段残疾人参加“互联网+职业技能培训”，推荐54家职业技能培训线上平台机构，为500多名残疾人免费提供线上培训。培育创建德化县新杰粮果家庭农场和德化县英山珍贵淮山农民合作社2家2020年市级农村残疾人就业创业示范基地（全县累计创建6个，居全市第二位；每家获市扶持资金10万元），促进残疾人增收。对县内部分残疾人服务机构进行安全生产大检查，提高消防安全知识水平和消防安全意识。

【残疾人宣传文体活动】　2020年，德化县选送新闻作品10多件，参加省、市残联年度新闻评选。选送的残疾人选手苏诗潘获得泉州市2020年残疾人中国象棋比赛视力组第一名。开展残疾人文化进家庭“五个一”（支持残疾人家庭每年读一本书、看一次电影、游一次园、参观一次展览、参加一次文化活动）项目活动，提升残疾人适应社会生活和改善自身状况的能力。“德化县残疾人联合会”微信公众号关注人数1549人，全年累计发布各类资讯236条。向省、市残联网站及德化网、中国公益网、《德化政讯》《瓷城快讯》等报送信息180多条。

【扶残助残】　2020年，德化县提前完成省级残疾人“居家托养”项目，为400名智力、精神和其他重度残疾人居家托养对象提供每人2000元的补助金，发放资金80万元。实施市级残疾人居家养护项目，为369名低保重度肢体残疾人提供每人每年1000元居家养护补贴，发放资金36.75万元。为2621名残疾人参加城乡居民基本养老保险提供补贴44.29万元，为1960名残疾人参加城乡居民基本养老保险费提供补贴49万元。配合民政部门落实困难残疾人生活补贴和重度残疾人护理补贴，为全县6550多名困难重度残疾人提供生活补贴和护理补贴共计679.7万元。投入20.53万元，为全县6843名持证残疾人办理意外伤害保险；指导67人获理赔资金12.46万元。开展“进百村　访千户”助残活动，全面了解掌握和帮助解决残疾人因疫情产生的困难。实施“一户多残”家庭残疾人生活补贴项目，完成581户1226人审核，核拨资金103.05万元。开展助学工程，为144名贫困残疾学生和残疾人家庭子女就学提供28.35万元助学金；落实彩票公益金学前教育项目，为10名残疾儿童发放3万元助学金；开

2020年7月15日，县残联工作人员为听力障碍患者适配助听器　（图/陈仁惠）

展慰问2020年新考录残疾大学生活动，为3名听力残疾大学生送去慰问金6000元；为中、高考残疾学生提供合理便利服务。建立残疾人自主创业社会保险补贴制度，为44名残疾人发放社保补贴16.29万元，对1家用人单位超比例安排残疾人就业奖励4.83万元。落实特殊困难残疾人临时救助和重度残疾人医疗救助，制定临时救助制度，对因遭遇突发事件、患重病等造成特殊困难的27名残疾人给予临时救助共4.3万元。利用元旦、春节、全国助残日、国际残疾人日等，组织开展慰问残疾人、残疾人工作者活动，慰问残疾人2100多人次，发放慰问金21.45万元，食用油、大米、衣服等生活物资3600多件价值50多万元。县残联与憨鼠爱心小分队联合开展以“爱心助残　你我同行”为主题的“互联网+志愿者助残”活动，走访帮扶残疾人80多人，参与活动的爱心网友700多人次，县残联连续3年被县委文明办、团县委、县憨鼠爱心小分队授予“爱心单位”称号。

【残疾人信访维权】　2020年，德化县加大《中华人民共和国残疾人保障法》《残疾人就业条例》等残疾人法律法规的宣传力度，提高残疾人的法律意识。联合县卫健局，组织县医院、中医院、第三医院相关评定医师深入赤水镇、国宝乡，为出行不便的20名残疾人开展上门评残办证服务活动。为残疾人提供法律服务和法律援助，加强信访信息系统专线建设，妥善处理来信来访5人次。

（郑锦贵）

德化县红十字会

【概况】　2020年，德化县红十字会宣传推广红十字会知识，扩大红十字会影响力。开展应急救护培训、无偿献血、大病救助等活动，接受造血干细胞无偿捐献2例，遗体（器官）和造血干细胞自愿登记新增13人。截至8月31日，接受境内外社会各界疫情防控捐款捐物价值3554221.1元，所有款物根据疫情防控需要和捐赠人意愿安排使用。

【疫情防控物资接收和使用】　截至2020年8月31日，县红十字会接受疫情防控捐赠款物价值355.42万元。其中，捐赠资金189.37万元、捐赠物资价值166.05万元；接受境内捐赠物资25批次、价值139.08万元，接受境外捐赠物资5批次、价值26.98万元。捐赠款物均按照疫情防控需要和捐赠人意愿安排使用，实现“零库存”。疫情防控捐赠款物收支使用情况委托第三方审计并按规定公开，接受社会监督。

【应急救护培训】　2020年，县红十字会建立3人师资队伍，组织开展红十字应急救护培训，普及应急救护知识。开展公益培训14场，受益群众771人次；急救员培训班7场，培训急救员263名。

【红十字宣传】　2020年，县红十字会继续依法开展和推动无偿献血、艾滋病预防等宣传，分别在3月、9月、12月举办专场宣传。其中在泉州工艺美术职业学院举行无偿献血高校专场。献血完成率100%以上，临床用血均来自无偿献血。

【少儿大病救助】　2020年，县红十字会开展天使基金、福建省红十字会少儿重特大疾病医疗人道救助活动，接收全县22个重大疾病少儿家庭申请，通过审核22人，救助28万元。

【遗体（器官）和造血干细胞捐献】　2020年6月9日，龙浔镇李进财捐献造血干细胞，成为德化县首例造血干细胞捐献者。10月26日，徐梅琴成为德化县第二例、女性首例非亲属造血干细胞捐献者，并获阿里巴巴天天正能量第360期正能量奖。全年遗体（器官）和造血干细胞自愿登记新增13人。

（县红十字会）

2020年6月17日，县红十字会开展应急救护培训　（图/县红十字会）

法 治

政法委及综治

【概况】 2020年，德化县委政法委在落实年度市县党政领导平安建设（综治工作）责任书情况全市考评中获得优秀等次，平安建设“三率”位居全市前列。其中，扫黑除恶好评率99.17%，位居全市第一；执法工作满意率98.85%，位居全市第二。所负责的“强基促稳”6个专项行动中，4个专项获得“好”的档次。县委政法委获评全省政法委系统先进集体，政法委机关5人、政法系统48人分别获上级评先评优。德化县获评全省第四轮首批“平安县”。

【社会稳定维护】 2020年，德化县强化反恐斗争情报预警、社会面防控、源头治理，提高防范打击处置能力。加强对重点群体、重点问题的排查梳理，推进涉法涉诉信访积案化解，确保全国两会、中共十九届五中全会等重大活动和重要时期全县社会大局安定稳定。加强对受疫情影响较大的生产销售企业、餐饮旅游物流等服务行业、房屋租赁市场等领域可能引发社会矛盾纠纷的排查力度，成功调解涉疫矛盾纠纷7起；受理涉疫诉求47件，登记涉疫信访事项17件，全部办结，群众满意率100%。打击涉疫违法犯罪行为，查破涉疫案件9起，其中诈骗案件8起、妨碍公务案件1起；查处组织他人偷越国（边）境案件4起，抓获涉案嫌疑人10人，深挖非法出入境组织者4名。

【“网格化+职能运用”大平台打造】 2020年，德化县拓展“网格化+社区警务”。制定下发《德化县推行“网格化+社区警务”工作实施方案》，按照城区“一区一警两辅”、农村“一村一警务助理”的配备标准，选派50名优秀社区民警兼任“村官”，选聘250名优秀专职网格员、网格协管员、村干部兼任“警务助理”，推进社区民警从“警务活动执行者”向“平安建设组织者”转变，确保村（社区）治安动态发现得早、处理得了、解决得好，实现村（社区）工作和警务效能双提升。拓展“网格化+交通秩序整治”。整合公安交警、网格员、网格志愿者等基层治理资源，推广运用“随手拍”，对显见性交通违法行为拍照上传“微网格”平台，交警部门后台进行取证处罚，节约警力和交通执法成本，缓解城区交通管理压力。全年接到群众利用“随手拍”举报交通违法行为43670件，查处交通违法行为19160件。推行微网格“微治理”。依托“平安瓷都德化”官方微信公众号，开发建设“瓷都德化微网格”公众服务平台，通过“有奖爆料”方式，鼓励群众通过“瓷都德化微网格”公众服务平台的掌上服务（“随手拍”“微便民”）、“E调解”“微网格”等功能反映情况诉求，促进平安文明和谐城市创建，形成政民互动多元协同的社会治理新格局。“瓷都德化微网格”公众服务平台全年受理“E调解”353件，代办服务752件，求助服务505件，“随手拍”反映事项50535件。推动党建和综治“两网融合”。在龙浔、浔中2个镇选择15名城市基层党建专职工作者兼任专职网格员、8名专职网格员并轨转任城市基层党建专职工作者，把党组织建在网格上，健全党员干部联系服务群众机制，建立党员街巷服务队，帮助群众解决生产生活实际问题。通过推行“两网”人员融合转任兼任，合理利用2支队伍23名转任兼任人员，填补2支队伍部分空缺名额，县财政每年节约支出近40万元。推行“网格化+疫情防控”工作模式。自主开发建设“入德人员登记”智能平台，在“微网格”服务平台新增疫情防控、安全隐患排查模块，发动全县1125名网格力量、综治力量配合做好疫情防控、安全隐患排查等工作。新冠肺炎疫情发生以来，全县网格员登记入德人员4780人，入户排查83046户，排查房屋7248栋，排查出存在安全隐患的房屋360栋，提供法律服务指引

347 人次，法律咨询 235 人次。

【社会治理智能化平台建设】 2020 年，德化县推进“E 通政法”平台建设。以泉州市“E 通政法”项目试点县为契机，协调政法各单位共同打造网上协同办案平台，逐步推进公、检、法、司等部门案件实现线上“闭环式流转”。推进“智慧矫正中心”建设。建设完善集线上心理测评、线上自助学习等功能于一体的“德化县智慧矫正平台系统”，打造具备“人脸识别、越界提醒、喊话告警”等功能的“智能管理终端”，推动社区矫正监管智能化。推进县、乡、村三级综治中心规范化建设。推动乡镇、村（社区）两级综治中心规范化建设，实现全县 18 个乡镇、216 个村（社区）全覆盖。推进“智慧安防小区”建设。完善智能门禁对接“智慧德化”信息平台，升级改造物业小区三类视频监控系统，自主开发智慧社区管控平台和智能安防 APP，实时对接公安和综治网格信息平台，提升社区技防水平。在碧桂园、阳光星城、美伦山景叠苑、金龙中心等 6 个小区安装运行人脸识别、智能门禁“智慧安防小区”系统。推进平安建设“四情”指数监测系统升级改造。优化“案情”“警情”“舆情”“社情”系统模块建设，进一步提升预测预警预防能力。至年底，完成“案情”“警情”“舆情”“社情”系统数据录入模块建设，有 7 个单位共录入“四情”指数信息 1926 条，提供治安、纠纷等预警信息 85 条。

【治安防控体系建设】 2020 年，德化县坚持把“雪亮工程”纳入“智慧德化”建设规划，整合提升公共平安视频监控，收编和开放接入政府部门、行业单位、村居企业等视频监控，实现重点公共区域视频监控覆盖率 100%。利用智能“视频云”平台推动二、三类视频监控联网建设。推行“雪亮工程 + 智能喇叭”功能，在平安建设、城市管理、应急处置、服务民生、疫情防控等方面发挥积极作用，全县受惠人口覆盖面 90% 以上。完善街面巡逻、视频监控、居民小区管理、单位内部管理、卡点堵截、虚拟社会安全等 “六道防线”，减少防控盲区，预防各类案件发生，实现刑事“零发案”村 60% 以上。

【矛盾纠纷化解】 2020 年，德化县创新打造“线上”调解平台，建设集“远程视频指导、远程视频指挥、法律咨询解答”等功能为一体的新型调解工作模式，组建“网上调解”专家库 1 个，囊括金牌调解员、律师、法官、行业专家等调解专家 86 名，由调解专家“坐镇”“网上调解”工作室，在线提供专业咨询、指导与协助。盘活“线下”矛盾纠纷化解平台，建立县、乡、村三级矛盾纠纷多元化解中心，德化县委政法委牵头建立县级矛盾纠纷多元化解中心，承担全县矛盾纠纷“受理、分流、交办、调处”等职能，形成以县级中心为枢纽、18 个乡镇分中心及 216 个村（社区）调解工作室、14 个行业性分中心为支点的“纵向对接联动、横向归口负责”的矛盾纠纷多元化解体系。进一步延伸调解触角，在矛盾纠纷易发多发领域新成立全县物业纠纷调解中心和婚姻家庭调解中心，全年受理婚姻家庭纠纷 474 起，成功调解 140 起；成功调解物业矛盾纠纷 9 起。

2020 年 7 月 2 日，泉州市“E 通政法”项目德化试点动员会召开

【扫黑除恶专项斗争】 2020 年，德化县以“六清”（线索清仓、逃犯清零、案件清结、伞网清除、黑财清底、行业清源）行动、市“强基促稳”部署要求为抓手，深化重点行业领域突出问题专项整治，统筹推进扫黑除恶专项斗争。全县打掉黑社会性质犯罪组织 1 个成员 7 人，恶势力犯罪集团 4 个成员 28 人，恶势力团伙 4 个成员 16 人；立案九类涉黑涉恶犯罪案件 151 起，破获九类涉黑涉恶案件 142 起，抓获九类涉黑涉恶犯罪嫌疑人 223 人；判决涉黑涉恶案件 11 件 67 人（其中市中院指定管辖 3 件 19 人）；摸排、接收各类线索 285 条；查封、扣押、冻结涉黑涉恶资产 14801.58 万元；发放举报奖励金 2.3 万元；查处党员干部充当“保护伞”问题 3 起 3 人；在换届选举资格审核中，否决村“两委”初步候选人 87 名。

【寄递物流业监管】 2020年，德化县有货运物流企业136家（含普通货运企业8家），寄递法人企业11家，寄递分支机构11家，寄递末端网点11家。建立实际经营者信息、市场监管部门推送货运物流登记信息2本台账。深化公安、交通五大协作机制，协调多部门联合开展执法检查，特别是在重大活动期间，采取执法检查、压力测试等明察暗访方式，提高重点区域货运服务业经营者的执法巡查频次和密度，督促经营者落实实名、物品信息登记和安全检查制度，对实名制、开箱验视制度等行为未落实到位的，按照《中华人民共和国反恐怖主义法》《福建省禁毒条例》等相关规定予以处罚。全年出动检查人员657人次，检查物流企业188家次，发现隐患82处，全部整改到位。

【酒驾醉驾专项整治】 2020年，德化县推行舌尖上温馨提示、娱乐场免费代驾、屏幕上以案说法、涉酒处精准劝导、一封信亲情感化等方式，引导群众树立抵制酒后驾车的思想自觉和行为自觉。根据酒驾醉驾违法行为和事故特点，调整勤务方式、时间，实行多点布警。做到检查卡点随机化、整治时间机动化、整治区域多样化，进一步提升查处的威慑力。联合县交通运输局、城市管理局等部门，实行区域联查、全线联治，织严织密酒驾醉驾治理防控网。建立奖报奖励机制、通报约谈机制、负面清单机制进行长效管理，倒逼违法行为人遵守法律法规。开展酒驾醉驾检查行动164次，查获酒驾醉驾行为690起，其中酒驾454起、醉驾236起。

【平安创建】 2020年，德化县实行平安建设（综治）工作领导责任制。成立全县平安建设工作领导小组，制定下发《德化县平安建设领导小组专门工作组组成方案》《德化县平安建设领导小组及其办公室工作规则》，健全平安建设领导小组工作机制。定期组织签订平安建设（综治）工作目标责任书，在全市率先探索建立平安建设（综治）工作考评系统，健全完善平安建设（综治）工作考评和收账机制，强化考核、收账结果运用，形成部门联动、齐抓共管、协同作战的工作氛围。率先在全省推行“五个10%”平安建设激励机制。对参加新型农村合作医疗的个人缴费部分由县级财政补贴10%、对参加新农保60周岁以上村（居）民的基础养老金发放提高10%、给予遵纪守法家庭成员大病保险报销奖励10%、对获评平安村（社区）的居民给予贷款利率优惠10%、对获评平安诚信示范家庭给予贷款利率优惠10%。全年兑现奖金611万元，惠及群众13万多人。推行平安家庭惠民保险政策。连续3年将平安家庭惠民保险纳入县政府为民办实事项目，每年投入200多万元，全面实施综治综合保险。全年兑现理赔金额57.5万元，331户群众获得理赔。

（县委政法委）

法治政府建设

【概况】 2020年，德化县贯彻落实《法治政府建设实施纲要（2015—2020年）》《法治政府建设与责任落实督察工作规定》，制定出台《德化县“法治政府建设年”拓展提升项目清单的通知》及2020年考评办法。开展规范性文件专项清理7场次，废止规范性文件12件。办理行政复议案件12件，决定受理7件。推进法治乡村建设，培育“法律明白人”1702人、“法治带头人”217人。

【法治政府建设责任落实】 2020年，德化县将法治政府建设纳入政府工作报告和年度工作计划，与经济社会发展同部署、同推进、同督促、同考核、同奖惩，坚持把党的领导贯彻到法治政府建设的全过程和各方面，把法治政府建设成效作为衡量下级党政领导班子及其主要负责人推进法治建设工作实绩的重要内容，纳入政绩考核指标体系。政府主要负责人履行推进法治建设第一责任人职责，加强对全县法治政府建设的组织领导，对需提交县政府集体研究的规范性文件和重大行政决策，实现事前合法性审核全覆盖。落实党委理论学习中心组、政府常务会、部门领导班子定期学法制度，全年举办4次大型法治讲座和领导干部法律知识考试；落实新进、新任领导干部法律知识培训、考试制度，强化领导干部和公务员学法用法情况考核，把法治意识和法律素养作为干部选拔使用的重要依据。制定出台《德化县“法治政府建设年”拓展提升项目清单的通知》及2020年考评办法，采用任务清单方式，结合县“收账”机制，跟踪掌握各项法治建设工作任务的进展情况，推进各项工作任务落地、落细、见效。

【重大行政决策公众参与度提高】 2020年，德化县学习贯彻实施《重大行政决策程序暂行条例》，采取座谈会、听证会、实地走访、书面征求意见、向社会公开征求意见、问卷调查、民意调查等方式听取意见，提高公众参与度；涉及专业性、技术性较强的决策事项，组织专家、专业机构论证；决策可能对社会稳定、公共安全等方面造成不利影响的，进行社会稳定风险评估。

【规范性文件清理和审查备案】 2020年，德化县开展妨碍统一市场和公平竞争、不符合《优化营商环境条例》等规范性文件和其他政策文件的清理工作。组织开展涉及野生动物保护、《中华人民共和国民法典》等规范性文件专项清理7场次，累计废止规范性文件12件。严格规范性文件审查及报备程序，加强规范性文件的前置审查，做到有件必备、有备必审、有错必纠。对全县各单位自行制定的规范性文件备案审查工作做出制度化、程序化安排，突出抓好“备案、审查、纠正”3个关键环节，从各单位规范性文件的制定主体、权限、程序、内容合法、适当等方面进行审查，对经备案审查发现不合法、不适当的规范性文件，坚决予以纠正。全年向市政府及县人大常委会报备县政府及其办公室规范性文件16件，均未出现被撤销或退回的情形。

【文明执法】 2020年，德化县全面推行行政执法“三项制度”（行政执法公示制度、执法全过程记录制度、重大执法决定法制审核制度）。制定下发工作实施方案，建立工作协调机制，把“三项制度”列入“强基促稳”和法治政府建设年拓展提升项目清单，并纳入法治政府建设考评体系和绩效考核体系，推动“三项制度”落地落实。依法规范房屋安全监管，开展房屋安全隐患排查整治，以房屋安全“百日大整治”行动为主线，运用法治思维和法治方式推动解决房屋安全问题，保障人民群众生命财产安全。疫情防控期间服务保障企业有序复工复产，规范有序做好行业复工复产，加强企业复工法律服务和法治保障。组织开展行政执法案卷评查工作。对行政执法案卷从执法主体、执法对象、认定事实、收集证据、程序流程、适用法律依据、文书格式、立卷质量等方面进行全面检查和评议。按照省、市行政执法案卷评查工作方案等规定，开展年度行政执法案卷评查工作，重点评查县卫健局、城市管理局、住房和城乡建设局、农业农村局、市场监督管理局等5个单位的行政执法处罚卷宗，出具评查意见，并印发行政执法案卷评查情况通报。加强规范事中事后监管。推进“双随机、一公开”（在监管过程中，随机抽取检查对象，随机选派执法检查人员，抽查情况及查处结果及时向社会公开）监管，持续完善抽查细则，明确抽查、检查、信息录入等流程。实施跨部门“双随机”联合抽查工作，组织县市场监督管理局、人社局、统计局、工信商务局、卫健局、农业农村局、消防大队等12个部门联合开展跨部门“双随机”联合抽查工作2场次，抽查覆盖食品药品安全、特种设备、知识产权、侵犯商业秘密、广告违法、格式合同、中介领域、“1+X”等16项监管内容。完成735家企业实地检查任务，27家企业被列入异常名录，31家企业被责令改正。全面开展行政执法主体和执法人员资格清理确认工作，确认全县行政执法主体95个、行政执法人员812名，做到持证上岗亮证执法。

【行政权力规范运行】 2020年，德化县接受人大建议监督，倾听政协意见建议，配合省人大常委会开展监督执法检查，加强和改进行政应诉工作，自觉履行人民法院生效判决和裁定，全县行政机关办理行政应诉29件。支持和配合检察机关开展公益诉讼工作，加强协作配合，行政机关通过办理检察建议，提高全县依法行政水平。完善政府内部层级监督，从“三个结合”上下功夫，日常监督与专项监督相结合，主动监督与受理举报投诉相结合，定期督导和突击检查相结合，保证监督频率和覆盖范围，增强监督实效。推进“重大建设项目”“财政资金”“扶贫脱贫”“社会救助”“医疗卫生”“食品药品安全”“住房”“安全生产”“教育”“河长制”等重点领域信息公开，保障人民群众知情权、参与权，自觉接受社会监督。利用政府门户网站等主流媒体，加大对政策性文件的宣传解读，回应

2020年2月27日，公安大队警员文明执法，维护社会治安　（图/吴有森）

2020 年 12 月 2 日，葛坑镇普法小分队在镇区法治公园内为中心小学的留守儿童讲述宪法小故事　（图 / 李宏图）

社会关切，不断提升工作透明度。

【行政复议和行政诉讼】 2020 年，德化县办理行政复议案件 12 件，决定受理 7 件，案件类型涉及交通执法、市场监管、拆迁补偿安置等多个范畴。审结 7 件，其中维持 6 件、撤销 1 件。通过行政复议案件的审理，保障公民、法人和其他组织的合法权益，化解部分社会不稳定因素。全年县政府出庭应诉案件行政机关负责人出庭率 60%。

【服务型政府建设】 2020 年，德化县梳理入驻省网上办事大厅的 1549 项事项，行政审批服务事项网上办理率 98.1%；“最多跑一趟”事项 1024 项，占总事项的 66.1%。9 月，设立惠企政策服务专窗并正式运行，进一步优化惠企政策归口总机制，实现在惠企政策出台或者更新后，同步推出简本、解读材料、流程图、办事指南及示例，并在 15 天内在行政服务中心惠企政策服务专窗进行宣传解读。通过梳理办事事项，确定德化县 17 个“一件事”集成套餐服务事项，出台《关于推进“一件事”集成套餐服务改革的通知》，推动政务服务更加便利高效，全面提升企业群众办事的便捷度、体验度和满意度。深化“减证便民”行动，持续抓好证明事项清理工作，促进证明事项告知承诺制全面推广。健全权责清单动态管理工作机制，县直部门完成权责清单事项调整部门 8 个，保留权责清单事项 316 项。乡镇梳理完成法定权责事项 195 项、县直部门委托权责事项 16 项、县直部门派驻机构权责事项 1101 项、属地管理责任事项 33 项、赋权目录事项 11 项，为行政审批服务和部门履职提供依据。

【法治建设宣传】 2020 年，德化县完成“七五”普法规划实施情况的总结、检查、评估等各项工作，顺利通过全市“七五”普法总结验收，为谋划“八五”普法规划奠定基础。推进法治乡村建设。制定下发“法律明白人”“法治带头人”培养工程实施方案，全县培育“法律明白人”1702 人、“法治带头人”217 人。法治创建相关经验做法在《侨区快讯》刊发。推行“谁执法谁普法”“谁服务谁普法”的普法责任制，把普法工作纳入各部门单位年度目标责任制、综治平安建设考核范围，推进普法工作向纵深开展。围绕民众关切领域，开展集中法治宣传。在重要时间节点，集中开展“3•15”国际消费日法治宣传、民法典专门宣传、“12•4”国家宪法日集中宣传等大型集中法治宣传活动 30 多场，不断扩大普法教育覆盖面。

（县司法局）

公 安

【概况】 2020 年，德化县扫黑除恶专项斗争圆满收官，防范治理电信网络诈骗犯罪专项行动有力推进，社会治安热点问题得到有效整治，刑事案件呈“一降两升”态势，社会治安持续向好。全年刑事案件立案 1094 起、比上年下降 15.06%，破案 752 起、比上年增长 11.57%，抓获犯罪嫌疑人 704 名、比上年增长 13.73%；办理治安案件 581 起，比上年增长 1.22%；处置交通事故警情 6832 起，比上年增长 23.99%。

2020 年，县公安局被县委、县政府表彰为“创建全国文明城市”先进单位，代表泉州市公安局参加全省公安机关领导干部比武获第二名。获省级标兵 2 人、市级“标兵集体”1 个、市级标兵 3 人。立专项集体二等功 1 个，立专项个人三等功 2 人，获市公安局表扬集体 2 个、个人 4 人。疫情防控期间，获县委、县政府表

在水口镇疫情防控检疫点，工作人员严守防线（摄于2020年2月17日）
（图/县公安局）

彰先进基层党支部1个、先进个人5人；向上级公安机关报批个人一等功1人、个人二等功1人、集体三等功3个、个人三等功7人。

【社会稳定维护】 2020年，德化县公安局排查矛盾纠纷1008起，化解、稳控1007起，移交1起；接收初信初访件156件、办结150件、办结率96.15%；市公安局交办信访积案4件，化解办结率100%，有效消除社会涉稳风险。9月25日，年度首次全省公安反恐情报研判会在德化召开。疫情防控期间，精准核查涉疫数据，严守入口防线，严打涉疫犯罪，确保全县疫情“零输入”；会同卫健、交通、乡镇等部门设立检疫点13个，投入警力4550人次，检查入德机动车6.47万辆次、人员11.6万人次；立案涉疫情诈骗案件9起，全部破获。监所实现疫情“零感染”、安全“零事故”的目标。

【刑事犯罪侦查】 2020年，德化县以扫黑除恶专项斗争为龙头，深入开展命案攻坚、“云剑2020”“小案快侦”等专项行动，打击整治电信网络诈骗、传统盗抢骗、黄赌毒等违法犯罪。立案刑事案件1094起、比上年下降15.06%，破获刑事案件752起、比上年增长11.57%，其中破获年内案604起、破案率55.21%，抓获嫌疑人704人、比上年增长13.73%；成功侦破命案2起、抢劫1起，侦破率100%。审核提请逮捕94件132人，检察院批准逮捕111人、比上年下降44.78%；审查移送起诉516件589人，检察院提起公诉443人、比上年下降11.93%。

扫黑除恶专项斗争。2020年，全县查封、冻结、扣押涉黑恶案资产1.44亿余元，深挖省纪委认定的“保护伞”1起1人。立九类涉黑恶犯罪案件35起、破案33起，抓获犯罪嫌疑人58人（其中逃犯6人）。摸排、接收各类线索15条，核查办结率100%；核查反馈县公安局与县纪委监委双向移送问题线索1条；对办案中发现的行业监管失位问题发出公安提示函12份，均收到相关行业监管部门的整改落实情况反馈。2020年德化县扫黑除恶好评率居全省第六名。

“云剑2020”。2020年，县公安局立电信网络诈骗案215起、比上年增长3.86%（压降案件幅度排名全市第二），抓获犯罪嫌疑人40名、比上年增长207.7%，破获案件55起、比上年增长10%。深入开展“断卡”行动，核查上级推送各类线索311条，核查率100%。

“小案快侦”。2020年，县公安局深入推进“小案快侦”行动，进一步提升打击效能。全县立案传统“盗抢骗”案件383起、比上年下降40.44%，破获245起，其中破获年内案件198起、破案率51.7%；侦破小案快侦类案件110起，其中24小时破案91起，72小时破案15起，168小时破案4起，快侦率82.09%。

打击“黄赌毒”违法犯罪。2020年，县公安局加强辖区出租屋、KTV、洗浴足浴养生会所等重点场所的监督管理。查获引诱、强迫介绍卖淫案件3起，抓获涉案人员8名；查获赌博案件61起，抓获涉赌人员339人，缴获赌资43万元、赌具72件；破获涉毒刑事案件2起，抓获涉毒犯罪嫌疑人2人，移送起诉涉毒犯罪嫌疑人3人，查处吸毒人员2人。

【社会治安管理】 2020年，德化县开展安全生产隐患大排查大整治行动，排查整治一批安全生产隐患；落实危爆物品监管措施，做到“不流失、不炸响”；推进房屋安全隐患“百日大整治”行动，滚动排查旅馆业、群租房、出租房屋安全隐患，会同相关部门督促整改；推进事故预防“减量控大”行动，严查“五类十项”严重道路交通违法行为，全县道路交通形势总体平稳；开展“护校安

2020年12月24日，县公安局交警大队在葛坑镇葛坑村开展“知危险会避险、安全文明出行”主题宣传活动 （图／王建德）

园”专项行动，保障师生安全和教学秩序稳定。

道路交通专项整治。2020年，德化县推进安全隐患大排查大整治行动和创城工作，深入开展酒驾醉驾毒驾、“夜查”、重大型货车等专项整治行动，查处“五类十项”严重道路交通违法行为33639起，其中醉酒驾驶245起、酒后驾驶456起、货车超载439起。全县共接交通警情6832起、比上年增长23.99%，发生适用一般程序交通事故90起、比上年增长5.88%，造成37人死亡、比上年增长32.14%，104人受伤、比上年增长13.04%，经济损失17.65万元、比上年下降13.99%。

危爆物品监管。2020年，德化县有使用民爆物品企业6家、爆破作业项目37个。购买使用工业炸药2677.036吨，雷管102.608万发；发现并督促整改隐患94处，办理涉爆行政案件2起，查处违法行为人4人。

重点行业场所管理。2020年，县公安局配合相关部门开展安全隐患大排查大整治，发现并整改旅馆业隐患263处，注销特种行业许可证5家，排查10人以上群租房179户，发现并整改隐患1096处。

护校安园。2020年，县公安局对全县中小学幼儿园开展安全检查592次，发现并督促整改安全隐患86处，发放宣传资料3000余份。全县中小学和幼儿园均设置隔离栏、隔离墩等防撞设施，并安装“一键式”紧急报警装置，视频监控系统与公安机关联网。

【公安基础夯实】 2020年，德化县全面推进派出所快速响应机制建设。全县18个派出所所长担任所在乡镇党委班子成员，选派50名网格民警兼任村（社区）党支部副书记、主任助理，选聘250人兼任村（社区）警务助理。全县216个村（社区）均建立警务室，各派出所警务辅助力量配备率100%，零发案村居、单位、乡镇创建率100%，全面夯实基础工作。建立派出所“三前”机制（组织前置、警务前移、服务前倾），得到市委常委、政法委书记林锦明批示肯定。

【出入境及往来港澳台管理】 2020年，德化县受理公民出国申请384人次，受理公民往来港澳台地区办证申请369人次，查处涉外案件7起7人。加强出入境信息化建设，优化便民增效服务，出入境窗口顺利完成电子证照及政务数据应用安装，全国公安出入境管理信息系统成功对接政务数据库，在窗口受理业务时可通过电子证照库获取电子证照信息用于信息核验与电子档案存档，申请人无须提交复印件，即可实现政务信息共享应用。

【林区治安管理】 2020年，德化县开展“昆仑2020”“集中查处森林火灾案件”专项行动，加大森林巡护力度，严厉查处涉林案件。清查农（集）贸市场、餐饮业等重点场所100多处，破获涉林刑事案件14起，查结林政案件63起、查结率100%，移送起诉12起24人，依法收缴罚没款88.12万元，收缴野生动物30只（头），扣押、没收作案工具18件（套）。

【网络安全监管】 2020年，县公安局加强网络舆情监管，约谈网民64人，批评教育20人。开展网络安全执法监督检查37家次，下发网络安全检查通知书31份、限期整改通知书19份、当场处罚决定书6份。

【公安宣传】 2020年，县公安局创新宣传方式方法，通过“德化公安”微信公众号、微博平台推送战疫先锋、先进典型系列专题32期。其中，《执法记录仪里的影像世界》被省委政法委官方微信“清朗天空”转载，拍摄制作的五四特辑《无奋斗、不青春》《禁毒云课堂》被“学习强国”福建学习平台和福建警方微信公众号转载，3 篇经验做法被《人民公安报》刊发。

检　察

【概况】　2020 年，德化县检察工作依法履行刑事检察、民事检察、行政检察、公益诉讼等法律监督职责，批准逮捕各类刑事案件 68 件 98 人，提起公诉 281 件 318 人。

【刑事检察监督】　2020 年，县检察院受理审查逮捕各类刑事犯罪案件 81 件 113 人，批准逮捕 68 件 98 人。受理移送审查起诉 372 件 436 人，提起公诉 281 件 318 人。监督公安机关立案 5 件 8 人，撤案 1 件 1 人，向侦查机关发出纠正违法通知书 3 份，检察建议书 2 份，纠正漏诉 1 件 1 人；向法院提出量刑建议 288 件。适用认罪认罚从宽制度审结刑事案件 328 件 376 人，适用率 92%，位居全市前列。加强刑事执行监督，检察入所 3686 人、出所 3619 人。强化监外执行检察监督，监督 160 名监外执行对象进行社区矫正。加强强制医疗执行日常检察监督，开展强制医疗执行监督 6 件。对 2013—2020 年职务犯罪、金融犯罪、涉黑涉恶犯罪等“三类罪犯”的财产刑执行案件的立案执行情况进行监督，监督财产刑立案执行 359 件，结案 524 件。落实宽严相济刑事政策，依法不批捕 13 人，不起诉 56 人；通过羁押必要性审查，向法院、公安机关发出羁押必要性审查建议书 8 份，8 名犯罪嫌疑人、被告人被变更为非羁押强制措施。

【民事检察监督】　2020 年，县检察院突出打击虚假诉讼，受理民事生效裁判监督案件 6 件，其中涉及虚假诉讼案件 5 件，提出再审检察建议 5 件，法院全部裁定再审；检察长列席法院审判委员会 2 次，对民事虚假诉讼再审案件发表意见。总结办案中发现的问题和特点，向市检察院提交呈阅件《许 ×× 等人涉黑案“套路贷”及虚假诉讼监督系列案》，获市检察院检察长批示肯定。办理 1 起涉企虚假诉讼案件，被市检察院列为服务“六稳”“六保”5 起典型案例之一。强化审判程序违法行为监督，针对民事审判中公告送达程序存在的问题，向法院提出改进工作检察建议，维护当事人合法权益。加大民事执行检察力度，办理民事执行监督案件 16 件。

2020 年 10 月 23 日，县检察院开展“服务‘六稳’‘六保’护航民企发展”主题检察开放日活动　（图 / 县检察院）

【行政检察监督】　2020 年，县检察院依法开展行政机关不当履行职责监督，向行政机关发出检察建议书 20 份，均被采纳并落实整改。开展行政非诉执行监督，聚焦人民群众反映强烈的食品安全、自然资源等重点领域，办理行政非诉执行监督案件 22 件，督促收回行政征收、行政处罚款 398 万余元。开展“加强行政检察监督促进行政争议实质性化解”专项活动，牵头召开行政争议化解协调会并成功化解相关行政部门与当事人的行政争议，促进其提高依法行政水平，助推法治政府建设。

【公益诉讼检察】　2020 年，县检察院围绕生态环境资源、食品药品安全等重点领域，办理公益诉讼案件 33 件。落实“四个最严”（最严谨的标准、最严格的监管、最严厉的处罚、最严肃的问责）要求，开展校园周边食品安全、食品药品严重失信黑名单等专项检察监督活动，发出食品药品安全领域诉前检察建议书 12 份，保障人民群众“舌尖上的安全”。强化生态环境司法保护，向相关行政机关发出生态环境和资源保护领域诉前检察建议书 17 份，提起刑事附带民事公益诉讼 4 件，向生态环境损害行为人索赔野生动物生态资源损失费、生态功能损失费 7.9 万元，诉讼请求全部获法院支持。为生态文明绿色发展提供司法保障，起诉破坏生态环境犯罪案件6件12人。联合县河长办等部门共同出台《德化县涉河涉水损害事件联办工作制度》《关于建立水生态环境损害线索移送及工作协作配合的若干意见》，形成县域河湖保护多部门联动格局。依托“四市五县”（泉州市德化县，福州市永泰县，莆田市仙游市，三明市大田县、尤溪县）环戴云山生态保护司法联盟，与大田县检察院等相关部门开展跨区域联动巡河活动，向相关行政部门发出诉前检察建议2份，督促解决大田、德化交界处流域生态问题。持续开展网箱养殖污染等专项整治活动，向相关行政部门发出诉前检察建议书8份。探索文物和文化遗产保护新领域案件，对全县国家级、省级、县级等64个文物保护单位进行专项检察，针对屈斗宫、大兴堡、永革桥、统军庙等文物保护单位存在的安全隐患问题，向相关部门发出诉前检察建议，督促落实文物保护管理制度，当好公共利益“守护人”。

【涉疫案件检察】 2020年，县检察院成立涉疫专案组，依法从快从重打击涉疫犯罪。提前介入2起涉疫案件，引导公安机关从快收集、固定证据；审查起诉口罩诈骗等涉疫案件6件10人，依法惩治危害疫情防控犯罪。审查起诉涉嫌非法狩猎和非法收购、出售珍贵、濒危野生动物等犯罪案件5件9人，提起涉野生动物刑事附带民事公益诉讼3件5人，推动革除滥食野生动物陋习。开展口罩、酒精、抗病毒药品等防疫用品专项检察，发出检察建议书2份，督促相关部门履职到位。服务保障企业复工复产，抽调干警配合乡镇、村（社区）上门排查企业疫情安全生产情况，参与一线联防联控30余人次，走访150多家企业并反馈企业需求20余条。审慎办理涉企案件，落实少捕慎诉司法理念，对涉罪民营企业负责人、主要经营管理人员等开展羁押必要性审查，变更强制措施1人、决定不起诉9人，依法保护疫情防控期间企业正常生产经营。

【扫黑除恶专项斗争协作配合】 2020年，县检察院依法对涉黑恶案件提起公诉3件19人。重点排查涉黑案件中隐藏的“案中案”，办理的10起“套路贷”虚假诉讼案件作为全市唯一的民事虚假诉讼监督案例，入选福建省检察机关“扫黑除恶专项斗争优秀诉讼监督案例”。

【未成年人司法保护】 2020年，县检察院严厉惩治侵害未成年人犯罪案件8件10人。落实教育行业从业资格申请人违法犯罪记录信息前置查询，核对县教育系统2020年新招录的教职人员141人，严把教师及教育行业人员从业准入关口。推动落实侵害未成年人案件强制报告制度，向教育系统、卫健系统赠送强制报告制度动漫宣传视频，构建跨部门互联互通、协同配合的未成年人权益保护机制。坚持依法惩治与教育挽救未成年犯罪嫌疑人并重，分别对4名涉罪未成年人进行跟踪帮教、监督考察，对2名涉罪未成年人作出附条件不起诉决定。升级改造青少年法治教育馆，疫情防控期间，专门录制教育馆的讲解视频分发给全县各中小学播放，提高普法效果。与县职业技术学校联合建立心灵驿站工作室，对家庭教育有欠缺的父母进行亲职教育，引导其正确教育子女。受聘的4名法治副校长走进校园上好“开学第一课”，围绕学习宪法、预防性侵、校园欺凌等主题开展精准普法活动7场次，发放宣传册3000册，受教育师生2300余人次，联合团县委、教育局共同开展“学民法典，做好少年”主题演讲比赛，推进“法治进校园”活动常态化。未成年人司法保护做法先后多次被人民网、正义网及《检察日报》《福建法制报》等媒体宣传报道。

【酒驾综合治理】 2020年，县检察院针对近年德化县酒后危险驾驶案

2020年7月20日，县检察院到德化一中为2020届毕业生赠送《中华人民共和国宪法》等法律书籍 （图/县检察院）

件占比居高不下且逐年增加的严峻形势，撰写《关于危险驾驶犯罪的分析报告》呈阅件，获县委书记批示肯定，为开展全县性危险驾驶综合治理的决策部署提供参考依据。联合县教育局以“写给父母的一封信”的形式向全县4万余名中小学生家长开展“禁止酒驾”的交通安全宣传，增强全县群众交通安全意识。注重办案过程对醉驾案件当事人及亲属的释法说理，减少、转化社会对立面，促进社会和谐。

（林立昕）

法　院

【概况】 2020年，县法院受理各类案件8318件，办结7701件，标的额10.61亿元，法官年人均收案252件、结案233件，结案率、结收比等主要办案指标位居全市基层法院前列。

【涉疫案件审判】 2020年，县法院落实依法防控总要求，妥善处置涉疫情案件9件，严惩肖某涉防疫口罩诈骗案。强化“司法暖企”，出台帮助企业渡过疫情难关的10条举措，落实涉企诉讼绿色通道、缓减免交诉讼费等举措，助力企业复工复产，得到县委、县政府主要领导批示肯定。审理因疫情引发的劳动争议案件，依法合理认定疫情防控期间劳动者的报酬待遇，引导群众理性维权。开展“云立案”“云庭审”“云调解”等1715件次，发挥智慧司法在疫情防控中的作用。

【涉黑涉恶案件审判】 2020年，县法院审结寻衅滋事、“套路贷”等涉黑涉恶案件5件35人，其中判处有期徒刑5年以上重刑14人，吴某章、王某开等一批黑恶势力犯罪分子依法受到严惩。加强与相关部门衔接配合，完善提前介入、诉审衔接等机制，不断提高审判质效，确保“案件清结”。推进“打伞破网”，审理涉黑涉恶“保护伞”案件1件。强化“打财断血”，判处财产刑金额631.9万元，执行到位率居全市基层法院第二位，确保“黑财清底”。加强扫黑除恶综合治理、源头治理，注重分析研判，发出司法建议2份。

【刑事审判】 2020年，县法院依法审结刑事案件310件，判处罪犯391人。打击各类严重暴力犯罪和多发性财产犯罪，审结强奸、抢劫、故意伤害等案件22件32人。参与“断卡”行动，严惩电信网络诈骗犯罪案件5件5人。坚持“打虎拍蝇”不放松，审结贪污、贿赂、渎职等职务犯罪案件2件3人。从重打击性侵、暴力伤害等侵害未成年人权益犯罪案件6件9人；坚持教育感化挽救方针，妥善审理未成年人犯罪案件3件5人，比上年下降54.54%。深化以审判为中心的刑事诉讼制度改革，推动落实证人、侦查人员、鉴定人出庭作证机制。完善刑事速裁程序，推动危险驾驶、交通肇事等轻微刑事案件走上审判快车道，平均审理期限5天。推行刑事案件律师辩护全覆盖，律师辩护率100%，其中法律援助辩护率40.7%。坚持罪责刑相适应，依法判处缓刑、管制等非监禁刑164人。

【民事审判】 2020年，县法院依法审结各类民事案件3736件，标的额5.24亿元。其中涉劳动争议、教育、医疗、消费等民生案件633件。全面推进“一站式”多元解纷和诉讼服务体系建设，在县委政法委牵头下成立德化县矛盾纠纷多元化解中心，对接全县18个乡镇和14个行业调解分中心，构建起横向到边、纵向到底的“大调解”格局。创新推出“调解套餐”“诉前调解＋司法确认”等举措，诉前成功调解各类纠纷716件次，进行司法确认123件次，调解成功率83%，进入诉讼程序的案件量同比下降13.4%，诉源治理成效初显，省委政法委副书记马必钢实地调研并予以肯定。联合公安、妇联、商会等17个部门成立诉非联动中心，开展诉调对接工作。优化全市首个县

德化县在陶瓷同业公会成立涉陶瓷纠纷调解工作室。图为2020年4月22日举行揭牌仪式

（图/县法院）

级家事纠纷多元化解中心，聘请19名妇联工作者、社区干部等作为家事调查员，受理案件380件，调解成功率71.63%。县法院“一站式”多元解纷经验做法在全市法院院长座谈会上作典型交流。

【商事审判】 2020年，县法院审结各类商事纠纷1428件，标的额1.6亿元，维护诚实守信、公平竞争的市场经济秩序，平等保护民营企业和企业家合法权益。审结金融借款、保险等案件552件，与12家金融机构建立联系协调工作机制，共同防控金融风险。妥善审结民间借贷案件718件，发布民间借贷法律指引、借贷范本等，引导民间投融资行为向规范化方向发展。围绕“陶瓷转型突破年”部署，持续加强陶瓷审判团队建设，审理涉陶瓷产业纠纷案件198件。联合县陶瓷同业公会成立陶瓷纠纷调解工作室，把15件陶瓷纠纷解决在诉前，促成20名当事人实现共赢发展。完善知识产权司法保护与行政保护协作机制，审结知识产权案件129件，集中销毁侵权陶瓷产品5.4万件，连续6年发布全省唯一的陶瓷产业知识产权保护白皮书，在知识产权保护教育基地创造性开展“云展览”直播活动，提升产权保护意识，助力陶瓷产业创新驱动发展。审查县自然资源局、交通运输局等部门提起的行政非诉审查案件12件，保障“放管服”等改革措施落地。

【生态司法】 2020年，县法院加大生态司法保护力度，审结环境资源案件24件，首次适用七人合议庭妥善审理刑事附带民事环境公益诉讼案件；成立驻县河长办法官工作室，同心守护德化“母亲河”；开展补种复绿“回头看”专项行动，督促被告人将6.53公顷补种义务落到实处。

【矛盾纠纷排查化解】 2020年，县法院围绕“保底创优深化年”部署，推进综治维稳，重视化解群体性事件风险隐患。开展“根治欠薪”行动，为172名工人追讨欠薪308.52万元。联合多部门调处1起疫情防控期间因经营不善引发的开发商、租户与103户业主之间的群体性纠纷，将多起风险隐患消除在萌芽状态。

【案件执行】 2020年，县法院执结各类案件3630件。以涉民生案件为重点，不定期开展“凌晨行动”，拘传、拘留失信被执行人34名，当场执结案件39件，确保当事人胜诉权益尽快实现。结合疫情发展态势，灵活采取“放水养鱼”“活封活扣”等措施，减少司法活动对企业生产经营活动的影响，将“六保”“六稳”落到实处。健全综合治理执行难工作格局，完善信用惩戒分级管理、失信修复等机制。创新执行举措，设立执行律师志愿服务岗，邀请5名律师为执行当事人提供多项服务；创设“执行收款码”，简化缴款流程；建立执行通知程序前置机制，增强审判与执行的配合衔接。对符合条件的执行财产实现网络拍卖全覆盖，网拍67件次，成交额4204.44万元。坚持失信曝光与守信褒扬相结合的做法，通过微信公众号及南门、水口、上涌液晶高清显示屏等平台发布“失信黑名单”308人次，营造失信可耻、诚信光荣的氛围。

【司法改革】 2020年，县法院全面落实司法责任制，健全科学配权、规范用权、严格限权的审判权力运行体系，用清单方式明确院、庭长、审判组织、法官的权限和职责，做到有权必有责、有责要担当、失责必追究。调整优化审判团队5个，突出员额法官主体地位，尊重法官按照审判规律管理团队、主导办案。用好年初调人、年中调案工作机制，推动人案均衡，化解案多人少矛盾。强化院、庭长办案示范引领，院领导带头办理涉黑涉恶等重大疑难案件，院、庭长办案2751件，占结案总数的35.72%。

2020年，县法院建成数字化审委会系统，改变传统案件讨论模式，实现案件研究无纸化、可视化、智能

2020年6月9日，县法院开展补种复绿“回头看”专项行动　（图／县法院）

化，发挥审委会总结审判经验、统一裁判尺度的职能作用。制作类案文书模板，推行类案与关联案件强制检索机制，促进同案同判、类案类判。完善案件评查工作机制，组织开展案件评查247件，评查工作覆盖全部法官。坚持“放权”与“监督”相结合，建立健全由院、庭长和资深法官组成的刑事、民事、执行专业法官会议制度，常态化召开专业法官会议20次，让专业法官探讨专业案件，促进类案裁判标准统一、适用法律统一。强化“四类案件”监督管理，优化审判绩效量化考评模式，实现从盯人盯案、层层审批向全员、全面、全程、实时监督管理的转变，一审服判息诉率92.48%，改判发回重审率0.37%。

2020年，县法院落实“分调裁审”机制改革，建立案件繁简分流、轻重分离、快慢分道机制，完善以随机分案为主、指定分案为辅的模式。成立速裁中心，组建8个速裁团队，对6类简单民商事案件实行快立、快调、快裁、快审、快执。适用简易程序和小额诉讼程序审结案件1258件，占全部民商事案件的33.73%，平均审理期限23.4天。实行审判辅助事务集约化管理，统一辅助性事务执行标准，深化电子卷宗同步生成运用，实现一站式、流水线作业，将法官从烦琐的辅助事务中彻底剥离出来。

2020年，县法院推动司法工作全面进入大数据智能化时代，实现“数字正义”。在看守所建设远程视频提讯室，推动刑事案件在线审理。发挥县矛盾纠纷多元化解中心视频调解室作用，实现法官、调解员和纠纷双方“四方同框”。通过微信、QQ等网络媒介和法院在线调解平台开展调解26件次。深化阳光司法，推行生效裁判文书“一键上网”、庭审实况“一键直播”、审判流程信息“一键发送”，裁判文书上网率、审判流程信息公开率分别达89.44%、100%，庭审直播732件。实行庭审语音识别、文书智能纠错、“法信”智能推送等应用，为法官办案、群众诉讼提供智能辅助。

【司法为民】 2020年，县法院推进现代化诉讼服务体系建设，完善网上诉讼服务中心、自助诉讼服务终端、微信公众号等“一网一端一号通办”新型诉讼服务模式，实现网上立案、自助立案、跨域立案全覆盖，让群众“最多跑一次”，甚至“一次都不用跑”。被泉州中院确定为跨域诉讼服务试点法院，与晋江法院、石狮法院加强“山海协作”，实现诉讼服务资源共建共享、通存通兑，开展跨域执行、跨域调解、跨域开具生效证明等14件，减轻群众诉累。延伸诉讼服务职能，推进司法精准扶贫，为生活困难的群众减免诉讼费5.96万元、发放司法救助金24万元。法院诉讼服务中心获评市级“青年文明号”。创新“绿色送达”方式，运用扫描房屋二维码等方式开展电子化集约送达，4个送达小组承担全院63%的民事案件的送达工作，送达周期同比缩短5.2天。运用德化成熟的城乡社区网格化服务管理体系，持续推进“网格化＋司法”工作模式，引进网格员全方位、立体式、多元化参与送达、调解、执行、普法等工作700余件次，做到小事不出格、大事不出网、矛盾不上交。打造现代化县域社会治理新格局，根据德化“小县大城关”特点，巩固完善“1个办案中心+4个巡回办案点”的基层法庭办案模式，常态化开展巡回审判、田间审判等13场次，筑牢社会治理基层根基。落实普法责任制，坚持“走出去”与“请进来”相结合，组织开展以宣讲民法典为重点的“送法八进”活动26场次，邀请公职人员、中小学生等旁听庭审、参观普法基地1300余人次，增强群众法治意识。

（县法院）

司法行政

【概况】 2020年，德化县司法行政部门加强法治宣传教育，“七五”普法工作顺利通过全市总结验收。做好人民调解工作，全年排查调处各类矛盾纠纷1522起，成功率98.2%；在矫社区服刑人员220名，均得到有效管控；1223名刑满释放人员基本得到妥善安置与帮教。各律师所代理各类案件1432件，法律援助中心受理各类法律援助案件391件，公证处办结各类公证事项488件。牵头组织对三班镇安全生产隐患大排查大整治活动开展情况进行全面督导，累计开展督导12场次，发现问题23个并督促落实整改。参与全国文明城市创建活动，履行“格长”职能，协助吉祥社区做好各项创城工作，圆满完成创城各项任务，县司法局被市委、市政府评为“泉州市2017—2019年度文明单位”；被县委、县政府评为“全国文明城市创建工作先进集体”、推进“强基促稳”工作先进集体。

【人民调解】 2020年，德化县“线下”依托县级矛盾纠纷多元化解中心和18个乡镇分中心、216个村（社区）调解工作室、14个行业分中心，开展人民调解。同时，推广运用“网上调解”平台，累计“线上”调解矛盾纠纷694起，其中2020年度调解114起。推动在公安、民政、市场监管等7个行政纠纷多发、易发的部门成立行政调解委员会，全年全县

2020年8月，县司法局在全省司法行政工作推进会上作典型经验交流发言

（图/县司法局）

各级各类调解组织排查化解矛盾纠纷1522起，成功率98.2%。相关经验做法在省司法厅网站、简报刊发。

【矫正帮教】 2020年，德化县深入学习宣传贯彻《中华人民共和国社区矫正法》，依法设立社区矫正委员会，推进“智慧矫正中心”建设，开发建设集线上心理测评、线上自助学习等功能于一体的“德化县智慧矫正平台系统”，打造具备“人脸识别、越界提醒、喊话告警”等功能的“智能管理终端”，推动社区矫正监管信息化、智能化。接收社区矫正对象220人，均得到有效管控。有刑满释放人员1223人，督促落实衔接、帮扶、安置、教育举措，预防和减少重新违法犯罪。8月，县司法局作为全省2个县级司法局代表之一，在全省司法行政工作推进会暨廉政建设会议上作典型经验交流发言；12月，省司法厅发文在全省推广德化县“智慧矫正中心”建设经验做法。

【法律服务】 2020年，德化县各律师事务所代理各类案件1432件，公证处办结各类公证事项488件。县司法行政部门为疫情防控和企业复工复产提供法律服务。推动在乡镇建立公共法律服务站点18个，抓好县级公共法律服务实体平台、“12348”法律服务热线平台、德化县掌上公共法律服务平台等三大平台业务融合升级。引导律师入驻德化县掌上公共法律服务平台，入驻律师数占全县律师总数的95.83%。组织开展村（社区）法律顾问示范点创建，创建率31.48%。深化“法援惠民生”法律援助品牌建设工作，全年办理法律援助案件391件，免收法律服务费88.15万元，为群众挽回经济损失796.17万元。推行公证“一线工作法”，深入世科棚户区改造项目、兴泉铁路德化段等民生工程和重点项目建设一线，提供证据保全、现场监督等公证服务488件。相关经验做法在省司法厅简报刊发。

【基层司法所建设】 2020年，德化县司法行政部门全面推进司法所规范化建设，科学设置功能用房，配齐配全软、硬设施，统一标志标牌，提升基层基础建设水平。全县18个司法所业务用房面积均达标，副科级司法所长配备率100%。

【法治宣传教育】 2020年，德化县持续深化“法律八进”（进镇、进村、进社区、进单位、进庙会、进学校、进企业、进集会）活动，推动法治宣传教育向面上拓展、向基层延伸。各乡镇各部门围绕重点时段开展各类法治宣传教育活动900多场次。结合乡村振兴建设和公共文化服务体系建设，以乡村法治文化阵地建设为切入点，按时序完成三班、龙门滩等2个镇法治文化阵地示范点提升建设，发挥2个示范点“典型示范、辐射带动”作用。制定下发“法律明白人”培养工程实施方案，培育农村“法律明白人”1702名、“法治带头人”217名，为实施乡村振兴战略、建设法治乡村奠定基础。相关经验做法在《侨区快讯》《福建法治报》等刊物和省司法厅网站刊发。

（黄全强）

军　事

县人武部

【概况】　2020年，德化县人民武装部（简称“县人武部”）加强官兵思想教育和军事训练，投资30多万元用于基础设施建设，承接举办泉州军分区第一届通信技术骨干集训。落实国防教育工作制度，组织开展第20个“全民国防教育日”活动，增强全民国防观念。重视双拥共建工作，联合军地部门创新成立福建省首个“助学帮扶双拥共建联络点”，与3家单位签订共建协议。国防潜力核查完成率100%，适龄青年登记率100%，完成年度征兵任务。

【思想教育】　2020年，县人武部深入学习《习近平强军思想学习纲要》《习近平军事战略思想学习读本》以及中共十九届五中全会精神，开展“传承红色基因，担当强军重任”主题教育。加强战备法规学习，年初参加军分区战备训练法规集训，考核成绩位居全市前列（综合成绩居全市第三）。

【军事训练】　2020年，县人武部承接举办泉州军分区第一届通信技术骨干集训，在军分区组织的专武干部集训和“四会”（会讲、会做、会教、会做思想工作）教练员比武两项考核中，专武干部集训综合成绩第一、“四会”教练员比武科目成绩全部优秀。民兵整组编训方面，严格按照专业化程度70%、党员30%、退役军人30%、专业对口率80%等硬性指标进行编组，在市组织的检查考评中获总评第一。

【基础建设】　2020年，县人武部加强专武干部的教育管理，安排专武干部参加各类集训轮训，获评“优胜单位”。投资30多万元用于人武部和基层武装机构规范化建设，完善县级应急应战物资器材，改进视频会议系统，维修更换兵器室、办公室、保密室、作战室、机房等各类设施设备，实时更新营院宣传标语和灯箱，建设质量水平全面提升。采取“四不两直”方式，分3个批次对全县乡镇武装部及建制村（社区）民兵营进行巡回检查，核查问题清单9类73项，先后召开3次推进会落实整改，乡镇“三室一库”（办公室、器材室，青年民兵之家）和民兵营“两室一家”（办公室、资料室、执勤室，战备器材库）建设标准和工作质量提升明显，得到省军区专项工作检查组高度肯定，综合考评成绩位居

2020年8月5日，县长黄文捷（前排右二）到县中医院体检中心检查指导征兵体检工作
（图／许华森）

2020 年 9 月 10 日，德化县在国宝乡举办 2020 年度新兵欢送大会　（图／陈永春）

全省、全市前列。先后投入资金完成县人武部办公楼接待室建设、废旧门窗更换、家属楼家具更新、闲置营房清理等四项工程；改建征兵办公室，配套完善相关设施；协调县双拥办，投资 22 万元，完成县人武部健身房建设工程。

【国防教育】　2020 年，县人武部落实国防教育工作制度，加强国防教育办公室合署办公，组织国防教育讲师团成员参加集中轮训和“大国兵器展”。结合双拥宣传月和国防教育月，组织开展第 20 个“全民国防教育日”活动，辐射社会各界群体，增强全民国防观念；协调资金 15 万元，与县双拥办共同建设“国防教育一条街”。

【拥政爱民】　2020 年，县人武部推动各级成立退役军人服务机构，“光荣之家”荣誉牌发放率 100%。联合军地部门创新成立福建省首个“助学帮扶双拥共建联络点”，与 3 家单位签订共建协议，拓展优抚优待机制；全年捐资助教助学 1 万元，走访慰问 22 户困难党员、困难群众、困难退伍军人，发放慰问金，帮助解决实际困难。

【安全工作】　2020 年，县人武部抓好安全法规学习，坚持每周学一章安全法规，深入开展学法规、用法规、守法规活动。严格落实安全工作责任制，定期开展安全教育、组织政治审查、走访驻地了解情况，落实制度。每周利用交班会组织 1 次安全教育，严格执行安全行车的各种规章制度，确保行车安全。

（县人武部）

人民防空

【概况】　2020 年，德化县重新组建 6 支人防专业队伍，规范人防工程审批和工程质量管理。建成人防指挥信息系统，完成信息系统分级保护建设。城区警报音响覆盖率 98% 以上，警报鸣响率 100%。

【人防专业队伍建设】　2020 年，德化县重新组建医疗救护、抢险抢修、交通运输、综合应急、心理防护、信息防护等 6 支人防专业队，进一步充实人防力量，提高人防保障专业队在应对城市防空袭和突发公共安全事件中的应急救援专业技能。

【人防工程建设】　2020 年，德化县提升人防工程平时利用率，按照“平战结合”理念做好平战转换方案，平时作为地下停车位，实现战备效益、社会效益、经济效益相统一。完成《德化县城区人民防空建设专项规划（2020—2035）》初稿编制并经专家评审通过，拟报县政府审批后纳入国土空间规划。

【指挥通信建设】　2020 年，德化县建成人防指挥信息系统，完成信息系统分级保护建设。定期检查维护警报系统，确保设备处于良好状态，城区警报音响覆盖率 98% 以上，警报鸣响率 100%。

【人防宣传教育】　2020 年，德化县将《中国人民防空》和《福建人防》杂志分发到县领导手中，让领导及时了解各级党委、政府、部队领导对人防工作的指示和要求。9 月 18 日，组织龙浔镇大洋社区和浔中镇东顺社区分别在碧桂园小区和嘉德新苑社区居民一起参加人员疏散演练；组织县第六中学和县第五实小（原世科小学）师生参加人员疏散演练。完成泉州市第 23 次防空警报试鸣暨人口疏散演练任务。

（县住建局）

应急管理

综　述

【概况】　2020年，德化县不断深化安全生产领域改革和防灾救灾减灾改革，强化安全生产监管、防灾救灾减灾和应急救援工作，统筹抓好疫情防控和企业复工复产服务指导工作，狠抓安全生产大排查大整治和专项整治三年行动，安全生产形势进一步好转。生产安全事故起数、死亡人数、亿元GDP生产安全事故死亡率实现连续三年“三下降”。全年发生事故3起、死亡3人，比上年分别下降66.7%、50%；亿元GDP生产安全事故死亡下降率51.9%。市对县综治考评安全生产部分德化县被评为一档，安全发展“双基”（安全生产基层和基础工作）提升行动列为全市A档。

【应急力量建设和物资储备】　2020年，德化县有消防救援大队、县市政维护队、县人防抢险抢修专业分队、县森林消防中队、福建省双旗山矿业有限责任公司救援队、福建省鑫阳矿业有限公司兼职救护队、福建省海峡水泥股份有限公司兼职救护队等7支应急救援队伍，涵盖消防、危险化学品、非煤矿山、城镇燃气等行业领域。有救灾物资储备仓库1处，主要储备帐篷、折叠床、棉被、羽绒服、发电机等应急救援物资。

【安全生产宣传教育】　2020年，县应急管理局与县委宣传部共同建立安全生产长效宣传机制，组织开展“安全生产月”“安康杯”等活动，定期曝光典型违法案例、重大隐患，并通过“村村响”应急广播常态化进行安全宣传，普及安全知识，引导公众树立正确安全观。在非煤矿山、金属冶炼、烟花爆竹等高危行业实施安全技能提升行动计划，在岗和新招录从业人员100%经培训考核合格后上岗。在全县工业企业和消防重点单位开展全员消防演练和培训，开展演练1057场次、参加企业3859家次，开展培训1245场次、参训6.7万人次，提高企业安全管理和员工应急避险能力。

安全生产监督

【概况】　2020年，德化县深入开展安全生产隐患大排查大整治和专项整治三年行动，排查整改隐患15290项，责令限期整改2417家，停产停业整改30家。针对重点行业领域，开展陶瓷企业厂房消防安全、火灾多发问题及住宅楼生命通道、群租房、

2020年8月26日，德化县在浔中镇城东三期优扬工艺品有限公司开展陶瓷企业厂房火灾应急疏散演练。图为消防员现场示范灭火器使用　（图/连江水）

电动自行车等多个专项整治行动，消除事故隐患。创新监管机制，倒逼乡镇部门落实安全生产工作责任。加强安全生产宣传教育，建立长效宣传机制。开展全员消防演练1057场次。

【安全生产专项整治】 2020年，德化县成立全县安全隐患大排查大整治指挥部，下设房屋安全、道路交通、危险物品和工矿、消防、自然灾害等5个专项整治组，开展整治攻坚。开展安全生产专项整治三年行动，重点推进学习宣传贯彻中共中央总书记习近平关于安全生产重要论述、梳理部门安全生产监管职责、落实企业安全生产主体责任等3个专题和危险化学品、烟花爆竹和民爆物品、非煤矿山、消防、道路运输、交通运输（邮政、水上）、渣土车运输、城市管理、房屋安全与建筑施工、危险废物、自然灾害等10个专项整治。全县排查整改隐患15290项，责令限期整改2417家，停产停业整改30家，罚款85家计158.431万元。

【重点行业领域专项整治】 2020年，德化县针对陶瓷企业厂房消防安全问题，开展陶瓷企业厂房消防安全整治评估，分3批次推进。12月底前，全县639栋工业厂房共3126家企业完成消防整治安全评估。针对火灾多发问题，实行陶瓷生产企业退出使用瓶装液化气机制，引导企业改用天然气或电能烧成，取缔关闭不具备安全条件的企业，全县739家使用瓶装液化气的陶瓷企业于5月前全部退出；开展智慧用电建设，全县安装智能型电气火灾监控系统907套，提高电气火灾防范能力；开展木竹加工企业消防安全整治，通过实行“四二三”（四个管理规范、两个管理配置、三个建档巡查）整治措施，减少木竹加工企业火灾发生；推进自建房加工场所消防安全整治，全部581家自建房加工场所于12月31日前完成评查；推进“三合一”（指住宿与生产、仓储、经营一种或一种以上使用功能违章混合设置在同一空间内的建筑）场所综合治理，对排查整治的1391家“三合一”场所实行分类处置，采取“装一道防火门、设一个监控、发一份传单”等措施进行多方位管控，实现零“回潮”。通过整治，全县厂房仓库火灾起数从1—7月的15起（居全市第三）下降至8—12月的1起，无人员伤亡。开展小作坊小加工厂、打通住宅楼生命通道、群租房、电动自行车等多个专项整治行动，消除一批突出事故隐患。

【监管机制创新】 2020年，德化县借鉴疫情防控做法，开展网格化挂钩责任片区推动安全专项工作，抽调199名优秀年轻干部，下到龙浔、浔中、三班3个乡镇，协助乡镇开展“拉网式”安全隐患排查整改。实行一月一通报，通报基本情况、上级要求、存在问题和下一步工作安排等内容，确保乡镇部门明确工作任务，倒逼乡镇、部门落实工作责任。采取“分级、分类、分批”原则，组织生产经营单位每年至少开展1次全员安全培训、1次火灾疏散演练，提高生产经营单位安全管理、应急避险等能力。专门成立县委安全生产工作专项督导组，抽调1名正科、1名副科和2名优秀干部，联合县监委、“两办”督查室、效能办等部门，常态化对安全生产工作落实情况开展专项督导，发现问题随时启动相关责任追究及惩戒机制。坚持“谁主管、谁负责、谁牵头”，开展多部门安全生产联合执法检查，解决乡镇政府和单一部门“整不下去”问题，开展联合执法26次、检查企业89家、停止供电4家、责令停止经营1家、立案查处2家。对安全整治不落实、隐患整改不到位的生产经营单位，纳入安全生产失信企业联合惩戒对象予以严管，在财政投资、优惠政策等方面予以限制，倒逼企业落实主体责任。至年底，全县累计纳入“关注对象”企业336家（移出3家）、“重点对象”93家、“严管对象”9家。评选出年度企业落实安全生产主体责任先进单位10家及后进单位10家，并在全县经济工作会上通报。

2020年11月20日，德化县森林防灭火应急演练在桂阳乡举行（图/县应急管理局）

防汛抗旱

【概况】 2020年，德化县汛情整体平稳，成功防御“米克拉”（登陆漳浦）及多个台风影响和多场强降水，无大灾、无人员伤亡发生，平安度汛。

【备汛工作】 2020年，德化县完成彭村水库等5座中型水库和55座小型水库、60座山塘大坝安全责任人和安全度汛责任人调整，对各水库汛限水位、控蓄水位进行批复，确保各类防洪工程安全运行。4月16日，举办全县防汛抗旱工作专题培训会。7月17日，举行防汛应急演练暨城区超标洪水防御预案专项演练，强化防汛应对能力。

【汛期隐患排查整治】 2020年，县应急管理局结合安全隐患大排查大整治，持续深化汛期隐患整治工作，排查农村房屋地灾隐患85座168户、农村公路隐患点106处、城区易涝点6处、小区汛期隐患8处和农业汛期隐患53处、重大危险房屋314栋等，并完成全部整治任务。

【避险转移演练】 2020年，德化县全面完成以全县828个自然村落为演练单元的群众自主避险转移演练，完成全县18个乡镇、214个村（居）防汛预案演练。

【防汛避灾点建设】 2020年，德化县完成188个建制村村级灾害应急预案编制和避灾点自查自改，实现村级灾害信息员配备全覆盖。拨付补助资金115万元，完成23个自然灾害避灾点（其中市级为民办实事项目15个）的巩固提升。对全县188处避灾点进行物资配置、条件提升，确保满足防汛抢险需求。

防震减灾

【概况】 2020年，德化县贯彻落实国家、省、市防震减灾有关工作要求，开展防震减灾宣传活动，建立预防机制，完善防震措施，全县防震减灾工作取得阶段性进展。参加2019年度地震监测预报工作质量全省统评，获地下流体学科水位测项第三名、水温测项优秀奖；获福建区域前兆台网技术管理优秀奖、产出应用系列优秀奖。参加2020年度地震趋势会商比武，获三等奖。

【地震监测】 2020年，县地震办按观测程序每天收取前兆数据，整理周、月、年会商资料；按时向省、市地震局报送观测数据的日、月、年报表，对台站数据做定期跟踪分析。做好特殊时段加密会商与异常零报告。多次邀请省、市专家到德化县对观测台站进行维护指导。定期清理维护台站周边环境。争取省地震局资金补助德化县地震前兆监测台网国宝台台站标准化建设。推进地震预警信息发布系统项目建设推广工作，全县累计签约208家，安装到位208家，超额完成上级下达的3年完成200家安装任务。向县政府申请，争取专项资金34万元，保障地震预警信息发布系统建设及运行。指导、督促县宏观观测点按省、市地震局规定准时上报地震宏观观测日报表，及时处理宏观观测异常事件，备案存档。采用信息化管理软件建立宏观管理数据库，根据机构改革和人事变动，更新“三网一员”（地震宏观观测报网、地震灾情速报网、地震知识宣传网，防震减灾助理员）信息，每季度进行确认，实现动态管理。

【震灾预防】 2020年，县地震办做好地震安全性评估及抗震设防监管工作。参加县内有关新建、重建项目图纸会审，并提出建议和意见。落实“放、管、服”工作，加强事中事后监管工作，适时开展“双随机、一公开”。做好互联网+政务服务，配合有关部门做好权责清单规范清理工作，并及时报批实施。加强德化县陶瓷文化保护，提高陶瓷藏品防震安全性，3月13日，以县政府办名义出

2020年7月27日，泉州市委书记康涛（中）到德化调研督查防灾减灾工作

（图／许华森）

台《德化县陶瓷藏品防震规范》。向上争取项目资金50万元，用于德化县防震减灾科普馆与地震前兆台站标准化改造项目。推进示范创建工作。联合县应急管理局、气象局推荐上涌镇刘坑村创建国家级防灾减灾综合示范社区，指导德化二中创建福建省防震减灾科普示范学校。

【地震应急体系】 2020年，县地震办配合县应急管理局，争取105万元，按照新标准新建Ⅲ类应急避难场所3个，8月通过市地震局初验收备案。对全县18处应急避难场所进行动态自查，并督促整改，确保所有应急避难场所能随时启用。每月20日前安排专人对全县避难场所内的专业设备进行巡查与检测，每季度对场所内的应急发电设备进行充放电启动维护，确保各种应急设备设施工作正常。配合文明城市、国家卫生县城、国家园林县城创建，做好城市应急避难场所的保障工作。指导县内各中小学校利用每学期开学的安全教育、“安全教育日”，开展地震应急疏散演练。全年指导全县各中小学进行防震、逃生等专题演练49场次。

【地震科普宣传】 2020年，县地震办通过德化网、广电网络、德化有线电视台等，在防灾减灾日、科普日、国际减灾日等重要时间段，分别以“提升基层应急能力，筑牢防灾减灾救灾的人民防线”“决胜全面小康、践行科技为民”“提高灾害风险治理能力”为主题，开展宣传活动。到浔南社区、大洋社区、金凤社区、美湖镇、鹏翔工业区、瓷都广场等组织防震减灾入社区、厂区宣传活动。依托德化国宝众诚拓展实践基地（原国宝中学）建设防震减灾科普馆，并将参观学习防震减灾科普馆纳入该实践基地培训课程，通过开展地震科普知识学习、防震应对体验互动、自救互救训练等方式，提高地震科普知识宣传普及率及实效性。组织推荐6人参加泉州市“防灾减灾知识视频讲解比赛”，获一等奖1人、二等奖2人、三等奖1人。

2020年8月5日，市地震局工作人员在德化二中（上涌校区）对应急水井进行验收
（图／县地震办）

森林消防

【概况】 2020年，县应急管理部门从体系、队伍、技术等方面探索创新，建设作风优良、功能齐全、应对迅速的森林消防队伍。受市森林防灭火指挥部调遣，德化县森林消防队伍支援扑救惠安县涂寨镇、台商投资区张坂镇、洛江区马甲镇的森林火灾。

【森林消防体系建设】 2020年，德化县实行火灾处置双指挥长制，防火期间，应急、林业、森林公安合署办公，减少中间环节，确保指挥及时高效。

【森林消防队伍建设】 2020年，德化县建有专业化消防队伍3支36人、半专业化消防队伍22支271人、村级消防队伍48支311人。提高森林消防队伍补贴。在森林防火期内，县级专业队伍补贴每人每月从500元提高到800元，乡镇级队伍每人每月从300—400元统一提高到500元，村级队伍从每人每年500元提高到1400元。探索总结形成隔离为主、打隔结合的新型隔离灭火技术，实行“重兵打小火”。投资80多万元，增配背负式风力灭火机、修剪机、油锯、割灌机等机具装备179台，并把装备配备到基层，实现森林火灾“打早、打小、打了”。

消防救援

【概况】 2020年，德化县发生火灾70起，无发生人员伤亡火灾事故，直接财产损失258.43万元。比上年火灾起数下降23.91%，伤亡人数下降100%，直接财产损失上升20.6%，无重特大火灾事故发生。

【消防安全责任落实】 2020年，县委书记梁玉华、县长黄文捷先后多次调研检查陶瓷企业厂房、“三合一”场所、群租房、自建房加工场所、竹木加工企业以及节前消防安全情况，并多次听取、研究消防工作。县委、县政府先后多次召开常委会、常务会、全县消防工作会、联席会、会商会等，全面部署消防安全各阶段重点工作。县政府办及安委会出台《消防安全整治三年行动专项实施方案》《关于贯彻落实福建省消防安全责任制实施办法的若干意见》《全县今冬明春火灾防控工作方案》等文件，开展各专项整治工作，落实消防安全责任制。

【消防重点整治】 2020年，县消防大队分3批次开展陶瓷企业消防安全专项整治，将未完成整治的7家陶瓷企业厂房纳入联合惩戒“严管对象”，并上报市级“黑名单”管理。推进“三合一”场所综合治理，累计排查“三合一”场所1391家。投入161万元对城区公共区域及无物业管理小区消防车通道实施划线标识，并建立一区一策档案。投入169万元规划建设及智能化改造城区内部分公共停车场，新增公共停车泊位773个。推进县教育、民政、文化和旅游、卫生健康、宗教、文物等重点行业部门，集中开展行业排查整治及落实行业标准化管理；推进将农村消防基础设施建设、乡镇应急救援力量等纳入各乡镇民生工程。

【火灾防控】 2020年，县消防大队检查单位638家，发现火灾隐患325处，下发《责令改正通知书》254份，临时查封16家，责令“三停”（停产、停业、停止施工）18家，下发《行政处罚决定书》90份，处罚165.16万元。政府挂牌督办重大火灾隐患单位2家，完成销案1家，处于整改中的1家。全面启动“县级、乡镇级、企业级”火灾应急疏散演练活动，全县3859家次企业开展演练1057场次；建设县级消防科普教育基地，依托社会力量开展社会化消防培训；以城东嘉裕公园为基础，筹建打造消防主题公园。

2020年5月24日，德化县锯材厂发生火灾。图为消防救援现场

（图／县消防救援大队）

【消防专业化队伍建设】 2020年，县消防大队输送人员参加水域救援培训并获得水域救生员证，组建和完善“6人水域救援小组”作战编成。同时，结合辖区实际，依托专业师资开办山岳救援培训班，12名骨干获得香港CRT（香港小型救援技术）认知级和操作级技术培训人认证，建强专业技术岗位人才队伍，组建山岳救援小组。

【后勤经费保障】 2020年，消防救援大队以后勤建设和保障任务为突破口，向地方党委政府争取到大队预算、业务经费715.5万元，其中政府专职消防员专项经费448万元、消防业务经费267.5万元；增加政府专职消防员经费32万元、安全隐患排查整治经费8.7万元；县财政局批复高层建筑灭火救援装备经费800万元。

【消防宣传培训】 2020年，县消防救援大队开展“119”宣传月主题宣传，组织宣传人员到社区、村委会、物业服务企业、重点单位、公共场所张贴消防宣传海报；到辖区各大中小学开展“119”消防安全宣传月专题培训暨疏散演练，向师生讲解如何报警、扑救初期火灾、火灾现场逃生自救、如何预防火灾、遇到紧急情况时应该如何处理等与师生日常学习生活密切相关的各类消防知识，受众5.38万余人次。

（县应急管理局）

外事　侨务　台港澳事务

外事工作

【概况】　2020年，县外事办引导组织企业参加境外知名展会，拓展海外市场。举办涉外活动，加强经贸合作交流。通过举办以陶瓷艺术为主题的涉外活动，加强国际文化交流。全年办理因公出国（境）1批2人次。

【企业参展】　2020年，德化县组织37家企业参加德国法兰克福国际礼品展、Maison&Objet巴黎时尚家居设计展等境外知名展会4场。召开线上展会培训会、外贸政策宣讲会等4场。组织200多家企业参加春季、秋季线上广交会、线上经贸对接会、外贸云展会等。

【艺术交流】　2020年12月1日，“中国白”国际陶瓷艺术大奖赛期间，法国籍驻地艺术家Capucine Néouze在陶瓷产业创新发展研究院举办“艺术即回收思想”主题文化沙龙，与瓷都各界人士分享她的艺术理念。

【参观考察】　2020年11月24日，新加坡、泰国、菲律宾驻厦门领事馆官员及其派遣国在华企业代表一行20多人，到德化参观考察陶瓷产业发展情况。考察团通过到县陶瓷博物馆、陆升（福建）集团、中国白陶瓷博物馆、顺美陶瓷文化生活馆等地实地考察，详细了解德化陶瓷历史、生产工艺及流程、产品市场前景和产业现状等情况。为德化陶瓷产业发展创造新机遇。

（县外事办）

2020年12月1日，法国籍驻地艺术家Capucine Néouze在陶瓷产业创新发展研究院举办“艺术即回收思想”主题文化沙龙　（图/县陶瓷办）

侨　务

【概况】　2020年，德化县做好侨务资源挖掘工作，征集民间族谱扫描入库1010本，印制展示族谱50本。做好对侨宣传和为侨服务工作，增强华侨华人新生代对家乡的认同感。完成赤水镇侨联、龙浔镇侨联换届选举。开展涉侨冠名工作。盖德镇被授予市级“侨乡名镇”，三班镇锦山村获评省级“侨胞之家”。县侨办全年慰问贫困归侨、侨眷13人次、0.68万元；补助散居贫困归侨5人次、1.2万元。

【侨务资源挖掘】　2020年，德化县挖掘侨务资源，掌握侨务动向，摸细摸清侨情家底，充实完善侨情数据库。设立“德化县海外人才族谱库”，征集民间族谱扫描入库1010本，印制展示族谱50本。制定“德

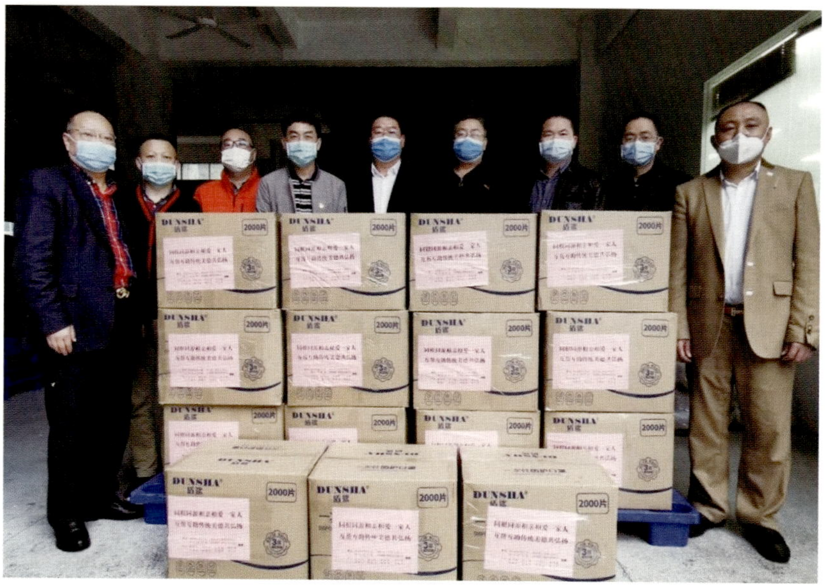

2020年3月20日，德化县向马来西亚德化会馆捐赠2万个口罩 （图/县委统战部）

化国情教育考察路线”，扩展华侨新生代和新侨华人工作领域，促进侨务资源可持续利用。

【宣传工作】 2020年，德化县建立三班镇侨乡文化展示中心。创办《德化乡情》网刊，以介绍“乡土、乡情、乡贤、乡音”为着力点，通过微信公众号、微信群等平台推送，向广大侨胞传递德化信息，讲述德化故事，打造华文教育朋友圈，增强华侨华人新生代对家乡的认同感。

【涉侨服务】 2020年，德化县成功协助海外侨胞寻亲圆梦5宗。出具涉侨身份证明16份。依法保护归侨侨眷合法权益，办理涉侨信访件2件。3月20日，向马来西亚德化会馆捐赠口罩2万个。

台港澳事务

【台湾人才引进】 2020年，德化县为符合条件的2名台湾高校毕业生网上申报安居补助。德化此壹文化发展有限公司引进台湾人才1人，并通过市第二层次人才认定；泉州工艺美院引进1名台湾“清华大学”博士作为全职教师。对接引进台湾青年人才及人力资源，征集台湾青年服务业岗位10个，依托海峡人才网“台湾青年就业专场”实施网络招聘。

【对台交流成果转化】 2020年，德化县探索“台湾设计，德化制造”新路。实施海峡两岸青年创客“i-China”计划项目，263件合格项目（台湾项目37件）有30件入围，其中台湾团队有10件入围。为进一步促进交流成果转化，通过“线下授课，线上直播”的方式，邀请中国设计业十大杰出青年时晓曦、华侨大学工商管理学院教授阴长霖，在陶瓷艺术驻地中心开展“i-China”计划创业辅导活动。根据各个参赛团队存在的不同问题及痛点，邀请华侨大学经济与金融学院教授尹晓波、《泉州晚报》首席记者王宇静、CMF设计军团创始人黄明富、中国白·哲选设计总监姜竣议等各领域领军人物进行1V1对接辅导，辅导超30人次。以2019年中国白·哲选入驻台湾pinkoi电商平台为契机，2020年，台北泉州设计中心正式揭牌并投入使用，德化县设立哲轩台北办事处，8月正式入驻台北城品，扩大德化“中国白”在台湾的影响力和知名度。

【“i-China”计划项目宣传推广】 2020年，德化县联合人民网、中国工业网、中国联合商报、中华陶瓷网、赏金猎人等各大新媒体，推出线上“i-China”计划项目宣传报道，覆盖超100万人次，扩大“i-China”计划知名度及影响力。在《泉州晚报》刊登《融合两岸设计优势 设计之泉浇灌产业沃土》。开展对话大咖栏目，邀请并采访台湾现代琉璃之父王侠军、自由落体设计董事长陈俊良、CCIDA形象发展协会理事长等专业人士，助力宣传。深度挖掘台湾团队背景、设计理念、未来规划、项目前景等信息，形成专题报道10余篇。

【宣传工作】 2020年，德化县持续与《台湾导报》《中华时报》等台湾媒体交流合作，扩大德化交流合作品牌在台影响力度。在《台湾导报》发表《福建德化工艺美术大师》《德化陶瓷艺术精品义卖捐公益》等2版专刊以及《德化发力全域旅游 撬动山城活动》《吴志勇陶瓷作品展》等文章。

【涉台港澳疫情防控】 2020年疫情防控期间，德化县向台湾、香港、澳门地区的德化籍乡亲及其亲属发出《致台港澳德化籍乡亲的一封信》3000份、短信2000多条，做好各界人士的联系和关怀关爱工作。组织开展“五个一”（一包中药、一封慰问信、一份爱心礼物、一次心理疏导、一张健康服务卡）关怀暖心活动，向返回德化的医学观察人员送出慰问纪念品62份，向香港德化同乡会捐赠口罩2万个。

（县委统战部）

经济管理

宏观经济管理

【概况】 2020年，德化县加强新经济增长点项目调查摸底，做好经济社会发展形势研究分析，提出2020年国民经济和社会发展主要预期目标，编制《德化县2020年国民经济和社会发展计划执行情况与2021年国民经济和社会发展计划（草案）的报告》；开展“十四五”规划编制工作，《德化县国民经济和社会发展第十四个五年规划和二〇三五年远景目标纲要（草案）》通过县十八届人大五次会议审议。

【疫情应对】 2020年，德化县发改局牵头制定“疫情防控和复工复产服务小组”方案、《关于应对新型冠状病毒感染的肺炎疫情扎实做好“六稳”工作的若干措施》《关于扎实做好“六稳”工作落实“六保”任务的实施方案》等政策方案，统筹推进重点项目复工复产和“六稳”“六保”各项工作任务，全面助力保民生、稳生产、促发展。抓好困难群体生活基本保障，在春节和疫情防控期间，启动4家平价商店运行机制，发放补贴资金69.68万元；牵头抓好落实社会救助和保障标准与物价上涨挂钩联动机制，发放困难群体价格临时补贴458.63万元。

【经济运行监测】 2020年，德化县发改局加强经济指标的跟踪监测，落实“月会商、季协调、半年汇报”的经济指标预警研判工作机制，跟踪分析关键性、苗头性和倾向性问题，提出对策措施，协调指导短板指标推进工作，力促较好完成全年目标任务。全县经济发展呈现企稳向好的恢复性增长态势，主要经济指标大部分位居全市中上游水平，较好地完成“保中争先”目标任务。

【重点项目建设】 2020年，德化

瓷艺城项目建设现场（摄于2020年5月19日） （图/县发改局）

县出台《德化县2020年重点建设项目实施意见》，对全县重点项目倒排时间节点、明确责任分工，全面跟踪掌握项目建设进程。全县安排重点项目213个，总投资546亿元，年度计划投资151.3亿元。实际完成投资152.6亿元，比上年增长22.9%；其中13个列入省、市在建重点项目完成投资34.5亿元，完成年度计划118.24%，比上年增长15.8%。

【政策项目对接】 2020年，德化县与省、市发改部门对接，把握上级投资政策导向，组织指导各乡镇、有关部门做好项目申报工作。向上申报项目72个，获补助项目37个、补助资金1.4亿元。其中，组织申报的5个重点流域水环境综合治理项目，全部获中央预算内投资补助，项目和资金均占全省三分之二。

【稳价控价】 2020年，德化县做好民生价格监测及信息发布，发布食品民生价格信息280期，上报主要食品、农业生产资料价格监测信息70期；完成2019年度县级定价的经营服务性、52个行政事业性收费情况统计上报，先后核定石牛山景区停车场、经典小学学费和住宿费收费标准，调整全县公办幼儿园保教费收费标准；落实用电、用气等惠企惠民价费政策。其中，4次下调工业用气价格，累计下调0.75元/立方米；2次下调居民用气价格，累计下调0.302元/立方米；对除高耗能行业外的一般工商业和大工业用户电价实行5%优惠，受惠商户约2.3万户。

【行政审批审核】 2020年，德化县持续深化“放管服”改革，制定《2020年德化县推进政府职能转变深化“放管服”改革工作要点》，开展行政审批服务事项细化梳理，落实“好差评”制度，推行“一件事”套餐服务；强化投资项目远程审批服务，企业投资项目备案实现全程网办，窗口接受咨询730多人次，组织召开15次项目评审会，办结各项行政审批事项712件，其中项目审批（审核）236件、核准6件、备案470件，审批、核准（审核）全部提前办结，备案全部按要求即时办结，不见面审批率66.01%。

【经济体制改革】 2020年，德化县持续统筹推进打造一流营商环境工作，出台《2020年德化县优化营商环境工作要点》，全面清理不符合《优化营商环境条例》的规范性文件和其他政策文件；推进供给侧、生态文明体制改革等各项改革工作，促成德化县列入福建省第三批生态产品市场化改革试点。

【统筹城乡发展】 2020年，德化县入选全国县城新型城镇化建设示范名单，并围绕公共服务设施、环境卫生设施、市政公用设施、产业培育设施四大领域17项建设任务，策划生成项目145个。打造全县特色亮点，推动7个项目列入年度全县观摩拉练项目。

（林清坡 陈 炜）

自然资源管理

【概况】 2020年，德化县做好土地资源与矿产资源管理，为保障重点项目建设用地需求供应土地155.98公顷、收取土地出让金259619万元，分别比上年增加20.46公顷、86491万元。办理不动产登记办件47943件。做好耕地开发保护，补充耕地35.26公顷，比上年减少36.85公顷。排查地灾点2109个，核销1512处。加强自然资源执法监察，开展土地开发利用巡查215次。参与城建项目3个。

【土地资源报批供应】 2020年，德化县获国务院、省政府批准农转用和土地征收10批次17.18公顷。保障兴泉铁路、瓷艺城、云龙谷等重点项目用地需求。全年累计供应土地127宗155.97公顷、收取土地出让金259619万元，其中工业用地87宗73.87公顷、商服用地6宗3.34公顷、住宅用地3宗19.38公顷、其他用地8宗4.5公顷、划拨用地23宗54.88公顷。累计完成国有土地收储14宗16.85公顷，征收集体土地43宗27.56公顷。

【项目规划审批】 2020年，德化县推行“多审合一”改革，办理项目用地预审与选址意见60宗344.83公顷，出具规划条件80宗，办理用地规划许可44宗、工程规划许可208宗、工程验线40宗、竣工规划条件核实113宗，审核审批企业加层改造23宗6.2万平方米。

【不动产统一登记】 2020年，德化县通过扩大“外网申请”服务范围、集中代办服务、上门服务、开放银行抵押登记端口等措施，提升办证效率，常态化开展安置房不动产办证专项行动，化解安置群众办证难题。全年办理不动产登记办件47943件，其中办理企业抵押登记3464宗、解决企业融资需求56.47亿元，办理安置房转移（分户）登记14个项目831套。截至年底，不动产一般登记平均耗时压缩至0.35天，不动产登记发证网上申请率68.66%。

【耕地开发与保护】 2020年，德化县实施最严格的耕地保护制度，严格按照“占优补优、占水田补水田”要求落实占补平衡，推进“山水林田湖”区域土地综合整治和生态修复。

全年通过上级验收补充耕地项目8个35.26公顷，其中县级土地开发项目4个31.18公顷，旧村复垦项目4个4.08公顷。

【地质灾害防治】 2020年，德化县制定全年地质灾害防治方案，组织乡镇发放地质灾害隐患点明白卡、避险卡4204份。结合全县安全生产大排查大整治行动部署要求，开展新一轮地质灾害隐患点排查和地质灾害工程治理，完成全县2109个地质灾害点排查，核销地质灾害点1512处。

【国土资源执法监察】 2020年，德化县利用卫星遥感年度监测图斑、季度卫片、手机移动执法、土地利用动态监测监管、矿山三维动态监测和矿山GNSS检查等技术手段，结合房屋安全百日攻坚、“两违”专项整治、“大棚房”问题专项整治、矿山越界违法开采专项整治、中央环保督察问题整改、耕地保护督察整改、耕地非农化专项整治等行动，严厉查处违法用地用矿行为。开展土地开发利用巡查215次，发出预警通知12份，立案查处土地违法行为11宗3.83公顷，核查卫片图斑1044个443.1公顷。

【城建项目参与】 2020年，德化县参与城建项目3个。瓷艺城项目，艺都花苑安置房一期、二期主体结构完成，进行配套设施建设、内外墙装修以及部分验收工作。陶瓷商城完成主体封顶，进行砖墙砌体装修；万达广场完成主体封顶，进行砖墙砌体装修和屋面采光顶立柱；丽景湾一期6栋楼进行楼层结构施工，4栋楼进行地下室施工。官路下片区改造项目，制定补偿安置方案，完成两轮入户调查、社会风险评估、征收公告发布、概念性规划设计等工作，组织现场测量和土地报批等前期工作。小溪小区安置项目，完成征安迁工作，完成项目建议书、可行性研究报告、选址意见书、用地预审、林业报批、初步设计和概算等审批工作以及边坡、挡墙、桥梁勘察钻探工作，进行施工图设计、工程规划审批以及土地报批工作。

（县自然资源局）

国有资产管理

【概况】 2020年，德化县国资部门履行出资人职责，确保国有资产保值增值。截至12月，城建、文旅集团权属企业共54家（不含参控股企业38家），资产总额约88.05亿元，负债约53.6亿元，所有者权益34.45亿元；实现营业收入2.67亿元，利润总额1219.47万元，净利润411.33万元，上缴税费2898.07万元。

【县属国有企业整合重组】 2020年，德化县将陶瓷工业公司、地产开发公司、电影发行放映公司、种子公司等4家公司按照事业单位分类改革要求进行改制转企并入文旅集团，新成立人力资本有限公司，城建、文旅集团权属企业达54家。县国资办组织开展对国有资本产业布局、空间布局及产业链水平情况等进行全面摸底调查，谋划县属国有企业二次整合重组工作，进一步优化企业集团资产债务结构，使集团公司具有实体经营业务和现金流，提升国企竞争力、融资能力和可持续发展能力。

【国资国企监管】 2020年，县国资办调整德化县国有资产监督管理领导小组成员，在县委领导下，负责统筹推进国有企业改革重组事项，研究制定改革配套政策制度，协调解决改革过程中遇到的重大问题等；研究制定发展规划，引导国有集团企业参与策划并实施重大项目，通过整合注入资金、资产、资源和配套政策支持，为国有企业发展和投融资创造条件；建立绩效考核机制，规范国有集团企业运营；通过特许经营、委托代建、购买服务等方式，帮助国有集团企业培育自身“造血”功能，实现由管资产向管资本转变。统筹、指导全县企业国有资产监督管理工作，定期分析全县企业国有资产管理，研究协调企业国有资产管理的重大问题，督促落实中央和省、市关于企业国有资产管理工作重要决策部署，推动形成责权明确、分类监管、流转顺畅的国资监督、管理、运营体系。相继制定并出台《德化县属国有企业工资总额预算管理暂行规定》《德化县国有集团企业负责人薪酬分配方案（试行）》《德化县国有集团企业负责人业绩考核暂行规定》《德化县属国有企业权责清单》《德化县属国有企业大宗物资采购管理暂行规定》《德化县属国有企业“三定”工作方案》《德化县属国有企业招用职工管理暂行规定》《德化县属国有企业负责人履职待遇和业务支出管理暂行规定》《关于规范国有企业领导人员外出请假事项的通知》《关于所出资企业做好节假日值班工作的通知》等10份规范性文件，明确和规范企业国有资产监督管理的具体要求和操作标准、步骤、方法等。

【企业公司债券发行】 2020年，由国资办牵头城建、文旅集团，委托中介机构邀请5家证券公司，采用竞争性谈判方式，确定五矿证券公司为德化县属国有企业资产二次整合重组及非公开发行公司债券项目主承销服务供应商，拟打造德化县具备资本市场全渠道融资功能的AA级国有新型平台公司及非公开发行公司债券。五矿证券有限公司和会计师事务所进驻城建集团、文旅集团及权属企业，开展资产情况摸底等资产整合重组及非公开发行公司债券相关工作。

【参控股企业监事会成员委派】 2020年，县国资办根据《中华人民共和国公司法》规定，履行出资人职责，委派国资办人员到企业担任监事会主席或成员，对鑫阳矿业、阳山铁矿、双旗山矿业、石鑫矿业、涌溪水电、万旗非金属、民益公司、龙门滩管理处等企业的运营情况进行监督。

【国资国企业务培训】 2020年，县国资办组织对集团公司职能部门副职以上，各权属企业副职以上负责人，财务部、人力资源部、综合办公室、监察审计部等部门的负责人开展国资国企业务培训2场：邀请华侨大学法学院和工商管理学院的教授分别就《中华人民共和国公司法》和《创新思维与创新管理》进行全面讲解；邀请县财政局高级会计师及国资办各科室负责人就整合后出台的一系列制度、规定以及县出台的有关财务会计规范管理的文件内容进行培训解读。

【企业复工复产】 2020年4月30日，县国资办组织抽调6名人员组成2个专项检查小组，分别对城建、文旅集团及其权属企业进行复工复产疫情防控措施落实情况专项检查，检查规模在20人以上复工复产的企业9家。

【惠企政策落实】 2020年，县国资办根据省、市、县关于做好“六稳”工作和支持中小微企业生产经营的有关要求，落实承租县属国有资产用于经营性房屋的租金减免工作，为175户承租户减免租金481.28万元，其中城建集团318.62万元、文旅集团162.66万元。贯彻落实《福建省人民政府关于加强企业融资服务八条措施的通知》，帮助企业解决应急资金困难，防范和化解企业融资债务风险。由德化县国有资产投资经营公司为59家企业办理企业应急保障周转专项资金67笔、金额5亿元，资金占用费减半收取，减免企业资金占用费60.4万元；由德化县戴云融资担保有限公司为全县小微企业和“三农”企业提供融资担保二次抵押服务，在保余额6424万元，年保费率由原来的1%下调为0.5%

【重点项目建设】 2020年，县国资办按照县委、县政府“五个年”工作部署，发挥融资平台的作用，加强银企的沟通对接，创造条件，争取更多项目建设资金，支撑保障县重点建设项目需要。推进霞田文体园、月记窑文化创意产业园、红旗坊文创园、石牛山景区等重点项目落地建设。对接瓷艺城、社会福利中心、凤池楼等项目建设资金。

【国有企业退休人员社会化管理】 2020年，县国资办牵头制定印发《德化县国有企业退休人员社会化管理工作方案》，组织召开全县国有企业退休人员社会化管理工作动员部署会，传达中央和省、市有关剥离国有企业办社会职能和解决历史遗留问题工作会议精神，讨论研究解决工作中存在的问题，在12月31日前将尚未实行社会化管理的国有企业退休人员移交乡镇和社区（村）实行社会化管理，确保国有企业退休人员社会化管理工作“交得稳、接得住、管得好”。

【房屋安全隐患排查】 2020年，德化县制定下发《德化县国有资产监督管理领导小组办公室开展房屋安全“百日大整治”行动方案》，对国资系统房屋安全大排查大整治工作进行具体指导。由城建、文旅集团对权属企业进行全面排查，对照“四类重点场所”“七类重点问题”进行重点排查，安排人员逐一入户走访、登记。建立日汇总、周会商制度，每日对隐患情况进行分类汇总分析，每周对隐患整治情况进行会商，研究确定安全隐患和重点整治措施，做到不走形式、不留死角。通过3次大排查大整治，排查房屋262处，其中城建集团91处、文旅集团171处，发现存在安全隐患的房屋12宗25处，逐项移交所属乡镇规范处理。

【德化城建集团】 2020年，德化城建集团总资产（合并）58.85亿元，比上年增长37.02%，负债（合并）35.90亿元，所有者权益（合并）22.95亿元，比上年增长33.20%，实现营收1.14亿元，利润2612.19万元，净利润2027.49万元。做好国有企业退休人员社会化管理工作，移交社会化管理人员1075名。整合8家权属企业57名专业技术人员，在县市政公司增设建筑工程施工总承包三级资质，提高集团造血能力。完成集团本部及12家权属企业“三定”工作方案，设置岗位211个，新增岗位65个。

业务发展。2020年，德化城建集团有在建项目55个。其中，世科棚户区改造项目、芹菜垄建筑渣土消纳场等17个重点项目按时序进度顺利推进；进城务工人员安居工程（宝美项目）、德化土坂移民安置小区新村等10个项目竣工验收；年度新建项目凤池楼完成投资7000万元。是年，获银行授信7.76亿，企业债券发行前期工作进展顺利，成立德化县国有联合投资有限公司，主承销商五矿证券及相关第三方中介服务机构进驻企业开展工作。参与土地竞拍，做好项目储备工作，以0.78亿元成功竞得雷峰镇焦溪片区住宅用地1宗，面积5.69公顷。与泉州城建集团、交发集团、南威软件、北京昌盛华泰投资顾问集团、循墨公司合作组建合资公司，进一步拓展业务板块，推动集团多元化发展，为集团创收增收。

国有资产保值增值。2020年，德化城建集团做好出租资产租金催收工作，确保资产收益按时足额到账。参与参控股企业管理，完成石鑫矿业矿产资源整合，实现县级国有控股战略目标（占股37.15%），探矿、井巷施工等前期工作有序推进；鑫阳矿业实现营收19101万元，纳税2502万元，利润2710万元；双旗山矿业产出黄金478.94千克，销售黄金456.53千克，实现收入15790万元，利润4181万元；阳山铁矿恢复生产，实现扭亏为盈，产生利润34.85万元；涌溪水电站发电10337.57万千瓦时，售电10182万千瓦时，实现营收3416万元，利润60万元，纳税323万元。对外投资项目分红1253万元。

小微企业纾困解难。2020年，德化城建集团落实国有固定资产租金减免政策，惠及中小微企业、个体工商户108家，减免租金318.62万元。落实应急资金服务政策，为59家企业办理应急资金“过桥”业务67笔，金额5亿元，疫情防控期间资金占用费减半收取，累计减免资金占用费60.4万元。开展政府性融资担保，协调落实戴云融资担保公司3000万元注册资金认缴问题，为26家小微企业提供融资担保6424万元，顺利完成6000万元担保任务目标，减免担保费32.12万元。推进新一轮政府风险补偿政银合作，配合县工信局等7单位，通过与邮储银行合作，开展政银合作金融产品新业务，协调注入政府性风险资金300万元，初步具备业务开展条件。通过专项债券、抵押授信融资等方式筹措资金，为县重点项目建设提供资金保障。

安全生产。2020年，德化城建集团制定安全生产专项整治三年行动工作方案，成立工作领导小组，集团班子成员带头走访挂钩企业60多家次，开展安全宣教、安全培训、安全检查，督促安全生产工作责任制落实。党员领导干部签订《自查自纠表》《承诺书》各205份，党员覆盖率100%。制定安全生产百日攻坚实施方案，开展房屋安全隐患大排查大整治，排查房屋91宗，完成隐患整治2宗，督促企业采取措施，及时消除安全隐患，保障安全生产稳定。

（陈少辉）

【德化文旅集团】 2020年，德化文旅集团注册资本5亿元，拥有权属企业27家（不含参控股企业10家），有人员522名。截至12月30日，集团总资产29.94亿元，负债18.1亿元，所有者权益11.84亿元，收入总额1.47亿元，利润总额-545.5万元，净利润-663.02万元。

石牛山景区提级改造并顺利开园。2020年，德化文旅集团完成投资约6.5亿元，完成国道355线改道、瀑布景区悬崖栈道、游步道、游客服务中心、主峰悬崖栈道、主峰游步道、石龙溪橡皮艇漂流、商业街等13个项目提级改造并投入使用，8月8日正式对外开园。至年底实现门票收入3060万元，总营业收入3196万元，入园14万人次。中国旅行社重新激活，具备开展相关业务资质和条件。

重点项目建设。2020年，德化文旅集团承担县重点建设项目11个，开工6个，开展前期工作5个，全年完成投资1.41亿元，占年度投资计划101%。其中，月记窑文化创意产业园，完成投资约3023万元，完成游客服务中心主体建设和精装修施工，基本完成园区道路工程建设，动工建设山顶茶餐厅及书吧项目。城乡供水一体化项目，完成方案设计等前期工作及示范工程建设，完成城区及各乡镇供水、污水、垃圾处理设施资产评估，与泉州水务集团进一步商定合作方案。北滨江“中国白推广展示中心”，完成装修设计、施工图绘制等，待完成消防、租金评估后与市住建局办理房屋移交相关手续。大师坊，完成意见征求、规划方案设计，进行方案论证、比选等工作。霞田文体园项目，完成施工图审查及预算，进行财政审核。体育馆、游泳馆项目进行地下室防水及基础承台建设，年底完成主体1层板的结构建设。社会福利中心项目，完成项目前期行政审批、项目业主变更、施工及监理单位招标等工作，进行基础施工。旅游集散服务中心项目，完成中心大楼主体建设，进行内外墙装修。蒲坂棚户区改造项目，完成堤坝路南道路改建工程方案勘察设计、建设项目用地预审与选址、林地报批等工作。闽江防洪工程德化段，完成城东试验段项目财审、主城区疏浚标段送审等前期工作。闽江防洪工程德化段（二期），完成防洪堤建设3千米，清淤疏浚2千米，完成投资约5000万元。蕉溪片区污水引至德化县城市污水处理厂工程，进行隧道部分预算、招标文件编制工作。德化东部片区生态旅游项目，安腾集团结合9月14日汇报会上县领导、部门、乡镇提出的意见，对方案进行修改、优化，对项目用林、用地情况及地块条件（地灾点）进行调研论证，对拟实施项目进行成本核算和筛选。塔兜温泉收储事项完成资产评估。红旗坊项目，9月25日完成项目公司注册工作并开设银行账户，完成办公场所改造（亨鲤堂）开始正式办公，完成项目公司组织架构搭建。

民生服务。2020年，德化文旅集团完成售水1645.61万吨，比上年增长9.50%；销售收入2825.80万元，比上年增长8.71%；有自来水用户80897户；新改建DN100以上供水主管道9.3千米，管道总长达380.8千米，完成管道投资1000万元；城东高位水池站基本完成，进行扫尾工作。全年收购粮食1434吨，调入5030吨，销售6350吨，实现销售收入1439万元，粮油库存量16328吨（其中县级储备粮15828吨，应急大米储备400吨，食用油100吨），粮食总经营量28450吨。全年处理污水1498万吨，比上年同期增加130万吨，日处理水量从3.8万吨提升至4.1万吨，产生污泥约5149吨，日均产污泥量约14.1吨，含水率均低于60%以下。新建或改造污水管网45.6千米，完成任务的135%。全年为全县政企单位开展人才招聘28场，提供岗位259个，对接劳务派遣单位15家，派遣人员182名。成功举办陶瓷文创活动14场、技能培训4场、人才招聘会1场。引进中国工艺美术大师汪明、潘惊石，江西省工艺美术大师吴志辉，景德镇陶瓷大学教授、博士生导师、研究生院院长陈丽萍等人才，并申报泉州市高层次人才入驻陶瓷艺术驻地中心。全年国有小水电中心上网电量964.5万千瓦时，实现收入257.14万元，比上年下降30.7%；参控股企业上网电量22894.54万千瓦时，实现收入8571.92万元，比上年下降42.7%。全年火化遗体2008具，遗体火化率、骨灰寄存率均100%，销售公墓240穴。

陶瓷营销。2020年，德化文旅集团完成陶瓷工业公司名称变更注册，经营范围调整，依托陶瓷工业公司组建文旅集团陶瓷营销团队，劳务派遣具有营销经验的人员3名，完成对接授权“德化白瓷”与“何朝宗”商标，进行文旅集团陶瓷品牌LOGO设计，并委托福建省中瓷网络科技有限公司开发陶瓷营销手机微信小程序。同时对接陶瓷企业（市场调研），挑选产品，制作文旅集团陶瓷样品图册。与厦门泉州商会为主的多家企业、亚马逊跨境电商对接，商谈合作模式。

投融资。2020年，德化文旅集团与县内外各金融机构进行融资对接，通过资产抵押、第三方担保方式办理银行授信，对接银行6家，拟授信额度7.4亿元；审批授信额度1.22亿元，其中厦门农商银行4950万元、厦门国际银行5000万元、德化信用联社1450万元、厦门银行800万元；提款3250万元。

安全生产。2020年，德化文旅集团深入开展疫情防控、安全生产百日攻坚、房屋安全隐患排查、安全生产专项整治等行动，强化安全责任落实、宣传教育、监督考核，确保文旅集团安全生产形势持续稳定。

（德化文旅集团）

财　政

【概况】 2020年，德化县一般公共预算总收入19.37亿元，比上年增长2.9%。其中，一般公共预算收入12.86亿元，比上年增长7.4%。全县一般公共预算支出30.92亿元，比上年增长9.4%。

【财源培植】 2020年，德化县落实深化增值税改革以及年度出台的一系列疫情防控和复工复产减税降费政策措施，持续巩固和拓展减税降费成效，确保政策红利直接惠及市场主体，全年减税降费2.22亿元。统筹谋划企业复工达产。坚持“战疫情”和“稳经济”双向发力，统筹做好疫情防控各项工作，制定出台促进陶瓷产业健康稳定发展58条措施。组织编印财政惠企政策指南，打通政策落实“最后一公里”，推动加快恢复和稳定产业链供应链，力保市场主体，促进陶瓷产业转型升级稳固财源基础。做稳做实扩内需稳外贸。加大电子商务扶持力度，促进全县电商产业稳定发展；鼓励企业拓展市场采购贸易，实施外贸平台推广活动，培育跨境电商外贸新业态，加大线上线下开拓市场支持。

【税收征管】 2020年，德化县加强全县税源研判分析，摸清税源结构和分布，分析影响收入增减变化因素，强化税收目标管理，坚持放管并重，挖掘增收潜力；完善税收征管体系，实行组织收入清单化管理，做细做实收入来源测算，做好与重点项目、重大投资、重点税源的衔接沟通，加强重点税源监控，防止税收流失。进一步加强和规范非税收入管理，落实非税收入收缴政策，确保非税收入及时足额入库。

【向上争取资金】 2020年，德化县向上争取补助资金15.08亿元，其中争取中央特殊转移支付2.79亿元。争取债券资金11.64亿元，比上年增加3.34亿元，增长40.2%，争取债券资金数额为历年最多。

【民生支出】 2020年，德化县各项民生支出23.8亿元，占一般公共预算支出的76.9%。落实疫情防控资金保障。开通资金拨付“绿色通道”，确保疫情防控资金迅速下达发挥效用，全年拨付新冠肺炎疫情防控经费2508万元；简化政府采购流程，确保应急医疗物资及时采购到位。抓好粮食安全生产，出台提升粮食生产能力奖励措施，全年拨付粮食风险基金900万元、发放耕地地力补贴1525万元。教育总支出10.67亿元，其中教育事业费支出7.24亿元，比上年增长3.1%；教育基建支出3.3亿元，比上年增长14.2%，用于实施城区中小学、幼儿园新改扩建工程建设。社会保障和就业支出2.84亿元，比上年增长80.8%。健全完善社会保障体系，实施优抚对象抚恤、社会救助；落实就业优先政策，支持稳定和扩大就业，增加居民收入。卫生健康支出1.82亿元，比上年增长27%。持续深化医疗卫生体制改革，稳步提升县级公立医院医疗水平，落实城乡居民基本医疗保险和城乡医疗救助补助政策。农林水支出5.07亿元，比上年增长7.2%。投入6612万元（含县级1430万元）全面落实产业、就业、教育、住房、医疗、低保兜底等扶贫政策，支持决战决胜脱贫攻坚。

【项目资金保障】 2020年，德化县落实项目资金保障机制，细化完善各项目资金清单台账，综合考虑和合理匹配资金筹措途径方式，建立多渠道、可持续的项目资金保障体系。全年拨付53.8亿元保障全县144个财政性投资重点项目资金需求。

【资产盘活增值】 2020年，德化县进一步做好项目资金需求与土地出让的匹配安排，加快土地征收盘活，把握好土地出让、项目建设与资金投入的有序衔接，提高土地增值效益。进一步盘活存量资产，梳理汇总全县存量资产情况并提出处置方案。加强公共资源交易监管，全年通过公共资源交易平台成交90宗，增值额1815万元，增值率30.7%。

【财政管理】 2020年，德化县贯彻落实新修订的预算法实施条例，举办预算法实施条例解读暨行政事业单位资产管理培训班。深化财政改革，在规范预算编制、强化预算执行、优化支出结构、增强财政可持续性、加大预决算公开等5个方面的县级财政管理绩效综合评价考评中，德化县连续3年获全市第一名。县财政局被授予“福建省五一劳动奖状”，是全省财政系统唯一一家。持续强化政府投资项目监督管理及规范工程变更审批流程，严控随意变更、增加投资，全年完成预结算评审项目106个，送审金额26.4亿元，审核后金额24.46亿元，核减率7.35%，节约财政资金1.94亿元。出台行政事业单位国有资产管理规定，落实向县人大常委会报告国有资产管理情况制度，进一步规范行政事业单位国有资产管理，维护国有资产的安全完整。提高国有企业运作承载能力，做优做大国有企业资产规模，推动国有企业实体化运营。全面推行国有资本经营预算，促进国有资产保值增值。实施预算绩效管理。深化预算绩效管理改革，落实“花钱必问效，无效必问责”机制，全县159个一般公共预算项目支出绩效管理实现全覆盖，资金总量5.08亿元。提升财政监督实效。开展会计信息质量、扶贫领域、直达资金和“1+X”专项检查工作；进一步完善扶贫（惠民）资金在线监管系统，全年将各级各类资金8.7亿元全部纳入系统进行动态监管，其中外网公开23项、资金累计0.89亿元，惠及10.75万户（人），访问量超24.7万人次。

（黄飞晓）

税 务

【概况】 2020年，德化县税务系统组织各项收入22.5亿元。其中税收收入16.44亿元，比上年增长0.5%。社保和其他非税收入6.05亿元，比上年减少6.1%。城乡居民养老保险和城乡居民医疗保险缴费率跃居全市前三位。在年度全省纳税人满意度专项调查中，县税务局综合得分居全市第一、全省第七。

【减税降费】 2020年，德化县税务局制定办理延期缴纳税款和出口退税“双增速”，纳税信用为企业融资“减成本”，减税降费为企业发展“减负担”，部门合作“再深化”的“双增双减一深化”的行动方案，依托“三个三”（搭建纳税人学堂平台、网络平台和咨询平台三个平台，培育党员先锋模范队、青年志愿者服务队和专家服务队三支队伍，落实绿色通道、主动靠前和便捷审批三项服务）服务模式，落实疫情防控税费优惠政策，助力企业复工复产。全年减免税费2亿元（含社保费），其中落实减税政策新增减税1亿元、落实社保降费0.9亿元，全县2.9万户（次）纳税人享受减税降费税费政策。全年办理出口免抵退税额2.9亿元，其中增值税退税额1.7亿元、免抵税额1.2亿元；出口企业实现100%无纸化申报，平均退税时间压缩到2个工作日。

【纳税服务】 2020年，德化县在中国电信云商务直播平台开展“疫情防控税收优惠政策”和“个税汇算清缴”的纳税人学堂网上直播，举办“银税互动 助力企业复工复产”文化沙龙，开展“政税银守初心、担使命，共帮企业渡难关”主题党日活动，进一步拉近“政企”“税企”距离，打通政策落实“最后一公里”。紧盯便民办税堵点、缴费服务难点，与浔中镇阳光社区居委会共同设立减税降费宣传辅导联络点，发挥减税降费社区“小窗口”直通便民办税的作用。落实疫情防控期间“非接触式”办税相关工作指引，引导复产复工企业通过电子税务局、微电子税务局、手机APP、微信公众号及自助办税终端等“非接触式”办税缴费服务通道办理税费业务，降低疫情防控期间的办税风险。完成福建省自助办税管理平台接口改造、适配上线工作，保障自助办税渠道畅通，提升纳税人办税体验和办税效率，把推广“非接触式”办税落到实处。“掌上导税”平台正式

2020 年 5 月 28 日，县税务局联合县农村信用合作联社、顺美集团举办“税银助力企业复工复产文化沙龙”（图 / 县税务局）

投入使用，优化导税流程，方便导税人员即时查询税收政策，随时随地一键查询，缩短涉税咨询时间，减轻导税人员压力，确保办税服务质量更优。

【营商环境优化】 2020 年，德化县组织开展对外培训 25 场次，其中线上直播辅导 13 场，累计培训纳税人超 3000 人次，印制、分发宣传材料 8800 多份，分次批量推送优惠政策宣传彩信超 1 万条，内容涵盖减税降费、疫情防控税费优惠、个税汇算清缴等方面。开展纳税信用评价工作，纳入纳税信用管理纳税人 13114 户。持续深化“银税贷”互动合作。将“银税互动”受惠企业范围由纳税信用 A 级、B 级企业扩大至 M 级，全年“银税贷”累计授信 64 户，授信金额 8667 万元。回应纳税人、缴费人合理合法的关注和诉求，明确接收、转办、回访等环节操作要求，做到程序规范，限时办结、准确答复。

2020 年 11 月 20 日，县税务局组织工作人员入户开展税费辅导 （图 / 县税务局）

全年受理省税务局“12366”纳税服务热线系统转办工单 16 件，其中受理表扬类工单 1 件。

【依法治税】 2020 年，德化县贯彻落实依法行政工作领导小组工作规则，组织学习《优化营商环境条例》《税务行政复议规则》等法律法规；开展党委书记、局长为税务干部讲授法治课活动，引导全体干部职工做到依法用权、秉公用权、廉洁用权。聘任福建岱仙律师事务所为法律顾问，提供法律咨询服务；培养充实法律顾问队伍，为进一步提升依法治税水平提供可靠人力资源保障。强化风险防范。全面实施行政执法公示、执法全过程记录、重大执法决定法制审核“三项制度”，完成约谈室建设，上传音像记录 25 条，执法信息公示平台完成 20 大项公示。

（县税务局）

金融监管

【概况】 至 2020 年底，全县银行业金融机构资产总额 357.28 亿元，比年初增加 55.37 亿元，比上年增长 18%；负债总额 340.02 亿元，比年初增加 53.86 亿元，比上年增长 18%；利润 5.38 亿元，比上年下降 15%。全县银行业机构本外币各项存、贷款分别为 240.08 亿元、260.49 亿元，比上年分别增长 9.07%、17.5%；存贷比 108.5%。不良贷款余额 1.39 亿元，比年初增加 1704 万元；不良占比 0.53%，比年初下降 0.02 个百分点，比全市低 0.86 个百分点。

【监管督导】 2020 年，德化县督导银行保险业机构加强对辖区银行业保险业从业人员的宣传、教育和管理，引导其严格执行地方政府、监管部门和单位疫情防控有关要求，有序恢复工作秩序，提升金融服务质效，落实各项疫情防控措施，做到“看好自家门、管好自家人”。辖区未发生疫情。督促指导辖区银行、保险业机构为全县疫情防控、复工复产和实体经济发展提供精准金融服务。至12月底，银行业方面：支持疫情防控企业扩大产能11户4026万元，新增实体经济信贷投入6824笔363760.57万元，调整还款付息（包括按揭）22笔10505.35万元，降低贷款利率3673笔、贷款期限内节省利息2846.9万元，展期续贷衔接423笔36866.3万元，春耕春种金融支持1708笔31502.11万元，无还本续贷452笔156052万元，按揭贷款延期还款53户2542.98万元，满足疫情防控期间多元的金融服务需求。保险业方面：截至12月末，累计降低保险费率182笔30.33万元，延长保险期限14户210万元、惠及306部运营汽车，延期收取保费2户174万元，对125款产品的保险责任扩展到新冠肺炎，为抗疫一线的医护人员捐赠保险，疫情防控期间建立绿色通道，全面优化理赔服务流程，应赔尽赔快赔，提供线上服务，升级“非接触式”服务，提升承保便利性，累计理赔支出12305.12万元。全面推进普惠金融、乡村振兴战略、精准扶贫工作，加大小微、“三农”、民营企业、制造业等重点领域支持力度，确保小微企业“两增两控”等普惠金融重点领域目标实现。至12月底，全县涉农贷款余额191.74亿元，比上年增速11.54%；小微企业贷款余额127.05亿元，比上年增速23.35%，增速高于各项贷款比上年增速5.8个百分点；小微企业贷款18045户，比上年同期增加3880户。督导辖区银行业机构协同县金融办、经信局、人行组织开展6场政银企融资对接会，现场融资意向签约7.98亿元。

【风险管控】 至2020年12月底，德化县不良贷款余额1.39亿元，比年初增加1704万元；不良占比0.53%，比年初下降0.02个百分点。不良贷款总量和占比均处于全市县域最低位水平，没有出现大的企业主失联跑路事件。

【法人监管】 2020年，德化县督促2家法人机构处理好促发展与防风险关系，对符合条件的中小微困难企业实施临时性延期还本付息安排，缓解客户短期资金压力。开展入社现场调查、巡查工作。重点巡查督导德化信用联社、成功村镇银行进一步加强大额授信风险管理，妥善处理好风险防控和支持实体经济的关系。持续跟踪督导严格遵守“实体和支农支小是主线、户均贷款和集中度达标是底线、大额和异地展业是红线”的“三线原则”。督导提升股东股权管理能力。督导贯彻落实银保监会和省局的股权规范管理决策部署，将股东管理的监管要求、股东权利义务写入章程，健全股东资质和股东行为评估机制、股东信息报送机制和股东问题整改机制；持续推动不合格股东、股权清理，推动优进劣转；督促股东及时报告股权质押情况，严格落实股权质押监管要求。持续督导推行“四位一体，织牢织密案件风险防控防线”、董（理）事和高管案防责任承诺制度，提升案防工作水平。督促做好防控信用风险工作。至12月底，德化信用联社不良贷款余额7588万元、占比1.03%，比全市农信系统低0.52个百分点，是全市农信系统8家行（社）中不良低位运行的联社之一。该社2020年被省联社评为“十强十佳社”。德化成功村镇银行贷款不良率0.05%。

【保险监管】 2020年，德化县通过走访沟通、建立微信群、召开座谈会等形式，初步建立与当地保险业机构的工作联系机制，了解掌握辖区保险业运行情况，履行对县域保险业监管职责。至12月底，辖区保险业运行良好，全县保险业机构保费收入5.01亿元，理赔支出1.23亿元。其中产险保费收入1.94亿元，理赔

2020年11月10日，德化县举办“民法典对金融业务和个人生活的影响”讲座

（图／德化银保监组）

支出 1.01 亿元；寿险保费收入 3.07 亿元，理赔支出 0.22 亿元。

【金融乱象治理】 2020 年，德化县督导辖内各银行业、保险业机构深化整治成果，将审慎合规理念深入人心、融入日常，开展治乱象“回头看”，规范产品销售和服务收费，杜绝以贷转存、高息揽储等违规行为，确保良性发展。同时，通过巩固治乱象成果，促进合规建设，压实主体责任，持续保持银行业、保险业案件防控高压态势，实现信访件和消保投诉数量比上年明显下降，全年德化县继续保持零案件。

【金融改革】 2020 年，德化县做好辖区银行、保险业监管工作合并衔接工作。指导德化信用联社推进改革转型，准备好改制农商行工作，提升品牌形象，提高服务水平。

【管理指导】 2020 年春节前，县人行组织县金融团工委及县银行业协会组成爱心小分队，走访慰问辖内银行业金融机构重病、特困员工。督促指导县银行业协会开展银保监会系统社团调研工作，规范银行业协会运作、开展工作。指导县银行业协会开展“趣味运动会”。11 月 10 日，组织县银行业协会举办“民法典对金融业务和个人生活的影响”讲座，邀请华侨大学教授张照东现场授课，银行业员工 500 多人参加。

（陈丙林）

审　计

【概况】 2020 年，德化县完成审计项目 22 个，审计查出管理不规范资金 5537.5 万元，审计发现非金额计量问题 50 个，审计促进整改落实有关问题资金 1398 万元，提出审计建议 40 条。县审计局先后被泉州市委、泉州市政府评为泉州市 2017—2019 年度文明单位，被泉州市审计局评为 2019 年度全市审计信息工作先进集体，被县委政法委评为 2019 年度县级一类优秀“平安单位”，1 名党员获县“三八红旗手”称号。

【专项审计】 2020 年，德化县重点审计财政资金 1315.93 万元和捐赠资金 189.3 万元，对专项再贷款资金 650 万元逐笔逐项进行核查，延伸审计县红十字会、慈善总会和县疾控中心等政府机构和单位及其他企业 3 家。审计发现部分财政专项资金闲置未用、未能充分发挥绩效的问题，被纳入《审计署关于整改 2019 年度中央预算执行和其他财政收支审计查出问题整改工作的通知》，获县政府主要领导批示。

【重大政策跟踪审计】 2020 年，德化县重点围绕做好保市场主体、“三促进”（促进财政资金提质增效、促进优化营商环境、促进就业优先）、影响投资增长堵点痛点难点等专题开展专项审计。发现政策不落实、项目不落地、资金使用不规范等问题，与被审计单位沟通协调，从体制机制上深入分析原因，揭示政策措施不适应、不衔接、不配套等问题，提出政策建议。同时挖掘整改效果较好的事例，力促德化经济社会持续健康发展。

【财政预算执行审计】 2020 年，德化县组织开展县财政局、县人社局、县自然资源局和县国投公司等 4 个单位（部门）的 2019 年度预算执行审计。审计发现上级专项转移支付资金拨付不及时、个别专项资金绩效管理薄弱等违规问题 28 个，提出审计建议 14 条。依法向县政府上报《关于德化县 2019 年度县级财政预算执行和其他财政收支的审计结果报告》，获县领导批示和肯定。全面开展县直 62 个一级预算单位资产管理情况专项审计调查，逐步探索审计监督全覆盖。向县人大常委会汇报审计局关于加强行政事业单位国有资产管理审计监督情况。开展 205（职业教育）和 210（公共卫生服务）2 个科目重点资金专项审计，查找专项资金趴在账上的梗阻点，发现 9 个问题，提出审计建议 6 条，促进

2020 年 9 月 23 日，省审计厅国家重大政策措施落实情况跟踪审计组到县审计局指导工作

（图 / 县审计局）

财政资金发挥作用。

【经济责任审计】 2020年，德化县围绕规范权力运行，加强经济责任审计，不断拓宽经济责任审计内容，从关注领导干部个人在任期间财政财务收支等情况向领导干部履行基本职责的情况拓展，以经济、社会、文化和公共事业等领域的重大决策、政策落实、资金管理使用、履行监督职责和廉洁自律等情况为审计核心，进一步明确审计目标和重点，为县委、县政府选拔任用领导干部提供决策参考。完成县委办、县政府办、县市场监管局、县行政服务中心、陶瓷管委会、县交通局和县工信商务局7个县直单位领导干部经济责任审计项目，审计查出管理不规范金额163万元，提出审计建议11条。

【重点资金和重点项目投资审计】 2020年，德化县对县工信商务局2015—2020年省级电子商务进农村综合示范县资金使用情况进行专项审计调查，就继续深化电子商务进农村综合示范建设工作，进一步发挥资金使用效益，促进德化县农村电商发展提出建议。开展晋江流域水环境综合整治专项审计调查，就流域污染防治、流域环境治理、流域生态环境修复等方面深挖存在问题，提出审计建议。开展省道310德化龙门滩至苏洋路段建设工程项目专项审计调查，揭示问题，深入分析原因，提出审计意见建议，促进建设项目按计划有序推进，确保政府投资及时发挥效益。

【审计整改落实】 2020年，德化县建立由审计组落实、项目主审负责的督办方式，《德化县审计局关于印发审计结果整改落实情况跟踪检查管理办法的通知》，要求各审计组根据审计报告对审计项目查出的各类问题按照整改期限要求，明确限期整改（自收到审计报告之日起60日内整改落实的问题）或备案整改（需要较长时间持续进行整改的问题），形成审计发现问题台账清单，建立审计发现问题整改台账，实行审计整改挂销号清单制度，推动整改工作全面完成、不留死角，确保每个问题都能够落实整改。

（苏青娥）

统　计

【概况】 2020年，德化县开展统计调查、人口普查等重点工作，做好各项常规统计调查，为打造具有国际影响力的现代化世界瓷都提供统计支撑。4月9日，县统计局被省第四次全国经济普查领导小组授予“福建省第四次全国经济普查省级先进集体”称号。

【统计服务】 2020年，德化县统计部门密切关注疫情发展变化，跟踪分析疫情防控期间主要经济指标变动情况，进一步强化对经济运行的监测预警，为保证全县经济平稳运行、社会和谐稳定提供优质高效的统计服务。

【人口普查】 2020年，德化县按照全国第七次全国人口普查方案要求，依法开展普查。高质量完成机构组建、经费落实、普查区域划分与绘图、“两员”（普查员、普查指导员）选聘与培训、摸底、入户登记和复查比对等各个普查阶段工作。

【常规统计调查】 2020年，德化县统计部门贯彻执行国家统计调查制度，严格按照统计业务工作流程，完成农业、工业、建筑业、批发零售业、住宿餐饮业、房地产业、重点服务业等行业，以及基本单位、能源、投资、劳动工资、文化、科技等领域各项常规统计调查。

（县统计局）

【居民调查】 *居民收支调查* 2020年，德化县抽选15个调查点家庭户进行调查，其中国家样本点10个（东埔、金凤、阳光、浔中、蒲坂、浔东、丁墘、英山、蔡径、瑞坂），地

2020年7月14日，德化县世界人口日暨第七次全国人口普查集中宣传活动在县驾云亭公园开展　（图/县统计局）

2020年9月25日，国家统计局德化调查队工作人员在上涌镇曾坂村开展中稻单产抽样调查
（图/县统计调查队）

方样本点5个（东埔、高阳、泗滨、锦山、大㘵），共150户。2020年，全体居民人均可支配收入32586元、全体居民人均生活消费支出20802元，比上年分别增长3.4%、-1.6%。其中，城镇居民人均可支配收入37702元、人均生活消费支出23321元，比上年分别增长3.0%、-1.9%；农村居民人均可支配收入18105元、人均生活消费支出13697元，比上年分别增长6.6%、0.3%。

农户固定资产投资调查　2020年，德化县抽选浔中、蒲坂、丁㘵、英山、蔡径、瑞坂等6个调查点（村）进行调查，农户投资从居民收支调查资料中取得，农户建房投资调查该点（村）所有建房户情况，调查数据进行超级汇总。

农民工监测调查　2020年，德化县抽选浔中、蒲坂、丁㘵、英山、蔡径、瑞坂等6个调查点的农民工户进行调查，调查数据进行超级汇总。

农民工市民化进程动态监测调查　2020年，德化县抽选东埔、德新、丁溪等3个调查点各15户外来农民工户进行调查，调查数据进行超级汇总。

【农村调查】　中稻单产抽样调查　2020年，德化县抽选10个国家调查村的30个样方开展调查，调查数据进行超级汇总。

主要农作物播种面积调查　2020年，德化县抽选7个国家样本点、3个省样本点进行调查，调查数据进行超级汇总。

主要农产品中间消耗调查　2020年，德化县抽选5户普通农户调查样本进行调查，调查数据进行超级汇总。

主要畜禽监测调查　2020年，德化县对主要畜禽大中小型养殖场（户）抽选58个调查样本进行调查，调查数据进行超级汇总。

主要农产品生产者价格调查　2020年，德化县对普通农户和生产单位抽选21个调查样本进行调查，调查数据进行超级汇总。

【价格与企业调查】　工业生产者价格调查　2020年，德化县抽选9家包括矿产、陶瓷制造、玻璃制造、纸制品制造、天然气供应等工业类别的规模以上工业企业进行调查，调查数据进行超级汇总。

新设立小微企业和个体经营户跟踪调查　2020年，德化县抽选2014年3—7月新设立的15家小微企业和8户个体经营户进行调查，调查数据进行超级汇总。

（李小燕）

市场监督管理

【概况】　2020年，德化县市场监督管理聚焦服务改革、民生安全、产业发展、疫情防控等重点工作。全年新增市场主体12202户，比上年增长8.3%；全县有各类市场主体56465户。

【商事制度改革】　2020年，德化县持续推进“三十五证合一”“证照分离”改革，全面实现企业开办时间压缩至1个工作日，并将住房公积金企业缴存登记纳入企业开办“一窗通办”套餐。截至年底，全县有各类市场主体56465户，全年新增市场主体12202户，比上年增长8.3%。其中，通过“一窗通办”开办企业5176家，减免企业费用336.44万元。推动250户未开业企业、无债权债务企业以及338户个体工商户进行简易注销登记，引导、支持、鼓励符合条件的43户个体工商户转型升级为企业，提高其市场竞争力。

【企业发展服务】　2020年，德化县发挥省陶检中心——国家实验室认证认可优势，受理委托检测陶瓷原材料33批次、陶瓷产品1246批次，服务陶瓷企业335家，减免检测费用5.2万元；免费为参加中国（泉州）线上商品展销会的13家陶瓷企业检验陶瓷产品17批次，为疫情防控期间陶瓷企业有序复工复产、打开市场等出具检测报告。协助企业向省、市、县申请享受政策红利，推动优惠政策和奖励措施落实到位。帮助企业落实上报申请专利奖励及专利权质押贷款贴息，《企业知识产权管理规范》标准认证补助，国家、省优势示范奖励，地理标志证明商标、马德里商标国际注册和单一国家奖补资金共计 1412.98 万元。

【品牌发展服务】 2020 年，德化县在推广使用“德化白瓷”“德化玉瓷”“德化窑瓷器”等 7 件地理标志证明商标的基础上，深挖地方企业特色，建立品牌培育梯队，助力商标提质增量，全面增强德化陶瓷品牌影响力。国内商标申请 11990 件、商标注册 9603 件、马德里商标国际注册 42 件。截至年底，全县有国内注册商标 25015 件，陶瓷大师、名人的“人名商标”86 件，国际注册商标 97 件，地理标志证明商标 7 件，驰名商标 6 件，地理标志保护产品 2 件，驰名商标数量、大师人名商标数量居全省山区县前列。推荐华夏金刚科技股份有限公司、成艺陶瓷有限公司等 2 家企业参与省级质量品牌标杆企业培育工作。开展 2018—2019 年度省、市、县级“守合同重信用企业”推荐工作，推荐“守合同重信用企业”省级 9 家、市级 14 家、县级 14 家。

【民生发展服务】 2020 年，德化县完成医用血压计、安全防护用压力表强制检定 538 台件。强化强检计量器具备案管理，检定加油机、压力表、电子计价秤等强检计量器具 7553 台件，合格率 99%。开展定量包装商品计量监督抽查工作，抽查定量包装商品 9 批次，合格 5 批次。抓好消费纠纷调处，受理各类投诉举报 9588 件，为消费者挽回经济损失 50 余万元。

【标准化建设】 2020 年，德化县完成省级德化梨农业标准化示范区建设考评验收工作；提请县政府对 2019 年通过农业标准化示范区建设项目验收、组建全国专业标准化工作组等 2 个标准化工作项目进行奖励，兑现奖励资金 5 万元。开展企业标准化工作调研 8 家次，宣传省、市、县有关标准化扶持、奖励政策；以应对疫情为重点，对新开办的口罩生产企业开展现场帮扶和执行标准调查 3 家次，为企业提供《纺粘 / 熔喷 / 纺粘法非织造布》等有关口罩原材料、产品标准文本，帮助解决生产难题。

【食品安全监管】 2020 年，德化县持续推进治理“餐桌污染”建设“食品放心工程”工作，完成食品安全监督抽检 930 批次，检出不合格食品、食用农产品 9 批次，合格率 99%。推进食品安全“一品一码”全过程追溯体系建设，至年底，省、市食品安全信息追溯管理平台注册生产经营单位 1700 余家（户），累计上传追溯信息 298 万余条。完成 5 个快速检测室建设，配备 1 辆食品安全快速检测车。推进网络订餐“食品安全封签”项目，发放食品安全封签 45 万余张，累计发放 220 多万张。开展“食品安全宣传周”系列宣传活动，开展食品安全进校园 5 场次、进社区 3 场次。开展“文明餐桌”“光盘行动”“公勺公筷”“禁食野生动物”等宣传活动，发放倡议书 3000 份，张贴宣传单页 9000 余份，发放桌牌 5000 个。立案查处食品安全违法违规案件 48 件，罚没 53.9 万元。

【药械安全监管】 2020 年，德化县开展中药饮片、特殊药品、疫苗、植入性医疗器械和美容机构专项检查，加大对医用口罩等防控物资检查力度。排查检查药械经营使用单位 185 家次，指导药品零售企业签订《药械质量安全承诺书》78 份，立案查处 35 起。完成药品监督抽检 35 批次，化妆品国抽抽样任务 4 批次，药食同源中药饮片（风险监测）65 批次，医疗器械抽样 2 批次，检出不合格化妆品 1 批次。

【特种设备安全监管】 2020 年，德化县市场监管局联合公安、住建、消防等部门开展全县酒店宾馆等住宿单位安全隐患大排查，检查住宿单位 39 家，中央空调附属压力容器 11

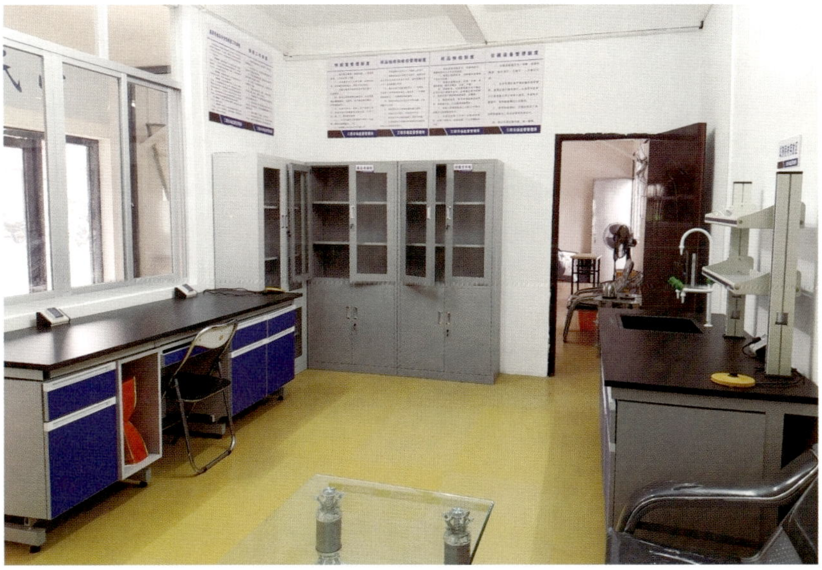

三班镇市场监督管理所快速检测室（摄于 2020 年 12 月 25 日）

（图 / 县市场监督管理局）

部、电梯98部。持续开展未办理使用登记和定期检验不合格特种设备专项整治，引导700台特种设备、33.64千米压力管道办理使用登记，督促72家145台检验不合格特种设备完成整改闭环。对重点场所、重点单位、涉疫场所、大型游乐场所的特种设备开展检查，检查194家次812台次特种设备。联合县住建局及乡镇政府开展全县安置房小区电梯安全监督检查，检查17家使用单位288台电梯。查封检验不合格特种设备7台、土制升降设备9台，整改拆除土制升降设备6台，立案查处特种设备案件4起。

【质量安全监管】 2020年，德化县市场监管局牵头做好2019年市政府对县政府质量考核，德化县位居全市第四名；强化防疫物资质量监管，检查相关疫情防护商品5000多批次，组织企业签订《疫情防护产品及原辅材料生产经营行为规范承诺书》3份，配合上级部门开展产品监督抽查或风险监测4批次，责令限期整改3家，约谈企业5家次，通报有关认证问题2起。开展燃气具及配件、电动车、水泥制品、陶瓷产品、消防产品、成油品等专项检查，检查各类企业160多家次，抽检成品油20批次、婴幼儿童装童鞋16批次、电动车6批次，力促产品质量安全。对机动车、建筑工程材料、产品质量、环境监测等检验检测机构开展抽查检查，抽查企业8家次，责令整改2家次。开展口罩等防疫用品生产企业认证专项整治活动，检查企业12家次，摸排获得CE、FDA注册的企业2家、证书4张，通报无效证书违法线索2条。

【市场执法】 2020年，德化县强化市场监管和执法查处，营造公平竞争的市场环境和安全放心的消费环境。立案查处139起，罚没款221.11万元。加强行政执法与刑事司法工作衔接，向公安部门移送食品类案件2件。

【综合市场监管】 2020年，德化县市场监管局联合多部门持续深入开展“双随机、一公开”工作，抽查检查企业735家，归集录入行政许可、行政处罚、抽查检查等信息合计3895条，公示联合惩戒信息6条。摸底排查发现涉及使用领导人形象进行商业营销活动行为的经营户49家，现场督促37家商户下架违法销售的领导人形象挂盘，约谈提醒11家，发出整改通知书7份。强化野生动物交易专项检查，检查市场（墟日）62个，立销售禁止使用的猎捕工具案件3起。持续开展整治市霸专项行动，加强对容易滋生黑恶势力的商贸集市、批发市场、客运站、旅游景点等重点场所的监管和涉黑线索排查，报送涉黑线索1条。

【价格监督检查】 2020年，德化县开展疫情防护用品专项检查，累计出动执法检查人员1580余人次，检查防护用品经营企业2360家次，查处不按规定明码标价销售口罩的价格违法行为1起，罚没款3760元。开展转供电专项检查，检查转供电主体4家，责令2家转供电主体向终端用户退还多收电费11.8万余元。开展公立医院违规收费专项整治，检查医疗机构19家，立案查处14起，没收违法所得96.33万元，罚款38.53万元。

（苏瑞金）

海关（检验检疫）

【概况】 2020年，泉州海关驻安溪办事处德化监管科辖区有出口竹木藤柳草制品注册登记企业15家，备案出口食品生产企业3家（茶叶、淮山、茶油），出口茶叶备案基地1个，出口蔬菜备案基地1个，出口鳗鱼养殖基地1个。除竹木藤柳草备案企业外，2020年其他企业均无出口。全年完成1批进口医疗设备目的地查验、2批出口退运货物产地调查。

【日常出口前申报业务】 2020年，德化县完成出境货物监管1503批，其中竹木藤柳草制品1192批、陶瓷出证311批。

【产地证业务】 2020年，德化县完成签发各类原产地证书1389份，主要为普惠制产地证书（FORMA）、一般原产地证书、东盟证书。申证产品主要为陶瓷制品，其中普惠制产地证书主要为欧盟客户申请。与上年同期相比下降30%。其中12月签发60份。

【报关企业注册登记】 2020年，德化县办理报关企业注册登记27家，变更21家，注销5家。其中12月办理注册3家，变更4家。

【备案与核查】 2020年，德化县完成1家竹木草企业备案申请，1家延期申请。完成10家企业年度定期现场核查工作。12月份受理1家竹木草企业的延期申请考核，尚在审批中。

（泉州海关驻安溪办事处德化监管科）

农业农村　水利

综　述

【概况】　2020年，德化县实现农业总产值24.61亿元，比上年增长3.2%。全县粮食播种面积9246.67公顷，粮食总产量6.05万吨；出栏黑羊2.1万头、黑兔19万只、黑鸡85万羽，肉类总产量1.62万吨、禽蛋产量0.58万吨；茶叶面积1853.33公顷、产量1590吨；水果总面积2860公顷、总产量2.48万吨；水产养殖总面积1466公顷，其中稻田养鱼312公顷，池塘养鱼81公顷，山塘、水库、溪段养鱼1073公顷；水产品产量1512吨，比上年增长3.06%。向上争取资金11818.73万元，比上年增加75万元；农林组新引进项目6个，协议总投资31.68亿元。完成造林绿化1533.33公顷。

【农业面源污染整治】　2020年，德化县组织完成耕地土壤环境质量类别划分，建立优先保护类、安全利用类和严格管控类分类清单，绘制分类图件，制定并落实耕地土壤环境质量分类管理方案。根据划分结果，全县优先保护类耕地约1.57万公顷，需开展安全利用耕地约1000公顷，分布在10个乡镇35个村；严格管控类180公顷，分布在3个乡镇9个村。完成66个省控点的土壤采样、4个国控点农产品和土壤采样等农产品监测工作。在66个省级农产品产地环境监测点采集30个农产品样品；在蕉溪、美湖村实施化肥减量增效田间试验2个（镁肥用量试验），在全县推广测土配方施肥2.14万公顷次；建设耕地质量提升和化肥减量增效示范片16.67公顷，推广以畜禽粪便为主的有机肥6666.67公顷，替代部分化肥，化肥使用量从上年的11676吨（折纯）减少至11386吨，完成减量目标290吨，比上年降低2.5%；在10个乡镇、16个村推广种植紫云英示范片146.67公顷，实行有机无机结合，改善土壤性状，提高耕地地力和农产品品质。

【农产品质量安全监管】　2020年，德化县开展蔬菜农药残留速测12374份，合格率99.5%。其中县级开展蔬菜农药残留速测1214份，合格率100%；兽药残留快检1033份，检测均合格；水产品药物残留快检合格率100%；猪牛羊“瘦肉精”抽检均为阴性。全县纳入福建省农（水）产品质量安全追溯信息系统的农场和企业231家。其中，建立生产档案223家，建档率96.5%；赋码销售207家企业，赋码率89.6%。实现源头赋码、贴码销售、一品一码。完善农资监管信息平台建设，全县39家农药、种子、化肥、兽药生产及经营企业纳入平台监管。开展农资打假专项整治行动、农资质量监督抽查“检打联动”，确保农业用种、用药、用肥安全。全县设省检疫性有害生物阻截带监测点1个、草地贪夜蛾监测点30个，未发现疑似疫情。全面落实非洲猪瘟监测排查、调运生猪“点对点”、屠宰企业非洲猪瘟自检、动物检疫证章标志管理、屠宰检疫监管等工作，实行非洲猪瘟日报告与零报告制度，严格排查生猪屠宰场、无害化处理场325个次，排查生猪49352头，未发现异常。落实重大动物疫病强制免疫、病死动物无害化处理、动物病原微生物实验活动监管等措施，加大动物卫生监督、私屠滥宰执法力度，取缔私屠滥宰窝点1个。

【农业科技与信息化建设】　2020年，德化县加强基层农技推广体系建设，建设农业科技示范基地15个、培育农业科技示范主体710个，培训新型职业农民245人次。扶持德化县丰裕硕农业专业合作社建设冷库1个、面积200立方米，补助资金4万元；扶持德化县百佳家庭农场、福建牧谷戴云农业发展有限公司建设物联网示范点2个，配备各种传

2020 年 8 月 14 日，春美乡举办第三届“母亲花”观赏文化旅游节

（图 / 县农业农村局）

感器和软件系统，补助资金 16 万元。

【休闲养生农业】 2020 年，德化县打造“自在德化”休闲乡村游路线 5 条。国宝乡佛岭村获“中国美丽休闲乡村”称号。组织江山美人茶庄园申报省级休闲农业示范点，上涌镇曾坂村申报福建最美休闲乡村。有济农业观光园、千亩刺葡萄观光园获泉州市 2020 年休闲农业示范点称号。申报德化县“绿泰康养”休闲农业观光园、德化县有济村南坑内休闲园、国宝乡佛岭村游古村落古民居改造提升等市级休闲农业发展项目 30 万元。先后举办“自在德化·魅力美湖”德化县 2020 年“中国农民丰收节”暨古樟小镇第四届民俗文化旅游节、“金色春美·人文双翰”春美乡第三届“母亲花”观赏文化旅游节等休闲农业推介活动近 10 场次，提升乡村旅游和休闲农业影响力。

【新型经营主体培育】 2020 年，德化县加大对合作社和家庭农场的扶持和培育力度，规范引导合作社和家庭农场运行机制，探索“公司 + 合作社 + 农户”发展模式。全县有注册登记农民专业合作社（简称“合作社”）1046 家、家庭农场 622 家，培育市级示范合作社 8 家、市级示范家庭农场 5 家，组织申报省级示范合作社 9 家、示范家庭农场 11 家。创建市级示范合作社“百社百村带千户”项目 15 家，市级“2020 年度十佳农民专业合作社”2 家。录入“全国家庭农场名录系统”425 家。获得中央、省、市扶持资金 606 万元。

（县农业农村局）

种植业

【概况】 2020 年，德化县粮食播种面积 9246.67 公顷，粮食总产量 6.05 万吨。实施水稻百亩丰产示范片建设，其中建成 33.33 公顷以上百亩丰产示范片 4 个、百亩水稻“五新技术”示范片 3 个；水稻参保面积 6253.33 公顷，复耕抛荒田 693.33 公顷。甘薯种植面积 1106.27 公顷，产量 7888 吨；马铃薯种植面积 1256.53 公顷，产量 5824 吨；蔬菜种植面积 6471.07 公顷，产量 117181 吨。水果种植面积 2860 公顷，产量 24800 吨。食用菌产量 1795 吨。

【水稻功能区划定】 2020 年，全县完成 18 个乡镇 168 个村底图制作、实地勘察、面积测算、分布图编辑、公示公告、建立数据库，划定水稻功能区总面积 6800 公顷，涉及农户 27512 户、地块 8393 个、片块 1108 个，并分别在雷峰瑞坂、上涌辉阳、美湖小湖建设 3 块水稻功能区牌。

【新品种选育与示范推广】 2020 年，全县有杂交水稻种子经营主体 7 家 63 个品种，水稻种子质量抽检合格率 100%；完成粮食安全应急种子储备任务 1666.67 公顷。在美湖镇小湖村、雷峰镇瑞坂村建立省级优质稻新品种核心展示示范片点 2 个，面积 26.67 公顷，示范推广野香优莉丝、昌两优 8 号、野香优 676、紫两优 737、昌两优馥香占、嘉丰优 2 号、中浙优 8 号等优质水稻新品种；在杨梅乡云溪村、美湖镇美湖村、上涌镇上涌村建立市级水稻、蔬菜新品种展示示范片点 3 个，面积 16 公顷，示范推广优质稻品种野香优 676、禾两优 676、野香优 699、野香优 967、野香优 669、野香优 744、明 1 优臻占及荚天下、绿丰园 2 号、田园创想者、摇钱树、武夷印象、路路通 2 号、豇南春、长寿豇豆、凤株、宝莱特、拉塞尔、沃尔特等蔬菜新品种。示范片点经县农业农村局组织相关站所人员对现场测产验收，完成项目制定的产量指标。通过展示示范，辐射带动新品种推广，确保农作物良种覆盖率 98.5% 以上，优质专用率 86.5% 以上。

【高标准农田建设】 2020年，德化县按照相对集中连片、整体推进的要求，坚持绿色发展理念，以农田水利为重点，多项措施综合治理，组织高标准农田建设。因地制宜建设沟渠、道路和塘堰湿地系统，改善农田生态环境。2020年上级下达德化县高标准农田建设任务1666.67公顷，任务分解下达到浔中镇、南埕镇、龙门滩镇、盖德镇、葛坑镇、杨梅乡、汤头乡、春美乡等8个乡镇。至12月，全部完成招投标工作，项目全面开工建设。

【农作物重大病虫害监测预警和防控】 2020年，德化县有佳多虫情水稻监测点3个、德化梨监测点1个，准确掌握病虫疫情发生动态，发布“病虫情报”7期350份，指导科学防控，科学用药。落实草地贪夜蛾监测点45个，其中自动监测点2个，实现草地贪夜蛾早发现，早预警，早防治。开展绿色防控及专业化统防统治融合示范建设。建立水稻、德化梨、茶、柑橘、蔬菜等农作物病虫害绿色防控示范片14片，核心示范面积233.33公顷；建立水稻、淮山、柑橘专业化统防统治示范片4片，示范面积666.67公顷次。全县农作物病虫害绿色防控面积6800公顷，绿色防控推广面积1.37万公顷次，统防统治推广面积0.97万公顷次。在葛坑开展植物检疫宣传月活动。首次在南埕镇南埕村发现入侵生物红火蚁，采购防治红火蚁药剂，会同乡镇、村委开展红火蚁扑杀工作。

【农药使用情况监测项目】 2020年，德化县建立农药使用监测点20个，准确掌握全县农药使用情况水平。全县农药使用量244吨。

【植保技术服务与培训】 2020年，德化县组织技术人员深入田间地头，为农户、合作社、家庭农场等新型经营主体提供植保技术服务，面对面指导农民诊断病虫、指导科学用药，答复群众病虫咨询、解决生产中病虫防治疑难问题。因地制宜，在田间地头现场开展植保技术培训18次，培训约400人次。

【特色种植业】 2020年，德化县实施省茶产业绿色发展示范基地建设，建成不用化学农药茶叶绿色生产示范基地4个，不用化学农药生态绿色茶园1413.33公顷。在龙浔镇英山村建立绿色食品示范基地13.33公顷，在雷峰镇蕉溪村建立无公害淮山基地20公顷，在赤水、美湖、汤头等乡镇建立反季节蔬菜基地20多公顷，建立设施蔬菜基地约6.67公顷。实施德化淮山地理标志保护工程，培育国家地理标志登记保护农产品示范基地6个，创建闽台农业融合发展示范基地4个，新增市级以上“一村一品”示范村7个、农民合作示范社19家、家庭示范农场13家、休闲农业示范点3个，上涌镇列入全国农业产业强镇，“阿嬷家油”入选中国十佳粮油区域领导品牌。

（县农业农村局）

林　业

【概况】 2020年，德化县完成造林绿化1533.33公顷，占任务数1333.33公顷的113.3%。实施大田育苗3.33公顷，培育苗木250万株；完成森林抚育3266.67公顷，占任务数3133.33公顷的102.9%；完成封山育林面积2800公顷，占任务数2733.33公顷的102.1%；开展“春节回家种棵树”活动，完成义务植树65万株，占任务的108%。

【森林资源保护】 2020年，全县5个自然保护地（3.2万公顷）调整为4个自然保护地（2.4万公顷），完成《德化县自然保护地整合优化预案》编制并上报审批。推动戴云山保护区地理信息系统、智能监管体系、快速反应机制“三个构建”。组织5个重大研究课题，提升科研专业水平。依法强化自然保护区、森林公园等自然保护地监管，抓好10.73万

2020年4月29日，德化县“林电互动保安全助脱贫”党建联创现场会在雷峰镇召开

（图/县林业局）

公顷生态公益林、天然商品林管护。聘任护林员并签订森林资源管护合同379人（份），续签天然商品林保护及管护协议932份。强化森林防火宣传、监管和隐患排查工作责任，及时召开县“林电互动保安全助脱贫”党建联创暨森林火灾隐患大排查大整治现场会，各乡镇及有关单位排查隐患251处，均完成整改。持续推广新型隔离灭火技术，科学安全高效处置森林火灾。继续保持全市未发生松材线虫病的2个县份之一。率先在全市开展林业有害生物综合防治管理试点，清理松枯死木3707株，挂设松墨天牛诱捕器400套，施放白僵菌粉炮1.2万发、白僵菌粉1000千克和绿僵菌粉540千克。依法查处2批从疫区调入的松木板材，没收烧毁并处罚款2万元。开展非法占用林地清理整治专项行动，优化整合林业执法队伍，推进森林公安转隶后执法工作的衔接和队伍建设。查处林业行政处罚案件63起，挽回经济损失110万元。发现涉嫌犯罪并移送公安机关1起，并按规定定期录入综治诚信信息系统等平台，形成联合惩戒机制。

【精品项目建设】 2020年，德化县培育县级精品示范工程56个，创建省级森林村庄6个，戴云山森林步道被省林业局列入全省第一批森林步道名单。德化县上榜“2020年中国县域生态百优榜”之县域生态“优等生”榜。创建市级森林人家2家，石牛山森林康养基地入选福建省森林康养基地，九仙山森林康养基地、桂阳乡森林康养基地试点建设乡入选全国森林康养基地建设试点。

【林业生态产业】 2020年，德化县争取上级造林绿化和森林经营、林下经济、合作社等发展项目资金6676万元。祥山大果公司被纳入省级一、二、三产业“百千”增产增效行动重点产业（企业），其中“阿嬷家油”入选第十届中国粮油榜的中国十佳粮油区域领导品牌。新签约航天育种科普教育德化示范基地项目、福建锦绣盛世无人机科技园、陶瓷小家电“研产销”一体化、美的电器物流园、福建·观音海高新陶瓷产业园等5个项目，总投资23.58亿元；不老溪森林康养和旅游项目完成林地报批初稿，即将开始征地工作；中山市名灶电器有限公司电陶炉项目交纳土地款，推进办理施工许可证；持续抓好健丰生物科技产业园等3个在建项目和泉州绿洲生态园、妙境三味文化创意园等4个在谈项目的服务和指导。建设国宝开发园区，规划面积约67.87公顷，召开规划评审会，完成控制性详细规划（送审稿）、征迁方案初稿和首宗林地报批34.67公顷，有28家竹木加工企业拟申请用地24.27公顷。唐寨山森林公园提升工程、造林绿化工程、林下经济示范基地等3个重点项目累计投资9000多万元，均超时序推进，超额完成年度任务。

2020年5月9日，国家林草局驻福州专员办副专员宋师兰（右三）到德化县调研野生动物保护法执行情况（图/县林业局）

【林业改革】 2020年，全县补充林地产权证办证面积187.07公顷，受理涉林行政审核审批服务项目639件。受理林地征占用审核审批面积470.2公顷，比上年增长234.6%；其中完成重点建设项目林地审批413公顷，保障全县经济社会发展建设项目的用林需求。新培育省级示范社（林场）6家、国家级示范社1家。培育省级标准化新型林业经营主体7家，占全市35%。培育市级林业专业合作社示范社和示范家庭林场8家，占全市40%。制定出台县木材公司（清算组）改革实施意见，确保公司人员平稳过渡，理顺行政隶属关系，加强基层管护力量。加强1.73万公顷生态公益林和天然商品林的管护，突出灵芝林下栽培示范等项目建设，狠抓生产经营，提高国有林场经济效益。

【禁食野生动物养殖场退养转产处置】 2020年，德化县制定下发《德化县以食用为目的野生动物养殖场退养转产转岗实施方案的通知》，完成全县13家以食用为目的的野生动物养殖场退养转产转岗工作。其中3家

2020 年葛坑国有林场各项经济指标情况

表 4

项 目	经济总收入	木材收入	多种经营收入	销售利润	木材利润	多种经营利润	营林生产投资	基建专项工程
计划数（万元）	495.70	451.70	44.00	251.95	207.95	44.00	126.78	77.80
实际数（万元）	500.20	473.37	80.86	268.51	274.30	80.86	142.62	93.13
完成比例（%）	100.9	104.8	183	106.6	131.9	183	112.5	119.7

完成无害化处理，拨付补助资金 106 万元，完成退养转产存量动物处置，推动建设县野生动物收容救助站。5 月 9 日，国家林草局驻福州专员办副专员宋师兰到德化调研野生动物保护执法情况。

【“林电互动保安全助脱贫”党建联创】 2020 年，德化县在雷峰镇肖坑村选择长 4 千米、宽 25 米的高压电力线路走廊作为试点，建设电力线路走廊油茶林生物防火林带，打造党员扶贫攻坚示范基地。典型经验在《人民日报》《八闽快讯》《泉州组工》等刊发，在全市年度机关特色党建项目评展比赛中获二等奖。

【唐寨山森林公园提升工程】 2020 年，德化县累计投资 8200 多万元，以基础设施大提升、景观建设大提升为抓手，建设瓷都“五环”绿道、东大门广场、唐寨山廊桥、花谷仙境等景点，完善配套服务设施，7 月 1 日正式对外开放。推动公园建设管理全面转型，落实绿地养护、环境卫生、安全秩序、设施维护、文化建设“五位一体”的管理措施，打造省级一流森林公园。

（林启灵）

【葛坑国有林场】 2020 年，葛坑国有林场完成创收 500.2 万元。造林 14.8 公顷，其中珍贵树种造林 7.4 公顷，完成计划的 200%，造林成活率 95% 以上。育苗 0.13 公顷，完成计划的 100%。完成 19.2 公顷造林地准备，质量合格。生产木材 4535 立方米，其中主伐 4026 立方米、间伐 509 立方米；完成计划的 100.6%。销售木材 4535 立方米，完成计划的 100.6%。《秃杉品种选育和资源高效培育技术研究与应用》科研项目成果获 2019 年度福建省科学技术进步奖三等奖，《秃杉优良种源筛选及测土配方施肥试验》《多功能杉木马尾松人工林近自然经营科技推广示范项目》通过验收，接续开展《秃杉新变异——黄金秃杉选育试验及嫁接繁育技术研究》等林业科研工作。完成绿化苗木装袋 6093 株，苗圃内有袋苗木 2 万多株可销售。全年销售绿化苗木 5000 余株，经济收入逾 27 万元。落实《护林员目标管理责任制考核办法》，做到以制度管人。加强森林消防队伍建设，聘请 10 名年富力强、身体健康的当地群众为消防队员，适时开展森林防灭火知识培训和实战演练。在春种秋收、防火戒严期和各个节假日等重要时间节点，出动宣传车深入村落民居宣传野外用火制度，护林员加大巡山护林的频率，防火值班室 24 小时值守监看。与葛坑镇、汤头乡和尤溪县坂面镇开展联防联控活动，签订《森林防灭火联防联控协议》，保护好辖区内的森林资源。加强森林病虫害防治工作和野生动植物保护与管理工作。

（葛坑国有林场）

【戴云山国家级自然保护区】 基础设施建设。2020 年，完成保护区宣教园区绿化、森林防火指挥室（监控室）提升工程，组织实施戴云山保护区教学实训（研学）基地改造。

资源保护管理。构建地理信息系统方面，贯彻省林业局、省自然资源厅《关于做好全省自然保护地整合优化工作的通知》精神，根据保护区实际情况，形成调整预案，上报至国家林草局。完成“智能视频云平台”“翼景象”升级改造建设，对 4 个哨卡、3 个值勤岗亭、5 个高空烟火探测云以及入区主要入口、重点部位等 51 处监控前端实现 24 小时智能视频监控；完善《信息化监控平台管理办法》，通过监控系统督查、护林员定位系统智能定位、微信共享实时位置等手段，推进智能保护管理转型升级。强化入区人员管理，开通入区短信提醒，进行精准宣传。制定戴云山保护区生态环境资源保护快速反应长效机制、戴云山保护区防灭火应急预案（试行）、资源保护管理信息员制度，完善护林员、哨卡工作人员量化管理考核细则，进一步明确护林员、哨卡工作人员、社区信息员在资源保护方面的职责要求；在高森林火险期内，组织护林员在 9 条联合巡查线路开展联合巡查，强化责任追究，提升生态环境资源保护快速反应能力，确保第一时间发现、报告和处置；实施森林防火和宣传教育“网格化”管理模式，划分 46 个资源管护

（火源管理）网格单元，每个单元格明确1名护林员进行管护巡查、防火宣传；与区内经营单位、寺庙签订防火责任书22份，明确管理责任，确保防灭火责任全覆盖；对新组建的2支半专业消防队伍和15支村级森林防灭火应急队伍配齐森林消防器械，组织开展森林防灭火业务知识、消防安全技能培训演练，提高森林火情早期处置能力。对区内民屋、寺庙等464点（处）进行隐患摸排，发现隐患问题22处，并研究制定集中整治实施方案，建立问题整改闭合管理清单，挂账督办，确保整改成效。制定安全生产专项整治三年行动实施方案和野外火源管控专项行动、重大火险隐患专项排查等方案，强化森林火情管控、入区人员管控、野生动物疫源疫病等防控；组织护林员、消防队员在保护区村（社区）春节期间民俗活动现场值勤37次，落实防范措施；组织开展毗邻保护区地带226户常住农业耕作人口调查，摸清隐患，宣传到人，杜绝违章农事用火行为。组织开展9场次森林防火宣传月和野生动物保护宣传月等活动，通过走村入户张贴戒严令、发放森林防火告知书和宣传单、发送入区短信提醒、新设LED滚动宣传牌、埋设入区警示宣传牌、更新宣传警示牌、悬挂宣传横幅、宣传展板等方式做好宣传，在4个检查哨卡开展防火码推广使用，投资80多万元继续完善保护管理设施设备，设置双芹村黑鹰潭、戴云村尖岭格、辉阳村3个执勤岗亭和9个森林防火临时检查点，聘请专职人员12人、兼职人员6人全天候值勤，对无关人员入区进行全部劝返，严禁无关人员进入保护区，完成环区133千米防火林带抚育，形成环区防火隔离带；组织开展林业有害生物防控，编制2020年松材线虫病防控年度实施方案，在九仙山、尖岭格、连山等6个重点地段挂设松墨天牛诱捕器60套，清理松枯死木82株，联合科研院校实施永安岩阔叶林蛀干害虫综合防控，并取得初步成效。

2020年11月，泉州台商投资区屿光中学804班学生到戴云山生态博物馆开展生态文化主题研学活动

（图/戴云山保护区管理局）

科研交流合作。2020年，制定推进科研合作的实施意见及2020年度科（课）研工作考核方案，组织谋划构建科研战略合作伙伴、探索建立黄山松种质基因库、建立海峡两岸科研成果转化利用机制、建立戴云山生态科普服务机制、建立兰科植物科研成果转化利用机制等5个重大研究课题，并形成2021—2025年实施方案。继续开展大中型哺乳动物红外相机观测调查工作及专家工作站工作任务，市级科技项目《黄山松不同演替阶段对土壤磷影响机制》通过验收。组织参加中国林学会、国家林业和草原局科技司关于林草科技管理优秀论文征集活动和福建省科学技术协会关于开展第十四届福建省自然科学优秀学术论文评选活动，在2020年全省野生动植物保护学术年会论文评选中，获一等奖1篇、二等奖2篇、三等奖5篇。

生态科普宣传教育。2020年疫情防控期间，戴云山生态博物馆闭馆，5月6日恢复开馆，实行“5+2”开放制度，落实场馆疫情防控要求。配合做好德化县党员生态文明教育基地建设相关工作，组织对解说员业务再培训；投入40多万元，在保护区管理局园区建设室外宣传设施，营造“党建＋廉政＋生态＋意识形态”氛围。6月29日，县党员生态文明教育基地揭牌；设立“戴云山生态讲堂”，由保护区管理局局长涂青云授课开讲。申报获批县中小学生研学实践教育基地、第七批国家生态环境科普基地。组织开展“湿地日”“爱鸟周”“6•5世界环境日”“5•22国际生物多样性日”等专题宣传活动，先后组织1500多名中小学生到戴云山生态博物馆开展生态文化主题研学活动，戴云山生态博物馆作为研学点被县纪委纳入瓷都孝廉文化精品研学路线。

（戴云山保护区管理局）

畜牧业

【概况】 2020年，德化县完成德化黑鸡品种保护与改良项目并通过验收。加强动物疫病防控、检疫与卫生监督、屠宰管理等工作。全年出栏黑羊2.1万头、黑兔19万只、黑鸡85万羽。

【“三黑”开发利用】 2020年，德化县做好德化黑鸡、戴云山黑羊、德化黑兔等地方品种资源保护和开发利用工作，不断完善畜禽保种技术方案，做好保种场的提纯选育和保种的技术指导。完成德化黑鸡品种保护与改良项目，该项目由德化县戴云黑鸡养殖有限公司实施，11月26日完成验收。通过项目的实施，保持德化黑鸡群体的遗传多样性，保持品种独特的体形外貌性状、生产性状及适应性能稳定，形成德化黑鸡保种30个家系，1个家系10羽种母鸡，2羽同胞或半同胞公鸡，形成保种核心群360只，后备种鸡2755羽，形成保种核心群3115羽，种鸡更新率100%，良种化率95%以上，提高黑鸡遗传资源供种能力20%以上。新建1家闽西南黑兔扩繁场，每年为全县新增2100只商品兔苗供应。全县出栏黑羊2.1万头、黑兔19万只、黑鸡85万羽。

【动物疫病防控】 2020年，德化县完成血清样品检测1.2万多份，其中禽流感抗体检测3种亚型共5905份，鸡新城疫抗体1670份，口蹄疫O型抗体639份，口蹄疫A型抗体293份，羊小反刍抗体346份，鸡白痢1063份，禽白血病AB和J型各823份以及猪瘟抗体、猪蓝耳病抗体等，各项强制免疫抗体合格率超过农业农村部要求。排查猪肉经营者380家（摊）次，肉制品生产加工单位6家次，冷库冻库等仓储160余个次，餐饮服务单位822家次。采集5个规模养殖场样品计121份和1个屠宰场样品25份送市实验室检测；在市疫控中心专家现场指导下开展病原学检测，检测非洲猪瘟样品52份，结果均为阴性。

【动物检疫与卫生监督】 2020年，德化县落实生猪“点对点”调运，加强对跨省、市、县调运生猪的监督管理，督促生猪屠宰企业对“非洲猪瘟”进行自检。其中开具跨县生猪准调证明200份，调入生猪18230头。严格按照法律法规，落实检疫制度，严把动物进场关、宰前检疫关、同步检疫关、无害化处理关，确保肉食品安全。全年检测排查生猪养殖户、屠宰场、交易市场等8016场次，生猪产地检疫85723头、生猪屠宰检疫38811头、牛羊3099头、禽类65237羽，无害化处理病死畜禽1586头（羽）。同时，摸清动物养殖、诊疗、屠宰、销售市场等的数量和基本情况，建立分类档案，进行风险评估，做好监督执法检查，发现出售动物及其肉类不按规定申报检疫、非法制售病死动物及动物产品等违法行为，依法严肃查处。全年出动执法人员270人次、立案11起、处罚款1.2万元。

【屠宰管理】 2020年，德化县开展非洲猪瘟联合整治行动8次，出动执法人员180多人次，发放宣传材料和签订食品安全承诺书1000多份，没收和无害化处理“白条肉”2000多千克，立案查处私屠滥宰案件8起，其中移送公安机关4起。

（县农业农村局）

渔 业

【概况】 2020年，德化县水产养殖面积1466公顷，其中稻田养鱼312公顷。完成渔业总产量1512吨，比上年增长3.06%。实施龙鑫荣12万尾大鲵养殖、曾坂仙苑农场15.33公顷稻鱼共生、双全公司棘胸蛙12660平方米设施基地、增殖放流淡水鱼苗超120万尾等项目建设。

【重点渔业项目建设】 2020年，德化县实施大鲵养殖项目，泉州龙鑫荣实业有限公司在上涌镇下涌村投资建设大鲵养殖场，养殖面积3177平方米，养殖大鲵约12万尾。标准化稻（莲）鱼塘项目，德化县仙苑生态农场在上涌镇曾坂村进行标准化稻（莲）鱼塘项目建设，稻田养鱼约15.33公顷，收获水产品约3吨，收割稻谷约75吨。棘胸蛙养殖项目，德化县双全农业有限公司建设棘胸蛙养殖场，总面积12660平方米，棘胸蛙存栏约100万只（其中蛙约40万只，蝌蚪约60万只），并通过“公司+合作社+基地+农户”模式，带动全县开展棘胸蛙养殖。组织实施自然水域渔业资源增殖放流项目，在浐溪和涌溪等流域放流淡水鱼苗超120万尾。

【网箱养殖清退】 2020年，县农业农村局与生态环境局、水利局等部门按照2019年12月3日县政府办《关于推进街面水库德化水域网箱养殖清退整治工作的通知》要求，派人配合乡镇政府开展网箱养殖清退整治工作。8月28日完成街面水库德化水域网箱养殖清退工作。

【渔政执法检查】 2020年，县农业农村局组织开展水上巡查32次，处理电鱼投诉件3件，制止非法电鱼和网鱼各1起，处理无主地笼71只、刺网1张。配合上级开展产地水产品质量安全监督抽检，县级抽检水产品药物残留定期快速检测样品55个，合格率100%；检查21家水产品生产主体的生产记录、销售记录和用药记录登记情况。不定期抽查水产品质量安全“一品一码”全程追溯系统建设情况，督促企业规范养殖行为。

（县农业农村局）

农业机械化

【概况】 2020年，德化县农机总动力9万千瓦。新增各类机具1648台套，其中耕整地机械645台、收获机械6台、田间管理机械514台、排灌机械21台、收获后处理机械265台、农产品加工机械179台、农用搬运机械9台、畜牧机械6台、其他机械3台。主要农作物耕种收机械化率64.6%。

【农机购置补贴政策落实】 2020年，德化县贯彻落实国家购机补贴强农惠农政策，受理农民申请购买耕整机、田间管理机械、收割机、排灌机械、植保机械、农用搬运机械、农产品加工机械及其配套机具等，发放农机购置补贴资金153.75万元，其中中央资金99.05万元、省级资金54.70万元。

【农机作业】 2020年，德化县主要农作物耕种收机械化率64.6%。其中水稻机耕面积6400公顷、机插面积2133.33公顷、机械化收获面积4913.33公顷，水稻耕种收机械化率69.86%。争取市级农机专项发展资金，向组建农机服务队的农业专业合作社发放扶持资金14万元。

【农机安全监理】 2020年，德化县培训新型职业农民（农机专业）100人。5月20日，在葛坑镇龙塔村召开马铃薯机收演示现场会，演示马铃薯收获、清洗等各类机械的使用和保养方法。受理农机驾驶员换发新证18人次，办理农机年检72台套；与公安、交通等部门联合安全执法检查80人次，受检拖拉机22台；发放宣传材料360份，签订责任书175份，持证率100%。全县未发生农机重特大事故。

（县农业农村局）

农村工作

【概况】 2020年，德化县实施乡村振兴战略，推进农村重点改革和农村集体产权制度改革，加强农村集体“三资”监督管理。巩固精准扶贫成效，全县建档立卡贫困户家庭人均纯收入1.61万元，50个贫困村村集体经营性收入村均24万元，全部实现脱贫“摘帽”。

【乡村振兴战略实施】 2020年，德化县实施《德化县乡村振兴发展战略（2018—2022）》，制定《德化县2020年“城乡建设提升年”工作实施方案》《2020年度乡镇实施乡村振兴战略绩效考评细则》等文件，制定乡村振兴工作项目清单，明确项目建设内容、责任领导、责任单位。各责任单位主要领导亲自抓，确保保质保量完成各项目标任务。按照因地制宜、示范带动、全县推进的原则，开展“一清二整三美化”人居环境整治，将全县214个村、社区分为社区环境整治、巩固提升村、沿线重点村、长效清洁村4个类型进行创建，县财政投入1500万元奖励金，开展2次考评。8月份进行全县大拉练，组织实施“拆旱厕（含没用的猪圈、羊圈、牛圈）、绿村庄、美生活”“竹篱笆”“绿化美化”“违规菜地”等4个专项整治行动。截至10月底，全县完成旱厕整治2098户，有济、高阳、曾坂、佛岭等村推广使用仿真竹篱笆，创建石鼓村、有济村、碧坑村、曾坂村等一批德化版“绿野仙踪”。在泉州市城乡环境卫生考评中，桂阳乡获全市乡镇系列第一名，浔中镇、盖德镇获第五名；仙

2020年，德化县开展“一清二整三美化”人居环境整治。图为国宝乡国宝村新貌（摄于2020年9月5日）

（图/县融媒体中心）

境村获村居类第三名，有济村、潘祠村获第五名。

【农村土地确权颁证】 2020年，德化县协调测绘单位及各乡镇做好全县土地确权“回头看”整改工作，全县18个乡镇192个村，除11个村列为“无地”可确、1个村和1个组申请不确权外，其余180个村1559个村民小组50510户共计颁证到户面积13824.33公顷。档案整理基本完成，着手补齐档案缺失材料，做好档案扫描前的准备工作。同时，做好农村土地确权登记颁证成果市级检查验收和农村土地确权“回头看”数据汇交前的各项准备工作。

【农村集体产权制度改革】 2020年，德化县推进农村集体产权制度改革，农村集体经济组织登记赋码完成率100%、发证率100%，提前完成中央、省、市赋予的工作任务。全县资产总计119347.84万元，其中经营性资产45097.72万元；集体土地总面积210364.42公顷，其中农用地198684.11公顷、建设用地10505.28公顷。做好“三资”（农村集体经济中的资金、资产、资源）监管平台“世纪之村”历史数据与市农村集体“三资”监管平台的数据核对，反馈给市网络平台管理员，做好新旧平台数据衔接。

【农村集体“三资”监督管理】 2020年，德化县成立村集体经济合同清理指导组，加大村集体经济合同清理力度，通过法律手段重新签订低价包、长期包的合同，纠正租赁合同条款执行不到位、未签订合同、合同到期未及时变更调整等问题。8月，下发《关于印发德化县农村集体经济合同核查指导意见的通知》，指导各乡镇对经济合同进行分类梳理，对存在的问题要查明原因，抓好落实整改。全县清理合同288份，发现问题合同23份，涉及租金拖欠合同17份，拖欠金额229.78万元，依法催收10.44万元，其余尚在追缴。开展村级债务摸底调查。根据《农业农村部办公厅关于开展全国村级债务摸底调查的通知》的要求，为摸清村级债务情况，推动乡村治理难点问题的解决，下发《德化县农业农村局关于开展村级债务摸底调查的通知》，组织各乡镇开展摸底调查工作。经调查，全年全县债务总额30258.66万元，村均债务141.4万元。按债务来源划分：银行借款914.08万元，单位借款5553.08万元，个人借款6166.57万元，应付款项17528.83万元，应付工资96.1万元。按债务用途划分：经营性债务14197.53万元，公益事业债务13168.29万元，管理费用605.32万元，历年税费尾欠1.11万元，其他支出2286.41万元。

【精准扶贫成效巩固】 2020年，全县建档立卡贫困户1088户2956人家庭人均纯收入从2016年的0.43万元增长到1.61万元，达到吃穿不愁标准；50个贫困村村集体经营性收入从村均2.13万元增长到24万元，实现脱贫“摘帽”。围绕“两不愁三保障”和饮水安全综合施策，提升扶贫精准度。全年全县累计投入财政专项扶贫资金6616万元，其中县级投入1430万元；累计争取财政专项产业扶贫发展资金458.06万元，发放小额信贷贴息资金88.5万元。开展电子商务、保育员、农业技术、陶瓷等职业技能培训610人次，安置112名扶贫对象就业，发放补贴100.64万元；投入213.57万元为贫困户进行改水、改厕、电力线路改造、住房环境卫生整治等修缮提升；投入25.3万元为455户贫困户加装家用净水器。累计落实家庭经济困难学生助学金和营养补助等1322人次81.83万元，落实“雨露计划”职业教育补助87人次26.1万元。累计投入26.1万元为贫困户购买商业医疗补充保险，累计理赔456人次56.89万元。投资入股国有企业、建设进城党群城市家园和新时代墟日广场等村财政创收项目。截至2020年

2020年12月11日，中国供销智慧农副产品直批电商物流博览园项目签约

（图/县农业农村局）

12 月，全县 191 个村村财政收入均达到 10 万元以上，其中 131 个村达 20 万元以上，占比 68.58%。同时，拨付对口援宁专项资金 1203 万元、闽宁扶贫协作社会帮扶资金 400 万元。

【农业项目引进】 2020 年，德化县引进中合农投有限公司、黔东南州龙宝盛生态旅游开发有限公司、德行之然（福建）农业科技有限公司等企业，签约项目 3 个，投资额 23.6 亿元。其中，石鼓现代农业项目，3 月签约，拟投资 6000 万元，在浔中镇石鼓村建设 33.33 公顷现代农业项目。项目分两期建设：一期主要建设室外拓展基地及特色美食餐厅、观光农业基地、药膳基地，种植特色水果等；二期建设农业加工项目。航天育种科普教育德化示范基地项目，8 月签订投资协议书，拟投资 15 亿元，选址浔中镇石鼓村、仙境村，总用地面积约 666.67 公顷，其中建设用地面积约 46.67 公顷。规划建设包括：生态种植区、生态养殖区、生活体验区、旅游景区、休闲度假区、公共服务区六大功能区。中国供销（德化）智慧农副产品直批电商物流博览园项目，12 月签约，拟投资 8 亿元，在浔中镇城东开发区建设酒店、农业电商博览园（农文旅结合的农贸中心）、电商大楼、屋顶农场 + 夜市等业态，用地约 10 公顷。

（县农业农村局）

水 利

【概况】 2020 年，德化县流域内植被良好，雨量充沛，全县多年平均降雨量在 1600—2100 毫米。多年平均水资源总量 24.92 亿立方米，约占泉州市的四分之一，平均每平方千米产水量 111.64 万立方米，人均水资源占有量 7400 立方米，居泉州市首位，分别是全省、全国平均水平的 2.5 倍、3.5 倍。全县水能资源理论蕴藏量 49.7 万千瓦，其中技术可开发的 31.2 万千瓦，已经开发利用水电站 167 座装机容量 29.1 万千瓦，开发率 93.27%，设计年发电量约 10 亿千瓦时，小水电规模居福建省前列，水电业成为德化县的支柱产业之一。每年向下游输送约 25 亿立方米优质水源。截至 11 月底，全县水利建设项目完成投资 3.52 亿元，占计划的 107.3%；争取上级水利补助资金 1.09 亿元。

【城乡供水一体化工程】 德化县城乡供水一体化工程为全省试点，系全市首个试点县。2019 年底启动前期工作，至 2020 年底，完成城东隧洞口到土厝格管道铺设，城东高位水池和英山片区主管道推进施工，完成投资 5000 万元。此外，投资 377 万元，实施农村饮水巩固提升、补缺提升工程，受益人口 3.28 万人。对全县 456 处农村饮水安全工程进行管护，做好 40 处农村饮水安全工程设备管护购买服务。完成全县建档立卡贫困户饮水安全排查复核、水质检测和问题整改工作，并对 387 户分散式供水贫困户加装家用净水器。同时，加快推进农业水价综合改革，完成农业水价改革 1666.67 公顷。

【防洪工程建设】 2020 年，德化县加快闽江防洪工程德化段（二期）建设。建设防洪堤 3 千米，清淤疏浚河道 2 千米，完成投资 5000 万元。抓好中小河流治理。实施浐溪龙门滩镇碧坑段和桂阳乡梓溪项目，完成投资 3000 万元，综合治理河道 9 千米、建设堤防 7 千米等。

【水利生态建设】 2020 年，德化县采取“水利 +”模式，整合水利、环保等部门资源，统筹山、水、林、田、湖、草等系统治理，抓好清新流域工程建设，完成投资 6460 万元。其中，雷峰镇蕉溪项目完成投资 2050 万元，蕉溪安全生态水系完成市级复核，水环境综合整治等项目加快推进；美湖镇小尤溪项目完成投资 1215 万元，完成大龙湖水利风景区、观光小火车及小尤溪沿岸彩化、软化等项目；浐溪赤水段项目完成投资 1550 万元，开展浐溪赤水段安全生态水系、猛戴景观带等项目建设；涌溪上涌段项目完成投资 1645 万元，加快实施上涌镇涌溪流域生态廊道、云路村农村生活污水管网建设工程等项目。在安全生态水系建设方面投入 6888 万元，完成浐溪水口段和赤水段、春美乡双瀚溪、雷峰镇蕉溪、涌溪桂阳段等 5 个项目建设，建设安全生态河道 52 千米，打造一批河流治理样板。农村水系综合整治项目方面，策划生成项目，加强同上级部门的沟通对接，争取农村水系综合整治及连通项目列入上级建设计划。推动水电业转型升级，全面完成全县水电站生态改造工作，抓好第一轮中央环保督察反馈的“水电站开发造成的河道减水脱流”问题整改。

【水土流失治理】 2020 年，德化县完成水土流失治理面积 2173.33 公顷，完成投资 2100 万元。水利部门重点抓好国家坡耕地、省级重点县等中央、省、市水土流失治理项目建设，完成治理面积 626.67 公顷，完成投资 1147 万元。依托彭村水库库区及国宝云龙谷景区，在彭村水库大坝右岸取水口附近建设德化县饮用水水源水质监测站与河长制水土保持科教馆，主要包括水土保持科普展厅、河长制科普展厅、县域节水型社会达标县展厅等。完成建筑主体工程建设，完成投资320万元。

【水利风景区建设】 2020年，德化县实施岱仙湖、龙门湖、大龙湖、银瓶湖水利风景区建设。其中，岱仙湖景区完成岱仙湖浐溪水口段700米生态护岸、3.3千米步道建设和河岸绿化工程建设，龙门湖景区抓紧施工中，大龙湖景区完成景区亲水平台建设和水文化长廊建设，银瓶湖景区进行步道施工等。

【库区移民后期扶持】 2020年，德化县抓好涌溪库区移民后期扶持项目省级示范区建设。实施10个水库美丽家园建设项目，完成投资1093万元。做好库区移民稳定工作，致力创建安定、稳定、和谐的库区和移民安置区。

【水利安全生产】 2020年，德化县开展水利工程地工标准化建设，提高参建单位现场管理水平，确保工程质量。严格落实水利行业安全生产大排查工作，完成全县145座水电站、60座山塘、59座水库、1座水闸等地排查，发现隐患143处，全部完成整改；完成在建水利工程工地安全隐患排查整治8个，排查一般安全隐患15处，排查工地内集中居住板房2栋，全部完成整改；抓好水库安全运行管理，组织开展水库自查自纠工作，自查问题96个，全部完成整改。抓好16个在建水利工程项目质量监督，完工验收合格率100%，所监督的工程项目质量和安全生产事故率为零。

【水旱灾害防御】 2020年，县水利局开展汛前安全大检查。出动检查人员106人次，检查水库59座、山塘60座、电站145座、堤防47.38千米，发现安全隐患点110处，全部完成整改。推进汛期低洼地带隐患排查整治。完成桂阳乡、龙浔镇2处低洼地带隐患整治，新建丁溪段防洪堤1.3千米，完成桂阳梓溪250米防洪工程挡墙砌筑及河道清淤疏浚。完善各类应急预案。完成城区超标洪水预案编制和演练，修编镇村山洪灾害防御预案，完成水库大坝汛期防洪调度运用计划和抢险应急预案的编制和审查等。加强物资储备和抢险队伍建设。储备冲锋舟6艘、皮筏艇5艘、编织袋1.7万条、救生衣120件等。委托福建储奥建设有限公司，组建一支42人的水利行业抢险队伍。抓好水旱灾害监测预警。严格落实台风暴雨期间24小时应急值班和领导带班制度，密切监视水情、雨情、风情等信息，及时发布预警信息。做好台风暴雨洪水预警报系统、小流域山洪灾害监测预警系统、网络传真系统、高清视频会商系统等应急保障工作，保障系统能够正常运行。提升山洪灾害防御能力。巩固提升山洪灾害监测预警系统，对监测预警设施设备进行更新改造，并进一步完善群策群防体系。

【河（湖）长制工作】 2020年，德化县在全省率先制定《涉河涉水损害事件联办工作制度》，在全市率先设立河长办警务工作室。8月起，县总河长、县委书记梁玉华召开全县河（湖）长制工作推进会，贯彻落实7月30日省委、市委河（湖）长制工作会议精神，部署河（湖）长制工作。县总河长、县长黄文捷召开浐溪龙门滩水库上游“碧水清源”专项整治行动动员部署会议，要求通过溯源、控源、截污等措施，推进流域水环境治理。分解12个水质监测断面提升任务，明确河长为相应“断面长”，牵头开展溯源整治水环境。在浐溪城区段污染源排查的基础上，扩大排查范围，再次溯源摸排、补充，并结合闽江流域生态环境综合整治，策划生成一批治水项目。不定期开展河湖的督导、暗访工作，发出分办通知书30份，均按时限完成整改。加强与公、检、法、司及有关单位的协作，完成街面水库（德化段）网箱养殖、3家非法鳗鱼养殖场清退工作，完成市河长办、市检察院联合督办的在建项目水土流失治理工作，完成省级闽江流域河长制工作会上通报的水电站生态下泄流量改造、网箱养殖清退、河湖“四乱”（乱占、乱采、乱堆、乱建）等问题整改。

【水资源管理】 2020年，德化县抓好节水型社会达标建设工作，县域节水型达标建设县项目通过太湖局技术评估。严格取水许可审批和取用水户监管，注销取水许可证2家，征收水资源费342万元，对县自来水公司和鑫阳矿业有限公司2家重点取水户实施取水在线监控，开展取水设施核查和用水统计工作。

【水行政执法】 2020年，德化县持续开展扫黑除恶专项斗争，做好县委巡察组开展整治漠视侵害群众利益行为专项巡察，常态化做好线索摸排工作。加大执法力度，配合做好龙门滩镇骏祥和涌富、雷峰镇旺达3家鳗鱼养殖场退出工作。发出非法采砂等整改通知书5份，均完成整改。摸排梳理河湖“清四乱”26处，全部完成销号。着手查处6个未编报水土保持方案或水土保持措施落实不到位的生产建设项目，以案释法，逐步解决政府性投资开发建设项目水土保持工作重视不足问题。审批水土保持方案16份，发出生产建设项目水土保持设施自主验收通知书19份，完成生产建设项目竣工验收报备4件，分别收取水资源费和水土保持补偿费342万元、587万元。

（曾翠玲）

龙门滩水库全景（摄于2020年6月12日） （图/龙门滩引水工程管理处）

【龙门滩引水工程】 2020年，德化县域降雨量1572.4毫米，较多年平均减少14%，彭村水库流域减少30%；入库水量2.24亿立方米，比上年减少近2亿立方米，比上年减少45.4%；调水量2.3亿立方米（纯公益调水），比上年减少1.6亿立方米，比上年减少41%；截至12月31日，发电量1.07亿千瓦时，比上年减少0.6亿千瓦时，比上年减少36.12%；售电收入2893.51万元，全年可分配利润-910.4万元，股东付息323.16万元，纳税461.41万元。全年累计向泉州调水2.3亿立方米，保障下游600万名泉州人的供水需求。

2020年，龙门滩引水工程管理申报水利部考核验收和彭村水库工程申报“大禹奖”等国优创建有序推进。依托管理处承建的彭村水库工程通过竣工验收，获福建省“闽水杯”水利优质工程金奖，被省水利厅誉为“现阶段我省重大水利工程建设的一面旗帜”，《中国水利报》《福建日报》等作相关报道。成立泉州直饮水科技有限公司德化服务部，开展德化区域直饮水业务；与厦门汇维文化创意有限公司联合，依托龙门湖国家水利风景区和电站、主题公园等资源，打造集旅游和科普为一体的“水利文化”教育实践基地，开拓研学教育业务。截至12月31日，泉龙工贸有限责任公司向直供企业供电3326万千瓦时，比上年增加 823万千瓦时，比上年增长17.99%；收购上网小水电1277万千瓦时，比上年减少743万千瓦时，比上年减少36.76%；实现主营业务收入1351万元，比上年增加206万元，比上年增加17.99%；利润总额209万元，向管理处上缴历年未分配利润450万元。

2020年，龙门滩引水工程管理处争取上级补助资金80万元，完成二级电站110千伏接地网改造、一级大坝安全鉴定存在问题整改方案编制招标、零星修缮项目（机关大楼卫生间、一级电站生活水池、一级电站羽毛球场及二级篮球场改造）；向市移民局申请水库移民专项资金50万元，并配合龙门滩镇政府做好龙门寨道路硬化和蝴蝶亭等项目实施；做好安全生产百日攻坚各项工作，完成房屋排查并整改（完成二级电站A幢宿舍楼危房、一级旧浴室拆除及二级电焊车间旁杂物间腾空，一级电站备品仓库的加固补强）。

2020年，龙门滩引水工程管理处制定《2020年安全生产工作目标》《2020年安全生产工作目标管理责任书》，促进安全生产水平提升和安全生产形势持续稳定向好。根据市水利局统一部署，开展安全生产百日攻坚行动、安全生产专项整治三年行动、落实企业安全生产主体责任三年行动、安全生产隐患大排查大整治等，开展安全生产检查19次，整改设备隐患15条；立足龙门滩水库及电站实际，各生产单位每月进行有针对性的安全学习培训，在组织对《龙门滩引水工程管理处应急预案汇编》培训学习的基础上，开展防汛综合及反恐防暴、消防、网络信息安全应急预案等4场演练，“黑启动”模拟和电站反事故模拟演习；以“安全生产月”为重点，加大《中华人民共和国民法典》等普法宣传力度。截至12月31日，实现水库连续安全度汛31年；一级电站连续安全生产5778天，二级电站连续安全生产5761天，连续4年获评市级平安单位优秀等次。

（曾鹏芳）

工 业

综 述

【概况】 2020年，德化县深化供给侧结构性改革，坚持稳中求进工作总基调，综合施策全力稳投资、稳增长、稳预期，全县工业总产值372.76亿元，比上年增长5%；规模以上工业产值320.57亿元，比上年增长5.4%；工业增加值130.26亿元，比上年增长4%，增速居全市第二位。工业投资增速11.1%，其中工业技改投资增速14.7%。

【工业技改】 2020年，德化县深入实施新一轮企业技改专项行动，坚持“一月一督查、一月一通报”，解决项目建设难题。陆升（福建）集团扩建厂房B区技术改造等7个项目被列入市级重点技改项目库。全年工业技改投资20.42亿元，比上年增长14.7%，高出全市平均水平16.9个百分点。华夏金刚和同鑫陶瓷列入省级工业新增长点项目，全年新增产值1.2亿元。

【工业升级】 2020年，德化县陆升（福建）集团有限公司、福建省德化同鑫陶瓷有限公司、德化县宏顺陶瓷有限公司、福建省德化龙顺陶瓷有限公司、福建省德化明英华陶瓷有限公司5家企业获评福建省智能制造试点示范企业，福建华夏金刚科技股份有限公司和福建省德化同鑫陶瓷有限公司被列入省级工业新增长点项目，德化县顺尔美工艺品有限公司等18家企业被列入市级产业集群龙头企业目录，华夏金刚等6家企业被列入市明星梯队企业，被列入市重点上市后备企业2家，被列入市场外市场挂牌后备企业3家。推进智能制造。组织32家企业到同鑫等3家县级示范工厂参观学习，推广应用自动化、半自动化生产线80台（套），兑现购置设备补助资金466.99万元。推动宇科新型节能窑炉、祥山大果油茶、宏鹏瓷业等3家工业互联网项目建设，组织南洋机械申报市级“数控一代”产品目录，德化县鑫源再生资源有限公司、德化龙顺陶瓷有限公司、德化县祥山陶瓷文化有限公司等3家企业获评市级数字化车间。

【工业设计活动】 2020年，德化县实施企业家、企业经营管理人才素质提升工程，举办工业设计名师讲堂、工业设计师在职培训班、职业经理人标准研讨会、职业经理人研修班等6期，举办中国白创新沙龙陶瓷设计交流讨论会、陶瓷交流座谈会、青年陶艺人才沙龙等活动20多场次。

【企业精准服务】 2020年，德化县对列入省、市重点扶持的佳美公司、同鑫陶瓷等41家企业实施“一企一策”，精心帮扶。帮助华夏金刚等7家企业使用应急保障周转资金9100万元，成功对接龙峰等43家企业省级专项纾困贷款资金25815万元。为939家次企业兑现各类奖金、补贴4083.88万元，电子商务创业园仓储租金补贴（含疫情防控期间减免3个月）108.2万元；运用1500万元企业应急保障周转资金帮助62家企业转贷、续贷48115万元，减免企业资金占用费35.65万元；组织企业申报省中小微企业纾困资金贷款，42家企业获得纾困贷款授信24825万元。

【城镇集体经济】 2020年，德化县县属城镇集体企业7家，除德化县化工塑料厂由该厂职工郭新禄承包尚在少量生产外，其余均转为房产出租型，房产出租均参照《德化县公共资源交易管理规定》要求，按程序进行公开招投标，集体资产实现保值增值。

（县工信商务局）

电 力

【概况】 2020年，德化县规模以上电业产值8.75亿元，比上年下降3.8%；电力纳税1808万元。全县工业用电13.36亿千瓦时，比上年增长1.9%。其中，陶瓷用电8.24亿千瓦时，比上年增长0.2%；矿业用电6081万千瓦时，比上年下降2.5%；水泥用电1.26亿千瓦时，比上年增长9.2%。天然气供应量6318万立方米，比上年增长10.1%。

（陈月萍）

【供电建设】 2020年，德化县供电公司完成电网投资1.23亿元；售电量16.67亿千瓦时，比上年增长0.84%；综合线损率3.11%，比上年下降0.53个百分点。

【电网建设】 2020年，县供电公司启动电网建设“三年攻坚”专项行动。完成德化县域电网“十四五”规划修编工作，明确电网发展方向，结合城区目标网架规划成果，推进10千伏网格化规划。规划前期全面提速，开展厚德（国宝）220千伏输变电、苏洋110千伏输变电、葛坑35千伏输变电等14个工程的项目前期工作，完成35个节点任务，厚德（国宝）220千伏输变电工程农转用手续获得省政府批复。在建35千伏及以上输变电工程9项，单体项目16个，为2019年的3倍，工作量超以往3年总和。深化配网建设全流程管控，完成配网迎峰度夏工程12项、防雷差异化改造及综合检修项目15项。推进配网工程进度，当年配网项目118个；总投资14886万元，比上年增加49.37%；项目竣工率、结算率、关闭率均100%。推进10千伏配网设备升级改造，完成辖区内17条标准自动化馈线建设。2项配网工程分别获省公司示范台区工程、省公司年度“十佳工程”。

【电力安全生产】 2020年，县供电公司修订全员安全责任清单，完善安全生产奖惩实施方案，追究安全履职不到位行为为657人次；发挥安全管控中心作用，加大周末、节假日关键时段安全执规，检查作业现场1093个，查纠违章373起、经济考核15.46万元；开展安全生产专项整治三年行动、基建施工现场“查风险、治违章、抓落实”等专项行动，完成春、秋两季安全大检查和各类专项安全生产检查工作，全年排查问题1419项，其中安全隐患29项，发布电网风险预警29项；严格消防隐患治理管控，完成消防安全隐患治理86项，提升变电站火灾防控能力；组织开展迎峰度夏暨防汛抗台综合实战演练，完成7个项目防御性项目化培训工作。至12月31日，实现连续安全生产7041天，完成全年目标任务。

【供电服务】 2020年，县供电公司升级客户关系管理，评选优质星级客户，精准提高增值服务。开展百千万大走访行动，做好政策宣传和企业安全用电指导。组建“一专多能”服务团队，全面推行城乡“三个一”（一个格长、一支队伍、一个终端）网格服务，力争“五率”（客户满意率、停电管控率、电费回收率、线损合格率、市场开拓率）全达标网格占比96%以上，做好前端服务。年内完成HPLC智能表换装1.37万只。全面推动线上缴费、发票打印、新装等简单业务，嵌入政务终端办理。推动供电营业厅功能嵌入政府便民中心，开展营业网点优化升级。加强“全能型”供电所创建，力争南埕所创建五星级乡镇供电所。

（李菊英）

矿　业

【概况】 2020年，德化县主要矿种有铁矿、金矿、叶蜡石矿、水泥用灰岩、陶瓷土、地下热水以及建筑用石料等9种。矿产资源开发利用统计对象共29家矿山企业，其中在产矿山企业16家，停产矿山企业13家，矿山从业人数1005人。全年主要矿山企业产值17.49亿元，利润税收总额5357.3万元。

【矿业发展】 2020年，德化县完成3个采矿权延续，12个探矿权延续，围绕瓷土矿、金矿、石英矿、矿泉水等优势矿种启动实施陶瓷土（瓷石）矿第二阶段调查评价、北部金矿勘查评价、西北部石英矿调查评价3个矿产资源调查评价项目，为陶瓷产业、矿业产业、硅材料产业和温泉旅游业发展储备资源。推动邱村金矿、鑫阳铁矿2个矿山入选国家级绿色矿山名录；推动德化县成功入选国家绿色矿业发展示范区。

【矿山生态修复】 2020年，德化县贯彻落实《德化县矿产资源总体规划（2016—2020）》，科学划定禁采区、禁勘区，合理设置矿业权，对保护性开采的特定矿种采取禁采、限采。加强矿产资源动态巡查、检查，及时发现并制止非法采矿行为，遏制非法采矿引起环境问题的现象。同时利用GNSS检查、委托专业地质队开展督促矿山企业实行“边开采、边治理”，组织实施矿山、尾矿库地质环境保护工作。推进废弃矿山整治，落实上级下达的矿山恢复治理年度任务，完成4个矿山治理任务，治理面积2.13公顷。

【阳山铁矿】 2020年，阳山铁矿全年营业收入1554.93万元，利润总额34.8万元，实现扭亏为盈。

2020年，阳山铁矿核实狮头露天矿山和新田矿地下矿山等资源情况。开展露天矿山补充勘探工作，布置钻孔10个，完成570米钻探，成果在整理中。推进矿区花岗岩资源利用项目，着手启动招标工作。重新核实新田地下矿山安全设施后期整改工程量，按照安全生产新要求，组织方案论证，优化施工方案。

2020年，阳山铁矿经过市场调查，分别将狮头露天矿山的弃碴、褐铁矿销售单价由55元/车、26元/吨提至85元/车、30元/吨。开展矿区花岗岩开采销售，销售价格为14元/吨。下调运费和外包服务费。根据矿区道路情况，将采场和选矿车间储矿平台至鑫阳矿业运价统一调为9.70元/吨（含税），节约运费支出3.5元/吨。通过谈判协商，降低新田矿区资源储量估算、资源补充勘探和狮头露天矿山资源补充勘探地质报告编制等费用4.32万元。做好疫情防控期间关于社保、医保减免的申报工作，减少支出约100万元。通过理财增加收入约112万元。

2020年，阳山铁矿吸取“3·7”泉州市欣佳酒店坍塌事故教训，落实企业安全生产主体责任，对矿区、城关出租店面和招待所的建筑安全、消防安全、用电安全进行排查，及时排除安全隐患。加强矿区安防工作，在关键部位安装监控，提高安全防范水平。

（阳山铁矿有限责任公司）

【双旗山金矿】 2020年，双旗山金矿、邱村金矿处理矿量完成年计划的110.15%；产出黄金完成年度计划的101.07%，全年销售黄金完成年度计划的97.7%；实现主营业务收入17065万元，比上年增加2346万元，增长16.36%；实现利润总额5093万元（其中双旗山矿业实现利润4559.65万元，对外投资收益533.45万元），比上年增加3100万元，增长210.74%。上交税费2621万元，比上年增加402万元，增长18.12%；其中税收2067万元，比上年增加480万元，增长30.25%。当年公司资产总额43356.89万元，其中流动资产19511.79万元。负债合计12423.08万元，其中流动负债11068.46万元，股东权益合计30933.81万元，资产负债率28.65%，比上年下降7.63%。

2020年，双旗山金矿掘进11382.9米（其中探矿工程6213.7米），完成坑内钻探9307.57米，安村矿区钻探5289.86米/13孔，槽探清理编录417.3立方米，投入探矿费用201.87万元。漈头矿段钻探982.60米/5孔（含ZK402）。完工的5个钻孔中有4个孔的岩芯还在取样测试工作中，待剩余2个孔施工完毕，结合样品测试结果，由省地调院负责对成矿前景作出进一步评价。

2020年，完成安村采矿权和邱村探矿权延续，启动邱村采矿权延续手续。完成溪柄尾矿库扩容工程验收、金钟形矿段安全生产许可证办理和曾坂炸药库环评批复备案等。完成邱村金矿铁岭新开650米公路的林地报批和曾坂炸药库土地总体利用规划的调整批复。严格执行业务接待费、差旅费和办公经费管理制度，严控“三公”经费支出。公司业务接待费较上年减少12.16万元，差旅费减少28.16万元，车辆运行费用减少5.92万元。

2020年，公司按照疫情防控要求，在员工返岗隔离期间，利用线上培训强化员工安全意识，通过宣传教育，营造“我要安全、我会安全”的氛围。以专业技术为支撑，利用地、测、采和安全专业人员技术优势，分工不分家，专业检查与全面检查相结合，狠抓安全隐患排查治理，全面监控安全隐患和整改治理工作。完善内业整理，为办理金钟形矿段地采安全生产标准化三级达标、溪柄尾矿库扩容项目二期工程竣工安全、环保以及水保顺利通过验收等法律手续奠定基础。改善作业环境，通过做好作业现场危害因素检测，对个体防护设施的配备及防尘措施等方面落实情况进行监管，进一步完善职业病防控体系，确实提升职业病防治工作水平。配足配齐人员装备，并做好日常检查。结合公司生产中常见的事故类型编制应急救援演练方案，组织多类型应急救援演练活动，提升应急处置能力。

2020年，公司抓好现场检查督

2020年5月21日，应急管理部矿上救援中心工作组到德化鑫阳矿业有限公司了解人员装备等情况 （图/吴有森）

促工作，始终强化现场监督检查并抓好落实生态环境保护工作，确保污染防治设备设施正常运行，污染物达标排放。依法开展土壤污染防治工作，包括完善土壤污染防治制度、定期开展土壤与地下水隐患排查、开展年度土壤与地下水自行监测、年度有毒有害申报等工作。持续做好环境隐患排查与应急管理，每月组织开展一次环境隐患排查，及时将环保隐患反馈至相关部门并督促落实整改。

（双旗山矿业有限责任公司）

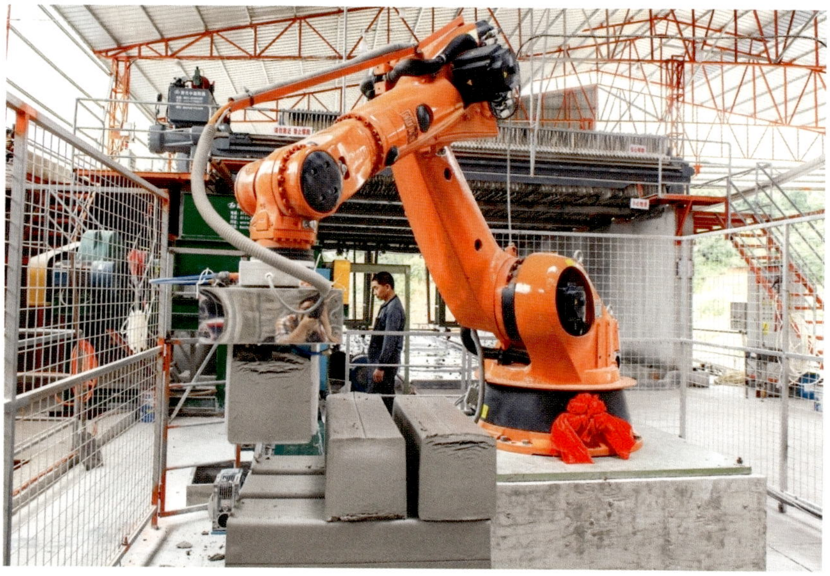

德化县全丰陶瓷有限公司智能生产线实现机器代工。图为机械手在搬运55千克重的泥块（摄于2020年5月28日）

（图/许华森）

陶瓷业

【概况】 2020年，德化县深入实施陶瓷产业跨越发展五年行动计划（2018—2022），开展“陶瓷转型突破年”行动，陶瓷产业加快转型、提质增量，迈上高质量发展超越新台阶。陶瓷产值402.47亿元；其中规模以上陶瓷产业产值237.97亿元，增长7.3%。陶瓷业纳税2.3亿元，纳税500万元以上陶瓷企业3家，纳税200万元以上19家。纳税前十名陶瓷企业分别为顺尔美（826万元）、同鑫陶瓷（606万元）、陆升（551万元）、华夏金刚（451万元）、龙峰陶瓷（448万元）、欣德益（399万元）、佳美工艺品（398万元）、吉元瓷业（395万元）、恒峰陶瓷（382万元）、东华陶瓷（348万元）。

【陶瓷企业帮扶】 2020年，德化县出台《关于促进陶瓷产业健康稳定发展若干措施的通知》，兑现涉企资金1.1亿元，召开政银企对接洽谈会9场次，运用县应急保障资金帮助企业周转资金5.02亿元。

【陶瓷智能制造】 2020年，德化县推广应用自动化或半自动化生产设备80台（套），同鑫、龙顺、宏顺、陆升、明英华获评省智能制造试点示范企业，坤泰机械获评省首台（套）重大技术装备与智能制造装备，8个项目列入省级智能制造重点项目、10个项目列入省级两化融合重点项目，龙顺、鑫源获评市级“数字化车间”。

【陶瓷工业设计】 2020年，德化县举办“何朝宗杯”2020中国（德化）陶瓷工业设计大赛，来自中国、韩国、西班牙、意大利、阿根廷等全球1663个团队、企业和个人投递参赛作品4132件，参赛地区及参赛作品创下历史新高。小杯故事等7家企业首次采取线上模式承办泉州海峡两岸大学生设计工作坊活动。陶瓷工业设计研究院（陶瓷）有限公司列入工业和信息化部批准的首批国家设计研究院（陶瓷行业方向）培育对象。陆升（福建）集团斩获红点品牌与传达设计大奖。顺美集团获评省级工业旅游示范基地。

【陶瓷企业成长】 2020年，陆升等18家陶瓷企业列入市级产业龙头企业，3家陶瓷企业列入省级重点上市后备企业。8家陶瓷企业列入省级技术创新重点企业，完成规下转规上陶瓷企业5家。

（县工信商务局）

商贸流通

国内贸易

【概况】 2020年，德化县按照扩内需、调结构、惠民生的总体要求，持续打造以闽中为核心的“商贸物流圈”。全年全县社会消费品零售总额136.39亿元，增速-1.4%，全市排名第六。商品销售额39.09 亿元，比上年增长3.8%。实现限上批发业商品销售额12.58亿元，比上年增长6.8%；限上零售业商品销售额23.24亿元，比上年增长3.1%。

【市场消费促进】 2020年，德化县借助第二届商博会平台，利用1840平方米的德化展区，组织62家陶瓷企业参加，全面打响德化陶瓷品牌知名度。推进万达广场、国际瓷艺城等商圈（步行街）建设。指导大型商贸企业组织举办网红庙街夜市活动、“汽车下乡”及新能源汽车促销活动等“全闽乐购”德化促消费系列活动32场次，带动全县消费市场人气提升。巩固发展龙头商贸流通企业，支持新华都、永辉、汇都等5家重点商贸零售企业做大做强，进一步提高全县商业发展整体水平。推进百德又一山、城南德备小区、城东尚东首府等3个农贸市场建设，完成农贸市场专项规划编制。

【“菜篮子”工程建设】 2020年，德化县重点优化提升戴云黑鸡养殖有限公司等9个省、市级无公害“菜篮子”基地，增强基地产品市场投放能力。突出抓好菜、肉、蛋、禽等主要副食品市场疫情防控期间市场供需运行监测，重点做好3220头生猪活体储备和110吨冻猪肉储备，保障疫情防控和重大节假日期间副食品市场供应稳定。全年组织推荐德化县戴云黑鸡养殖有限公司等7个基地申报省、市级“菜篮子”扶持资金项目，累计向上争取补助资金86.33万元。

（县工信商务局）

对外贸易

【概况】 2020年，德化县进出口总额24.67亿元，比上年下降12.48%。自营出口总额24.59亿元，比上年下降12.67%；增速排名居全市第三位。实际利用外资0.26亿元，增长17.2%。全县有备案登记进出口经营权企业681家，其中年度新增66家。

【扶持政策兑现】 2020年，德化县出台开拓市场5条措施，组织210家小微企业投保出口信保统保，充分运用出口信保等政策规避风险，确保各级各类外贸扶持资金兑付及时到位。全年兑现上级外贸扶持资金1969.14万元、本级外贸扶持资金898.64万元，受益企业890家次。

【传统市场巩固】 2020年，德化县鼓励企业参加各类线上展销活动，开拓多元化市场，组织37家企业参加德国法兰克福国际礼品展等境外展会4场，召开线上展会培训会、外贸政策宣讲会、线上经贸对接会等4场；组织200多家次企业参加春季、秋季线上广交会、外贸云展会等。

【新兴市场开拓】 2020年，德化县引导内贸企业申请外贸自营进出口经营权备案登记，壮大外贸出口主体，全县有对外贸易经营者备案登记企业681家，其中新增66家。支持县内陶瓷企业开展市场采购贸易，在石狮市场采购贸易集聚区设立德化展示馆并开馆，有3家外贸企业完成备案登记，完成出口1.04亿元，完成市下达任务104%。

（县工信商务局）

电子商务

【概况】 2020年，全县网络零售额131.02亿元，比上年增长52.7%。其中52家限额以上电商企业零售额12.6亿元，增长8.2%。

【平台建设】 2020年，德化县鼓励支持企业入驻天猫、淘宝、京东、拼多多、爱陶瓷等平台，推进与玩物得志、微拍堂等平台合作，为企业提供多元服务。玩物得志与德化陶瓷产业带达成战略合作，联合打造文玩供应链服务中心德化服务中心；微拍堂与德化白瓷原产地达成战略合作，建立“微拍堂•德化服务站”。

【直播业态培育】 2020年，德化县鼓励企业建设直播基地，与拼多多平台合作建立德化电子商务创业园，建设拼多多直播基地。抖音平台落地德化县成艺陶瓷有限公司建设德化抖音电商直播基地。中国白博物馆进行直播场景装修改造和102直播间建设，打造中国白直播基地，进一步拓宽销售渠道和品牌推广。通过县长直播引领，唐丰、戴玉堂等龙头电商示范带动，中国白、如瓷生活等公司全面开展直播。至年底，开展直播销售电商企业300多家，通过直播拉动销售1亿多元。

【跨境电商发展】 2020年，德化县组织开展电商企业与外贸企业“手拉手”活动，引导外贸企业上线触网，推动传统企业出口转内销，促进“内循环”发展，活动达成意向合作企业18家、金额8000多万元。加强与亚马逊、阿里巴巴国际站、敦煌网等平台对接，引入海猫跨境、阿里巴巴LBS本地化服务、爱陶瓷跨境平台等跨境服务商，依托海猫跨境电商德化点、泉州造梦者网络科技有限公司等开展跨境电商培训8场，培育跨境分销企业20家，全县有“出口通”企业150多家、亚马逊近百家。

【农村电商发展】 2020年，德化县创新“城市+农村”“陶瓷+农产品”“队伍+培训”“标准+品牌”发展模式，依托电商发展基础和完善的物流设施，完善农产品溯源体系，打造德化“三黄三黑三宝”公共地理商标，以德化陶瓷电商发展带动农村电商发展。同时，组织“憨鼠购”平台对接开展贫困户滞销农产品直播活动，帮助销售鸭子、黑兔等共500多只，并到上涌、春美等乡镇开展德化梨直播活动、“金色春美 人文双翰”直播活动等，助力电商精准扶贫。

（县工信商务局）

供销合作

【概况】 2020年，德化县供销合作社建设农资储备仓库大楼并完成竣工验收。新领办创办专业合作社4家、联合社2家。开展的消费扶贫项目获评特色亮点优秀项目。依托德化供销电子商务有限公司，建设精准扶贫电商服务点18个。改造供销社基层网点，拓展电子商务服务。全年从各地调运农资肥料6651吨，保障全县农资供应。

【农资储备仓库大楼建设】 2020年，德化县供销社投入2500万元推进农资储备仓库盘活改造，建设地下1层、地上9层，总建筑面积约1万平方米的农资储备仓库大楼，增加固定资产8000多平方米。该项目列入全县重点项目。年内完成大楼竣工验收。

【“庄稼医院”改造提升】 2020年，德化县严格按照新型“庄稼医院”建设标准，改造提升龙浔“庄稼医院”，并通过市级验收。“庄稼医院”开展农资经营、农业知识推广、病虫害诊断、测土配方等便民为农服务。

【专业合作社标杆社创建】 2020年，德化县立足县域优势资源和特色产业，按照“产业扶贫+合作社+农户”等模式，累计发展各类合作社63家，其中新领办创办专业合作社4家、联合社2家。鼓励成员社争创名牌，其中戴云农家农民专业合作社获评“全国总社示范社”，渔乐园养殖专业合作社获评“省级农民专业合作社示范社”；戴云农家牌黑鸡、吉盛黑兔等获绿博会金奖，祥山大果油茶“阿嬷家油”获中国十佳粮油区域领导品牌。组织15家专业合作社亮相第十三届海峡两岸农产品采购订货会、榕城“一县一周”名优特农产品展销会等多场展销会，扩大德化县农特产品知名度。

【消费扶贫】 2020年，德化县供销社发挥连接产销两端的组织体系优势和经营网络优势，按照“党建引领+政府搭台+企业带动+群众获利”推动消费扶贫活动深入开展。线上建设德化“供销爱心幸福城”微信公众号和小程序，设立扶贫专区展示销售100多种农副产品，推进扶贫产品借助互联网实现与大市场、大流通的精准对接；线下在供销大厦一楼打造500平方米的“供销爱心幸福城”农产品展销平台，引进农业龙头企业5家、农民专业合作社23家、种植养殖大户50多户及贫困户，引进德化、宁夏特产100多种，“零门槛、低成本”入驻。利用“双12”等人流量大的时间节点，在供销社门店开展以“闽宁协作 情暖三农”为主题的爱心集市扶贫活动。同时，提取供销爱心商城、爱心集市销售额5%作为消费扶贫基金，让“输血”与“造血”相融合的精准扶贫模式落地生根。该项目得到县委肯定，获评特色亮点优秀项目。

【基层网点改造】 2020年，县供销社与汤头乡政府谋划合作改造基层供销社，完成装修并开始试营业。按照总社“五有”（有办公经费、有章程、有组织机构、有住所、有成员出资）要求，坚持统一规划、统一使用“供销e家”品牌，在巩固日用消费品、农业生产资料销售等经营性业务基础上，拓展电子商务服务。

【电商精准扶贫服务点建设】 2020年，依托德化供销电子商务有限公司，在浔中、三班、南埕等乡镇老区村和挂钩帮扶水口镇丘坂村建设精准扶贫电商服务点18个。采取“电商平台＋电商服务站点＋贫困户”模式，线上对接全国总社“供销e家”平台，线下在电商农产品门店和服务站点展示销售贫困户油茶、笋干、黄花菜、食用菌类等农特产品。

【农资供应保障】 2020年，德化县制定《抗疫情保春耕农资供应应急预案》，成立应急工作领导小组，做好抗疫情、助“三农”、惠民生、保春耕工作。2019年10月开始筹备谋划农资冬储，从厦门、安徽、山东等地各大型厂商分批次调运各类农资肥料6651吨，保障春耕所需。

【农贸市场管控】 2020年，德化县建立健全防控工作责任制，全面落实各项疫情防控措施。加强进口冷链食品经营企业督导管理，定期组织农贸市场经营业主和从业人员进行核酸检测。在市场主要入口设立健康检查点，把控进入市场人员，确保有序、不滞留、不聚集。同时，做好市场猪肉、蔬菜、粮油等生活必需品供应保障。

（陈紫薇）

烟草专卖

【概况】 2020年，德化县查处涉烟草案件59起，查获各类卷烟127.64件、案值185.74万元，罚没款11万元。辖区入网零售户1782户。泉州市烟草公司德化分公司工会委员会获“福建省模范职工之家”称号，财务办获年度省级“工人先锋号”称号。

【卷烟打假打私】 2020年，德化县查处卷烟涉假案件8起，查获假烟24.21件。其中，“11•6”制假案件查处窝点1个，查获制假烟机2台（套），案值100余万元。联合林业、公安部门对山林、果场、废旧瓷厂等场所开展制假隐患点排查行动5次，向当地村民发放宣传单600余份，防止制假活动落地生根。加强同公检法部门合作，从严从重从快打击制假售假及非法经营行为。公安部门抓捕制假犯罪嫌疑人7名，法院判处2名非法经营犯罪人员实刑。

【卷烟市场常态监管】 2020年，德化县加强卷烟销售大户治理，梳理黑名单8户、灰名单12户、区域性零售户93户。取缔黑名单3户，多次违规户1户。以三线联席会议、微信群等方式缩短信息流转时长，及时发现、核查、处理异常客户。三线人员提报异常客户312户次，减供停供异常客户42户。联合县市场监督管理局开展电子烟治理行动2次，劝阻下架1户，对区内电子烟体验店开展常态化监管。突出真烟异常流动治理，出台《真烟流出责任追究处理办法实施细则》，对外流相关人员实行绩效扣分。查处卷烟流入案件17起，核查涉案零售户45户，行政处罚4户。针对许可证办理环节，专卖部门实地回访新办证户65户次，专卖、纪检监察部门回访行政许可相对人46人，未发现违规情形。

【专卖管理】 2020年，德化县对照标准化建设指引，着手服务大厅软硬件建设，提升行政服务效率和行业形象。6月，施行新版《德化县烟草制品零售点合理布局规划》，进一步规范准入门槛。新办烟草专卖零售许可证155本，歇停业、注销、收回烟草专卖零售许可证合计84本，实际新增烟草专卖零售许可证65本。截至12月底，全县有持证户1782户，其中乡镇零售户508户。

【品牌培育】 2020年，德化县做好新品培育，开展品牌宣讲会7场次，推出悬念广告4期，组织参加“扬帆大航海”和“重走长征路”线上游戏累计超1.18万人次；客户经理驻店指导432场次，目标客户指导全覆盖，做到新品培育“六个100%”（入户宣传率、目标上柜率、标价签到位率、经营指导率、拆包销售率、醒目展示率100%）。丰富品牌培育方法。建立“线上＋线下”品牌培育机制，选取主题节日组织消费者开展微信集赞换礼、二维码扫码积分兑换、创意视频征集等线上活动11次，精准培育省产重点品牌；借助中秋、国庆等节假日，选取优质客户开展场景营销活动8场次。

【零售终端建设】 2020年，德化县深化限大扩中扶小工作，开展“消除隐形大户生存土壤和环境”课题研究，提升市场掌控力。召开客户规范经营宣讲会41场，帮客户算好经济账，提高规范经营意识。每季度选取12户“1+2”（1个客户经理帮扶2个中小客户）中小客户，制定专属经营指导书，持续在“经营能力指导、拓宽品牌宽度、引导业态升级”等方面做文章，提升其经营能力。中户、中小户、小户占比分别为18.1%、74.1%、5.6%，“橄榄形”市场布局基本形成。现代卷烟零售终端提升建设投入11.5万元，比上年提升150%。为188户客户安装柜台、超薄灯箱等，宣传培育省产重点品牌；选取优质终端客户18户，安装

“e福通”现代零售终端；择优选取5户客户配置刷脸支付机。建成现代终端客户340户，占客户数19.4%。注重文明吸烟环境建设，投入13.65万元，在瓷都广场建设1处吸烟亭，在主要风景区投放多功能烟灰桶50个、烟蒂柱50个。

（陈森）

住宿餐饮

【概况】 2020年，德化县有限上商贸企业135家，其中批发9家、零售86家（含电商59家）、餐饮23家、住宿17家。全年新增限上住餐企业7家，其中餐饮企业4家、住宿企业3家。全县有星级酒店4家：瓷国明珠酒店、戴云大酒店、中国白·得心酒店（四星级酒店）、瓷都酒店（三星级酒店），特色主题酒店7家：陆升酒店、中国白·得心酒店、九仙山大酒店、梅园酒店、德商大酒店、唐寨山温泉酒店、石牛山大酒店，精品民宿9家：佛岭村“山有·福美”、谷外云居，赤水铭爱小学民宿、小铭农甜园民宿，仙荣小学京津文创园竹林山居民宿，英山江山美人桂园民宿，南埕绿泰民宿、桃渊阁民宿、塔兜温泉民宿。

【中国白·得心酒店获评四星级旅游饭店】 2020年10月10日，中国白·得心酒店被福建旅游星级饭店评定委员会评定为四星级旅游饭店，是继瓷国明珠酒店、戴云大酒店后，德化县第三家被评为四星级旅游饭店的酒店。中国白·得心酒店是将德化历史文化与得心现代品牌特质相融合的，集住宿、餐饮、陶瓷、休闲娱乐为一体的综合性酒店，有不同风格、布局的房型107间。

【上涌镇曾坂度假村民宿项目签约】 2020年5月25日，上涌镇曾坂村委会与绿动能农业科技有限公司签约曾坂度假村民宿项目。曾坂村距德化县城50千米，距厦沙高速上涌出口10千米，交通便利、自然环境优越，基础设施完善，旅游资源丰富，2020年列入县级美丽乡村建设村。曾坂度假村民宿项目将充分利用曾坂村传统古村落资源、旅游资源及基础设施，开发以“特色精品民宿+全季养生+缺位服务”为载体的“夏+冬”全季游，在村内租赁民房进行重新装修改造，作为民宿、康养及学校团体实践使用，将生态环境优势转化为产业文化优势，着力打造环境优美、生态宜居的特色乡村旅游。

（县工信商务局）

物资流通与粮食物资储备

【概况】 2020年，县物资公司主要经营液化石油气、炸药、雷管等物资。实现营业收入3562万元，利润170万元，上缴税收273万元。

德化县落实粮食安全行政首长责任制，完成6349.604吨储备粮轮出及6463.89吨储备粮轮入工作；做好县级储备粮食、食用油安全管理和救灾物资储备工作。

【物资经营】 2020年，县物资公司在做好疫情防控前提下推进液化气和炸药、雷管的经营生产等复工复产，保持物资公司稳定发展。针对公司经营液化气和炸药、雷管等民爆物品的市场竞争日益激烈，以及生存和发展空间越来越窄的形势，开辟新业务，寻找新经济增长点。全年销售液化石油气7853吨，比上年减少67.93%。其中工业用气4153吨，居民用气3700吨。由于省外民爆物品生产厂家低价倾销，私人爆破公司全部到外省调供民爆物品，致使物资公司民爆物品销售下降幅度较大。全年销售炸药602.28吨，比上年减少1.2%；雷管39.22万发，比上年减少46%。

【安全管理】 2020年，县物资公司做好安全生产标准化及风险分级管控工作，经安评专家综合考核，安全生产标准化获得93分，安全风险分级管控获得95分，以优秀级别通过市、县工信部门验收，实现全年安全生产零事故。成立安全工作领导小组，层层签订安全生产责任状，落实安全生产主体责任。注重安全教育。组织员工参加省、市有关部门开展的安全培训，开展应急预案消防演练，让员工牢固树立“安全是最大的效益，事故是最大的成本”的理念。通过电视媒体、微信群、信息群等媒介和入户发放宣传品、宣传材料等方式，宣传液化气的特性与安全使用方法；公司专门抽调2人深入居民用户和餐饮场所宣传指导安全用气知识，提高广大用户科学用气、安全用气水平。全年投入安全生产资金42万元，做好各种设施和设备的维修、保养、更新，确保各项安全生产工作正常有序运行。

（胡志明）

【粮食及物资储备】 2020年，德化县做好1.64万吨县级储备粮（含400吨应急大米）、100吨食用油管理，推动建成日加工100吨的粮食应急加工厂2家；完成县中心粮库智能化升级改造并投入使用。县救灾物资储备库存放帐篷、棉被、太阳能LED灯、取暖器、发电机、防潮垫、场地照明车等17种救灾物资。

（林清坡 陈炜）

城乡建设

城市建设

【概况】 2020年，德化县主要实施省道203线德化环城路（东段）暨乐陶片区改造、霞田文体园、瓷都大道大洋段改造、红旗瓷厂片区改造、世科棚户区改造、新寨片区改造等6个城建重点项目，计划总投资20.28亿元，全年完成投资20.13亿元。

【省道203线德化环城路（东段）暨乐陶片区改造项目】 2020年，德化县完成观音岐隧道出口至乐陶安置地道路工程、陶源路及边坡工程、乐兴小区垃圾中转站及公厕工程和观音岐隧道出口红绿灯改造工程。启动下乐陶片区市政道路建设，完成乐兴小区道路及配套设施初步设计，完成下乐陶片区A地块出让并启动建设，完成下乐陶片区10千伏高压和低压电力线路迁改。

【霞田文体园项目】 2020年，德化县隆中路南段道路通车，安置房（文亭、德备小区）部分楼栋完成封顶，其余楼栋进入主体施工。体育馆、游泳馆项目混凝土结构基本完成，进入钢结构工程施工。体育场施工完成招标，进行公示；霞田小区安置地项目完成施工监理招标，施工单位进场施工。

【瓷都大道大洋段改造项目】 2020年，庠柄安置地块三完成安置选房、交房工作。儒林小区地块二、地块三以及庠柄小区B4地块2—7号楼、10号楼均完成交房工作。凤曙小区各项工程按计划推进。罗昌洋（荣昌小区）室外配套工程施工，边坡支护工程施工。

【红旗瓷厂片区改造项目】 2020年，红旗瓷厂片区改造项目完成前期规划设计、入口起步区建设、PPP采购，完成项目公司组建、二期设计主创团队招标等前期工作。

【世科棚户区改造项目】 2020年，世科棚户区改造项目征迁及企业征收工作均完成。完成安置房地质勘察、施工图设计、造价预算、施工及监理招标工作，项目按时动工建设，进行边坡支护、土方、地下室基础的施工。

【新寨片区改造项目】 2020年，新寨安置房边坡支护及土方施工完成，进行主楼基础及地下部分结构施工。

（县住建局）

村镇建设

【概况】 2020年，德化县村镇建设工作投资7.5亿元，完成2个市级小城市培育试点工作。开展传统村落保护，完成农房整治1053栋，特色乡村建设完成投资1032万元。

【小城市培育试点工作】 2020年，德化县三班镇、水口镇2个市级小城市培育试点镇完成投资7.5亿元。主要建设中国茶具城、上寮工业区、上寮小区、金城花苑、三锦线道路拓宽改造工程、岱仙酒店、石牛山主峰工程、酒店项目、樟镜河道整治等项目。

【传统村落保护】 2020年，德化县新增省级传统村落桂阳乡安章村、桂阳乡洪田村、桂阳乡陈溪村、赤水镇永嘉村等4个，列入2020年省级重点改善提升传统村落名单的有国宝乡佛岭村、龙门滩镇碧坑村、美湖镇美湖村、桂阳乡桂阳村等4个。

【农房整治】 2020年，德化县按照“统一格调”的原则，分门别类、分区域开展裸房整治工作，逐步消除存量裸房，因地制宜推广以“白墙黑瓦”为特征的“戴云山筑”传统建筑风格，致力改善农村建筑风貌。全年完成农房整治1053栋。

【特色乡村建设】 2020年，德化县国宝乡佛岭村被列入首批市级特色村镇创建名单，投资1032万元，完成龙魁堂历史建筑修缮、集镇供水设施提升工程、海丝文化交流中心配套设施、入园道路提级改造、民居走廊提升改善、谷外云居民宿等项目。

（县住建局）

市政建设

【概况】 2020年，德化县市政建设工作以片区改造为重点，全年续建、新建项目24个，年度总投资11亿元，新建、改造2个片区、3个安置小区、4种管道、5个园林绿化提升工程、6条道路及2座桥梁等项目。城区新增城市道路20千米、沥青路6.41万平方米，中心城区主次干道基本实现沥青化，城区道路硬化率98.9%；新增污水管网34.2千米、供水管网7.33千米、燃气管网22.1千米、管线下地缆化6千米，顺利通过省城镇供水规范化考核与安全运行评估，供水普及率99%；新安装路灯1021盏，平均亮化率99.57%；新增公园绿地14.14公顷，建成区绿地率40.01%，覆盖率44.32%，人均公园绿地14.01平方米；垃圾无害化处理率100%。

盖德市政大道施工现场（摄于2020年1月1日） （图／县城市管理局）

【城区路桥建设】 2020年，省道310土坂李厝至盖德中洋路段标段一完成0.919千米道路及桥梁建设，标段二桥梁桩基施工梅塘2号隧道右洞贯通、左洞侧壁导坑贯通，出米桥、梅塘桥桩基施工完成，进行挡墙砌筑、路基填筑。纵十二路动工建设，进行路基填筑、箱涵及挡墙建设。旅游集散中心市政道路完成土石方开挖及20根桩基浇筑。横十六路连接旅游集散中心桥梁工程完成土石方开挖及15根桩基浇筑。新寨二路完成林地报批。城区道路沥青化改造项目完成岭南路、环城南路、德化八中进校路段、北三环凤凰山隧道、寨头中路、科技园片区、宝霞路沥青化改造7万平方米。

【新旧片区建设】 2020年8月中旬，德化县科技园片区提升改造工程开工建设，一期工程于12月中旬提前完工。蒲坂片区完成房屋征迁179座（共181座），签订征迁协议273份（179座），完成德化县堤坝路南道路改建工程初步方案设计，完成林地报批。梅苑小区、驾云亭安置房、兴德安置小区工程按时序进度推进，其中梅苑小区3栋主楼进入主体结构施工，完成1号楼13层梁板浇筑、2号楼16层梁板浇筑、3号楼12层梁板浇筑，ABC商业楼独立基础开挖施工完成40%。驾云亭安置房完成凤凰花苑外墙装饰，进行室外工程施工，凤池花苑1号楼6—10层内墙粉刷，2号楼26—28层砌体、地下室粉刷，3号楼26—29层砌体；兴德安置小区完成台地平整，11月动工建设。

【园林绿化工程】 2020年，德化县新建、改造10个社区公园、口袋公园，对公园广场、城区主干道等

科技园片区改造项目（摄于2020年12月30日） （图／县城市管理局）

扩建后的驾云亭公园（摄于 2020 年 12 月 30 日）（图 / 县城市管理局）

重要节点摆放及更换时花 30 万株，完成城区道路绿化工程、城区街头绿地工程等项目建设。驾云亭公园二期项目完成园区园路路基整理、排水沟、挡土墙、茶室、书吧、咖啡屋、景观连廊、2 个公厕主体施工及部分绿化种植，仿古城墙、水电、主入口广场花岗岩板铺设等施工中。凤凰山绿道项目开标确定施工、监理单位，进场施工。东埔公园征地工作有序进行。利用南三环、车碓岭及茶具城旁 7000 多平方米的空地播撒百日草、波斯菊，形成花海，打造德化“网红打卡点”。

【给排水工程】 2020 年，德化县完成蒲坂水厂（一期）及配水管网工程、城东隧洞口至城东高位水池管道工程和城东高位水池站建设。蕉溪片区污水引至德化县城市污水处理厂工程进行隧道部分预算、招标文件编制等工作。

【城区设施建设】 2020 年，德化县新建和改造城区垃圾中转站 5 座、环卫工人休息室 6 座、无障碍公厕 8 座、城乡公厕 30 座。新增泊车位 780 个，城区有泊车位 7990 个。新装隔离护栏 15 千米、交通标志牌 400 块、施划各类标线 4 万多平方米。投入 600 万元，修复城东、宝美、鹏翔工业区人行道、排水等基础设施。

（县城市管理局）

市容管理与执法

【概况】 2020 年，德化县城市管理工作以管理精细化为着力点，做好新冠疫情防控期间的环境整治，通过专项整治、联勤执法、全民共治相结合，不断优化全县人居环境、全面提升城市管理水平。

【疫情防控环境整治】 2020 年，德化县疫情防控环境整治组成员单位、乡镇、社区、学校联合开展卫生整治和环境消杀，结合“防疫有我，爱卫同行”活动，推动全民参与爱国卫生运动，每月联合县委文明办、交警大队对城区 22 个社区市容市貌、环境卫生、创城工作和交通秩序进行综合考评，促进社区“一清二整三美化”深入开展。累计集中清理卫生死角及“四害”滋生地 1.9 万余处，消杀面积约 70 万平方米，整治村庄（社区）214 个、整治市场 21 个。

【创建全国文明城市综合整治】 2020 年，德化县推进全国文明城市、国家卫生城市创建工作，组织各成员单位、乡镇开展农贸市场、城乡接合部、城中村等重点场所环境整治活动 896 次，对全县市政设施进行“地毯式”巡查，修复城区破损路面 4500 多平方米，清理雨水篦 1.2 万个；新装路灯 1021 盏，维护路灯夜景 2386 盏次，处理电力故障 398 起，创城考核亮灯率 100%；开展公共区域环境卫生整治，日均处理生活垃圾约 220 吨，垃圾无害化处理率 100%。12 月，县城市管理局被县委、县政府评为创建全国文明城市工作先进集体。

【市容市貌整治】 2020 年，德化县各部门持续开展市容市貌、占道经营、渣土车“滴洒漏”等专项整治，联合查处渣土车违规运输案件 205 宗。立案查处渣土车运输“滴洒漏”、乱倾倒渣土、未经核准擅自处置建筑垃圾、物料遗撒造成扬尘污染等案件 120 宗，罚款 33.22 万元；立案查处占道经营行为、占用城市道路案件 70 起，处罚 4.67 万元；立案查处建筑施工噪声污染行为案件 16 起，罚款 3.6 万元。采取“疏堵结合”方式，在城区财富广场、沿溪休闲街工会路段和卫健局路段、龙井社区市民广场等区域合理设置地摊 244 个和便民摊点 302 个，配套建设临时公厕、餐厨垃圾收集桶等便民设施。强化引导，加强主次干道、农贸市场等重点区域占道经营行为监管，助力德化县地摊经济规范发展。全民共治推进“数字城管”建设，“数字城管”平台立案 1936 件，处置 1936 件，处置率 100%；“微网格”平台派遣案件 2920 件，县城市管理局处置 2800 件，处置率 96%；接听记录投诉电话 988

德化县垃圾分类处理亭（摄于2020年12月4日）　　（图／县城市管理局）

件，处置988件，处置率100%。

【“两违”治理】 2020年，德化县落实网格化管理制度，建立“巡查台账”，严格控制新增“两违”，全年现场制止违建106宗、9388平方米，其中即时拆除35宗、4479平方米；协同参与乡镇政府组织拆违行动23起；发出责令改正违法行为通知书189份，依法强制停水、停电49批111户，冻结不动产权登记8起，遏制“两违”现象。

【重点行业领域专项整治】 2020年，德化县推进工业燃气、电动自行车、渣土运输等重点行业领域专项整治，防范重特大事故发生。排查出安全隐患142条，整改142条，整改率100%；严厉打击无证无照经营液化气行为，联合相关部门对城区及周边地区开展执法检查，查获无证无照经营5起，违规使用瓶装液化气2起，取缔三班镇三班村燃气非法经营点1个，暂扣液化气瓶32个。

【垃圾分类】 2020年，德化县城区龙浔镇、浔中镇和公共机构累计更新分类垃圾桶6285个，配置分类运输车22辆。制作固定宣传投放指南、垃圾分类宣传栏35幅，固定宣传牌200多幅，垃圾分类亭23座，垃圾桶点位指引牌329块，张贴户外大幅宣传图文材料624张，张贴户内、户外小幅宣传图文材料2482张，开展垃圾分类宣传活动22场次，印制分发宣传材料10万余份。

【城乡环境卫生考评】 2020年，德化县城乡卫生考评中心开展环境卫生常态化考评，全年抽取725个（次）村居、120段道路和68座农村公厕进行考评，发出考评整改函913份。德化县获全市城乡环境卫生考评第四名。

（林志鑫）

城乡统筹发展

【概况】 2020年，德化县聚焦新型城镇化“三三三”（“进得来”“留得下”“过得好”三大问题，现代农业、发展全域旅游、补齐发展短板三个重点，资金、平台、机制三项保障）工程，坚持“长期谋转型、中期求突破、短期造亮点”工作方向，谋划生成22个县级层面、18个乡镇层面新型城镇化工作项目，逐一分类管理，加快特色项目谋划、推进和培育。40个新型城镇化工作项目全部按时序进度推进。其中，22个县级层面项目有9个项目进展情况较好，18个乡镇层面项目有14个项目进展情况较好。开展城乡建设提升年活动，德化县获评第六届全国文明城市，成功入选全国县城新型城镇化建设示范名单。

【城区品位提升】 2020年，德化县投入11亿元实施24个市政提升工程。霞田、官路、世科、科技园等片区改造扎实推进，瓷艺城列入全市新片区更新改造比拼项目。新改建污水、供水、燃气管网63.63千米，管线下地缆化6千米。新增城市道路30千米、沥青路4.3万平方米、隔离护栏15千米、泊车位783个。驾云亭公园扩建基本完工，建成唐寨山森林公园休闲绿道13.75千米，新增绿地面积26.5公顷。编制智慧德化规划，建成5G基站580个。持续开展市容市貌、占道经营、渣土车“滴洒漏”等专项整治，拆除“两违”11.2万平方米。

【乡村振兴推进】 2020年6月3日，德化县出台《德化县人民政府办公室关于建立健全城乡融合发展体制机制和政策体系有关事项的通知》，促进乡村振兴和农业农村现代化融合发展。全年投资1.49亿元，实施172个乡村振兴项目。推进国宝省级特色乡镇建设，完成13个省级乡村振兴试点村规划编制。龙塔村被列入全省民族团结进步重点区、首批“省民族乡村振兴示范村”培育对象，2个村获评省乡村振兴实绩突出村，4个村被列入省级传统村落，创建市级乡村振兴示范线2条。完成城关至上涌路段“白改黑”，建设上涌至桂阳镇镇通干线，获评“四好农村路”省级示范县。推进“一清二整三美化”专项整治，实施“一革命四行动”，完成农房整治1000栋，获评省村庄清洁行动先进县。

【生态环境优化】 2020年，德化县在全市率先开展林业有害生物综合防治管理试点，造林绿化1533.33公顷。创建国家森林村庄14个，戴云山森林步道被列入省第一批森林步道名单。桂阳乡被列入全国森林康养基地试点建设乡镇，石牛山入选省级森林康养基地。开展浐溪水质提升“碧水清源”专项行动，完成浐溪水口和赤水段、涌溪桂阳段、春美双瀚溪、雷峰蕉溪等安全生态水系建设，治理水土流失2173.33公顷。完成全国第二次污染源普查、中央第二轮生态环境保护督察整改，获评国家绿色矿业发展示范区，上榜“2020年中国县域全生态百优榜”。

【城乡共建共享机制健全】 2020年，德化县在城区核心区域集中规划建设非城区乡镇驻城市家园党群服务中心、智慧共享中心、党群活动室、百姓书屋等功能区，开设跨党支部、跨领域党员共同参与的联合党课“夜学堂”，零距离服务20多万名进城党员群众，为进城党员群众打造一座“门常开、人常来、事常办”的党建综合体。同时，将城市家园沿街及沿溪店面资源统一打包，采取社会化运作模式，作为乡镇农特产品展销及乡村旅游推介平台（贫困户生产的农特产品由平台统一包销），每年可为薄弱村村财政增加收入约65万元。在全省首创“一城通办”机制，在县行政服务中心乡镇便民综合窗口、进城党群城市家园便民服务窗口和18个乡镇便民服务中心设置收件专窗，构建覆盖全县的20个“网点”，通过软件系统升级、工作人员业务培训、相关设备配置，实现20个“网点”全天候均可办理县域内任一乡镇业务，打破业务办理的乡镇地域、户籍限制，让群众就近能办、一县通办。经验做法在省政府《今日要讯》刊发，获省政协副主席阮诗玮批示肯定。

【“爱心幸福城”创建】 2020年，德化县针对农村“空心化”“老龄化”现象，不断完善关爱老年人服务体制机制，在全省首创“爱心幸福城”，以“瓷名天下 爱满德化”为主题，成立爱心幸福城基金，发动全县各级各部门、企业家和社会各界有识之士积极参与爱心捐赠，截至10月底，县、乡镇、村（社区）三级共收到捐款2400多万元。通过开展“圆梦瓷都·走进爱心厨房”志愿服务活动，组织志愿服务团体开展爱心活动，将“爱心厨房”打造成邻里守望互助的“窗口”。全年举办“爱心厨房”启动仪式暨系列活动100多场次。以“爱心厨房”为载体，依托村委会和老年协会，在全县全面铺开爱心厨房、爱心义诊、爱心理发、爱心电工、爱心快递、爱心慰问、文艺汇演等系列爱心活动，建立农家书屋、新风祠堂等系列阵地，打造“爱心幸福城”全覆盖工作矩阵。全年组织开展各类爱心志愿服务活动700多场次，惠及5万余人。

（县统筹城乡办）

建筑业

【概况】 2020年，德化县加强建筑业市场、建筑材料和质量安全监管，做好建筑业新设备新技术推广工作，新增认定装配式（设计阶段）项目7个，新增面积25.43万平方米。创建市级建筑施工安全生产标准化优良项目5个。办理建筑工程施工许可证116份，受理工程竣工验收备案52宗。全年建筑业实现产值30亿元，比上年增长9%。

【建筑材料监管】 2020年，德化县开展建筑工程钢筋、建筑用砂等建筑材料专项整治，共抽测钢筋115组、钢筋连接接头16组、人工砂12组、碎石6组，全部合格。抽测39个项目的砼构件强度，抽测157个砼主要受力构件、60个梁柱节点砼强度，发现15个主要受力构件、2个梁柱节点砼强度推定值低于设计强度等级，经取芯验证后，1个墙（柱）构件不满足设计要求，督促建设单位牵头委托有资质的检测机构对该单位工程已成型的墙（柱）所有构件进行全数检测。

【安全生产优良项目创建】 2020年，德化县推行标准化施工，提升工程质量和施工安全水平。创建市级建筑施工安全生产标准化优良项目5个，创建“刺桐杯”市级优质工程2个。

【质量安全监管】 2020年，德化县每季度召开一次安全生产形势分析会，开展“安全生产月”活动，开展建筑工程质量和施工安全大检查4次，检查工程项目154个次，发出责令整改通知单154份，发现质量安全隐患1230条。发出《违规事实确认与违规计分告知单》459份，进行动态监管记分4253分；立案查处主体责任落实不到位的企业或个人21家，处罚金40.66万元。

【建筑市场监管】 2020年，德化县办理建筑工程施工许可证116份，受理工程竣工验收备案52宗。共立案查处16宗，涉及14家企业、7个责任人，处罚总金额41.16万元；开展县级安全生产失信联合惩戒，将起重机械被停止使用、施工现场安全文明标准化不达标等违法失信行为的企业列为联合惩戒对象，3家企业被列为县级安全生产失信联合惩戒关注对象，3家企业被列为重点对象。

【建筑节能】 2020年，德化县所有报送施工图审查机构审查的新建民用建筑项目均符合绿色建筑设计标准。竣工验收绿色建筑项目15个，建筑面积45万平方米。

（县住建局）

房地产业

【概况】 2020年，德化县根据《德化县人民政府关于德化县化解房地产库存和推进房地产供给侧结构性改革实施意见的通知》，按照省政府《关于进一步加强房地产市场调控八条措施的通知》和《泉州市人民政府关于进一步加强全市房地产市场调控的实施意见》要求，推进房地产供给侧结构性改革，进一步维护房地产市场交易秩序。全年全县房地产开发投资43亿元，比上年增长16.5%；办理商品房预售许可45宗、现售许可3宗，建筑面积115.9万平方米；商品房销售65.92万平方米，比上年增长7.8%，销售金额53.77亿元，比上年增长11.5%；其中，住宅销售5079套、比上年增加64.9%，销售面积54.01万平方米、比上年增加27.9%，销售金额43.41亿元、比上年增长40.5%。

【房地产开发】 2020年，德化县加强住房建设的宏观调控和指导，开发不同类型、档次住房，满足不同收入家庭的住房需求。美伦·山景叠苑四期、华竣·水岸御景、景盛花园、东城美居、阳光城·隆恩丽景湾、嘉裕花苑二期、美的·云玺台、又一山等房地产开发项目加快建设，美伦·山景叠苑三期、鑫鸿顺AB区、鹏祥花园三期等房地产开发项目陆续竣工交付使用。

【房地产市场管理】 2020年，德化县住建局对华竣·水岸御景、美伦·山景叠苑、鑫泓顺度假山庄、鹏祥花园三期、景盛花园、东城美居、阳光城·隆恩丽景湾、嘉裕花苑二期、美的·云玺台、又一山等20个商品房销售楼盘进行巡查，了解住房销售情况，加强跟踪指导，确保房地产市场有序运行。按照省、市文件精神，对全县房地产中介市场开展专项治理，组织人员进行现场检查，要求各中介公司将经纪服务项目、服务内容和收费标准在显著位置进行公示，对未到县住建局备案的要求尽快办理备案手续，重点查处群众投诉举报、哄抬房价、炒卖房号和怂恿客户签订“阴阳合同”等中介机构，不断规范房地产经纪经营行为。

【物业管理】 2020年，德化县落实《泉州市人民政府关于加强全市物业管理工作的若干意见》，建立县、乡、村三级物业管理协调体系，落实物业管理工作。执行《泉州市前期物业管理招标投标管理规定》，做好前期物业管理招投标工作，完成14个项目的前期物业招投标工作，实现预售项目100%实行前期物业招投标。城东花苑、瓷城大厦、优山美地等3个小区成立业主委员会。时尚华庭完成业委会换届，抓好物业承接查验备案和物业服务项目备案工作，陶源新居、碧桂园·御府2个项目进行物业承接查验备案，办理儒林小区、又一山、阳光里等17个小区物业合同备案。做好专项维修资金归集工作，严格按规定标准缴存，实行分户管理，专款专用。截至12月底，全县缴存专项维修资金11973.21万元，代管金额12510.43万元，全年批准紧急使用物业维修资金77.93万元。

【房屋征收】 2020年，德化县根据《国有土地上房屋征收与补偿条例》《福建省实施〈国有土地上房屋征收与补偿条例〉办法》《泉州市国有土地上房屋征收与补偿暂行规定》，制定《德化县城区土地和房屋征收补偿安置实施方案》。按规定统一开展房屋征收与补偿工作，按月上报全县房屋征收情况。配合相关片区改造项目的拆迁工作。

【住房公积金管理】 2020年，泉州市住房公积金管理中心德化县管理部新增归集单位67个，新增归集人员781人，新增归集住房公积金33952.31万元。全县批准55733人次提取住房公积金29757.05万元。新增发放住房公积金贷款237户，发放金额10167.4万元，贷款余额89258.64万元；贴息贷款62户、3000万元。贷款逾期率为零。通过泉州市住房公积金管理中心的门户网站、短信平台、微信公众号、手机APP、“12329”服务热线等媒介宣传公积金惠民政策；加强与人社、工商、金融等多部门的信息数据交流，全面了解全县各单位信息，摸清全县各大、中企业的经营情况。重点对应建未建公积金制度的单位开展扩面工作，管理部通过采取上门催建催缴、归集业务回访等形式，增强单位依法建制意识。疫情防控期间，通过网上服务大厅和微信公众号实施线上服务和预约服务工作，做好咨询服务工作，在减少人员聚集的同时确保业务正常运转。支持受疫情影响的企业暂缓缴存或降低缴存比例，减轻复工复产经营成本；允许受疫情影响未按时缴存公积金的职工按正常条件申请贷款，对无法正常还贷的职工不作逾期处理、不计罚息，保障职工权益。推进“智慧公积金”建设。丰富畅通服务渠道，市中心新推出5项网办功能，鼓励引导职工通过“网上办”“掌上办”“自助办”等方式办理业务，推进更多服务实现零跑腿、线上办。

（县住建局、泉州市住房公积金管理中心德化县管理部）

生态环境

环境质量

【概况】 2020年，德化县坚持精准治污、科学治污、依法治污，统筹打好蓝天、碧水、净土三大保卫战，完成中央环保督察及“回头看”、省级环保督察问题整改，生态环境进一步改善。至年底，辖区内空气质量优良天数比例保持100%，空气质量位列全市第一；流域水环境质量保持优良，集中式生活饮用水水源地水质达标率100%，其中Ⅰ类水质比例58%，Ⅱ类水质比例42%；各国控、省控断面Ⅰ—Ⅲ类水质比例100%；辖区内14个小流域断面水质均达到Ⅲ类标准；地下水水质达Ⅰ类标准。辖区内没有重大环境污染事故发生。

【环境空气质量】 2020年，德化城区环境空气质量优良率100%，在泉州市11个县（市、区）环境空气质量优良率排名第一。可吸入颗粒物（PM10）、二氧化硫（SO_2）和二氧化氮（NO_2）年均浓度达一级标准，细颗粒物（PM2.5）年均浓度达二级标准，一氧化碳（CO）日均值的第95百分位数和臭氧（O_3）日最大8小时平均值的第90百分位数均达到年评价指标要求；有效监测天数366天，其中优的天数320天、占有效监测天数比例的87.4%，良的天数46天、占有效监测天数比例的12.6%，主要污染物为臭氧（O_3）（8h）。

2020年度德化城区空气质量指标情况

表5

月份	综合指数	SO_2（mg/m^3）	NO_2（mg/m^3）	PM10（mg/m^3）	PM2.5（mg/m^3）	CO（95百分位）（mg/m^3）	O_3(8h)（90百分位）（mg/m^3）	达标率（%）
1	2.35	0.004	0.013	0.037	0.019	1.2	0.094	100
2	2.13	0.003	0.011	0.031	0.019	0.8	0.099	100
3	2.22	0.004	0.016	0.033	0.017	1.0	0.086	100
4	2.57	0.004	0.018	0.044	0.020	0.9	0.101	100
5	2.19	0.004	0.011	0.034	0.017	1.0	0.097	100
6	1.62	0.003	0.008	0.026	0.013	1.0	0.061	100
7	1.97	0.003	0.011	0.032	0.016	1.0	0.066	100
8	1.69	0.002	0.011	0.029	0.015	0.8	0.054	100
9	1.75	0.002	0.010	0.028	0.016	0.9	0.063	100
10	2.06	0.003	0.015	0.036	0.017	0.9	0.065	100
11	2.23	0.004	0.016	0.035	0.017	1.1	0.078	100
12	1.94	0.004	0.016	0.028	0.015	1.2	0.054	100
年均值	2.13	0.003	0.013	0.033	0.017	1.0	0.088	100

2020年，德化县降雨采样总量1734.6毫米，其中3月份降雨量最多，为308.1毫米。全年酸雨采样监测56频次，最低值5.62，出现在5月21日，酸雨频率为零。全年pH平均值5.77，较上年下降0.08个pH单位。

【水环境质量】 2020年，德化区域晋江水系水质状况良好，各监测断面主要水质指标均达到功能区（Ⅲ类）水质要求，达标率100%，与上年持平。德化区域闽江水系水质状况优，监测断面（横龙桥）主要水质指标均达到或优于功能区（Ⅲ类）水质要求，达标率100%，与上年持平。德化城市集中式生活饮用水水源地1个，Ⅲ类水质达标率100%，与上年持平。其中，Ⅱ类水质比例41.7%，Ⅰ类水质比例 58.3%。县内小流域10个水质监测断面监测结果表明，Ⅰ—Ⅲ类水质比例100%。与2016年基准水质相比，县内10个小流域断面水质稳中有升。其中，梓溪口断面从Ⅱ类水质提升至Ⅰ类，奎斗村桥断面从Ⅴ类水质提升至Ⅲ类，浐溪塔兜、蕉溪口、大埔断面均从Ⅲ类水质提升至Ⅱ类，没有新增超标或劣Ⅴ类水质情况。

2020年若干月份德化区域晋江水系水质监测评价情况

表6

断面名称	评价标准	水质类别						达标率（%）
		1月	3月	5月	7月	9月	11月	
初溪桥	Ⅲ	—	Ⅰ	Ⅰ	Ⅰ	Ⅰ	Ⅰ	100
冷水坑桥	Ⅲ	Ⅱ	Ⅱ	Ⅱ	Ⅱ	Ⅱ	Ⅱ	100

2020年度德化区域闽江水系水质监测评价情况

表7

断面名称	评价标准	水质类别												达标率（%）
		1月	2月	3月	4月	5月	6月	7月	8月	9月	10月	11月	12月	
横龙桥	Ⅱ	Ⅰ	Ⅱ	Ⅲ	Ⅲ	Ⅱ	Ⅰ	Ⅰ	Ⅰ	Ⅱ	Ⅱ	Ⅱ	Ⅱ	100

2020年度德化城市集中式生活饮用水水源地水质监测评价情况

表8

断面名称	评价标准	水质类别												达标率（%）	超标因子
		1月	2月	3月	4月	5月	6月	7月	8月	9月	10月	11月	12月		
德化县第二水厂国宝溪取水口	Ⅲ	Ⅰ	Ⅱ	Ⅰ	Ⅰ	Ⅰ	Ⅱ	Ⅱ	Ⅰ	Ⅱ	Ⅰ	Ⅱ	Ⅰ	100	—

2020年若干月份德化区域小流域水质监测评价情况

表9

断面名称	2016年基准水质	2020年水质类别							所在河流	所属流域
		2月	4月	6月	8月	10月	12月	年均		
奎斗村桥	Ⅴ	Ⅲ	Ⅱ	Ⅲ	Ⅲ	Ⅲ	Ⅲ	Ⅲ	浐溪	闽江流域
蕉溪口	Ⅲ	Ⅲ	Ⅱ	Ⅱ	Ⅱ	Ⅱ	Ⅱ	Ⅱ	蕉溪	闽江流域
南埕镇政府桥	Ⅱ	Ⅱ	Ⅱ	Ⅱ	Ⅱ	Ⅱ	Ⅱ	Ⅱ	双芹溪	闽江流域
尾厝	Ⅲ	Ⅲ	Ⅲ	Ⅲ	Ⅲ	Ⅲ	Ⅳ	Ⅲ	浐溪	闽江流域
浐溪塔兜	Ⅲ	Ⅱ	Ⅱ	Ⅱ	Ⅱ	Ⅱ	Ⅱ	Ⅱ	浐溪	闽江流域
涌溪口	Ⅱ	Ⅰ	Ⅱ	Ⅱ	Ⅱ	Ⅱ	Ⅱ	Ⅱ	涌溪	闽江流域

续表

断面名称	2016年基准水质	2020年水质类别							所在河流	所属流域
		2月	4月	6月	8月	10月	12月	年均		
石龙溪塔兜	Ⅰ	Ⅰ	Ⅰ	Ⅰ	Ⅰ	Ⅰ	Ⅰ	Ⅰ	石龙溪	闽江流域
湖坂二级电站	Ⅰ	Ⅰ	Ⅰ	Ⅰ	Ⅱ	Ⅰ	Ⅰ	Ⅰ	石牛溪	闽江流域
梓溪口	Ⅱ	Ⅰ	Ⅰ	Ⅰ	Ⅱ	Ⅱ	Ⅰ	Ⅰ	梓 溪	闽江流域
大埔	Ⅲ	Ⅱ	Ⅱ	Ⅱ	Ⅱ	Ⅱ	Ⅱ	Ⅱ	胡洋溪	晋江流域

【声环境质量】 2020年，德化县城区声环境测点103个，道路交通噪声测点18个。监测结果表明：县城区域声环境质量和道路交通噪声均达到相应的国家标准。其中，昼间区域噪声54.9分贝(A)，比2019年度上升0.1分贝(A)，昼间区域声环境质量达二级水平（较好）；昼间交通噪声69.2分贝(A)，比2019年度上升0.1分贝(A)，昼间道路交通噪声强度等级达二级水平（较好）。

（陈松浩）

污染治理

【概况】 2020年，德化县林地面积178834公顷，森林覆盖率78.41%；戴云山国家自然保护区面积13472.4公顷；全县有生态公益林总面积70891公顷，其中国家级生态公益林面积20107公顷，省级生态公益林面积49261公顷，县级生态公益林面积1523公顷。德化县获第一批“国家生态文明建设示范县”称号，成为全国首批、泉州首个获该称号的县（市）。

【污染源监测与管理】 2020年，德化县完成重点污染源监测19家次。其中，废水监测12家次，达标12家次，达标率100%；废气监测7家次，达标7家次，达标率100%。通过工程减排、管理减排等多项措施，鑫阳矿业综合脱硫效率85%以上，海峡水泥有限公司综合脱硝效率60%以上；四项主要污染物累计削减COD1374.33吨、氨氮152.61吨、二氧化硫（SO_2）153.59吨、氮氧化物20.18吨，分别完成“十三五”减排任务的549.7%、763%、384%、100%。

【大气污染综合治理】 2020年，德化县持续开展大气污染防治专项行动，制定年度精准减排项目清单，完成10个精准减排项目专项治理任务。开展年度全县工业炉窑专项整治行动，完成整治工作。加强餐饮油烟污染控制。从严整治渣土车违法运载行为。严厉打击柴油货车等各类机动车超标排放行为。加大成品油质量监管，发展绿色公共交通，实现全县所有运营公交车均为新能源公交车。加强扬尘综合治理，深化安全文明施工，强化城区道路洒水降尘及施工现场的尘治理。

【水环境综合治理】 2020年，德化县落实“碧水清源”专项行动实施方案，完成投资1400万元，推进全县21个流域精准治理项目，重点解决农村饮用水水源、生活污水垃圾、畜禽养殖污染、水土流失等方面流域问题。完成德化县集中式饮用水水源地评估，完成上涌镇自来水厂和三班镇长林水库饮用水水源环境勘界定标。全面推进河（湖）长制各项工作，县河长办、公安局、检察院、法院、司法局联合制定《德化县涉河涉水损害事件联办工作制度》，成立德化县水生态联盟，实现沟通协调常态化，推动水环境保护。

【土壤污染及固体废物防治】 2020年，德化县完成耕地土壤环境质量类别划分，由环保桥（湖南）生态环境工程股份有限公司负责统一实施全县受污染耕地安全利用项目，实现全县受污染耕地安全利用率91%以上。推广测土配方施肥技术，持续开展化肥与农药零增长减量化行动，全县农药使用量约244吨，比上年减少2.06%；化肥使用量11386吨（折纯），比上年（11676吨）减少2.5%。开展重点监管企业和涉镉等重金属重点行业企业排查整治。将辖区内1家危险废物处置单位和9家产废单位纳入平台管理。规范转移医疗废物424批次，累计转移处置医疗废物160吨。危险废物规范化处置利用率、医疗废物集中处置率均为100%。

（陈松浩）

环境管理

【概况】 2020年，德化县生态环境局做好第二轮中央生态环境保护督察7个问题的整改。加大节能减排力度，规上工业增加值能源消耗值41.9万吨标煤，比上年降低4.8%。落实碳排放权交易制度，完成1508家企业固定污染源排污许可的清理整顿，830家企业排污许可发证登记工

2019 年与 2020 年德化县环保“110”投诉案件对比

表 10　　单位：起

年份	案件数	案件类别				
		烟气	噪声	废水	固体废物	其他污染
2019 年	119	50	29	36	1	3
2020 年	108	25	28	33	8	14

作。加强环保宣传教育，促进经济、社会、生态协调发展。

【第二轮中央及省环保督察问题整改】 2020 年，德化县坚持第一轮和第二轮督察反馈问题与交办信访件整改一体推进，对第一轮开展督察反馈问题落实整改情况“回头看”，杜绝问题整改不彻底、整治问题死灰复燃现象发生；对第二轮 7 个全省共性问题整改任务逐一分解整改责任，确保整改到位。对标上级生态环保督察、巡察要求，中央第二轮生态环境保护督察，全县收到信访件 38 件，全部办结销号。

【节能减排】 2020 年，德化县按照省、市关于能源消耗总量和强度“双控”目标责任工作部署，贯彻落实新发展理念，抓好工业、交通、建筑、公共机构等领域节能，推进国家循环化改造示范试点“德化陶瓷产业园区”建设。全县规上工业增加值能源消耗值 40.51 万吨标煤，比上年降低 4.65%，单位增加值能耗同比降低 9.19%。规上工业增加值能耗降低率达到市政府下达“十三五”能耗强度降低目标进度要求。龙门滩镇政府、德化县中医院被授予“国家级节约型公共机构示范单位”称号。

【碳排放权交易制度落实】 2020 年，德化县督促纳入碳市场管理海峡水泥有限公司企业如期完成碳履约责任，购买碳排放指标 5442 吨，碳排放市场履约率 100%。列入强制清洁生产审核的 3 家企业均按时序要求完成任务。落实省、市环保部门关于《进一步推进排污权交易工作助力企业复产复工的通知》要求，审核出具新增主要工业企业污染物总量指标确认意见 169 份，指导企业通过排污权指标交易线上超市绿色通道获得排污权。在全市率先完成固定污染源排污许可清理整顿工作及年度排污许可发证登记工作，完成固定污染源排污许可清理整顿 1508 家，排污许可发证登记 830 家。

【环保“110”社会服务联动】 2020 年，德化县生态环境局接到环保投诉 108 起，按时调查处理率 100%。环保“110”投诉案件比上年下降 9.2%，其中烟气、噪声、废水和其他污染投诉有所减少，固废污染投诉有所增加。“12369”平台全年接受投诉举报件 41 件，其中不受理 22 件、受理 19 件，全部在规定时间内受理、办理。

【环境监管】 2020 年，德化县在全县重点区域、重要河段、重点企业等关键位置新增设置监控摄像头 5 个，同步接入县环保监控中心，扩大监控范围、助力网格管理。依托网格化监管，加快环境污染源头治理。各级网格员全年上报环境事件 1891 条，采集日常巡查信息 15505 条，发现并上报有效企业环境违法线索 5 条，立案查处企业 3 家，处罚款 10.8 万元，办理查封案件 2 起。

【环保法律法规宣传】 2020 年，县生态环境局组织多个部门和属地村居社区组成联合整治小组，采用分片分区、责任到人的方式，全面深入企业一线，与企业负责人、员工面对面进行陶瓷行业专项整治政策和法律法规宣传，提高企业的环保责任意识。组织 10 名环保监督员对德化“河长制”工作进行巡查，引导和鼓励广大群众共同监督河长制整治工作，共同参与全县环保工作。“6·5”世界环境日，开展“圆梦瓷都”环保志愿服务活动，举行“净滩”环保志愿服务活动，组织 80 余名志愿者沿浐溪溪滩捡拾垃圾，向周边居民宣传环境保护法规、知识。6 月起，县生态环境局面向社会公众开放德化县环境监测站、德化县环境监控中心、戴云山生态博物馆，开展宣传活动 6 场。

（陈松浩）

金 融

综 述

【概况】 2020年，中国人民银行德化县支行（简称“县人行”）贯彻落实稳健货币政策，加强窗口指导，引导辖区银行向上级争取信贷资金，加大对小微企业、重点支柱产业信贷投放，保持辖区流动性合理充裕，促进全县货币信贷总量同经济发展相适应。截至12月末，全县金融机构本外币存款余额240.08亿元，比年初增加19.97亿元，比上年增长9.07%；各项贷款余额260.49亿元，比年初增加38.88亿元，比上年增长17.5%，增幅高出全市平均水平4.43个百分点。

【疫情防控和“六稳”“六保”】 2020年，县人行印发《关于做好应对新型冠状病毒感染肺炎疫情金融服务的通知》，用好3批次1.8万亿元再贷款以及普惠小微企业贷款延期支持工具和普惠小微企业信用贷款支持计划2个创新政策工具，支持企业复工复产。截至12月末，组织银行发放2家全国疫情重点防控企业信用贷款450万元；组织2家法人银行发放支农（小）再贷款4.05亿元，惠及791户，为企业节省年融资成本800多万元，全辖首个完成支农再贷款额度；对183家普惠小微企业贷款本息36055万元进行延期操作；发放普惠小微信用贷款257家、金额13591万元，受益企业承诺稳岗就业5340人。

【实体经济发展扶持】 2020年，县人行引导法人机构加大对涉农、小微领域的信贷投放。截至12月末，德化2家法人机构涉农贷款余额63.78亿元，比年初增加3.51亿元。推动知识产权质押融资，专利权质押融资余额和增量两项均位居全市前列。推动辖区银行开展“打造首贷户”金融服务民营小微企业专项行动，通过产品创新、利率优惠、简化流程以及灵活担保等方式，挖掘潜在客户特别是首贷户。截至12月末，各银行新增民营小微企业首贷户608户，授信金额4.4亿元。其中制造业172户，授信金额2.79亿元。推动陶瓷产业转型升级。围绕陶瓷产业特点，推动金融产品、服务和机制创新，满足陶瓷产业高质量发展的合理资金需求。推动整合陶瓷工艺大师、科技成长型企业、陶瓷新秀、电商等风险担保金2800万元，助力126家陶瓷小微企业获得贷款1.3亿元。截至12月末，陶瓷企业贷款余额40.98亿元，比年初增加6.86亿元，比上年增长20.12%。降低企业融资成本。推进存量浮动利率贷款定价基准转换和新增贷款利率定价参考LPR，通过企业办理退保费用、免收抵押物评估费、登记费以及用好用足央行再贷款资金等，为企业节约融资费用1000多万元。截至12月末，辖内银行业金融机构（不含平安银行）各项贷款加权平均利率在5.31%，比年初下降31个基点。其中成功村镇银行和信用联社分别比年初下降61个基点和66个基点。全年累计为491家企业办理无还本续贷16.76亿元。

【普惠金融】 2020年，德化县开展“特色农业信用村”创建。联合县金融办制定《2020年德化县“三黑”“三黄”特色农业信用村建设方案》，推动德化信用合作联社给予特色信用村、信用户贷款利率相对低60—120个BP（基点）的资金支持。截至12月末，累计为特色农业信用村整村授信9500万元，惠及农户643户、专业合作社3家，每年可减少利息支出30多万元。继续推动农户信用成果转换。辖区5家涉农金融机构分别推出“信用农户+直系亲属担保”“信用村”“农e贷”“成功宝”小额信用贷及“金融网格员采集信用信息”等5种农户免抵押信贷模式，全年新增免抵押农户贷款1651户、授信金额1.7亿元，其中纯信用农户贷款1428户、授信金额1.44亿元。推进小微企业信用体系建设，推动辖内金融机构结合实际开展“银+协会、担保金”等小微企业融资增信模式，累计为390家小微企业发放贷款6.47亿元。做好金融精准扶贫与支持乡村振兴。发挥1200万元精准扶贫风险担保金的作用，鼓励涉农金融机构下沉服务重心，持续推进“插花式”金融精准扶贫。全面摸排建档立卡贫困户，定制“一户一策”精准施策，在全县28个扶贫小额信贷业务受理点开通“绿色通道”。截至12月末，发放扶贫小额信贷553户，其中入股光伏扶贫项目518户，年人均可分红4500元左右。

【金融风险监测】 2020年，县人行落实重大事项报告、大型有问题企业、重点领域和行业风险排查，关注辖区金融风险动态。截至12月末，辖内银行业不良贷款余额1.39亿元，比年初增加0.17亿元；不良贷款率0.53%，比年初下降0.02个百分点。两项指标均远远低于泉州市平均水平。县人行发挥存款保险稳定公众信心和防范化解金融风险的作用。结合实际制定下发法人银行存款保险系列宣传防范流动性风险活动实施方案，组织开展存款保险实施5周年宣传。联合德化成功村镇银行开展《德化县支行金融机构重大流动性风险处置应急预案》应急演练，提升支行应对和处置金融突发事件的能力。

【支付结算管理】 2020年，县人行开展打击治理电信网络新型违法犯罪工作。组织开展“长城2号”及相关案件涉案银行卡、企业账户核查工作，核查账户103户；加强与公安机关的协调配合，组织辖内法人金融机构按照规定对公安机关认定的电信网络新型违法犯罪件中的买卖账户相关单位及个人实施惩戒，落实惩戒5348人。在泉州辖区率先开展移动支付引领县创建，提升社会公众的参与度和支付服务的可获得性。全年新增网点周边500米实体商户达标网点数量16个，“云闪付”APP用户15880户、移动活跃商户8293户，移动支付示范店26家，交易笔数收单65.95万笔，农村普惠金融服务点改造可受理“云闪付”70个，占农村普惠金融服务点98.59%。各指标完成情况均位居泉州各县（市）前列。做好助农取款服务点升级改造，实现小面额现金服务预约、对接便民综合办税平台等农村普惠金融支付和综合服务功能，提升农村支付服务水平。

【货币金银业务】 2020年，县人行督促辖内商业银行落实小面额人民币主办网点和主办银行制度，推动辖区银行安装硬币自助兑换机，确保小面额人民币供应与回收渠道畅通。全年投放小面额人民币2302.19万元，回笼残损人民币3.53亿元。开展新版5元币鉴别培训、现金机具识别升级等工作，做好2020年版第五套人民币5元纸币发行准备工作，确保新版人民币顺利流通。加大对假币违法犯罪活动打击力度，全年全辖收缴假人民币775张、硬币400枚，面额6.67万元。加强农村地区现金服务点建设，开展人民币流通净化示范村建设。将三班镇奎斗村、锦山村助农取款服务点纳入农信系统小面额现金服务预约平台，在三班镇奎斗村徐华德等食杂店试点开展残损券回收。

【国库管理】 2020年，县人行推进税库银横向联网电子退库业务，配合做好国地税合并后的相关核算工作，优化社会保险费征缴流程，确保征管职责划转后社会保险费征缴入库工作稳妥有序开展。坚持守住国库资金安全底线，保证各级国库预算资金的准确无误。全年办理财政库款收纳38.34万笔、金额62.30亿元，库款支拨2.35万笔、金额70.11亿元，预算收入退库0.9万笔、金额3.36亿元，出口退税1780笔、金额1.73亿元，惠及出口企业280多家。组织辖内银行完成88个农村普惠金融服务点国库服务功能升级改造。全年累计代收社保费9.5万笔、金额1958万元，发放养老金53.94万笔、金额7370万元。

【征信业务】 2020年，县人行强化人民银行征信窗口、自助查询点信息安全管理，增设信用社、建行、村镇银行3台自助查询机，全面提升征信窗口服务质量和水平。提升央行内部（企业）评级覆盖面，督促辖内2家法人开展央行内部（企业）评级62家（累计103家）。

【反洗钱工作】 2020年，县人行推进与公安、税务等部门沟通协调机制，落实“三反”（反洗钱、反恐怖融资、反逃税）监管工作，加强情报会商和信息反馈。接收可疑交易线索8条，移送公安机关7条。配合“打财断血”，打击涉黑涉恶犯罪及其洗钱活动、电信网络诈骗，做好金融领域风险线索排查及金融放贷领域专项整治工作。开展对德化县信用合作联社洗钱风险评估，做好福建省反洗钱大数据管理平台试运行工作，实现各类系统整合。

【金融消费权益保护】 2020年，县人行结合“金融消费者权益日”“守住钱袋子宣传月”“金融知识普及月”“6·14信用记录关爱日”“反假货币宣传月”等时点，开展以“普及金融知识·守住钱袋子”“建立良好个人信用记录”“新版人民币票面和防伪特征”“铸就防骗长城，擦亮识骗慧眼”防范电信诈骗等专题宣传活动，向公众普及金融知识和强化风险意识。加强与德化县中小学实践教育基地合作，推动金融知识进校园宣传教育，开展金融知识宣传教育11次，受益学生3500多人次。与市场监管局、金融办协调配合，加强非法金融广告等监测，做好线索甄别、处置和上报，督促做好“违规返利吸存”等广告的整改。

【外汇管理】 2020年，县人行落实促进跨境贸易投资便利化措施，精简优化办理流程，支持企业恢复扩大生产，为德化必德陶瓷公司等5家企业办结外债展期，金额876.59万美元。支持企业疫情物资出口14笔、金额95.21万美元，收汇5笔、金额96.87万美元。疫情防控期间受理、办结行政许可业务79条，协助涉外主体以线上方式办理名录登记业务16笔。加强外汇政策宣传，协助市中心支局制作微信小课堂、美篇、H5、长图等。其中，《疫情防控期间资本项目外汇绿色通道知多少》获省分局领导肯定和表扬，《一图看懂跨国公司跨境资金集中运营业务》等2篇长图宣传被省分局采用，《远离非法外汇交易，谨防网络炒汇陷阱》被省分局互联网网站刊登。完成上报信息调研22篇，被上级局采用16篇。其中调研文章《全球疫情加剧对陶瓷出口影响及政策建议》分别被福建外汇管理、福建金融研究工作动态采用，参与撰写的调研文章《跨境供应链融资业务对国际收支统计的影响研究》被总局国际收支动态采用；参与编译的《OECD：外国直接投资的决定因素——监管限制是否重要》被总局资本项目信息摘编采用。组织对2016年9月1日至12月31日德化农行办理的境外保险费购付汇业务，存在未尽职审查个人办理经常项下购付业务行为进行移案，由市中心支局对其没收违法所得1603.69元，并处罚款40万元。组织开展货物贸易非现场核查272家，其中现场核查14家、金额1010万美元。资本项目非现场核查23笔、金额625万美元，注销17家连续2年未发生外汇收支企业名录。开展个人外汇业务非现场核查，对辖内国际收支统计数据非现场核查，纠错176笔、金额238万美元。对德化联社、邮储银行办理的国际收支申报统计和结售汇统计业务开展现场核查。

（姚晓鸣）

银行业

【概况】 2020年，德化县有银行业金融机构12家、银行业协会1家、网点54个、自助银行55个、自助设备134台、业务库2个、保险箱库2个。从业人员651人，其中正式员工607人、劳务派遣员工44人。

【中国工商银行德化支行】 2020年，中国工商银行德化支行（简称“工行德化支行”）各项存款余额17.18亿元，各项贷款余额26.65亿元，分别比上年增长-7.03%和22.81%；实现中间业务收入2853万元，实现拨备后利润8107万元，纳税570万元。

业务发展。2020年，工行德化支行围绕提升支行竞争力和“提额争一”目标，抢市场、拓规模，控风险，各项经营指标持续稳定增长。全年实现拨备前利润、净利润“双增长”（分别增长1.09%和148.68%），贷款、中间业务收入竞争力“双提升”（分别提升4.96亿元和357万元），不良额、不良率“双下降”目标。

风险防控。2020年，工行德化支行执行金融法律、法规以及各项监管规定。落实内控有关制度并对内控制度执行情况定期、不定期开展自查和检查，对发现违规、违章行为及时采取措施，防患于未然。紧盯信贷业务、资产处置、信用卡、现金管理等风险高发领域和核算、关键岗位、个人信息安全等关键环节，精准施策，提高内控安防水平。

（中国工商银行德化支行）

【中国农业银行德化支行】 2020年，中国农业银行德化支行（简称“农行德化支行”）本外币各项存款余额35.11亿元，比年初增加1.38亿元，个人存款存量、增量市场份额均居“四大行”首位，存量市场占比40.27%，增量市场占比84.88%（超过其他三大行的总和），比年初提升51.15个百分点。各项贷款余额66.23亿元，比年初增加11.64亿元，年增量位居全县12家金融机构首位，占比29.92%。信贷资产高质量运行，不良贷款实现“双下降”，全行不良贷款余额965万元，比年初下降13.3万元，不良率0.14%。实现净利润1.09亿元，首次突破1亿元大关，比上年增加3103万元，增幅39.70%。实现中间业务收入2862万元。全行实现营业收入1.90亿元，比上年增加1081万元，增幅6.03%。

普惠金融。2020年，农行德化支行创新服务模式，推出“生猪产业金融服务”。出台生猪产业专项信贷政策，从利率优惠和担保方式宽松等方面支持生猪产业发展，为6户生猪产业链生产企业授信3758万元，贷款余额2290万元。推出无还本续贷业务“续捷e贷”，解决企业燃眉之急。为15户企业办理无还本续贷业务，续贷金额10450万元；同时对存量的57户、授信金额合计4亿元的小微企业客户逐步进行授信方案变更，满足县内企业在贷款到期日无须筹集资金进行偿还本金的需求，降低企业融资成本。为6户企业办理“纾困贷”、金额4340万元。普惠小微企业贷款余额6.99亿元，比年初净增3.06亿元。

服务“三农”。2020年，农行德化支行针对专业合作社、家庭农场、个体工商户等个私经济市场主体，推出简便易行的个人助业贷款、房抵贷、农户小额贷款和农村个人生产经营贷款等可自助可循环贷款，使个人贷款业务惠及社会各个阶层。面向参与抗疫的医护人员等客户群体提供免抵押免担保、低利率的“医护e贷”专属贷款优惠服务，全年办理“医护e贷”613户，预授信额度1.22亿元，贷款余额2922万元。加快投放“惠农e贷”等个人生产经营贷款。运用互联网大数据分析技术筛选客户，设计信贷模型匹配授信额度，让客户优先享受到技术进步带来的福利，推出“陶瓷新秀快农贷”“陶瓷大师快农贷”“德化淮山快农贷”“德化茶叶快农贷”等特色产业模型，同时发展农村个人生产经营贷款，全年办理农户贷款4010户，其中“惠农e贷”2593户；贷款余额11.31亿元，比年初增加4.6亿元，增幅68.55%。

履行社会责任。2020年，农行德化支行参与搭建政银企对接平台。举办“农情相伴 共克时艰”政银企对接会，与企业携手共建，助力疫情防控和县域经济发展。同德化县电子商务协会联合举办“互利共赢 共话未来”乡村振兴融资对接会（电商协会专场），双方签订《战略合作协议》。组织全行员工向“爱心幸福城基金”捐款1.87万元；将德化县农业龙头企业——德化县祥山大果油茶有限公司上线农行“扶贫商城”，进一步丰富企业销售渠道，助力企业复工复产。开展“断卡”行动，打击电信诈骗。累计开展宣传活动12场，管控账户868户，其中个人账户721户、单位账户147户，成功堵截涉诈涉赌案件多起，协助公安机关抓获违法嫌疑人2名。

（李燕瑜）

【中国银行德化支行】 截至2020年12月底，中国银行德化支行（简称“中行德化支行”）各项存款折人民币96903万元，较年初增加5835万元；人民币各项贷款（含信用卡）153710万元，较年初增加23386万元，贷款增速17.94%。净利润1446.78万元，较上年同期增加25.21万元，增幅1.77%。公司贷款没有不良余额；零售贷款五级分类不良余额938万元，不良率0.61%。

中行德化支行根据当地中小企业数量居多的情况，紧抓中小企业及零售贷款业务。零售贷款较年初新增25642万元，较上年末增长45.72%；其中个金普惠金融新增2282万元，完成率142.6%，居辖内一级支行第一位。普惠贷款新增12户，新增额8095万元，完成率144.5%（人行口径），居辖内一级支行第二位。年初成功营销落地德化县生态环境局在支行开立基本账户及代发薪业务，带动公司日均存款1700万元及代发薪业务500万元；以“泉工惠：联名卡”为抓手，营销落地3家学校代发绩效，代发350人、近500万元。与当地开发商对接，有合作楼盘8个，按揭贷款储备量超2亿元。12月，获批德化县城市投资有限公司“凤池楼”固定资产贷款8000万元、期限8年。中小企业授信储备5家近5000万元。

（苏少芳）

【中国建设银行德化支行】 2020年，中国建设银行德化支行（简称“建行德化支行”）实现一般性存款余额213446万元，比年初新增44488万元；一般性存款日均余额193152万元，日均新增23689万元。各项贷款余额281458万元，比年初新增73921万元；日均贷款余额225521万元，比年初新增53415万元。全行不良贷款余额762万元，比年初增加246万元；支行逾期贷款1386万元。实现中间业务净收入810万元，实现利润5295万元。

业务发展。2020年，建行德化支行在个人业务方面，商户收单额51185.90万元，计划完成率150.14%，全市排名第一；净增信用卡客户1645户，计划完成率121.85%；新增医护卡241张；全年分期交易额7356.55万元，计划完成率93.71%。支行龙财富高价值客户签约286户，计划完成率100.35%；新增裕农通服务点数8户，“双达标”服务点数8户，其中“双50达标”点数1户，计划完成率均为100%；新增代发工资个人客户3060户，计划完成率161%；累计代发金额35346.74万元，计划完成率101%，比上年增长45.30%。私人银行级客户金融资产新增4150万元，计划完成率138%。累计发展泉州市美景房地产开发有限公司、德化阳光隆恩房地产开发有限公司等房地产公司成为建行德化支行“E托保”合作商户，累计冻结2488笔、冻结资金13796万元。国际业务方面，营销跨境e+绑定单一窗口客户，累计新增客户48户，完成率126.32%；国际收支客户50户，完成率116.28%；跨境快贷客户4户，完成率100%；营销跨境撮合平台业务，累计新增9户，完成率450%。

风险管理。2020年，建行德化

支行继续强化内控管理，制定专门考核办法，做好风险防范工作，全年对账回收率 100%；加强现金管理，压缩无效资金占用，防范和化解现金结算风险。核销资产现金回收累计 934.23 万元，对公类不良贷款和逾期贷款指标均控制在分行下达范围之内。

普惠金融。2020 年，建行德化支行小企业业务在原有小微企业“工艺大师贷”“速贷通”“税易贷”等小额化、零售化、标准化产品基础上，推广“小微快贷”等新业务。围绕德化陶瓷产业园区内纳税 30 万元以上、国际收支 30 万美元以上优质小微企业以及“税易贷”合作平台、陶瓷街商户，从营业网点择优发展小微企业，通过产品推介会、客户沙龙、产品发布会、银政座谈会等形式，加大“云税贷”“抵押快贷”“惠懂你”等产品宣传力度。全年新增小微快贷授信客户 91 户、新增授信额度 7699.31 万元；新增贷款户数 77 户、新增贷款余额 5261.08 万元。

（中国建设银行德化支行）

【中国农业发展银行德化支行】 截至 2020 年 12 月 31 日，中国农业发展银行德化支行（简称“县农发行”）存款余额 3.8 亿元；贷款余额 16.52 亿元，贷款日均余额 18.98 亿元，不良贷款余额为零。

2020 年，县农发行加大“万企帮万村”企业对接力度，重点做好定点扶贫捐赠工作，以购代捐 6698.6 元。发放储备粮贷款 0.42 亿元，落实储备粮轮换和增储任务，确保粮食安全；应用防疫应急通道和复工复产绿色通道，对接人行再贷款全国重点企业 4 家，支持生猪养殖贷款 1000 万元，支持疫情防控和企业复工复产。加大项目营销和投放力度，推进营销项目 7 个，拟贷金额 42.9 亿元；累计审批项目贷款 13.2 亿元，投放项目贷款 3.14 亿元，支持棚户区改造、公路建设及城乡一体化等建设。开展存贷“一体化”营销，引存增存，开源节流，提升效益。累计引存债券资金 12 笔，金额 19302 万元，形成日均存款 1027.97 万元。宣传农发行各项优惠政策，做好小微企业减费让利工作。

（中国农业发展银行德化支行）

【中国邮政储蓄银行德化支行】 至 2020 年 12 月底，中国邮政储蓄银行德化支行（简称“邮储银行德化支行”）各项贷款余额 15.79 亿元，年净增 2.41 亿元，增幅 18.03%。各项存款余额 11.03 亿元，年净增 0.76 亿元，增幅 7.37%。由市行发放的公司项目贷款余额 2.69 亿元。

小微企业贷款。2020 年，邮储银行德化支行小微企业贷款余额 9.31 亿元，较年初增加 1.64 亿元，年增长率 21.42%。单户授信总额 1000 万元以下（含）小微企业贷款比上年增速高于各项贷款比上年增速 3.45 个百分点，贷款户数高于上年同期 270 户。进行 28 笔金额 18035 万元的无还本续贷。累计降低贷款利率 1120 笔，涉及贷款金额 74801 万元。为防疫相关企业发放贷款 250 万元，支持非防疫相关企业复工复产新发放贷款结余 6.6 万元。纾困企业贷款 4 户，金额 2200 万元。

实体经济服务。2020 年，邮储银行德化支行围绕打赢三大攻坚战任务，服务地方经济发展，完成县政府下达的各项贷款指标。投入实体经济贷款 10.37 亿元，新增 1.78 亿元。涉农贷款规模 10.58 亿元，新增 0.72 亿元，年增长率 7.32%；发放创业贷款 521 万元。

金融产品创新。2020 年，邮储银行德化支行推出客户手机自助“极速贷”，信用类极速贷余额 1432 万元，抵押类极速贷余额 3483 万元。与支付宝及网商银行业务合作推出的“网商贷”，成功授信 15 户，总授信金额 920 万元，贷款结余 841 万元。对接政府平台，推出“电商贷”“瓷艺贷”“新秀贷”“新型农业经营主体发展合作基金”“科技贷”等产品，电商贷款结余 120

2020 年 6 月 12 日，邮储银行德化支行授予赤水镇猛虎村“邮储信用村”牌匾

（图 / 邮储银行德化支行）

万元。

乡村振兴战略服务。2020年，邮储银行德化支行通过万村千乡走访、信用村授牌的方式，做小额、做普惠，全年创建信用村4个，累计授牌11个信用村，评定信用户530户，贷款结余4766万元，年净增1510万元。推广“生源地助学贷款”，对接政府平台，帮助家庭经济困难学生顺利上大学，累计放款251笔，金额185万元。

风险管控。2020年，邮储银行德化支行通过“控新降旧”工作，强化授信作业监督能力，加大不良资产处置力度。至12月底，各类贷款不良金额1572万元，不良率1.0%，比年初下降0.11%，其中小企业法人贷款保持零逾期、零不良。全年处置不良贷款1083万元。

（张青荔）

【德化县农村信用合作联社】 2020年，德化县农村信用合作联社（简称“德化信用联社”）各项存款余额1124164万元，比年初增加98340万元，增幅9.59%，占全县存款增量62.09%；存款市场份额48.9%，比年初上升0.97个百分点。各项贷款余额737130万元，比年初增加79590万元，增幅12.1%；贷款市场份额28.3%。资产总额135亿元，实现各项财务总收入70640.91万元，利润总额22613.12万元，净利润16099.37万元。外汇结算2853.95万美元，结售汇2781.52万美元；跨境人民币业务260.56万元，同比增长41.59%。资金营运总资产55.64亿元，实现资金营运总收入1.86亿元，实现净收益1.77亿元，返税后实现资金收益率3.61%。电子交易占比97.7%；手机银行客户存量15.4万户，客户覆盖率44.9%；扫码付考核商户存量10039户，微信银行绑卡10.23万张，覆盖率48%；新增ETC用户1698户。不良贷款余额7588万元，不良贷款占比1.03%。受疫情等影响，信用风险防控压力明显加大，但风险总体可控。资本充足率17.86%，杠杆率9.07%，流动性比例58.97%，贷款损失准备充足率475.56%，拨备覆盖率921.25%，拨贷比9.48%，均高于监管指标要求。监管评级由2级C上升至2级B。

疫情防控助力。2020年，德化信用联社按照特事特办、急事急办原则，实行“三专、三优先”（专人对接、专班管理、专属服务，优先供给、优先审批、优先发放），安排5000万元专项贷款规模，满足相关单位和企业卫生防疫、医药用品制造及采购等方面的融资需求。对于受疫情影响较大的旅游、住宿餐饮、批发零售、交通运输等行业，以及确有发展前景但暂时遇到困难的企业，一户一策，做到不抽贷、断贷、压贷。全面启动“党建+金融助理”和“每周一全员营销日”工作，以银保监局“百行进万企”对接清单为基础，加强与企业的常态化联系。疫情防控期间，发挥党员先锋模范作用，配合社区、村（居）党组织深入社区、企业宣传抗疫防疫工作，了解居民、企业金融服务需求，为复工复产、复商复市、服务中小微企业提供金融服务。疫情防控期间走访5126户小微企业，累计投放信贷资金299622万元，支持2871户小微企业（含个体工商户）复工复产。通过更改结息方式、借新还旧、推广纾困专项贷款资金、创新“支农再贷款专用额度+战疫支农贷”投放模式等方式，加大信贷投放力度，满足资金需求，减轻还贷压力。截至年末，办理支农再贷款31689万元，办理延期还本171户32316.5万元，信用贷款366户11615万元。

“整村授信”工程。2020年，德化信用联社派驻70名业务骨干到全县18个乡镇214个村（居）挂职金融助理，通过业务骨干走访村（居）开展精准建档。与村“两委”联合开展“整村授信民主评议会”，由村干部、村代表、金融助理组成的“贷审会”严格把关“整村授信”客户，进一步提高授信效率和授信质量。截至年末，德化联社在全县90余个建制村召开“整村授信暨普惠金融知识宣讲会”或“复工复产金融需求座谈会”，精准建档41776户，授信金额2.69亿元，用信余额1.50亿元。以“整村授信”为基础，对接各级政府诚信建设要求，开展信用户、信用村、信用乡镇创建和评定工作。截至年末，创建信用乡镇12个、信用村132个，评定信用农户3.87万户。

乡村振兴金融服务产品。2020年，德化信用联社与县农业农村局、林业局、工信商务局、供销合作社、陶瓷同业公会等部门或行业协会签订合作协议，推出“新秀贷”“科创贷”等专门用于支持新型农业经营主体创新创业的信贷产品，满足乡村振兴主体多样化的金融服务需求。至年末，办理“科创贷”3笔、金额1135万元，“新秀贷”14笔、金额4366万元；全县216个建制村（社区），有202个股份经济合作社或村委会的账户开立在德化信用联社，开户率93.51%。紧跟“地摊经济”和农村消费升级大趋势，创新推出“福农”“福林”“福海”“福商”“福工”等“五福”系列信贷产品，创新信贷模式和担保方式，重点推广适合德化县的“福—瓷艺贷”“福—电商贷”“福—民宿贷”“福—助村贷”等“福”字系列信贷产品。截至年末，“五福”信贷产品贷款9700多户，余额27.9亿元。

线上支农支小平台建设。2020

年，德化信用联社开展“福农e政”对接工作，打造集农村资产信息登记、融资需求对接、政策信息发布、普惠宣传推广、农村要素流转“五位一体”的支农支小服务载体，实现政策传导更到位、支农惠农更有力、普惠金融更广泛、金融服务更高效。

陶瓷产业金融服务。2020年，德化信用联社探索支持全县经济发展的新产品、新模式和新渠道，推进多种形式的融资方式，不断创新融资机制，拓宽融资渠道，打造企业从买地建厂的固定资产贷款到投产后发放配套流动资金贷款的“无缝式”服务。针对县内工业园区内陶瓷企业建厂需求，推广高额度低利率的“企建贷”金融产品，针对诚信纳税的陶瓷企业推广“银税贷”金融产品，将企业“纳税信用”转化为“融资资本”。

普惠金融。2020年，德化信用联社按照“能贷尽贷、服务优先”的原则，做好生源地信用助学贷款业务，支持贫困学子圆大学梦。截至年末，发放助学贷款2174人、5266笔、3813.19万元，德化信用联社助学扶贫做法入选第十二届中国经济前瞻论坛金融扶贫及创新峰会2020中国金融扶贫及创新优秀案例。加大金融精准扶贫贷款投放力度，确保贷款余额不断上升。截至年末，金融精准扶贫贷款余额2925.68万元，比年初新增1246.68万元，增幅74%，完成银监部门下达的贷款余额不低于年初的目标。聚焦“六稳”“六保”，持续加强与工商、税务、国土、经信、招商办等部门建立合作关系，对接重点项目，走访各工业园区、各商圈，推广“银税贷”“小微贷”“全额贷”等，加大信用贷款和中长期贷款投放力度，从源头上满足县域居民、企业资金需求。全县210个重点项目中，对接156个，对接率74.28%。

（赖青青）

【泉州银行德化支行】 2020年，泉州银行德化支行各项存款余额83734.68 万元，比年初增加7565.36万元。各项贷款余额64328.33万元，比年初增加23071.54万元。其中不良贷款余额67.26万元，不良率0.1%。

泉州银行通过线上化、大数据的方式为企业提供绿色、高效、便捷的金融服务，推广“好税贷”“抵押快贷”等线上扫码申请的信贷产品，实现数据线上多跑路、企业线下少跑腿，缓解企业融资压力。

（泉州银行德化支行）

2020年9月11日，德化信用联社福万通慈善基金会发放助学金，帮助16名学子圆大学梦

（图/德化县农村信用合作联社）

【泉州农商银行德化支行】 2020年，泉州农商银行德化支行各项存款余额63692万元，比年初增加1170万元，增幅1.87%。其中储蓄存款余额17699万元，比年初增加2774万元，增幅18.58%；对公存款余额45963万元，比年初减少1634万元，增幅-3.43%。各项用信总余额73224万元，比年初增加13979万元，增幅23.6%。其中各项贷款余额59198万元，比年初增加7766万元，增幅15.1%万元。不良贷款272万元，不良率0.46%。

“三农”信贷投入。2020年，泉州农商银行德化支行坚定走小额、流动、分散的发展道路，克服新冠肺炎疫情影响，进一步加大推进增户拓面，促进“三农”信贷投放进度。涉农贷款基础客户数、农户贷款面、服务覆盖面等持续增长，实现贷款余额比年初新增7766万元，其中涉农贷款余额53618万元，比年初新增6082万元，增幅12.79%。

支农支小。2020年，泉州农商银行德化支行进一步加强中小微企业等实体经济贷款投放，减轻企业融资成本。以走街入户、召开客户座谈会等方式，宣传普及金融知识和金融产品。加大办理企业无还本续贷力度，为48家企业及经营者办理无还本续贷6868万元，为企业节省过桥资金167万元。灵活利用上级行优惠政策，为小微企业、企业主及个体工商户提供贷款降息让利，办理经营性贷款降息金额3945万元，每年可为企业节省贷款利息支出近112万元。支持受疫情影响的企业及个体工商户，为企业提供低成本、普惠性的资金支持，解决企业复工复产难题，为客户降低利率，实际受益企业56家，贷款金额5468万元，降幅31.86%，减少企业贷款利息支出112.19万元。

风险防控。2020年，泉州农商

2020年5月19日，泉州农商银行德化支行工作人员向客户宣讲普及金融知识

（图/泉州农商银行德化分行）

银行德化支行坚持“小额、流动、分散”和“区别对待、有扶有控”的信贷原则，做好信贷资源的优化配置，加大支农支小、实体经济的信贷投放。强化信贷管理。严把贷款“三查”（贷前调查、贷时审查、贷后检查）关，强化授信业务全流程管理，特别是贷后管理，加强风险的动态监测和实时预警，织密织牢风险防控网，将风险消灭在萌芽状态。狠抓不良贷款处置。受疫情影响，信贷风险防控压力持续加大。支行在加大催收力度的同时，不断推动诉讼案件进程。截至12月底，不良贷款余额272万元，不良率0.46%。通过各种途径收回表外不良贷款27万元。

（泉州农商银行德化分行）

【中国民生银行德化支行】 2020年，中国民生银行德化支行年日均存款3.87亿元，其中储蓄存款年日均1.72亿元、对公存款年日均2.15亿元。全年新增客户2456户。截至12月31日，贷款余额32312万元，总户数575户。其中，新增授信189户、授信额度16760万元；个人贷款16760万元，对公贷款为零，新增余额5500万元；小微企业贷款20739万元，新增余额2790万元。无不良贷款。

中国民生银行德化支行引入对公资金5000万元，支行对公结构更趋合理。高端客户开发取得突破。在资产质量方面，继续保持零不良。个人贷款总量新增5500万元，在利率大幅下调的情况下保持总收入有增长。信用卡完成率位居分行前三。

（林镇将）

【德化成功村镇银行】 2020年，德化成功村镇银行存款余额22966.15万元，比年初增加1619.5万元，增幅7.59%。其中储蓄存款余额5555.34万元，比年初增加962.02万元，增幅20.94%。贷款余额24601.28万元，比年初增加5776.76万元，增幅30.69%。不良贷款余额9.85万元，不良占比0.04%。办理无还本续贷68户、68笔、金额1478.6万元。各项业务收入合计1771.25万元，各项业务支出合计1569.83万元。

德化成功村镇银行降低小微和民营企业融资成本，对小微企业主以保证、抵押方式办理的新增贷款，给予较大幅度贷款利率优惠，个别贷款产品利率下调幅度达38%。推广微信公众号“线上申贷”模式，拓宽客户申贷渠道，简化申贷流程。合理运用支农再贷款专用额度资金，降低“三农”和小微企业融资成本，全年发放再贷款资金4227万元。针对符合规定条件的小微企业，采用“连续贷”方式办理，降低小微企业融资成本，减轻小微企业财务负担，全年为贷款客户节省各项融资费用约75.11万元。

至2020年12月末，德化成功村镇银行核心负债依存度为69.59%，比年初下降22.46个百分点；存贷比107.12%，比年初上升18.94个百分点；流动性比例44.69%，比年初上升8.99%。加强对宏观经济整体走势的分析和预测，加强对超额备付金和流动性变化管理，实时监测流动性指标，按日对存贷款变动情况进行监测，留足头寸，合理安排调度结算资金。同时重视核心负债业务的扩展，科学安排同业业务交易规模与期限结构，降低期限错配带来的流动性风险。

（德化成功村镇银行）

保险业

【概况】 2020年，全县有保险业机构14家，网点15个，从业人员1093人。保险机构保费收入5.01亿元、理赔支出1.23亿元，全县保费收入、理赔支出比上年分别增长6.82%、13.89%。

【中国人寿保险德化支公司】 2020年，中国人寿保险德化支公司总保费收入22472.97万元，比上年增长18.4%。长期险首年标准保费2011.61万元，预算完成率88%；长险首年期交保费5250.16万元、预算完成率109.81%，其中10年期及以上首年期交保费2512.54万元、预算完成率109.38%。其中保障性产品期交保费1646.6万元，预算完成率97.43%。短期险保费1902.98万元，预算完成率114.78%，比增8.88%；互动业务达成578.6万元，完成率92.72%，比增9.99%。纳税349万元。

2020年，中国人寿保险德化支公司做好学生平安保险售后服务，收取学生平安保险保费531.22万元，比上年增长19.32%。与县计生协会沟通，宣传推动，收取计生险个人缴费67.25万元。与县妇联联合下发《德化县妇女联合会 中国人寿有限公司德化县支公司关于推进"关爱女性"活动的通知》，加大宣传力度，收取女性安康保险保费25.32万元，比上年增长13.6%。与县委办、人社局加强沟通，收取工伤补充意外险业务保费60多万元。全年总承保件数24597件，其中期交7742件、趸交16855件。受理保全件7515件；股份保全件5468件，集团保全件932件。除临柜受理的保全件以外，客户自行及销售人员经"保全管家"处理的保全件占98%。

2020年，中国人寿保险德化支公司总赔额1389.59万元，赔案3795件。其中，长期险赔案157件、赔付额572.27万元，短期险赔案3638件、赔付额817.32万元；个人保单赔案673件、赔付额735.38万元，团险保单赔案3122件、总赔付额654.21万元。

中国人寿保险德化支公司在日常受理业务时做好客户身份识别工作，留存客户资料及交易记录，全年落实反洗钱客户定期审核数据核实132份，分析系统提取的可疑件248笔，对2019年第四季度及2020年第一至三季度受理的业务进行反洗钱抽查207笔，并对问题件进行整改。

（中国人寿保险德化支公司）

【中国人保财险德化支公司】 2020年，中国人保财险德化支公司实现自营保费收入8327万元，比上年增长5.1%。其中车险保费收入5769万元，非车险完成保费2558万元。接受各类有效立案7476笔，其中家财险（含综治）有效立案618件。截至12月末，已决赔款支出4390.2万元，未决赔款1656万元，为德化县经济建设和人民生活提供约535亿元的各类风险保障。纳税917万元，居全县纳税企业第20名。

中国人保财险德化支公司发展产业扶贫保险、水稻种植保险、农村住房保险、自然人责任险、森林保险、能繁母猪、育肥猪、农村自建房安全生产责任险等险种，其中水稻种植保险、农村住房保险、平安惠民综合保险、自然人责任险实现全县全覆盖。推广产业扶贫保险，全年产业扶贫保险投保295户，风险保障金额345.46万元。配套全县18个乡镇协保协赔队伍，配备协保协赔队伍15人，有"三农"服务部1个、服务点4个。发挥乡镇协保协赔人员的优势，提供不出村上保险、不出村办理赔、不出村领赔款服务。

（蒋雯燕）

典 当

【概况】 2020年，德化县有德化县中信典当有限责任公司和德化县天顺祥典当行有限公司2家典当行。中信典当有限责任公司于2005年9月15日成立，注册资本1000万元，地址设在德化县龙浔镇瓷都大道6号楼。德化县天顺祥典当行有限公司于2018年7月16日成立，注册资本1000万元，地址设在德化县龙浔镇浔南路58号。

【中信典当有限责任公司】 2020年，中信典当有限责任公司典当贷款总额953.3万元，按贷款抵押物品类别划分，其中动产883.3万元、房地产70万元。业务10笔，其中动产质押业务9笔、房产抵押业务1笔。取得利息收入14.86万元。收入按贷款抵押物品类别划分，其中动产11.03万元、房地产3.83万元。期末典当贷款余额1398.49万元，按贷款抵押物品类别划分，其中动产1286.17万元、房地产92.61万元、财产权利19.71万元。

【德化县天顺祥典当行有限公司】 2020年，德化县天顺祥典当行有限公司典当贷款总额855.2万元，按贷款抵押物品分类划分，其中动产777万元、房地产78.2万元。业务282笔，其中典当业务26笔、续当业务256笔。取得利息收入108.02万元。收入按贷款抵押物品分类划分，其中动产20.93万元、房地产87.09万元。应上缴各项税款4.74万元。实现净利润67.48万元。期末在当业务46笔，其中动产典当贷款8笔、房地产抵押典当38笔；典当贷款余额1190.5万元，其中动产典当贷款余额548.5万元、房地产典当贷款余额642万元。

（县金融办）

旅游业

综　述

【概况】 2020年，德化县旅游工作围绕县委、县政府“五个年”工作部署，围绕德化窑（屈斗宫、尾林—内坂）宋元遗址申报世界文化遗产以及创建国家全域旅游示范区工作目标，邀请旅游专家制定《德化县文旅融合发展规划》和《德化县全域旅游发展总体规划》，进行顶层设计，推进旅游项目建设，完善配套服务，强化旅游宣传，统筹资源，突出重点，旅游事业有序推进，打响“世界瓷都·自在德化”旅游品牌。全年接待游客503万人次，旅游总收入55.38亿元，分别比上年增长3.5%和3.96%。

【旅游品牌建设】 2020年，国宝乡佛岭村被列入2020中国美丽休闲乡村名单、申报成为全国乡村旅游重点村，上涌镇曾坂村、三班镇泗滨村获评省级旅游村，水口镇申报省级全域生态旅游小镇，雷峰镇潘祠村申报省级金牌旅游村，中国白·得心酒店成功获评四星级旅游饭店。旅游品牌不断丰富，拥有“六区两园”（戴云山国家级自然保护区、岱仙湖国家级水利风景区、石牛山国家AAAA级旅游景区、九仙山国家AAAA级旅游景区、云龙谷国家AAA级旅游景区、顺美陶瓷文化世界国家AAA级旅游景区，石牛山国家地质公园、石牛山国家森林公园）8块“国”字号生态旅游品牌。11月18日，文化和旅游部公告公示第二批国家全域旅游示范区名单，德化县位列全国99个入选区域之一，成为泉州市首个国家全域旅游示范区。

【顺美陶瓷文化世界获评国家AAA级旅游景区】 2020年12月18日，顺美陶瓷文化世界被省文化和旅游厅评为国家AAA级旅游景区。顺美陶瓷文化世界是顺美集团打造的陶瓷工业文化项目，项目位于德化城东路30号，总建筑面积2万平方米，总投资16450万元，是集陶瓷文化体验、创作体验、观光工厂、研学教育和红色教育于一体的大型陶瓷文化旅游综合体。旗下项目包括顺美陶瓷文化生活馆、顺美海丝陶瓷历史博物馆、小瓷部落之陶瓷创意观光工厂、DIY陶艺坊、红色教育基地之顺美党建示范基地以及顺美悦瓷楼等项目。

【佛岭村入选全国乡村旅游重点村】 2020年8月26日，国宝乡佛岭村入选由文化和旅游部、国家发展和改革委员会联合发布的第二批全国乡村旅游重点村名录。佛岭村是国宝乡政府驻地，省道215线贯穿全村，距厦沙高速公路九仙山互通口1.5千米，交

国宝乡佛岭村民宿——谷外云居（摄于2020年5月25日）　（图/连江水）

通便利，人口 1630 人。该村始建于五代时期，自元代叶氏祖先肇基以来，迄今已有 740 多年历史。佛岭村以列入省级乡村振兴试点村为契机，抓好产业发展、环境整治、海丝文创、乡村旅游、特色民宿等项目建设。

【桂阳乡获评全国森林康养基地试点建设乡】 2020 年 11 月 10 日，桂阳乡被中国林业产业联合会评为 2020 年全国森林康养基地试点建设乡。桂阳乡先后投入 4000 万元打造涌溪水寨旅游景区，完成总体规划、景区服务中心、休闲亭、环库区道路、登山休闲步道以及全县跨度最大的玻璃人行悬索桥等设施建设，引资涌溪水寨生态农业旅游综合开发有限公司，建设集餐饮、民宿、水上游乐等为一体的“森林人家”。桂阳乡利用生态、人文优势，开展生态体验、现场教学、健康疗养旅游等一系列游学项目。

【水口镇获评福建全域生态旅游小镇】 2020 年，水口镇坚持旅游立身，赋能城镇品质升级，丰富旅游配套产业，升级镇区业态，着手开展美食文化廊桥、水上画舫、精品民宿等项目建设，环岱仙湖沿湖人行步道改造提升工程全面竣工。实施“红色旅游＋培训教育”，推出“红船渡口—党建文创·星火基地—焰龙山温泉康养（红军泉）—溪兜红军交通站—毛厝岐山堂—承泽留宿点—秀山片红基因培训服务中心—梨坑红军洞—昆坂歃血为盟处—省委旧址陈列馆”红色研学线路。投入近 150 万元规划设计红色研学线路，改造建设歃血为盟处、红船渡口、岐山堂等关键节点，不断推动红色旅游发展。全年开展红色研学活动近 30 场次、红色旅游直播活动 1 场次，参加的党员干部 1000 多人次。同时，拟在镇域入口处设立地标，向游客展示“石牛山国家森林公园”“岱仙湖国家水利风景区”“国家级生态乡镇”“中国宜居小镇”等 6 块国字号生态品牌，提升水口镇“省级全域旅游小镇”影响力，打造特色旅游品牌。水口地标雕塑设计形成初稿。邀请 50 多名作家协会、画家协会会员分赴水口镇各村采风、写生。

【旅游扶贫】 2020 年，德化县有旅游扶贫村（户）2 个，分别是大铭乡琼溪村、雷峰镇瑞坂村，发放旅游扶贫资金 40 万元。大铭乡琼溪村实施旅游扶贫村规划，完善旅游服务配套设施，村路口整体景观形象得到提升，依托村部完成游客服务中心建设，完善旅游指示标识系统，建设观景休息亭 2 座。雷峰镇瑞坂村建设瑞坂村农业观光采摘园，解决村贫困户和低收入农户就业问题，增加贫困户经济收入的同时增加村集体收入，实现稳定脱贫。

旅游开发建设

【概况】 2020 年，德化县坚持“点线面”协同发展，推进 25 个旅游重点项目建设，成为泉州首个获评国家全域旅游示范区的县域。石牛山景区改造提升后重新开园营业。按照 AAAA 级旅游景区标准，提升建设云龙谷景区内游客服务中心、生态停车场等项目。持续打造石牛山、九仙山、县城陶瓷文化三大核心景区，形成以县城陶瓷文化景区为主体，石牛山、九仙山景区为两翼的“凤凰展翅一体两翼”全域旅游发展格局。

【国家全域旅游示范区成功创建】 2020 年，德化县召开旅游行业代表座谈会，厘清旅游产业发展思路，编制《德化县全域旅游总体规划》《世界瓷都（德化）文化和旅游融合国家级示范区规划方案》，拍摄全域旅游创建工作汇报视频，制定并印发《全域旅游呈现年实施方案》《德化县支持全域旅游发展实施意见》，组织开展龙头景区服务提升调研，为全域旅游接续发展提供保障。被省文旅厅推荐到文化和旅游部参评国家全域旅游示范区。8 月 17 日，县委书记梁玉华参加全域旅游示范区验收认定创建陈述电视电话会议，在会议上回答专家组的提问。11 月 18 日，文化和旅游部公告公示第二批国家全域旅游示范区名单，德化县获评第二批国家全域旅游示范区，成为泉州市第一个国家全域旅游示范区。创建做法和典型经验被省文旅厅推送到文化和旅游部，由中国社科院研究员、财经战略研究院旅游与休闲研究室主任戴学锋主编成《全域旅游的德化模式》，列入《全域旅游创新模式研究丛书》，由中国旅游出版社出版并正式对外发行，为德化县全域旅游产业提升和其他地区发展全域旅游、壮大县域经济提供借鉴参考。

【德化红旗坊·文旅产业园】 2020 年，德化红旗坊·文旅产业园规划用地面积 17.67 公顷，总投资约 13 亿元，通过保护、修复、提升老旧厂房，规划创作研学区、文创孵化区、文创博览区、生活休闲区等主题区域，致力打造成集陶瓷文化创意、文化展示、青年创业孵化、商业休闲、旅游体验等功能于一体的文旅综合体。

【夜间旅游项目】 2020 年，德化县投资 5000 万元，打造以德化陶瓷博物馆和中国茶具城 2 个片区为龙头的夜间旅游点，开发灯光秀等旅游项目，以点带面促进德化夜间经济产品的布局，营造开放、有序、活跃的夜间经济环境，打造具有影响力的“夜瓷都”旅游品牌，持续丰富和提升国家全域旅游示范区品质，丰富德化县夜游产品，推介陶瓷文化。

【德化万佳国际酒店项目】 2020年，德化万佳国际酒店项目总投资4.8亿元，由龙鹏集团有限公司与厦门市万佳投资有限责任公司合作建设。龙鹏集团完成项目主体建筑，后期由厦门市万佳投资有限公司进行总体装修，总面积约6.4万平方米，标准客房380间。是全县首个单位建筑规模超6万平方米的酒店项目。

【智慧旅游（一期）项目建设完成验收】 2020年，德化县智慧旅游（一期）项目完成验收。该项目2019年1月4日开工建设，投资额413.3万元，项目内容主要是“1+2+N”模式，即“一个中心、两个平台、N个终端”，“一个中心”指智慧旅游全景指挥中心，“两个平台”指全域旅游大数据分析监管平台和全域旅游智慧导览平台，“N个终端”指APP、微信端、电视互动平台、二维码导览牌等多互动终端。

旅游市场营销

【概况】 2020年，德化县创新旅游宣传平台，开展石牛山景区开园、666营销活动等旅游节庆活动22场次，月月有活动、季季有热点，德化旅游的曝光度全面提升。全面加强文明如厕宣传，建设完成安成、得心东西线2个旅游驿站，旅游配套服务设施日臻完善。

【平台宣传创新】 2020年，德化县常态化在快手、抖音、学习强国APP、人民网—人民视讯、福建旅游频道、微信公众号等平台宣传德化县旅游品牌；基本建成“一码游德化”导览小程序；成功举办2020年德化旅游“名小吃、特色乡土菜”评选活动和2020年“石牛山杯”德化县旅游饭店服务技能大赛，开展金牌导游员选拔活动；完成都市版和畅游德化版旅游攻略编制和全域旅游全景导览图，不断提升宣传实效。

【节事活动】 2020年，德化县组织策划并实施石牛山景区开园、“一起喊德化666”（文旅666、大师666、电商666）系列宣传等推介活动，活动页面点击率500多万人次；指导龙门滩、大铭、汤头、杨梅等乡镇开展旅游节事活动，初步形成常态化旅游宣传推广营销体系。8—12月，指导开展第三届“母亲花”欣赏文化旅游节、县第二届茶油文化旅游节暨阿嫲家油主题馆开馆仪式、2020年“中国农民丰收节”暨古樟小镇第四届民俗文化旅游节、2020年曾坂村“大地艺术节”活动、桂阳乡第三届“寨见贵湖”油茶文化旅游节、德化县第二届剪纸文化旅游节暨杨梅乡第四届银杏文化旅游节。举办精品民宿金、银宿评选，金牌导游大赛，“名小吃、特色乡土菜”评选活动，旅游饭店服务技能大赛以及石牛山开门迎客系列宣传营销活动。

【旅游服务中心】 2020年，德化县有石牛山游客服务中心、九仙山游客服务中心、得心旅游服务驿站、安成旅游服务驿站等旅游服务中心，是集景区宣传、陶瓷文化、休闲、服务等为一体的旅游综合体。

【公路驿站】 2020年，德化县有山茶公路驿站、双交林公路驿站、石柱公路驿站，集停车、休憩、观赏功能为一体，既方便驾乘人员休闲游憩，又以文化小公园的形式绿化、美化公路环境。

旅游管理

【概况】 2020年，德化县加强旅游安全管理，强化安全生产隐患排查治理。加强宾馆、饭店、旅行社的行业检查及导游从业培训，查处非法经营及旅游欺诈行为。

【旅游安全管理】 2020年，德化县组织各类安全大检查18次（其中联合检查3次），出动检查人员192人次，发现一般安全隐患143条，至年底完成整改142条，整改完成率99.3%，其中龙腾酒店宝泉楼的可靠性等级评定为Ⅲ级。

【讲解员培训】 2020年6月13—14日，“全景德化 自在我家”讲解员培训班在德化职校举办，180人参加，邀请县委宣传部副部长颜如春、教授张南章和杨远彬分别授课。

【旅行社服务质量规范】 2020年，德化县有德华旅行社、瓷国旅行社、瓷城旅行社等旅行社23家，其中独立社7家、分社1家、网点15家。

德化县规范旅行社质量服务保证金的管理，推动旅游市场黑名单管理办法落地落实。重视旅游安全工作，进行旅行社质量服务保证金核查和旅行社季度、年度状况审核。加强对旅游安全工作的指导、防范、监管、培训和应急处理，开展百日安全生产整治行动。加强旅行社租用旅游车辆监管，重点打击租用黑车、合同不规范、未按合同规定路线行驶等违法违规行为。落实旅行社退出机制，确保旅游秩序持续稳定，促进全县旅游服务不断提升。

陶瓷文化旅游

【概况】 2020年，陶瓷文化旅游是德化旅游一大主题，县内主要陶瓷文化景点景区有陶瓷街、屈斗宫古窑址、德化陶瓷博物馆、洞上陶艺村、顺美陶瓷文化生活馆、如瓷生活文化馆、中国茶具城、新秀园等。陶瓷文化展厅有德化陶瓷博物馆、中国茶具城、德化新秀园，以及苏清河艺术馆、中国白艺术宫、蕴玉瓷庄、泰峰瓷坊等大师展厅。观光工厂8个，分别是顺美文化生活馆、如瓷生活文化馆、安成瓷创产业园、卓越陶瓷有限公司、德化陆升（福建）集团有限公司、德化县祥山大果茶油有限公司、德化洞上陶艺村、德化江山美人茶园。

【陶瓷街】 位于龙浔镇龙鹏街，是世界陶瓷之都·德化形象窗口。2002年开始，德化县将龙浔镇龙鹏街整合成陶瓷商品专营街。店铺专门经营陶瓷商品，产品涉及日用陶瓷、传统雕塑工艺瓷、西洋工艺瓷、红壤陶等四大类近万个品种，汇集德化陶瓷精品，是德化陶瓷产品大观园。

【屈斗宫古窑址】 位于龙浔镇宝美村破寨山西南坡，窑长51.7米，宽1.4—2.95米，有17间窑室。1976年出土生产工具800多件和瓷器标本6790件。其产品以纯净莹润的乳白色为特征，造型和烧制方法具有明显宋元时代瓷器特点。出土器物中，有碗、盘、碟、壶、罐、瓶、高足杯等，在日本、菲律宾和印度尼西亚等国家发现有不少同类器物，证实为古代重要的外销瓷生产遗址。屈斗宫古窑址对研究宋元时代中国民窑体系，以及瓷业生产规模、窑炉发展、烧制工艺和外销状况具有重要价值。日本、英国、美国、荷兰、德国、丹麦、澳大利亚等一些国家考古专家、学者，以及中国香港地区、20多个省（自治区、直辖市）的考古工作者先后前往参观考察。

【德化陶瓷博物馆】 位于唐寨山森林公园内，毗邻泉州工艺美术职业学院，是福建省第一家资料齐全的陶瓷专业馆，占地5.47公顷，大楼建筑面积5700平方米，为框架结构两层仿古建筑，内设6个展厅及学术报告厅、陶吧、资料室、库房、监控室等。该馆于2003年10月动工建设，2006年10月竣工投入使用，总投资1200多万元。有藏品5000多件，其中国家一级文物10件、二级文物5件、三级文物408件。博物馆一楼大厅镶嵌有一幅长13米、宽2.6米、由520块德化白瓷制作而成的高浮雕壁画，展示德化窑拱制、德化瓷制作生产以及对外贸易情景。

【洞上陶艺村】 位于三班镇蔡径村，距城区2千米，实际面积59公顷。景区以德化瓷烧制技艺非物质文化遗产和古龙窑（月记窑）柴烧、传统手工制作为主题，以当代国际陶瓷艺术创作、交流、展示等陶瓷文化活动为载体，整合蔡径古村落农耕文化、民俗风情、田园风光等人文自然资源。陶艺村拥有综合服务区、月记窑当代陶艺家创作中心、陶艺家工作室、两岸大学生陶艺工作区。可以考察有400多年历史的月记窑，还可感受乡村最传统的陶瓷制作和烧制工艺；大学生创意工作室有最具创意的时尚与古朴的陶艺作品；陶艺DIY体验区可以让游客体验与瓷泥互动的快乐；农耕民俗文化和家庭农庄可以让游客品味昔时人们生活情境和绿色美食。

【顺美陶瓷文化生活馆】 位于浔中镇城东工业园区，于2010年投建，建筑面积2万平方米，其中文化创作场所5000平方米、文化产品展示中心1万平方米、其他配套设备5000平方米。该馆是一个多元化国际陶瓷文化创意公共服务平台区，是国际陶瓷创作大师、中央美院、福州大学、华侨大学等学院师生创作实践基地。主要包括陶瓷文化大师创作基地、陶瓷国际文化礼品区和中国陶瓷文化礼品区、海丝陶瓷文化历史博物馆等，是德化陶瓷传统雕塑、陶瓷传统绘画与书法装饰、陶瓷瓷花制作、陶瓷漆线雕、西洋工艺品创作、个性茶具（手工柴烧瓷器）等多元素、全方位的陶瓷文化创意创作中心。

【如瓷生活文化馆】 位于龙浔镇泰峰瓷坊一楼，由德化县如瓷生活文化有限公司创立。是福建省大学生创意

顺美陶瓷文化生活馆中的储钱罐样品展区（摄于2020年3月20日）（图/李宏图）

创业孵化基地，福建省观光工厂。该馆立足世界瓷都德化，面向世界，以“古丝绸之路到新丝绸之路”为脉络，是集德化瓷雕创作、许氏陶瓷历史博物馆、如瓷生活文化馆、陶艺体验中心为一体的陶瓷文化展示与休闲体验中心。

【中国茶具城】 位于三班镇，是福建省重点建设项目，规划建设面积80公顷，总投资25亿元，由专业市场、会议中心、博物馆、电子商务、会展中心、总部大楼、酒店、文化广场等功能区组成。一期项目建设用地19.47公顷，建筑面积35万平方米，于2015年动工建设，2018年2月竣工投入使用，总投资6亿元。来自上海、广州、西安、郑州、厦门、潮州、武夷山等全国各地200多家企业和商家入驻，初步形成集茶具批发、展示、零售、电商、物流、科研、培训、创作与产业链融合等于一体的国际化专业茶具市场，成为全国最大的茶具产业集散高地与陶瓷文化、文创产业特色窗口。

【新秀园】 位于德化城东工业园区，总建筑面积约6.8万平方米，有70多家工作室和研究所入驻，汇聚全国各地青年陶瓷人才。以“戴云山筑”建筑风格为特色，以打造青年人创业创新平台为核心，成为德化经济持续发展、文化特色鲜明、陶瓷文化融合、创意人才集聚、辐射带动明显的陶瓷文化产业园区，为园区内和来自世界各地的艺术家交流、探讨和展示提供舞台。

山水生态旅游

【概况】 2020年，山水生态旅游是德化旅游一大主题，县内关于山水生态旅游的主要景点景区有戴云山国家级自然保护区、岱仙湖国家水利风景区、石牛山国家AAAA级旅游景区、九仙山国家AAAA级旅游景区、云龙谷国家AAA级旅游景区、石牛山国家森林公园、石牛山国家地质公园、桃仙溪景区桃花岛、石龙溪橡皮艇漂流、桃仙溪竹筏漂流、大龙湖漂流、塔兜温泉、蕉溪温泉、省级旅游村、中国传统村落、特色风景道、生态健康步道等。

【戴云山国家级自然保护区】 戴云山素有“闽中屋脊”之称，因戴云峰“一柱擎空”，高出云表，常被云雾所盖而得名；又因戴云山顶峰常有积雪，故又名迎雪山，是福建省中部主要山脉。山体由大戴云、小戴云、中尖、白鹿贡、莲花池贡、牛皮尖、大格贡等7座海拔均达1660米的山峰组成，其中主峰大戴云海拔1856米，为福建省境内第一高峰，故古时有“天下无山高戴云”之说。戴云山景色秀丽，奇峰异石，使人神移目迷，叹为观止。明代张助曾把戴云山的风光景物概括为“戴云秋献”“迎雪春潮”“三山耸秀”“一柱擎空”“七里盘谷”“六朝真僧”“石帽顶冠”“凤髻通玄”“云窝古寺”“涧畔石舟”“天池丽雪”“石壁悬松”“云中石厂”“天外线泉”“山西石鼓”“岩东石钟”等十六胜景。

【岱仙湖国家水利风景区】 位于水口和南埕两镇，包括岱仙湖、岱仙瀑布、石龙溪漂流和塔兜温泉4个区域，形成“一水带四区”的景观组合。“一水”以贯穿水口镇和南埕镇为主线，将岱仙湖休闲区、岱仙瀑观光区、漂流探险区和温泉度假区“四区”相连接，集湖静、瀑绝、溪险、泉奇等特色于一体。2008年9月，该景区被批准为国家水利风景区。

岱仙湖休闲区为景区水资源景观中心依托点，拥有1433平方千米流域面积，植被覆盖率80%以上，湖面宽广，面积2.4平方千米，水质清澈，湖岸林木葱郁，山青水碧，环境优美。景区由环船岛山、下狮山、背腰里内湖、大云山内湖、葫芦坑内湖、虎尾山田园等景点连成一体。

岱仙瀑观光区内岩层断裂发育，落差大，形态奇异，是景区内一道亮

建成后的石牛山玻璃景观台（摄于2020年7月30日） （图/县文旅局）

丽风景线。溪水经飞仙山峰，分成两股飞泻直下。东为岱仙瀑布，高184.05米，宽约30米；西为油漏漈瀑布，高约110米，宽80米。遇上枯水期，山泉叠成一条宽约1—3米的流瀑缓缓而下。从远处看，像一缕油水在光滑的悬崖上流淌，颇具情趣。

【石牛山国家AAAA级旅游景区】 位于德化县东北部，地处戴云山脉中段，主峰位于水口镇，海拔1782米，总面积86.82平方千米，由石牛山、岱仙、浐溪3个景区组成。公园以极具科学性、稀有性的地质遗迹，优美的地貌景观，良好的生态环境和源远流长的人文景观为特色，是集旅游观光、休闲度假、科研及科普教育于一体的综合性地质公园。2003年石牛山被林业部授予“国家森林公园”称号，2005年9月被国土资源部授予“国家地质公园”称号，是中国第四批国家地质公园。2011年，石牛山获评国家AAAA级旅游景区。2016年，德化县委、县政府启动国家全域旅游示范区创建工作，把石牛山景区作为全县的龙头核心景区进行改造提升，投资约6.5亿元，经过3年时间，完成国道355线改道、瀑布景区悬崖栈道、游步道、游客服务中心、主峰悬崖栈道、主峰游步道、石龙溪橡皮艇漂流、商业街等13个项目提级改造并投入使用，2020年8月8日正式对外开园。

【九仙山国家AAAA级旅游景区】 位于德化县西北部，景区面积约13.6平方千米，分为九十九洞景区、仙峰寺景区、弥勒洞景区、只有天景区、天池景区等景区。九仙山是闽南地区宗教圣地，景区内文物蕴藏丰富，有至今保持完好的省级文物保护单位唐代弥勒石刻造像及戴冠观音石刻造像等，景区内奇岩兀立，怪石遍布，峰峦叠嶂，幽洞密布，万木竞秀，四季各异，年均雾日、相对湿度、风速均居全国第二位，山上常年云遮雾绕，风云变幻，经常出现云海、佛光、雾凇等气象景观，是一处集观光、朝圣、避暑、疗养、度假为一体的旅游胜地。2014年12月，九仙山获评国家AAAA级旅游景区。

【云龙谷AAA级旅游景区】 云龙谷景区位于素有“闽中屋脊”之称的戴云山南麓、德化县国宝乡佛岭村，距城关15千米，省道206线旁。整个景区以“峡谷、田园、生态”为主题，按照“一带四区”的规划进行布局，即：峡谷休憩带、田园体验区、宗教观光区、休闲度假区、生态探险区，以春、夏、秋、冬四个主题农耕文化园区为主轴，建设搭配游乐园、萌宠乐园、魔幻乐园、丛林探险、水上漂流等特色旅游项目。先后获“国家AAA级旅游风景区”“福建省四星级乡村旅游经营单位”“福建省水利风景区”等称号。

【石龙溪橡皮艇漂流】 位于南埕镇枣坑村，全程5000米，有69个弯、88个急流点，落差36米，历时2个小时，沿途水流湍急，溪水清澈，森林茂密，野生动物众多。

【桃仙溪竹筏漂流】 位于南埕镇塔兜村，南埕境内全长约13千米。沿溪两侧有众多古树群、亚热带藤本植物，还有温泉。两岸的主要景点有天然小岛、情人树、古树群、五仙听雷、石狮潭、天平城古城址、桃花岛、调丁潭、三潭映月、迎客松、莲花台、湖内宫等。1999年7月，开发被誉为“闽中第一漂”的竹筏漂流旅游项目，漂流行程近7千米，游程约1.5小时。

【大龙湖漂流】 位于美湖镇美湖村，全程5000米，落差125米，是福建境内罕有的、最惊险刺激的极速漂流。大龙湖漂流漂段分为三种体验模式：全程漂、勇士漂、情侣漂。

【塔兜温泉】 位于南埕镇塔兜村，有大小温泉眼10多个，水温高达92℃，日出水量约50吨，可溶性二氧化硅（SiO_2）含量较高，偏硅酸温泉水质，有助于提高人体皮肤弹性、

云龙谷AAA级旅游景区中的“金蛙送福”（摄于2020年5月19日） （图/王双季）

2020 年，国宝乡国宝村被评为省级旅游村。图为国宝乡国宝村一隅（摄于 2020 年 12 月 12 日）

（图 / 县融媒体中心）

儿童骨骼发育，防止老年人骨质疏松，具有保健、美容、护肤、疗养功效。

【蕉溪温泉】 位于雷峰镇蕉溪村，距德化城关 10 千米。自古以来，蕉溪村就以温泉闻名遐迩，该温泉处于主要地热异常即东南沿海地热活动带中部，地热异常显示较明显，水热活动强烈，补给充足，地下热水以上升泉群形式出露地表，是福建省低温温泉分布带之一。已探明天然地热水喷口 7 处，日出水量约 5000 立方米，水温最高 82℃，具有水温高、出水大、埋存浅、泉质优、分布广、含硫低、富含偏硅酸、氟等微量元素等特点，是休闲疗养胜地。

【省级旅游村】 2020 年，德化县有 20 个省级旅游村：南埕村、佛岭村、蔡径村、戴云村、潘祠村、美湖村、石鼓村、李溪村、有济村、国宝村、安村村、梨坑村、云溪村、涌溪村、铭爱村、小湖村、硕儒村、曾坂村、泗滨村。

【中国传统村落】 2020 年，德化县有 20 个中国传统村落：国宝乡佛岭村，三班镇三班村、桥内村、泗滨村，龙门滩镇碧坑村，上涌镇曾坂村，杨梅乡云溪村，浔中镇祖厝村，龙浔镇高阳村，水口镇上湖村、白潭村、淳湖村，盖德镇山坪村，美湖镇美湖村、洋坑村、洋田村，桂阳乡桂阳村，大铭乡大铭村，春美乡双翰村、春美村。

【特色风景道】 潘祠李溪线特色旅游风景道位于德化县雷峰镇西部。完成罗浪文化励志室、潘祠村部停车场、游客服务中心、千亩樱花园、景观桥、民宿、溯溪广场、虎溪溯溪及探险线路、百亩农业生态产业基地、观景平台、摄影景观（点）等建设。同时，依托潘祠村、李溪村丰富的自然资源和人文景观，打造一条“春看樱花、夏观竹海、秋赏稻浪、冬泡温泉”的乡村游精品线路。

岱仙湖国家水利风景区特色旅游风景道项目位于德化县水口镇，充分挖掘岱仙湖国家水利风景区的独特资源，抓好桃仙溪、岱仙瀑布、岱仙湖水库和塔兜温泉“四水”项目建设和沿线一带“特色风景道”项目的完善。依托沿线美丽的乡村景色，打造一条具有乡村休闲、山村度假和文化体验的“特色风景道”；挖掘乡村民俗文化，丰富旅游产品。同时，以岱仙湖竹筏漂流上码头至水口美食街 11.6 千米，串联塔兜温泉、桃花岛景区、岱仙溪竹筏漂流、岱仙瀑布、石牛山、水口美食街和岱仙湖水库等，形成旅游闭环，打造乡村旅游休闲小镇。初步形成“吃水口美食、泡塔兜温泉、登石牛山峰、观岱仙瀑布、漂岱仙竹筏、钓水口鲇鱼”的精品旅游线路。

【生态健康步道】 2020 年，德化在建唐寨山森林公园健身绿道、岱仙湖环湖健身绿道、潘祠村健身绿道、凤凰山绿道。其中，唐寨山森林公园健身绿道拥有 13 千米健身绿道，形成“一大环、四小环”格局，是具有德化特色、省内一流的省级森林公园。公园中有桂祥图书馆，馆藏图书及杂志 40153 册，馆藏种类丰富，集休闲与文化于一体，是文旅融合的典型。

（蔡逸菲）

交通 邮政 通信

交通运输

【概况】 2020年，德化县稳步推进兴泉铁路德化段建设，跟进昌厦（福）高铁项目，厦沙高速汤城枢纽至德化段拓宽改造工程及德化城关至永泰嵩口高速公路前期工作进展顺利，国省干线及普通公路建设有序推进。德化县获评“四好农村路”省级示范县。全年交通基础设施建设完成投资10.15亿元，完成公路运输总周转量1785314.7万吨千米，比上年增长5.3%。

兴泉铁路德化站站房主体结构封顶（摄于2020年12月4日） （图/许华森）

【铁路建设】 至2020年12月底，兴泉铁路德化段完成投资6亿元，占年度投资计划的100%。累计完成投资18.5亿元，占总投资的88.09%。完成兴泉铁路德化段站前广场施工许可证办理和土地报批，施工单位进场开工，进行基础及下部结构施工，桩基完成85%，完成年度投资计划2200万元。跟踪昌厦高速铁路项目进展，推进昌厦高速铁路途经德化并设立站点项目列入国家铁路网规划。

【公路建设】 2020年，德化县重点推进政永高速德化段项目前期工作，至年底完成初勘初设外业验收和初步设计文件（送审稿）编制。配合省、市交通主管部门及建设单位加快推进厦沙高速汤城枢纽至德化段拓宽改造项目建设，承建单位进场施工。省道310龙门滩至苏洋段项目总长5.9千米，2020年全部完工，完成年度投资1.09亿元。省道310龙门滩至碗坑段项目进行施工图设计。桂阳乡至省道215线（上涌）公路全长13.2千米，总投资约1.72亿元，工程于2018年9月动工，至2020年底完工。春美乡至省道215线（赤水）公路全长21.47千米，总投资约3.28亿元，工程于2017年5月动工，至2020年底基本建成。城关至上涌路段“白改黑”工程项目全线长26.95千米，投资约1.2亿元。2020年6月20日开工，12月18日完工。争取环戴云山公路桂阳至水口路段项目纳入国省干线中期调整规划，设计单位进行工程可行性研究报告编制。

“四好农村路”建设。2020年，德化县投资2197万元完成通建制村“单拼双”（窄路面拓宽、单车道拓宽为双车道）35千米，投资1650万元提级改造通自然村公路31千米。投资690万元实施安全生命防护工程76千米，投资456万元实施县道

329桂东线南埕中桥危病桥改造，完成下部结构，进行桥面铺装。投资1600万元建成县公路养护中心与应急抢险基地。德化县获评“四好农村路”省级示范县，创建示范乡镇1个；拟投资300万元对170千米县道进行路面中修和沿线安全设施修复；投资600万元建设县道313赤水至春美路段21.47千米、县道329南埕至龙门滩路段24.97千米的生态示范路，完成招投标。

【运输市场管理】 2020年，德化县有从事道路客运企业4家，其中旅游客运1家；货运企业8家；城区公交企业1家；出租车企业1家；二级客运站2个；从事机动车维修企业5家，其中一类1家、二类3家、三类1家；B级综合性能检测站1家；驾培机构4家。全县有货车534辆、班线客车132辆（其中旅游客车10辆、农村客车26辆）、城区公交车147辆、出租车114辆。

春运工作。2020年春运期间（1月10日—2月18日），德化县投入客运车辆151辆，累计运送旅客2.9万人次；投入公交车72辆，累计运送旅客25.6万人次。

行政审批服务。2020年，德化县推进“放管服”工作，做好各级下放的行政审批事项的承接，并进驻县行政服务中心实行标准化管理，按照规范、高效、便民的要求进一步改进、优化行政审批环节和流程，进一步提高办事效率，提升群众满意度。全年年审道路运输证693本，货车迁出9辆，个体许可21户，企业许可4家。

行业监管。2020年，德化县强化道路运输企业源头监管，督促企业加强对营运驾驶员从业资格审查和从业行为的监督管理，落实“不适岗名单”公布制度、车辆动态监控、2—5小时停车休息、“三不进站、八不出站”［无关车辆不进站，无关人员不进站（发车区），危险品不进站；超载客车不出站，安全例检不合格客车不出站，驾驶员资格不符合要求不出站，客车证件不齐全不出站，出站登记表未经审核签字不出站，乘客和驾驶员不系安全带不出站，客车未消毒不出站，乘客和驾驶员不戴口罩不出站］、“安全带一生命带”、安全告知、安全例检等制度；督促企业落实安全生产主体责任。深化安全隐患排查治理，定期开展安全生产大检查，加大对重要场所、重点部位及春运、春节、“两会”、清明、五一、端午、汛期、中秋、国庆等重点时段的督查，依托开展扫黑除恶专项斗争和各类专项治理行动开展检查，及时消除各类安全隐患。

质量信誉考核。2020年，德化县根据省交通运输厅及市道路运输中心有关质量信誉考核文件要求，对全县4家驾培机构进行综合考核，考核结果，AA级2家、A级2家。

【城市公交发展】 2020年，德化县购置新能源公交车35辆，调整优化公交线路2条。至年底，全县有公交线路11条、公交车147辆、公交车驾驶员138名。督促建设单位加快推进城东公交总站建设，至年底完成1号楼、2号楼、3号楼、5号楼、6号楼等项目主体结构工程，1号楼、2号楼、3号楼砌体工程，累计完成投资1551万元，完成年度投资的103.4%。

【大排查大整治暨百日攻坚行动】 2020年，德化县向交通运输企业分发《致全市生产经营单位安全隐患大排查大整治的公开信》，组织签订自查自改承诺书，督促企业开展自查自纠。强化隐患排查整治，采取“四不两直”的方式深入辖区客货运输企业、客运站、城市公交和出租、驾培机构、维修、物流、在建工程项目等重点领域开展检查，紧盯企业房屋安全、消防安全、现场管理、事故与应急预案管理、风险分级管控体系建设及隐患排查治理等工作落实情况，

德化县治渣办工作人员到渣土车运输企业开展安全隐患大排查（摄于2020年3月27日）

（图/许华森）

对存在问题跟踪复查，督促企业切实落实主体责任，实现安全管理闭环。全年排查检查运输企业（含维修、物流企业）492家次、施工及监理企业13家次，发现隐患63处，全部整改到位。排查全县大、中、小桥梁41座、县级道路7条，发现隐患5处，全部整改到位。组织安全生产服务“小分队”对辖区运输企业开展督导服务工作，了解企业安全生产工作现状和存在困难，研究讨论改进措施，引导企业牢固树立安全发展理念。

【安全生产专项整治三年（2020—2022年）行动】 2020年，德化县成立领导小组和工作专班，制定印发《德化县交通运输行业安全生产专项整治三年行动工作方案》，并及时召开会议动员部署，助力专项行动全面铺开。向企业分发《企业安全生产主体责任告知书》，督促各交通运输企业明确工作措施和分工，进一步建立健全安全生产责任制度和安全生产管理制度，落实从业人员培训教育和动态监控等关键制度，自觉签订《企业安全生产主体责任承诺书》，并对告知承诺内容进行社会公示。牵头组织公安、应急、水利等部门和有关乡镇联合开展交通运输（邮政、水上）安全整治三年行动，进一步深化内河水上交通和寄递等2个重点领域安全综合治理，严格落实部门监管、属地管理和企业主体“三个责任”。全年开展监督检查37次，检查寄递、物流企业90多家次，发现隐患1处，整改到位。开展水上执法检查42次，检查船舶30艘次。

【道路安全综合整治】 2020年，德化县强化路面执法检查，严厉查处各类非法违法经营行为。针对2020年发生道路交通运输事故及2017年以来发生较大事故的企业，由局领导牵头开展安全生产约谈，回顾与分析事故原因，听取企业事故整改措施落实情况，并提出改进要求，督促企业进一步落实主体责任，防范和遏制类似事故发生。以开展季度安全生产检查为契机，进一步督促辖区运输企业开展风险分级管控体系建设，完善风险管控清单、风险点登记表、风险评估报告、风险空间分布图等台账记录，形成“一企一册”。开展监督检查2次，发现问题4处，全部督促整改到位。

【重点运输企业监管】 2020年，德化县加大对辖区5家重点监管企业监督检查力度，每月至少抽查2次，督促企业建立健全安全生产规章制度，规范日常生产经营行为，加强人员、车辆安全管理，从严查处违法违规车辆和驾驶人员，切实提升企业安全生产能力和水平。落实“打更”监管检查常态化机制，加大车辆动态监控夜间检查力度，不定期深入企业对车辆动态监控值班人员在岗在位、凌晨2—5时停车休息情况等进行突击抽查，对未履行车辆动态监控主体责任的运输企业，依照《道路运输车辆动态监督管理办法》等有关规定严肃处理。全年开展“打更”抽查3次，抽查运输企业5家次。

【交通安全宣传引导】 2020年，德化县结合安全生产例会和集中警示教育活动，组织辖区运输企业学习安全生产相关法律法规及中共中央总书记习近平关于安全生产重要论述、通报非法违法案例、观看典型事故案例视频，组织参与网上答题活动和职业技能安全生产应急管理线上专题培训，进一步提升行业从业人员安全生产意识和应急处置水平。以“安全生产月”、平安建设宣传月、“全国交通安全日”等活动为契机，深入各村镇分发宣传材料、答疑解惑，进一步扩大交通运输法律法规、公路安全养护和扫黑除恶专项斗争知识的宣传声势，增强群众道路交通安全意识和法治观念。“12•2全国交通安全日”“12•4宪法宣传”期间，在新华都广场设点宣传，向群众讲解行业安全生产知识、方针政策和相关法律法规，提高群众对安全生产工作特殊性、重要性、必要性的认识。以开展校园周边执法检查行动为契机，在辖区重点中小学周边开展执法宣传3次，通过发放宣传材料、面对面讲解等方式，引导学生牢固树立安全出行意识，提高水上安全自救能力，自觉抵制非法营运行为。

【交通综合行政执法】 2020年，德化县严管“两客一危”（普通客运、旅游客运，危险化学品运输）车辆，加大“黑车”整治力度，突出打击私家车、网约车等非法从事客运经营行为，定期开展维修、汽车租赁、驾培等运输企业执法检查，落实交通、公安联合治超常态化制度化，规范超限治理，严整路域环境，严管内河水域和道路货运物流安全，查处各类非法违法经营行为。全年查处违法案件216起，处行政罚款73.89万元；组织行政听证2次，办理行政复议1件，申请法院强制执行3件。

（县交通局）

【泉运实业集团有限公司德化分公司】 2020年，德化分公司客运总车辆54部，在运营车辆51部，疫情影响停班3部。客运线路19条，其中省际1条（车辆1部）、市际7条（车辆11部）、县际7条（36

部）、县内4条（6部）。公交车112部，线路11条。九仙山、石牛山景区日常接驳车辆21部。2019年度企业质量信誉考核总分800分，被评为AA级。

2020年，德化县客运出站运量8.57万人次，比上年下降55.82%；站场营收416.67万元，下降53.04%。公交车辆运送市民612.9万人次，办理各类公交卡2105张。延伸公交12号线，进一步完善公交服务网络，扩大覆盖范围；根据客流情况适时调整线路车辆数，满足市民出行的需要，车辆运行正班正点率98%。公交营运车辆安全行驶里程389.5万千米。5月，德化分公司通过公开招投标取得石牛山景区游客接驳业务，投入营运车辆15部。8月，景区开始正式运营，为加强景区游客接驳运输管理，每逢节假日领导带队前往景区做好接驳后勤保障和加强现场安全管理工作。县闽兴公交总站综合楼及附属工程完成招标，工程总投资3400万元，建设综合楼、公交站务楼、安全例检、维修车间等，设有公交车位77个。6月2日正式动工，11月初大楼封顶，进行内外墙装修等。年底，德化分公司营运车辆54部，比年初减少17部，集体安全行驶里程累计4030012千米，无发生一般行车事故，发生轻微事故1起，受轻微伤4人；行车事故直接经济损失1万元。无发生机件、商务事故。

安全生产教育。2020年，德化分公司开展驾驶员继续教育和全员安全生产知识竞赛活动，推进“平安交通”“道路交通安全综合整治三年提升工程”“道路运输平安年”“安全生产隐患排查治理”“扫黑除恶”等活动。开展“安康杯”和“安全生产月”活动。组织汛期运输生产安全工作。加强行车队伍安全建设，严格审查驾驶员从业资质。加大对驾驶人交通违法行为的查处力度，加强车辆运行管理。加强客运站场安全管理，落实“三不进站、八不出站”安全管理制度，实行进站旅客的“三品”（易燃、易爆、危险化学品）检查工作。

（泉运实业集团有限公司德化分公司）

德化县境内G355国道雷峰往水口方向进行道路病害修复工程。图为工人在清理、灌注水泥路接缝（摄于2020年4月12日）（图/连江水）

【公路养护与管理】 2020年，福建省泉州市公路局德化分局（简称“县公路分局”）下辖城关、雷峰、南埕、赤水、上涌、葛坑、桥兜7个公路站，主要负责德化境内3条共162.58千米国省干线公路的建、管、养工作。小修养护全年投资1300万元，专养公路路面技术状况指数PQI平均值为90.51，公路养护质量综合优良率97.6%；全面完工养护专项工程12个工号，完成投资10572.5万元，占预算投资82.3%。纠正、制止各种路政案件202起，协议式管理案件3件，办理路产赔偿案件16件，收取赔、补偿费5.07万元，全年安全生产、内部保卫无事故。

2020年，县公路分局修订与完善《泉州市公路局德化分局2020年度小修工作管理办法》《2020年德化专养公路小修养护管理制度汇编》，进一步规范小修养护管理工作。加强桥涵隧养护，清理水毁堵塞涵洞8座、修复涵洞损坏进出口27座，完成特殊检测工作大桥2座。全面落实桥涵隧的管理责任、检查制度，及时更新“一桥一档、一隧一档”技术档案资料，进一步完善桥涵隧的附属设施结构和修复相关的缺损、病害，集中进行涵洞小修病害修复187座。对专养公路绿化物集中施肥、修剪、除虫，同时对停车区进行绿化补植，确保绿化养护水平稳步提升。做好排水系统的清理与修复，集中全面清理排水系统4次，修复局部损毁排水系统261米/22处。做好专养公路路况提升工作，完成水泥路面清灌缝38.44千米、封闭水泥路面裂缝5042延米、用沥青冷补料修复路面坑洞10平方米/31处、错台打磨18平方米。加强停车区日常管理，做到设施完好、环境卫生干净整洁、绿化管护良好。

【公路养护专项工程】 2020年，县公路分局养护专项工程共12个工号，完成投资10572.5万元。其中，大修工程1个工号：S215线K166+240—K196+698段（上涌镇云路村至浔中镇土坂村路段）路面改造工程，6月20日开工，12月10日完工，完成水泥路面改造为沥青路面277563平方米/26.808千米，完成投资10007.5万元；中修工程10个工号：S310线K172+007—K196+666水泥混凝土路面修复工程，5月18日开工，7月16日完工，完成水泥路面置换板修复285.1平方米、路基及路面板底注浆158.2立方米，完成投资45.70万元；G355线K129+428—K179+786段路面交通标线更新工程，6月19日开工，9月17日完工，完成更新水泥砼路面热熔标线8542.74平方米、彩色防滑标线535米，完成投资65.67万元；S215线K135+392—K204+284段路面交通标线更新工程，6月19日开工，9月17日完工，完成更新水泥砼路面热熔标线8732.7平方米、彩色防滑标线1462.5米，完成投资90.23万元；S310线K172+000—K196+666段路面交通标线更新工程，6月19日开工，9月17日完工，完成更新水泥砼路面热熔标线4861.5平方米、彩色防滑标线742.5米，完成投资42.3万元；S310线绕行线路K147+842—K172+000段路面交通标线更新工程，6月19日开工，9月17日完工，完成更新水泥砼路面热熔标线1217.5平方米，完成投资6.75万元；S215线K200+900—K204+284段绿化提升工程，9月15日开工，11月15日完工，完成铺植草皮7730平方米、补植乔木254株、补植地被3894平方米、补植灌木1064株等，完成投资159.03万元；G355线K129+428—K171+621段绿化提升工程，3月17日开工，4月30日完工，完成种植三角梅2905株，完成投资47.44万元；德化县专养公路长下坡路段安全设施完善工程，8月26日开工，10月3日完工，完成增设交通标志36面，完成投资28.61万元；省道215线K159+750—K160+000段增设波形梁钢护栏工程，9月26日开工，11月24日完工，完成增设波形梁钢护栏462.5延米，完成投资23.74万元；德化专养公路钢筋混凝土护栏端头完善工程，9月26日开工，11月24日完工，完善钢筋混凝土护栏端头387处，完成投资30.4万元。灾毁重建工程1个工号：S215线山茶停车区边坡塌方修复工程，6月11日开工，7月16日完工，完成增设C20片石砼挡墙239.4立方米、浆砌片石护坡62.42立方米等，完成投资25.14万元。

省道215线上涌至土坂“白改黑”路面改造工程建设现场（摄于2020年9月21日）
（图/县公路分局）

【为民办实事项目】 2020年，县公路分局承担县委、县政府为民办实事项目2个。其中，S215线K166+240—K196+698段（上涌镇云路村至浔中镇土坂村路段）路面改造工程，6月20日开工，12月10日完工，完成水泥路面改造为沥青路面277563平方米/26.81千米，完成投资10007.5万元；更新国省干线公路标线，6月19日开工，9月17日完工，完成更新水泥砼路面热熔标线23354.44平方米、彩色防滑标线2740米，投资204.95万元。

【公路路政管理】 2020年，县公路分局上路巡查306车次、837人次，纠正、制止各种路政案件202起，协议式管理案件3件；办理路产赔偿案件16件，收取赔、补偿费5.07万元。联合交通执法大队开展联合巡查整治行动48次，清除堆积物45处251平方米、拆除违法广告牌98块826平方米、清理种植物25处150平方米、劝离摊点25处。分发宣传画册等公路保护宣传资料1110份，设置更新标语3副，开展路政宣传咨询活动3场次，开展情满旅途、疫情防控知识宣传等志愿服务活动4场次。

【公路应急体系管理】 2020年，县公路分局完善应急预案，加强应急物资储备管理，做好应急抢险机械、抢险设备的管理工作，加强路网中心队伍建设，提升服务水平，接报涉路事件3758件、专案工程涉路事件12件、路政事件6件、因交通事故影响道路通畅事件11件、故障车辆滞留事件4件、水毁事件3件，防汛抗台期间启动Ⅵ级以上应急响应10次，信息报送及时、高效、真实，值守到位。

【文明创建】 2020年，县公路分局把文明单位创建工作与公路建设、公路养护、公路管理、机关效能等主要工作有机结合，通过开展具有公路特色群众性精神文明创建活动，推动公路建、管、养各项工作开展。参与创建全国文明县城活动，通过LED显示屏、微信公众号等宣传刊发文明县城创建标语及“图说我们的价值观”等公益宣传广告，营造创建全国文明县城的氛围；立足实际，开展“情满旅途”、携手阻击疫情、文明交通劝导、卫生环境整治、义务植树、无偿献血等志愿服务活动；在春节、端午节、中秋节、重阳节等重要传统节日期间，与大洋社区联合开展“喜迎新春包福饺，邻里和谐一家亲”“香约端午节 共享幸福餐”“迎中秋共团圆，庆国庆齐聚欢”“九九重阳节 浓浓敬老情”等主题活动，弘扬优秀传统文化，传承中华传统美德；通过精准扶贫、关爱困难道德模范、关爱未成年人等形式，把扶贫帮扶工作落到实处，投入资金22677.3元。组织开展“支持新冠肺炎疫情防控工作”“爱心幸福城”“爱心厨房”等捐款活动，捐款2.16万元。11月，县公路分局通过2018—2020年度省级文明单位考评。

（张碧玉）

邮 政

【概况】 2020年，德化县邮政分公司统筹推进疫情防控和企业经营管理，解决经营发展难题，全年业务总收入（含寄递事业部）5629万元，比上年减少11.35%。

【代理金融业务】 2020年，德化县邮政分公司代理金融业务累计实现金融收入1017万元。期末余额6.25亿元，全年净增7491万元。年累计平均余额5.92亿元，全年净增6384万元。城乡储蓄存款市场占有率5%，新增存款市场占有率7.5%。

【速递物流类业务】 2020年，德化县邮政分公司寄递业务实现收入3930万元，比上年减少14.38%。其中特快专递业务完成158万元、快递包裹业务完成3350万元、国际业务完成380万元。

【邮政传统业务】 2020年，德化县邮政分公司基础函件业务实现收入134万元，分销业务实现收入125万元，集邮业务实现收入90万元，报刊业务实现收入204万元，增值业务实现收入9万元。

【邮政网络建设】 2020年，德化县邮政分公司加强和提升乡镇邮政服务网点建设，开办代开税票业务和代办交警车驾管业务，打造便民综合平台。创新农村电商运营模式，依托线上“邮乐网”和“邮掌柜”系统平台，线下“邮乐购”实体站点渠道，形成集“网络代购＋平台批销＋农产品返城＋公共服务＋普惠金融”为一体的邮政农村电商服务体系，建立代投点16家、邮政金融积分兑换站点5家。投入约20万元，提升改造部分乡镇普遍服务网点营业场所，增设营业柜台，统一规范更新制作乡镇邮政所上墙资料、店招、局名牌和背景墙，重新购置乡镇邮政所便民服务设

德化县邮政分公司与德化憨鼠购商超联合成立“邮政积分兑换站点”。图为2020年12月8日举行揭牌仪式
（图／德化邮政分公司）

施及安防设施等。完成15个乡镇手工E网点电子化支局改造和智能开箱设备安装。

【邮政服务“三农”】 2020年，德化县邮政分公司连续11年协助政府做好大化肥冬储工作。加强与政府部门合作，关注农业部门各乡镇冬种、中稻、经济作物等农资需求，做好农资工业品下乡等服务“三农”项目。结合邮政“邮乐购”线上平台和“邮掌柜”线下平台资源，助力扶贫村农产品流通，为养殖户售卖黑羊15头、黑鸡1000多羽、土鸡蛋6000多个，销售德化梨1260件10.7万元、芦柑3100件8.1万元、百香果500件2.5万元。优化8个村级“三农”服务站，提升服务“三农”能力，提供支农小额贷款服务，帮助农村种植养殖大户和中小企业主解决“贷款难”问题。推进惠农项目，与农业农村局、邮储银行德化支行联合下发《关于印发〈德化县共同促进新型农业经营主体质量提升实施方案〉的通知》，上门走访惠农项目合作社和家庭农场客户，提供资金、寄递、销售等多种服务渠道。配合县政府开展“四好农村路”示范县创建验收工作。

（林亚萍）

通 信

【中国电信德化分公司】 2020年，中国电信德化分公司完成预算收入10334万元，比上年增长4.40%；缴纳税额41.25万元；天翼用户11万户，固定电话用户4万户，互联网宽带接入用户6.3万户。签约党建翼联合作单位5家，涵盖政府单位、村、社区、企业、学校。开展党建翼联活动7次，签约项目3个。

通信业务扶贫。2020年，中国电信德化分公司继续执行通信业务扶贫优惠资费政策，坚持开展扶贫业务精确宣传营销，持续推进扶贫优惠套餐和“致富包”发展，面向50个贫困村建档立卡贫困户、扶贫干部推出公众市场优惠资费套餐（打折幅度4折），安装扶贫宽带402部、扶贫专属“致富包”107户。

智慧平台建设。2020年，中国电信德化分公司实现智慧党建全覆盖，党建专线覆盖全县18个乡镇及175个建制村，通过党建云平台，县委书记党课直达村镇基层党员干部，上级精神直抵农村一线。持续推进智能视频云规模发展，通过智能视频云平台管理，快速整合德化县已建二、三类视频，实现资源共享，同时在已接入平台的摄像头上叠加AI分析功能，实现应用、功能的横向扩展，满足消防、环卫、城管及交警等行业需求。全年累计监控上云超2000路，覆盖多个行业、乡镇、社区及县直各单位。所承建的综治智能视频云平台成为德化县的“公共视频联网汇聚平台”，在城市监控管理中发挥着重要作用。中国茶具城AI智慧安防联动中心的创新应用，得到各级领导的肯定。

5G网络建设和优化。完成101个室外基站和4个室分热点68个PRRU建设开通目标。加强网络优化和维护管理，无线网络CQI优良比94.37%，保持天翼网络质量稳定。

千兆宽带精品网建设。完成资源建设工单428张，精准支撑建设及时率100%，分局淘宝式点赞得满分5分，新建FTTH光宽带端口4220个，新增端口占用率59.29%，高于全区平均3.61PP，支撑服务和投资效益双提升。组织并率先完成优山美地、时尚华庭等千兆宽带示范小区建设，全县OLT均开通10G PON，满足全县千兆宽带业务发展需求。

（陈文城）

【中国移动德化分公司】 2020年，中国移动通信集团福建有限公司德化分公司（简称“中国移动德化分公司”）实现年收入1.56亿元，比上年增长8.9%。截至12月，全县

中国移动德化分公司进行农村宽带建设。图为技术人员在检查线路电缆（摄于2020年4月28日）

（图/中国移动德化分公司）

移动通信用户19.6万户，通信客户到达份额59.9%。其中4G用户突破16.6万户，占德化全部通信客户的84.6%；5G用户3.5万户，占德化全部通信客户的17.7%。

网络建设。2020年，中国移动德化分公司在无线基站及光宽带等通信基础设施建设方面投入8900万元。至年底，全县有移动2G站点642个、4G站点1238个、5G站点56个。移动4G网络实现全县191个建制村100%覆盖，自然村98%覆盖；5G网络实现县城城关核心区域连续覆盖，西起鹏祥工业区，东至顺美集团，北起工艺美院，南至宝美工业区，覆盖面积约10平方千米，实现区域内道路、党政机关、商圈、学校等场景5G信号连续覆盖。推行光纤入户工程，累计完成103161个光纤宽带端口建设，移动宽带网络覆盖80个建制村，助力光网县城建立。

信息化建设。2020年，中国移动德化分公司投入近1300万元，参与“智慧德化”信息化建设，超额完成时间进度投资计划。先后承建德化县人民法院信息安全等级保护项目、德化县戴云山自然保护区森林防火指挥中心项目、县水利局水库河道视频监控二期项目、德化县龙门滩镇政府智慧云广播项目、金交颐园驻地网项目、嘉裕花苑驻地网项目、星泓置业家世界智能化项目等10余个项目的建设。结合5G行业应用及云计算等技术，参与福建省瓷都云谷电商物流园区、德化县应急指挥中心、各智慧农业园区、各新建学校智能化等信息化项目的研讨和设计。在农业农村信息化传统和新型基础设施建设方面，投入180万元。其中，完成1000余户农村宽带建设，投资约30万元；完成消防、水利、森林公安监控等40条专线建设，投资约70万元；完成乡下7个2G站点FDD整合升级，投资约80万元。

信息化扶贫。2020年，中国移动德化分公司为贫困村布放光缆14千米、新增箱体33个、新增端口364个，完成95户农户宽带装机，织密农村“宽带网”，搭建起农村信息化桥梁。应用接入“云广播”，解决山村信息传达问题，助推村务管理智能化。

提速降费。2020年，中国移动德化分公司贯彻落实中央提速降费政策要求，网络下载峰值速率从4G时代的每秒100Mb提升至5G时代的1024Mb，翻10倍；流量综合资费同比下降35%以上。

应急通信保障。2020年，中国移动德化分公司做好重大自然灾害、重要活动应急通信保障。完成第三届中国茶具城陶瓷博览会、石牛山开园、美湖丰收节等12场重要活动保障。实现每次活动期间话务零拥塞、速率感知优的保障目标。

（陈翠玲）

【中国联通德化分公司】 2020年，德化联通分公司完成主营收入2750万元，比上年增长13.2%。其中创新业务ICT收入725万元，移网收入1675万元，固网收入350万元。手机用户2.9万户，家庭宽带用户突破万户。全县累计开通基站882个，其中3G基站360个、4G基站417个、5G基站105个，基本实现德化无线信号覆盖“村村通”。全县有OLT机房28个、光交118个、ODB数量634个，城区宽带覆盖率90%。贯彻全面数字化转型要求，聚焦重点领域，深耕教育及生态行业，助推实现“二次创业”。在基础业务方面，聚焦5G规模突破，流量销售转型，筑牢基础业务底盘。

（中国联通德化分公司）

【福建广电网络集团德化分公司】 2020年，福建广电网络集团德化分公司经营总收入3302万元，完成率105.35%。有线电视用户42292户。先后参与德化县文化科技卫生“三下乡”“迎新春、送春联”等活动，不断宣传和展示德化广电网络优秀的品牌文化，持续提升广电网络知名度和影响力。继续加大与乡镇政府的协同联系，签订雷峰镇长基村、龙门滩镇碧坑村、南埕镇枣坑村等村落的联网协议。进一步规范辖区房地产市场有线电视信号接入，提升广播电视覆盖率和安全性。排查各类安全隐患并及时整治。在泉州运维部的支持下，完成中心机房UPS扩容改造，全年中心机房电视直播、宽带、互动业务无中断，确保各项业务可靠稳定传输。城域网优化持续提升。为应对宽带提速要求，德化分公司华为OTN、中兴OTN共计扩容CMTS带宽至40G、FTTH与EOC带宽至40G，互动点播带宽至40G，确保各项链路满足业务要求。完成全省省干OTN—100G二平面/PTN+MSTP项目建设。接入网优化整治。推行为期2个月的FTTH终端合格率整治工作，网络质量得到进一步提升。开展CMTS噪声排查工作，完成安装部署CMTS小头端112台。年底，CMTS终端合格率从年初90%提升至92.5%左右。

（涂建署）

教 育

综 述

【概况】 2020年，德化县有学校120所。其中，幼儿园75所，小学30所，中学11所（初中7所、高中4所），特校1所，大中专院校2所，教师进修学校1所，教职员工4724人。在校学生73679人，其中在园幼儿20147人，小学在校生29334人，初中在校生11388人，高中在校生5546人，大中专院校在校生7104人，特殊教育在校生160人。县教育发展基金会累计筹资1.1亿多元，每年发放奖教资金800多万元。

【学校建设】 2020年，德化县投入3.3亿元推进10个教育项目建设，竣工投用8个，新增学位4000个。推进学校精神文明创建活动，获评县创建全国文明城市未成年人思想道德建设工作先进集体。成立名师工作室12个、领航工作坊8个。中考9个学科A率、C率18个指标有17个指标进入全市前7名。德化一中加大“省示范性高中”建设力度，德化八中获评“省二级达标高中”，德化二中通过“省三级达标高中”复评。高考本科、本一上线率保持全市县域前列，600分以上68人，录取清华大学1人。“智慧教育平台”入选2020年度泉州“十佳智慧化民生项目”候选项目，相关经验做法在《中国教师报》《中国教育信息化》《福建教育通讯》和教育部官网、省政府办《今日要讯》《福建教育工作简报》等刊发。

【德育工作】 2020年，德化县德育工作坚持“五育并举”（德育、智育、体育、美育、劳动教育），完善德育“六育人”（课程、文化、活动、实践、管理、协同）工作机制，深化“立德树人，做有质量的德育”活动，强化爱国主义教育、理想信念教育、社会主义核心价值观教育，推进学校精神文明创建活动，获评县创建全国文明城市未成年人思想道德建设工作先进集体，获评省级文明校园3所、市级文明校园15所、县级文明校园22所。

2020年，德化县推进中小学思政课一体化建设，12月15—20日，全县中学60名政治教师到福建广播电视大学参加思政教师培训。印发《德化县教育局贯彻落实〈新时代爱国主义教育实施纲要〉实施方案》，组织参加“辉煌70年 奋进新时代”第二十七届全国青少年爱国主义读书教育活动，联合相关部门组织中小学利用六一、七一、国庆、清明节、烈士纪念日等时间节点，开展“我的中国梦”“传承红色基因”等主题教育，联合县文明办举办中小学生“童心向党”歌咏活动。在第三届泉州市“贤銮杯”海丝小记者年度好新闻奖评选活动中，获得小学组二等奖2个、三等奖2个，尚思小学获优秀组织奖；德化一中学生涂澜露获评第二届泉州市“新时代好少年”；在泉州市“2020年清明祭英烈”主题征文活动中11人获奖；在泉州市“创建文明城 你我共参与”主题宣传教育活动“‘读经典、讲礼仪、传美德·暑假读一本好书’活动”中，获得中学组一等奖1个、二等奖3个、三等奖2个，小学组二等奖2个、三等奖3个。举办青少年爱国主义读书征文评选活动，评出小学组、中学组一等奖9名、二等奖17名、三等奖26名。开展第二十三届新时代好少年“美好生活 劳动创造”主题教育征文评选，评出小学组、中学组一等奖7名、二等奖13名、三等奖16名。德化县中小学、幼儿园“新华杯”教师“暑假读一本好书”读书征文活动，评出中学、小学、幼儿园组一等奖9名、二等奖19名、三等奖28名。县中小学生“新华杯”“暑假读一本好书”征文评选活动评出小学低年级组、中年级组、高年级组一等奖各4名、二等奖各8名、三等奖各12名，优秀指导教师奖9名，优秀组织奖3个。

开展“扣好人生第一粒扣子”主题教育，持续开展“弘扬优秀传统文化，传承中华传统美德”主题教育活动，组织参加“少年传承中华美德”“圆梦蒲公英”活动，落实县文明委关于新时代文明实践中心建设试点工作的部署要求，落实国家试点建设任务，指导“乡村（城市）学校少年宫”建设，推动各校参加新时代文明实践中心建设。继续组织开展“移风易俗·弘扬时代新风”主题活动，引导师生参加“公共生活好言行”“传承好家风”“节俭养德”“诚实守信”“文明餐桌”等宣传教育实践活动，自觉遵守“八不”行为规范。参加“少年传承中华美德”主题活动，利用传统节日开展“我们的节日”和中华经典诵读、优秀童谣推广传唱等活动，推进闽南文化进校园。开展学雷锋志愿服务活动，开展关爱特殊群体未成年人活动。9月28日，在县文庙举行纪念孔子诞辰2571周年暨孔子文化教育奖颁奖典礼，表彰奖励在教育、文化领域中工作成绩显著、有突出贡献的先进个人43人。10月23日，福建省“我们的节日·重阳”主题系列活动“瓷情瓷意·诵重阳”经典诵读活动（德化专场）在德化县职业技术学校凤凰山讲堂举行。11月17日，德化县教育系统举办《新时代教育评价背景下的学校发展战略——校家合作的德育高地建设方案》德育专题讲座，300多人参加。

开展研学旅行活动，融入“一带一路、海丝文化”研学内容，开发研学旅行活动课程；遴选建设研学旅行基地；设计研学旅行精品线路；建立研学旅行工作机制。组织中学七年级、八年级、高一、高二学生到南埕、国宝、美湖社会实践基地开展为期5天的社会实践活动。加强中小学劳动教育，印发《关于加强德化县新时代中小学劳动教育实施意见》相关文件，推进研学实践教育，德化职业技术学校的《建设陶艺体验基地 提升学生劳动素养》获福建省第二批百个中小学劳动教育实践特色项目名单。

【心理健康教育】 2020年，德化县制定下发《德化县新型冠状病毒感染的肺炎疫情紧急心理危机干预实施方案的通知》，成立教育系统心理咨询志愿服务队，各学校有资质的心理健康教师为心理健康咨询志愿者，服务社会，服务师生。县教育局新开通24小时心理咨询服务热线电话：23696636，聘请7名有资质的心理健康教师承接全县师生及家长的心理咨询热线工作。制作《共同战“疫”，共渡难关——防控疫情之心理关爱篇》《战胜恐慌心理，积极心态应对》宣传美篇，公布德化县教育系统疫情防控心理咨询服务电话，定期向全县师生及家长推送心理健康知识文章70多篇，让师生及家长了解心理健康知识，面对疫情，学会应对、学会自控。3月10日起，县教育局采用直播、视频推送方式，举办9场应对疫情防控期间心理健康教育专题讲座，全县教师、中小学生及家长等20多万人次观看直播或回播。

【青少年科技创新大赛】 2020年，德化县举办第十一届德化县青少年科技创新大赛，评出青少年科技创新成果竞赛项目一等奖10项、二等奖20项、三等奖40项，青少年科技实践活动一等奖1项、二等奖1项、三等奖2项，少年儿童科学幻想绘画一等奖15幅、二等奖30幅、三等奖45幅；优秀组织奖2个，优秀科技辅导教师4名。

【发动社会力量协同育人】 2020年，德化县调整充实未成年人思想道德报告团，综治、法治副校长，发挥他们的作用，加强未成年人思想道德建设。与公安、司法、文体、市场监督等部门配合，不断加强对学校周边和校外教育场所的整治；配合县妇联、县关工委等部门，推进家庭教育，继续开展家庭教育宣传、家庭教育优秀论文（案例）征集、关爱留守儿童等活动。各校以开展家庭教育“四个一”（建好“第一所学校”，做好“第一任老师”，讲好“人生第一课”，扣好“人生第一粒扣子”）和智慧家长进校园、进课堂为抓手，通过家长学校、家委会、家长会、开放课堂、校讯通、QQ群、微信群、智慧教育平台等渠道，落实班主任家访、信访、电话访问制度等形式，与广大家长建立经常性联系，不断提高家教意识和家教水平。办好家长学校，引导家长当好孩子的第一任教师，做孩子的表率，帮助家长树立正确的家庭教育观念，掌握科学的家庭教育方法，促进孩子健康快乐成长。

【学生素质培养】 2020年4—6月，德化县组织参加2020年泉州市少儿电视艺术节暨泉州市中小学生艺术节，获一等奖1个、二等奖4个、三等奖9个。参加泉州市第二十五届“贤銮杯”中小学生西洋乐器（钢琴）独奏比赛，获一等奖1个、二等奖1个、三等奖3个。组织参加泉州市第二届青少年书画大赛，获书法类（小学组）二等奖、三等奖各1个，获美术类（小学组）一等奖1个、二等奖3个、三等奖3个，书法类（中学组）一等奖1个、二等奖1个、三等奖4个，书法类（青年组）二等奖、三等奖各1个。7月，组织开展学校儿童青少年视力线上筛查工作，让学生了解自己的视力状况，提高学生预防近视意识。同月，蔡尚思励志馆、文庙乡贤名宦廉政勤政事迹研学点完成建设。8月，泉州德化顺美陶瓷文化世界（陶瓷博物馆）入选第三批省级中

2020 年 12 月 26 日，县“巧手共绘爱心幸福城”幼儿绘画大赛在佩兰德国际幼稚园举行。图为获奖小朋友和指导教师（图 / 杨鹤龄）

小学生研学实践教育基地。推进职校陶艺体验基地建设，深入开展“陶工爸妈进课堂”活动，将陶瓷文化与艺术教育课程有机融合，内容包括主题教学、参观了解、陶艺体验、大师交流等，促进学生动手能力和审美水平进一步提高。9 月 11 日，举行德化县中小学生民族管弦乐团揭牌仪式。9 月 29 日，举办德化县教育系统“2020 年喜迎国庆·中秋暨中华经典诵读”文艺晚会。10 月，德化一中、阳光小学、城东实验小学、龙浔中心小学、第六实验小学等 5 所学校获评 2020 年全国青少年校园冰雪体育传统特色学校，学校体育“一校一品”建设取得成效。11 月，举办德化县中小学生足球联赛，中小学有 20 支队伍参赛，举办比赛 36 场次；推荐优胜队伍参加市足球联赛，获得二等奖 1 个、三等奖 4 个。通过比赛，健全完善县内校园足球县、校两级竞赛平台，推动中小学各年龄段足球梯队建设。12 月 26 日，县“巧手共绘爱心幸福城”幼儿绘画大赛在佩兰德国际幼稚园举行，来自全县公办、民办 55 所幼儿园 200 多名儿童参加，比赛评出金奖 5 名、银奖 15 名、铜奖 45 名。

学前教育

【概况】 2020 年，德化县有幼儿园 75 所，其中民办园 48 所。全县入园幼儿 20147 人，普惠率 96.02%，居全市第三。实施“第三期学前教育三年行动计划（2017—2020 年）”。城关幼儿园世科园区、丁乾幼儿园 2 所公办幼儿园招生上课，增加学位 435 个。

【示范幼儿园建设】 2020 年，德化县实验幼儿园、第二实验幼儿园、第三实验幼儿园、城关幼儿园以“总园 +”办园办学为突破口，深化学前教育体制机制改革，创新办学模式，优化办学机制，发挥学前教育优质资源的辐射、示范和带动作用，不断扩大优质资源覆盖面。12 月，实验幼儿园鹏祥分园、绿如蓝幼儿园等 6 所幼儿园通过德化县示范性幼儿园评估验收，逐步提高示范性幼儿园的比例。第二实验幼儿园、城关幼儿园、金锁幼儿园通过“保教改革建设幼儿园”中期评估。依托县园际教研中心组深入贯彻《3—6 岁儿童学习与发展指南》精神，持续推进幼儿园各类游戏的开展，防止和克服“小学化”倾向，加强家园共育，提升区域学前教育质量。

【幼儿园结对帮扶】 2020 年，德化县深化“第二轮公民村办幼儿园结对帮扶”工作，对 33 所村、民办幼儿园结对工作进行考核，评选亿加育涵幼儿园等 4 所幼儿园为“2020 年度民办幼儿园结对帮扶工作优秀单位”，以优质幼儿园带动一般园、薄弱园，形成“自上而下、以点带面”的格局。11 月，开展幼儿园园长跟班实践学习活动。提高园长、教师整体业务水平，提高幼儿园保教质量，促进幼儿园均衡发展。

【幼儿园教师职业技能比赛】 2020 年 12 月，德化县组织举行幼儿园新教师基本功竞赛和教师素养大赛。其中，钢笔字评选出一等奖 2 人、二等奖 4 人、三等奖 7 人；简笔画评选出一等奖 2 人、二等奖 4 人、三等奖 7 人。

【民办幼儿园】 2020 年，德化县有民办幼儿园 48 所，其中 2020 年新设立 1 所、停办 1 所；在园幼儿 8598 人，占全县幼儿总数超过 40%。持证民办幼儿园 41 所，其中普惠性民办幼儿园 35 所，普惠性民办幼儿园在园幼儿 7788 人；县级示范园 14 所（小溪幼儿园、凤凰幼儿园、浔中第三幼儿园、城东旺旺幼儿园、城南旺旺幼儿园、童之梦幼儿园、宝美博艺幼儿园、湖前小叮当幼儿园、城东瑞凡旺旺幼儿园、贝恩幼儿园、三班博艺幼儿园、鹏祥博艺幼儿园、龙浔第三中心幼儿园、绿如蓝幼儿园）。8 月 22 日，德化教育网发布《关于德化县2020年春季民办幼儿园办园情况的通告》，公布47所民办幼儿园的办园资质，其中优秀幼儿园12所、合格幼儿园29所、基本合格幼儿园6所、新申请设立幼儿园1所。8月31日，县教育、财政局、物价局联合确认5所民办园为“德化县普惠性民办幼儿园”。5月19日、9月8日、11月10日，分3次共下达普惠性民办幼儿园生均公用经费360.99万元。5月27日，下达2020年扶持普惠性民办幼儿园发展市级奖补资金40.11万元。下达2020年民办幼儿园专项资金补助25万元。

义务教育

【概况】 2020年，德化县有小学30所，在校小学生29334人。初中7所，在校中学生11388人。德化县坚持“划片招生，就近入学”原则，组织所划定招生片区内的适龄儿童就近免试进入公办小学就读。秋季，全县报名就读小学的学生6673人，其中在农村就读的382人、在城区就读的6291人；报名就读七年级的学生4082人，其中在农村就读209人、在城区就读3873人。9月1日，县进修学校附属小学（暂借县进修学校教室）正式开学，首批招收一年级5个班、学生219名。通过落实联席会议、月报通报、帮扶送教等制度，提高控辍保学工作实效。2020届初中学生三年巩固率100%。

【进城务工人员子女教育保障】 统筹安排符合招生政策性照顾及居住在县内的外来务工人员随迁适龄子女和进城务工人员子女进入城区公办中小学就读。通过“填报志愿＋电脑派位”的方式，小学一年级1918名外来工子女和进城务工人员子女全部安排到城区小学就读。七年级进城务工人员随迁子女1308名，安排到德化二中丁墘校区、德化六中、德化一中鹏祥分校、德化八中就读。

【片区管理】 2020年，县教育局将全县小学分为六大片区，第一片区：县实验小学、第六实验小学、三班中心小学、上涌中心小学（含葛坑中心小学）；第二片区：第二实验小学、第二实验小学鹏祥分校、第五实验小学、阳光小学；第三片区：第三实验小学、金锁小学、雷峰中心小学（含水口中心小学）；第四片区：尚思小学、进修学校附属小学、城东实验小学、盖德中心小学、国宝中心小学（含春美中心小学）；第五片区：龙浔中心小学、英山小学、高阳小学、宝美分校；第六片区：浔中中心小学、蒲坂小学、乐陶小学。推进片区学校间共同合作，盘活优质资源扩大共享，提高薄弱学校的教育质量，推进义务教育均衡发展，促进教育公平。

【示范学校创建】 2020年，德化县贯彻落实《福建省教育厅关于开展“义务教育管理标准化学校”建设与评估的通知》精神，德化县实验小学、第二实验小学、第三实验小学、尚思小学、第六实验小学、金锁小学、城东实验小学、龙浔中心小学、浔中中心小学、阳光小学、三班中心小学等11所学校通过省级评估认定，被省教育厅确认为“福建省义务教育管理标准化学校”。在创建过程中，学校办学品质不断提升，实验小学、第二实验小学、第三实验小学、尚思小学、龙浔中心小学、浔中中心小学入选福建省“义务教育教改示范性建设学校”。12月，德化五中以95分通过县级中期绩效评估。

【教学教研】 2020年10月，德化县小学“梦想课程理念下以体验为重点的音乐课堂教学”研讨活动在实验小学举行。11月，德化县小学美术学科“上有质量的课”暨“梦想课程理念下的美术教学”融合式研训活动在阳光小学举行。12月，县教育局组织人员分组检测各校小学数学教师课堂教学情况，促进教师不断提升课堂教学质量。

【优秀教师评选和基本功比赛】 2020年10月，德化县举行小学“教坛新秀”评选活动，评选出“教坛新秀”26名。其中肖丽姬、张雪芬2位教师被评为泉州市“教坛新秀”。10月，县教育系统举行中小学青年教师岗位练兵技能竞赛活动，评出一等奖4名、二等奖6名、三等奖8名。12月，县教育局举行小学新教师教学基本功考核暨素养大赛。全县2018—2020年参加工作的小学新教师全员参与素养大赛，比赛项目有片段教学、粉笔字、钢笔字及演讲等基本技能。

【中考质量提升】 2020年，德化县建立中考9个学科“磨题坊”，通过开展命题、研题、析题等活动，发挥县域优秀教师的示范带动作用，产生一批教学科研成果，促进中考质量提升。中考9个统考科目的优秀率、及格率等18个指标中，17个指标进入全市前7名的行列，14个指标进入全市前5名的行列，10个指标进入全市前3名的行列。

普通高中教育

【概况】 2020年，全县高中在校生5546人，参加高考1788人，本科上线1273人。其中，本一上线375人；600分以上67人（理工类59人，文史类8人），比上年增加29人。理工类考生李晨宇以总分681分被清华大学录取。

【省示范性普通高中建设】 2020年，德化一中创建“省示范性普通高中”工作持续推进，先后投入1140多万元，完成教学辅助用房、科学楼礼堂、校园内木栈道、教师阅览室、社团办公室等建设，采购、安装教室空调，装修文学馆等。在各级各类比赛中，该校教师获国家级竞赛奖项1人次，省级竞赛奖项1人次，市级竞赛奖项16人次；学生获国家级奖项3人次，省级奖项33人次，市级奖项40人次。学校击剑队在全省示范高中击剑展示活动中获团体二等奖。入选全国青少年校园冰雪运动特色学校和泉州市青少年科技教育示范学校。12月28日，《中国教育报》在“教改风采”栏目以《立足未来发展，打造多彩人生》为题刊载宣传德化一中教育教学工作文章。9月，德化一中被省教育科学研究所确定为“福建省教育科研基地”。与永安一中、漳平一中共同成立“三校教学联盟”，与厦门双十中学缔结为“友好学校”。承办1场省级学科会、6场市级学科会。

【省级达标高中建设】 2020年10月16日，德化二中高分通过“省三级达标高中”现场复查。12月5日，以“寻根追梦”为主题的95周年校庆活动成功举办，德化二中教育促进会正式成立。

德化三中以创建“省二级达标高中”为契机，推进学校各项工作，构建“五育并举”教育课程体系。9月，该校被省教育科学研究所授予“福建省教育科研基地校”。学生参加各级各类学科竞赛，获国家级三等奖1人，省级奖项4人次，市级奖项14人。其中许明辉、郭凯旻2人获“2020年全国跳绳联赛福建站两人同步花样跳冠军和集体自编赛冠军”。

德化八中加大投入，建设信息技术中心、科技楼道文化，充实和完善科技活动教室、通用技术教室等。9月，被省教育科学研究所授予“福建省教育科研基地校”。12月10日，被省教育厅确认为“省二级达标高中”。12月26日，该校建校45周年教育教学成果展示活动成功举办。

（县教育局 县教师进修学校）

职业教育

【概况】 2020年，德化县有泉州工艺美术职业学院（简称“泉州工艺美院”）、德化职业技术学校（简称“德化职校”）2所大中专院校。其中，泉州工艺美院秋季招生1118人，全日制三年专录取2011人（高职分类招考录取883人、秋季统考录取1118人、二元制录取10人），五年专录取学生318人（三二分段制转轨230人、五年一贯制录取88人），共有各类学生3447人，教师214人。泉州工艺美院入选第二届省级文明校园公示名单，连续4年获评市级“平安单位”，连续7年获评“落实年度学校综治安全目标管理责任制优秀学校”。德化职校有全日制在校生1706人，教师130人。9月，德化职校高分通过省级示范校项目建设终期评估验收，被省教育厅授予“福建省示范性现代中等职业学校”；被省教育科学研究所授予“福建省教育科研基地校”。

【产教学融合】 2020年，泉州工艺美院对校外实习实训基地进行统一管理，初步形成动态调整机制，筛选增加优质大型合作企业。全年新增校地合作2项、校际合作4所、校企合作4项，校外实习实训基地共65个。

德化职校先后与石狮鹏山工贸学校等6所学校开展交流合作。持续推进与敦煌艺术旅游中专学校、宁夏吴中区红寺堡职业技术学校对口帮扶工作。新增福建闽南九仙山旅游发展股份有限公司等3家合作企业，开展顶岗实习、专业见习、校企同台竞技、大师进课堂等活动。与行业协会联合举办省级现场技能大赛2场、县级现场技能大赛1场。

【竞赛获奖】 2020年，泉州工艺美院学生获各级各类表彰200多人次。其中，在第六届全国职业院校陶瓷专业学生技能竞赛中获1金4银3铜，在全国高校艺术设计大赛中获一等奖1项，在2020年福建省职业院校技能大赛中获1金2银2铜，在全国高校数字艺术设计大赛中获3金3银4铜，在福建省高职高专院校“学马在线”理论知识竞赛获一等奖2项、三等奖4项。

德化职校教师获评全国技术能手2人，获省级表彰4人、市级表彰1人。教师在各类技能竞赛中，获国家级奖3项，获省级奖20项。学生在各类竞赛中，获省级奖1项、市级奖11项。

【职业培训与鉴定】 2020年，泉州工艺美院申报并获批“泉州市专业技术人员继续教育基地”“泉州市产业工人技能培训基地”，依托基地开展各类培训活动。录取函授大专新生119人，全日制专升本辅导班招生237人。开展工业设计师培训、“世界瓷都凤凰飞翔”巾帼主播培训、德化县建档立卡贫困户就业技能培训等培训20期，培训1599人。开展“Photoshop图形图像专业处理”“陶瓷装饰工”“VRAR三维艺术设计师（中级）认证考试”等校内技能鉴定工作

6期，鉴定663人次。与南平市建阳区城镇集体工业联合社、铜川职业技术学院等联合开展3期社会高技能人才培训考核工作，培训鉴定119人。

德化职校举办轻工行业技师、高级技师培训鉴定72人，初级茶艺师培训鉴定33人，高素质创业农户培训62人，农民果树栽培与管理专业培训83人。

【勤工助学】 2020年，泉州工艺美院继续完善和规范“以勤工助学为主导、贷款为主体，奖、助、贷、补、缓”的综合助学工作体系，增加“关心关爱新疆籍家庭经济困难学生专项资助”“经济困难毕业生求职流量补贴”和“电信手机流量资助包”，发放各类奖学金、助学金、补助金476.5万元。为159名困难新生办理缓交学费121.5万元。设置勤工助学岗，发放勤工助学工资25万元，上岗学生200多人。

【就业服务】 2020年，泉州工艺美院引导学生参加教育部及省、市举办的网上招聘活动，自行举办线上网络视频招聘会1场。联系2017—2019年参加学院招聘会的100家企业，收集并发布招聘信息40多条。帮扶“双困”生就业，发放家庭经济困难就业补助金8.8万元，发放2020届毕业生求职创业补贴8.2万元。举办学院2020年大学生职业生涯规划大赛，与县人社局联合举办“就业启航·筑梦瓷都”2021届毕业生就业招聘会。

【产学研合作】 2020年，泉州工艺美院组织15个在研项目结题，2个课题开题，2个在研项目中期检查。协助企业进行各种科技项目的申报、总结、鉴定，累计完成项目申报、评审、总结、鉴定20多项；配合县科技局分4批次对70多个市、县级科技项目进行审核验收。与亿星软件、龙岩高岭土公司等开展4个项目合作，申请专利5项，授权专利23项，获得软件著作权1个。收集整理2个项目成果、1个专利成果参加第十八届“6·18”创交会云上展会活动。

（泉州工艺美院　德化职校）

2020年12月20日，2020年“就业起航 筑梦瓷都”毕业生职业技能大赛闭幕式在泉州工艺美术职业学院举办

（图/陈伟漂）

特殊教育

【概况】 2020年，德化县特殊教育二期提升计划各项工作基本得到落实。7月，由县教育局、县民政局、县卫生健康局、县残疾人联合会4部门联合组建成立县特殊教育专家委员会，实现教育、卫健、民政、残联等部门相关信息及时交流，全县残疾少儿入学率得到进一步提高。全县以随班就读为主体，特殊教育学校为骨干，送教上门为补充的特殊教育体系基本完善。春季，县特殊教育资源指导中心依托特教学校投入使用，首个融合教育试点校浔中中心小学的资源教室基本建成，全县随班就读、融合教育工作发展上一个台阶。县特殊教育学校义务教育阶段在校学生160人，秋季新招收学前班1个，学生9人。

【送教上门】 2020年秋季，为提升送教上门工作的覆盖面与送教质量，特教学校重新制定送教上门工作方案，利用资源指导中心的设备，扩大送教教师队伍，走入学生家庭开展送教、送健康、送温暖活动。秋季，为39名送教服务对象每周入户开展1次送教活动，送教内容包括康复训练、认知能力、语言能力、运动协调能力、生活处理能力和社会适应能力训练等，送教780人次。

【入学保障】 2020年，德化县特殊教育提升计划各项指标基本落实到位。特教学校学生生均经费达到普通初中生的10倍，实现学前、义务、高中（职业）阶段15年免费基础教育。落实特殊教育学校残疾学生“四免一补”（免学杂费、教科书、作业本费、住宿费，补助生活费）政策、特殊教育学校按不低于普通学校 20% 的比例核增绩效工资总量等政策。特殊教育学校基础建设得到完善，各项工作取得进展，获评县“文明校园”。

（县特教学校）

成人教育

【概况】 2020 年，县广播电视大学在籍生 668 人，开设 10 个本科专业和 10 个专科专业，当年招生 113 人。全县有老年学校 230 所，其中县老年大学 1 所、乡镇校 18 所、村（社区）校 211 所；学员 2.21 万人，占老年人总数的 48%。老年远程教育覆盖率 100%。县老年大学为全国示范性老年大学和省级达标校；乡镇校中市级以上示范校 13 所，占乡镇总数的 72%；县级示范校 101 所。全面完成县“十三五”规划任务。6 月，县老年大学获中国老年大学协会颁发的“2020 年战疫教学荣誉证书”，位列全国第十、全省第一，是全市唯一获该奖项的单位。

【电大教育】 2020 年，德化电大招生 113 人，在籍生 668 人。县教育局综合历年的鼓励政策，下发《关于继续鼓励中小学幼儿园教师参加福建广播电视大学学历提升教育的通知》，对参加电大学历提升学习的中小学幼儿园教师给予学费减免 1500 元的同时，享受农民工圆梦计划 5000 元奖励（其中省工会 3000 元，县工会 2000 元）。至年底，招收学前本专科学生 181 人。10 月 20 日，泉州电大“乡村振兴实践教学基地”揭牌签约仪式在雷峰镇潘祠村党群服务中心举行。德化电大围绕县委、县政府全域旅游工作思路，探索乡村振兴新途径，以潘祠村为核心区，整合蕉溪、潘祠、李溪、瑞坂、朱紫村的自然资源，为电大学员提供现场乡村振兴实践教学场所，助力乡村振兴。10 月 26 日，福建广播电视大学德化工作站增挂“德化县老年开放（互联网）大学”牌子，进一步促进德化县老年教育事业科学发展，探索“互联网 + 老年教育”新型办学模式。县电大工作站教师陈鸿鸣论文《社区学院服务社区发展空间研究》获省电大优秀奖；龙浔镇丁墘村老年学校、龙浔镇英山村老年学校、浔中镇龙东社区老年学校获福建省第三批终身教育重点项目立项——示范性社区学校；陈鸿鸣、林美溪、赖瑞宝、郑金勤编撰的《闽南文化——陶瓷篇》入选第三批省终身教育重点项目——省级继续教育网络课程建设方案。兼职教师、泉州工艺美术职业学院黄翠萍申报的课题《工艺美术融入社区教育研究——以德化县为例》，兼职教师、泉州工艺美术职业学院刘劲佳申报的课题《陶瓷文化终身教育信息化平台建设研究》，兼职教师、德化职业技术学校陈敦波申报的课题《地域特色文化融入社区教育的策略研究——以德化山歌为例》入选第三批省终身教育重点项目——终身教育研究课题。

【社区教育】 2020 年 5 月 16 日，县社区学院联合县作家协会、县文学艺术界联合会、三班镇政府、三班镇社区学校，开展“走进瓷乡三班，感悟海丝文化”非遗采风活动。实地感受千年瓷都的历史文化底蕴以及“海上丝绸之路”的魅力，深入了解三班先民制造陶瓷的历史。10 月 9 日，德化县终身教育促进委员会同意设立德化县 18 所社区学校。各社区学校不断完善办学条件，构建村级社区教育学习点。同时，依托镇、村两级社区教育网络，开展各类社区教育活动，服务群众精神文化生活。10 月 25 日，联合雷峰镇社区学校、雷峰镇李溪村委会组织开展非遗文化入社区教学暨表演活动。特邀县南音社原会长陈建华，县南音社副会长陈金苏、常务理事长陈朝基，市南音非遗传承人黄美芳，进入雷峰镇李溪村学习点开展现场教学。同时，邀请高阳南音社进行现场示范表演。

【老年教育】 2020 年，德化县老年学校年生均办学经费县级校 350 元、乡镇校 250 元、村（社区）校 100 元以上（示范校 120 元以上）。

2020 年 12 月 11 日，德化老年大学举行庆祝建校 30 周年文艺演出活动

（图 / 县老年大学）

县老年大学设政治经济、科技、卫生保健、文化、艺术、体育、老年远程教育等 7个系，开设42个专业51个班6个学会，有学员1518名。县老年大学开展建校暨全县老年教育发展30周年系列庆祝活动。

2020年，龙浔镇丁墘村、龙浔镇英山村、浔中镇龙东社区等3所基层老年学校被列入省第三批终身教育重点项目立项名单（示范性老年学校）。继续重点培育4所乡镇老年学校、4所村（社区）老年学校和县老年大学重点学科（班级），实现乡镇、村（社区）有重点校，老年大学（学校）有精品学科、特色课程，形成高质量、有特色、可复制的典型，辐射带动老年教育工作全面发展。凡是被确定为县级重点校的，每年由县老教委自筹资金，视活动开展情况给予每所老年学校补助1万—2万元。龙浔镇英山村、浔中镇浔中村、三班镇三班村、美湖镇、大铭乡大铭村等5所老年学校被列入市委、市政府“实施老年远程教育提升工程”为民办实事项目。各建设单位做好迎接检查验收工作。各收视点利用市、县配套资金5万元和自筹资金修缮场地、改造教学环境、购买更新设施设备等，软硬件进一步完善，建设水平大幅提升，以高分通过市评审组的评审验收。年底，全县有全国老年远程教育优秀收视点3个，市级基层老年远程教育示范点10个。

10月23日，县老年大学承办德化县“决胜脱贫攻坚　共建爱心幸福城”第二十届瓷都广场文化活动老年大学专场。县老年大学响应县委、县政府创建“爱心幸福城”的倡议，分别为赤水镇西洋村、大铭乡大铭村、美湖镇洋田村、雷峰镇瑞坂村捐资助老。县老年大学水兵舞班师生不定期到乡镇、村参加“爱心厨房”活动，为留守老人表演。6月11日、6月19日、6月29日、10月29日，县老年大学分别与南门社区开展共建活动，组织志愿者走进社区进行平安宣传。县老年大学摄影班多次参加县兰花草志愿服务活动，获评“2020年度德化县兰花草志愿服务队爱心单位”。

县老教委选送6篇论文参加第十四次全国老年教育理论研究会征文比赛。余金魁撰写的论文《析难点抓重点创对策　推进老年远教新发展》和林国树撰写的论文《因地制宜抓创新　与时俱进谋发展——县、乡镇、村三级老年远程教育工作网络研究——有关推进老年远程教育发展的难点、重点研究》分获第四批全国老年远程教育研究课题评选三等奖和优秀奖。

（苏巧艳）

教育管理

【教育督导】 2020年，德化县“两项督导”迎评工作获市级“优秀”、省级“良好”等级。做好义务教育均衡发展年度主要指标动态监测，巩固和提高义务教育“基本均衡”创建成果。进一步深化教育督导体制机制改革，完善教育督导机构设置，调整充实县政府教育督导委员会，县教育局设立总督学、副总督学，负责具体工作落实。落实教育督导条件保障，县财政将教育督导工作经费纳入预算，由县教育督导室统筹使用。开展责任区督学挂牌督导工作，通过管理平台上传《整改通知书》，实行“亮灯”管理，结果将纳入学校目标管理考评内容。进一步完善中小学（幼儿园）学校目标管理考评细则及校（园）长绩效考评机制，评出校（园）长绩效“优秀”等级7名、“良好”等级10名。

【校园安全】 2020年，德化县组织开展全县校园安全隐患大排查大整治活动，排查122所学校216座在用校舍（总面积59.28万平方米）、100多间校外培训机构，发现各类安全隐患217个；鉴定出D级危房8幢，分别是德化二中膳食楼、三班中学点金楼、雷峰中学实验综合楼、雷峰中学教学综合楼、葛坑中心小学教学楼、三班中心小学教学楼、雷峰中心小学旧教学楼、乐陶小学旧教学楼，全部拆除；其他问题隐患按照轻重缓急原则进行整改，全部整改到位。

德化县107所学校全部制定“一校一策”消防车通道治理方案，共划定153个消防车通道标识，打通消防安全生命通道。投入5.8万元聘请第三方专业机构，对85幢老旧校舍进行消防安全排查评估，各校根据评估报告中的问题进行全面整改。全县各学校安装独立式感烟火灾探测报警器3987个、简易喷淋装置7991个，设置消控室37间，设置自动灭火系统57套。81所学校参与智能型电气火灾监控系统建设，安装智慧用电监测系统247台，防火于未“燃”。宣传消防安全知识，联合县消防救援大队举办消防绘画、征文、示范课作品评比活动，收到各类参赛作品215份，遴选25份优秀作品参加泉州市选拔赛，其中6份被市教育局选送参加省级比赛。

德化县65所学校通过“平安校园”考评验收，创建达标率100%；全县中小学、幼儿园封闭化管理达到100%，一键式紧急报警、视频监控系统与属地公安机关联网率100%，中小学、幼儿园专兼职保安员配备率100%。组建校园安全巡逻队（由8名学校保卫干部组成，配有6辆巡逻专用摩托车），持续开展防学生溺水及夜间校园周边治安安全巡逻劝导活动。联合交警等多部门狠抓校园周边环境安全整治活动，进一步净化校园周边道路交通环境，创建和谐平安校园。

2020年11月1日，德化县教育"两项督导"省级评估反馈会召开 （图／县教育局）

【教育系统普法工作】 2020年，德化县教育系统深入宣传和贯彻实施《中华人民共和国民法典》。组织宪法知识竞赛、演讲比赛，推荐6名选手参加市教育局和市司法局联合举办的泉州市2020年中小学生"学宪法讲宪法"比赛，获一等奖、二等奖、三等奖各2名；德化一中学生林宇翔获市知识竞赛第一名，代表泉州市参加福建省比赛，获三等奖。

【学生资助管理】 2020年，全县免除寄宿生住宿费696人次，免除作业本费120.69万元。春季提供免费教科书和《新华字典》316529册，计2133412.1元；秋季提供425858册，计3015957.65元。全县助学金补助4495人次、266.48万元，助学贷款首贷、续贷1591笔共1187.89万元。

【分批复学】 2020年2月，受新冠肺炎疫情影响，全县学校延期开学。德化县做好延期开学期间学校教育教学管理工作，"一校一策"。疫情解除后，做好春季复学工作。4月7日，高三复学；4月21日，九年级复学；5月7日，职校毕业班复学；5月11日，初、高中基础年段复学；5月20日，职校基础年段复学。

【"五个中心"建设】 教育科研中心建设。2020年，德化县严格执行《德化县教育科学规划课题管理暂行办法》，坚持采用"活页论证"异地匿名评审制度择优选送课题。市级及以上课题立项57项，其中省级47项。评选县第四届名教师30名，成立名师工作室12个、领航工作坊8个。创建"福建省教育科研基地"2个、"福建省教育科研基地校"9所。

教学研究中心建设。2020年，德化县坚持深化与省、市教研部门项目合作，适时联合开展教学研讨活动。开展省、市送教送研活动4场次，受益教师1200多人次。坚持开展教学视导工作，指导帮助基层学校建立适合校情的高效课堂教学模式和教学教研管理机制。开展"精准式"教学视导活动2场，听评课200多节。加强国测、省测导向下教育教学指导，获评市级教坛新秀教师4名，获评省、市级优课22节。与江西"金太阳"合作，深化课改，推进实施《导学案》的高效课堂模式。开展"梦想课程理念下的小学音乐单元教学"研训活动，促进音乐学科教学活动化、项目化。

师资培训中心建设。2020年，德化县创新师资培训方式，注重挖掘和利用全国师资培训资源，分层分类，开展师资培训。举办核心培训项目17个，培训教师1889人次。与市教科所合作，联合开展"送培进校"培训，在城东实验小学举办小学数学教师教学能力提升培训。依托10所教师研训基地校，开展11个学科研训活动。

信息技术中心建设。2020年，德化县统筹全县教育信息化资源，依托"德化县教育管理公共服务平台"，开设教师培训、教科研管理与教学研究平台。做好全面启动信息技术应用能力提升工程2.0工程项目的准备工作。疫情防控期间，向全县中小学校推广超星"学习通"APP，为线上教学和心理咨询教育讲座提供技术支撑。联合县平安办，为全县160名网格员开展课件制作等信息技术培训。

质量监测中心建设。2020年，德化县完善监测体系，利用大数据分析，提升质量监测的针对性和科学性；借助统一考试，实行动态管理，全面掌握学科教师的教学质量。召开小学、初中、高中学科质量分析会，提出对策和整改措施。凝聚全县优秀教师的力量，以"研究考试"为切入点，全面推进初中学科联盟建设和9个中考学科"磨题坊"工作，编写9个学科"县本练习"、394份监测试卷，1名教研员入围参与省级中考命题。

【线上教学引领】 2020年上半年延期开学期间，县教师进修学校制订下发中小学26个学科《线上教学与学生居家学习建议》，各校通过网络、移动终端等方式开展在线教学活动，做到“离校不离教，停课不停学”指导教师网上教学及学生居家学习。组织学科名师、骨干教师及教研员深入介入，打磨优质线上教学资源，中学选送23节课参加市教科所网上在线授课志愿者活动，小学91节微课入选市教育局云平台向全市展播。下发初三、高三学科复习教学建议72份，做好毕业班各学科复习备考指导工作。制定《2020年春季开学教学准备工作建议》，从居家学习、线上教学、心理辅导、学习课标、集体备课、指导综合性学习、运用县域课题研究成果等方面，指导基层学校做好复课教学准备。

2020年11月19日，德化县在尚思小学举办2020年秋季精准教学视导活动

（图 / 县教师进修学校）

【教学视导和研训】 2020年，德化县教学视导团先后走进尚思小学、金锁小学，分别开展为期1个月的教学视导，并进行活动成果展示和“同课异构”等研讨活动。7月，德化县“十三五”（第五期）中小学教师全员培训——小学语文教师全员培训在德化职业技术学校举行。9月，德化县小学数学教师教学能力提升培训在城东实小举行。10月，德化县小学数学“送教送培”活动在三班中心小学举行；与省普教室联合开展小学语文、数学“送教下乡”活动，与市教科所联合开展小学语文、数学、英语“送教下乡”活动；建立教研员集体下校听课制。采用集体下校听课与教研员自行下校听课相结合，有计划下校听课指导，原则上教研员每周集体统一下校听课至少1次。

【教育质量监测】 2020年6月，德化县开展四年级语文、四年级数学、六年级语文、六年级数学全员监测。召开质量分析会进行精准分析，做好考试成绩信息的反馈，把考试成绩作为对学校教学评价的重要依据，查摆不足，提出整改措施，不断提升教育质量。

【教学创新】 2020年，德化县深耕“学科联盟”，编印县本练习198份。6月，《县域初中学科联盟的构建与实施》申报2020年泉州市基础教育教学成果奖，被推荐到省级参评。建立中考九大学科“磨题坊”，通过开展命题、磨研、析题等活动，发挥县域优秀教师的示范带动作用，产生一批教学科研成果，促进中考质量提升。健全县域教研管理机制，出台《关于进一步规范中学教育教学开放等教研活动管理的通知》，规范县级及以上教研活动，创新线上线下混合式教研模式，运用“智慧教研”平台，开展互动教研、网上听评课等。

【教师队伍建设】 2020年，德化县招聘编制内教师51名，其中幼儿教师7名、小学教师29名、初中教师10名、高中教师4名（其中研究生学历3名）、职校教师1名。招收编外合同教师90名。从外县调入紧缺学科教师13名。新增高级教师岗位28个、中级教师岗位43个。县实验小学查婉琼获评正高级教师。办理初级中学教师资格证52人次、小学教师资格证169人次、幼儿园教师资格证67人次。12月，雷峰中学整体并入德化八中，30名教师（其中2名病休）人事关系转入德化八中。评选德化县第四届教学名师30人、学科带头人47人、骨干教师107人、第三届名班主任50人，市级名校长2人。聘任中高级职称194人，专技岗位444人。

【教师“县管校聘”】 2020年，德化县出台《关于进一步深化教师“县管校聘”管理体制改革的实施意见》，中学流动优秀教师30名，小学流动教师28名，实现优质校和新办校、薄弱校的流动。

【教师优质课推荐评选】 2020年，德化县组织教师参加2020年度“一师一优课，一课一名师”和“福建省中小学教师网络学习空间”创建活动。推送“微课”至省、市参评，获市一等奖2项、二等奖7项、三等奖7项。推送“优课”至省、市参评，获省优2项、市优17项。

科学技术

综　述

【概况】　2020年，德化县财政对科技的投入占财政一般预算支出的比例提高至2.5%，全年下达县级科技经费14批共3045.81万元，其中用于落实创新资金、科技项目、购买设备补助、贴息、创名牌、通过认证、制修订标准、专利等优惠政策2517.81万元。完成向上争取资金1410.95万元，实施各级各类科技项目27项448万元，完成项目验收55项。

【科技经费】　2020年，德化县财政对科技的投入占财政一般预算支出比例达2.5%。下达2018年度（错年补助）研发经费补助348.15万元，下达2019年度研发经费补助631.6万元；2019年度工业企业R&D投入6.66亿元，研发投入占GDP比重指标（2019年度错年值）连续居全市第一位。实施陶瓷智能装备研发专项，针对德化县机械共性关键技术，实施陶瓷机械研发后补助项目6个，经费100万元。

【科技惠企金融服务】　2020年，德化县发挥2600万元双创基金的撬动作用，深入推广“科创贷”“新秀贷”“瓷艺贷”等金融产品。对6家企业发放“科创贷”2160万元，对19家企业发放“新秀贷”5116.5万元，对67家企业和个人发放“瓷艺贷”5148万元。

【科技特派员工作】　2020年，德化县结合疫情防控工作要求，调整科技特派员工作角色，科技特派员率先参与一线指导，并将工作角色调整为业务技术员兼疫情防控宣传员，出动210人次，发放宣传材料1728份，排查农场、养殖场（户）450家次（户次），发放消毒药2500包，日平均指导消毒灭源8万平方米。壮大科技特派员队伍规模。年度新增省级个人科技特派员26名、团队7个，市级个人科技特派员37名、团队5个、服务站2个，实现全县18个乡镇和一、二、三产业科技特派员全覆盖，服务142个建制村（社区），覆盖率70%。实施科技特派员创新项目，由科技特派员参与申报省级、市级星创天地各1个，获得省、市科技特派员补助经费65万元，实施省级科技特派员后补助项目1项、经费20万元，市级科技特派员后补助项目5项、经费50万元；县级科技特派员后补助项目19个、经费132万元。确保应季蔬菜、肉、禽、蛋等主要农产品稳产保供给，引导有条件的企业做好农副产品储备工作，确保全县重点物资生产企业供应充足，物价稳定，保障全县农副产品物资供应。

2020年4月17日，德化县组织科技特派员到企业开展技术指导和防疫宣传
（图／县融媒体中心）

创新科技特派员模式。开展电商科技特派员工作，帮助企业建立天猫旗舰店2个、提升淘宝店6个、推广小程序9个，建立全县季节性农产品综合销售平台1个。开展电商客服、直播推广、售后服务等电商技术培训23期，培训430人次。组织电商科技特派员自办微信小程序“只扶墙”助农直播平台，吸引入驻直播平台农业企业35家，开展带货直播32期。

（苏俊基）

2020年，佳旺达陶瓷有限公司实现机器换工、智能制造。图为自动窑炉生产线（摄于2020年4月13日）

（图／许华森）

科研与创新

【概况】 2020年，德化县成立中科陶瓷智能装备研究院，从事自动化设备研发，同时开展微晶玻璃陶瓷试制试验。加大创新企业培育工作力度，提升企业自主创新能力。全年获省科技进步一等奖1项、三等奖1项；新增国家科技型中小企业备案27家、国家级众创空间1家，国家高新技术企业33家（含复评4家）、省级高新技术企业33家、省级科技小巨人领军企业10家，市级瞪羚企业15家、市级星创天地2家、市级新型研发机构3家。县科技局被评为2020年度德化县“陶瓷转型突破年”工作先进集体。

【科技创新研发】 2020年，德化县组织申报国家级科技项目2项、省级科技项目17项、市级科技项目28项。获省科技进步一等奖1项、三等奖1项。获国家“科技助力经济2020”立项1项，经费100万元；省级科技项目2项，经费120万元；市级科技项目立项15项，经费138万元。实施陶瓷产业创新后补助项目9项90万元。完成省、市、县科技项目验收55项。

【引导企业参与高科技陶瓷项目】 2020年，龙民陶瓷氧化铝过滤陶瓷投入量产。三福陶瓷开展陶瓷空气过滤器、水过滤器试验成功，计划投入量产。明英华陶瓷对接中科院上海硅酸盐研究所开展3D陶瓷打印材料开发。受厦门钨业委托，福杰公司开展微波炉磁控电子陶瓷真空管研发，进入试产阶段。三峰陶瓷多次主动参与对接高科技陶瓷项目。

【产业技术研究院建设】 2020年，县科技局、市瓷研所及中科院沈阳自动化研究所（昆山）智能装备研究院三方签订德化县中科陶瓷智能装备研究院共建协议。5月27日，德化县中科陶瓷智能装备研究院揭牌成立。研究院结合德化县装备产业智能化的共性关键技术，承接企业委托，研发以适应德化企业需求为方向的自动化设备，开展陶瓷智能装备研发5项，开发出智能生产线新产品。由沈阳自动化研究所（昆山）智能装备研究院派出15人常驻德化县，落地招收本科毕业生4人。研发团队被评为市级第四批引进高层次人才团队，经费100万元。12月25日，在瓷研所成立高科技陶瓷中试研究院，引进中科院包头稀土研发中心共建稀土应用实验室；开展微晶玻璃陶瓷试制试验，引进尾矿结晶试验炉，委托厦门大学、合肥工业大学开展材料分析基础研究。

【科技创新奖励补助】 2020年，县科技局协助出台《中共德化县委办公室 德化县人民政府办公室关于促进陶瓷产业健康稳定发展若干措施的通知》，落实县委推动陶瓷产业跨越发展若干措施及推动陶瓷产业发展十八条措施，下达2019年度企业创新奖励1217.66万元，电子商务专项经费100万元，众创空间、新型研发机构、科技小巨人领军企业等奖励资金225万元，惠及企业400多家。支持陶瓷生产企业引进机械化、自动化、智能化的生产设备，推动人工制造向智能制造转变，发放自动化或半自动化成型生产线设备补助26家69台套，经费466.99万元；发放814件专利补助资金209万元。

【创新服务体系建设】 2020年，德化县加大创新企业培育工作力度，提升企业自主创新能力，新增国家科技型中小企业评价备案27家。新增国家高新技术企业33家、省级高新技术企业33家，落实22家2019年度高新技术企业奖补资金444.09万元，落实16家2019年度备案省级高新技术企业出库奖补资金和高新技术企业重新认定奖励260万元。新增省级科技小巨人领军企业10家，落实省级科技小巨人领军企业奖励80万元。新增市级新型研发机构3家，获补助经费70万元。新增市级瞪羚企业15家，13家企业获得贷款贴息补助104万元；给予6家2018年度县级成长型企业贴息补助66.56万元。培育创业孵化平台，支持县内企业重点发展基于"互联网+陶瓷"特色，培育专业化众创空间和科技企业孵化器，新增国家级众创空间1家、省级众创空间1家，发动安成陶瓷科技企业孵化器为租户免除1个月租金共4.64万元，电子商务创业园为59家入驻用户免除3个月租金28万元。安成陶瓷、建窑等2家省级科技企业孵化器、众创空间获得省级孵化器用房补助180万元（省级和市级按6:4分摊）；支持青年陶艺家创业，对入驻市级科技企业孵化器新秀园的57名青年艺术人才给予瓷艺贷贴息补助165.97万元。

（苏俊基）

2020年4月26日，"德化县知识产权维权服务中心"揭牌 （图/县知识产权局）

知识产权保护

【概况】 2020年，德化县申请专利3052件、专利授权量2244件。全县有专利授权11354件，其中发明专利430件、实用新型专利5678件、外观设计专利5246件；每万人口有效发明专利拥有量12.26件。4月26日，"德化县知识产权维权服务中心"正式挂牌运行；7月23日，福建省知识产权局正式批复同意德化县设立福建省陶瓷产业知识产权运营保护中心。

【知识产权宣传】 2020年，德化县依托"4·26"知识产权宣传周活动，强化知识产权保护宣传造势和引导，做到一天一主题、天天有活动。以发布《世界陶瓷之都·德化2019年陶瓷产业知识产权保护白皮书》为重点，采取发送"候机频显彩铃"、发布《瓷都德化》知识产权专刊、推送"网络小课堂"进校园、开辟德化网悬浮窗栏、德化电视台专题报道以及"知识产权与健康瓷都德化环城宣传活动"等线上线下宣传活动，扩大覆盖面和参与面。

【知识产权运用】 2020年，德化县深入开展知识产权优势（示范）企业创建活动，梯次培育知识产权优势（示范）企业，形成示范效应。培育省知识产权优势企业2家。运用省、市、县知识产权质押融资项目扶持资金政策红利，强化知识产权质押融资政策宣传，引导企业利用专利、商标等进行质押融资，帮助35家企业通过专利权质押获得贷款3.9亿元。

【知识产权维权】 2020年，德化县市场监督管理局成立德化县知识产权纠纷调解分中心。联合县委宣传部、文旅、公安等部门成立陶瓷行业诚信建设综合执法队，联合开展打击侵犯知识产权违法行为，立案查处3起侵犯"景德镇"注册商标（地理标志证明商标）专用权案。实行"互联网+"知识产权保护工作机制，深入组织开展"铁拳""双打"及陶瓷行业不正当竞争失信行为等专项行动，精准发现侵权假冒线索，立案查处销售侵犯他人注册商标专用权案件9件。

（苏瑞金）

气象科技

【概况】 2020年，德化县气象工作围绕服务经济社会发展，及时发布灾害性天气预警信号，全年发布气象服务118期、短信近40万条，加强气象业务现代化建设，开展气象防灾减灾、气象科普宣传活动，增强社会公众科学素质和科学生活理念，进一步提高气象防灾应灾能力。

【气象服务】 2020年，德化县气象局针对灾害性天气，及时发布预警信号，点对点短信服务，提醒提前做好防范，提前组织人员进行转移，避免人员伤亡的情况出现。1—12月，向县委、县政府、相关部门发布决策气象服务材料118期，短时强天气报告30期，发布预警信号263期（其中暴雨红色预警信号5期），发送各类预报预警服务短信近40万条。同时成功为石牛山景区开园仪式、三班茶博会等重大活动提供气象服务保障。做好春节、清明、五一、春运、春耕春播、疫情防控等气象服务。

【人工影响天气】 2020年，县气象局开展人工影响天气作业事故应急演练，模拟弹药出入库、装卸，模拟发射操作以及火箭弹留架故障排除处理、应急处置预案的启动和解除等各项操作等，演练人员严格按照人工影响天气相关规范和流程对模拟事故进行处置。在彭村水库作业点开展人工增雨作业，发射人影弹7枚。

【气象新闻发布会召开】 2020年8月3日，德化县召开新闻发布会，重点回应社会公众对台风“黑格比”的关注，同时建议有关部门做好相关防御措施准备，通报年初以来德化县的降水情况，回答记者关于德化石牛山景区开园日天气形势的提问。德化县融媒体中心记者参加发布会。

【气象科普宣传】 2020年，县气象局联合县教师进修学校附属小学、阳光幼儿园、金凤社区“四点半学校”开展气象科普宣传活动。参与德化县全民科学素质工作领导小组办公室主办的全县科普宣传活动。通过气象科普宣传活动，普及气象知识、弘扬科学精神，增强社会公众科学素质和科学生活理念，进一步提高气象防灾应灾能力。

2020年9月22日，县气象局组织到金凤社区“四点半学校”开展气象科普宣传活动（图/县气象局）

【气象防灾减灾】 2020年，县气象局开展房屋安全“百日整治”行动。采用“双随机、一公开”方式，通过企业自查和重点监管对象全覆盖的方式，启动全县范围内防雷安全专项检查和督查工作，检查加油站25家，天然气站1家，制氧站1家，烟花爆竹仓库1家，非煤矿山1家，发现安全隐患5家，责令限期整改5家。加强施放气球安全巡查，拆除违规释放气球42个。特别是在重大节假日前夕，加大对易燃易爆场所检查力度，确保人民群众过上平安祥和的节日。组织参加“建设平安德化、共筑和谐家园”主题安全宣传、提升综治“三率”共享平安和谐暨“122全国交通安全日”宣传活动。组织单位职工参加全国、全省安全生产知识在线答题活动；利用微信、微博等新方式开展线上安全生产科普宣传。

【气象业务现代化建设】 2020年，德化县以“天然氧吧”为载体，助推智慧旅游气象服务。完成《德化县生态环境智慧旅游气象服务系统项目可行性研究报告暨初步设计方案》编制和批复、设备安装选址、毫米波测云仪安装布设。完成设备采购及基础建设的招标和监理招标工作。完成软件系统招标书编制，12月下旬开标。由市气象台指导德化气象局开展雨雾凇气象景观预报服务。赤水镇、桂阳乡通过“清新福建·气候福地”第二批避暑清凉福地认定。联合县应急管理局、县地震局共同推荐上涌镇刘坑村申报2020年“全国综合减灾示范社区”，通过初、复评。

（县气象局）

文 化

公共文化

【概况】 2020年，德化县以打造公共文化服务“德化经验”为抓手，制定出台《2020年德化县“墟日文化车”公共文化服务联动共建活动方案》；与县委宣传部联合组成2个业务指导组，通过实地查看、查阅资料、座谈了解等方式，对全县8个乡镇8个村（社区）创建国家公共文化服务体系示范区建设工作进行业务指导。对18个乡镇进行示范区创建工作明查和暗访，同时开展创建知识模拟测评。召开公共文化服务体系示范区推进会、专题档案培训会和创建国家公共文化服务体系示范区迎检工作部署会，对示范区创建工作进行再动员、再部署，确保公共文化服务体系示范区顺利通过国家考评验收。

【国家公共文化服务体系示范区创建】 2020年，德化县开办《德化县创建国家公共文化服务体系示范区工作通报》，以通报的形式督促落实、表扬先进，至年底刊发23期、刊发创建信息250多条。投入5万元制作笔记本、名瓷扑克、购物袋等一批宣传材料，宣传公共文化示范区创建工作的重要意义、目标任务和对广大群众的积极影响，增强并扩大广大群众对示范区创建的认知和理解。在全县主要文化场所和乡镇综合文化站、村级综合文化服务中心，利用LED显示屏、宣传栏、海报营造氛围。利用新闻媒体、报刊等刊发创建知识，普及创建知识和成果，提高群众对示范区创建的知晓率。继续开展文化科技卫生“三下乡”和“墟日文化车”百场文艺展演进汤头、上涌、水口、龙浔、浔中、三班、赤水、龙门滩以及“文化和自然遗产日”非遗宣传展示等系列活动，打造亮点，不断提升公共文化服务供给水平。

【公共文化设施建设】 2020年，德化县结合小县大城关、人口大部分集中在县城的特点，加大城区公共文化设施建设力度。投资2.5亿元的霞田文体园区项目启动建设，园区内文体设施占地8.33公顷，主要建设含综合性体育馆、体育场、游泳馆、文化馆、体校综合训练楼及其他公共配套项目，年底完成“一场两馆”项目设计工作。投资700万元建成桂祥图书馆（德化县图书馆分馆）并对外开放，进一步提升德化城区公共文化服务质量。按照示范区创建标准，通过“以奖代补”的形式，提升改造盖德镇大墘村、赤水镇岭边村综合文化服务中心，至年底完成上述2个村的综合文化服务中心改造提升工作。

【乡镇综合文化站建设】 2020年，德化县下发《关于下达2020年德化县乡镇综合文化站免费开放经费的通知》，给予18个乡镇每个文化站2万元开放经费，用于综合文化站免费开放后正常运转并提供基本公共文化服务支出。18个乡镇综合文化站不断进行提升改造，完善文化配套设施，优化群众文体活动场所，如上涌镇文化站设有供群众阅读休闲娱乐运动健身的书报阅览室、综合展示厅、共享工程室、棋牌室、南音社、篮球馆、羽毛球馆等，还有方便群众交流和学习的多功能活动厅，能够满足人民群众各种文化生活需要。

【文化市场综合执法】 2020年，德化县组织开展文旅市场综合执法。出动执法人员1400多人次，检查生产、经营单位1000多家次，查处娱乐场所违规经营1起（移送公安部门，已结案）、停业整顿3家次。组织联合执法检查8次，收缴各类非法出版物379册，盗版光盘100多片。查处版权侵权案件6起，结案6起。

群众文化

【“全民阅读，从孩子抓起”直播活动】 2020年6月6日，德化县新华书店、德化广播影视文化传媒有限公司联合推出“全民阅读，从孩子抓起”直播活动瓷都热淘直播间首次开启直播，通过手机屏幕与读者互动，探讨热点话题，同时将惠民进行到底。直播持续两个多小时，直播最高流量6.9万多人次，此次直播书籍种类达53种，主要面向青少年儿童，种类繁多、覆盖范围广泛。直播过程随机截屏抽奖赠送图书、书包、雨伞、手表等。

【德化县第二十届瓷都广场文化活动】 2020年10月20日，德化县第二十届瓷都广场文化活动在县瓷都广场开幕并举行首场演出，该届广场文化活动以“决胜脱贫攻坚战共建爱心幸福城”为主题，举行6场文艺汇演。同时，现场还开展爱心幸福城创建成果展、“遇见”观音文化展示、“书香瓷都·星光夜读”等系列活动，满足人民群众各种文化生活需要。

【“我们的节日·重阳”文艺汇演】 2020年10月22—23日，2020年福建省“我们的节日·重阳”主题系列活动在德化县举行。活动共有4场，分别是“孝亲敬老·暖重阳”爱心幸福城系列活动、福建省“我们的节日·重阳”主题系列活动启动仪式和文艺汇演、“瓷都民俗·乐重阳”为主题的民俗会演、“瓷情瓷意·诵重阳”为主题的经典诵读活动。

【进城创业者文化共享家园和共享书屋】 2020年，针对“小县大城关”、城镇化率高等特点，德化县采取政府补助的办法，参照乡镇综合文化站或村级综合文化服务中心的建设标准，结合企业内部文化资源，依托企业设立德化进城创业者文化共享家园和3个进城创业者文化共享书屋，有效缓解工业区内人口聚集、公共文化服务较为薄弱的问题。共享家园和共享书屋依托企业管理，实行常年免费开放，开放时间每天达到8个小时以上、每周不少于56个小时，进一步方便进城务工人员、周边群众就近参与和享受文化服务。

（县文化体育和旅游局）

文艺创作

【概况】 2020年，德化县组织全县文艺工作者开展阻击疫情文艺创作、“瓷帮古道”德化陶瓷故事采风创作、“德化文艺·遍地开花”文艺综合采风、“‘艺’助全面小康”陶瓷书画优秀作品暨大师作品展等活动110多场次，创作陶瓷、美术、书画、剪纸、歌曲等作品2300多件（幅），在市级及以上刊物发表作品500余件（幅），2位文艺工作者被市文联评为“疫情防控阻击战文艺创作和文艺宣传先进个人”，县文联被市文联评为“在疫情防控阻击战中文艺创作和文艺宣传表现突出的先进单位”。

【德化文艺家抗击新冠肺炎疫情文艺作品展】 2020年1月28日，德化县文联向全县文艺界发出“为防控阻击疫情创作文艺作品”倡议书，有50多位文艺家创作支持疫情防控阻击战、歌颂新时代精神、具有各自特色的文艺作品百余件，有歌曲、木偶、书法、绘画、诗词、刻纸、美篇等。其中县书法家协会组织开展《众志成城抗疫情》书法创作征集活动，县剪纸艺术研究会组织“防控阻击疫情”专题系列刻纸创作，曾晓忠创作闽南语、普通话双语歌曲《防控冠状病毒之歌》，陈金苏创作掌上木偶《闽南四句》，张志聪制作《齐心协力，武汉加油》美篇等，这些文艺作品在德化网等网络及微信群上发布后，受到广泛关注，引起强烈反响。其中曾晓忠创作的闽南语、普通话双语歌曲《防控冠状病毒之歌》获“福建文艺网”推广。

【德化县成立文艺讲师团】 2020年2月27日，德化县成立文艺讲师团。首批讲师团成员共10名，成员来自县文联机关和所属9个协（学、研究）会，常年开展“文艺进校园”“文艺进机关”“文艺进乡村”“文艺进社区”“文艺进经济实体”活动，到校园、机关、乡村、社区、经济实体举办适当规模的文艺讲座若干场次，讲解文艺知识，传播文艺信息，传授文艺技能，让文艺走进群众心中，扩大艺术的社会普及度。

【“瓷帮古道”德化故事文学采风活动】 2020年4月18日，“瓷帮古道”德化故事文学采风活动在龙浔镇高阳村举行，此次活动组织作家徒步“瓷帮古道”和走访相关人物、企业，深入系统地挖掘德化深厚的古陶瓷文化，探寻“瓷帮古道”沿线及关联乡村、企业人文景观，广泛收集与德化陶瓷关联的德化故事，创作8万—12万字的主题文学作品，不断扩大德化白瓷的影响力，进一步提升世界陶瓷之都·德化的知名度。

【“牛山牛瓷　石牛神韵”作品展】 2020年7月1日，“石牛神韵”作品展，共展出130位书画家的158幅书画作品，作品有以古今吟咏石牛山诗词联文为题材的书法作品，有取材自石牛山美山秀水的绘画作品，也有聚焦石牛山景区山光水色的摄影作品。展出作品以《石牛神韵》为名结集出版。“石牛山杯”硬笔书法比赛，收到作品481幅，其中成人作品243幅，学生作品238幅。经专家现场评审，分别评出成年组、少儿组一、二、三等奖及优秀奖共134名。此次展出139件，为获奖作品及5件特邀嘉宾创作的精美作品。

【“万家书画进万家”大型公益活动走进德化】 2020年9月15—16日，“万家书画进万家”大型公益活动走进德化，体验书法艺术与生活瓷盘完美结合的艺术之旅。此次活动在德化立象陶瓷有限公司举行，来自福建省艺术培训协会的多位书画家齐聚一堂，将书画艺术与陶瓷完美结合，在瓷盘上进行创作。

【“让小说走进人民”暨海丝文学创作交流系列活动】 2020年12月11日，“让小说走进人民”暨海丝文学创作交流系列活动在泉州举行，多位知名作家携手走进德化采风，感受陶瓷文化，交流分享海丝题材文学创作理念。作家们到陶瓷博物馆、亿加艺品、月记窑、顺美陶瓷生活馆等处采风。

（县文化体育和旅游局）

文化场馆

【概况】 2020年，德化县有文化馆、图书馆、博物馆各1家，各文化场馆开展免费开放、举办展览等活动。在县图书馆分馆桂祥图书馆设立“德化县陶瓷图书专馆”，填补德化县陶瓷图书馆空白，至年底，购买、收集各类陶瓷书籍1700多册。

【文化馆】 2020年，县文化馆深入全县各乡镇、村（社区），开展南音、高甲、木偶戏、文艺演出20多场，举办书法、摄影、刻纸展览40多场，书法、舞蹈、古筝、钢琴、葫芦丝、摄影、声乐等免费开放培训。组织节目参加县政府举办的第二十届瓷都广场文化活动演出，举办中华人民共和国成立71周年摄影展、美术写生作品展；配合县委、县政府举办第三届中国（德化）茶具产业博览会文艺演出等。

【图书馆】 2020年，县图书馆有藏书39.6万册，电子图书10万册，办理图书借阅证1132张，接待各类读者106140人次，借阅文献图书92803册次，为读者提供咨询服务126条。

桂祥图书馆建筑面积1500平方米，总投资700万元，有藏书30753种、40153册，总码洋164.03万元。

【博物馆】 2020年，县陶瓷博物馆进一步健全免费开放制度，累计接待观众5.25万人次，其中未成年观众4750人次。新增藏品4件。举办临时展览5场：瓷语·出入——当代德化窑·李锦峰瓷塑作品展、德化“牛山牛瓷 石牛神韵”作品展、建瓷工者·匠心致远——福建省工艺美术大师吴志勇陶瓷作品展、首届德化“中国白”中国传统陶瓷艺术双年展、瓷言釉话——梁双升、陈碧珍陶瓷艺术作品展。参加省文物局在新疆昌吉回族自治州举办的“交相辉映 耀世千年——福建黑、白瓷器展”。配合县申遗办整合屈斗宫窑、祖龙宫窑等陶瓷文化资源，建设宋元德化窑专题展示馆，展馆总建筑面积2400平方米，展厅面积500多平方米，展品500多件。配合福建省博物院考古研究所开展尾林—内坂窑考古发掘工作，发掘窑址面积300平方米，作坊面积50多平方米。配合做好徐本章文选《瓷都探论》首发式暨德化陶瓷文化座谈会。根据县防控办及文旅局的有关部署，做好疫情防控常态化工作，储备防疫物资、做好场馆消毒、实行预约参观、核验八闽健康码、测体温等方面工作，确保场馆有序开放。投入40多万元提升改造博物馆安防监控系统，切实加强博物馆文物和游客安全保障。

（县文化体育和旅游局）

文物保护

【概况】 2020年，德化县继续做好德化窑遗址申报世遗相关工作，同时做好文物安全检查和保护管理工作，公布第七批县级文物保护单位4处6个点。

【德化窑遗址申报世遗】 2020年3月6日，经国家文物局审批同意，福建博物院考古研究所正式进驻尾林—内坂窑，启动考古发掘工作，为疫情防控以来全省首个考古发掘开工项目。经过4个多月考古发掘，完成尾林窑、内坂窑考古发掘。7月17日，通过考古发掘项目专家组验收。发掘窑址和生产作坊面积400多平方米。首次在一个窑址中揭露4座横跨宋、元、明、清4个朝代，并有叠压打破关系的龙窑、分室龙窑、横室阶级窑，第一次较为完整地揭示德化窑从宋元时期的龙窑至明清时期的横室阶级窑的发展演变过程，填补德化古代窑业技术史的缺环；首次填补德化古代窑业在瓷土加工、制瓷工序上的缺环，为完整展示德化古代制瓷工艺技术提供重要的实物材料。

德化县完成《德化窑环境整治与保护展示工程方案设计》文本编制并通过国家文物局审批。根据方案设计，推进屈斗宫、祖龙宫、尾林—内坂窑址申遗点环境整治项目建设，完成尾林—内坂窑片区历史道路提升、排水沟渠修整、石台阶修缮、简易桥梁1和2建设、管理用房建设、入口广场场地平整、可拆卸式栈道建设以及入口区地形修整、恢复水田等环境整治项目。完成屈斗宫窑片区可拆卸式栈道、遗产客厅广场石材铺设、祖龙宫周边场地微地形处理、祖龙宫周边场地花草籽喷播、屈斗宫广场匣钵柴堆景观墙安装、篮球场围网安装、公交站广场基层处理及石材铺设等环境整治工程。设置独立通道通往屈斗宫窑址，解决以往与学校同一出入口的问题。迁移尾林—内坂窑片区内窑址旁、主道路旁的坟墓18穴。制定并实施禁养补偿方案，在遗产区出入口处安装设立禁养公告牌6块，入户签订3份禁养补偿承诺书，对遗产区实行禁牧。

德化县召开展示馆陈列大纲专家认证会，多次修改完善并确定展示馆陈列大纲。完成展示馆方案设计。腾空搬迁屈斗宫旁原教学楼教室作为德化宋元窑址展示馆。经政府采购程序确定福州博源会展有限公司为展示馆设计与建设单位，展示馆内外装修完成，着手制作展板以及筹备布展事宜。推进展馆藏品征集和借展工作，修复尾林—内坂窑考古发掘出土的具有较大价值和代表性的文物标本100多件；向国家文物局水下文化遗产保护中心借展“南海一号”德化窑瓷器13件，进一步充实和丰富展馆内涵。

完成申遗点界桩界碑的放样定位和现场安装134处。联系北京有关规划单位，启动编制屈斗宫城市遗址公园、尾林—内坂窑址考古遗址公园规划。完成2019年申遗档案整理，并移交市申遗档案中心。选拔确定中英文讲解员4名。成立德化窑遗址申遗办，在德化县文管办加挂德化窑遗址保护中心，增加编制1名。采取政府购买基层公共服务岗位形式，补充工作人员2名，进一步充实德化窑遗址保护中心队伍。通过招标形式确定物业管理单位对屈斗宫进行管理。

【文物安全】 2020年，德化县投资100多万元，完成屈斗宫窑、尾林—内坂窑主入口和窑址的监控、红外线安防设施等建设，在尾林入口处设立警务室，实行24小时值班。聘请安保人员6名，加强申遗点的日常管理和巡查力度。完成省级文物保护单位大兴堡、厚德堡、永革桥安防设施建设立项审批，并争取省级资金支持。

【文物保护管理】 2020年，德化县完成省级以上文物保护单位定线落图和县级文保单位定线落图初稿。对全县文物保护单位保护标志进行摸底调查，对12处缺失的标志文物点，组织乡镇撰写碑文，对碑文进行审定。下拨为民办实事资金，完成智慧用电系统建设，推进套管敷设标准化建设。加强数据化管理，完成县级文物保护单位和文物点数据录入。落实隐患排查整改，督促乡镇对隐患逐一整改销号，对未能短期整改到位的文保点做好隐患整改指导、进度跟踪，督促做好临时措施、制定长效整改方案。与县纪委监委联合开展覆盖18个乡镇的文物保护工作检查。组织乡镇开展自查，摸清家底，加强数据化管理，完善基础信息，做好不可移动信息电子数据录入。做好第七批县级文物保护单位申报评审工作，公布县级文物保护单位4处6个点。组织乡镇开展不可移动文物和革命文物补查。

（县文化体育和旅游局）

档案工作

【概况】 2020年，县档案馆有馆藏档案全宗144个，档案52257卷、19009件，资料13655册。做好霞田文体园、国际陶瓷艺术城等50个重点项目档案监督指导，持续推进三班镇泗滨村、杨梅乡云溪村“乡村记忆文化”项目示范村建设。做好移交档案的清理、质量鉴定和全宗卷编制工作，加强国有企业退休人员人事档案接收管理。落实档案安全保管利用，接待利用1670人次。提升档案信息化水平，完成馆藏档案全文扫描12个全宗3591卷。加强档案业务培训和宣传教育。

【重点项目档案监督指导】 2020年，县档案馆与县重点办联合下发《关于做好2020年度重点项目档案登记工作的通知》，与项目业主单位对接，做好霞田文体园、国际陶瓷艺术城等50个重点项目档案登记及材料收集、分类、整理指导工作，确保重点项目形成的文件材料收集齐全完整。其中，省重点项目彭村水库移民档案顺利通过省、市有关部门组织的水库移民竣工阶段档案专项验收，污染源普查档案管理工作高分通过市级验收。

【“乡村记忆文化”项目建设】 2020年，德化县对照《泉州市“乡村记忆文化”项目建设测评标准》，突出“一村一品、一村一韵”原则，采用项目化运作方式，在龙浔镇丁墘村试点村通过验收的基础上，持续推进三班镇泗滨村、杨梅乡云溪村“乡村记忆文化”项目示范村建设。三班镇泗滨村利用获评国家传统村落之机，在祠堂修建颜氏文化与陶瓷制作工艺展示馆和家风家训馆，杨梅乡云溪村利用闲置房屋修建纸龙纸狮和刻纸等传统民俗文化展馆。11月4日，泗滨村、云溪村通过泉州市第二批“乡村记忆文化”项目验收。

【涉改单位档案管理】 2020年，德化县下发《关于做好文件材料归档范围和档案保管期限表报审工作的通知》，指导26个涉改单位编制《机关文件材料归档范围和文书档案保管期限表》，进一步提升涉改单位档案规范化管理水平。

【馆藏档案管理】 2020年，德化县按照省、市档案局全面推进档案馆业务评价和规范化建设要求，对照《福建省市、县级综合档案馆内部业务建设评价标准》及《德化县档案馆内部业务建设分解表》，研读评价标准，逐项逐条自检自评。对馆藏满30年的97个全宗7092卷档案进行开放鉴定，更新全宗卷22个、录入文件级目录数据6212条。

【档案资源建设】 2020年，县档案馆对立档单位室藏档案进行调查摸底，编制年度接收计划，做好移交档案的清理、质量鉴定和全宗卷编制工作，进一步丰富馆藏档案资源。接收县委办、党校、卫健局3个单位文书档案520卷，41个单位政府公开信息纸质、电子材料768份。至年底，县档案馆有馆藏档案全宗144个，档案52257卷、19009件，资料13655册。

【国有企业退休人员人事档案接收管理】 2020年，县档案馆按照国有企业退休人员社会化管理工作部署要求，启动国有企业退休人员人事档案接收工作，指定专人负责，严格按照相关规定，与国有企业对接，接收城建集团、文旅集团、烟草公司、石油公司、邮政公司、电信公司等国有企业人事档案1280份。

【档案安全保管】 2020年，县档案馆全面落实档案安全责任制，对库房安全状况开展检查评估，更新库房电器线路、视频监控等设施设备，确保档案安全"零"事故。不断提高安全意识和技术防范等级，强化数字化外包实施过程中档案的安全管理，严防信息丢失和泄露。

【档案利用查阅】 2020年，县档案馆创新服务方式，开辟函电代查、预约查档、寄件上门、跨馆查询等便民服务措施，为社会公众利用档案提供便捷服务。全年接待利用1670人次，提供档案利用3480卷次，出具证明1370份，为经济活动、工作查考、编史修志、落实政策、调解纠纷等提供第一手资料，发挥档案的社会效益。

【依法治档】 2020年，县档案馆根据县审改办要求，及时梳理行政审批和公务服务事项清单，精简办事环节，压缩办理时限，所有事项办理时限均压缩在法定时限35%以内，并全部转为"一趟不用跑"或"最多跑一趟"事项，其中"一趟不用跑"事项80%。抽查住建局、自然资源局、赤水镇等10家单位档案安全情况，排查、梳理档案室安全风险隐患和薄弱环节，针对检查过程中发现的安全问题，提出整改建议21条，并要求迅速整改到位，消除安全隐患，筑牢档案安全防线。

【档案信息化建设】 2020年，县档案馆持续开展馆藏档案数字化工作，完成馆藏档案全文扫描12个全宗、3591卷，累计数字化47340卷，数字化率87.41%。同时，进一步强化数字化扫描质量管理，核对整理21个全宗的纸质档案、电子目录及全文扫描，修改县委组织部、劳动局等68个全宗的电子条目9941条，补录341条，修改全文扫描787条。

【档案业务培训】 2020年10月21—22日，县档案馆与县委组织部、县委党校联合举办全县档案业务培训班，从档案法律法规、文书档案、会计档案、声像档案、基建档案和人事档案等方面进行培训，提升全县档案专兼职管理人员的业务知识和操作技能，66个县直单位和18个乡镇档案专兼职管理人员参加。

【档案宣传教育】 2020年，德化县以"6•9国际档案日"为契机，开展"以档案见证脱贫"主题宣传活动，发放《民生档案小知识》、查阅利用须知等宣传材料300余份，接受群众档案利用咨询150多人次。组织近百名学生走进档案馆，体验档案查询利用服务，参观爱国主义教育基地展厅、档案资料库房，通过与档案和档案服务零距离接触，进一步体验档案文化，感受档案的独特魅力。

（李美春）

融媒体

【概况】 2020年，德化县以媒体融合发展为契机，不断加强主流媒体意识形态主阵地建设，整合传播机构，围绕县委、县政府重点工作开展宣传报道。县融媒体中心（《瓷都德化》侨刊乡讯）在市级以上媒体刊发（转载）1600多条次。其中，国家级媒体610多条次，《福建日报》320多条次，《泉州晚报》及其他市级媒体670条次。全年编辑出版《瓷都德化》报52期，开设专栏20多个，刊发专题报道文章200多篇。县融媒体中心获评"全省广播电视系统先进集体""全省十佳报道组"等称号。

【传播机构整合】 2020年，德化县整合广电局、电视台、广播电台、《瓷都德化》侨刊乡讯以及18个乡镇广播电视站并进行统一办公，确定"三定"方案，明确融媒体中心为县委直属正科级公益一类事业单位，归口县委宣传部管理。同时设立中心党支部、编委会、经委会等组织机构，明确中心负责人和各部门负责人，做到定岗、定人、定职、定责，形成责权清晰的领导体系。整合重组下属国有企业，实现政企分开，采编经营分开，专业从事影视制作、媒体经营以及陶瓷、旅游文化推广等经营创收，反哺融媒体中心发展。

【平台载体建设】 2020年，德化县优化融媒体指挥调度中心，接入省广电网络平台，建成自主、安全、可控的融媒体智慧管理平台，做到音频、视频、图片、文字等信息互动，实现新闻信息的"一次采集、多种生成、多元传播、全方位覆盖"。实施移动优先发展战略，打造"瓷都德化"新闻网、"瓷都德化"APP和"瓷都德化"微信公众号，建设媒资库，让"德化声音"唱得更响、传得更远。

【合作渠道拓宽】 2020年，德化县不断加强报刊、广播、电视等传统媒体改版升级，将传统媒体搬到网络上，不断提升收（观）看收听率，入驻人民日报、新华社、央视频、学习强国、新福建、腾讯、今日头条、抖音等网络视讯平台，传统媒体与新兴媒体优势互补、此长彼长的态势日益凸显，报纸、广播、电视、新媒体同步同向发力，传播力、影响力、引导力、公信力有效提升。

【德化广播影视文化传媒有限公司重组】 2020年4月，县融媒体中心整合重组下属国有企业——德化广播影视文化传媒有限公司，实现政企分开，采编经营分开，专业从事影视制作、媒介策划、影视包装、媒体经营以及陶瓷、旅游文化推广等经营创收，注册德化广影传媒等直播账号，在全省县级媒体率先开展“瓷都热淘”主播直播带货活动24场，推介德化陶瓷、黑鸡、德化梨、黄花菜、茶油等“土”特产，为全县农副产品打开市场、助力脱贫攻坚开启一扇新的大门，“瓷都热淘”直播带货签订购销战略协议5000多万元。

【基础设施建设】 2020年，德化县开展“智慧广电乡村工程”试点建设，持续做好农村有线广播“村村响”工作。疫情防控期间，及时修复“村村响”设备70多起；投入80余万元，建设观音岐转播台新50米铁塔，落实九仙山、观音岐高山转播台中央广播电视节目无线覆盖工程维护，全县可免费收看中央、省、市、县16套电视节目以及相关广播节目，提升无线广播电视发射信号覆盖效果，信号更稳定、覆盖面更广。投入450万元，建设完成高清电视节目采集、制作、播出、存储系统，实现德化电视台综合频道高标清并机播出。

【电视节目创新】 2020年，县电视台《德化新闻》进一步改进时政报道，减少会议报道，改进领导活动、会议新闻报道方式，强化新闻内容的延伸报道，更注重舆论引导、监督，

2020年6月2日，县电视台主播直播带货 （图 / 县融媒体中心）

把话筒镜头对准基层，多报道社会热点难点问题。其中《奏响国歌第一人——罗浪》专题片获2019年度泉州市广播电视艺术奖短纪录片二等奖，在系列片《泉州故事》（第二季）评比中获二等奖；《方寸之间有乾坤》专题片在朱德故里·德乡仪陇全国百家县级融媒体集中采访、联合播出活动中被评为三等作品。全年播放“社会主义核心价值观”“疫情防控”“移风易俗”“创建文明城市”“脱贫攻坚”“爱心幸福城”等文字图像公益广告5万多条次。

【电影放映】 2020年，县电影发行放映公司承担的农村电影放映“2131”工程职责划转由县广播电视台承担，具体工作由德化广播影视文化传媒有限公司负责。县广电局加强农村电影放映员队伍管理，举办培训班，落实原乡镇老电影放映员政策，按时足额发放生活补助金。加大主旋律电影放映工作，继续实施一村一月放映一场电影工程。全年农村公益电影放映2292场。

【新闻报道】 2020年，县融媒体中心结合县委、县政府各时期重要工作以及民生热点，开设“世界陶瓷之都”“全域旅游”“疫情防控”“爱心幸福城”“创建文明城市”等专栏。县电视台发稿3000多条、专题200多期；县广播电台直播节目1000多期，联办专题节目500多期；报纸出版52期，刊发专题报道文章200多篇；新媒体推送稿件6000多条、日均阅读量1万人次以上。特别是疫情发生后，发挥媒体融合优势，打通疫情防控宣传引导“最后一公里”，编播广播电视相关新闻370多条次，拍摄制作播出疫情防控宣传片4部；报刊刊发专题报道近百篇次；微信公众号、微博、抖音等新媒体刊发（播）涉德化县疫情防控宣传报道2000余条次，推进疫情防控、复工复产工作。

德化融媒体中心按照“一次采集、多次生成、多平台发布”的采编发布机制，深入挖掘新闻亮点，提炼报道选题，上大台大稿的数量大幅增加。在《人民日报》、新华社、中央广播电视总台等市级以上媒体刊播新闻、专题1000多条次，其中在《人民日报》刊发《精准稳妥复工复产》（头版）和《福建德化：直播陶瓷手绘》《瓷韵·文学之旅》《战疫，发挥中医药独特优势——德化县医院中

药师在根据处方配中药》等4条新闻，创德化新闻宣传工作新纪录。新华社推送的《陶瓷“世界工厂”新面貌》阅读量超100万人次，《泉州德化石牛山景区将于8月8日正式开园迎客》阅读量超150万人次，扩大德化“朋友圈”，壮大“世界陶瓷之都”影响力。

【疫情防控专题报道】 2020年，县融媒体中心统筹各类媒体资源，创新宣传方式，在电视台、广播电台、《瓷都德化》报以及《瓷都德化》微信公众号、微博、抖音等各平台开设“德风化疫”“众志成城抗疫情”“战‘疫’先锋”“联防联控”“文艺抗‘疫’”“战‘疫’手记”“德风化‘疫’ 共护家园”等专题专栏，宣讲疫情预防知识，突出传递党和政府打赢疫情防控阻击战的信心和决心；及时发布各级疫情防控工作动态、通报和举措，把权威的信息第一时间送到群众手中；常态化报道干部、党员和群众积极投入疫情防控的先进典型事迹。拍摄制作《德化县防控新冠肺炎疫情工作“三字经”》《预防性消毒操作方法》《德化方言四句》等多部宣传片，并在电视台和广场LED显示屏播出。第一时间播出疫情通告，凡是疫情防控应急指挥部的通告，第一时间编辑制作，并在《德化新闻》栏目和新闻前后重点时段安排播出，确保每条通告每天播出不少于10次，对疫情防控政策措施进行宣传解读，为打赢疫情防控阻击战提供舆论支持。全年在电视台、广播电台编播相关新闻500多条次，拍摄制作播出疫情防控宣传片4部。在《瓷都德化》微信公众号、微博、抖音等各平台刊发（播）涉德化县疫情防控宣传报道2000余篇次。在《瓷都德化》报刊发《“疫”线传真》等专题报道150多篇次。

在做好地方媒体宣传的同时，注重外宣工作，有关防疫抗疫和复工复产的宣传报道在新华社、《人民日报》、《福建日报》、《泉州晚报》等各级媒体刊发300多篇次。其中，2020年2月27日，在《人民日报》头版刊登图片新闻，将镜头聚焦县妇幼保健院建设工地上忙着搭建脚手架的工人，展示德化精准稳妥推进复工复产的有力作为。3月3日，在《人民日报》第10版视觉版刊发《战疫，发挥中医药独特优势》专题报道，再次将镜头对准德化县医院中药师根据处方调配中药。另外，《赶制外贸订单忙》《福建德化：守护千年香樟》等8组图片被“人民图片网”采用。“体检车开进项目工地”和“为复工复产‘充电打气’”分别于2月20日和3月14日大图刊发于《福建日报》头版。

【陶瓷产业宣传报道】 2020年，德化县《打好陶瓷转型“后半场”》《打造城乡美景 共建幸福家园》《全域旅游的“德化模式”》《“四比四拼”促瓷都发展》《在“创新”上动脑筋 在“创优”上下功夫——德化县保底创优亮点纷呈》。年底，县委宣传部联合《泉州晚报》及《东南早报》重磅推出“五个年”系列报道，《瓷都德化》侨刊乡讯配合做好采编工作，相关文章被新华社、《人民日报》、中新社等权威媒体转载，引发社会各界广泛关注和热议。

【全域旅游宣传报道】 2020年，县融媒体中心结合石牛山景区开园、中国德化陶瓷博览会暨茶具文化节（简称“一会一节”）、首届德化“中国白”中国传统陶瓷艺术双年展等各大主题活动，拓宽外宣渠道，进一步提升世界瓷都的知名度。8月8日，石牛山景区正式开园迎客，县融媒体中心联合景区开展“找热点”“蹭热点”活动，策划生成《带你游石牛》《主播带你游》《全域旅游》等专题专栏，在中心所属各媒体平台开展系列宣传报道，为石牛山景区的开园宣传造势，在报纸、广播、电视刊播相关新闻200多条次，制作并刊播石牛山风光片10部1000多条次，在微信公众号、微博、抖音等平台刊播200余条次，提升石牛山景区知名度、美誉度。同时，加强与上级媒体沟通联系，开园当天，中央、省、市媒体60余家编辑记者近百人到景区宣传报道，在海内外各大报纸、电视、网络上发布相关新闻报道210多条次。10月17日，“一会一节”在中国茶具城开幕，新华社、《人民日报》、中新社、《光明日报》、《经济日报》《福建日报》、《泉州晚报》等媒体进行全方位报道，刊发稿件100多篇次。12月15日，首届德化“中国白”中国传统陶瓷艺术双年展开幕式暨颁奖典礼举行，40多家媒体争相报道德化瓷旅相融、走出传统艺术与地方产业和旅游良性互动之路。

【乡村振兴与脱贫攻坚宣传报道】 2020年，在乡村振兴与脱贫攻坚宣传工作中，德化县融媒体中心（《瓷都德化》侨刊乡讯）利用“脱贫攻坚”“走向我们的小康生活”“乡村振兴”等栏目，通过深入挖掘各类乡村振兴及巩固脱贫攻坚成果的典型人物和典型案例，对接上级媒体并供稿。《“只要敢于奋斗，生活总会好起来”》等180多篇次重头稿子分别在《东南早报》、《泉州晚报》、《福建日报》、学习强国福建平台等媒体刊发。

5月，德化在全省首建“爱心幸福城”。县融媒体中心（《瓷都德化》侨刊乡讯）开设“爱心幸福城”“文明城市”“文明家风”等栏目，围绕主题，深入挖掘相关题材，做好有关报道，宣传正能量。《文明滋养，德化有了最美的样子》《德化在全省首建“爱心幸福城”》《用爱筑城幸福长》等稿件在《福建日报》《经济日报县域经济报》《泉州晚报》《东南早报》等媒体刊发。

（张德兴）

体 育

综 述

【概况】 2020年，德化县逐步完善体育设施，向上争取笼式足球项目奖金40万元，美湖镇、云龙谷景区申报体育产业特色基地、示范项目。德化少体校参加省级及以上比赛，获得5枚金牌、6枚银牌、2枚铜牌。

【体育产业】 2020年，德化县有游泳经营单位9家、漂流企业4家，体育产业产值800多万元。南埕镇获评省级体育产业示范特色基地。

【体育社团】 2020年，德化县加强对体育社团的领导和建设，成立德化县勇航青少年足球俱乐部、德化县自强青少年足球俱乐部，丰富体育活动项目的同时进一步强化对体育项目的统筹指导。至年底，全县有体育协会（俱乐部）24个，会员2万多人。

【南埕镇获评省级体育产业示范特色基地】 2020年1月17日，2019年度福建省体育产业示范基地名单正式出炉，南埕镇获评省级体育产业示范特色基地。德化县通过创建体育产业示范特色基地，培养公众体育健身习惯，引导体育消费，推动全县体育产业持续发展。

群众体育

【概况】 2020年，德化县举办首届石牛山“牛人杯”五人制足球联赛、“庆国庆·信合杯”职工男子篮球赛，活跃全县体育活动，促进体育产业发展。举办德化县第24届全民健身节暨“全民健身日”系列活动，提升全民身体素质和健康水平，丰富瓷都群众文化体育生活。举行第24届全民健身节和“百场万人”体育活动，克服疫情带来的影响，举办“全民健身日”系列体育活动，系列活动共有16个项目，约3500人次参加。

【首届石牛山“牛人杯”五人制足球联赛】 2020年6月7日，首届石牛山“牛人杯”五人制足球联赛在县体育场拉开战幕。联赛的队伍包括石牛山足球队、文旅集团足球队、勇航足球队等7支队伍，最终角逐出冠军、亚军、季军、纪念奖各1支队伍，以及优秀队员7人。

【第24届全民健身节暨“全民健身日”系列活动】 2020年8月，德

2020年7月27日，德化县第24届全民健身节暨“全民健身日”篮球比赛在德化一中举行

（图/县文化体育和旅游局）

化县全民健身领导小组、县体育总会联合举办第24届全民健身节暨“全民健身日”系列活动。系列活动包含了太极拳展示、骑行、环唐寨山健身跑、健身操、徒步、象棋、游泳、篮球等16个竞赛项目，涵盖老、中、青各个年龄段人群，通过举办此次系列活动，进一步推动全民健身活动的深入广泛开展，引导群众树立健康向上的生活理念，培养健康的生活方式，提高身体素质。

竞技体育

【概况】 2020年，受疫情影响，体育赛事较往年少。德化少体校参加省级及以上比赛获得5枚金牌、6枚银牌、2枚铜牌。其中，5枚金牌获得者分别是陈其印获得2020年“一带一路”中国跆拳道公开赛青年男子组48公斤冠军，郑志鹏获得2020年福建省青少年U系列田径冠军赛男子U18组400米两站冠军，林翠萍获得2020年福建省青少年U系列跆拳道冠军赛（武夷山）甲组女子44公斤第一名，许诗莹获得2020年福建省青少年U系列击剑冠军赛女子花剑团体冠军。

【德化籍张伟松获2020年全国击剑冠军赛首站比赛冠军】 2020年10月13日，2020年全国击剑冠军赛首站比赛在南京落幕，代表福建队参赛的德化籍运动员、县少体校输送运动员张伟松，获得成人组花剑男子团体冠军。该赛事为全年首场全国性击剑赛事，共吸引30个参赛单位580余人参赛。

【德化八中代表队获市太极拳青少年锦标赛一等奖】 2020年10月18日，福建省全民健身运动会泉州市第21届太极拳健身赛和第17届太极拳青少年锦标赛在泉州市侨乡体育中心侨乡馆举行，德化第八中学代表队获太极拳青少年锦标赛一等奖。

【德化籍陈其印获中国跆拳道48公斤级比赛全国冠军】 2020年11月13日，2020“一带一路”中国跆拳道公开赛在西安城市运动公园体育馆拉开帷幕，来自北京、河北、广东、陕西等地27支代表队的近450名选手参赛。德化籍跆拳道队运动员、德化五中初二学生陈其印，在青年男子48公斤级比赛中斩获冠军。

体育设施建设

【体育重点项目建设】 2020年，德化县加快推进体育重点项目建设，霞田文体园体育馆、游泳馆项目进行基坑及边坡支护工程、桩基工程施工；隆中路南段道路工程完工并实现通车；凤洋村体育活动中心开工建设，室内场地面积约为3000平方米。

【群众体育设施】 2020年，德化县做好社会公共体育场建设和县体育场维修管护，为群众健身运动提供保障。完成体育场统计调查工作，全县体育场地面积64.1万平方米，人均体育场地面积2.16平方米。

【德化县霞田文体园体育馆主体封顶】 2020年12月，作为泉州市重点在建项目——德化县霞田文体园体育馆主体封顶，游泳馆一层板浇筑完成。德化县霞田文体园（体育馆、游泳馆）项目位于龙浔镇丁墘村，占地约6.13公顷，体育馆建筑面积约1.6万平方米，建成后可容纳约2600个座位；游泳馆建筑面积约1.3万平方米，建成后可容纳约850个座位。

（县文化体育和旅游局）

2020年12月，霞田文体园体育馆主体建设封顶 （图／张九强）

卫生健康

综 述

【概况】 2020年，德化县有各级各类医疗卫生机构240家，其中公立医院2家、私立（民营）医院1家、乡镇卫生院16家、社区卫生服务中心2家、村卫生所（室）219家。每千人口床位5.82张（1538张），每千人口执业（助理）医师2.2人（652人），每千人口注册护士2.68人（801人），每万人口全科医生3.3人（99人）。

【卫生队伍建设】 2020年，德化县通过事业单位公开招聘发布17个岗位，公开招聘研究生学历专业技术人员4人；采取聘用编外人员的方式予以补充62人，其中县医院招聘编外人员19人、县中医院招聘编外人员24人、乡镇卫生院招聘编外人员19人。县医院成立陈良龙、叶建新、朱坤寿3个“名医工作室”。全县高级职称卫技人员占比不断提高，县级二甲医院高级职称、中级职称、初级职称人员比例由18:40:42提高到22:40:38，其他医院及基层卫生院比例由14:40:46提高到18:40:42。

【卫生基础设施建设】 2020年，县医院龙门滩隔离病区（龙门滩镇卫生院）争取到中央预算内投资补助资金800万元，完成旧办公楼改造及部分设备购置。县妇幼保健院投入3700万元，完成主体工程建设。县第三医院完工并投入使用，增加精神科床位200张。县医院完成医技楼建设并投入使用，成为全市首家实现医技检查可“一站式”完成的县级医院；建成立体停车楼并投入使用，新增停车位351个。

【疫情防控】 2020年，德化县持续抓好医疗机构疫情防控与医疗救治工作，严格执行预检分诊和发热门诊工作流程。分别投入1800万元、130万元，在县医院和中医院规范新建、改造发热门诊楼。落实“一患一陪护”、禁止探视和门禁管理等制度。组建核酸采样队40支、共240人。设立县医院为定点救治医院（床位209张），县中医院为后备收治医院（床位90张）。推进“百医进百校”“千医连万企”助力复学复工，选派医务人员进驻学校、企业（旅游景区）进行医疗服务、消杀及防护指导。严格医院感染管控工作，建立院内感染督导员制度，做好主动监测，控制医院感染风险。

【健康扶贫】 2020年，县卫健局联合扶贫办、民政局等部门制定大病专项救治实施方案，每月及时将医保核准的建档立卡贫困人口增减员名单下发到各医疗卫生计生单位进行核查，并建立相关工作台账。完成定点医院医保信息系统与医院HIS系统功能（建档立卡农村贫困人口患者住院身份识别）改造对接工作，开通就医绿色通道，如期实现“先诊疗，后付费”的结算服务。组织人员对贫困对象实行网格化全面入户排查，逐一记录贫困患者大病情况，对符合大病救治且愿意接受治疗的贫困户，由当地政府负责送到定点医院治疗；对符合大病救治但不愿意、不方便接受治疗的贫困户，为其提供送医送药上门服务，实行跟踪管理，及时录入全国健康扶贫动态管理系统，确保贫困人口一个不漏、一个不少。1—11月，贫困人口在县医院和中医院住院782人次，报销比率95.41%，自付比例4.59%，其中大病住院134人次，报销比率97.54%，自付比例2.46%，达到上级要求的住院自付费用控制在10%和大病自付费用控制在5%以内的目标；特殊门诊6362人次，报销比率98.98%，自付比例1.02%。开展家庭医生签约服务工作。建立一户一档工作台账，加强疾病动态管理，强化扶贫政策衔接，解决“因病致贫、因病返贫”问题。全县有家庭医生签约服务团队 62 个，参与签约的家庭医生 533 人，其中县级医院医务人员 24 人，乡镇卫生院、社区卫生服务中心医务人员 271 人，乡村医生 238 人。建档立卡贫困人口 4676 人，慢病管理 603 人，做到应签尽签。夯实基层基础，确保全县贫困人口医疗有保障。全县 50 个贫困村卫生所通过标准化建设，医保专线开通 49 个、1 个村卫生所由当地卫生院承担，基本满足贫困村群众医疗服务需求。在疫情防控期间，医务人员通过微信、电话等形式及时了解贫困人口的健康状况，为高血压、糖尿病等病人进行用药指导，同时为贫困户发放油、米及口罩等用品，做到疫情防控与家庭医生签约服务工作“两不误”。

【中医药发展】 2020 年，德化县构建中西医融合的服务格局。进一步巩固“全国基层中医药工作先进县”招牌，建成县中医院中医药文化基地并通过省卫健委考核验收，推动中医药文化传播；建设国宝、大铭 2 个卫生院中医馆，全县乡镇医疗机构中医馆建设率 100%。加大中医药传承，建成“郑国进基层名老中医工作室”并开展传承工作，新增 4 名师承人员跟师学习中医药知识。推进“中医药 +”建设，将塔兜御汤宫温泉康体养生基地融入中医药文化建设因素，集养生与休闲为一体，开展中医养生活动。在南埕中小学生校外实践基地开展中医药文化进校园活动，宣传中医药文化的价值观念，传承创新中医药理论基础，普及中医药健康知识，弘扬中医药传统文化。

【爱国卫生运动】 2020 年，德化县发动各乡镇各单位常态化开展爱国卫生运动，发放张贴宣传材料 4.16 万份，张贴宣传海报、标语 73543 处，参与爱国卫生运动 9692 人次；开展集中整治活动 378 次，整治村庄（社区）180 个，整治市场 21 个，集中整治“四害”孳生地 5692 处。在主城区统一开展两轮大规模除“四害”消杀活动。投入鼠药 9 吨，灭蚊药物 450 千克，灭蝇药物 150 千克，完成公共外环境热烟雾灭蟑螂 50 千米以上。做好农村户厕无害化改造建设工作，制定下发《德化县卫生健康局等五部门关于印发德化县 2020 年农村户厕无害化改造建设项目工作实施方案的通知》，将 350 户任务分解到各乡镇，截至 10 月 10 日，全面完成改厕任务。指导赤水镇、国宝乡进行国家卫生乡镇创建，通过省级暗访和省级技术评估。指导赤水镇、上涌镇、春美乡 3 个乡镇及上涌镇西溪村等 30 个村（社区）创建 2018—2020 届省级卫生乡镇（村、社区）。

【医疗对口帮扶】 2020 年，德化县派出 7 名医疗队员，对口帮扶宁夏红寺堡贫困地区医疗工作。接收红寺堡区人民医院、妇幼保健计划生育服务中心、新庄集乡卫生院等单位的医务人员 6 人，到德化县进行为期 1—2 个月的进修学习。

2020 年 8 月 8 日，福建医科大学附属第一医院叶建新名医工作室签约暨揭牌在德化县医院举行 （图 / 县医院）

医疗改革

【紧密型医共体建设】 2020 年，德化县健全完善紧密型县域医共体运作机制和权责清单管理，加快推进总医院对分院“六个一体化”建设。完善提升县乡分级诊疗平台，推动骨科、儿科 2 个省级临床重点专科建设，强化全国基层名老中医专家传承创新发展，深入开展“优质服务基层行”活动。

【医保改革】 2020 年，德化县深化医保支付改革，逐步拓展按病种收付费实施范围，签订 2020 年医保基金总额包干协议，总额包干2.49亿元/年。跟进药品集中带量采购，德化县87个品种落地第二批、第三批国家药品集中采购，启动第四批国家带量采购药品的报量工作。持续推进医用耗材制度改革，组织4家公立医疗机构参加市联合带量采购联盟。

完成世行贷款医改促进项目指标任务建设。全年城乡居民医保参保人员县域内住院量占比79.61%，居全市第一。

【“互联网+”医疗创新】 2020年，德化县先后投入4700多万元，推进德化“互联网+ 医疗健康”信息化建设，以及建设县域医学影像中心、心电诊断中心等“六大中心”，实现医共体内诊疗信息互联互通和检查检验结果互认。

基本公共卫生服务

【概况】 2020年，德化县以县医院和中医院为龙头的医共体为主体，在16个乡镇组建巡回医疗服务团队，为广大群众提供基础医疗、家庭医生签约和基本公共卫生服务。为留守群众诊疗1万多人次，为糖尿病、高血压等慢性病患者入户体检5500余人次、送医送药7500余人次。

【健康管理】 2020年，德化县整合城乡公共卫生资源，在龙浔和浔中2个镇社区卫生服务中心组建孕产妇和儿童健康管理服务团队，由乡镇卫生院每月一周安排1名妇幼专业人员到城关加入服务团队，为全县孕产妇、儿童提供健康管理服务。将老年人、高血压、糖尿病、孕产妇、儿童和严重精神障碍患者等特殊群体健康管理纳入各乡镇党委及政府绩效考核评估，引起乡镇党委、政府的重视和支持，由政府出面组织村干部发动村（社区）居民参加健康体检和健康讲座，动员老年人、高血压、糖尿病等重点群体主动参与健康管理，进一步提升居民健康管理率，推动全县基本公共卫生服务均等化。建立居民健康档案28.06万份，城乡居民电子建档率94.19%。65岁以上老年人建档25036人，完成合格体检18909人，

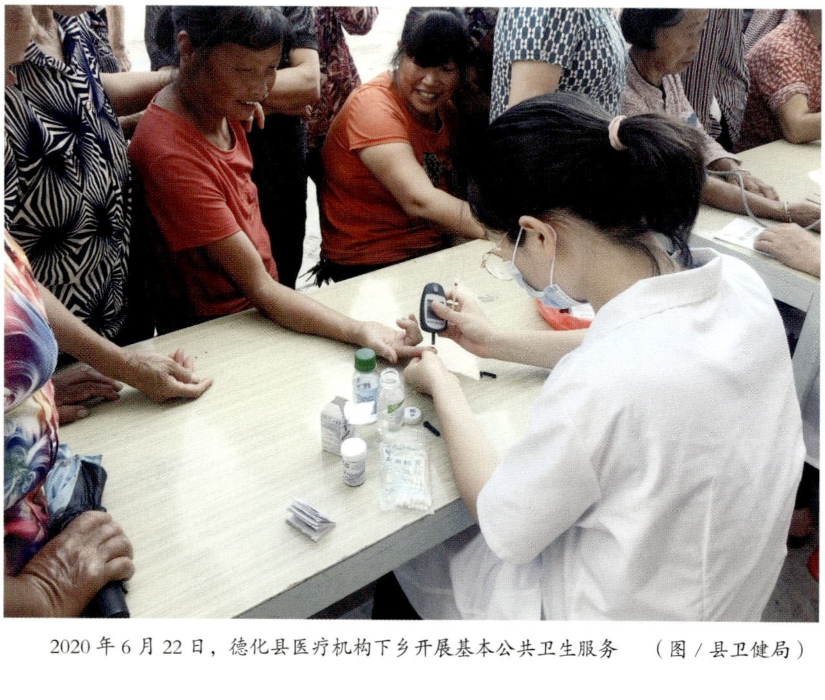

2020年6月22日，德化县医疗机构下乡开展基本公共卫生服务　（图/县卫健局）

健康管理率72.5%。慢性病管理方面，高血压管理21590人，规范管理17329人，规范管理率80.26%；糖尿病管理6529人，规范管理5240人，规范管理率80.26%。登记并管理严重精神障碍患者1386例，规范管理1321例；患者检出率4.67‰，规范管理率95.31%。

【基层医疗卫生机构“双达标”建设】 2020年，德化县对接市级任务，统筹全县卫生资源，利用医共体内的设备共享方法，推进全县基层医疗卫生机构逐步实现“双达标”建设。安排龙浔、浔中、赤水、三班、水口和上涌6家基层医疗卫生机构上报市级基层优质服务行（基本标准）工作，6家基层医疗机构顺利通过市级专家复核，并报省卫健委备案。

【老年健康服务体系建设】 2020年，德化县强化3家养老机构疫情防控责任，采取封闭式管理，并做好入住老年人和工作人员的健康监测。投入5万元用于开展医养结合工作，龙浔镇、浔中镇社区卫生服务中心分别挂钩盈康源敬老院、夕阳红敬老院、爱心养老院开展医养康护工作。组织开展对全县高风险失能老人185人的入户调查，经评估核实为24人；同时做好建档立卡失能贫困老年人的照护工作。加强基层老年协会规范化建设。新申请注册登记老年协会225个，注册率95.74%。拨付三班镇、葛坑镇葛坑村等8个老年协会各1万元补助资金，用于添置老年协会活动设施。重阳节期间，慰问百岁、空巢、失能、困难老人等1058人，发放慰问金24.34万元。

【助残医疗服务】 2020年，德化县开展“暖心服务”、改善医疗服务

2020年6月3日，县卫健局组织县医院、中医院、第三医院相关评定医师到赤水镇、国宝乡为部分出行不便的残疾人开展上门评残办证服务活动 （图/陈仁惠）

行动，为全县118名残疾人进行现场集中评残，为20名残疾人上门评残。在全省二级以上医院满意度问卷调查中，县医院、中医院分别位居全市第六名、第九名。

妇幼保健

【妇幼健康服务】 2020年，县妇幼保健院免费发放叶酸2800人，完成率100%；完成省级为民办实事“两癌”检查项目1800人，任务完成率100%；市级为民办实事“两癌”检查项目1500人，任务完成率100%。完成托幼机构儿童健康体检12230人次，入园体检6817人次，幼儿园教师健康体检1845人次。

【孕产妇管理】 2020年，德化县产妇3899人，活产3900人；产前检查3515人，产前检查率90.12%；孕产妇系统管理3483人，孕产妇系统管理率89.30%；住院分娩率99.97%。产后访视3676人，访视率94.26%；孕产妇死亡病例2例。免费婚前检查927对，免费婚检率50.35%。

【儿童保健】 2020年，德化县共有7岁以下儿童41112人。全年完成儿童保健37174人，儿童健康管理覆盖率90.42%。

卫生监督与疾病防控

【卫生综合监督】 2020年，德化县组织开展全县卫生监督检查，涉及各类医疗卫生机构766户次、公共场所522户次、集中式供水单位3户次、学校卫生46户次、餐饮具集中消毒和消毒产品企业12户次。下达指导性意见书1061份，针对检查发现的问题下达整改卫生监督意见书69份，督促有关单位全面落实各项整改。全年立案查处23起，吊销医疗机构执业许可证1家，罚款15.8万元，没收违法所得3449元。

【职业健康调查】 2020年，德化县职业健康调查完成127家企业录入审核工作，完成率100%。全县完成尘肺病人调查44人，其中存活35人、死亡5人、需外省协助调查4人，完成调查率90.9%。在存活的35人中，享受工伤保险保障18人、享受城乡居民基本医疗保险17人，享受保障率100%。

【职业健康监督执法】 2020年，德化县针对矿山、冶金、建材、陶瓷制造、水泥制造、石材加工等行业的尘肺病防治攻坚用人单位，组织开展职业健康监督执法工作。全年累计检查企业150余家，发现问题或隐患20余项，下达整改意见书20余份、指导性意见书90余份。

【传染病预防控制】 2020年，德化县报告法定传染病14种、802例，报告总发病率270.95/10万，与2019年度265.31/10万（778例）相比，上升2%。主要为病毒性肝炎、手足口病、肺结核、梅毒、其他感染性腹泻。

【计划免疫】 2020年，德化县所有国家扩大免疫规划疫苗接种率均达到95%以上。全县接种96459剂次，其中建卡4054个，建卡率99.15%。发证4054个，建证率99.15%，卡痕率95.31%。

（县卫健局）

计划生育

【计生管理与服务】 2020年，县计生协会通过政府采购的方式，向婴幼儿家长提供儿童早期发展辅导服务（12堂课），开展科学育儿讲座8场，服务计生家庭800余户。开展亲子互动辅导218场，服务计生家庭2180户。在德化一中、德化三中、德化八中举办“育学堂”青春健康成长之道、沟通之道活动13场，服务青少年和家长3800余名，引导青少年珍爱生命、健康成长。4月24日，德化县召开县计生协会第六届理事会第三次会议，补充更换第六届理事会理事8人、常务理事3人，聘任秘书长。12月，成立县计生协会党组和党支部，是泉州市第一个、全省第六个成立党组的县级计生协会。12月23日，德化县在乡镇机构改革中，明确将“计划生育家庭服务与宣传教育”列入改革后的综合性事业编制机构“社会事务服务中心”具体职能，实现乡镇协会队伍有专人做事。

【计生扶助与奖励】 2020年，县计生协会开展“两节”送温暖活动，慰问计生特殊家庭（独生子女死亡或伤残的家庭）、计生困难户、计生低保户、困难计生工作者等计生困难对象263人，发放县级慰问金23.18万元。提高紧急救助标准，重大病灾计生户属独男户、一女一男户的，给予一次性救助1500元；属独女户、二女户的，给予一次性救助2000元；属低保户或者建档立卡户的，给予增加救助500元。病灾户住院医疗费用（以医疗费发票为据，下同）达10万—20万元的、20万—30万元的、30万元以上的，分别给予增加救助1000元、2000元、3000元。全年县级救助25人，救助金额8.46万元；上报市计生协会救助13人，救助金额2.6万元。母亲节前夕，深入龙浔镇、浔中镇、盖德镇、赤水镇、杨梅乡等5个乡镇，看望慰问9名坚强母亲、阳光母亲代表，送上节日的祝福和慰问金。为全县36户失独家庭免费购买城乡居民医疗保险、住院津贴保险、住院医疗补充保险和意外伤害保险。为失独家庭提供免费体检。指导乡镇为每个失独家庭成立一个关爱小组，定期走访慰问。建立“失独家庭心理慰藉援助中心”帮扶平台，为失独家庭在生活照料、心理疏导、精神慰藉、养老关怀、再生育服务等方面提供服务。将计生二女户家庭、计生特殊家庭和计生低保家庭确定为计生家庭意外伤害保险重点对象，并按县50%、乡镇村40%、个人10% 出资比例承担其保险费用。全县有12497户计生家庭参加意外伤害保险，缴纳保险金124.97万元（其中个人投保6495户），理赔95起，理赔金额39.39万元。计生小额贷款贴息帮扶187户，贷款额度935万元。采取“奖学+助学”的模式，助力计生女孩户女孩上大学。对考取清华大学、北京大学的计生女孩户女孩给予一次性奖励5000元，对高考文科和理科成绩在全县最高分的计生女孩户女孩每人给予一次性奖励3000元。特困（低保户、建档立卡贫困户和近两年的重大病灾户）计生女孩户女孩，由县级以上计生协会给予大学全程资助。考取本科的，连续资助4—5年，每学年资助5000元；考取专科的，连续资助3年，每学年资助4000元。较困难对象，由县计生协会给予一次性资助3000元；一般困难对象由乡村给予资助。全年资助121人，发放助学资金48.4万元，其中全程资助大专以上困难计生女孩户女孩49人、发放助学金22.2万元。资助面100%。

【计生宣传与倡导】 2020年，德化县拍摄《懵懂的意外》微视频，获第五届健康中国微视频大赛优秀作品。联合葛坑镇政府拍摄微电影《银针》，获全国卫生健康影像大会“剧情类短视频铜奖”和“最佳人气奖”。联合省、市计生协会拍摄10集青春健康公益科普片《护航青春》，获市计生协会、市教育局联合发文推广，并在各级计生协会公众号及优酷、腾讯等视频网站刊播。拍摄以《初心永熙　使命在肩》为题的中国计生协成立40周年庆祝短视频，讲述德化县计生协会新时代、新思路，新谋划、新篇章。在金凤社区打造家庭健康文明主题公园，每隔数米设立不同的健康宣传标志牌，传播优生优育和健康素养知识。

（县计生协会）

社会生活

居民收入消费

【概况】 2020年，德化县全体居民人均可支配收入32586元、全体居民人均生活消费支出20802元，比上年分别增长3.4%、-1.6%。

【城镇居民人均可支配收入与支出】 2020年，德化县城镇居民人均可支配收入37702元、城镇居民人均生活消费支出23321元，比上年分别增长3.0%、-1.9%。

【农村居民人均可支配收入与支出】 2020年，德化县农村居民人均可支配收入18105元、农村居民人均生活消费支出13697元，比上年分别增长6.6%、0.3%。

社会保障

【概况】 2020年，德化县发放城乡居民养老保险金6673.21万元、被征地养老保障金705.77万元、失业金501.08万元、工伤保险待遇1598.47万元、生育保险金573.52万元；城乡居民基本医保享受待遇663970人次，基金支出21313.94万元。

【养老保险】 2020年，德化县机关事业单位养老保险参保人员10150人，其中在职7264人、离退休2886人。基金收入18570.62万元，其中基本养老12374.97万元、职业年金6195.65万元；基金支出17413.14万元，其中基本养老16948.21万元、职业年金464.93万元，职业年金上解归集到省11818.4万元。机关事业单位退休人员基本养老金人均月增资200.82元。全面推进全县机关事业单位离休（含“5·12”退休人员）、退休及退职人员养老金实现社会化发放，开展职业年金清算工作，做好“中人”待遇重算工作；企业职工养老保险，在职参保人员44984人，基金收入10734.36万元，支出15439.41万元。无力参保县级集体企业退休人员和未参保高龄职工老年生活保障金65.96万元。企业退休人员基本养老金人均增资130元。城乡居民养老保险参保人员160480人，缴纳保费2173.63万元，缴费率96.26%，居全市第二；待遇发放42415人，发放养老金6673.21万元，发放率99.97%，居全市第一。发放被征地养老保障金4682人、705.77万元。城乡居民养老保险基础养老金最低标准提高至每人每月130元。

【医疗保险】 2020年，全县城乡医保参保居民299066人，统筹基金收入25312.91万元，663970人次报销支出21313.94万元，节余3998.97万元。

全县职工医保参保29036人，其中在职职工21796人、退休人员7240人。基金收入9529.13万元，其中个人账户收入4137.04万元、统筹基金收入5392.09万元。160069人次报销基金支出9941.44万元，其中个人账户支出3427.93万元、统筹基金支出6513.51万元。统筹基金超支412.31万元。

【医保待遇保障】 2020年，德化县实施基本医疗保险、大病保险、医疗救助三重医疗保障制度，构建以基本医疗保险为主体、大病保险为延伸、医疗救助为托底的多层次医疗保障体系。全年基本医疗保险支出28008.65万元，受益824039人次；大病保险支出1112.83万元，受益6417人次；医疗救助支出490.21万元，受益32101人次。住院（含特殊门诊）政策范围内报销比例71.41%，实际报销比例62.4%。

【疫情防控医保助力】 2020年，德化县医保部门制定实施《德化县定点药店口罩网络预约售卖方案》，采取“预约+摇号”方式，售卖口罩

78.85万个，解决政府、定点药店和群众燃眉之急。在口罩供应最紧张时期，从厄瓜多尔低价采购一次性医用口罩10万个，增加县应急物资储备。预拨防控基金1250万元，结算2例疑似病例费用7129.49元。实施企业医保费减征缓征，为1400多家企业减征686.49万元。轮派干部到隔离观察点协助工作，抽调干部助力企业复工复产，《德化医保：党员黄德星“疫”线助力企业复工》在省医保局“医保战‘疫’故事”专栏刊发。

【医保扶贫】 2020年，德化县落细落实省级医疗叠加保险政策和市级精准扶贫医保补充补助政策，明晰责任，细化措施，完善工作台账。建立扶贫对象就医情况日监测制度和“一户一挂钩”帮扶制度，对医疗费用较多的扶贫对象，逐一电话回访。及时拨付家庭医生签约费用，跟进慢病治疗帮扶。发送政策短信23564条，办理门诊特殊病种655人次。贫困人口发生医疗费用1360.29万元，报销10610人次，医保报销1191.13万元，叠加保险补助87.18万元，医保补充补助32.08万元，累计报销1310.39万元，比例达96.33%。“边缘人群”补助、救助176人32.48万元。

【医保参保扩面】 2020年，德化县健全可持续筹资运行机制，坚持保基本、可持续、全覆盖的原则，全方位多举措提高2021年城乡居民基本医保参保登记工作成效。整理材料，制作PPT，到18个乡镇开展镇、村（居）医保经办业务培训，提升经办能力，宣传工作成效。在憨鼠微生活和德化网发送医保政策23期，提高政策知晓率。选取典型病例，录制新闻并播放，从患者、医生的角度谈医保讲受益，提高参保主动性。制作41条横幅在人员密集的十字路口悬挂。至2020年12月31日，全县有296334人参加城乡居民基本医保，有29036人参加城镇职工基本医保，总参保325370人。

【医保基金监管】 2020年，德化县开展“打击欺诈骗保，维护基金安全”集中宣传月活动，张贴海报165张，发放折页4.5万份。开展2020年医疗保障基金专项治理、坚决查处医疗机构内外勾结骗取医保基金行为专项整治、医保定点医疗机构规范使用医保基金专项治理、跨部门“双随机、一公开”检查等工作，出动稽查人员148人次，检查定点医药机构131家次，暂停医保协议服务3家，发放函牌49张，追回医保基金725.58万元，收取违约金319.24万元。录入定点机构信息和医保医师信息，推进信用体系建设。及时核实举报线索，推行投诉举报制度。

【医保服务】 2020年，德化县实行“全城通办”，兑现“零跑腿”和“只跑一次”承诺。下放8项权限给县医院、中医院医保服务站，实现基本医保、大病保险、医疗救助“一站式服务、一窗口办理、一单制结算”，贫困对象“先诊疗后付费”。拓展服务阵地，开展医保服务进企业、进医院、进农村活动，联合卫健系统到春美乡、赤水镇苏岭村等7个边远镇村开展医保扶贫、费用报销等政策宣传，为群众答疑解惑，现场办理门诊特殊病种283人次。

【医保改革】 2020年，德化县推行按病种收付费改革，出院人数占52.69%，比上年同期增长12.28%，超出世行贷款医改促进项目指标（50%）2.69%，全市排名第二。加强医保基金总额预算管理，县域紧密型医共体医保基金总额包干支付初见成效。签订2020年医保基金总额包干2.56亿元/年（不包括大病保险和意外伤害保险）。医疗总费用47349.91万元，比上年下降7.23%；次均费用576.06元，比上年下降5.99%；基金实际支出25429万元，比上年下降7.98%。城乡居民自付比例27.65%，比上年下降8.33%；县域内住院量占比79.61%，全市排名第一。跟进国家、省药品集中带量采购，减轻患者负担1876.99万元。

【医保数字化】 2020年，德化县开通泉州市首家盲人按摩中心医保刷卡服务。90家完成标准化建设的村卫生所全部纳入医保协议管理，开通刷卡服务，实现医保“村村通”或“就近通”。推行使用医保电子凭证，县医院等41家定点医药机构开通扫码功能，19165人开通医保电子凭证。创建医保干部队伍能力提升学习培训平台，设立多功能会议室，推进医保信息化建设。

【医疗补助专项检查】 2020年，德化县开展公务员医疗补助专项检查，补建漏报146人、涉及54个单位，补缴经费153887.50元，补发医疗费用220500.95元；核减误报61人、涉及26个单位。

【失业保险】 2020年，德化县失业保险参保人员17393人，基金收入276.85万元；享受失业保险待遇失业人员585人，发放失业金501.08万元；享受物价补贴3503人次31.07万元，代缴领取失业金人员职工医疗保险263人72.47万元。开展援企稳岗奖补政策宣传解读，全程实现“免填表”“免申报”“免跑腿”，向865家企业发放失业保险稳岗补贴2186.25万元，惠及职工4978人。德化县三个“百分百”推进失业补助金应发尽发做法被归纳到“福建省创新1234稳就业工作法保持就业形势总体平稳”工作经验，得到省人社厅表扬。

【工伤保险】 2020年，德化县工伤保险参保人员45108人，基金收入402.17万元，享受工伤保险待遇234人1598.47万元。

【生育保险】 2020年，全县生育保险参保缴费21749人，其中机关事业单位参保10170人、企业参保11579人。生育保险基金收入363.26万元。报销支出1622人次573.52万元，超支 210.26万元。

【住房保障】 2020年，德化县棚改项目向上争取到资金1710万元。加大进城务工人员安居工程和棚改项目推进力度，提高建成率并确保2020年棚改项目稳步建设。往年开工在建棚改项目11个，均按计划推进。其中庠柄B4、艺都花苑一期、金交颐园安置房基本完工，艺都花苑二期、驾云亭片区、宝泰花苑一期、宝泰花苑二期进行装修施工，文亭小区、德备小区、梅苑小区进行主体施工，新寨大厦进行基础及边坡支护施工。推动进城务工人员安居工程建设。列入2020年棚改项目3个，其中又一山项目进入主体施工，馨意小区、世科棚户区改造项目泮山书苑及水岸林邸进行基础及边坡支护施工。进城务工人员安居工程方面，嘉裕花苑二期（747套）装修工程基本完工，百德东城美居（430套）进行装修施工，万德富贵世家（708套）进行主体施工。同时做好动态配租，全年审查通过23户新申请住房保障家庭分配住房，腾退不再符合享受住房保障条件的家庭21户。保障人才住房，完成46户申请租住县人才公寓家庭的资格核查工作，组织符合人才公寓租住条件的39户家庭进行选房，同时完成第三批50套人才公寓装修，完成交房入住手续。

（泉州市医疗保障局德化分局、县住建局）

就 业

【概况】 2020年，德化县做好就业服务工作，稳步实施各项就业创业政策，全县城镇新增就业1518人，城镇登记失业733人，安置城镇失业人员就业483人，城镇登记失业率2.49%。

【就业服务】 2020年，德化县开辟“常年免费、招聘不打烊”的线上招聘专区，举办27场线上、线下就业招聘会，为586家招聘企业推送就业岗位14964个，搭建“足不出户、双向搭桥”的用工服务平台；线下在坪埔、南环、城东环岛、凤凰山庄、阳光小学对面等5处就业便民点张贴就业岗位，达成就业意向5700多人。对接落实闽宁劳务对口扶贫协作，建立以远程信息发布、就业信息自助查询等手段的就业信息共享服务平台，全年组织11家企业参加“闽宁协作、德红携手”“春风行动”线上公益招聘活动。实施“一人一策”，将未就业贫困劳动力作为重点服务对象，为107名贫困劳动力推送岗位信息，开发面向贫困户和就业困难人员公益性专岗147个，其中国定省定贫困户专岗95人，帮助223个贫困劳动力返岗就业，全县1672名有务工意愿贫困人口全部实现就业，未出现因疫返贫、因失业返贫现象。德化县就业扶贫经验做法被省劳动就业服务局发文通报表扬。

【就业创业政策实施】 2020年，德化县针对疫情防控期间企业用工短缺和外来务工人员返岗就业不便问题，通过采取“点对点”接回员工，为24家企业接回员工290人，兑现接回员工用工服务补助9.75万元。资助市级以上优秀创业项目5个26万元，发放创业担保贷款贴息65笔1011万元、高校毕业生安居补助303人173.42万元，引进高校毕业生350人，超额完成市下达的任务指标。实施“十个一批”扩岗行动，拓宽高校毕业生就业渠道，设置181个岗位公开招聘事业单位工作人员，同比增长38.17%，接收省、市派遣“三支一扶”人员26名，开发购买基层公共管理和社会服务岗位36个，建立德化县就业见习基地10家，设置见习岗位144个。德化县打造高校毕业生就业创业家园做法成效在《中国组织人事报》刊发。

【就业培训】 2020年，德化县开展全县安全生产应急管理线上技能培训，累计培训7000多人次，居全市首位。举办2020年“全景德化 自在我家”导游（讲解员）培训班，壮大全县导游、讲解员队伍，提升导游员综合素质。开展“贫困劳动力就业技能培训月”活动，为全县546名有培训意愿的贫困劳动力集中开展5期农业实用技术、电子商务、陶瓷技能、保育员等就业技能培训，提升贫困户脱贫致富的劳动技能。召开以工代训政策解读座谈会，开展以工代训，鼓励企业稳岗扩岗，有12家企业申报以工代训补贴65.65万元，惠及员工1313人次。

【劳动关系与劳动工资】 2020年，德化县做好机关、事业单位工作人员考核晋升工资档次的实施工作，审批机关（含参公）单位人员晋升级别工资及级别工资档次1509人，人均月增资140元；审批事业单位人员增加薪级工资5492人，人均月增资94元。做好县医院、县中医院2020年度工资总额核算、2021年度核定工作。在全县开展“1+X”津补贴专项督查，联合县财政局等单位组成检查组抽查部分单位的津补贴发放情况，进一步规范全县津补贴发放。继续推进劳动合同制度建设，推行企业劳动用工备案，健全协商劳动关系三方机制。不断优化工伤认定办理程序，全年受理和审查工伤认定申请353件。开展企业薪酬调查，调查样本企业55家。

【劳动争议仲裁】 2020年，县人社局加强与县司法局、法院的援调裁审衔接，县法律援助中心援助仲裁申请案件102件，通过仲裁院送达证明，送至法院26件，涉及19人、金额61.77万元，落实劳动监察与劳动仲裁衔接制度；通过监察移至仲裁案件13件，涉及67人、金额34.03万元。持续推进仲裁审查确认、“流动仲裁庭”等特色亮点工作，降低劳动者维权时间成本、经济成本，提高劳动争议处理效率和公信力。联合县城乡社区网格化服务管理中心制定出台《德化县推行“网格化+仲裁送达”工作实施方案》，以城乡社区网格化服务管理网络为平台，发挥网格员“带路指引、提供线索、见证留置、去向证明”作用，破解仲裁文书送达难问题。该经验做法被省人社厅以文件形式在全省人社系统转发推广。全年处理劳动人事争议案件142件，涉及劳动者334人，涉案金额780.83万元。

【劳动监察】 2020年，德化县处理举报投诉案件231件，涉及1128人，追回拖欠工资1443.88万元。提升全县44家“无欠薪项目部”创建水平，推动44家新增工程项目开设专户，覆盖率100%。开展在建工程项目“拉网式”排查、疫情防控期间清理整顿人力资源市场秩序、跨部门“双随机”抽查等专项行动，全年检查企业320家，发出劳动监察文书27份。评选2019年度劳动保障守法诚信A级企业10家和用人单位工资支付行为守信企业20家。德化县“强基促稳”专项行动在市对县考核中获得A等次；构建强基促稳“2345”工作机制和围绕“四字方针”加强劳资专管员队伍建设等经验做法被省根治拖欠农民工工资工作领导小组办公室发文通报表扬；《强民生之基促社会之稳》获第三届泉州市机关体制机制创新优秀案例三等奖。为应对疫情影响，采取“三联合、三衔接、三联动”工作举措，打造“互联互通、资源共享、群策群力、协调联动”的治欠保支新模式，为实现农民工工资基本无拖欠的日标提供保障。该经验做法被省人社厅以文件形式在全省人社系统转发推广，先后在《中国劳动保障报》《福建人社》和泉州市《“强基促稳”信息专报》《泉州晚报》刊发。

（林恩茂）

民政事务

【概况】 2020年，德化县民政工作以服务民生为主线，围绕社会救助、优抚安置等中心工作，做好农村居家养老建设、老年人补贴、区划地名界限、婚姻、殡葬等管理服务工作，提升民政民生保障水平。全年发放城乡低保金2232.56万元，发放救助金767.88万元，慰问困难群众55.48万元，发放抚恤补助金760.93万元。向省市民政、财政部门争取资金3572.2万元，其中非政策性项目资金121万元，比上年增长118%。县慈善总会发放助学金43.9万元，慰问困难群众7万元。

【社会救助】 2020年1月份起，德化县城乡低保标准提高到每人每月660元，发放城乡低保金2232.56万元、特困人员供养救助金767.88万元。截至12月底，全县有城乡低保对象2703户4348人，特困供养对象582户591人。其中城市低保对象85户153人、农村低保对象2618户4195人。按照全县户籍人口（35.12万人）计算，城乡低保覆盖率1.4%（含特困人员），全市排名第四。主动发现和监测预警，及时将符合条件的困难群众纳入低保或特困供养，落实低保标准与最低工作标准挂钩的动态调整机制，开展农村低保专项治理工作，将收入或财产状况超过低保标准的低保户及时退出保障，全年新增城乡低保478户810人、特困人员50户55人，退出低保381户672人。开展事实无人抚养儿童摸排，对全县事实无人抚养儿童104名、孤儿6户8人发出供养金104.18万元，事实无人抚养儿童全国儿童福利系统录入率100%，供养率100%，在全市排名前列。

【老区扶建】 2020年，德化县争取老区扶建项目23个、资金330万元，比上年增长69.23%。其中，三班镇泗滨村部装修完工并投入使用，龙浔镇丁墘村中共德化支部旧址、南埕镇枣坑村中共闽南特委德永特派员活动旧址修缮项目竣工开放。开展“阳光1+1（社会组织+老区村）”牵手行动，有7家社会组织和11个老区村达成牵手合作意向，加快决胜全面小康步伐。继续建立健全革命“五老”人员的定期生活补助标准自然增长机制，保障革命“五老”人员的基本生活。全县有特困“五老”人员8人，80周岁以上“五老”人员8人，下拨定期生活补助费、特困高龄补助费8.9万元。

【区划地名和界线管理】 2020年，德化县加强行政区域界线管理，与9个村12名管护员签订行政区域界线界桩管护协议书。完成德化与永春县级界线联检工作及赤水、春美、大铭、桂阳、雷峰、美湖、上涌、南埕涉及8个乡镇乡级界线联检，做好浔中镇区城内新增道路命名和部分道路路线调整，龙浔、浔中、三班道路命名等。

【婚姻登记】 2020年，德化县办理结婚登记1707对，协议离婚683对，补发结婚证615对，补发离婚证37对，登记合格率100%。完成结婚档案的归档整理。

【人员救助】 2020年，德化县累计救助流浪乞讨人员150多人，用好专项资金，使用救助专项经费31万元；给予严重精神障碍患者医疗救助37人，资金26万元。在疫情防控期间，加强救助站安全防护，及时消毒保洁，严格执行防护流程，加强食品药品安全管理，实现救助工作安全运行。

【基层政权建设和城乡社区治理】 2020年，德化县加快推进浔东社区服务站建设，开展凤凰社区、德新社区及上涌镇曾坂村3个“共建共享”新型示范社区建设工作。

【殡葬管理】 2020年，德化县依法减免城乡低保、特困人员和重点优抚对象、革命“五老”人员等基本殡葬服务费用15.05万元。依法治理殡葬领域违法行为，全县摸排违法违规私建“活人墓”14个、硬化墓11个，全部整改到位。

【慈善救助】 2020年元旦、春节期间，县民政部门慰问因灾、因病造成生活特别困难的家庭140户，发放慰问金7万元。开展特殊困难家庭救助活动，慰问因灾、因病造成生活特别困难的家庭298户（人），发放慰问金81.2万元。开展特困大学生资助活动，资助特困大学生129人，发放资助金27万元。做好疫情防控慈善捐赠工作，收到2笔捐款共50万元，根据疫情防控指挥部安排，汇至德化县红十字会账户。

【社会组织登记管理】 2020年，德化县社会组织成立登记202家，其中民办非企业单位2家、社会团体200家。全县老年协会登记225家，完成116家社会团体和70家民办非企业单位年检。动员社会组织助力疫情防控，经统计，全县超过17家社会组织发动会员参与捐款捐物，捐款捐物52.71万元，其中现金47.71万元、物资2.1万件价值5万多元。组织2020年度社会工作者职业水平考试，报考208人。

【县社会福利中心工程建设】 2020年，德化县引进生态设计理念，打造德化县重点民生工程——县社会福利中心。项目用地面积23275.21平方米，总面积32234.53平方米，设置养老床位500张、儿童福利院床位80张、未成年人救助保护中心及流浪乞讨人员救助站床位50张，工程估算总投资1.7亿元。克服新冠肺炎疫情的不利影响，3月项目复工，截至12月底，完成土石方挖运13.7万立方米，基桩和边坡支护桩等701根、边坡1—1挡墙，完成投资额2400万元，超额完成年度投资计划400万元。其中4号楼基桩完工，5号楼完成一层主体，比施工计划提早2个月。

（陈尧玲）

老龄工作

【概况】 2020年，德化县有百岁以上老人7人，编制完成《德化县养老服务设施布局专项规划（2017—2035）》，抓好养老服务设施项目建设，将16个乡镇敬老院整体打包，由第三方养老服务公司（瑞泉护理）统一运营管理。德化县新四军研究会、老区建设促进会完成《德化县革命老区发展史》编纂任务，发放黄仲咸奖学金45人、4.5万元。走访慰问

2020年德化县100岁及以上人员名表

表11

姓名	性别	户籍所在地	出生年月
徐 臻	女	龙浔镇塔雁街73号	1917年2月
苏 英	女	浔中镇石鼓村	1918年12月
张 日	女	龙浔镇宝美村8组	1920年10月
孙淑华	女	龙浔镇宝美村4组	1921年1月
李 所	女	浔中镇浔中村	1921年5月
苏安民	男	龙浔镇宝美村2组	1921年7月
陈其进	男	葛坑镇大岭村	1921年7月

“五老人员”29人。促进红色教育基地建设，开展红色主题教育。完成县老区建设促进会换届。

【养老服务】 2020年，德化县编制完成《德化县养老服务设施布局专项规划（2017—2035）》，为实现结构合理、功能完善、规模适度、覆盖城乡、满足多元需求的具有德化特色的养老服务设施提供依据。加强高龄老人关爱服务，对全县80—99周岁以上老人发放高龄补贴305.48万元。抓好项目建设，在做好县福利中心工程项目建设同时，向上争取1个社区居家养老服务照料中心（德新社区）项目，资金30万元，完成室内外装修等工作。全年下拨农村养老服务设施建设专项资金786万元，比上年增长63.75%，全县191个建制村累计建成村级养老服务设施120个，覆盖率62.8%。盘活全县乡镇敬老院资源，全县18个乡镇敬老院中，除龙浔镇敬老院正常运营、盖德镇敬老院因兴泉铁路建设迁建外，其余16个乡镇整体打包，由第三方养老服务公司（瑞泉护理）统一运营管理，上涌镇敬老院启动试运营。

【县老区建设促进会换届】 2020年11月12日，德化县召开县老区建设促进会第五届会员大会，出席会议代表43名，会长陈明灿作工作报告。泉州市老促会会长陈荣洲、副会长蒋德明到会指导。县委常委、组织部部长黄晓东代表县委、县政府讲话。大会选举产生县老促会新一届领导班子，陈明灿为会长。

【《德化县革命老区发展史》编纂】 2020年，德化县多次召开《德化县革命老区发展史》初稿审稿会，组织县老领导、老干部、史志专家和编纂人员讨论研究，反复审核，修改出第五稿，再经4次核校，于12月底定稿付印。

【黄仲咸奖学金发放】 2020年11月26日，县新四军研究会、老促会举行年度福建省黄仲咸教育基金会奖学金发放仪式，向45名老区学生每人发放1000元奖学金，共4.5万元。

【关爱慰问活动】 2020年，县新四军研究会、老促会始终把关心帮助“五老人员”作为工作重点，对生病住院的及时到医院看望慰问，对老弱病残者不定期走访慰问，对去世的送上花圈以示悼念，做到政治上尊重、精神上关怀、生活上照顾。重阳节前后，走访慰问“五老人员”29人，为他们送去关爱和温暖。

【挂钩联系点帮扶】 2020年，县新四军研究会、老促会确定水口镇老区村承泽和黄金香油茶林种植为市、县两级老促会挂钩联系点和帮扶项目，给予补助资金12万元。有关人员多次深入挂钩联系点，了解项目进展情况，协调解决有关问题，确保项目按计划实施，提高帮扶成效。

【红色教育基地建设】 2020年，县新四军研究会、老促会在传承红色基因、发挥参谋作用、协调各方关系等方面积极作为，促进红色教育基地建设。协助收集和整理中共福建省委下涌·山茶地下交通站的历史资料，保护挖掘红色资源，全程参与下涌·山茶交通站陈列室建设。8月18日上午，在上涌镇下涌村举行“中共福建省委下涌·山茶交通站陈列室”揭牌仪式，实现上涌老区人民多年的夙愿。参与收集郑信贵在故居大坂村湖兴堂进行革命活动的资料。

【红色主题教育】 2020年9月，县新四军研究会、老促会组织县红色基因传承讲解团成员到县第三、第六实验小学等学校开展“传承红色基因 争做时代新人”活动，向学生讲述革命前辈红色故事，2000多名学生接受教育。

（县民政局、县新四军研究会、县老促会）

民族宗教事务

【概况】 2020年，德化县紧扣“共同团结进步、共同繁荣发展”主题，开展民族团结“七进”（进机关、进乡村、进社区、进学校、进企业、进军营、进寺庙）创建活动，向上级争取补助资金150万元推进民族村经济社会发展，保护传承民族文化。依法管理宗教事务，维护宗教领域和谐稳定。

【民族团结进步创建活动】 2020年，德化县开展民族团结“七进”活动，在忠义庙、浔中镇阳光社区举行民族团结进步大型活动和民族宗教政策法规宣传，现场为3名应届少数民族贫困大学生和阳光社区10名外来少数民族学生发放助学金1.7万元。成立浔中镇阳光社区少数民族流动人口服务管理联系点。开展民族团结好故事评选活动，《山城绽放一雪莲》《把革命老区建成“世外桃源”》入选市民宗局民族好故事汇编。

【民族村经济社会发展】 2020年，德化县出台《关于继续做好挂钩帮扶民族村（角落）工作的通知》，继续实行县直单位挂钩帮扶民族村（角落）和县直单位每年安排不少于3万元挂钩帮扶资金的帮扶工作机制。上报少数民族项目6个，共获得中央、省、市、县级少数民族补助资金150万元，所有项目完工验收。龙塔畲族村被省民宗厅确定为第一批全省民族团结进步重点区、首批“福建省民族乡村振兴示范村”培育对象，并作为符合第四批中国少数民族特色村寨命名申报对象向省民宗厅提交申报材料。德化县以实施“文化繁荣发展行动”为契机，支持民族村线上、线下开展民族文化节庆活动，推动少数民族文化、少数民族非物质文化遗产保护传承发展。完成龙塔畲族村畲族文化展示馆建设。县民宗局局长陈峰撰写的《关注德化县龙塔村畲语的传承和保护》在省民宗厅举办的“闽东之光”首届畲族文化主题研讨活动上作经验交流。

【宗教领域和谐稳定维护】 2020年，德化县在疫情防控初期，及时发布紧急通知，严格落实“双暂停”（暂停开放宗教活动场所、暂停一切集体宗教活动）措施，并做好解释工作，宗教领域疫情防控工作平稳有序开展。组织开展宗教活动场所房屋安全“百日攻坚”行动，开展消防安全演练现场会，对全县宗教活动场所进行拉网式排查，发现较大房屋结构安全隐患5处，其中拆除重建1处、修缮2处、硬隔离封存2处。开展“宗教政策法规学习月”活动，结合“安全生产月”推进宗教政策法规进机关、进社区、进团体、进场所，进一步提高宗教政策法规普及率。开展联合执法，全面杜绝非法出版物在宗教场所存放和传播现象。稳妥处理涉及宗教矛盾纠纷，宗教领域总体和谐。

【宗教场所管理提升】 2020年，德化县推进“文明敬香”活动，创建生态和谐寺观。组织管理人员到沿海地区学习宗教活动场所规范化管理模式。石壶祖殿管委会完成换届。推动成立县佛教协会，程田寺实现教职自主管理，龙湖寺引进教职人员进驻负责日常宗教事务。选送道教人员到省道教协会参加培训，举办全县道教人员培训班，邀请市道教协会人员讲授道教理论和礼仪，不断提高教职人员素质。

（县委统战部）

精神文明建设

【概况】 2020年，德化县精神文明工作践行社会主义核心价值观，德化县成功创建第六届全国文明城市。重点关注常态创建、淘汰退出机制，建立“动态管理负面清单库”，开展基层文明创建活动。同时，通过加强公民思想道德建设，深化移风易俗工作，引导未成年人思想道德教育，开展志愿服务活动，推进新时代文明实践活动，建立德化县精神文明建设工作新常态。

【全国文明城市创建】 2020年，德化县通过打造“五个三”（三全制、三长制、三审制、三考评、三挂钩）工作机制，优化常态管理、坚持精耕细作、推动高效落实，创城工作再创新佳绩，获评第六届全国文明城市，成为福建省新晋的3个县级全国文明城市之一。召开创建全国文明城市工作推进会，印发《全国县级文明城市测评体系操作手册任务分解》《德化县常态化创建全国文明城市工作考评办法（试行）》等文件，全面督导协调创城市容市貌、交通秩序、农贸市场、公益广告等整治工作，提升创建成效。在各类媒体开设创城专栏，全面宣传报道。《为民建城 为民管城 为民创城——德化县扎实推进文明城市创建工作取得成效》在《八闽快讯》刊发，《德化县获评第六届全国文明城市》在《侨区快讯》专报刊发，《德化：内外兼修 让城市有颜值有气质》在福建省电视台新闻频道文明福建栏目刊播，《悉心浇灌文明花 多举措打造爱心幸福城》在福建省电视台新闻频道播出，《内外兼修 让城市有颜值有气质》《德化文明之花结出幸福果》等多篇宣传报道在《福建日报》《泉州晚报》《东南早报》及东南网、文明风等媒体刊发。

【基层文明创建】 2020年，德化县进一步完善文明村镇、文明单位、文明社区考评管理办法，重点关注常态创建、淘汰退出机制，建立“动态管理负面清单库”，强化日常创建管理；择优推荐福建省2018—2020年度、泉州市2017—2019年度精神文明建设各类先进，评选表彰德化县2018—2020年度精神文明建设各类先进。

【公民思想道德建设】 2020年，德化县设计刊播“文明健康 有你有我”公益广告，多阵地、多载体、多形式设置“讲文明树新风”、社会主义核心价值观、中国梦、“八不”行为规范、移风易俗等公益广告。印发移风易俗倡议书、文明城市创建、未成年人思想道德建设应知应会知识等宣传材料，各单位、各乡镇、各社区联合开展入户宣传，全面覆盖18个乡镇、29个片区。

组织基层巡讲，印发《关于开展2020年度德化县道德模范、身边好人巡讲活动的通知》，各级文明单位、文明村镇、文明社区开展道德模范、身边好人宣传活动200多次。县中医院主任中医师曾进德获2020年度“福建好人”敬业奉献类好人称号。

组织开展“我们的节日”文化主题活动650多场次，弘扬优秀传统文化；开展“我们的节日·清明”，指导各单位、中小学校做好“清明网上祭英烈”签名寄语活动；开展“我们的节日·端午”主题活动，弘扬闽南端午节日习俗；开展“我们的节日·重阳”主题系列活动（德化专场），《德化：九九重阳节 浓浓敬老情》

在福建省电视台新闻频道文明福建栏目专题播出。在国庆节期间，开展“向国旗敬礼”网上签名寄语。

【移风易俗】 2020年，德化县制定印发《2020年德化县深化移风易俗工作方案》，对移风易俗工作进行责任分解。对照移风易俗三年行动目标，以全国文明城市、全国新时代文明实践试点县、“爱心幸福城”等创建为主要抓手，结合疫情防控等工作，深化移风易俗工作，以“三个三”（三环节、三引领、三挂钩）为重要举措，推动文明新风换新颜。在泉州市3次移风易俗“三率”测评中，“知晓率”91.4%，“支持率”99.7%，“满意率”99.3%，平均值位列全市第一，经验在全市推广。组织评选10个家风家训馆，10个移风易俗示范乡镇、村（社区），10名移风易俗带头人，十佳移风易俗村（居）规民约，以典型带动辐射周边乡村，促进移风易俗深入人心、成风化俗。依托“新时代文明实践”“爱心幸福城”“爱心厨房”等阵地平台，推广“爱心厨房＋移风易俗”的成功经验做法，114个单位与47个村（社区）结对共建“爱心厨房”，总计捐款670万余元。评选命名10个“爱心厨房”示范点。

【新时代文明实践】 2020年，德化县把家风家训馆、移风易俗示范点、爱心厨房等工作融入新时代文明实践中，走访指导18个乡镇新时代文明实践所及大洋社区、有济村、朱紫村等部分新时代文明实践站。组织评选10个新时代文明实践所（站）示范点，发挥示范引领作用。印发《德化县2020年志愿服务实施方案》《2020年“圆梦瓷都”系列志愿服务活动方案》《关于学雷锋活动月开展志愿服务活动的通知》及志愿者服务登记手册，督促指导各乡镇、各单位、各学校的志愿者注册人数、参加志愿服务时间、开展志愿活动类别次数达到文明城市测评体系要求，并及时登记在服务手册上。组织社会各界力量，成立德化县小喇叭文明交通志愿劝导队，宣传兰花草志愿服务队、憨鼠爱心小分队、亿加育涵志愿服务队、巾帼志愿服务队、小喇叭文明交通志愿劝导队等几支具有德化特色的志愿组织队伍，发挥志愿者在各项文明创建工作中的导向作用。举办“圆梦瓷都”系列主题活动22场。全年开展各类志愿服务活动5000多场次，参与志愿者5万多人次。

2020年10月23日，德化县举办“瓷情瓷意 诵重阳”经典诵读活动

（图／县委文明办）

【未成年人思想道德建设】 2020年，德化县印发《2020年德化县未成年人思想道德建设工作要点》《全国未成年人思想道德建设测评体系操作手册任务分解材料网上申报和实地考察指标》，组织对未成年人思想道德创建点位进行督查指导，做好全国未成年人思想道德建设网上申报材料收集、整理、上报工作。组织开展2017—2019年度市级文明校园总评工作。组织各有关学校参加2020年度泉州市文明校园创建，实现公办学校参与文明校园创建全覆盖。依托社区公共服务设施、儿童之家、儿童活动中心等活动阵地，全县22个社区均建立社区家长学校，建校率100%。同时，参与全国、省、市“新时代好少年”推选，有市级“新时代好少年”1名；推选出县级新时代好少年10名。组织开展2020年德化县“童心向党”歌咏活动、2020年度德化县乡村（城市）学校少年宫特色活动项目展演活动，开展泉州市未成年人心理健康辅导“公益九月”活动（德化专场）。组织各学校开展“清明网上祭英烈”“经典诵读”“向国旗敬礼”等教育活动，培育未成年人社会主义核心价值观，引导学生知行合一。

（林燕婷）

乡 镇

龙浔镇

【概况】 龙浔镇位于德化县城关南部，东邻浔中镇和三班镇、南与永春县苏坑镇接壤、西毗邻盖德镇、北临浐溪与浔中镇隔溪相望，镇政府驻丁墘村（大洋社区），全镇土地面积 40.43 平方千米，辖 6 个村、13 个社区，13.8 万人（其中户籍人口 44907 户 11.83 万人，流动人口 1.97 万人）。经历年发展，逐步形成以工贸为主、陶瓷业高度发达、经济社会生态协调发展的产业布局，拥有国家重点文物保护单位屈斗宫古窑遗址、全国唯一以瓷为供品祭窑神的祖龙宫、国家传统村落高阳村以及陶瓷街、二厂文创园、大师展馆等一批旅游景点。

【经济发展】 2020 年，龙浔镇地区生产总值 146.23 亿元，比上年增长 5.6%；一般公共预算总收入 4.06 亿元，一般公共预算收入 2.54 亿元；工业总产值 133.15 万元，比上年增长 6.7%；农业总产值 13.08 万元，比上年增长 1%。财政总收入 3769.34 万元，比上年增长 31.03%。农民人均纯收入 2.1 万元，比上年增长 2.5%。

特色农业 2020 年，全镇校企合作深入推进，珍贵淮山农民合作社获评福建省农业科学院科技示范基地，江山美人庄园建成福建农林大学乡村振兴服务团队工作站，绿园农业综合专业合作社被认定为福建省院士专家工作站、泉州市院士工作站，桃花岭农业观光园合作社建成泉州市农业学校校外实践基地。淮山、茶叶等特色产品精深加工加快发展，淮山御膳粉等产品获评第二十一届中国绿色食品博览会金奖。

工业经济 2020 年，全镇 66 家规上企业完成产值 149.42 亿元，比上年增长 8.8%。入选“2020 年度全国综合实力千强镇”。

第三产业 2020 年，全镇开展全域旅游呈现年活动，推进文旅、农旅结合，建成中国白文化创意平台、德化直播基地，串联宝美振兴馆、如瓷生活馆等点位形成陶瓷特色鲜明的研学路线，江山美人庄园获评 2020 年福建省休闲农业示范点，高阳、英山乡村振兴示范村效应初显，英山乡村振兴示范线列入市级示范线。

【城乡建设】 2020 年，全镇拆除“两违”建筑 2.11 万平方米，持续开展占道经营、渣土车“滴洒漏”等专项整治。推进霞田、官路、瓷艺城等 5 个片区改造，园丁新村、德事利、科技园等老旧小区改造顺利实施，新改建污水、供水、燃气管网等基础设施 12.1 千米，飞龙桥停车场、城南农贸市场等一批城市改造提升项目稳步推进；商住环境不断优化，万达广场、旅游集散中心进展顺利，阳光丽景湾、德备、文亭等 14 个房地产、安置房项目稳步推进。农村人居环境有效提升，“一清二整三美化”专项整治和“一革命四行动”深入实施，乡村旱厕拆除基本完成，高阳村获评省级乡村治理试点示范单位。全域实施垃圾分类，常态化开展环境卫生整治，3 个社区获评县级“最美社区”；新成立小区业委会 4 个，推广物业小区建立矛盾纠纷调解委员会，覆盖率 60% 以上。

【社会事业】 2020 年，全镇完成为民办实事项目 96 个。新建英山、德新等日间照料中心，推进家庭医生签约服务，创建“爱心幸福城”，英山村的村民李进财成为德化捐献造血干细胞第一人。打造双网融合、多元调解工作模式，调解矛盾纠纷 99 起，化解信访积案 5 件，辖区历史信访存量全部化解，年度越级非访和集体访首次实现“零发生”。落实“一户一策”，全镇建档立卡贫困户 67 户 137 人实现稳定脱贫；实施“消薄倍增”计划，6 个村村财政收入全部达到 20 万元以上，高阳村实现从省级建档立卡贫困村到乡村振兴试点

建设中的瓷艺城（摄于2020年12月30日）（图/龙浔镇）

村的华丽转身；大坂村退出村财政薄弱村行列。教育事业优先发展，德化六中扩建稳步推进，鹏祥小学、丁墘幼儿园、小天使幼儿园建成投用；龙浔中心小学被教育部认定为“冰雪体育传统特色学校”，获评福建省教育教研基地校。

【项目建设】 2020年，全镇辖区内66个县级“6+4”（“6”即省、市提出的交通、能源、市政、水利、信息、环保6项提升工程，“4”即德化县根据实际提出的民生、企业转型、旅游、文化创意4项提升工程）重点项目稳步推进，完成投资67.5亿元。完成征地94.73公顷，房屋征迁9.73万平方米，官路片区、浔阳路南段拓宽改造完成征迁，观音岐文旅古镇改造稳步实施，一批历史遗留问题妥善化解，国际瓷艺城按期推进，中小企业园三期完成供地，龙浔招商园启动建设；引进项目13个，总意向投资70亿元，其中亿元以上投资项目新签约2个、共4个，协议投资8.76亿元；续建在建项目7个，完成投资2.5亿元。

【德化县支部生活体验馆】 德化县支部生活体验馆位于丁墘村中共德化支部旧址，2019年动工建设，2020年6月改造完成。整个体验馆占地面积约3000平方米，集展示、教育、交流、互动、服务、实践等功能于一体，为各领域党组织和广大党员提供“预约制、自助式、专题化、开放性”的“一站式”支部生活服务。支部生活体验馆聚焦“党支部”主题，突出沉浸式体验，强化互动式实践，成为全省乃至全国首个聚焦支部条例的学习教育基地。2020年接待参观学习350场8268人次。

（龙浔镇）

浔中镇

【概况】 浔中镇位于德化县城关北侧，东与雷峰镇、龙门滩镇毗邻，南与龙浔镇、三班镇接壤，西与盖德镇交界，北与国宝乡相连。镇政府驻云亭下1号（富东社区），距德化县城0.2千米。全镇土地面积67.7平方千米，建成区面积约14平方千米，下辖11个建制村和11个社区，常住人口约15万人，其中户籍人口约5.6万人。经历年发展，逐步形成以陶瓷业为主、服务业为辅的产业布局。拥有黑兔养殖、猕猴桃种植、食用菌种植、樱花种植等特色产业；有西天寺等景区景点。浔中镇连续三届获评“全国文明村镇”，综合实力进入全国千强镇500强，居第494位。

【经济发展】 2020年，浔中镇地区生产总值134.53亿元，比上年增长6.5%；一般公共预算总收入4.46亿元，比上年下降12.7%；一般公共预算收入 2.53亿元，比上年下降11.5%。财政总收入44595万元，比上年下降12.7%。

农业生产 2020年，浔中镇“龙翰牌德化黑兔”和“戴云农家牌德化黑鸡”均获第二十一届中国绿色食品博览会金奖，祥山大果油茶公司入选省2020年第一批拟认定高新技术企业名单，被纳入省级一、二、三产业“百千”增产增效行动重点企业。瓷谷仙境特色街区（旅游特色街区）获评泉州市第三批“六大旅游产品”。仙境村获评2020年度省级“一村一品”示范村。

工业经济 2020年，浔中镇新增规模以上企业3家，受疫情影响，上半年60家规上企业实现产值45.01亿元，比上年增长2.3%。通过复工复产、出口转内销等措施，60家规上企业全年实现产值103.53亿元，比上年增长7%。威尔陶瓷、维宝工艺品企业厂房扩建基本完成，同鑫陶瓷列入2020年度省级工业新增长点项目名单，顺美陶瓷文化世界被确定为国家AAA级旅游景区。

集体经济 2020年，浔中镇龙翰、祖厝、仙境、浔中、石山5个村入股镇创新创业中心，仙境、龙翰、浔中3个村入股芹菜垄消纳场，11个村入股城投公司，壮大村集体经济，浔中村等7个村集体收入达到20万元以上，龙翰村等4个村集体收入达到10万元以上。

【城镇建设】 2020年，浔中镇深入推进“一清二整三美化”，4个村

（社区）分别获得第一名或一等奖，镇便民服务中心国庆节正式投入使用。东埔农贸市场进行内外装修，配套桥梁工程接近完工。驾云亭公园的凤池花苑、凤凰花苑春节后组织抽签选房，蒲坂移民安置区、乐陶安置区、凤洋安置区均返迁入住，城东花苑、百盛广场、景盛花园、碧桂园、凤凰国际三期基本建成，金苑等4个老旧小区完成改造，宜居品位不断提升。

2020年2月20日，浔中镇主要领导现场协调解决世科棚户区改造项目征安迁后续问题（图/浔中镇）

【社会事业】 2020年，浔中镇发动32户贫困户参与黑兔养殖，为56名贫困人员提供稳定就业，新增公益性岗位3个，为70户贫困户下拨扶贫资金8.05万元，为28户特殊困难户发放慰问金1.41万元。贫困户人均年收入1.6万元，全镇贫困户全部稳定脱贫。中高考再创佳绩，德化五中录取一中保送生24人、一级达标高中186人、三级达标高中352人。德化八中高考特殊类型（包括艺术类专业、体育类专业、高校自主招生、高水平艺术团、高水平运动队等招生类型）上线10人；本科上线222人，其中艺体生上线142人。全镇11个村定期开展“爱心厨房”活动，筹集爱心捐款78.23万元。发放低保金130.33万元、临时救助金20.02万元、无人抚养儿童救助金13.32万元。金凤社区、吉祥社区率先在全县开办“四点半学校”；富东社区建设综合文化服务中心，为社区居民提供便捷服务。建立“1+3+X”挂钩联系制度，实现镇域涉及消防安全企业挂钩全覆盖。选聘消防安全协管员6名，配备3辆消防巡逻摩托车。紧盯消防培训、演练“两个100%”，实现工业用地上的企业厂房和非工业用地上的自建房加工场所消防安全排查全覆盖，396家陶瓷企业厂房完成消防整治，新增电动自行车智能充电桩250多套，安全生产形势持续稳定向好。紧盯“两个100%”，开展两轮房屋安全隐患大排查大整治，排查房屋4533栋，代表全县接受市级核查验收。先后投入200多万元，标准化建设综治指挥中心360平方米，接入监控摄像头200多个，打造基层社会治理的“智慧大脑”；实施“雪亮工程”，打通民生服务“最后一米”；完成22个“五有”标准化警务室建设，其中五星级警务室1个、四星级警务室3个；开展以“建设平安浔中，共筑和谐家园”为主题的平安宣传月活动，举办宣传服务活动和进学校进企业宣传活动12场次，发放扫黑除恶、平安建设知识、禁毒知识、反邪教知识等宣传材料1万多份，接受群众咨询120多次。全年协同县公安局扫黑办开展涉黑涉恶线索核查14条（其中浔中派出所梳理形成并上报涉黑涉恶线索5条）。配合刑侦部门办案过程中的线索核实、实地走访、抓捕行动、人员核查等辅助工作，核查4批次19人。为部队输送大学生兵员，征兵工作连续多年走在全县前列，获评全省征兵工作先进单位。

【项目建设】 2020年，浔中镇16个重点项目完成征地约100公顷，拆除房屋约18万平方米，世科棚户区、芹菜垄消纳场、蒲坂市政道路、凤凰山绿道、城东四期扫尾等项目均按时完成所有征迁任务。蒲坂棚户区的179栋被征收房屋，用时3个月，提前完成协议签订、房屋腾空，再次刷新“浔中速度”。

【疫情防控】 2020年，浔中镇严格落实疫情防控举措，868名镇村干部、网格员分三批次“大起底”摸排，累计走访常住人口3.9万余户约12万人、商户7100余户、出租户1.29万户、流动人口3.82万人次。22个村（社区）合理设置84个核酸检测采样点，组建流行病学调查行动小组22个，全面提升公共卫生应急服务能力。龙东社区党支部被省委、省政府评为“省疫情防控先进集体”。

【蝉联第六届“全国文明村镇”】 2020年，浔中镇申报创建“全省文旅融合发展示范区”，作为全县唯一垃圾分类试点顺利推进，投入60多万元，购置分类垃圾桶2900个，抽调4000多人次参与调查问卷，实现物业小区、自建房楼层全覆盖，全面提升群众知晓率、问卷准确率，为德化县首创首成“全国文明城市”作出重要贡献。该镇蝉联第六届“全国文明村镇”，浔中村获评“全国文明村”。

（陈贵庆）

盖德镇

【概况】 盖德镇位于德化县西南部，东与龙浔镇毗邻，南与永春县呈祥乡接壤，西与永春县桂洋镇交界，北与美湖镇相连。镇政府驻盖德村，距德化县城6.3千米。全镇土地面积95.15平方千米，辖14个建制村，131个村民小组，总人口23176人。经历年发展，逐步形成以工业为主、农业为辅的产业布局。拥有“恋南山”黄花远志、“芹祥”茶叶、“九淙”百香果、“芹山寨”家庭农场等特色品牌；有金液洞、五华寺、宴林口桥、济圣天宫、林地迎仙宫等景区景点。

【经济发展】 2020年，全镇工农业总产值5.1亿元，比上年增长14.1%。其中，工业产值4.1亿元，比上年增长5.1%；农业产值9931万元，比上年增长3.7%。镇财政总收入981万元，比上年增长7.3%；农民人均纯收入16849元，比上年增长6.5%。

【乡镇建设】 2020年，盖德镇获评2020泉州市农村宅基地规范审批试点乡镇，有济村成功创建省级“绿盈乡村”、列入市级乡村振兴示范线，上地村获评省级乡村治理示范村和市级乡村振兴示范村。实施“一革命四行动”，旱厕改造863户，房屋外立面改造42座，完善村主干道和房前屋后美化亮化，种植荷花、三角梅、紫云英、百日菊等观赏花卉26.33公顷，人居环境卫生考评获全县第一名、全市第五名，获奖补资金49万元。有济村在省级乡村振兴试点村考评中获二等奖，上地村、下坑村在全县“一清二整三美化”巩固提升村评比中分获第三名和第二十八名，获奖补资金35万元和15万元。投入36.5万元在有济村试点实施杆线下地整治1.2千米。拆除“两违”10宗1182平方米，审批个人建房66宗74户5639平方米。完成宴林小区台地平整、深仔安置区主体工程建设，新建公厕4座、垃圾中转站1座。投入208万元实施坡耕地水土流失综合治理94.27公顷，新建小河叠水景观11座、架设路灯46盏。公路提级改造8.2千米，其中投入550多万元硬化林地大桥至库区大坝道路、建设安保工程3.9千米，进一步完善库区交通路网。山坪村、吾华村获评“市级交通安全示范村居”，盖德镇作为示范点顺利通过省级“四好农村路”检查验收，省交通运输厅厅长莅临有济村调研，党建引领“四好农村路”建设典型做法在全省推广。依托彭村水库和宴林口千年文化底蕴，投入355万元新建宴林口移民文化公园和林地文化公园，同步配套停车场、休闲步道、公路两侧绿化等基础设施，顺利承接全县基层党建重点项目现场观摩拉练。

【社会事业】 2020年，盖德镇成立疫情防控指挥部和工作专班，疫情防控工作平稳有序开展，镇党委获评全县疫情防控先进基层党组织。开展安全生产大排查大整治百日攻坚行动，累计排查房屋3028座、企业34家、餐饮业经营场所2家、代表德化县接受市级核查并通过验收。督促协调冠林厂10家租赁企业投入200多万元，完成3万多平方米厂房消防喷淋设施整改。打击新型网络电信诈骗，开展“酒驾”专项整治、扫黑除恶、禁毒、反邪教、严重精神障碍患者管控等工作，通过“七五”普法验收。开展“孝亲敬老”系列和移风易俗等文明实践活动，14个村累计筹集爱心款物402万元，居全县首位。上地“爱心幸福村”列入全县2020年度特色亮点观摩项目。盖德镇获评2018—2020年度省级文明乡镇、县级移风易俗示范镇及2020年度泉州市侨乡文化名镇。有济村获评市级移风易俗示范村，盖德村获评2018—2020年度市级文明村。上地“爱心厨房”、有济“新时代文明实践站”列入县“十佳”，各获奖金5万元。有济、凤山、上坑、下坑、上地、大墘、山坪等7个村获评2018—2020年度县级文明村。城乡居民养老保险和医疗保险缴费率分别为97.64%和99.25%。发放低保金、特困补助金和“急救难”社会救助资金等390.5万元。完成撂荒地复耕48.73公顷，获上级补助资金18.6万元。发放计生家庭小额贴息贷款9户45万元。为762户计生家庭投保意外伤害保险。落实三种奖扶政策累计852人。中考普高以上录取17人，录取率68%；其中德化一中录取7人，录取率29.2%。盖德中学连续9年获评“初中教学质量优胜学校”和“中考工作先进单位”，连续6年获评教学常规管理先进单位。盖德镇老年学校被授予“泉州市乡镇老年学校示范校”。下寮村老年学校被评为“福建省乡村典型老年学校”“国家级远程教育优秀学习点”。创建县级老人学校示范校8所。启动红二支队革命据点下寮村八斗堂革命旧址修缮。新增凤山儒山宗祠和上坑革命烈士墓2处县级文物保护单位。

盖德镇退役军人服务站代表泉州市顺利通过省退役军人服务厅关于创建全国示范型服务站抽验。推广“综治平安+文化旅游”模式，举办盖德镇“平安‘荷’谐，法安天下”第三届乡村民俗文化旅游节，吸引游客6000多人次。全镇国定、省定建档立卡贫困户29户79人全部脱贫，2个省定建档立卡贫困村全部摘帽，无新增贫困或返贫人员。

【项目建设】 2020年，盖德镇推行重点项目高标准、精细化管理，推进镇村87个重点项目建设，其中县级收账项目18个、镇级收账项目17个、村级收账项目52个。镇区改造项目完成年度投资9.5亿元。兴泉铁路项目盖德段投资4.9亿元，盖德段隧道9.8千米全部贯通；德化站房完成投资1.1亿元，主体封顶。站前广场投资0.5亿元，进行地基施工。盖德中小学校迁建工程完成投资0.9亿元，建设中学教学楼4728平方米、小学教学楼9217平方米以及操场、围墙等附属工程。兴德小区累计投资1.1亿元，完成一期台地和纵一路中小学路段建设，完成435开间安置地供地工作。市政道路累计投资1.8亿元，一期工程0.9千米镇区段竣工，二期工程2.1千米全面施工。梅苑小区累计投资0.9亿元，一至三号楼主体工程封顶。

【乡村振兴】 2020年，盖德镇引进“土圭垚”农业专业合作社，种植特色瓜果蔬菜4.53公顷、莲子10.33公顷。完成上地、三福、福阳等村约73.33公顷生姜种植基地和配套设施建设。推进“恋南山”黄花远志茶、米粉等系列品牌深加工，获第二十一届中国绿色食品博览会金奖。在下寮村建成全县首个人才主题公园，新建全县首家市级专家工作站。补贴全镇耕地地力保护面积611.08公顷69.1万元，缴纳水稻种植保险费用347.8公顷1.3万元，补贴购机83台7.3万元。防火造林1.47公顷，林分修复补植27.4公顷，林带抚育58.47公顷，油茶林抚育施肥34.53公顷。德化县金英家庭农场被评为市级家庭示范场，“九淙”农业专业合作社被认定为省级专业合作社。14个村分别入股县城投公司、农村信用联社、进城党群城市家园、城市家园广场等项目，确保年收益6.5%—8%；上地村盘活矿产资源，年可分红6万元；吾华、上地等村注重生态公益林管护，年可创收9万多元；林地村购买商业店面并出租，年可收入3.9万元。

【招商引资】 2020年，盖德镇开展“大招商招大商”行动，新引进项目7个，振兴瓷土加工、齐巨敏德科技产业园、德化杰沐工艺品有限公司等项目进行厂房建设。上坑德化梦幻彩虹谷土地流转80.53公顷，村庄规划通过专家评审。霞瑶云谷完成项目控规评审、林业报批等工作，启动一期项目征迁；陶瓷文化古镇项目与“三木集团”达成初步合作意向。全年对接公路修缮、产业扶持、生态建设等县级以上项目15个，累计向上争取资金（市级以上）1280.5万元，比上年增长10.9%。8个村“一事一议”项目全部完工，获得县财政奖补资金139.2万元。小微企业创业园采取“统规自建”模式，甄选A区拟入园企业26家，完成前期工作，指导推动26家企业组建德化县盖商投资建设有限公司，负责园区开发建设。

（严翁铭）

迁建后的盖德中小学（摄于2020年12月30日） （图/盖德镇）

三班镇

【概况】 三班镇位于德化县东南端，与永春县介福乡、吴峰镇毗邻，镇政府驻三班村，距德化县城10千米。全镇土地面积56.27平方千米，辖10个建制村，107个村民小组，总人口21912人。有港澳台同胞100多人；是德化县主要侨乡之一，有旅外华侨、华人1242人，主要分布在东南亚各国。经历年发展，逐步形成以陶瓷产业为主、旅游产业为辅的产业布局。拥有以天马山芦柑为主的水果基地、龙阙黑鸡养殖基地、龙阙和锦山茶叶基地、奎斗和蔡径无公害果蔬基地等特色产业基地；有中国茶具城、大兴堡、月记窑文创园等陶瓷文化旅游资源。是全国重点镇和泉州市级小城镇综合改革建设试点镇。

【经济发展】 2020年，三班镇工农业总产值30.87亿元，比上年增长6.1%。其中，规模以上企业产值28.2亿元，比上年增长4%。小城镇重点项目完成年度投资5.2742亿元。财政收入4079.92万元，比上年增长6.4%。农民人均纯收入1.8万元，比上年增长7.7%。

农业 2020年，三班镇始终把粮食生产摆在首位，及时下达春季蔬菜面积指导性计划和撂荒地复垦种植指导性计划，并向上争取“一事一议”项目财政奖补63.48万元。不定期派技术人员进行耕地抛荒情况检查，鼓励农村土地流转，支持和发展种粮大户，促进水稻、马铃薯、甘薯、玉米等粮食作物种植。全年完成撂荒地复垦18.67公顷，农作物播种面积865.4公顷。其中水稻面积281.93公顷，总产2036吨；蔬菜生产面积373.93公顷，总产7450吨。

工业 2020年，三班镇聚焦陶瓷主导产业，持续推动项目建设增速。其中，中国茶具城完成投资1.5亿元；超细环保纤维材料项目完成土建工程及标准化厂房8000平方米建设，进入生产阶段。城东四区小企业创业园完成投资7000万元，完成1期厂房建设。

旅游 2020年，三班镇实施“旅游+”发展战略，整合大兴堡、月记窑文创园等陶瓷文化旅游资源，对接福建中旅等大型旅行社，不断拓宽旅游市场，推出“福州—三班”旅游路线。通过发展“苗木+花海”农旅结合模式，利用三班村樱花观赏园，奎斗村百香果园和千亩水果基地、水乡渔村等特色项目，发展创意农业、休闲农业、采摘农业，实现以农兴旅、以旅促农的良性循环。围绕中国茶具城建设，增设旅游服务设施以及供游客观光、体验和参与的功能，不断增加旅游消费新热点。同时，在茶具营销特色街区规划建设特色美食村，植入休闲、美食、娱乐等元素，将其打造成为全县工业旅游示范点。

【乡镇建设】 2020年，三班镇深入推进“一清二整三美化”工作，建成公厕11座、在建2座，完成旱厕整治162座，镇、村两级公共洗手间4个，无害化卫生户厕覆盖率100%；拆除“两违”建筑面积1.08万平方米，完成卫星遥感图斑核查137宗，立案处理违法用地行为5宗，复绿复耕整改8宗，卫星遥感图斑及巡查发现拆除9宗面积2000多平方米。三班村投入450万元，完成中心村美化绿化提升，建设沿溪生态旅游休闲步道800米，建设平安法治主题公园1座。投资593万元，完成水土流失治理、农村饮水安全巩固和蔡径污水管网改造提升项目。投资3007万元的德化县大云溪生态环境综合整治项目顺利验收并完成财审。

【社会事业】 2020年，三班镇继续推进扫黑除恶专项斗争，规范办理信访事项，收到上级转办信访事项5件，全部按时办结。开展“建设平安三班、共筑和谐家园”平安建设（综治）集中宣传活动3场，现场设立悬挂横幅8条、发放宣传材料3000份，向过往群众宣传平安建设、扫黑除恶专项斗争、平安惠民保险、“平安村（社区）”“五个10%”、反邪教、禁毒、防范电信诈骗等内容。利用微信公众号“茶具小镇”、微信群、电子显示屏、户外广告等，宣传全镇平安建设（综治）工作成效，推送相关文字8篇，发布宣传信息200多条，悬挂横幅60多条、海报50多幅，放置宣传广告牌4块，制作更新宣传栏15处，实现宣传普及全覆盖。镇派出所组织警力开展24小时无间隙治安巡逻防范活动，扩大巡逻范围，形成震慑犯罪、保障民生的局面。同时，结合巡逻做好入户宣传，有效提高见警率和巡逻频率，进一步提高群众安全感和对政法队伍执法工作满意度。截至12月，全镇发生刑事案件40起，抓获犯罪嫌疑人5人，查处治安案件14起。投入5万元用于三班中心小学添置消防水池、泵房、消防栓、喷淋系统等消防相关设备，投入约77万元铺设由县道346线至三班中学沥青路，三班中学化粪池改造投入资金3万元。投入5万元用于三班中心小学大门安全隐患整改，投入2万元用于添置第二中心小学教学器材，投入40万元铺设校门口沥青路。做好生活困难群众享受低保、特困、低收入家庭待遇资格动态管理工作，借助经济审核平台，严把进出关口，做到“应保尽保、脱贫即退”。全镇有低保、特困人员305人，月均发放供养金18万元，人均领取590元；发放受疫情影响急难型临时救助金及大病申请临时救助金近16万元。对29名大病患者审核报送慈善总会申请大病补助。做好残疾人生活和护理补贴的申请、审核、发放，月发放该项补贴46170元，惠及重度残疾人277名；帮助68名重度残疾人申请到省、市级居家护理补助。帮助7名残疾人争取农村残疾人创业就业补助，每人5000元；开展持证残疾人残疾证到期换证工作。依托镇老年学校开展老年文体活动，镇老年学校为市级示范校，获“全国老年教育优秀收视点”称号，学校配有专职教师1名、政府兼职工作人员3名。全年发放产业扶贫发展资金27.1万元，用于贫困户发展养殖业和种植业，覆盖贫困户36户。为39户贫困户购买产业扶贫保险，确保贫困户实现产业稳定收益，对受疫情影响复工较晚及生活困难的26户贫困人员发放3.05万元临时救助。落实防汛责任制，修订完善4个水库抢险应急预案、4个水库防洪调度运用计划和11个镇村防汛抢险应急预案。组织做好汛前安全大检查，开展2次防汛培训工作。推动10个村购买配齐防汛物资并做好入库管理，推动开展10场次危险区域群众自主转移避险演练活动，及时更新上墙15户危险区转移对象避险明白卡。

【项目建设】 2020年，中国茶具城完成投资1.5亿元，举办第三届中国德化陶瓷博览会暨茶具文化节。成功对接项目3个：美的电器物流园拟投资5000万元，在用地申请阶段；凯尼恩原浆啤酒项目总投资1700万元，完成生产厂房、室内规划建设，总面积1800平方米，进入啤酒生产设备安装阶段；珍稀苗木种植示范园规划完成，完成投资900万元，种植苗木约26.67公顷。三班村樱花项目总投资700万元，完成苗木定植4.3万株，种植苗木约26.67公顷，中草药种植、观光园道路和生产生活设施配套建设有序进行。7月，桥内、龙阙、锦山三锦线道路拓宽工程竣工验收，镇村投资约550万元，拓宽道路里程6.5千米，将原3.5米路面拓宽至6.5米，并拓宽改造沿线小桥2座，增设桥梁护栏等，同时完善道路涵洞、排水沟。金城花苑2020年总投资2207万元，完成1号楼、2号楼和社区用房主体、内外墙面和水电施工，以及电梯安装。

【福州—三班旅游首发团开团】 2020年7月4日，三班镇迎来“福州—三班旅游首发团”88名游客，并在三班月记窑举行旅游首发团启动仪式，标志着福州到三班旅游新路线正式开通，三班茶具小镇迎来全域旅游新时代。

三班镇制瓷历史悠久，素有“瓷乡”雅号，是海上丝绸之路的重要起点之一，三班龙窑薪火千年延续，精美瓷器畅销海内外。三班镇的陶瓷茶具占领全国陶瓷茶具80%以上的市场份额，从辽田尖山的原始瓷，到梅岭窑的明代青瓷，再到如今洞上月记窑日用瓷，千百年来窑火不熄，代代传承。三班镇按照“产业兴旺、生态宜居、乡风文明、治理有效、生活富裕”的总要求，努力将三班打造成为安居乐业的美丽家园，并逐步建成泉州地区独具魅力的海丝文化体验区。

2020年，三班镇主动融入德化县全域旅游发展大局，以项目建设为着力点，推进中国茶具城、洞上陶艺村（月记窑）、大兴堡、梅岭窑、辽田尖等项目建设，不断提高旅游管理和服务水平，为游客提供安全、舒适、有序的旅游环境。福州—三班旅游首发团是在泉州市派挂职干部、三班镇党委副书记兼三班村党支部第一书记黄秋舫推动下开团的，是三班镇探索文旅融合、推进全域旅游的一个重要抓手。

（三班镇）

2020年7月4日，福州—三班旅游首发团在三班镇月记窑开团 （图/三班镇）

龙门滩镇

【概况】 龙门滩镇位于德化县东南部，东与雷峰镇毗邻，南与浔中镇接壤，西与三班镇交界，北与南埕镇相连。镇政府驻硕儒村，距德化县城18千米。全镇土地总面积215.55平方千米，辖12个建制村、97个村民小组，总人口1.5万人，以汉族为主，畲族925人。经历年发展，逐步形成以农业为主、林业和畜牧养殖业为辅的产业布局。拥有嘉绿农业文创园、蓝莓采摘园、苏洋蔬菜基地、水府家庭农场、龙门山蛋鸡养殖场等特色产业基地；有碧坑传统村落、龙门寨和龙门湖、湖心岛、蝴蝶岛“一湖双岛”等名胜。

【经济发展】 2020年，龙门滩镇工农业总产值16.69亿元，比上年增长5.22%；一般公共预算总收入1740.47万元，比上年增长3.09%；一般公共预算收入848.97万元，比上年增长7.56%。农民人均纯收入

2020年11月8日，龙门滩镇举办第三届美食文化旅游节　（图／龙门滩镇）

18177元，比上年增长7%。

工业　2020年，龙门滩镇实行党政领导挂钩企业服务制度，突出帮助企业复工复产，指导制定防疫方案，帮助协调解决购买防疫物资、原材料和产品运输、招工等困难问题，推动企业尽快复产。全镇工业总产值15.3亿元，其中规模以上企业产值14.37亿元，比上年增长9.6%。融霞机械投资2000万元进行二期建设，建成后年产值可实现2500万元以上，正申报纳入规上企业；永龙矿磨材料项目投资约2000万元，8月正式投产，年产值可达3000万元。

农业　2020年，龙门滩镇建设高标准农田199.4公顷、完成荒草地复垦14公顷、新增耕地11.33公顷、流转土地13.67公顷，粮食种植面积640多公顷。培育、壮大嘉绿农业文创园，致力打造龙门湖、湖心岛、蝴蝶岛“一湖双岛”休闲旅游示范线；11月8日，成功举办“愉悦龙门·一鱼多品”龙门滩镇第三届美食文化旅游节，持续打响“一鱼多品”特色农家菜品牌。培优培强合作社、家庭农场，2020年获评国家级示范合作社1家，省级示范合作社、示范家庭农场各2家，绿园合作社被认定为省级特色农业示范点，龙门山蛋鸡养殖场被评为省级标准化生产基地，动物疫病防控工作获全县第三名。全年实现农业总产值1.39亿元，比上年增长3.6%。

【乡镇建设】　2020年，龙门滩镇强化整治，人居环境日益改善。被列入国家级全域土地综合整治试点乡镇，为加快乡村振兴建设、促进农村生态文明建设、推动城乡融合发展奠定基础。投入800万元，推进县道329线与省道310线连接段1.36千米道路建设，10月完工。投入728万元新铺设或拓宽改造石室、磻坑等村级水泥公路9.3千米。按照要求抓好乡村道路养护、水毁修复等工作，确保道路畅通。投入3000多万元实施浐溪碧坑下游河道治理工程、湖洋溪大溪段重点流域水环境综合治理项目。湖洋溪大溪段安全生态水系完成设计和评审前期准备工作。完成湖洋溪支流锦溪霞山段河道治理工程前期设计并列入2021年中小河流治理中央水利发展专项资金补助项目，获补资金1650万元。投入200万元在村兜等3个村实施农村安全饮水巩固提升工程。

【社会事业】　2020年，龙门滩镇有古建筑——碧坑粹美桥、古遗址——霞山水府2处县级文物保护单位。坚持“保护为主，抢救第一，合理利用，加强管理”十六字方针，将文物保护落到实处。投入60多万元建设5人制足球场。开展环境整治“一革命四行动”，推进“一清二整三美化”，投入800多万元开展“家园清洁行动”，建设垃圾中转站3座、生态路10千米，实施镇区自来水工程。累计拆除旱厕2000多座，新建水冲厕1280多户，镇村人居环境大幅改善。拆除危旧建筑物近2万平方米。该镇获评省级绿色乡镇，其中碧坑村获评国家级传统村落、霞碧村获评省级传统村落，霞山村获评省级历史文化名村。开展计生奖扶工作，年度新增奖励扶助对象104人。全镇贫困人口电子档案建档率100%、家庭医生签约率100%，做到定期走访查看、严格履约。定期开展健康宣传、义诊等基本公共卫生服务工作，推进全镇基本公共卫生服务各项工作。发放低保金127.14万元、特困生活补贴73.48万元、社会救助资金4.45万元、残疾人“两项补贴”20.46万元。发动社会各界为“爱心厨房”捐款54万元，12个村在6月底前全部开办“爱心厨房”。

【项目建设】　2020年，龙门滩镇落实村级“四个1”工程，即：每个村每年实施1个基础设施项目、1个增加村财政收入项目、1个发展经济项目，向上争取10万元以上项目资金；制定项目收账方案，对凤凰谷休闲农业、嘉绿生态农业文创园、苏洋蓝莓采摘园蓝莓育苗基地、龙门山生态蛋鸡等17个镇级项目逐月收账，推动项目协同发展。新引进项目3个，计划投资4亿元。在谈项目6

2020 年底，省道 310 线龙门滩至苏洋路段竣工 （图 / 龙门滩镇）

个，协议投资 5.85 亿元。位于古洋片区的陶瓷观光工厂办理规划设计、建设手续，软瓷项目完成土地出让。做好古洋片区征迁扫尾工作，完成安置地选地和征迁款发放事宜，部分企业完成供地并开工建设；苏洋工业园完成控规、可研、概算和初设等，投入 1800 多万元完成 75.83 公顷林地报批，进行一期地质勘查。配合做好省道 310 线苏洋至镇区路段建设工作，2020 年 12 月正式通车；省道 310 线镇区至碗坑段完成初步设计变更审批；完成省道 310 线苏洋至长垅格道路提级改造项目的林地报批和施工图纸设计。

【省道 310 线龙门滩至苏洋路段竣工】 位于龙门滩镇的市重点项目省道 310 线龙门滩至苏洋路段，是德化县通往莆田市仙游县的交通要道，全长 5.895 千米，按公路二级标准建设。该路段依山傍水，景色秀丽。2019 年 3 月开工，2020 年底完工，总投资 800 万元。

【碧坑传统村落提升建设】 碧坑传统村落毗邻石牛山国家 AAAA 级景区、龙门湖国家水利风景区，有 500 多年历史，2017 年被列入国家第四批传统村落，历史悠久的梓美桥亭被德化县列为三级文物保护单位。2020 年，投入 250 多万元进行提升建设，沿路建设花台、立面装修民房 17 座、建设仿古竹篱笆、彩绘 3D 文化墙、修缮古客栈等。

【国家级节约型公共机构示范单位创建】 2020 年，龙门滩镇对照《节约型公共机构示范单位及公共机构能效领跑者评分表》要求，结合镇有资源，开展业务培训，举办“绿水青山节能增效”全国节能宣传周活动，提倡光盘行动、垃圾分类处理，推行无纸化办公，推进节能工作开展。12 月，该镇被评为 2019—2020 年国家级“节约型公共机构示范单位”。

（龙门滩镇）

雷峰镇

【概况】 雷峰镇位于德化县中南部，东与南埕镇毗邻，南与浔中镇、龙门滩镇接壤，西与赤水镇、国宝乡交界，北与上涌镇、桂阳乡相连。镇政府驻雷峰村，距德化县城 16 千米。全镇土地面积 162.37 平方千米，辖 14 个建制村，135 个村民小组，总人口 1.8 万人。经历年发展，逐步形成以农业为主、工业为辅的产业布局。拥有畜牧养殖、德化梨、油茶林、无公害蔬菜、木竹加工、温泉等特色产业；有大小险、虎贲岩等景区景点。

【经济发展】 2020 年，全镇工农业总产值 7.52 亿元，比上年增长 4.5%；财政总收入 2012.07 万元，比上年增长 5%；农民人均纯收入 18008 元，比上年增长 1.2%。全年争取项目资金 2469 万元。

特色农业 2020 年，雷峰镇重点扶持发展肖坑村黄金蜜柚 23.33 公顷、绿海生态农庄的锦绣黄桃 4.67 公顷、台湾玫瑰红火龙果等珍稀水果 10 公顷等一批特色产业。其中，群芳农业专业合作社的群芳牌德化梨、丰盛温泉淮山种植农民专业合作社的蕉淮牌德化淮山均获第二十一届中国绿色食品博览会金奖，绿海生态农庄的锦绣黄桃被认定为国家绿色食品 A 级产品。发展生猪养殖，辖区内 3 家生猪养殖场 2020 年生猪存栏 2.4 万头，出栏 2.6 万头。立足各村优势发展“一村一品”，把优势产业转化为稳定收益。其中，蕉溪村争取德化农村信用社股份 530 多万元；瑞坂村光伏合作社创建火龙果基地 1 公顷，年增收 10 万元；肖坑村种植油茶林 8 公顷，年增收 12 万元。建设林业精品工程 35 个 246.67 公顷，林下经济示范点 8 个。

乡村旅游 2020 年，雷峰镇累计投资 7000 万元，先后邀请华侨大学、福州品鉴旅游规划设计有限公司等设计团队进行顶层规划设计，串联蕉溪温泉、潘祠樱花和溪谷瀑布、李溪竹海和梯田、虎贲山、瑞坂古村落等资源，建设游客服务中心、生态旅游公厕、休息亭、观景平台、停车场等旅游配套设施；开发民宿、农家乐、生态农庄，发展大棚特色农业观光园、建设“彩虹滑道”“梯田滑索”休闲体验项目；挖掘罗浪文化资源，建设罗浪励志室、人民公社食堂、红色旅馆等项目，打造一条“春看樱花、夏观竹海、秋赏稻浪、冬泡温泉”的特色乡村旅游精品线路。

【乡镇建设】 2020年，雷峰镇完成旺达养鳗场全部29口鳗鱼池计135吨鳗鱼清退工作，累计整治旱厕242户。助力省级“四好农村路”示范县创建，镇政府出资200万元，结合蕉溪至雷峰6个沿线村区域资源，开展绿道、驿站、公园建设，实施道路提升10千米，新建绿化美化8000平方米，设立物流节点6处，搭建旅客驿站6个，生态公厕5座。累计完成造林绿化800公顷，森林抚育1866.67公顷，建设生物防火林带18千米。水利投资累计8000万元，完成一批防洪工程、安全生态水系、水流域环境综合整治等项目，实现14个村饮水安全全覆盖；总投资7000多万元的浐溪下游支流蕉溪防洪工程、蕉溪安全生态水系和蕉溪水流域环境综合整治项目全面竣工验收，打造“清新自然、富有野趣”的蕉溪清新流域。聘请福州品鉴旅游规划设计有限公司编制《雷峰镇东部环线乡村振兴旅游专项规划概念性策划》，挖掘乡村“纯”的基因，打造“纯音”“纯趣”“纯真”三大主题村落。实施农村人居环境整治三年行动，全面开展“一清二整三美化”工程，推进厕所革命。拆违治乱，打造朱紫、蕉溪、潘祠、李溪、瑞坂、雷峰6个美丽乡村示范村。

【社会事业】 2020年，全镇农村最低生活保障对象170户276人，保障金（含物价补贴、低保高龄补贴）168.71万元全部足额发放到人。特困人员27人，供养金（含物价补贴）34.09万元全部足额发放到人。城乡居民养老保险参保缴费7105人、医疗保险缴费17011人。设置公益性岗位12个，发放岗位补贴14.13万元。完成99名优抚对象信息采集，其中重点优抚对象24人优抚金305609元、农村籍75人优抚金193810元全部足额发放到人。设立村老年协会专用账户，实行专款专用，至年底，全镇累计筹集爱心善款200多万元。围绕房屋、危险物品和工矿企业、道路交通、自然灾害等18个重点行业领域进行排查、整治，建立工作台账，采取“销号”闭环管理，特别是针对雷峰镇竹林企业行业特点，在火灾事故易发的企业及重点部位安装视频监控并接入镇网格中心，指派专人每日视频巡查2次，督促企业严格落实“日产日清、通道畅通”等生产安全制度，纠正企业员工违规违章作业行为。全年排查重大隐患25处，整改25处，整改率100%；排查一般安全隐患594处，整改594处，整改率100%；排查自建房加工场所32家，其中关闭取缔1家，其余场所均完成消防评查整改。创建“六大产业”（樱花苗木、生猪养殖、光伏发电、乡村游、油茶种植、火龙果种植）扶贫基地，新增29户次贫困户入股，累计带动贫困户83户入股，实现单项目年收益分红10%—13.8%，单项目年均增

雷峰镇李溪村建成爱心食堂。图为村里老人在爱心食堂共进午餐（摄于2020年8月29日） （图/雷峰镇）

收 2000—3000 元。4 个贫困村向上争取 380 万元，发展实体产业（购买店面、投资入股等），实现贫困村稳定脱贫摘帽。在肖坑村长 4 千米宽 20 米的电力走廊发展种植 8 公顷油茶林生物防火带项目，贫困户每户年享受分红 550 元；解决 9 户贫困户务工难问题，每户年可增收 3000 元。同时聚焦脱贫边缘人群，持续对全镇所有贫困户开展免费健康体检，建立贫困户健康档案“一户一档”，实施贫困户健康动态管理，杜绝农村贫困户“因病返贫”。重点抓好矛盾纠纷的排查，收到各类信访件 6 件，解决 6 起；“12345”平台诉求件 14 件，解决 14 件。试点建立片区联合综治调解中心，朱紫村建立法治公园和林振灿调解室，累计调处各类矛盾纠纷 12 起，通过评理及时化解疑难复杂纠纷 2 起。以“推进依法治镇、建设法治雷峰”为主题，深入组织开展“法律七进”“七五”普法宣传等活动，依法化解社会矛盾纠纷 16 件。

【项目建设】 中国德化白瓷小镇项目 该项目主要依托蕉溪生态和温泉、陶瓷等资源，着力打造一个集温泉养生、文化体验、休闲度假为一体的德化世界瓷都主题小镇，至 2020 年 3 月底，完成全部 236 户产权户、172.6 公顷土地的征收工作，提前 3 个月完成房屋和土地征收“两个 100%”任务，项目征迁累计兑付各项征收补偿款 16736.49 万元。11 月 30 日，首批 3 个地块 14.58 公顷建设用地完成公开拍卖出让。

瓷都印象生态园项目 该项目为德化县旅游开发的重要项目。2020 年 2 月 25 日，在县、镇两级政府帮助下，项目正式复工建设，项目一期投入 1 亿多元。截至 2020 年底，总投资 3 亿元，完成酒店客房建设，酒店室内装修中，拦水坝、13—04 和 13—05 台地、入口广场施工中。

【党建文化小镇建设】 雷峰镇将雷峰党建文化广场、蕉溪四级联创党内政治生活馆、潘祠罗浪励志室“串点成线”，打造成全县首个“党建文化小镇”。2020 年，投入 20 多万元，提升改造罗浪励志室、党建文化广场，七一期间接待 50 多个党组织 1000 多人次前往开展主题党日活动。

【爱心乡镇创建】 2020 年，雷峰镇融入全县“爱心幸福城”创建活动，开展爱心午餐、爱心义诊、爱心理发、爱心宣讲、爱心互助“五大爱心活动”。至年底，14 个村全部成立“爱心联谊会”，组建 14 支共 416 名志愿者的爱心志愿服务小队。全镇累计筹集爱心善款 200 多万元，设立村老年协会专用账户，实行专款专用，实现爱心服务常态化。8 月 21 日，《东南早报》以《爱心厨房留守老人吃得香》为题报道该镇做法。

（苏若男）

南埕镇

【概况】 南埕镇位于德化县东部，地处戴云山东面与石牛山西侧之间，海拔在 300—1780 米，距县城 27 千米。全镇土地总面积 241.05 平方千米，辖 12 个建制村、49 个自然村落、101 个村民小组，人口 1.26 万多人。经历年发展，逐步形成以特色农林业为主、旅游业为辅的产业布局。拥有白香果、黄姜、蜜柚、油茶、棘胸蛙等特色产业；有石龙溪漂流、塔兜温泉、桃花岛、石笋峰、龙潭大峡谷、中共闽南特委德永特派员活动旧址等景区景点。南埕镇被省体育局命名为“福建省体育产业特色基地暨特色体育小镇”。

【经济发展】 2020 年，全镇工农业总产值 1.54 亿元，比上年增长 3%；财政总收入 1101 万元，比上年增长 4%；农民人均纯收入 16827 元，比上年增长 6%。

特色农业 2020 年，南埕镇按照“四个一”（一个实体产业、一个特色现代农业示范点、一个农产品加工项目、一条旅游精品线路）要求，实施农业“一十百千万”（一个特色农业示范园，十亩食用菌培植基地，百亩黄姜、猕猴桃基地，千亩油茶基地，万尾倒刺鲃、万羽德化黑鸡养殖基地）工程，培育一批实体产业，壮大特色农业产业群。重点发展 13.33 公顷“南埕田园”现代精致农业示范园，提升绿泰油茶农民专业合作社并形成品牌茶油深加工生产线，抓好望洋千亩油茶基地、百亩火龙果（猕猴桃）种植园建设，巩固丽玉生态农林专业合作社国家级农民合作社示范社、东风水库倒刺鲃国家级无公害养殖基地、岱仙山牌德化黑鸡国家级无公害产地等“国”字号品牌，打造集农业发展、田园风光、休闲娱乐于一体的观光农业综合体。

旅游业 2020 年，南埕镇落实全域旅游呈现年活动，主动融入东部片区生态旅游发展大局，发挥资源优势，以旅游支柱产业辐射带动全镇各项产业发展。总投资 2 亿元的森林康养和玻璃滑道项目有序推进，五漈沟丛林越野体验、桃花岛灯光秀项目建成营业，通过项目带动旅游产业，获评市级休闲旅游集镇。

【乡镇建设】 2020 年，南埕镇深化“一清二整三美化”工作，投入 300 多万元重点开展整治旱厕、搭建竹篱笆、绿化美化 3 个专项行动，新建公厕 2 座，拆除旱厕 600 多座，户厕改造 400 多户，搭建竹篱笆 6 千米，提升石龙溪漂流、中共闽南特委德永特派员活动旧址周边村容村貌。高洋村获评“一清二整三美化”二等村，获县级奖励 20 万元；西山、半岭、枣坑村获评“一清二整三美化”三等村，获县级奖励15万元。全镇人居环境卫生考评年度总成绩位于全县第五名，相关经验做法被《侨区快讯》报道。

【社会事业】 2020年，南埕镇实现78户218名省定建档立卡贫困户高质量稳定脱贫。接受省扶贫开发成效第三方考核组、县扶贫交叉巡察组等的考核检查工作。投入30多万元扶持贫困户发展种养业，促进贫困户增收。加强生产劳动技能的指导，引导40名贫困劳动力参加就业技能培训，设立一批公益性岗位，优先安排镇村保洁员7名，保障贫困劳动力就地就近就业，相关经验做法在《德化改革情况》刊载。全镇参加社保10882人、医保7774人。落实企业复工稳岗5条和“六稳”“六保”39条措施，支持镇企业和重点项目复工复产中优先聘用就业困难群体，就业技能培训148人次，解决32名就业不稳定村民的就业问题。纳入低保的困难群众304名，发放低保金180多万元。落实救助主动发现机制，发放临时救助资金17万余元，惠及困难群众75名。压实压紧粮食生产目标任务，建设高标准农田38.67公顷，稳定粮食播种面积，复垦农田105.33公顷。

开展安全隐患大排查大整治工作，重点围绕交通、房屋、消防、自然灾害、烟花爆竹、燃气安全等方面开展集中整治，排查出安全隐患181个，全部整改到位。落细落实房屋安全隐患“百日攻坚”行动任务，全镇1998座房屋100%排查到位，对发现存在安全隐患的22座房屋100%整改处置到位。做好安全生产“1+X”专项督导反馈问题整改工作，推动全镇安全生产形势全面向好。开展“强基促稳”三年行动、扫黑除恶专项斗争、社区矫正、普法依法治理等工作，平安建设“三率”持续提升，通过县“七五”普法考评验收。执行等级防范预案，完成防汛、防火任务。筹措善款50多万元用于开展“爱心幸福城”活动，推动爱心厨房、爱心理发、爱心体检等活动常态化开展。完成12个村综合文化服务中心提质改造，建设西山、蟠龙2个县级家风家训馆，高涂村新时代文明实践站获评全国文明城市创建志愿服务工作先进集体。征兵工作取得新突破，超额完成2020年度征兵任务，镇人武部获评2020年度市级征兵工作先进单位。

【项目建设】 2020年，南埕镇开展项目立体交叉运作，限时攻坚，提速项目建设，“三三”机制（“三个落实”做好疫情防控；“三个建立”落实扶贫责任；“三个服务”助力加快发展）助推经济社会发展做法在《侨区快讯》刊载。中国德化China小镇项目南埕片区征迁工作走在前列，提前一周签订征地补偿协议。总投资500多万元的南埕危桥改造工程有序推进，总投资1500多万元的塔兜大桥改造工程动工建设。总投资近3500万元的南埕镇重点流域水污染防治项目、德化县浐溪塔兜段防洪工程、西山小流域治理工程等3个水利项目全部完工。用好“1+N”招商机制，对接服务续建项目2个，新开工项目2个，对接洽谈项目5个，总招商额3.3亿元，超额完成招商任务。对接上级资金、政策走向，策划生成项目包，全年向上争取资金1480多万元。

（南埕镇）

水口镇

【概况】 水口镇位于德化县东北部，与莆田市仙游县、福州市永泰县、三明市尤溪县三县毗邻。全镇辖16个建制村、102个自然村，人口2.03万人。水口镇“地广、林多、水足、景美”，全镇土地面积260.31平方千米，是全县土地面积最大的乡镇。耕地面积993.33公顷；林地面积2.37万公顷，林木蓄积量216万立方米，森林覆盖率84.4%，是全县最大的林业乡镇。有“石牛山国家森林公园”“石牛山国家地质公园”“岱仙湖国家水利风景区”“国家级生态乡镇”“石牛山国家AAAA级旅游景区”“中国宜居小镇”等6块国字号生态品牌，是市级小城镇、省级特色景观旅游名镇、省级历史文化名镇、省级农村宣传思想文化工作示范乡镇；是革命老区，镇域内的坂里省委旧址是省级爱国主义教育基地、省级党史教育基地。

【经济发展】 2020年，全镇地区生产总值4.98亿元，比上年增长8.5%；一般公共预算总收入0.23亿元，一般公共预算收入550万元，比上年增长6%；财政总收入0.17亿元，比上年增长4.23%；农民人均纯收入1.7万元，比上年增长5%。

农业 2020年，水口镇重点培育4条特色农业示范线，发展采摘果园、休闲观光农业园、家庭农场等多种特色休闲观光农业，新增市级示范合作社2家、渔业养殖户3户、现代农业基地1家。

林业 2020年，水口镇推进林业精品工程建设，新增省级林下示范基地2个、市级林下示范基地1个、县级林业精品工程3个、镇级林业精品工程11个（涉及林下经济发展、观光采摘、丰产油茶林基地建设、森林旅游和森林抚育等项目），在湖坂、榜上等村林下种植金线莲、铁皮石斛、黄花远志和皂角刺等40多公顷。全镇完成造林绿化面积81.87

公顷，村场、湖坂2个村获评“省级森林村庄”。

工业 2020年，镇域内有水电站21座，总装机容量10.96万千瓦，占全县水电装机总容量的38.5%，是全县水电装机容量最大的乡镇。

旅游业 2020年，水口镇融入“全域旅游呈现年”发展大局，优化旅游发展环境，推进乡村可持续发展。成功举办第三届“魅力水口度假胜地”美食文化旅游节，获评2020年福建全域生态旅游小镇。石牛山重新开园营业，国庆期间，景区收入冲破千万元大关。升级镇区业态，完善提升旅游接待能力和公共服务体系配套建设。引进德化欧乐咖啡共同打造精品咖啡馆，投资20多万元完成湖面灯光、音响改造，投资102万元美化提升镇区沿街餐饮、民宿等门面、招牌，投资10万元建设2个村级形象地标，投资160万元提级改造环岱仙湖人行步道。实施“村场—湖坂—梨坑—昆坂”乡村振兴旅游示范线项目12个，累计完成村场民俗民宿示范园等项目投资573万元。统筹规划红色旅游线路，打造党建文创·星火基地，以省委旧址陈列馆、岐山堂为核心点，串联昆坂、梨坑、毛厝、承泽等红色革命老区，推出“红色渡口—坂里省委旧址—岐山堂革命旧址—红军洞”红色旅游经典线路、坂里省委旧址“七个一”红色研学精品线路2条；加强对线路沿线旅游配套设施建设，投资30多万元提升改造省委旧址宣誓室、交通站，投资60多万元新扩建研学停车场2000多平方米，投资80多万元开通旗盘顶至红军洞公路2.1千米，编写完成红色教材《坂里星火》。星火基地获评2020年度全县“强基促稳”特色亮点优秀项目。

【乡镇建设】 2020年，水口镇推进“一清二整三美化”，巩固提升村村场村、梨坑村获得奖励15万元，沿线重点村昆坂村、榜上村获得奖励20万元。投资65万元加强镇区人居环境卫生整治。完成改水改厕101户、旱厕拆除改造200座。落实巡河常态化，做到线上线下巡河全覆盖，投入30万元购置湖面垃圾打捞船，打捞河道漂浮物近181立方米，清除弃土弃渣89立方米，不断提升全域旅游环境“颜值”。贯彻落实县“五个年”活动，全面加快“海西多型融合特色旅游强镇”建设，实施省级示范村湖坂村项目8个，累计完成投资865万元。推进市级小城市培育试点建设，完成投资2亿多元，完成年度投资任务的103.23%。新批农村宅基地和建房用地13宗，总用地面积2353平方米。投资670万元完成久住等5个村乡村道路拓改（扩宽）9.3千米、高标准农田建设项目拦水坝5座、灌溉渠3.24千米、安全饮水管道铺设18千米。投资1400万元完成浐溪水口段省级安全生态水系建设11.6千米，高分通过考评验收（复核评分90.5分），获评优秀。投资750万元续建涌口移民新村管理房、新建涌口角落太阳能路灯60盏、湖兴休闲公园250多平方米、硬化莲花池至格丘面生产道路1千米、扩宽并硬化湖坂田洋至土布山生产道路及会车道约4千米。获评市级文明乡镇、2020年度德化县产业提升与民生发展全域旅游呈现年工作先进集体，镇妇联获评泉州市2020年“三百四有”创建活动基层妇联组织示范单位，淳湖村、上湖村、白潭村被住房和城乡建设部办公厅实施中国传统村落挂牌保护，湖坂村获评省级乡村治理示范村、省高级版“绿盈乡村”。

【综合治理】 2020年，水口镇聚焦“强基促稳”16个专项行动，确保社会和谐稳定，发展形势持续向好。强化“两违”综合治理，拆除违建4485平方米，完成年度任务的149.5%。组建小城镇综合管理队伍，制定旅游服务业管理规范经营办法，引导民宿、餐饮等行业诚信规范经营，重点整治乱摆摊设点、店外店、欺客宰客骗客等现象。牵头成立全县第一支景区执法队伍——石牛山景区综合执法大队，联合县交通运输局、文旅局、市场监管局等14个成员单位，重点围绕景区安全、市场监管、环境卫生等共同开展综合执法，维护石牛山景区周边秩序。推行旅游纠纷多元化解机制，在石牛山景区设立旅游纠纷调解室，与雷峰人民法庭、石牛山景区等部门定期召开社会矛盾纠纷化解联席座谈会，化解矛盾纠纷21起，调处率100%，调解成功率100%。与永泰县洑口乡联合设立边界矛盾纠纷联调室，设立矛盾纠纷调解24小时直通电话，建立情报互通、信息共享机制，相互传递信息函30多件，提供协查线索10多条，打造“枫桥式”调解中心。5月底，镇、村全面建立“信访评理室”，实行“一事一调解、一乡一评理”制度，全镇开展信访评理21件。加强村级综治中心建设，新增视频监控摄像头，安装“智能视频云+智慧喇叭”，实现全镇每个村安装监控视频目标。协调涌口、涌溪水电站和石牛山景区公司等企业视频监控进镇综治中心大屏，实现全镇重点区域、人员密集场所、交通路口、景区等各领域全覆盖。发挥镇村综治（网格）中心实战化平台作用，设立16个村警务室，配齐警务助理，推行“网格化+智能应用”管理模式，推动视频监控向防汛、防火、交通、卫生、两违治理等领域延伸，逐步实现智慧乡村治理。持续开展扫黑除恶专项斗争，实行“挂片领导+驻村工作队+村两委+网格员”模式摸排线索，深入开展扫黑除恶宣传。调整充实专职消防队伍5人，参加县第二届消防职业技能竞赛，获班组操法单干线出两支水枪操一等奖、团体总分第三名、个人项目总成绩第一名，镇消防队队长黄瑞侃被县政府授予“瓷都工匠”称号。开展安全生产隐患大排查大整治活动，突出旅游景区、在建工程、非煤矿山、消防安全、森林防火、道路交通、危险化学品等重点行业领域专项整治，消除各类安全隐患，全镇生产经营单位自查率100%。自查发现一般隐患138条，整改率100%；部门开展监督检查149人次，发现一般隐患142条，整改率100%。其中房屋安全方面，排查房屋2181栋，处置重大安全隐患房屋14宗（含2019年度10宗），处置率100%，完成全镇76户贫困户住房安全保障核验工作，全年未发生安全生产事故。创建县级信息化宣传示范乡镇，率先在全镇16个村推广使用“智慧音箱”，并通过广播、智慧音箱、宣传栏、LED显示屏、宣传车等开展疫情防控知识、移风易俗、平安建设“三率”宣传。调整充实全镇16个村“一约四会”（村规民约和红白理事会、道德评议会、村民议事会、禁毒禁赌会）人员，完成湖坂村乡村振兴展示馆、黄氏家风家训馆建设。

【社会事业】 2020年，水口镇发放低保金195户344人182.1万元，特困人员生活保障金44户44人58.9万元。发放临时救助金39.4万元，一户多残残疾人生活保障金17户34人3万元。走访慰问优抚对象及困难退役军人，发放补助1.8万元及各类优待抚恤金58.6万元。奖励扶助计划生育家庭699人67万元，慰问资助困难计生家庭30户3.1万元，发放小额贴息贷款帮扶计生家庭3户15万元。全面推进“爱心幸福城”工作，在16个村全面推行爱心厨房活动，筹集42万元，开展爱心活动28场次，受益留守老人823户1463名。组建村级志愿服务队16支，开展爱心理发、爱心慰问等公益志愿活动45场次，2000多人次参加。开展巡回医疗健康服务工作，为65岁以上老年人及高血压、糖尿病、严重精神障碍患者建档立卡贫困户免费体检。开展家庭医生签约服务，常住人口签约率30%以上、重点人群签约率60%以上，全年入户随访500多人次。规范建设村级民兵营，投资20万元添置武装器材装备。

【项目建设】 2020年，水口镇全面落实收账机制，制定《水口镇2020年收账方案》，围绕“路线图”思维、“项目化”运作、“清单式”收账思路，细化红色旅游、乡村振兴、旅游业态、小城镇等47个重点项目“账单”，年初列账单、年中对账单、年底收成绩单，均按照计划进度完成任务。加快招商引资力度，引进协议总投资3.65亿元项目4个（其中亿元项目2个），超额完成年度计划。其中投资1.8亿元的泉州渔鑫肉类及鱼糜制品加工项目和投资1.2亿元的德化水口商会创业园项目于6月与县政府签约，投资3500万元的湖坂焰龙山度假山庄项目和投资3000万元的德化农特产品营销中心项目于12月与县投资促进中心签约，履约保证金全部到位。成立征迁工作专项领导小组，选派17名镇村干部，完成仙瀑度假山庄、水口商会创业园、村场白马埕停车场、村场土边垄、湖坂焰龙山度假山庄等重点项目征迁工作，征地约17.33公顷。推进停工10多年的湖坂村涌口城关移民办公综合楼开工建设，帮助其争取上级补助资金200万元，并牵线市交发集团投资400万元参与运营。推进涌口库区后靠安置遗留问题处置，成立建房户业主委员会，完成安置小区规划设计，并进行相关建设手续报批。推进因涌口水库建设造成湖边房屋安全隐患历史遗留问题的解决，协调德化四星公司投入200多万元对湖坂村岱仙湖沿岸10座民房进行基础加固。

【脱贫攻坚】 2020年，水口镇继续实施光伏发电等“八大帮扶工程”，推进脱贫攻坚工作，调查掌握贫困户受疫情影响遭受损失情况，为35户贫困户发放生活补助6万元、产业补助5.25万元，解决“两不愁三保障”突出问题。鼓励贫困户发展毛竹林、油茶等种植业及黑兔、鸡鸭等养殖业，为39户贫困户发放产业扶贫资金24.3万元。依托丰泽区供销电子商务平台、湖心岛种养专业合作社“供销e家”、直播带货平台等途径，拓宽贫困户农产品销售渠道。联合淘宝公益直播团队开展助农直播带货活动3次，为贫困群众销售油茶等土特产品10多万元。全镇121户374人实现稳定脱贫，5个建档立卡贫困村全部脱贫“摘帽”。

（水口镇）

赤水镇

【概况】 赤水镇位于德化县西北部，东与雷峰镇毗邻，南与国宝乡接壤，西与美湖镇交界，北与上涌镇相连。镇政府驻赤水社区，海拔970米，距德化县城26千米。全镇土地面积90.95平方千米，其中耕地面积800公顷。下辖14个建制村、1个社区，全镇总人口1.74万人，常住人口3022人。经历年发展，逐步形成以农业为主、旅游业为辅的产业布局。拥有富硒水稻、高山蔬菜、鸭嘴鱼养殖等特色产业，有九仙山、戴云山等景区景点。获评2020年省级卫生乡镇、第二批福建省避暑清凉福地、泉州市征兵工作先进单位，综合便民服务中心获评2020—2022年泉州市“青年文明号”。

【经济发展】 2020年，全镇地区生产总值15491万元，比上年增长3.6%；一般公共预算总收入126万元，一般公共预算收入63万元；财政总收入779万元，比上年增长4.8%。农民人均纯收入1.927万元，比上年增长7.45%。

特色农业 2020年，赤水镇落实各项支农惠农政策，发放农业支持保护补贴79万元，完成春粮播种指标55.86公顷，发动撂荒地复垦46.4公顷。持续巩固高山蔬菜、“十八学士”茶花、鸭嘴鱼、无花果等特色农业品牌，发展富硒水稻、富硒生姜基地133.33公顷，扶持艾草、黄精等药材种植66.67公顷，在吉岭村建设佛手瓜示范园20公顷。引导“茶油奶奶”油茶基地改造，套种柠檬香茅20公顷。铭爱村集体经济合作社组织村庄种植户带头人，带领贫困户和种植能手组成农户团队，种植绿色瓜果。铭爱村获评省级“一村一品”示范村和农业产业化省级示范联合体；吉岭村、永嘉村获评市级“一村一品”示范村。

特色旅游 2020年，西洋村热气球项目投入980万元，完成游客服务中心、房车营地建筑方案设计及飞行基地“三通一平”建设；举办“赤水丰收节·无花果美食品鉴会”，完善赤水社区街头驿站和餐饮服务，推进铭爱、西洋、小铭特色民宿建设。九仙山景区投入520万元，完成湖景餐厅主体工程、环湖区绿化苗木种植、景区游步道、森林康养等景区提升项目，入选2020年第六批全国森林康养基地试点建设单位，自3月27日开园至年底，接待游客28万人次。

【乡镇建设】 2020年，铭爱村完成村庄规划编制，获得省级乡村振兴试点村“差异化”奖补（三等）资金205万元；永嘉村列入第三批省级传统村落。推进“一清二整三美化”专项整治，西洋村获得奖励资金25万元，湖岭村、猛虎村分别获得20万元、15万元奖励。实施“一革命四行动”，出台环境卫生考评奖励办法，全镇聘请保洁员16名，购置人力板车15辆、垃圾箱（桶）500个，完成旱厕拆除、封填243个，户厕无害化改造205户，河道清淤6.8千米，拆除“两违”2538平方米，完成农房整治60座。深化“护林保绿”，全镇聘请护林员13名，查处野外违章用火7起，完成造林绿化15.6公顷、森林抚育172.33公顷、防火林带抚育36.9千米。戴云村、东里村、铭爱村获评“第一批国家森林乡村”，东里村、西洋村获评泉州市中级版“绿盈乡村”，戴云山森林步道列入省第一批森林步道名单。

【社会事业】 2020年，赤水镇筹集扶贫资金400.6万元，壮大村集体经济资金235.37万元。深入实施“消薄倍增”计划，引导12个村投资县城投公司、8个村投资农村信用社、4个村投资党群家园、4个村投资新时代墟日广场，投资313万元，年收益30.94万元。落实“一事一议”财政奖补项目9个，兑现奖补资金330.5万元。坚持应保尽保，全年发放低保金114.32万元、各类资金补助194.095万元，新建农村幸福院、低保安居工程各1座。发动14个村开展“爱心厨房”活动，筹集爱心款135.92万元，猛虎村获评德化县第一批“爱心厨房示范点”。实施“强基促稳”三年行动，巩固“扫黑除恶”工作成效，加强镇、村综治中心建设，完善“雪亮工程”视频监控，将九仙山景区视频监控并入镇综治中心。成功化解信访积案5件，调解矛盾纠纷11件，破获刑事案件2起，对全镇33名社区矫正人员、严重精神病患者等重点人员进行分级分类稳控管理。开展房屋安全“百日攻坚”、安全隐患大排查大整治、安全生产专项整治三年行动、自建房加工场所消防安全专项整治、预防道路交通事故专项整治等系列行动，全镇排查房屋2375宗、“生命通道”448宗，排查整治隐患269个，安全形势稳定。开展各类文明创建活动，圆满完成年度征兵任务和第七次全国人口普查工作，获评

西洋村旅游发展项目——飞猪热气球（摄于2020年7月31日） （图/赤水镇）

“德化县2018—2020年度文明村镇”，成立九仙山酒店、森林人家2个高层次人才疗养基地。民族宗教、工青妇、慈善、残联等工作取得新成效。

【项目建设】 2020年，赤水镇协助完成9.7千米省道“白改黑”工程，永嘉、吉岭、岭边等5个村完成道路提级改造13千米；浐溪赤水段安全生态水系建设项目通过市级完工复核验收，被列为优秀项目；完成农村饮水安全巩固提升工程建设，浐溪上游赤水段河道治理工程完成方案设计，猛虎村、永嘉村、福全村2019年县级土地开发项目通过省级验收，猛戴景观带项目完成节点工作；China小镇项目赤水组提前完成土地征收20.1公顷、房屋18座、企业3家以及片区内坟墓迁移。新引进五凤山生态旅游度假小镇、赤水镇特色渔业休闲生态园、瓜果采摘园3个项目，总投资约18.25亿元；在谈项目3个。向上对接，推动浐溪上游赤水段河道治理工程、日间照料中心、镇区及村级安全饮水、高标准农田等项目相继落地，小尤溪生态廊道可持续发展项目报送国家发改委立项，累计争取项目发展资金3000万元。

（苏紫琬 林佳音）

美湖镇

【概况】 美湖镇位于德化县西南部，东邻赤水和盖德两镇，南接永春县桂洋镇，西连大田县济阳乡，北毗大铭乡，西北与春美乡接壤，是两市三县接合部。全镇土地总面积93.45平方千米，辖8个建制村、56个自然村、99个村民小组，总人口1.79万人。境内矿产资源丰富，是全省第二大铁矿生产基地，有石灰石，还有瓷土、铅锌等矿种。经历年发展，逐步形成“南矿北农”的经济发展格局。拥有矿业、现代农业等特色产业，有龙湖寺、千年樟树王、大龙湖漂流等景点。

【经济发展】 2020年，美湖镇地区生产总值34.36亿元，比上年增长0.5%；一般公共预算总收入4277万元，比上年增收1037万元，增长32.01%；一般公共预算收入2697万元，上划中央收入1580万元；财政总收入4277万元，比上年增长32.01%。

农业 2020年，美湖镇持续巩固发展上岸村魔芋、小湖村百亩生态农田、美湖村大棚蔬菜和生态茶园、洋坑村生姜和魔鬼辣椒等特色农业基地。晶福合作社新引进种植大棚苦瓜、紫包菜、甜椒及反季节蔬菜、太空蔬菜等5.33公顷；九龙茶叶合作社“戴云红茶”获评2020年福建省非遗茶叶鉴评赛“红茶类”优质奖。落实春秋两季动物防疫工作。实施土地流转，全镇土地确权工作按期完成；完成农产品药品残留快速检测512份，超额完成任务；撂荒地复耕种植粮食49.89公顷，开垦荒草地种植生姜约133.33公顷。全镇粮食播种面积434.87公顷，总产量2893吨。农业总产值17745万元。

工业 2020年，鑫阳矿业完成绿色矿山建设，纳入全国绿色矿山名录。启动阳山尾矿库回采搬迁，实施完成采空区回填治理及尾矿库覆土层清理。海峡水泥安石坑矿区完成18座26户房屋拆迁安置工作。

【乡镇建设】 2020年，美湖镇“一清二整三美化”成效明显，美湖村、上岸村、小湖村分别获评县级一、二、三等奖。新购置垃圾转运桶100个，清理生活垃圾230多吨，清理村内沟渠8千米、淤泥20吨，清理畜禽养殖粪污等农业生产废弃物5吨；投资约180万元铺设污水管网5千米，完成污水处理站建设；实施旱厕改造102个，新建镇区公厕2座、农村公厕2座；完成农房（裸房）整治42栋；在道路两侧铺设鹅卵石提升景致，围筑竹篱笆栅栏，种植各类花卉苗木进行绿化美化等。洋坑村获评中级版“绿盈乡村”。完成美龙“四好”（建好、管好、护好、运营好）生态示范路建设，投入200多万元施划标志标线11千米、道路绿化美化及防护墙建设，投资68万元实施公路边坡安全隐患点喷浆、挂网防护等。投资30多万元推进美龙线公路驿站建设，新建停车位21个、公厕1座。投资234万元实施饮水安全巩固提升工程4个，解决小湖、美湖、斜山、阳山村群众饮水困难问题。

【社会事业】 2020年，美湖镇持续巩固脱贫攻坚成果，增设公益性岗位4个，全镇贫困户88户267人全部实现稳定脱贫。发放2020年第一批中央财政专项扶贫资金23万元、市级扶贫生活补助金2.3万元、贫困村集体经济补助资金15万元。为常住在家的32户贫困户免费安装家用净水器；上岸村、美湖村、洋田村3个贫困村村集体经济收入分别达10万元、20万元、35万元。建成小湖村日间照料中心和斜山村幸福院。注册成立镇老年协会和8个村级协会。举办“党建引领服务·共建爱心厨房”公益活动1场、村级“爱心厨房”启动仪式8场、孝亲敬老类志愿活动20余场，募集“爱心厨房”善款超过180万元，为全镇留守老人提供爱心志愿服务3000多人次。为196户低保对象发放最低生活保障金203.63万元；为50人次困难群众发放临时救助金19.66万元；为36户大病困难户发放救助金13万元；为3户突发火灾烧毁房屋的群众发放一次性补助1.2万元；为11户入住养老机构的特困户和低保对象发放5.46万元的生活补助，发放“一户多残”补助资金50多万元，发放奖学金5万元。支持教育事业发展，捐资德化三中5万元、德化八中1万元。创建省级老年示范校，美湖镇老年学校获评德化县老年教育工作优秀组织奖。成功举办德化县2020年“中国农民丰收节”暨古樟小镇第四届民俗文化旅游节，获评市级“旅游休闲集镇”。

探索“资源股权化、资产股份化、资金股金化”发展模式，拓宽村集体经济创收渠道。协调辖区8个村抱团发展观光火车营运项目；上岸村、美湖村、洋田村入股县城投公司，享受年固定收益6.5%，入股泉州市金融控股集团有限公司，享受年固定收益6%；小湖村、美湖村、上漈村、洋坑村、斜山村购买信用社股份，年可收益15%；小湖村、上漈村、洋坑村入股党群城市家园，享受年固定收益6.5%；上岸村、小湖村、美湖村、洋坑村、洋田村、上漈村等6个村投资180万元参与城市家园广场建设，享受年固定收益6.5%；完成小湖电站技改并发包，年可增加镇财政收入13万元。2020年辖区8个村村集体经营收入全部达到10万元以上，其中5个村达到20万元以上。

深入开展扫黑除恶专项斗争，建立镇综治中心、司法所、派出所矛盾纠纷排查化解联动机制，成功化解老上访户许某某历史遗留问题及上访苗头性案件5起；建立欠薪预警应急协调处置联动机制，妥善化解欠薪投诉案件6起。持续投入资金为全镇群众购买平安惠民保险。投入40多万元建成镇、村综治中心和龙湖山太阳能监控系统，设立村级评理室8个、镇级评理室1个。完成“两会”期间安保维稳，强化综治平安建设“大宣传”，利用墟日、爱心食堂、民俗活动开展综治宣传。

全年开展各行业领域安全检查及执法检查100多次，指导大龙湖客栈、餐馆等开展应急演练10余次，组织企业开展应急救援演练4场次，汛期人员转移避险演练8场次。举办第十届“龙湖杯”篮球邀请赛、古樟小镇自行车爬坡赛、“丰收美湖”摄影赛。开展移风易俗活动，精神文明创建不断深化，获评“2018—2020年度省级文明村镇”，美湖、小湖、斜山村获评县级文明村。

【项目建设】 2020年，美湖镇完成镇镇有干线春美至赤水联三线公路工程（美湖段）项目建设，7月初正式通车。推进兴泉铁路美湖段建设，戴云山一号隧道出口与一号斜井工区顺利贯通；实施鑫阳矿业工业供水项目，完成水坝建设。绿化美化小尤溪沿线护岸，推动小尤溪流域生态环境综合整治项目动工建设。完成县级土地开发项目验收15.13公顷，申报第五批旧村复垦项目3.06公顷。引进优质项目，坤宝瓷土项目签约，盛源钾钠长石项目、宝盛建材项目投产运营；鑫竹瓷土精加工项目完成环评批复，厂区建设用地1.29公顷、矿区用地1.33公顷完成征地、林业手续报批及林木处置。

【特色旅游打造】 “千年樟树” 2020年，美湖镇推进小湖村省级乡村振兴示范村建设，投资130多万元实施“千年樟树王”保护复壮工程，新种植香樟15棵，草皮绿化400平方米。提升改造樟树王公园，依托树王文化展示馆，完善“百樟园”森林生态文化宣传示范点创建，全面展示樟树王系列创意文化。

“仿古火车” 2020年，美湖镇开展全域旅游呈现年活动，依托小尤溪沿岸自然生态优势，整合优化千年樟树王、金书楼、厚房祖厝群、大龙湖漂流、仿古轨道观光小火车等各类资源优势，加上成形的大龙湖漂流和研学拓展基地项目，“生态+产业”游初步形成。观光小火车2020

美湖镇“千年樟树王”保护复壮工程实施。图为施工现场（摄于2020年3月）

（图/美湖镇）

美湖镇全域旅游发展项目——“美福号”仿古轨道观光小火车投入运营（摄于2020年5月1日）（图/林巧生）

年5月投入运营，至年底接待游客突破4.8万人次，创收50.6万元，为3个贫困村村财政增加收入20.5万元。打造“党建+旅游”项目，建设完成“一车一社一廊”党建基地。

“大美龙湖” 2020年，美湖镇投入460多万元完成镇区至大龙湖漂流码头4千米道路“白改黑”提级改造，实施美湖村管线下地630多米，投入130万元完成大龙湖客栈房屋整体改造提升，推进大龙湖户外拓展后岭训练基地延伸发展，推动龙湖山旅游投资公司二期项目手续报批及旅游度假区项目建设，精心打造三代祖师朝圣核心区。

“古村新姿” 2020年，美湖镇推进美湖村国家级传统村落省级重点改善提升“十镇百村”项目建设，秉持“修旧如旧”原则，投资280多万元对金书楼、遐福堂、美湖公社旧址等传统建筑进行保护性修缮改造。投入30万元建设完善美湖旧公社公园，进行河道美化花化及亲水平台建设，打造知青文化旅游休闲场所。利用小火车将村里分散的景点串连成线，结合古建文化展示、拓展培训、大龙湖漂流等，打造一条精品旅游线路。

（美湖镇）

上涌镇

【概况】 上涌镇位于德化县西北部，东与桂阳乡相连，南与赤水镇接壤，西与大铭乡交界，北依汤头、葛坑两乡镇，东南与雷峰镇毗邻。镇政府驻地上涌新街，距德化县城32千米。全镇土地面积148.09平方千米，辖17个建制村、124个村民小组，户籍人口2.3万人。经历年发展，逐步形成以农业为主的产业布局，拥有优质米、早熟德化梨等特色产业。有灵鹫岩、杏仁古街、乡公所、永革桥等景区景点。“闽中屋脊”戴云山主峰雄踞境内，历来是县西部经济、文化、商贸和交通中心。

【经济发展】 2020年，上涌镇地区生产总值2.12亿元，比上年增长11.4%；工业总产值2367万元，比上年增长12.1%；农业总产值18875万元，比上年增长11.3%；一般公共预算总收入1001.82万元，一般公共预算收入936.1万元；财政总收入1539.85万元，比上年下降16.2%；农民人均纯收入1.86万元，比上年增长11.9%。

农业 2020年，上涌镇投入500万元，建设优质稻标准化生产基地266.67公顷，建成标准化稻虾、稻鱼共生循环基地36.33公顷。投入500万元建设农乐园区示范项目，流转土地30公顷种植优质稻。涌兴粮食加工有限公司投建年可加工粮食8000吨的粮食加工厂，粮食加工生产线初具规模。龙鑫荣实业有限公司养殖规模达15万尾，建成全省最大的娃娃鱼养殖基地；牧谷戴云农业一期5.33公顷温室大棚全部建设完成，小番茄等水果上市销售。山盛家庭农场建成黑鸡种苗基地，饲养年可出栏50万羽的黑鸡苗。宝福龙食用菌种植基地培育30万根菌棒，年可采收香菇225吨。是年，该镇被列入国家级农业产业强镇创建名单，获得中央补助1000万元。

乡村旅游 2020年，上涌镇打造梨园花村—上涌古街—曾坂村美丽乡村旅游精品路线。推进辉阳村梨花园建设，完成游步道建设650米，休憩亭2座。投资500万元开展杏仁古街整治项目，成立业主委员会推进古街修缮，完成乡愁展示馆主体工程建设。投资3500万元创建曾坂“省级乡村振兴试点村”，建设大学生实践基地、中华白瓷展示馆、家风家训馆、何月明陶瓷艺术馆等，举办“大地艺术节”，成功获评“省级乡村旅游村”“省级美丽休闲乡村”，家风家训馆被列入县瓷都孝廉文化研学点。

【乡镇建设】 2020年，上涌镇完成植树造林136.2公顷，森林抚育266.73公顷；综合治理上涌流域水土流失面积750公顷，有效涵养水源和保护水质。拓宽硬化门头、西溪、黄井、后宅4个村村道7.7千米，村级道路养护和农村垃圾市场化运作成效明显；投资920万元，完成高速公路匝道连接线20余座裸房整治及沿线景观提升，持续推进镇区环境美化亮化；按照“人居环境综合整治”和“一清二整三美化”要求，深化西溪、曾坂美丽乡村创建，推进“厕所革命”，开展环境卫生整治，在2020年省级乡村振兴试点村考核中曾坂村获第一等次；投入840多万元进行污水处理系统建设，镇区污水收集全覆盖；投入100万元改造提升镇区摊点，建设便民摊位29个，打造上涌扶贫一条街。

【社会事业】 2020年春节期间，上涌镇第一时间响应上级防疫指令，迅速按照疫情动态进行相应摸排，对防控对象严格按规定实行健康管理，建立健康档案，持续动态跟踪健康状况。推广“八闽健康码”，提高核验和通行效率。坚持网格管理，发放口罩1万多个，筑牢“防疫墙”，全年镇域内未出现疑似或确诊病例。全面落实安全生产责任制，开展房屋安全、消防安全、道路交通、建筑安全、非煤矿山、危化品、职业卫生、学校安全、森林防火、旅游安全、企业安全、防汛等安全大整治大排查，排查全镇房屋3300多座，钢结构厂房1座，“四无”（无正式审批、无设计图纸、无资质施工、无竣工验收）建筑1座，鉴定为D级危房1座（已拆除），发现安全隐患14处，均整改到位并形成闭环管理。累计排查企事业单位、文保单位、小加工作坊隐患63条，整改完成63条，整改率100%。邀请福建银美建筑有限公司工程师为全镇建档立卡贫困户等4类重点对象的房屋进行安全等级鉴定，全部达安全标准。全镇17个村集体经营性收入达10万元以上，其中60%达20万元以上，并在接受省级脱贫攻坚质量调研中获好评。创新推进便民服务中心、综治中心、精准扶贫综合服务中心“多心合一”模式，深度践行“最多跑一趟”改革。开展“爱心幸福城”活动，发动社会各界爱心人士、乡贤捐款，筹集爱心资金122.7万元，并组织全镇17个村开展“爱心厨房”活动。上涌敬老院完工投入使用，区域性养老服务中心完成建设。成功举办“信合杯”全县职工男子篮球赛。组织村级危险区域群众自主转移演练和突发地质灾害应急演练，刘坑村在全县率先开展全国综合减灾示范社区创建活动，提高群众抢险救援和自我防范能力。开展“七五”普法，深入化解矛盾18起，完善群防群控网络。

【项目建设】 2020年，上涌镇投资1487.64万元，完成10.21千米的涌溪上涌段安全生态水系项目，并高分通过市级验收，成为清新流域样板。投资290.5万元，改造提升上涌镇集镇供水设施，受益人口2万人。启动总投资2292.5万元的上涌镇涌溪流域生态廊道项目建设。12月，总投资4518万元、总长6.3千米的镇镇有干线上涌至桂阳二级路（上涌段）项目建成通车，发放各类补偿费用630多万元。投资2100多万元，完成总长6.5千米九仙山隧道口至云路村花桥头省道215线“白改黑”。总投资5000万元的力利玩具项目，建成标准化厂房主体结构及员工宿舍。投入1000多万元完成曾坂溪南尾滑坡治理工程坡面改造27991平方米，解决因滑坡造成的道路中断问题。引导曾坂村与绿动能（厦门）农业科技有限公司签订总投资3000万元的曾坂民宿度假村项目，至年底，建成小木屋民宿6座，开始动工改造3栋民房。

【上涌梨】 2020年，上涌镇上涌梨种植面积531公顷、产量6430吨、产值6300万元，有上涌梨种植合作社38家，在县城和上涌有销售点13个。德化上涌的高山气候，昼夜温差大和土壤疏松通气、矿物质丰富等一系列得天独厚的因素，适合梨生长，所产德化梨果形端正，果皮呈浅绿色，色泽清秀，光滑细腻，脆嫩爽口，多汁味甜，可食率高。省农业科学院、福建农林大学、省测试研究所到泉州村上小镇农业科技有限公司和德化县水尾寨农场调研梨新品种适应性，德化梨产前、产中和产后，新品种特性，梨的深加工等项目。其中，梨产品深加工包括梨膏、梨多酚提纯、梨冻干片、梨发酵制酒等。泉州村上小镇农业科技有限公司于2017年起与中国现代梨产业研究所合作，根据经纬度、气候等条件严格筛选，陆续从中国梨种质资源圃引进梨新品种43个，筛选出一个适应德化的新品种（晚翠）。成功举办“驿路梨花 古镇上涌”梨花节、2场“助农‘梨’不开你”专场直播，进一步扩大德化梨的知名度和影响力。

【上涌米】 上涌镇是德化县重要产粮区，2020年度获批以上涌优质米为主导产业创建国家级农业产业强镇。2020年稻谷播种面积631.37公顷、产量5581吨，有稻谷种植专业合作社99家，在县城和上涌有销售点28个。上涌镇政府社会事务服务中心联合县农业农村局，在上涌镇黄井村、辉阳村组织实施建立1个33.9公顷的优质稻示范基地，在县农业农村局苏玉鹤的指导下，当地223户农户培育主导品种中浙优8号、丰优22、花2优315、甬优17号、广8优673等适宜当地种植的优质稻品种，该示范基地辐射带动推广优质稻种植1333.33公顷。上涌镇属亚热带季风气候，戴云山脉和九仙山脉阻挡北方冷空气，南面有来自太平洋的暖气流，使得德化县早春回暖早，山地气候明显，雨量充沛，夏长不酷热，冬短少严寒，昼夜温差大。这种气候条件下种出的水稻可速溶糖分物质积累量多，上涌大米因此具有口感香甜绵厚、品质优良、米粒饱满、胶质浓厚、米色清白透明等特点。德化县上涌丰优种粮专业合作社获中科院颁发的首批“德化伴手礼”证书。省农业科学院、省测试研究所与泉州村上小镇农业科技有限公司合作开展关于上涌大米米糠高值化利用关键技术的研发。

（上涌镇）

葛坑镇

【概况】 葛坑镇位于德化县北部，是德化北境门户，昔时因盛产葛薯而得名，故有“葛陂”“葛岭”“葛坑”之称。葛坑镇东与杨梅乡接壤，西与汤头乡交界，南与上涌、桂阳乡相连，北与尤溪县坂面镇毗邻。镇政府驻葛坑村，全镇土地总面积127.22平方千米，其中耕地638.07公顷，辖12个村、50个自然村、90个村民小组。户籍总人口1.61万人，以汉族为主，龙塔畲族村畲族人口360人。境内黄金矿石探明储量110.66万吨，是德化县重要矿区之一和闽东南最大的黄金生产基地，享有“黄金万两镇”之美称。有香林寺、香山亭、大正古寨、千年杉树王等名胜。

【经济发展】 2020年，全镇实现一般公共预算总收入2092万元，比上年增长18.86%；一般公共预算收入1359.7万元，比上年增长16.56%。其中规模以上工业产值12.38亿元，比上年增长8.21%；农业总产值16298万元，比上年增长40.5%。财政总收入1157.42万元，比上年增长9.82%。农民人均纯收入15837万元，比上年增长8.47%。

农业 葛坑镇农业以种植业为主，2020年全镇粮食总产量4430吨，水果产量8000余吨。龙漈、龙塔是该镇两大水果生产基地，人均水果种植面积0.13公顷。该镇通过推进荒山垅田复耕、土地流转等农业综合开发项目，累计实施高标准农田766.67公顷，农特产业得到较快发展，涌现出一批种植、养殖专业户。辖区内有市属国有葛坑林场和镇办森盛林场，林副产品有木材、毛竹、香菇、红菇、笋干、松脂、茶油等。全镇有农场81家、合作社50家，种植水稻545.6公顷、生姜33.33公顷、芦柑266.67公顷、李100公顷，百香果、蓝莓、血橙、西瓜80余公顷，存栏黑兔4000只、黑羊500只。深入开展村集体经济“消薄倍增”专项行动，开展村企共建，动员6个村投资福建誉隆石英科技有限公司，葛坑村投资双旗山矿业有限公司，漈头村、蓝田村与森盛林场合作，下玲村、大岭村、富地村入股县投资公司。年底，12个村村集体经济收入均超10万元，其中8个村村集体经济收入超20万元。

工业 2020年，葛坑镇加强对双旗山矿业公司服务，克服疫情影响，加大探矿增储、降本增效力度，双旗山矿实现营业收入17065万元，利润总额4559.65万元，上缴税费2621.05万元，增长18.12%。位于该镇的省内第一家大型硅材料高新技术产业项目——龙塔誉隆硅材料高新技术产业项目完成一期项目建设，累计完成投资1.6亿元，新建厂房11座，总建筑面积约3.4万平方米；2条生产线设备安装完成并于11月调试生产。

村集体经济 2020年，葛坑镇完成农村集体产权制度改革登记赋码工作，成立村级股份经济合作社12个。开展村企共建，动员6个村筹资320万元投资福建誉隆石英科技有限公司，年收益率10%。葛坑村筹资30万元投资双旗山矿业有限公司，年收益率10%；漈头村、蓝田村各投资60万元与森盛林场合作，年增收4.2万元；下玲村、大岭村、富地村共投资62万元入股县城投公司，年收益率6.5%。

【乡镇建设】 2020年，葛坑镇在全镇12个村全面铺开“一清二整三美化”。投资22万元，建设南洋坑公园3000多平方米。蓝田村以诗画蓝田为主题，投入35万元建设村口景观石、花池，种植红花檵木、杜鹃和月季等1000株，荷花约0.67公顷，设置农村题材特色彩绘200平方米。投入150余万元镇、村配套资金补助重点推进辖区内旱厕改造，制定《葛坑镇人居环境综合整治考评办法》，安排20万元绩效奖金对所有挂村领导、工作队、村主干进行捆绑考评，进度一周一通报，视工作完成情况予以奖惩，完成旱厕改造500多座。完善基础设施。投资24万元完善杨大线、下邱线道路交通设施，推进“四好农村路”示范乡镇创建工作；完成卓地至大坑2千米、蓝田村至尤德格角落1.2千米公路硬化工程；投资85万元硬化漈头村至十字格角落公路2千米；投资105万元完成寨格角落至大坑道路硬化工程；完成葛坑镇隐患点整治挡土墙工程；投资约100万元建设2020年葛坑镇防护栏工程项目；投资200万元实施镇区供水设施提升工程，新建供水管网10.5千米；推进涌溪（葛坑段）安全生态水系处前期设计工作。

【社会事业】 全镇有贫困人口52

户137人，2020年争取各级扶贫资金213.33万元，累计发放各级慰问帮扶金和应急救助资金10多万元，食用油104桶，防护口罩1000余个，帮助贫困户解决实际困难70余个。9月22日，葛坑镇代表泉州市迎接省脱贫攻坚质量调研。推广“党支部+合作社+基地+贫困户”模式，发放各级产业专项扶贫资金10多万元及采购相关农资物品，扶持25户贫困户发展特色种养业，实现稳定增收。安排20名贫困户参加农业技术技能、电子商务技能及陶瓷技能培训，为7个贫困户安排公益性岗位就业增收，打造富地村百香果、龙漈村芦柑、大岭村猕猴桃三大精准扶贫水果基地，满足贫困户务工需求。落实“两不愁三保障”。为所有贫困户统一缴纳新农合，全镇16—60周岁女性贫困户由镇财政出资购买“国寿女性安康团体疾病保险”。落实贫困户“防贫保”、精准扶贫医疗叠加保险政策、市级精准扶贫医保补充补助、县级商业医疗补充保险、家庭医生签约精准服务工作。出资10多万元组织施工队帮助18户贫困户完成旱厕改造、楼梯加装防护栏、厨房翻新、安装净水器等项目，开展贫困户住房安全检查，贫困户住房等级均为B级及以上。

葛坑镇发放各类社会保障资金139.76万元。健全社会救助机制，建立救助对象主动发现机制，发放社会救助金15.73万元，救助困难群众51人次。举行2020年度“圆梦金秋”助学金发放仪式，发放奖助学金4.4万元。抓好退役军人服务工作，发放各类生活补助64.45万元。

葛坑镇投入15万元，建设村级民法典文化园，录制葛坑方言版移风易俗宣传音频、移风易俗葛坑版童谣抖音。打造龙塔少数民族移风易俗乡风文明试点村，依托祠堂建设畲族移风易俗大讲堂。成立13支由65人组成的“农家新语”宣讲小分队，开展主题宣讲14场次，相关经验做法在《人民日报》客户端、学习强国等平台刊发。开展葛坑镇新时代文明实践“999”志愿活动日活动21场次，规范“四个一”（每周一次电话询问老人的饮食起居、身体健康情况，每月一次到老人家中陪他们聊天、吃饭，每季度进行一次走访独居孤寡留守老人情况的汇报总结，每年开展一次集中慰问）志愿服务标准，开展“爱心午餐”28场次，组织各新时代文明实践站开展志愿服务活动35场次。联合县委宣传部、文明办、县卫健局等部门开展2020年“助力健康扶贫·共建爱心工程”志愿服务活动，募集爱心善款6.6万元。

葛坑镇开展“平安矿山”建设，督促辖区双旗山矿业投入20多万元，新增监控摄像头，完善安保监控网络。分别在“两矿一厂”成立警务室，启动双旗山保安大队，提升治安防控能力。重点打击非法采金、洗金，查处5处非法洗金点，捣毁洗金机9台。全面开展防范电信网络诈骗宣传活动，录制播放葛坑方言版防电信诈骗音频，完成信息采集47人，同时集中曝光辖区内涉案开卡嫌疑人16名。推进“雪亮工程”全覆盖。设立葛坑镇公共法律服务站，“一村一顾问”全覆盖。开展安全生产百日攻坚活动，完成整治各类安全隐患119条，排查房屋2179座，拆除重大安全隐患房屋2座，一般安全隐患房屋69座全部落实整治措施。做好防汛备汛工作，12个村完成村民防汛自主演练，充实防汛备汛物资。

【项目建设】 誉隆硅材料高新技术产业建设项目 2020年，项目一期基本竣工，累计完成投资1.6亿元，新建厂房11座，总建筑面积约3.4万平方米；2条生产线设备安装完成，7月上旬开始设备调试，11月进入调试生产。

美岭新型建材项目 2020年，项目（一期）竣工，累计完成投资2亿元，干混砂浆生产线于2020年2月安装完成，3月1日正式投产，产品销往福州、厦门、泉州、莆田等地。烧结砖工艺线设备及电气全部安装完毕，进入试生产阶段，产品投放市场，销往全省各地。该项目被列入德化县2020年度特色亮点观摩项目，县四套班子领导现场调研观摩，给予高度肯定。

龙塔畲族村党群服务中心（摄于2020年12月12日） （图/葛坑镇）

玖盛隆高端日用陶瓷生产项目 项目于2019年7月签约，总投资9000万元，选址城东工业区四期。2020年7月31日项目建设用地摘牌，面积1.57公顷，进行厂房规划及设计。

德祥橡塑制品建设项目 2020年12月，引进橡塑制品包装辅料、箱包辅料生产项目，项目总投资6000万元，选址葛坑镇富地村，开展征地前期工作。

【龙塔少数民族特色村寨建设】 2020年，以省政协副主席阮诗玮、省民宗厅挂钩龙塔，莆田市城厢区与龙塔村结对共建为契机，抓好龙塔少数民族特色村寨建设，龙塔畲族村先后被列入省级第四批少数民族特色村寨建设试点村、省第一批民族团结进步重点区重点单位和首批“福建省民族乡村振兴示范村”培育名录。投入60万元实施村卫生所规范化建设、龙塔幸福院改造提升、饮水工程等项目，完善村寨基础设施。投资70万元建设德化首家畲族民俗文化展览馆180平方米，投资150万元建设畲风广场、滨溪广场、文化景观长廊，投入70万元设置畲族元素彩绘，建设溪边步行道沿线绿化长廊1300米，厚植畲族传统文化底蕴，畲族特色村寨初步成形。

（葛坑镇）

国宝乡

【概况】 国宝乡位于德化县中部略偏西南，戴云山脉南麓。全乡地势西北高、东南低，中低山、丘陵、山间小盆地错落其间。东北与雷峰镇相襟，东南与浔中镇相毗，西北与赤水镇相连，西南与盖德镇相邻。是县城通往西部乡镇的“门户”。浐溪上游大小支流流经各村。夏长不酷热，冬短少严寒，雨水充沛。乡政府驻佛岭村，距县城13千米。全乡土地总面积63.4平方千米，辖8个建制村、91个村民小组。2020年，总人口3628户、13029人，均为汉族；另有海外华侨、华人8000多人。该乡被推荐为国家级卫生乡镇，是福建省乡村振兴特色乡镇、泉州市文明乡镇和移风易俗典型乡镇。经历年发展，逐步形成以文旅业为支撑、三产深度融合的产业发展特征。拥有精品民宿集群、永德葡萄园、巴西蘑菇等特色产业业态；有云龙谷景区、戴云之战历史陈列馆等景区景点。

【经济发展】 2020年，国宝乡地区生产总值2.08亿元，比上年增长7.7%；一般公共预算总收入234.84万元，一般公共预算收入206.26万元；财政总收入702万元，比上年增长5.2%。农民人均纯收入15979元，比上年增长7%。

特色农业 2020年，国宝乡发挥省级科技特派员作用，引入泉州市第二层次人才，邀请省农科院专家团队建言献策，引进牛奶玉米（2020年种植面积3.67公顷）等新型生态农产品，打造海峡两岸现代农业休闲观光园，永德生态农业专业合作社获评福建省“百佳农民合作社示范社”；加大对当地黑鸡、黑兔养殖企业的扶持力度，佛岭村获评省级“一村一品”示范村；实施“电商+农产品”销售模式，组织开展“遇见国宝·约一夏”等直播带货活动，参加海峡两岸农产品订货会并获评最佳展台奖。

特色旅游 2020年，国宝乡开展全域旅游呈现年活动，编撰出版《遇见国宝》《国宝笔记》文旅推介丛书；加快推进云龙谷创AAAA级景区工程，逐步完善景区软硬件设施，全年接待外来游客30多万人次。推进泉州市特色乡村旅游村建设，实施“遇见国宝”、重点提升改善传统村落等一揽子项目，佛岭村获评中国乡村旅游村、中国美丽休闲乡村、泉州市六大旅游产品。投入运营的“山有福美”“谷外云居”2座民宿成为全县精品民宿创建样板。

【乡镇建设】 2020年，国宝乡围绕“一条主线、三项行动”，投入250万元深入实施“一清二整三美化”，推进垃圾治理制度化、常态化，整治“两高”沿线裸房、实施杆线落地、规范店牌设置、拆除旱厕和破旧鸡鸭圈，佛岭村获评福建省森林村庄和高级版“绿盈乡村”，格头村、国宝村获评泉州市“绿盈乡村”。

【社会事业】 2020年，国宝乡完善数据动态共享机制，争取上级补助资金174.61万元，不断完善贫困村基础设施，增加贫困村集体收入，引导贫困户发展特色种养业，发放贫困户生活补助、应急救助、住房修缮等扶贫资金，夯实脱贫基础。全乡累计筹集善款65.1万元，深入实施爱心厨房、爱心理发、爱心医疗等“爱心幸福城”系列创建活动。福建省文明办主办的“我们的节日·重阳”主题之“孝亲敬老暖重阳”活动在国宝乡举办；补助困难群众45人，拨发救济金13.48万元；实施暖冬保卫战，资助重点人群39人，发放棉被25条、毛毯14条、热水袋45个。创办“美德银行”，弘扬行善立德的乡村新风，获评泉州市文明乡镇、泉州市移风易俗典型乡镇，国宝村入选市级文明村、佛岭村入选市级移风易俗典型村，相关做法在《福建日报》《泉州晚报》等媒体刊载；分梯次推进8个村综合文化服务站点建设，佛岭综合文化服务中心获评省级文旅功能融合试点单位。开展食品药品安全等专项整治行动，建设集镇供水设施、农村安全饮水工程，为建档立卡贫困户添置净水设备47套；创新基层公共巡回医疗模式，开展公共医疗巡回服务15次。成功通过省评估组现场检查，被推荐为国家级卫生乡镇。落实省、市安全隐患大排查大整治、房屋安全百日攻坚等任务部署，深入开展隐患房屋、道路运输、自然灾害等10个重点行业领域整治，累计排查农村房屋2120座、摸排企事业单位18家，排查率、整改率均100%；推行“1+N”矛盾纠纷排查调处新机制，探索建立“三所联调”制度，全年化解矛盾纠纷20起，处理信访事项8件。创建“平安景区”工作经验在《泉州改革调研》《市综治协会》刊发。

【项目建设】 2020年，全乡1个市重点项目、6个县重点项目、9个乡重点项目超额完成年度投资计划。其中，投资4530万元的省道216线国宝段10.2千米路面全部“白改黑”；总投资2亿元的厚德动车变电站基本建成；祥云文创园建设速度加快，完成年度投资3500万元；总投资1380万元的国宝溪流域综合治理项目成功争取并加速实施。国宝香业园、云龙谷创AAAA级景区等项目扎实推进，佛岭村创建市级特色村完成阶段目标；推动成立规划面积67.87公顷、总投资2.3亿元的国宝开发区，第一期34.67公顷林地报批等前期工作快速开展。全年累计向上争取资金1953万元，增长49.45%。新引进项目3个，其中亿元以上项目2个；协议总投资2.25亿元，比上年增长38.9%。在谈项目6个，意向总投资4.1亿元，比上年增长95.2%。

云龙谷创AAAA级景区 制定《国宝云龙谷景区创AAAA级项目攻坚任务分解表》，投入1070万元完成云龙谷萌宠乐园动物表演场所建设项目并投入使用，完成云龙谷生态停车场规划设计及土地红线图；与福建兴岩集团合作打造“戴云之战 南斗风云”红色旅游项目，以国宝乡南斗村为核心区规划一期项目发展范围，主要建设内容包括游击景观长廊、游击门户区、游击文化教育区、游击文化体验区及其他相关配套设施。完成项目地形图测量，聘请专业团队进行规划设计。

佛岭村特色村创建 完成投资690万元，完成龙魁堂等历史建筑修缮，完善“谷外云居”民宿外环境优化，实施民居走廊提升改善工程，推进佛岭村村庄规划报批。

祥云文化创意园 完成年度投资3500万元，2号馆主体5月底封顶，进行室外装修、室内内墙打底，待验收合格后进行室内装修。第二期约2.4公顷土地完成招拍挂；办好一号馆一期1807.83平方米、三期（地下仓库）1494.72平方米工程规划许可证，1号馆二期设计在图审中。

香业园 完成投资1920万元，福兴堂香业等5家香企投产；新建主体厂房2.25万平方米；金辉、瓷城香业一幢建成筹备投产，一幢在建；金香道香业、天兴完成主体封顶，金香道香业完成厂房外墙装修；天兴、康益香业完成主体封顶，一幢厂房完成外墙装修；馨缘香业、国宝香业园香业在施工建设。

【精品民宿打造】 2020年，国宝乡佛岭村拥有百年以上历史的古厝67座，各式传统闽南古厝错落有致、宁静古朴，古厝造型以硬山及卷棚屋顶、燕尾形屋脊、穿斗式木为主要结构，厝内雕梁画栋，具有鲜明的闽南地方特色。国宝乡打造“遇见国宝”主题养生旅游品牌，采取先行租赁、免收前5年租金的方式，引入民宿开发公司，盘活佛岭村闲置古厝，在保留历史古厝原汁原味的基础上，打造外质朴内奢华的精品民宿。随着“山有福美”“谷外云居”等特色民宿逐步建成并试营业，一幅“土堡洋楼聚古村，青山幽谷映千家”的水墨村落画卷渐次铺展，休闲德舍、民宿酒吧如翡翠般镶嵌其间，与云龙谷风景区形成动静结合、软硬互补的旅游新格局。

（国宝乡）

大铭乡

【概况】 大铭乡地处德化县西北部，东与赤水镇、上涌镇毗邻，南与美湖乡接壤，西与春美乡交界，北与汤头乡相连。乡政府驻大铭村，距德化县城40千米。全乡土地面积76.4平方千米。辖7个村、53个村民小组，总人口6954人，常住人口848人。经历年发展，逐步形成以农业为主、水电业为辅的产业布局。境内大张溪、琼溪、下格坑溪为闽江源头，拥有水电站6座，总装机容量1.2万千瓦时。拥有生姜、矿产、林下种植等特色产业。有列入泉州名祠的明末翰林赖垓祖祠，始建于清雍正八年（1730年）的铭新廊桥，宗教圣境永安岩、莲花峰、仙峰寺、狮子峰等景点，以及多处陶瓷古窑址。

【经济发展】 2020年，全乡实现工农业总产值1.52亿元，比上年增长4.5%。财政总收入722.55万元，比上年增长3.5%。农民人均可支配收入13984元，比上年增长4%。

农业 大铭生姜是“国家地理标志保护产品”“无公害农产品”和“省无公害农产品”。2020年，大铭乡探索以“人才+公司”的模式，由琼溪村牵头，联合6个村成立村级集体股份经济合作社和乡经济社会服务中心，建立“大铭姜山人才工作站”，引进省农科院翁伯琦、吴如健等专家、博士进行研发技术指导。并组织福建农林大学学生入驻生姜基地，开展生姜种植技术指导、探索生姜深加工、营销推广生姜品牌。为乡村人才提供实践基地，培养生姜农村实用人才，盘活撂荒地约6.67公顷作为“姜田”基地种植生姜，全年生姜产量5000吨，平均亩产约2000千克。引导87户311名因疫情失业农民返乡就业，新增种植水稻24.8公顷、生姜41公顷、玉米约13.33公顷，失业农民基本生活得到保障。

林业 2020年，大铭乡完成造林更新面积26.53公顷，其中采伐迹地更新21.2公顷，防火林带1.33公顷，新建乡村公园1个（大铭村、联春村）1.33公顷，村庄绿化（琼山村、琼溪村）1.33公顷，市级绿色乡村（琼溪村）0.67公顷。完成森林抚育165.53公顷（其中防火林带抚育17.2公顷），新建市级古树名木保护管理示范点建设项目2个（琼英村、琼溪村）。新开设油茶机耕路1.5千米（联春村）。加强伐区管理，做好伐区的林木采伐指导，办理林木采伐许可证61份。发放生态林与天然林补助金120万元。发展林下经济，种植砂仁、草珊瑚6.67公顷。

旅游业 2020年，大铭乡坚持生态优先原则，打造生态人文旅游业，引导乡贤筹资400多万元修缮保护赖垓祖厝，重修“赖垓求学路”，通过墙绘的形式展示“赖垓孝廉文化”。琼溪黄山瀑布群登山步道、生态河堤和沿溪步行绿道完工投入使用。集台湾樱花驿路观光园和党建、廉政、法治文化园为一体的美丽南大门建成对外开放。

【乡镇建设】 2020年，大铭乡持续推进美丽乡村建设，7个村“一清二整三美化”全面铺开。全面推行“河长制”，加强水源保护区的生态建养。推进“厕所革命”，累计拆除旱厕413座，新建一体化三格化粪池111个，开展旱厕清零行动。开展村庄清洁行动，购买干湿垃圾桶160个、垃圾分类箱40个，建立人居环境整治常态化机制，组建环境卫生督查组，每季度开展“一清二整三美化”考评拉练活动，奖优罚劣，提升各村环境卫生治理水平。琼山村通过县领导、县直部门、挂钩结对村等帮扶，人居环境整治成效显著，彻底改变落后面貌。

【社会事业】 2020年，上徐、金黄、琼溪3个原贫困村村财政收入分别达到114万元、46.43万元、35.11万元。未出现脱贫人口“返贫”现象。社会救助、民政和残联等民生领域支出150多万元。完成民生“XIN”行动拓展专项行动各项指标。新农保、新农合实现全覆盖。社会养老、社会救助、残疾人保障、关爱留守儿童等工作得到加强。利用各村交通区位条件、社会资源优势，打造琼山村“爱心快递站”、联春村“爱心交通站”、金黄村“便民联络站”、上徐村“智慧中转站”、琼英村“爱心幸福站”等7个各具特色的“一村一站”服务平台，提供便民代办、物品寄递、送医送药、农特产品销售、便民事项办理等便民服务，实现村级全覆盖。其中代办帮办物品寄送360多次、为群众代办事项430多件。该经验做法在《八闽快讯》刊发并在全县推广。开展“爱心幸福乡”创建活动，引导全乡7个村深入开展爱心厨房、爱心理发、爱心医疗等“三个爱心”服务行动，累计举办“爱心厨房”活动139场、4300人次参与，提供“爱心理发”3300人次，开展“爱心医疗”42场、受益2万多人次。做好全乡防汛及地质灾害防治工作，组织有关人员对全乡水利工作及地灾户进行全面检查，排查隐患，限期整改，并为建档立卡户发放危险区域人员转移避险明白卡。组织进行危险区域人员自主转移避险防汛演练，完成7个村53个自然村落的防汛演练，占比100%，涉及演练93户207人，建设避灾点7个。按照县防办要求，备足备齐各类防汛物资，增配铜锣50面。

【项目建设】 2020年，总投资1.5亿元（乡自筹3000万元）、全长10千米（其中连接线1.3千米）的春美至联三线（锦洋）大铭段及大铭连接线公路竣工通车。完成总投资50万元、全长3.52千米生态示范路建

2020年10月31日，大铭乡开展“大爱永传承·铭善献真情”爱心幸福城活动

（图/大铭乡）

设。投入380万元，完成总长度4.5千米的琼英村、上徐村村道拓宽工程。投入100万元，完成大铭乡政府路口危桥改造工程。投资300万元，在大铭“南大门”打造樱花“驿路观光园”。投资100万元建设集党建、文化、历史、爱国主义教育为一体的综合性文史馆，在全县首家采用红色有声图书的声觉表现形式，丰富和延伸党建文化传播载体。投资274.5万元，基本完成镇区供水项目建设，解决群众喝水难题。

（大铭乡）

春美乡

【概况】 春美乡位于德化县西北部，东与美湖镇、大铭乡毗邻，南与大田县济阳乡接壤，西与大田县湖美乡、华兴镇、屏山乡交界，东北与汤头乡相连。乡政府驻春美村，距德化县城46千米。全乡面积134.85平方千米，辖7个建制村、76个村民小组，总人口1.14万人。经历年发展，逐步形成以农业为主、旅游业为辅的产业布局。拥有黄花菜、生姜、油茶、石冻王（棘胸蛙）等特色产业；有双翰世德堂、福德宫、广济桥、新阁狮子岩、泉州市舶司提举蒲寿庚后代的制陶工坊、龙窑遗址、十八格古街和双翰古街等名胜。

【经济发展】 2020年，全乡实现工农业总产值2.9亿元，比上年增长4.7%；一般公共预算总收入201万元，一般公共预算收入91.1万元；乡财政收入40.2万元；农民人均可支配收入1.72元，比上年增长5.8%。向上争取资金1461万元。

特色农业 2020年，春美乡引进顺逸、林盛2家生猪规模养殖场。组织十八格黄花菜专业合作社、双全农业有限公司参加第二十一届中国绿色食品博览会，发挥示范引领作用，十八格农产品有限公司获评泉州国家农业科技园区示范基地，十八格黄花菜、石冻王（棘胸蛙）两大品牌知名度和影响力进一步提高。支持鼓励双全农业有限公司与福建师范大学合作科研攻关，8月，实现在世界上首次破译棘胸蛙基因组，填补该领域国际空白。《德化县打造石冻王（棘胸蛙）品牌助力乡村振兴》在《八闽快讯》刊发。

旅游 2020年，春美乡成功举办第三届“母亲花”观赏文化旅游节，完成“三园四区”（文化公园、母亲花观光园、森林植物园，党建文化区、传统村落文化展示区、水生态游览区、农业科普体验区）升级版打造，推出“五古丰登”特色旅游路线，并对路线部分景点进行拍摄、宣传，先后在《经济日报》《东南网》《泉州晚报》和德化电视台等媒体推介，旅游品牌进一步打响。

【乡镇建设】 2020年，春美乡以春美、古春、双翰、上春4个村为重点，投入800万元实施人居环境提升工程，美化提升村容村貌，打造美丽宜居村庄。投入300万元建设村污水处理站3处、便民候车亭3个；推进厕所革命，发动乡村干部、党员群众参与农村旱厕整治专项行动，全乡完成旱厕拆除和改造919户，实现旱厕整治100%。实施二级路沿线提升工程，完成9千米沿线路灯建设以及沿线村庄的绿化花化，投入100万元建设双翰公路驿站，打造二级路转角风景线。投入400万元实施乡村道路提升工程9千米，其中投入150万元完成尤床村湖坪洋水电站至汤头乡水泥路硬化2.7千米。全乡7个村的爱心食堂全部筹建完成。组织捐款活动7场次，动员乡贤、爱心人士等捐款筹集爱心资金80多万元，同时成立党员爱心服务队，开展爱心食堂、爱心理发等志愿服务活动。春美、上春、古春、新阁4个村获评2018—2020年度县级文明村，《德化县春美乡：做足“五篇文章”助力乡村振兴》在《侨区快讯》刊发，并获市委常委、常务副市长洪自强批示肯定。

【社会事业】 2020年，春美乡建立健全脱贫成效跟踪机制，发放各类帮扶资金192.75万元，坚决防止因病致贫返贫。深入实施“消薄倍增”

春美乡游学园（摄于2020年9月2日）（图/春美乡）

计划，筹集壮大村集体经济资金82万元，引导3个村投资县城市家园广场、1个村收购水电站股份，年可增收约10万元。全乡7个村集体经营性收入全部达到10万元以上，其中5个村达20万元以上。落实“一事一议”财政奖补项目5个，兑现奖补资金81.45万元。坚持应保尽保，全年发放低保、特困人员保障资金160.1万元，新建低保安居工程2座。投入180万元完成春美乡集镇供水设施建设工程，群众饮水安全保障水平进一步提升。开展“强基促稳”三年行动，深化“平安春美”建设，投入30多万元提升春美乡综治（网格）中心暨边界联防联调指挥中心和“雪亮工程”建设，实现主要路口、重点部位、重点场所平安视频监控全覆盖。开展入户宣传，巩固提升“平安三率”知晓度，增强群众安全感和满意度。完善社会矛盾纠纷排查和应急处置机制，推进扫黑除恶专项斗争，进一步净化治安环境，促进社会安定稳定。深入开展房屋安全“百日攻坚”、安全隐患大排查大整治、安全生产专项整治三年行动、自建房加工场所消防安全专项整治、预防道路交通事故专项整治等系列行动，排查房屋1750栋，排查整治隐患89个，投入130万元完成12千米乡村公路安保工程，投资600万元的春美至联三线公路（春美段边坡整治）项目动工建设。圆满完成年度征兵任务和第七次全国人口普查，便民服务中心规范建设扎实推进，持续推进移风易俗，加强食品药品安全监管。同时，民族宗教、工青妇、慈善救助等工作也取得新的成效。

【项目建设】 2020年，春美乡完成双翰溪安全生态水系建设和双翰溪流域水环境综合治理，其中双翰溪安全生态水系建设项目获评“市优工程”。福建石冻王健康产业园项目投入1.26亿元，完成主体工程建设。乡孝廉教育基地入选县2020年度特色亮点优秀项目。提前完成牵头负责的中国德化China小镇项目第六片区安置征迁任务，征收土地8.11公顷、房屋12座21户、大小企业2家，迁移坟墓42穴。组织推介活动7场次，新引进项目2个（纳米石英砂陶瓷生产线和龙宝盛田园综合体项目），意向投资15.5亿元，其中拟投资5000万元的纳米石英砂陶瓷生产线项目完成签约和城东四期古洋片区0.67公顷土地摘牌。在谈县招商重点项目1个，拟投资1亿元。招商选资工作进入较好乡镇行列。

（林志材）

汤头乡

【概况】 汤头乡位于德化县西北部，东与葛坑镇毗邻，南与上涌镇、大铭乡接壤，西与春美乡、三明市大田县交界，北与三明市尤溪县相连。乡政府驻汤头村，距德化县城58千米。全乡面积125.1平方千米，辖7个村、60个村民小组，总人口9227人。经历年发展，逐步形成以农业为主、林业为辅的产业布局。拥有杉、松、竹、茶果等特色产业，有汤头山和岩、岭脚西城桥等景点。

【经济发展】 2020年，全乡工农业总产值4.19亿元，比上年增长5.5%；一般公共预算总收入1.93亿元，一般公共财政预算收入1.11亿元；工业总产值3.2亿元，比上年增长6.3%；农业总产值9904万元，比上年增长3.5%；财政总收入2014.12万元，比上年增长45.5%；农民人均纯收入18105元，比上年增长7.2%。

特色农业　2020年，汤头乡致力打造生态瓜果之乡，以改造提升春秋葡萄酒庄园、顺天福茶园、鲜丰柑橘、三春晖油茶林等4个“千亩基地”为重点，持续巩固扩大柑橘、血橙、油桃、水蜜桃、红心柚、谭甜蜜柚、西瓜、刺葡萄等种植规模，鼓励群众种植绿色无公害蔬菜和粮食，全年种植水果蔬菜及粮食约666.67公顷。汤头乡获评泉州市农业产业发展强乡，福山村获评福建省乡村振兴实绩突出村，均为全县唯一入选的乡、村。

【乡镇建设】 2020年，汤头乡投入400多万元，加快推进格中至福山村道路建设，至年底基本完成路基开挖。投入150多万元改造拓宽及硬化角落公路6条4千米，不断改善群众出行条件。持续深化“一清二整三美化”活动，汤头村进行立面装修1000平方米、裸房整治1500平方米，并完成村庄道路绿化；福山村在村庄道路两侧种植樱花等景观树约600株，进行裸房立面装修3000平方米；汤垵村种植一批美化绿化花草，开展河道垃圾清理等；草村村投入110多万元，拓宽中心村道路并沿线种植绿化花草。在格中村、草村村、汤头村、汤垵村开展土地整理开发，新增耕地面积9.26公顷；深入开展旧村复垦，拆除复垦24座，涉及村民30户124人，新增耕地面积1.4公顷。注重改善群众居住环境，全乡农村个人建房报批21座，福山村新村建设土地报批1.67公顷。

【社会事业】 2020年，汤头乡投入160多万元实施格中到福山公路等扶贫基础设施项目4个，投入87万元用于扶贫帮扶，促进贫困村和贫困户脱贫致富。在全面消除“薄弱村”的基础上，扶持每村发展1—2个村财政增收项目，引导7个村分别筹资10万—20万元参股县城市党群家园广场，岭脚村投入10万元入股田缘生态农场种植香菇。建立完善农村留守老人关爱服务体系，募捐筹集45万余元，在各村开展“爱心幸福城”系列活动，每月固定为留守老人进行聚餐、理发、医疗等服务。安排公共安全支出65.04万元，用于基层安全创建、防控经费、综治平安建设、普法宣传、依法治理、社区矫正经费、安全生产及突发事件经费等支出。投入10多万元在各村重要路口和人群集散地建设视频监控，整合公安、水利、企业等视频监控资源，逐步实现全乡公共安全视频监控全覆盖、全联网。同时，在人员集中地结合高清摄像头加装喇叭，通过播控台、手机与监控、广播相连接实现远程操控，进一步加强农村治安防控体系建设，完善网格管理体系，通过网格化服务管理平台，全乡录入楼宇854栋、房屋624套、常住人口信息1036人，建立刑释解教人员、社区矫正对象管理台账。文体设施建设不断加强，结合打造国家公共文化服务体系示范区，建设1个综合文化站、7个综合文化服务中心、1个文化志愿服务中心，设立小型图书馆1座，藏书3万册，室外配置羽毛球场、篮球场、小型足球场，室内配置乒乓球室、棋牌室等设施。完成第三次全国文物普查不可移动文物汤头16处文物点定线落图的划定。适龄青年兵役登记率100%。宗教、统计、防震减灾、气象、残联、青年、妇女儿童等各项事业齐头并进。

【项目建设】 2020年，全乡重点项目13个，向上争取资金2174万元。其中，春秋葡萄酒庄园完成葡萄酒厂生产车间外墙、隔间墙体砌砖，发酵罐车间装修基本完成，发酵罐安装好并开始生产。福山瓷土精制厂新建厂房3000平方米和生产线1条，可提炼出品质和价格均大幅提升的中高端瓷土直接供应全县各陶瓷企业，并利用尾矿加工优质建筑装修材料益胶泥。丘埕矿业不断提升生产能力和效益，年度纳税750万元。岭脚石英矿开采在有序进行中。用好“飞地招商”政策，协同有关单位，新引进中合农投、南山先生陶瓷家电产学研一体化项目等，计划投资3亿多元。

【村企联建“三同五共”工作机制探索】 2020年，汤头乡坚持党建引领，以春秋葡萄酒庄园为试点，探索建立村企联建“三同五共”（思路同步谋划、政策同步实施、工作同步开展，组织共建、资源共享、党员共管、活动共办、事务共商）工作机制，推动村企党组织“捆绑”发展。研究和解决阵地建设、困难帮扶问题10条次；开展七一主题党日、环境整治、爱心厨房等活动9场次，党员参与率100%。庄园累计向福山村投资10多万元，把扶助农户纳入庄园种养体系，组织技术培训，并免费将优质种苗提供给农户养殖，统一收购销售，辐射带动农户增收致富。福山村配合乡党委、政府，争取产业项目扶持，通过内投外引、累计发展的模式，全村葡萄种植面积80公顷，成为葡萄种养核心区，村集体以资源入股的方式，每年可增收3万元。

【顺天福农场提升】 2020年，汤头乡致力扩大德化梨、观赏桃花、水蜜桃、生态有机稻种植和稻田鲤鱼、生态养蜂规模，规划建设茶竹林观光园、采茶制茶体验区、茶圣庙、茶文化餐厅、游学研基地，规划新建改建特色民宿20座。利用农村闲置土地建设绿色蔬菜会员基地，打造集生产、观赏、体验、休闲、康养、购物为一体的现代化生态农场。完成生态茶园种植约53.33公顷，硬化园区道路2450平方米；完成果树林种植13.33公顷；完成垂钓鱼池建设6.67公顷，放养稻花鲤5.33公顷。

（赖云萍）

2020年9月17日，汤头乡福山村春秋刺明珠葡萄酒庄园的员工在传送带上筛选葡萄

（图/吴有森）

桂阳乡

【概况】 桂阳乡地处德化县西北部，戴云山东北麓。东南邻南埕镇，东北毗水口镇，北连葛坑镇，西接上涌镇，南抵雷峰镇。乡政府驻桂阳村官厅洋，全乡土地面积124.95平方千米，总人口8497人，常住人口近1000人。辖9个村、76个村民小组。素有“水足、林丰、矿富”之美誉。

全乡水电总装机容量1万千瓦。有黄金、瓷土、紫砂土、石材矿等矿藏。有霸王寨、太平寨、蔡岩古寺、下林坑桥等古迹和宋窑、清窑遗址9处。

【经济发展】 2020年，桂阳乡地区生产总值9978.2万元，比上年增长5.2%；一般公共预算总收入46万元，一般公共预算收入21.1万元；财政总收入1261.97万元，比上年增长29.07%；农民人均可支配收入17855元，比上年增长6.35%。

农业农村 2020年，做好桂阳乡思尚优品农业综合项目，聘请省农科院、三明农科院专家全程跟踪指导。陈溪村中草药基地种植蒲公英40公顷；高山农业生态示范园种植高山叶菜5.67公顷；新造防火林带1.73公顷，林带抚育19.27公顷，林分修复23.07公顷，油茶林抚育施肥约53.33公顷。建设集农业发展规划指导、农业品牌建设、农产品营销、宜居环境规划设计、人才服务、旅游发展服务等为一体的桂阳乡村振兴服务中心。

【乡村建设】 2020年，桂阳乡推进“一清二整三美化”工作，全乡9个村分为3个巩固提升村、1个沿线重点村、5个长效清洁村三个类型进行创建。实施“一革命四行动”，旱厕改造200户，新建公厕3座；完成桂阳村街道两侧房屋立面改造27座，修缮传统建筑10座。拆除房前屋后乱搭乱盖650平方米，清理沟渠2000米，完成各村主干道和房前屋后美化亮化，种植木槿、红叶李、红叶石楠0.3公顷。4月，在全市城乡卫生考核中获得乡镇序列第一名；7月，被福建省气象协会、福建省旅游协会评为“避暑清凉福地”；11月，被中国林业产业联合会评为“全国森林康养基地试点建设乡”；人居环境卫生年度考评获全县第三名。在省级乡村振兴试点村考评中，桂阳村获一等奖；在全县“一清二整三美化”沿线重点村评比中，安章村获一等奖；在全县“一清二整三美化”巩固提升村评比中，溪洋村、涌溪村分别获二、三等奖。全年拆除“两违”8宗，面积1510平方米。审批个人建房27宗54户，面积4048.4平方米。

【社会事业】 2020年，桂阳乡对全乡贫困群众32户94人（国定11户29人、省定21户65人）实施精准帮扶，制定脱贫攻坚作战图，做到“一村一图、一户一档、一人一策”；实行“一月一帮扶”，落实工作闭环管理办法；累计发放扶贫资金5.25万元，扶持18户贫困户发展产业；开发公益性岗位10个，帮助10户贫困户实现“家门口就业”；全面落实教育扶贫、医疗扶贫、金融扶贫、社会扶贫、项目扶贫等政策，稳定实现贫困户“两不愁三保障”。深入实施“消薄倍增”计划，全乡9个村集体经营性收入全部达到10万元以上，其中6个村达20万元以上。落实农村低保政策，全乡农村低保75户110人，发放农村最低生活保障金65.82万元；特困人员15人，发放生活保障金19.09万元。新农合参保7262人，收缴金额210.598万元。完成洪田村、王春村农村幸福院建设。创建“爱心幸福城”，筹集爱心基金36.2万元，开展爱心厨房、爱心互助、爱心义诊、爱心服务、爱心理发活动；同时，开展“七个一”结对帮扶活动，即安排一名乡领导、一名乡干部、一名村干部、一名在村党员挂钩联系，对全乡54名留守独居老人做到每日一问候、每周一访视、每月一聚餐。开展安全生产专项整治三年行动，重点开展房屋安全、消防安全、非煤矿山、道路交通、自然灾害等行业领域安全生产，坚持边部署、边排查、边整治，把宣传发动、自查自改、隐患整改贯穿大排查大整治全过程。做好“1+X”交叉巡查存在问题整改工作。落实“强基促稳”专项行动，持续打造“平安桂阳”，按照“一厅三室”（群众接待厅，监控研判室、综合协调室、矛盾纠纷多元调解室）建设要求，完成乡综治中心规范化建设；投入80多万元，安装监控、“高清探头+喇叭”，智慧音响；开展“酒驾”专项整治、扫黑除恶、禁毒、反邪教、打击防范电信诈骗、严重精神障碍患者管控、矛盾纠纷调处化解、农村公共法律服务供给等工作，顺利通过

桂阳乡太平寨（摄于2020年10月29日） （图／桂阳乡）

“七五”普法验收，相关做法被《八闽快讯》《福建法治报》《侨区快讯》等报道。推进公共文化服务体系示范区建设，提升改造乡文化站；持续推进移风易俗，创建文明乡镇，把新时代文明实践工作列入重点工作，桂阳乡获评县级文明乡镇，梓溪等6个村获评县级文明村。提升宗教活动场所规范化管理水平。

【项目建设】 2020年，桂阳乡签约引进项目2个，总投资额5.1亿元，分别是鑫洋陶瓷扩大再生产项目和万佳国际酒店项目。在谈未签约项目4个，分别是拟投资5000万元的深圳市思通汽车电子有限公司德化生产研发基地、拟投资4500万元的涌溪野外射击训练基地、拟投资3000万元的泉州八仙过海陆生动物园动物食用林木种植基地项目、拟投资3.5亿元的佰盛利光电科研总部及生产基地。向上争取项目57个，资金5553.8万元。

2020年，县道311桂阳乡至省道215线（上涌）公路提前建成通车，累计完成投资4890万元。村级道路提级改造5.8千米。投入1200万元，实施涌溪桂阳段安全生态水系建设项目，累计完成生态护岸2800米、巡查步道3158米、亲水平台1627平方米、河道清淤清障100%；投入2800万元实施桂阳乡梓溪防洪工程，完成年度计划工程量；投入187万元的水土流失治理重点乡镇项目完工并通过验收。投入3680万元，实施涌溪库区移民后期扶持示范区项目建设。改造桂阳村旧会场，打造“守住初心·记住乡愁”体验馆，该项目被列入德化县2020年度特色亮点优秀项目。

【“寨见贵湖”旅游品牌打造】 2020年，桂阳乡先后投入4000万元打造涌溪水寨旅游景区，完成总体规划、景区服务中心、休闲亭、环库区道路、登山休闲步道以及全县跨度最大的玻璃人行悬索桥等设施建设，打造高品位、有故事的“寨见贵湖”旅游品牌。7月，桂阳乡被省气象协会、省旅游协会评为“避暑清凉福地”；11月，桂阳乡被中国林业产业联合会评为“2020年全国森林康养基地试点建设乡”。

（张清水）

杨梅乡

【概况】 杨梅乡位于德化县北部，东连水口镇、永泰县洑口乡，南毗葛坑镇、桂阳乡，西、北与尤溪县中仙乡交界。地势西北高、东南低，西北为中低山区地带，东南以低山丘陵为主。气候冬暖少严寒，夏长无酷暑，气候温和湿润，多年平均气温18℃，多年平均无霜期262天，多年平均降水量1850毫米；植被覆盖率约86%，以针、阔叶常绿亚热带季风型林木、毛竹为主。乡政府驻杨梅村，距德化县城67千米。全乡土地总面积106.6平方千米，辖7个建制村、58个村民小组，总人口6116人，常住人口1150人。经历年发展，逐步形成以农业为主、特色旅游业为辅的产业布局。拥有百香果、银杏果、棘胸蛙等特色产业；有丁荣银杏山庄、龙溪大峡谷等景点名胜。杨梅乡获得“中国森林文化小镇”称号。

【经济发展】 2020年，杨梅乡工农业总产值3.28亿元，比上年增长4.1%。乡财政收入2406.68万元，比上年减少19%。农民人均纯收入20756元，比上年增长7%。

农业 2020年，杨梅乡开展新型职业农民培训，认定新型职业农民5人。农业新型主体培育“百社百村带千户”绿园合作社获得20万元补助资金，引进新品种水稻种植面积300亩。

工业 2020年，杨梅乡投资1000万元，完成扶枫林电站、雷潭二级和雷潭三级电站机改项目。受疫情影响，隆兴木材厂规划转型竹木加工生产，与重组阶段的青云矿业企业均未开工投产。

【社会事业】 2020年，杨梅乡完成为民办实事项目6件。城乡居民基本养老保险参保率97.16%、新农合参合率98.9%。通过发展产业、促进就业、低保兜底三大类，以特色种养、光伏发电、全域旅游、公益岗位、介绍就业等措施，拓宽贫困户收入来源，完成脱贫攻坚任务。新增低保对象7户15人，发放低保金、特困补助金等补贴102万余元，办理城乡居民临时困难补助、慈善特困群众临时应急救济26人6.26万余元。完善社会救助体系，落实特困人员供养政策。村级综合文化服务中心实现达标创建，村级新时代文明实践站建设全面覆盖展开，文明实践活动常态化开展，移风易俗成效明显，取消或简办喜丧民俗活动50多场。开展“爱心幸福城”系列创建活动，动员乡贤、爱心人士捐款35万余元用于“爱心幸福城”系列活动，为全乡883名60周岁以上老人免费提供爱心午餐、爱心应急、爱心送医、爱心关怀等系列项目。成功举办德化县第二届刻纸文化旅游节暨第四届银杏文化旅游节。在三明市艺术馆以“非遗过大年，文化进万家”为主题展出100余幅杨梅乡本土文化刻纸作品，在晋江市图书馆以“海丝韵，瓷都情”为主题展出58幅杨梅乡刻纸作品。以疫情防控为主题的杨梅刻纸作品“一令降疫魔”在福建纪检监察微信公众号推送，浏览量10万多人次。投资100万元完成白叶村居家养老服务照料中心建设，探索居家养老新模式。构建多元化矛盾调解机制，调处各类纠纷逾20件，成功率100%。与尤溪县中仙乡、永泰县洑口乡签订边界联防协议书，联合中仙乡开展森林防火演练，交流“生态联护”创建工作，提升森林防火协同作战能力。开展房屋安全“百日攻坚”、安全隐患大排查大整治和安全生产专项整治三年行动，摸排房屋767座、企业13家，消除安全隐患40项。实施美化、绿化、亮化、净化工程，向群众发放《环境卫生整治倡议书》1200多份，先后清理路边垃圾、河道漂浮物等垃圾10多吨，清理违法占道30多处。提升农村生活垃圾无害化处理能力，严禁垃圾违规焚烧、填埋，打击垃圾乱堆乱放，健全生活垃圾收运处理体系，垃圾中转站日均处理量30吨。

【项目建设】 2020年，杨梅乡投入1000万元，完成溪底至扶枫林道路“单改双”工程、扶枫林危桥改造、新建蓄水池1座、改建杨梅村角落饮水工程、农田护岸加固3千米等项目。投入960万元完成35千伏输变电工程挡土墙施工、站址三通一平。以云溪村获评省级乡村振兴试点村为契机，常态化开展环境整治，进一步提升传统村落旅游体验，展现田园风光与传统建筑深度融合的魅力。投入40万元扩宽云溪村主干道路肩1千米，投入16万元实施“亮化工程”，安装云溪村环村路灯46盏，为148座房屋安装太阳能照明灯。投入35万元完成“前楼”等3座古民居立面整修工作，发掘古建文化价值；投入20万元修复鱼池楼至震龙堂古道800米，还原古道风采，增添历史古韵；投入15万元完成《云溪村村庄规划》编制工作；投入75万元引进台湾设计团队开展中国传统村落云溪村驻村设计服务。投入20万元拍摄《云溪觅宝》微电影，传承良好家风践行社会主义核心价值观，弘扬淳朴民风生成龙溪峡谷水文生态观光体验项目、云溪传统文化文创写生等招商项目6个，对接梅园高端日用陶瓷项目、竹木加工项目、光伏发电等招商项目5个。对接市文旅集团，招商项目丁荣“望远山居”民宿建成营运，完善“望远山居”地理标志，对5座当地民居进行“招商引租”，做大做强最北民宿。

【雷潭溪安全生态水系】 杨梅乡雷潭溪安全生态水系项目于2018年7月由市水利局批复同意建设，同年9月动工建设。2020年10月通过完工复核验收，累计投入1100万元。项目总体景观布局为仙妈亭公园节点、初心公园节点、河心岛公园节点、西洋坂滨溪公园节点，构成独具地方特色的生态景观廊道。累计建设生态护岸650米、生态护脚130米、亲水游步道3.5千米、涉水汀步5处、景观荷花池2座和绿化景观带6000多平方米，划定河岸的生态蓝线，完成对非工程建设河段的清淤清杂工作。

【党建廉政文化馆建设】 党建廉政文化馆位于中国传统村落云溪村，2020年3月进行设计，9月开始建设，12月竣工。该馆是杨梅乡党建特色亮点项目，以传统建筑“种德堂”改善提升为契机，融入非遗文化，以党的建设和党员先进事迹为切入点，融合非物质文化遗产，建成集“党建、廉政、刻纸艺术”于一体的党建廉政文化馆。该馆建筑面积800平方米，有“廉洁政治、廉洁文化、廉洁理念”主题剪刻纸作品12幅，疫情防控主题作品10幅，党建主题作品21幅，与数云斋、林氏家风家训馆串点成线，充实云溪现场教学点文化游学精品路线。

【第二届剪纸文化旅游节暨第四届银杏文化旅游节活动】 2020年11月20日，杨梅乡成功举办德化县第二届剪纸文化旅游节暨杨梅乡第四届银杏文化旅游节活动，邀请市文旅局、县委文明办、县税务局等市、县有关单位和乡镇参加，吸引县内外560多人到现场参与。文化节以杨梅生态旅游体验、剪刻纸技能大赛、“银杏小镇”摄影、“爱心幸福城”等活动为主要内容，深入践行绿水青山就是金山银山理念，展示泉州最美生态文明旅游乡镇新面貌。

（林文良）

2020年11月23日，德化县第二届剪纸文化旅游节暨杨梅乡第四届银杏文化旅游节活动在杨梅乡举行

（图/杨梅乡）

人物 荣誉

人物

刘志军获“全国劳动模范”称号

刘志军，德化黑鸡产业合作社社员，助理畜牧师，2020年11月获“全国劳动模范”称号。他是一位靠勤劳肯干致富的普通农民，更是一位舍小家为大家的养殖大户，全身心扑在带领群众致富的道路上，奏响了一曲嘹亮动人的劳动者之歌。

2003年，刘志军已在德化县城拥有5家通信器材连锁店，年收入百万元。“村里更需要我”，面对乡亲们的期盼，他放下城里红火的生意，义无反顾地回到村里，一心一意当起了农民致富带头人。

2004年3月，在刘志军的倡议和带动下，德化县戴云黑鸡养殖基地正式成立。基地缺少资金，他自己掏出钱来作为起步资金；欠缺技术，他买来《黑鸡养殖技术》等书籍，“啃”起了养殖技术，经过无数次的摸索试验，先后攻克了德化黑鸡产量低、孵化成功率低、成活率低、黑鸡良种培育繁殖等技术难关，促进德化黑鸡的产业化发展，成为名副其实的“鸡司令”；销售有困难，他以“公司＋基地＋农户”的模式，先后推出“有身份的鸡”“农超对接”“农产品电子商务平台”等措施，把农民养的鸡拿到网上叫卖；他创新性地开发出二维码信息查询，率先建立德化农产品质量可追溯体系，实现“生产有记录、信息可查询、流向可追踪、责任可追究、产品可召回、质量可追溯”的全过程质量管控，赢得广大消费者的信赖。公司被评为“福建省农牧业龙头企业”，戴云黑鸡获得“福建名牌产品”，戴云商标获得“福建省著名商标”。

黑鸡虽小，带动的却是德化的一个大产业。2004年德化黑鸡被福建省列入地方保护品种，2007年获农业部无公害农产品、中国地理标志产品保护。黑鸡养殖的致富经辐射带动了全县10多个乡镇，全县黑鸡存栏150万多羽，基本形成集种苗培育、饲养、防疫、销售于一体的德化黑鸡网络，成为农民增收致富的特色经济产业。

多年来，刘志军还一如既往地关心和扶持贫困户和留守老人，通过为每户贫困户无偿提供50只母鸡，无偿提供养殖等技术指导，并采取鸡蛋统一回购的形式，“一对一”帮扶送温暖，每年帮助50多户贫困户脱贫致富。

刘志军还曾获福建省劳动模范、福建省优秀人才、福建省优秀共产党员、全国科普惠农兴村带头人、第八届全国青年农民创业致富带头人、泉州市第三届基层“最美人物”系列评选活动“最美农民”等多项荣誉称号。

2020年德化县获省部级及以上表彰先进个人名表

表12

姓名	工作单位	奖励名称	奖励单位	颁奖时间
郑声威	县司法局	“大排查、早调解、护稳定、迎国庆”专项活动表现突出个人	司法部	2020年1月
颜志忠	县交通运输局	福建省抗击新冠肺炎疫情先进个人	省委、省政府	2020年11月
黄秋舫	三班镇政府	福建省优秀驻村第一书记	省委、省政府	2020年12月

2020年德化县获市厅级表彰先进个人名表

表13

姓名	工作单位	奖励名称	奖励单位	颁奖时间
林文武	国网德化供电公司	2019年度劳动模范	国网福建省电力有限公司	2020年1月
张荣琮	福建戴云山国家级自然保护区管理局	全省林业系统先进工作者	省人社厅、省林业局	2020年1月
洪炳煌	县林业局	全省林业系统先进工作者	省人社厅、省林业局	2020年1月
方华宇	龙门滩镇政府	“攻坚2019”先进个人	市委、市政府	2020年2月
黄发梓	县委办	“攻坚2019”先进个人	市委、市政府	2020年2月
蔡淑贞	国网德化供电公司	全国减税降费知识竞赛三等奖	中国财经报社、财政部税政司、财政部会计司	2020年4月
郑淑敏	浔中镇政府	第四次全国经济普查工作省级先进个人	省第四次全国经济普查领导小组	2020年4月
郑东灏	县法院	福建省优秀共青团员	团省委	2020年5月
林檀靓	团县委	2019年度“福建省优秀共青团干部”	团省委	2020年5月
郑景锋	美湖卫生院	福建省抗疫最美家庭	省妇联、省卫健委	2020年5月
卢建霞	县公安局	全省公安民警英烈基金工作成绩突出个人	省公安厅	2020年6月
曾昭良	县公安局	全省个人二等功	省公安厅	2020年6月
李海燕	县退役军人事务局	“特别的怀念给特别的您”主题征文二等奖	省退役军人事务厅	2020年6月
王声典 黄丽红	县检察院	第三届全国检察官阅读征文活动二等奖	最高人民检察院法律政策研究室	2020年7月
林心如	德化县青心陶瓷有限公司技术总监	省五一劳动奖章	省总工会	2020年8月
郑雄文	德化县山花陶瓷有限公司总经理	省五一劳动奖章	省总工会	2020年8月
黄丽红	县检察院	第十五届泛珠三角合作与发展法治论坛征文优秀奖	泛珠三角合作与发展法治论坛委员会	2020年10月
林群峰	县教育局	2017—2019年度精神文明建设先进工作者	市委、市政府	2020年11月
郑欣	龙浔镇政府	2017—2019年度精神文明建设先进工作者	市委、市政府	2020年11月
陈文学	县委宣传部	2017—2019年度精神文明建设先进工作者	市委、市政府	2020年11月
张丹萍	县未成年人思想道德建设服务中心	2017—2019年度精神文明建设先进工作者	市委、市政府	2020年11月

续表

姓名	工作单位	奖励名称	奖励单位	颁奖时间
蒲贻水	县财政局	2017—2019年度军民共建精神文明先进个人	市委、市政府	2020年11月
苏荣薰	龙门滩管理处	“福建省德化县彭村水库工程”主要贡献人	省水利工程协会	2020年11月
黄丽红	县检察院	福建省法学会刑法学研究会年会论文三等奖	省法学会	2020年12月
黄丽红	县检察院	福建省经济法学研究会学术研讨会优秀论文三等奖	省法学会	2020年12月
徐晓莲	县检察院	“法治进校园”全省巡讲活动表现突出个人	省检察院	2020年12月
徐才华	南埕镇人武部	全省专武部长集训综合成绩第一名	省委组织部、省军区动员局、省军区政治工作局	2020年12月
周启宗	县委统战部	2016—2019年度全省统战系统先进工作者	省委统战部、省人社厅	2020年12月
苏莞尔	县委宣传部	2016年以来全省宣传系统先进工作者	省委宣传部、省人社厅	2020年12月
林剑峰	县公安局	全警实战大练兵标兵个人	省公安厅	2020年12月
苏玉建	县交通运输局	2016—2019年度全省交通运输系统先进工作者	省人社厅、省交通运输厅	2020年12月

2020年度德化县产业提升与民生发展先进个人名单

一、推进“全域旅游呈现年”工作先进个人

蔡丹萍　德化县旅游事业局副局长
梁志宏　德化县文化体育和旅游局办公室负责人
郑文曲　德化县文化市场综合执法大队干部
王莲池　德化县杨梅乡司法所所长
张逸斌　德化县石牛山景区管理委员会工作人员
沈强伟　德化云龙谷旅游发展有限公司总经理
林秀珍　泉州市德化德华旅行社有限公司负责人
黄旭雯　福建得心酒店管理发展有限公司负责人
徐海燕　德化县如瓷生活文化有限公司负责人
苏彩煌　德化县文化体育和旅游局导游服务中心金牌导游员

二、推进“陶瓷转型突破年”工作先进个人

郑智睿　德化县工业信息化和商务局工业发展股负责人
苏亲毕　德化县市场监督管理局副局长
许金泽　德化县陶瓷发展委员会办公室对外联络股负责人
林竞辉　德化县龙浔镇司法所所长
寇圣永　德化县三班镇人民政府企业办负责人
许光权　福建省德化县豪鹏机械有限公司董事长
曾俩相　福建省德化同鑫陶瓷有限公司董事长
许瑞峰　德化陶瓷艺术大师联盟主席
郑成全　福建省德化县成艺陶瓷有限公司董事长
李建阳　福建省德化县唐丰陶瓷有限公司董事长

三、推进“城乡建设提升年”工作先进个人

梁光镢　德化县人民政府办公室信息股副股长
林巧斌　德化县公安局四级警长
许燕萍　德化县农业农村局办公室副主任
黄发叶　德化县城市管理局副局长
林亮敏　德化陶瓷产业园区管理委员会办公室负责人
李金印　德化县龙浔镇社会事务服务中心干部
赖开浚　德化县浔中镇社会事务服务中心干部
叶祥乐　德化县雷峰镇党政办负责人
林素梅　德化县春美乡综合执法队干部
涂世泽　德化县桂阳乡党委书记

四、推进“保底创优深化年”工作先进个人

曾宪兴　德化县委收账办工作人员
郑江峰　德化县财政局预算股负责人
陈茂捷　德化陶瓷产业园区发展服务中心干部、紫洋项目区负责人
苏毓萍　德化县浔中镇党政办一级科员
康叶芳　德化县盖德镇纪委副书记、监察组副组长
陈　晨　德化县龙门滩镇纪委委员
徐锦锋　德化县雷峰镇人民政府干部
李小青　德化县上涌镇社会事务服务中心干部
陈志坚　德化县汤头乡党政办干部
颜泗培　德化县葛坑镇综合执法队干部

五、推进“干事创业比拼年”工作先进个人

孙俊异　德化县委组织部组织股副股长
陈志明　德化县水产技术站干部

张伟鸿　德化县投资促进中心干部
方　翔　德化县生态环境局生态股负责人
陈明东　德化县浔中镇社会事务服务中心干部
陈怡静　德化县三班镇党委组织干事
陈玲俐　德化县龙门滩镇人民政府四级主任科员
林景春　德化县上涌镇党政办主任
陈秋莹　德化县汤头乡社会事务服务中心干部
蔡伟明　德化县桂阳乡党委副书记、乡政府乡长

六、推进“强基促稳”工作先进个人

郭昌筑　德化县委精神文明建设办公室主任
童双利　德化县人民政府办公室副主任
林思荣　德化县住房和城乡建设局副局长
徐剑峰　德化县应急管理局党组书记、局长
冯丽金　德化县人民群众接访中心负责人
林积庆　德化县城市管理局给排水股负责人
郑巧雯　德化县行政服务中心管理委员会办公室干部
林中杰　德化县龙浔镇纪委副书记、监察组副组长
叶志江　德化县浔中镇党政办一级科员
孙晓煌　德化县赤水镇社会事务办主任、县委改革办工作人员

2020年度德化县新增高、中级专业技术职务人员名表

表14

序号	姓名	单位	专业技术职务	确认时间	备注
1	吴寿山	德化县工人俱乐部	高级经济师	2020年2月11日	
2	黄宗锡	德化县国库支付中心	高级经济师	2020年2月11日	
3	林明花	德化县资产管理中心	高级经济师	2020年2月11日	
4	孙义渊	泉州市德化县艾慕陶瓷有限公司	高级工艺美术师	2020年4月20日	非公
5	林吉祥	德化县儒裕陶瓷研究所	高级工艺美术师	2020年4月20日	非公
6	张丽娇	德化县多娇生活陶瓷有限公司	高级工艺美术师	2020年4月20日	非公
7	赖瑞攀	德化县浩家蕴陶瓷研究所	高级工艺美术师	2020年4月20日	非公
8	郭桂星	德化县静心堂瓷塑艺术研究所	高级工艺美术师	2020年4月20日	非公
9	李国信	福建省德化御弦祥陶瓷有限公司	高级工艺美术师	2020年4月20日	非公
10	张昶林	德化党土陶瓷艺术设计有限公司	高级工艺美术师	2020年4月20日	非公
11	王　顺	德化问瓷阁陶瓷研究所	高级工艺美术师	2020年4月20日	非公
12	邱桂还	福建省德化古德陶瓷有限公司	高级工艺美术师	2020年4月20日	非公
13	曾昭良	德化县永恒陶瓷有限公司	高级工艺美术师	2020年4月20日	非公
14	李文质	福建省德化县继裕陶瓷有限公司	高级工艺美术师	2020年4月20日	非公
15	曾华良	福建省德化县华宏陶瓷研究所	高级工艺美术师	2020年4月20日	非公
16	徐金宝	德化县宝龙瓷艺研究所	高级工艺美术师	2020年4月20日	非公
17	李焕燃	福建省德化县明艺特特种陶瓷厂	高级工艺美术师	2020年4月20日	非公
18	李志峰	德化颖达瓷艺研究所	高级工艺美术师	2020年4月20日	非公
19	严希教	景远（德化）建材有限公司	高级工程师	2020年4月20日	非公
20	涂文理	福建泉宏工程管理有限公司德化分公司	高级工程师	2020年4月20日	非公
21	查婉琼	德化县实验小学	正高级教师	2020年6月14日	
22	吴婥云	德化县实验小学	正高级教师	2020年6月14日	
23	郑婉秋	德化县祥山大果油茶有限公司	经济师	2020年6月24日	非公
24	吴玉凤	德化县祥山大果油茶有限公司	经济师	2020年6月24日	非公

续表

序号	姓名	单位	专业技术职务	确认时间	备注
25	吴晓捷	德化县祥山大果油茶有限公司	经济师	2020 年 6 月 24 日	非公
26	林安娜	德化县祥山大果油茶有限公司	经济师	2020 年 6 月 24 日	非公
27	叶振生	德化县广播电视台	主任记者	2020 年 7 月 23 日	
28	林承章	德化县国有生态林场	林业高级工程师	2020 年 7 月 27 日	
29	赖瑞政	德化县南埕林业工作站	林业高级工程师	2020 年 7 月 27 日	
30	林其华	德化县杨梅林业工作站	林业高级工程师	2020 年 7 月 27 日	
31	陈俊生	德化县第一中学	高级教师	2020 年 8 月 28 日	
32	李海生	德化县第一中学	高级教师	2020 年 8 月 28 日	
33	周成情	德化县第一中学	高级教师	2020 年 8 月 28 日	
34	苏 静	德化县第一中学	高级教师	2020 年 8 月 28 日	
35	陈丽真	德化县第一中学	高级教师	2020 年 8 月 28 日	
36	黄华立	德化县第二中学	高级教师	2020 年 8 月 28 日	
37	陈兴文	德化县第二中学	高级教师	2020 年 8 月 28 日	
38	颜黎明	德化县第三中学	高级教师	2020 年 8 月 28 日	
39	苏彩英	德化县第八中学	高级教师	2020 年 8 月 28 日	
40	林德明	德化县第八中学	高级教师	2020 年 8 月 28 日	
41	王世泽	德化县第八中学	高级教师	2020 年 8 月 28 日	
42	陈志华	德化县第七中学	高级教师	2020 年 8 月 28 日	
43	林振盛	德化县第七中学	高级教师	2020 年 8 月 28 日	
44	林小霞	德化县教师进修学校	高级教师	2020 年 8 月 28 日	
45	黄秀全	德化县实验小学	高级教师	2020 年 8 月 28 日	
46	林国登	德化县龙浔中心小学	高级教师	2020 年 8 月 28 日	
47	徐少玲	德化县第三实验小学	高级教师	2020 年 8 月 28 日	
48	李生辖	德化县尚思小学	高级教师	2020 年 8 月 28 日	
49	陈炳南	德化县尚思小学	高级教师	2020 年 8 月 28 日	
50	庄向东	德化县第六实验小学	高级教师	2020 年 8 月 28 日	
51	苏晓闽	德化县第二实验小学	高级教师	2020 年 8 月 28 日	
52	徐丽琳	德化县双鱼幼儿园	高级教师	2020 年 8 月 28 日	
53	黄霞梅	德化县实验幼儿园	高级教师	2020 年 8 月 28 日	
54	温朱梅	德化县龙浔中心小学丁溪幼儿园	高级教师	2020 年 8 月 28 日	
55	苏高科	德化县城市投资建设有限公司	工程建设管理工程师	2020 年 9 月 8 日	
56	林昌阳	德化县城镇房地产开发公司	工程建设管理工程师	2020 年 9 月 8 日	
57	林德贵	德化县市政公用事业管理局	工程建设管理工程师	2020 年 9 月 8 日	
58	潘海祥	德化县市政建设工程公司	市政工程施工工程师	2020 年 9 月 8 日	
59	曾国文	德化第一中学	一级教师	2020 年 9 月 21 日	
60	苏文鹏	德化第一中学	一级教师	2020 年 9 月 21 日	

续表

序号	姓名	单位	专业技术职务	确认时间	备注
61	陈丽翠	德化第一中学	一级教师	2020 年 9 月 21 日	
62	吴后辉	德化第一中学	一级教师	2020 年 9 月 21 日	
63	何巧玲	德化第一中学	一级教师	2020 年 9 月 21 日	
64	蒋培锋	德化第一中学	一级教师	2020 年 9 月 21 日	
65	陈娉婷	德化第一中学	一级教师	2020 年 9 月 21 日	
66	涂永吉	德化第二中学	一级教师	2020 年 9 月 21 日	
67	李秀志	德化第八中学	一级教师	2020 年 9 月 21 日	
68	庄龙华	德化县三班中学	一级教师	2020 年 9 月 21 日	
69	陈素环	德化县实验幼儿园	一级教师	2020 年 9 月 21 日	
70	陈梅芬	德化县实验幼儿园	一级教师	2020 年 9 月 21 日	
71	林婉娥	德化县教育发展服务中心	一级教师	2020 年 9 月 21 日	
72	陈文琼	德化县教育发展服务中心	一级教师	2020 年 9 月 21 日	
73	林清凤	德化县第二实验幼儿园	一级教师	2020 年 9 月 21 日	
74	康丽霞	德化县第二实验幼儿园	一级教师	2020 年 9 月 21 日	
75	吕雅冰	德化县城关幼儿园	一级教师	2020 年 9 月 21 日	
76	林春燕	德化县金锁幼儿园	一级教师	2020 年 9 月 21 日	
77	苏燕燕	德化县金锁幼儿园	一级教师	2020 年 9 月 21 日	
78	吴敏敏	德化县第三实验幼儿园	一级教师	2020 年 9 月 21 日	
79	赖金树	德化县阳光幼儿园	一级教师	2020 年 9 月 21 日	

集体荣誉

2020 年德化县获省部级及以上表彰先进单位名表

表 15

获奖单位	奖励名称	颁奖单位	颁奖时间
上涌镇	2020 年农业产业强镇	农业农村部办公厅、财政部	2020 年 4 月
德化县	全国县城新型城镇化建设示范名单	国家发改委	2020 年 6 月
县老年大学	全国战疫教学荣誉证书	中国老年大学协会	2020 年 6 月
国宝乡佛岭村	全国乡村旅游重点村	文化和旅游部、国家发改委	2020 年 9 月
国宝乡佛岭村	2020 年中国美丽休闲乡村	农业农村部	2020 年 9 月
德化县（公共资源交易中心）	首届全国公共资源交易百强县	中国公共资源交易跨区域合作联盟秘书处	2020 年 11 月
县融媒体中心	报送的《方寸之间有乾坤》在朱德故里·德乡仪陇全国百家县级融媒体集中采访、联合播出活动中，经专家推选为三等作品	中国广播电视社会组织联合会县级广播电视台委员会	2020 年 11 月
桂阳乡	全国森林康养基地试点建设乡	中国林业产业联合会	2020 年 11 月

续表

获奖单位	奖励名称	颁奖单位	颁奖时间
德化县	第六届全国文明城市	中央文明委	2020 年 11 月
德化县	第二批国家全域旅游示范区	文化和旅游部	2020 年 11 月
德化县	国家绿色矿业发展示范区	自然资源部	2020 年 12 月
泉州工艺美术职业学院	全国高等职业院校体育工作一校一品示范基地《泉美太极》	全国高等学校体育教学指导委员会 中国大学生体育协会职业教育学校体育工作委员会	2020 年 12 月
福建戴云山国家级自然保护区	第七批国家生态环境科普基地	生态环境部、科技部	2020 年 12 月
龙门滩镇政府	2019—2020 年国家级节约型公共机构示范单位	国家机关事务管理局	2020 年 12 月
浔中镇	全国文明镇	全国精神文明建设委员会	2020 年 12 月
德化生态环境局	第二次全国污染源普查表现先进集体	国务院第二次全国污染源普查领导小组办公室	2020 年

2020 年德化县获市厅级表彰先进单位名表

表 16

获奖单位	奖励名称	颁奖单位	颁奖时间
县委老干部局	全省老干部宣传工作突出单位	省委老干部局	2020 年 1 月
县林业局	全省林业系统先进集体	省人社厅、省林业局	2020 年 1 月
国宝乡佛岭村综合文化服务中心	省级文旅功能融合试点单位	省文化和旅游厅	2020 年 2 月
县委办	“攻坚 2019”强基促稳工作优秀集体	市委、市政府	2020 年 2 月
县公安局	全省执法优秀单位	省公安厅	2020 年 3 月
国网德化县供电公司运维检修部变电检修一班	省青年安全生产示范岗	团省委、省应急管理厅	2020 年 4 月
汤头乡福山村	2019 年度福建省乡村振兴实绩突出村	省委实施乡村振兴战略领导小组办公室	2020 年 4 月
县广播电视台	全省广播电视系统先进集体	省人社厅、省广播电视局	2020 年 5 月
盖德镇上地村	省级乡村治理试点示范单位	省农业农村厅	2020 年 6 月
葛坑镇政府	省级乡村治理示范乡镇	省委农村工作领导小组办公室等六部门	2020 年 6 月
水口镇湖坂村	省级乡村治理示范村	省委农村工作领导小组办公室等六部门	2020 年 6 月
县工业信息化和商务局	全省军民融合系统加强疫情防控统筹推动企业和项目复工复产先进集体	省委军民融合发展委员会办公室	2020 年 7 月
桂阳乡	避暑清凉福地	省气象协会、省旅游协会	2020 年 7 月
国网德化县供电公司瓷都电力 QC 小组 I	2020 年度质量管理小组成果二等奖	省质量管理协会	2020 年 8 月
县财政局	福建省五一劳动奖状	省总工会	2020 年 8 月
泉州工艺美术职业学院	非遗教育传承示范基地	教育部职业院校文化素质教育指导委员会	2020 年 10 月
德化县政府	2019 年度安全生产目标责任和优秀单位	市政府	2020 年 10 月
德化县	福建省“四好农村路”示范县	省交通运输厅、省农业农村厅、省扶贫办	2020 年 11 月
盖德镇	2017—2019 年度文明乡（镇）	市委、市政府	2020 年 11 月
二班镇	2017—2019 年度文明乡（镇）	市委、市政府	2020 年 11 月
春美乡	2017—2019 年度文明乡（镇）	市委、市政府	2020 年 11 月
上涌镇	2017—2019 年度文明乡（镇）	市委、市政府	2020 年 11 月

续表

获奖单位	奖励名称	颁奖单位	颁奖时间
龙门滩镇	2017—2019 年度文明乡（镇）	市委、市政府	2020 年 11 月
南埕镇	2017—2019 年度文明乡（镇）	市委、市政府	2020 年 11 月
汤头乡	2017—2019 年度文明乡（镇）	市委、市政府	2020 年 11 月
国宝乡	2017—2019 年度文明乡（镇）	市委、市政府	2020 年 11 月
大铭乡	2017—2019 年度文明乡（镇）	市委、市政府	2020 年 11 月
水口镇	2017—2019 年度文明乡（镇）	市委、市政府	2020 年 11 月
赤水镇西洋村	2017—2019 年度文明村	市委、市政府	2020 年 11 月
大铭乡大铭村	2017—2019 年度文明村	市委、市政府	2020 年 11 月
国宝乡国宝村	2017—2019 年度文明村	市委、市政府	2020 年 11 月
盖德镇盖德村	2017—2019 年度文明村	市委、市政府	2020 年 11 月
龙浔镇英山村	2017—2019 年度文明村	市委、市政府	2020 年 11 月
三班镇东山洋村	2017—2019 年度文明村	市委、市政府	2020 年 11 月
三班镇泗滨村	2017—2019 年度文明村	市委、市政府	2020 年 11 月
三班镇三班村	2017—2019 年度文明村	市委、市政府	2020 年 11 月
上涌镇后坂村	2017—2019 年度文明村	市委、市政府	2020 年 11 月
上涌镇刘坑村	2017—2019 年度文明村	市委、市政府	2020 年 11 月
上涌镇云路村	2017—2019 年度文明村	市委、市政府	2020 年 11 月
德化县教育局	2017—2019 年度文明单位	市委、市政府	2020 年 11 月
共青团德化县委员会	2017—2019 年度文明单位	市委、市政府	2020 年 11 月
县残联	2017—2019 年度文明单位	市委、市政府	2020 年 11 月
县行政服务中心管委会	2017—2019 年度文明单位	市委、市政府	2020 年 11 月
县文化体育和旅游局	2017—2019 年度文明单位	市委、市政府	2020 年 11 月
县生态环境局	2017—2019 年度文明单位	市委、市政府	2020 年 11 月
县公安局交通警察大队	2017—2019 年度文明单位	市委、市政府	2020 年 11 月
县人社局	2017—2019 年度文明单位	市委、市政府	2020 年 11 月
县城市管理局	2017—2019 年度文明单位	市委、市政府	2020 年 11 月
县烟草专卖局	2017—2019 年度文明单位	市委、市政府	2020 年 11 月
县民政局	2017—2019 年度文明单位	市委、市政府	2020 年 11 月
县统计局	2017—2019 年度文明单位	市委、市政府	2020 年 11 月
政协德化县委机关	2017—2019 年度文明单位	市委、市政府	2020 年 11 月
县司法局	2017—2019 年度文明单位	市委、市政府	2020 年 11 月
县妇幼保健所	2017—2019 年度文明单位	市委、市政府	2020 年 11 月
县委编办	2017—2019 年度文明单位	市委、市政府	2020 年 11 月
县卫健局	2017—2019 年度文明单位	市委、市政府	2020 年 11 月
县应急管理局	2017—2019 年度文明单位	市委、市政府	2020 年 11 月
县审计局	2017—2019 年度文明单位	市委、市政府	2020 年 11 月

续表

获奖单位	奖励名称	颁奖单位	颁奖时间
县妇联	2017—2019年度文明单位	市委、市政府	2020年11月
县医院	2017—2019年度文明单位	市委、市政府	2020年11月
县供销合作社联社	2017—2019年度文明单位	市委、市政府	2020年11月
县委统战部	2017—2019年度文明单位	市委、市政府	2020年11月
县发改局	2017—2019年度文明单位	市委、市政府	2020年11月
福建戴云山国家级自然保护区管理局	2017—2019年度文明单位	市委、市政府	2020年11月
县老年大学	2017—2019年度文明单位	市委、市政府	2020年11月
龙浔派出所	2017—2019年度文明单位	市委、市政府	2020年11月
县林业局	2017—2019年度文明单位	市委、市政府	2020年11月
县中医院	2017—2019年度文明单位	市委、市政府	2020年11月
县委老干部局	2017—2019年度文明单位	市委、市政府	2020年11月
建行德化支行	2017—2019年度文明单位	市委、市政府	2020年11月
县水利局	2017—2019年度文明单位	市委、市政府	2020年11月
县交通运输局	2017—2019年度文明单位	市委、市政府	2020年11月
县委史志室	2017—2019年度文明单位	市委、市政府	2020年11月
县气象局	2017—2019年度文明单位	市委、市政府	2020年11月
泉州银行德化支行	2017—2019年度文明单位	市委、市政府	2020年11月
县工信和商务局	2017—2019年度文明单位	市委、市政府	2020年11月
县公安局森林分局	2017—2019年度文明单位	市委、市政府	2020年11月
国家统计局德化调查队	2017—2019年度文明单位	市委、市政府	2020年11月
中国银行德化支行	2017—2019年度文明单位	市委、市政府	2020年11月
德化城建集团有限公司	2017—2019年度文明单位	市委、市政府	2020年11月
英山珍贵淮山农民专业合作社	2017—2019年度文明单位	市委、市政府	2020年11月
县总工会	2017—2019年度文明单位	市委、市政府	2020年11月
龙浔镇南门社区	2017—2019年度文明社区	市委、市政府	2020年11月
龙浔镇兴南社区	2017—2019年度文明社区	市委、市政府	2020年11月
龙浔镇浔东社区	2017—2019年度文明社区	市委、市政府	2020年11月
浔中镇凤池社区	2017—2019年度文明社区	市委、市政府	2020年11月
浔中镇富东社区	2017—2019年度文明社区	市委、市政府	2020年11月
浔中镇东埔社区	2017—2019年度文明社区	市委、市政府	2020年11月
德化县龙浔中心小学（宝美分校）	2017—2019年度文明校园	市委、市政府	2020年11月
县实验幼儿园	2017—2019年度文明校园	市委、市政府	2020年11月
县尚思小学	2017—2019年度文明校园	市委、市政府	2020年11月
县第二实验小学	2017—2019年度文明校园	市委、市政府	2020年11月
县第二实验幼儿园	2017—2019年度文明校园	市委、市政府	2020年11月

续表

获奖单位	奖励名称	颁奖单位	颁奖时间
德化六中	2017—2019年度文明校园	市委、市政府	2020年11月
浔中中心小学	2017—2019年度文明校园	市委、市政府	2020年11月
县第三实验小学	2017—2019年度文明校园	市委、市政府	2020年11月
德化三中	2017—2019年度文明校园	市委、市政府	2020年11月
德化八中	2017—2019年度文明校园	市委、市政府	2020年11月
德化一中鹏祥分校	2017—2019年度文明校园	市委、市政府	2020年11月
德化职业技术学校	2017—2019年度文明校园	市委、市政府	2020年11月
德化县金锁小学	2017—2019年度文明校园	市委、市政府	2020年11月
德化县第六实验小学	2017—2019年度文明校园	市委、市政府	2020年11月
德化县湖前幼儿园	2017—2019年度文明校园	市委、市政府	2020年11月
德化县丁溪幼儿园	2017—2019年度文明校园	市委、市政府	2020年11月
王双季家庭	2017—2019年度文明家庭	市委、市政府	2020年11月
蒋秀凤家庭	2017—2019年度文明家庭	市委、市政府	2020年11月
许长峰家庭	2017—2019年度文明家庭	市委、市政府	2020年11月
卢清育家长	2017—2019年度文明家庭	市委、市政府	2020年11月
卢丽清家庭	2017—2019年度文明家庭	市委、市政府	2020年11月
国网德化县供电公司瓷都电力QC小组Ⅰ	《可移动多功能培训平台的研制》获2020年度QC成果优秀奖（一等奖）	省电力行业协会	2020年11月
彭村水库投资开发有限公司	“闽水杯”水利优质工程奖（金奖）	省水利工程协会	2020年11月
水口镇	2020年福建全域生态旅游小镇	省文化和旅游厅	2020年11月
县直机关工委	全省机关工委系统先进集体	省直机关工委、省人社厅	2020年11月
德化县盖德镇有济村	第一批高级“绿盈乡村”名单	省生态环境厅	2020年12月
德化县	第四轮第一批平安县	省平安建设领导小组	2020年12月
县纪委监委案件审理室	福建省模范职工小家	省总工会	2020年12月
县看守所	全省集体二等功	省公安厅	2020年12月
县科协	2020年全国科普日表扬	省科协	2020年12月
县供销合作社联合社	全省供销合作社系统先进集体	省供销合作社	2020年12月
葛坑镇政府	省级农村宅基地规范审批试点示范乡镇	省农业农村厅	2020年12月
国宝乡佛岭村	第一批高级版“绿盈乡村”名单	省生态环境厅	2020年12月
国宝乡佛岭村	2020年度省级“一村一品”示范村	省农业农村厅	2020年12月
国宝乡佛岭村	福建省森林村庄	省绿化委员会办公室	2020年12月
水口镇石牛山森林康养基地	福建省森林康养基地	省林业局	2020年12月
水口镇湖坂村	省高级版“绿盈乡村”	省实施乡村振兴战略乡村振兴生态专项小组	2020年12月

说明：收录2020年度德化县各乡镇、县直各单位获市委、市政府和省厅级及以上单位颁发证书表彰的各种先进（成果获奖）单位，以获奖时间先后为序。

2020年度德化县产业提升与民生发展先进集体名单

一、推进“全域旅游呈现年”工作先进集体

德化县水口镇人民政府
德化县赤水镇人民政府
德化县美湖镇人民政府
德化石牛山景区经营有限公司

二、推进“陶瓷转型突破年”工作先进集体

德化县科学技术局
德化县浔中镇人民政府
德化县顺尔美工艺品有限公司
德化县吉元瓷业有限责任公司

三、推进“城乡建设提升年”工作先进集体

德化县人大常委会机关
德化县自然资源局
德化县住房和城乡建设局
德化县盖德镇人民政府

四、推进“保底创优深化年”工作先进集体

中共德化县委宣传部
中共德化县委精神文明建设办公室
德化县文化体育和旅游局
德化县统计局

五、推进“干事创业比拼年”工作先进集体

德化县发展和改革局
德化县财政局
德化县行政服务中心管理委员会
中共德化县龙浔镇委员会

六、推进“强基促稳”工作先进集体

德化县纪委监委
中共德化县委组织部
中共德化县委政法委员会
德化县司法局
德化县人力资源和社会保障局

2020年度德化县特色现代农业示范典型名单

德化黑鸡养殖销售示范典型：德化县戴云农家农民专业合作社
标准化养殖示范典型：德化县龙门山综合生态养殖农场
德化梨种植管理示范典型：德化县肖郎综合农场
水稻种植研究示范典型：德化县富健农业综合开发合作社
闽台农业融合发展示范典型：泉州市台苗园农业科技有限公司
佛手瓜种植示范典型：德化县仁和农业开发有限公司
产业融合发展示范典型：福建省春秋农林科技有限公司
粮食仓储加工示范典型：德化县涌兴粮食加工有限公司
食用菌种植示范典型：德化县宝福龙种养殖专业合作社
特色水产养殖示范典型：德化县桂阳倒刺鲃养殖专业合作社
棘胸蛙精深加工示范典型：福建省健丰生物科技有限公司
蜜蜂养殖示范典型：德化县永信养蜂专业合作社
中国林业乡土专家：德化县来春种养殖专业合作社
乡村绿化美化示范：雷峰镇朱紫村
森林质量精准提升示范：德化县雷峰智金林场
油茶经营大户：德化县仙铭生态农林有限公司
“林电”共建示范点：德化县泗洲格农产品专业合作社
林业品牌建设示范：德化县祥山大果油茶有限公司
森林康养示范：德化石牛山景区经营有限公司
林下种植大户：德化县水府家庭农场

2020年德化县陶瓷行业“十佳诚信企业”名单

福建省春秋陶瓷实业有限公司
福建省德化县晖德陶瓷有限公司
福建省德化县继裕陶瓷有限公司
福建省德化明英华陶瓷有限公司
福建省德化佳旺达陶瓷有限公司
德化县如瓷生活文化有限公司
福建省德化祥丰陶瓷有限公司
德化豪峰陶瓷有限公司
福建省德化县冠鸿陶瓷有限公司
福建省德化县锦福陶瓷有限公司

2020年德化县自营出口十强企业名单

德化县顺尔美工艺品有限公司
福建省德化同鑫陶瓷有限公司
美图（福建）铝业有限公司
陆升（福建）集团有限公司
福建省德化龙峰陶瓷有限公司
福建省德化县欣德益现代家用有限公司
福建省德化县佳美工艺品有限责任公司
德化县吉元瓷业有限责任公司
泉州市德化县恒峰陶瓷有限公司
德化东华陶瓷有限公司

注：流通型企业不纳入统计。

重要文献

在全县经济工作会上的讲话

中共德化县委书记　梁玉华

（2020 年 5 月 27 日）

各位企业家、同志们：

没有一个冬天不可逾越，没有一个春天不会到来。今年的经济工作会，虽然受疫情影响推迟了些，但也让我们可以冷静下来，总结去年工作，分析当前形势，把准时代脉搏，坚定发展信心，推动全县经济稳中有进、行稳致远、跨越发展。刚才，祖传副书记、锡培副县长分别解读了全域旅游和陶瓷产业两份政策文件；文捷县长对去年经济工作进行了总结梳理，详细部署了今年经济工作，讲得很全面、很到位，我都赞成，大家要主动认领、抓好落实。会上，还表彰了一批优秀企业、先进集体和先进个人，这些都是德化经济发展的领军者，都为德化跨越发展作出了积极贡献，这里表示祝贺并致以敬意，大家要向他们学习。借此机会，我强调四点意见：

一、总结成绩、坚定信心，进发跨越发展的“德化力量”

2020 年，是全面建成小康社会、“十三五”规划的收官之年，更是德化各项事业爬坡过坎、突围突破的关键之年。越到紧要关头，越要坚定信心、打出气势；越到关键时刻，越要底数清楚、响鼓重锤。近年来，全县党员干部士气高涨、广大企业创新创造、社会群众安居乐业，全县经济态势更好、后劲更足、动能更强。一是经济运行持续向好。GDP 增幅从 2016 年的 6.2% 提高到去年的 8.5%，总量达 278 亿元，经济实力稳步增长；陶瓷产值达 363 亿元，陶瓷品牌评估价值达 1086 亿元，位居全国主要陶瓷产区第一；消费品零售总额从 2016 年的 55.2 亿元增加到去年的 91.8 亿元，消费市场持续活跃；项目年度投资从 2016 年的 78 亿元提高到今年的 150 亿元、翻了近一番，四年多来共推进 490 个重点项目建设，完成投资 453.2 亿元；电商交易额从 2016 年的 70.8 亿元增加到去年的 127.6 亿元，连续四年保持 20% 以上的高速增长，带动了人员就业、促进了社会繁荣，农村电商工作受国务院通报表扬。二是发展环境持续优化。在县城铺开 9 大片区改造，入围全国文明城市提名城市，蝉联国家卫生县城“三连冠”，一座宜居宜业宜游的现代化城市框架初现；通过推进投资 14 多亿元的 32 个教育项目建设，增加学位 15000 多个，把孩子留在本地，为产业留住人才；分别在城东布局 6 个进城务工人员安居工程，建设限价房 2450 套，稳定产业工人队伍；坚持“点线面”推进乡村振兴，“点”上打造 13 个省级试点村，“线”上培育 5 条示范线，“面”上在 214 个村居全面推广“一清二整三美化”，努力解决城乡发展“一头重一头轻”问题；同时，我们深化行政审批提速增效改革，创新推出“一区通办”、购买图审服务、乡镇便民服务专窗等改革举措，推动行政审批改革走在省市前列，打造行政审批改革的“德化经验”，获评“中国营销环境百强县”。三是动力后劲持续增强。举全县之力创建国家全域旅游示范区，打造了石牛山、九仙山、县城陶瓷文化三大核心景区，其中石牛山景区即将开园，九仙山成为火爆景区，县城陶瓷文化逐步成形成势，旅游业正成为德化的第二支柱产业；落实资金争取排名评比制度，全员跑资金、争项目、抓对接，四年多来向上争取资金61.5亿元；组成4个专业招商组和3个区域招商组，持续“大招商招大商”，四年多来引进项目222个、协议投资436亿元，特别是引进投资60亿元的世茂白瓷小镇、投资50亿元的同元观音岐文旅古镇、投资50亿元的恒安东部片区生态旅游开发、投资25亿元的万达广场等大项目，实现历史性突破。此外，夜市消费市场活跃，房地产价格坚挺，人气、地气、和气、热气持续提升，比如在今年经济不景气的情况下，霞田片区一块商住用地就吸引了美的、碧桂园等12家房产公司竞拍，溢价率100%。总结过去，是为了更好地再出发。在“船到中流浪更急、人到半山路更陡”的关键时刻，全县上下要凝聚共克时艰、干事创业的强大合力，迸发大干快上、勇走前列的奋斗气势，推动德化在新一轮跨越发展中赢得先机、弯道超车。

二、找准短板、明晰方向，打开跨越发展的“德化空间”

短板就是空间，差距就是潜力，挑战就是机遇。这次疫情带来的冲击是空前的，更重要的是它也赋予了我们“冷静思考”的机会，让我们全面审视、找准不足、有的放矢。通过前段时间3场务虚会、6场座谈会等形式的集思广益、共同思考，我县经济发展主要存在5个方面的短板：一是产业结构单一。陶瓷作为全县最大的支柱产业和民生产业，功能陶瓷、建筑陶瓷、高科技陶瓷等还没有取得实质突破，做大做强缺乏引爆点和突破口；旅游今年虽然可以全面呈现，但还处在起步发展阶段，离带来效益、带动发展还需一定时间；矿业面临生态环保、安全生产等压力，支撑乏力；水电业看天吃饭，空间有限；新材料、大健康等刚刚破题，等等。二是发展要素受限。交通方面，泉三高速、厦沙高速虽然已经通车，兴泉铁路2021年也将正式投用，但城关至永泰嵩口高速正处于勘察设计阶段，昌厦高铁也处在争取当中，便捷完善的交通体系还未全面形成，闽中区位优势未能全面释放，丰富的资源还没有转化为强大的动能。土地方面，面积虽有2232平方公里，但“地无三分平”，土地开发成本高，像城东三期，每亩征迁开发成本高达50多万元，晋江、石狮等沿海县市只需35—40万元。此外，由于我县生态保护红线范围高达37.45%，特别是戴云山国家级自然保护区和石牛山国家级森林地质公园就占到了227.91平方公里，土地开发受限、供应紧张。人才方面，受地理区位、生活环境、产业发展等影响，我县人才引进较难，人才数量偏少，特别是高层次人才、创新型人才、科技型人才十分稀缺，近年来70%左右的大学毕业生外流至福厦泉等地，高精尖人才不愿来、留不住。三是历史欠账较多。既有经济产业方面的，又有社会民生方面的。比如，德化作为目前全球唯一的“世界陶瓷之都”，至今仍然没有一个综合性的陶瓷高端营销展示平台，瓷艺城项目从2007年立项，前前后后、几经波折，直到去年底才动建；再比如，这几年我们虽然投了很多钱、下了很大功夫，干得辛辛苦苦，但民生短板依然突出，教育质量不高，医疗资源有限，缺少体育馆、游泳馆、科技馆等设施，还不能很好地满足群众日益增长的美好生活需要。为解决这些历史欠账，今年不仅需要偿还10.1亿元的本金利息，还要再筹集63.4亿元用于财政性项目建设，是史上之最。四是城乡发展失衡。呈现“一头重、一头轻”，城关“太重”，我们这样一个山区县城也出现了人口拥挤、交通拥堵、就学困难等“城市病”；农村“太轻”，“老龄化”“空心化”严重，很多资产资源没有盘活转化，镇村财力、社会服务能力薄弱。五是山区思想浓厚。因地处山区，不管是干部队伍，还是企业家队伍，“小进即满、小富即安”的思想相对浓厚，缺乏开风气之先、敢于吃螃蟹的创新意识，缺乏爱拼敢赢、勇争一流的魄力胆气。比如，我们德化陶瓷，瓷质精良、技艺高超、名闻天下，但由于不善于创新营销手段、放不开手脚炒作运作，整体知名度和附加值还难以跟宜兴、景德镇等陶瓷产区相媲美。如何解决以上5个短板不足，既是我们当前的“思考题”，又是做好下一阶段经济工作的“必答题”，全县上下要找准定位、瞄准症结、破除瓶颈，把差距看成潜力，把短板化成空间，把挑战变成机遇，共同发力，推动德化经济实现新一轮的腾飞。

三、与强的拼、与快的赛，跑出跨越发展的“德化速度”

刚才也说了，近年来德化发展呈现全面突破、加速跃升的良好势头。因为疫情，整个经济社会运转变慢，有的甚至停滞，打乱了大家发展的步伐和节奏。在这样一个节骨眼上，如果能够把来之不易的发展势头延续下去，就能实现发展的良性循环、滚滚向前；如果这个时候慌了手脚、犹豫观望，那么势头就会放缓，甚至停滞不前、出现倒退。每一次危机，是一次对大家应对能力、责任担当、眼光格局的考验，也是一次弯道超车、突围突破、跨越发展的机会。全县上下必须继续保持原有的奋斗姿态，与强的拼、与快的赛，敢打敢拼、敢闯敢试，激发火热的干事斗志和创业激情，在省、市比拼中跑出跨越发展的“德化速度”。

1. 拔高站位、扩容增载，做大县域经济体。一个地方的目标站位，决定一个地方的发展层次。目标定了、方向明了，发展计划和资源要素就会紧跟这一定位来谋篇布局，从而一步一个脚印、一年一个台阶，逐年逐步、不断奋进。德化处于闽中位置，这几年发展与永春、大田、尤溪、永泰等周边兄弟县相比，在城镇化、产业集群、交通设施等方面具有一定的优势。所以，我们一定要敢于拔高站位、放宽眼界，夯实基础、发挥优势，高起点谋划发展目标定位，定位有这么两个：一是要打造闽中区域发展的中心；二是要打造泉州乃至全省发展的后花园。为此，必须做好以下三个方面：一是以产业吸引人。产业是县域经济发展的最大支撑。特别是陶瓷企业一定要扛起发展大旗，撸起袖子加油干，既全力踢好转型升级“后半场”，又铸强延伸产业链条，优化存量，做大增量，为全县创造更多的就业岗位，吸引更多人才人员集聚德化。在其中，要持续壮大电商规模，电商虽然没有产生较大税收，却留住了大量的产业工人，活跃并繁荣了整个经济社会。据不完全统计，目前在德化务工生活的永春籍人员就有7000多人；上个月底，省人大常委会檀云坤副主任来德调研，就高度肯定了我县发展氛围。作为一个山区县，有这样的吸引力和繁荣度，非常不易。二是以平台集聚人。平台是产业发展的主载体，也是产业转型的助推器。当前，一定要加快推进瓷艺城、茶具城、电商物流园、红旗瓷厂、月记窑、陶瓷艺术驻地中心、国家陶瓷工业设计研究院等平台建设，打造一批有知名度、有影响力、有话语权的陶瓷综合性平台，既吸引高端项目集聚德化，更吸引高端人才论剑德化，形成“鲶鱼效应”，做强世界瓷都。三是以城市留住人。要让更多的人才留在德化，重点要加强城市软硬件建设，提高城市的承载力和辐射力，让人因世界瓷都慕名而来，因品质城市而长久扎根德化。比如，要高标准、大力度推进9大片区改造，让城市面貌焕然一新，特别要加快霞田文体园建设，全面补齐体育场、体育馆、游泳馆、文化馆、科技馆等设施短板。比如，要推进凤凰山绿道建设，把德化好山、好水、好景色串连起来，打造一条市民可游玩、可健身、可休闲的城市绿道。比如，要扎实推进教育、医疗、养老等民生工程，把德化打造成为安居乐业的福地。比如，要强化住房保障，既大力发展房地产市场，又布局进城务工人员安居工程，保障不同群体的住房需求。

2. 专注实业、专注特长，打造产业生态圈。就是要通过铸强产业链和提升价值链，打造德化陶瓷产业生态圈。产业链指的是“微笑曲线”理论中的研发、生产、销售等三个环节；价值链就是研发设计、品牌设计、物流仓储、金融配置、市场销售、售后服务等创造价值的过程。重点有四个方向：一是线上线下并进。从历史发展经验看，一个大的危机，既考验着各行各业，也孕育着新的机会。17年前的“非典”，把电商行业推向了“风口”，淘宝、京东等大型电商平台就是在那个时期发展起来的；这次疫情，转战线上成为企业最普遍也最有效的选择，许多传统行业纷纷试水互联网，如线上带货、线上问诊、线上教学、线上旅游等，实现了需求侧和供给端的有效连接。可以说，当前电商依然处在高速发展的“风口”，潜力巨大，市场广阔。希望大家把握难得机遇，通过直播带货、线上开店、跨境电商等方式，大胆进军线上市场，打造德化电商板块，既把线下损失补回来，又拓展新的市场空间。二是出口内销并举。我县陶瓷产品60%以上销往国外，其中又有70%出口欧美，外贸占比较高、欧美市场独大等问题突出。去年，中美贸易摩擦虽然没有对陶瓷出口造成很大影响，但也给了我们一个警示；今年，全球疫情特别是欧美国家疫情的蔓延，更是对陶瓷出口产生严重冲击。当前，我们正组织企业开展外销与内销“手拉手”活动，建设中国白展示推广中心，筹备举办“神州行”陶瓷展览、中国白双年展、“一会一节”等赛事活动。希望大家主动参与进来，抢占内需市场份额，既防止“把鸡蛋放在同一个篮子”，又做到“西方不亮东方亮”。三是传统高端并存。在做精传统的基础上，大力发展高科技陶瓷，是产业发展的重点方向，也是企业转型的重要出路。近年来，我县也涌现了华夏金刚等一批高科技陶瓷企业，但对于打造500亿元产值来讲，这样的企业还太少。今年，我们与沈阳自动化研究所、清华大学材料学院等共建陶瓷产业技术研究院，计划研发一批高科技陶瓷产品，筛选一批陶瓷企业承接研发成果，推动高科技陶瓷全面破题。希望大家弘扬“二次创业”“三次创业”“多次创业”精神，向军工陶瓷、工业陶瓷、功能陶瓷、建筑陶瓷等领域进军，特别要力促5G陶瓷滤波器、陶瓷人工关节、陶瓷手机外壳等取得实质突破，迈向产业链高端。此外，要坚定不移走机器换工的路子，既促进企业效率效益“双提升”，又有效缓解企业招工难题。四是生产运作并重。我们德化人历来比较实诚，生产能力一流，不论材质技艺、艺术品位，还是文化沉淀，都与景德镇、醴陵等不相上下，但知名度、附加值却相差甚远，很大问题就出在营销运作上。高科技产品是专利，不能乱模仿；但营销运作模式，还是可以学的。当前县里正在全力做好申遗工作，如果成功，德化窑就是世界文化遗产，将巩固德化在世界陶瓷文化艺术中的影响和地位，对讲好德化故事、打响世界瓷都意义重大。希望广大企业放开手脚策划包装，通过高端展会、高端比赛、高端收藏、高端人才等渠道，开展高端运作，炒热德化陶瓷。我们将按照“缺什么补什么”原则，大力引进艺术品拍卖、文化传播营销、专业金融机构等，为大家提供全方位支持。

3. 稳中求进、保中争先，稳住发展基本盘。今年已过去近5个月，下阶段要按照文捷县长部署要求，抓紧推进经济发展各项工作，力争主要指标“保中争先”，稳住全县发展的基本盘。力求“三个突破”：一是在项目攻坚上求突破。项目建设是经济发展的“生命线”，今天的投入就是明天的产出、后天的效益。尤其在今年这样特殊的年景，稳住项目，就是稳住经济，必须多上优质项目，加大重点项目攻坚，以此带来新的投资、产值和税收，为发展提供源源不断的动力支撑。重点办、各收账组要严格对账收账，拉紧责任链条，快马加鞭推进年度投资150亿元的210个重点项目，把落后进度拼抢回来，形成更多实物投资量。二是在招商引资上求突破。德化因瓷而立、因瓷而兴，几千年来，陶瓷业养活了一座城。但现在国内外形势变化很大，一有风吹草动，都是难以承受之重，这次疫情对我们的冲击，就比其他地区要来得大一些。大家要深化“大招商招大商”活动，用好“1+N”招商机制，抓紧发起新一轮的攻势，确保招商工作取得新突破。除了做好陶瓷产业的铸链强链外，重点要发挥德化山、水、空气等自然禀赋优势，大力引进全域旅游、特色农业、食品加工、生物医药、健康服务等项目，扩大发展基本盘，实现多元产业支撑。三是在资金争取上求突破。一季度我县向上争取资金6.24亿元，完成全年任务数的41.6%。在其中，各级各部门付出了巨大努力，也取得了突破性的收获，比如前阶段省发改委下达了重点流域水环境综合治理中央预算内投资共8个项目5880万元，我县就占了5个，获补资金3899万元，占到全省的66.3%。今年中央将实施更加积极有为的财政政策，有2万亿元的资金将通过特殊转移支付机制，直达市县基层、直接惠企利民，这为我们向上争取资金提供了难得的机遇。大家要坚持“一把手”挂帅，瞄准上级资金投向，使出“十八般武艺”，发动方方面面的力量，抢在人前、动比人快、跑比人勤，确保争取资金实现突破增长。

四、敢为人先、爱拼敢赢，唱响跨越发展的“德化强音”

干部和企业家队伍与外界接触最多、信息最灵敏、行动也最迅速，是德化跨越发展最重要、也最精英的两支队伍。如果说企业家是冲锋陷阵的尖刀连，那各级干部就是后勤部，只要两支队伍思想上先统一、行动上先一步，德化发展就没有迈不过去的坎。要大力弘扬政企合力的优良传统，解放思想、爱拼敢赢，同舟共济、携手应对，唱响跨越发展的“德化强音”。

1. *干部要持续解放思想*。习近平总书记指出，取法于上，仅得为中；取法于中，故为其下。我们德化改革开放40多年来的发展成就和实践经验也充分证明，思想解放的程度，决定改革的深度、开放的力度、发展的速度。刚才我们也讲了，不管是干部队伍，还是企业家队伍，“小进即满、小富即安”的思想相对浓厚，在全省、全市都在比拼发展、跨越赶超的大势下，我们如果还按部就班、过“稳日子”，那么德化就会越来越边缘化，陷入“标兵渐远、追兵越近”的尴尬境地，这是在座各位和德化人民都不愿意看到的。广大党员干部特别是领导干部一定要有这种责任感和使命感，从自己做起，从思想变起，敢于“纵向自我对比、横向同类对比、前向标兵对比”，见第一就拿、见红旗就扛，比拼发展体量、项目建设、改革服务、亮点培育，带动分管领域、挂钩企业、联系群众，解放思想、攀高求强、逆势而上，共同把德化发展推向一个新的高度。

2. *企业要永葆创业激情*。改革开放40多年来，德化企业家打开山门，走出国门，开辟国际市场，产品远销190多个国家和地区，靠的就是这么一种敢为人先的闯劲和爱拼敢赢的拼劲。晋江安踏在创业之初，就提出“不要和晋江企业比，也不要和福建企业比，而是要和全国乃至世界上最优秀的企业比”的目标，二十几年时间从50万元创业发展到千亿市值。企业直接面对市场，对市场变化最敏感，要主动走出去学习，敢于放眼看世界，勇于第一个吃螃蟹，在新技术、新设备、新材料等应用上走前列，在文化注入、营销运作、品牌打造等方面上当先锋，推动德化引领陶瓷产业发展潮流；同时，要把自己放到全省、全国，乃至世界范围，在更大的坐标系中谋划企业的发展与未来，在更大范围内配置拓展企业的资源和市场，以永远在路上的姿态全力奔跑，创“世界品牌”，当“行业标杆”。

3. *全社会要更加包容善化*。由于地处山区，不管是干部群众，还是企业家，开放包容是我们的短板。随着今年重点旅游景区的开门迎客，我们跟外面的交流合作日益频繁，大量人流、物流、资金流、信息流将加速向德化集聚，这些外力外脑的加入，不仅能够创造财富利润，也将带来理念上的冲击，为德化发展注入新的血液和动力。广大干部、企业家和普通群众，要把眼界放得远一些，把心胸打得开一些，不能老是盯着自己的“一亩三分地”，走不出那英山格。一定要包容善化、开明开放，舍得让利、舍得投入，用周全的服务、真诚的情感，营造“亲商、安商、富商”的营商环境，让外来客商有安全感、认同感、归属感，安心投资德化、扎根德化。

各位企业家、同志们！关山千万重，山高人为峰。面对大战大考，需要用实干来迎战，用实绩来作答。今天，全县跨越发展的精锐部队都在这里了，让我们政企携手、并肩战斗，步履坚实、向阳而行，作答发展命题、交好经济答卷，推动世界瓷都这艘航船乘风破浪、勇往直前、再创辉煌！

政府工作报告（节选）

——2020年12月29日在县第十八届人民代表大会第五次会议上

德化县人民政府县长　黄文捷

各位代表：

现在，我代表德化县人民政府向大会报告工作，请予以审议，并请各位政协委员和其他列席人员提出意见。

一、2020年和“十三五”时期经济社会发展回顾

2020年，面对突如其来的新冠肺炎疫情，在上级党委、政府和县委的坚强领导下，在县人大、县政协的监督支持下，县政府坚持以习近平新时代中国特色社会主义思想为指导，汇聚全县各方力量，沉着应对，积极应战，全面实施“五个年”活动，努力推动经济社会稳定健康发展。

这一年，我们坚守生命安全，严密布控，有为应对了疫情考验。疫情发生以来，我们坚决贯彻习近平总书记“坚定信心、同舟共济、科学防治、精准施策”总要求，按照中央、省、市防控部署，第一时间启动突发公共卫生事件一级响应，成立防控应急指挥部和工作专班，严格落实疫情防控责任和各项防控措施，定时集中会商研判，持续加强联防联控。采取“大数据＋网格化”排查，全面推行“八闽健康码”，及时组织防控物资，投入943万元高效建成3个PCR实验室，核酸检测12万多人次，疫情防控有序平稳，持续保持“零病例”。

这一年，我们抢抓复工复产，精准施策，全力稳住了经济大盘。始终把统筹推进疫情防控和经济社会发展作为重中之重，全力将疫情影响降到最低，经济运行实现较快回升，全县地区生产总值同比增长4.5%（预计，下同），主要指标保持平稳。突出助企帮扶。强化企业服务、政策支撑和金融输血，建立企业协办员制度，出台支持企业复工稳岗5条、做好“六稳”落实“六保”39条、促进陶瓷产业健康稳定发展58条等一系列政策措施，兑现政策资金2.4亿元，新增减税降费2.3亿元，向上争取各类资金15.08亿元、同比增长3.3%，企业应急保障周转金为企业转续贷5亿元，发放专利权质押贷款3.9亿元、纾困贷款2.58亿元，全力推动经济复苏。突出投资拉动。启动新一轮逆周期投资，全县213个重点项目完成投资151.3亿元，增长21.8%。新增“五个一批”项目88个、总投资427亿元。优化招商闭环管理办法，开展产业链招商季行动，全县新引进项目59个，协议总投资186亿元、增长10%，其中亿元以上项目23个；在谈项目74个，意向总投资159.96亿元。突出要素保障。统筹推进全县国土空间规划编制工作，供地1520亩，林地报批7492亩，清理批而未供与闲置土地735亩，争取政府债券资金11.64亿元、增长40.2%，有效保障项目用地用林及资金需求。开展“营商环境攻坚提质”活动，推行“三机制、四通办、五免费”举措，在全省率先推出“单环节”审批机制，企业开办35个事项全部实现“一日办”；加强“互联网＋政务服务”一体化平台建设，实现网上可办率96.5%。

这一年，我们紧扣内外循环，转危为机，有效夯实了实体根基。陶瓷业在逆境中升级突围。扎实开展陶瓷转型突破年活动，全年陶瓷产值有望突破400亿元大关。全力稳住国外市场，组织参加首届线上广交会、陶瓷境外（波兰）线上经贸对接会、省外贸云展会，引导企业充分运用出口信保等政策规避风险，增加外贸经营权备案登记企业59家。新增国家级科技型中小企业、高新技术企业及省级高成长企业、科技小巨人领军企业、“专精特新”中小企业135家，列入市级产业集群龙头企业目录18家、重点上市后备企业59家。推进国家陶瓷工业设计研究院创建和陶瓷产业技术研究院建设，成立陶瓷智能装备研究院、高科技陶瓷中试研究院，引进自动化、半自动化生产线80台（套），工业技改投资19.37亿元、完成年度计划161.4%。新增专利1682件、国内商标6729件、国际注册商标44件。天猫服务中心、玩物得志平台、微拍堂落户德化，电子商务交易额达150亿元，同比增长17.5%。成立德化陶瓷艺术大师联盟，与清华大学共建德化当代陶瓷艺术研究所，举办首届德化“中国白”中国传统陶瓷艺术双年展、首届德化“瓷谷仙境”柴烧作品展、中国德化陶瓷博览会暨茶具文化节、中国陶瓷行业职业经理人标准（德化）研讨会、清华大学美术学院陶瓷艺术创

作交流会，开展“牛山牛瓷·十大牛瓷”征集创作和评奖活动，区域品牌影响力进一步扩大。旅游业在升温中成形成势。扎实开展全域旅游呈现年活动，获评国家全域旅游示范区。石牛山景区重新开园营业，顺美陶瓷文化世界获评国家AAA级旅游景区，水口获评福建全域生态旅游小镇，佛岭获评全国乡村旅游重点村，创建省级以上（金牌）旅游村、美丽休闲乡村4个。开展金牌导游、旅游饭店服务技能、“名小吃、特色乡村土菜”、精品民宿等赛事、评选活动。全年接待游客、旅游总收入分别达503万人次、55亿元。农林业在壮大中特色发展。完成粮食生产播种面积13.52万亩，建设高标准农田1.83万亩。培育国家地理标志登记保护农产品示范基地6个，创建闽台农业融合发展示范基地4个，新增市级以上“一村一品”示范村7个、农民合作示范社19家、家庭农场示范场13家、休闲农业示范点3个，上涌列入全国农业产业强镇，“阿嬷家油”入选中国十佳粮油区域领导品牌。全县实现农业总产值25亿元，增长2.5%。

这一年，我们注重城乡统筹，建管并重，大幅提升了家园品质。扎实开展城乡建设提升年活动，获评第六届全国文明城市，入选全国县城新型城镇化建设示范名单。城区品位不断提升。投入11亿元实施24个市政提升工程。霞田、官路、世科、科技园等片区改造扎实推进，瓷艺城列入全市新片区更新改造比拼项目。新改建污水、供水、燃气管网63.63公里，管线下地缆化6公里。新增城市道路30公里、沥青路4.3万平方米、隔离护栏15公里、泊车位783个。驾云亭公园扩建基本完工，建成唐寨山森林公园休闲绿道13.75公里，新增绿地面积26.5公顷。编制智慧德化规划，建成5G基站580个。持续开展市容市貌、占道经营、渣土车“滴洒漏”等专项整治，拆除“两违”11.2万平方米，设置地摊244位、便民摊点302位。乡村振兴全面推进。投资1.49亿元实施172个乡村振兴项目，推进国宝省级特色乡镇建设，完成13个省级乡村振兴试点村规划编制，龙塔被列入全省民族团结进步重点区、首批“省民族乡村振兴示范村”培育对象，2个村获评省乡村振兴实绩突出村，4个村被列入省级传统村落，创建市级乡村振兴示范线2条。完成城关至上涌路段“白改黑”，建设上涌至桂阳镇镇通干线，获评“四好农村路”省级示范县。推进“一清二整三美化”专项整治，实施“一革命四行动”，完成农房整治1000栋，获评省村庄清洁行动先进县。生态环境持续优化。率先在全市开展林业有害生物综合防治管理试点，造林绿化2.3万亩。创建国家森林村庄14个，戴云山森林步道被列入省第一批森林步道名单。桂阳被列入全国森林康养基地试点建设乡镇，石牛山入选省级森林康养基地。扎实开展浐溪水质提升“碧水清源”专项行动，完成浐溪水口和赤水段、涌溪桂阳段、春美双瀚溪、雷峰蕉溪等安全生态水系建设，治理水土流失3.26万亩。完成全国第二次污染源普查、中央第二轮生态环境保护督察整改，获评国家绿色矿业发展示范区，上榜“2020年中国县域全生态百优榜”。

这一年，我们突出补齐短板，普惠均等，持续增进了民生福祉。扎实开展保底创优深化年活动，民生支出23.39亿元，占一般公共预算支出的76.3%，38件为民办实事项目全部完成。脱贫攻坚方面，筹集扶贫资金6612万元、壮大村集体经济资金2720万元，细化出台落实贫困户“战疫”19条，深入实施“消薄倍增”计划，全县191个村集体经营性收入全部达到10万元以上，其中131个村达20万元以上，占68.6%。教育事业方面，投入3.3亿元推进城区中小学、幼儿园新改扩建项目，竣工投用8个，新增学位4000个。职校、八中分别获评省示范现代中等职业学校、省二级达标高中，省级教育科研基地落户我县，教育质量稳步提升。医疗养老方面，投入4950万元，建设县妇幼保健院、第三医院、县医院发热门诊楼、龙门滩隔离病区等医疗卫生项目。推进家庭医生签约服务、乡镇巡回医疗服务、分级诊疗平台改造提升等工作。创新建设爱心幸福城，动建县社会福利中心，盘活16个乡镇敬老院，关爱老年人服务体制机制不断完善。文化体育方面，开展文化科技卫生“三下乡”和“墟日文化车”百场文艺展演进乡镇等活动。桂祥图书馆建成开放。推进霞田文体园“一场两馆”建设，举办第二十四届全民健身节、第二十届瓷都广场文化节、百场万人体育活动。德化窑遗址列入“泉州：宋元中国的世界海洋商贸中心”申遗点，完成尾林、内坂窑址考古发掘，建成德化窑宋元遗址展示馆。安全生产方面，深入开展房屋安全“百日攻坚”、安全隐患大排查大整治和安全生产专项整治三年行动，创新网格化挂钩责任片区工作制度，健全完善安全生产分级分类监管、联合惩戒等长效机制，推进陶瓷企业厂房消防安全、工业燃气安全等11个专项整治，排查各类生产经营单位和场所4698家、完成隐患整改15097项，排查房屋44058栋、完成分类处置871栋，生产安全事故起数和死亡人数连续三年“双下降”。综治平安方面，落实“强基促稳”行动，深入开展扫黑除恶专项斗争，强化信访案件化解攻坚，建立县级矛盾纠纷多元化解中心，公共法律服务站点乡镇全覆盖，社会治安防控体系不断完善。其他事业方面，扎实开展第七次全国人口普查。成立县佛教协会，提升宗教活动场所规范化管理水平。深入实施军民融合发展战略，健全完善退役军人服务保障体系。审计、人防、气象、地震、档案以及工会、青少年、残疾人、红十字会、计生协会、慈善等工作都取得新成效。

这一年，我们坚持担当为重，廉洁自律，全面加强了自身建设。坚持以政治建设统领政府各项工作，深入学习宣传贯彻党的十九届五中全会精神、习近平总书记重要讲话重要指示批示精神，深入开展干事创业比拼年活动，驰而不息纠正官僚主义、形式主义，政府系统作风建设得到加强。规范政府投资项目监督管理及工程变更审批流程，梳理乡镇权责清单，进一步推进政府治理体系和治理能力现代化。坚持节用裕民，带头过“紧日子”，坚决压缩一般性支出，兜住“三保”支出底线。加强对三公经费等方面动态监控，制度化常态化开展“1+X”专项督查，推动中央八项规定及其实施细则精神落到实处。加快法治政府建设，深化“一府两院”联席会制度，完成“七五”普法任务。严格执行县人大及其常委会决议决定，自觉接受县人大法律监督和工作监督，主动接受县政协民主监督，认真办理人大代表建议241件、政协提案161件，满意和基本满意率100%。

二、“十四五”时期主要目标任务和2021年工作安排

“十四五”时期是我国开启全面建设社会主义现代化国家新征程、向第二个百年奋斗目标进军的第一个五年。“十四五”时期我县经济社会发展的总体要求是：高举中国特色社会主义思想伟大旗帜，深入贯彻中共十九大和十九届二中、三中、四中、五中全会精神，坚持以马克思列宁主义、毛泽东思想、邓小平理论、“三个代表”重要思想、科学发展观、习近平新时代中国特色社会主义思想为指导，全面贯彻党的基本理论、基本路线、基本方略，紧紧围绕统筹推进“五位一体”总体布局和协调推进“四个全面”战略布局，增强“四个意识”、坚定“四个自信”、做到“两个维护”，坚持党的领导，坚持以人民为中心，坚持新发展理念，坚持深化改革开放，坚持系统观念，坚持稳中求进工作总基调，以全方位推动高质量发展超越为主题，以深化供给侧结构性改革为主线，以改革创新为根本动力，以满足人民日益增长的美好生活需要为根本目的，统筹发展和安全，努力在加快建设现代化经济体系上取得新的更大进展，在主动融入以国内大循环为主体、国内国际双循环相互促进的新发展格局上展现更大作为，在国家县城新型城镇化建设示范上迈出更大步伐，在推进县域治理体系和治理能力现代化上取得更大突破，全力打造闽中区域发展中心，不断增强人民群众的获得感、幸福感、安全感，为“五个泉州”和新时代新福建建设贡献德化力量，努力谱写全面建设社会主义现代化国家的德化篇章。

主要目标是：力争至2025年，全县生产总值年均增长6.5%左右。主要任务是：（一）经济发展迈上新台阶。进一步夯实实体根基，推动陶瓷产业强链、旅游产业补链、新兴产业建链，打好产业基础高级化、产业链现代化攻坚战，力争至2025年，工业总产值突破750亿元、第三产业比重达40%。坚持把创新摆在发展全局的核心位置，完善创新创业体系，力争至2025年，研究与试验发展（R&D）经费投入强度达2.3%，规上高技术产业增加值占规上工业增加值比重达2.5%。（二）城乡统筹构建新格局。加快以人为核心的新型城镇化和乡村全面振兴协调推进，逐步解决好“小县大城关”发展模式下，城关独大、农村空心化严重的城乡发展格局，城乡区域发展和居民生活水平差距显著缩小，基本公共服务实现均等化，力争至2025年，常住人口城镇化率80%左右，创建国家级县城新型城镇化示范县。（三）生态文明实现新进步。国土空间开发保护格局得到优化，生产生活方式绿色转型成效显著，单位建设用地产出、单位GDP用水量、能耗逐年降低，城乡人居环境明显改善，力争至2025年，全县森林覆盖率保持在77.7%以上，生态环境质量继续走在省市前列，打造高颜值的美丽德化。（四）民生保障达到新水平。实现更加充分更高质量就业，居民收入增长和经济增长基本同步。教育、社保、医疗、养老和住房等公共服务体系更加完善，打造教育强县，建设健康德化，创建爱心幸福城。脱贫攻坚成果巩固拓展，乡村振兴战略全面推进，民族团结事业健康发展，人民生活质量大幅提升，人民群众获得感、幸福感更强。（五）社会治理取得新成效。社会主义核心价值观深入人心，人民思想道德素质、科学文化素质和身心健康素质明显提高，公共文化服务体系和文化产业体系更加健全。“法治德化”深入推进，突发公共事件应急能力和自然灾害防御水平明显增强，县域治理现代化水平显著提升，形成县域治理“德化样板”。

2021年是“十四五”规划的开局之年，经济社会发展主要预期目标为：全县地区生产总值增长8%，一般公共预算总收入、一般公共预算收入均增长6%，固定资产投资增长8%，居民人均可支配收入和经济增长基本同步，其他各项指标也作了相应安排。重点要贯彻落实县委“一二三四”工作部署，抓好以下六方面工作：

（一）突出规模与质态并举，全力推动经济发展高质量

1. 培大育强陶瓷产业。引导企业内贸外贸“双向开发”，线上线下“双线作战”，主动融入双循环新发展格局。一要在困难局势中稳住生产。继续扶持发展大师艺术瓷、出口工艺瓷、日用家居瓷，全力突破高科技陶瓷、卫浴陶瓷、建筑陶瓷，形成陶瓷发展“六大板块”，打造陶瓷产业升级版。实施龙头企业改造升级计划、中小企业成长工程，争取列入省市级产业龙头企业 20 家，力争“规下”转“规上”企业 8 家，着力打造全国最大的陶瓷家居装饰、家用陶瓷生产基地。二要在持续创新中转型升级。产品要推陈出新，鼓励引导在产品选材、线条、颜色、款式造型上创新创意，推动出口工艺瓷从做节日饰品为主向家居饰品为主转变，日用家居瓷由中低档向中高档转变，大师艺术瓷更具艺术品位和鉴赏价值。加快高科技陶瓷领域突破，加大微晶陶瓷研发力度，引进氧化锆、氮化硅陶瓷技术，推进过滤陶瓷、微波真空管等产品研发中试，争取更多高科技陶瓷项目成果转化。积极推动陶瓷与健康、光电、环保等领域相结合，打造范围更广的“陶瓷 +”生态圈。技术要改造升级，不断完善陶瓷产业技术研究院建设，充分发挥陶瓷智能装备、高科技陶瓷产业中试研究院作用，鼓励企业建立工程技术研究中心、技术开发平台，开展科技项目和关键共性技术攻关，加快高科技陶瓷产业应用技术研究、陶瓷智能装备及产业孵化。开展新一轮企业技术改造专项行动，推广运用自动化或半自动化生产线 80 台（套）以上，完成工业技改投资 15 亿元以上。设计要提升转化，争创国家陶瓷工业设计研究院，办好“中国白”国际陶瓷艺术大奖赛、“何朝宗杯”陶瓷工业设计大赛、“中国白・主题文化沙龙”和创意设计对接会、海峡两岸大学生设计工作坊等活动，探索引入国际研发设计人才，进一步提升工业设计水平。建设“中国白・哲选”场景体验中心，巩固创建 5 家市级以上工业设计中心，积极打造产学研实训实践基地。发挥陶瓷产业创新发展研究院作用，定期举办工业设计培训班、名师讲坛，不断充实工业设计三维数字化人才库。三要在促进集聚中整合壮大。启动建设三班紫云、雷峰朱紫、盖德、国宝等小微企业创业园，加快推进古洋片区、紫洋陶瓷科技文化产业园、龙浔招商产业园、苏洋工业园、电商物流园等项目，引导企业“退城进园”，壮大园区经济。加快推进瓷艺城建设，确保陶瓷商城、万达广场、会展中心在 2021 年 9 月 1 日提前开业。持续推进中国茶具城建设，形成具有影响力的茶具专业市场。推动新秀园加强与省内外艺术家交流合作，打造集高端艺术陶瓷创作交流和营销展示为一体的综合性平台。完善中瓷网络，推动产业链企业数字化转型，打造瓷泥集采交易平台。四要在拓展市场中占据主动。品牌开路，力争新增商标 2500 件、专利 1900 件，强化德化陶瓷、德化瓷雕、德化白瓷、德化玉瓷、德化窑瓷器 5 个地理标志证明商标品牌运作，进一步扩大“世界陶瓷之都・德化”“中国瓷都・德化”的影响力和美誉度。营销拓路，通过“请进来”“走出去”方式举办或参加各项展会，创新举办线上“云展览”，助推中小微企业扩大出口。依靠拓展内需积极融入国内大循环，持续办好“一会一节”，开展大小企业手拉手活动，重点支持内销龙头企业与外销中小企业开展合作，积极推动外销转内销。建立抖音电商直播基地，大力发展直播带货模式，推动线下销售向线上销售转型。加强德化陶瓷艺术驻地中心、中国白推广展示中心、德化陶瓷营销中心的运营管理。诚信筑路，引导企业开展质量、环境等国际通行的标准认证，加强知识产权执法监管，坚决打击抄袭跟风、贴牌生产等扰乱市场秩序行为。充分发挥大师联盟作用，加强陶瓷艺术大师服务管理，严格执行失信企业“红黄牌”“黑名单”制度，评选陶瓷行业“十佳诚信”企业，促进行业自律。

2. 积极扩大有效投资。抢抓政策机遇，拓展投资空间，重点跟踪中央、省级预算内资金、政府专项债、新型融资三类项目政策，争取更多项目列入上级投资计划盘子。深化项目精细化管理，落实协调调度制度，强化限时攻坚，严格督查考核，提高项目投资和效益。强化要素保障，加大土地报批、供应、存量盘活力度，用足用好地方政府专项债券，稳住投资基本盘。推动“五个一批”项目梯度转化，实施重点项目 220 个以上，新开工 85 个、竣工 70 个，力争全年完成投资 167 亿元以上、增长 10% 以上，确保重点项目建设完成投资贡献率占全社会固定资产投资 60% 以上。

3. 培育新经济增长点。突出传统产业强链补链，持续优化产业生态圈，分行业梳理产业发展空间，紧盯高科技陶瓷、文化旅游、大健康三个重点，策划生成一批符合产业发展且关联性大、带动性强的精品项目。注重签约转化、投产效益，力争全年完成招商项目 20 个以上，其中亿元项目 12 个以上，重点跟踪对接养心谷森林小镇、卧龙潭旅游景区、高阳田园农旅综合体、银雪骨质瓷等重大在谈项目，力争茶油胶囊保健品、氮化硅高科技陶瓷等项目尽快签约落地，争取观音岐古镇、霞瑶云谷等重大项目早投产、早见效。

（二）注重整合与优化并重，加快提升全域旅游示范区

1. 在产品开发上求突破，实现全产业融合发展。着

力一、二、三产业融合发展，加大“6+1旅游产品”培育力度，不断丰富提升三条精品旅游线路。一要深化文旅融合。推进德化窑宋元遗址申报世界文化遗产工作，办好“祭窑神”等陶瓷文化特色主题活动。加快推进红旗坊、月记窑、祥云文创园、瓷谷仙境、德化窑考古遗址公园等项目建设。鼓励支持陶瓷艺术大师建设民间艺术馆、个人作品展示馆，培育一批众创空间、观光工厂、文化产业示范基地。扶持发展德化山歌、高甲戏、纸狮、木偶等特色民间民俗文化，培育一批红色教育、民俗体验文化旅游产品。二要深化农旅融合。加快推进石牛山、九仙山、云龙谷等生态旅游重点项目，抓好龙门湖、银瓶湖、大龙湖等水利风景区提升，修缮桂阳、云溪、琼溪、洋田等传统村落，大力发展家庭农场、休闲农庄、观光田园等业态，让旅游更加惠民富民。三要深化养旅融合。大力发展食疗养生、温泉养生、森林理疗等旅游产品，加快推进瓷都印象生态园、不老溪森林康养等项目，逐步构建多元生态休闲养生产业体系。

2. 在配套建设上求突破，实现全要素提升服务。一要优化旅游交通环境。推进石柱、山茶、潘祠、李溪等公路驿站建设，抓好葛坑至杨梅银杏路景观提升，切实解决景区“小交通”与主干道“大交通”的衔接问题，提升通达主景区沿途景观和旅游配套服务。二要提升公共服务水平。抓好重点景区及周边供水、供电、环卫、消防、停车场等基础设施建设，全面开展旅游景区、交通干道、游客集散地及周边的环境综合整治，新改建一批游客服务中心，推进旅游厕所革命，打造舒适的旅游环境。积极开发具有德化特色的旅游商品、纪念品和土特产、传统美食。积极引进和培养旅游专业人才，建设一支与全域旅游相适应的旅游人才队伍。三要增强接待服务能力。加快建设万佳酒店、曾坂民宿度假村等一批星级酒店和精品民宿群，扶持一批重点旅行社做大做强。积极引导现有的农家乐壮大规模、提升品质，逐步向农家客栈、度假庄园转变。

3. 在品牌塑造上求突破，实现全角度精准营销。统筹传统和现代媒体，开展线上线下推广，全面打造“世界瓷都·自在德化”旅游品牌。积极编撰、挖掘喜闻乐见的德化故事，鼓励乡镇、景区开展特色旅游节庆活动，推行“月月有活动、季季有热点”营销计划，以活动提升旅游市场活力和吸引力。加强与旅行企业合作，组织参加国内各种旅游推介活动，深化与周边旅游圈的接轨融合，积极拓展福厦泉等省内客源市场，开辟周边省市潜力市场，不断扩大市场占有率和影响力。

（三）坚持品质与内涵齐抓，巩固深化宜居宜业文明城

1. 加快城市建设。一要实施更新行动。编制老城区提升总体规划，加快推进道路、停车场等各类专项规划，以科学规划指导城市建设。继续推进世科、大洋、乐陶、官路、红旗瓷厂等片区改造，启动许厝、蒲坂、新寨等城中村改造，实施双渔新村、寨头新村等4个老旧小区改造修补提升，抓好馨意、霞田等13个棚户区改造安置房建设，进一步提升城市承载力。二要注重外通内畅。做好“十四五”交通运输规划、中长期交通规划修编，启动大外环路规划建设。完成德化城关至永泰嵩口高速公路设计和立项工作，争取昌厦高铁途经德化并设立站点。加快推进兴泉铁路德化段、动车站至城区市政道路建设，沥青化拓宽改造程田寺至三班大兴堡等城区道路，建设纵十二路（丁墘小学至南三环）、阳光酒店至官路下道路，拓宽改造科技园、金锁社区至南三环道路，实施旅游集散中心市政道路桥梁工程，加快建设闽兴公交总站，新增城乡公交路线2条，进一步提升城市道路通行能力。三要补齐功能短板。实施35个城建重点项目，完善城市功能配套。加快推进凤洋居民健身休闲广场、凤凰山绿道建设，打造市民休闲娱乐的生活空间。推进海西天然气管网德化支线工程建设，新建燃气中压管道25公里；完成城区雨污分流改造17公里，改扩建城区自来水管网6公里，改善生活保障供给。推进飞龙桥头、德新大厦停车场建设，逐步解决“停车难”问题。

2. 细化城市管理。持续巩固深化全国文明城市创建成果，推行完善“网格化+城市管理”机制。推动信息互联互通，把地下各种管网设施和地上市政设施全面纳入“数字城管”平台，强化城区综合执法。实施蕉溪片区污水引至县生活污水处理厂工程，建设餐厨垃圾预处理站（一期）、建筑垃圾消纳场（一期），新建改造一批垃圾转运站、公厕。建设东埔、蒲坂农贸市场。实施城区主干道智慧路灯系统建设，启动戴云酒店至盖德动车站夜景工程，电力管线下地缆化10公里。深化“两违”综合治理，坚决遏制新增违法建设，持续提升瓷都形象。

3. 焕发城市活力。依托城建、文旅两大集团，盘活商铺、车位等城市国有资产，充分发挥投融资作用，积极通过专项债券、银行融资、争取补助等方式筹措资金，强化项目建设资金保障，形成“投入—发展—再投入”的城市发展格局。活化利用陶瓷老街区、老厂区、老窑址，注入休闲、文化、创意等业态，留住城市记忆，延续城市文脉。推进产城融合发展，加快打造金龙城、影视城商业街圈，深入打造茶具城、博物馆广场“打卡地”，推进浐溪南岸休闲街建设，繁荣夜间经济，满足市民消费升级需

求。持续完善通信基础设施，新建5G基站570个，推动数字经济发展。

（四）推进发展与改革联动，持续打造乡村振兴样板县

1. 推动产业兴旺。一要做优特色现代农业。落实粮食安全行政首长责任制，抓好“米袋子”“菜篮子”，加强高标准农田建设，牢牢守住21.84万亩耕地红线。扎实创建“三黑三黄三宝”特色农产品标准化示范区，推进上涌国家级农业产业强镇建设，新建县级农业产业园5个，争取“三品一标”认证3个。加快推进牧谷戴云、嘉绿、林盛、顺达等项目建设，深化春秋葡萄酒庄、新吉盛黑兔肉制品、英山淮山、健丰棘胸蛙、祥山大果油茶、涌兴大米等加工基地建设，促进农产品精深加工业发展。加强农产品仓储保鲜冷链物流设施建设，健全完善农产品质量安全可追溯体系，提高产品质量和入市品级。二要挖潜生态经济林业。加大“林下三宝”扶持力度，抓好11个森林康养、林下经济项目。发展壮大林业专业合作社、家庭林场等林业新型经营主体，促进林业增效、林农增收。推进林业碳汇交易，加强国有林场管理，推动林业资源优势向经济优势转变。三要发展壮大乡村产业。完善乡村产业项目奖补机制，鼓励各类投资主体以独资、合资、承包、租赁等方式参与乡村产业发展，推动乡村资源向产业效益转变。稳妥推进宅基地制度改革，应用农村集体产权制度改革成果，探索农村集体资产市场化运营，提高资金使用效率和规模效益，持续壮大村集体经济。

2. 改善人居环境。推进省道310德化龙门滩至苏洋段、龙门滩至碗坑段、水口至桂阳段等道路建设，优化农村路网。启动国道355城关至水口段“白改黑”工程，实施南埕塔兜大桥危桥改建。继续抓好农村公路三年提升工程，实现所有通乡镇公路达生态示范路标准。投入使用县农村公路养护中心，促进农村公路建管养运一体化。实施35kV、110kV输变电工程和10kV及以下农配网工程，推进抽水蓄能电站、李溪水库应急备用水源工程和城乡供水一体化建设，保障农村用电、饮水安全。抓好涌溪库区移民后扶项目省级示范区建设。扎实推进农村环境综合整治，深化“一清二整三美化”行动，持续推进农村“厕所革命”，推动乡村人居环境长治久美。

3. 强化乡村治理。鼓励创新创业，支持返乡下乡人员领办创办农产品加工、农业生产服务、休闲农业经营及农村电子商务等经营实体。开展省级农民合作社质量提升整县推进试点。倡导文明新风，全面铺开爱心幸福城创建工作，常态化推进移风易俗，培育新时代文明实践所（站）10个。实施加强和改进乡村治理三年行动计划，做好2021年村级组织换届选举，推进省市级城乡社区服务站、“共治共享”新型社区试点建设。

（五）强化保护与治理同步，坚决打赢污染防治攻坚战

1. 系统推进生态修复。严格落实“三线一单”，做好自然保护地整合优化及勘界立标工作，加大自然保护区、饮用水水源地保护。完成造林绿化、森林抚育、封山育林7.2万亩，实施油茶施肥抚育垦复1.1万亩、松林改造提升1.96万亩。实施生态产品共享工程，开展村庄绿化、特色花卉景观及“三沿一环”森林景观改造提升、珍贵树种造林和林分修复1万亩。持续推进林业有害生物综合防治，抓好161万亩生态公益林、天然林保护。

2. 铁腕推进污染治理。持续推进大气、水、土壤污染防治攻坚战，严厉打击生态环境违法行为，实现减污降碳协调效应。深入开展挥发性有机物专项整治行动，强化柴油货车污染治理。继续深化河湖长制，抓好闽江防洪工程德化段（二期）建设，推进浐溪龙门滩水库上游“碧水清源”专项整治，实施农村生活污水整县推进项目，推动国、省控断面及水功能区水体改善、水质提升。

3. 扎实推进绿色发展。强化产业引导，鼓励发展高效农业、先进制造业、现代服务业，推动资源节约和循环利用，严控新污染源。深化农药化肥零增长专项行动。完成浐溪龙门滩镇碧坑段、桂阳乡梓溪中小河流治理项目和美湖镇小尤溪流域生态环境综合整治，治理水土流失5000亩。实施森林资源培育与保护等工程，继续创建“绿盈乡村”。

（六）致力普惠与均衡兼顾，不断增强人民群众幸福感

1. 织好公共“服务网”。一要大力发展教育事业。编制“十四五”教育专项规划，抓好新寨小学、霞田中小学等13个项目建设，持续推进一中“省示范性高中”、三中“省二级达标高中”、职校“省高水平中等职业技术学校专业群”创建，实施学校管理、队伍建设、教育质量三项内涵提升工程，加快教育优质均衡县创建步伐。二要提升医疗健康水平。改革完善疾病预防控制体系，推进以县医院、中医院为龙头的两个紧密型医共体建设，加快县妇幼保健院、县医院龙门滩隔离病区建设，规划建设县中医院康复大楼，完善医疗资源整合共享和分级诊疗体系，持续推进中医名医名科名院建设，积极发展兴办各类康养医养结合型养老机构，全面提高县域医疗服务能力。三要完善公共文化服务。巩固提升国家公共文化服务体系示范区创建成果，推进霞田文体园“一场两馆”、科技馆、社会公共体育场等项目建设，提升一批乡镇综合文化站及村（社区）综合文化服务中心，在城区企业设置一批县文化

馆、图书馆基层服务点，不断完善公共文化服务配套设施。继续深入开展“墟日文化车”百场文艺展演走基层、进校园、进军营、进企业活动。

2. 织密民生“保障网”。全力办好43件为民办实事项目。进一步畅通失业登记和求职创业服务渠道，稳定就业基本盘。实施全民参保计划，稳步提升城乡居民养老、城镇职工基本养老、失业、工伤保险参保比例。继续开展各类慈善、救助活动。加快县社会福利中心、农村幸福院、农村社区居家养老服务站和照料中心建设，进一步提高村（社区）养老服务设施覆盖率。严格按照“四个不摘”要求，持续跟踪收入变化和“两不愁、三保障”巩固情况，健全防止返贫监测帮扶机制，深化产业扶贫、就业扶贫，巩固拓展脱贫攻坚成果同乡村振兴有效衔接。

3. 织牢安全“防护网”。持续深化保底创优“两大工程”，统筹发展和安全，建设更高水平的平安德化。毫不放松继续做好疫情防控工作，守好德化“净土”。攻坚“强基促稳”三年行动，巩固深化扫黑除恶专项斗争成果，推进打击治理电信网络诈骗犯罪专项行动。落实安全生产责任，深入开展安全生产专项整治三年行动，严防各类安全生产事故发生。加强应急救援能力建设，提升防灾减灾救灾综合能力。严格食品药品监管。严防严控非洲猪瘟等重大动植物疾病。深入开展爱国卫生运动，倡导健康文明生活方式。强化社会领域风险防范化解，巩固提升社区矫正信息化建设水平，申报司法部“智慧矫正中心”。深化国防教育，加强军人荣誉体系建设，扎实推进“两征两退”，提升国防后备力量整体水平。贯彻党的民族和宗教政策，支持、发挥工会、共青团、妇联等群团组织在基层治理中的优势，打造共建、共治、共享的社会治理新格局。

三、加强政府自身建设

始终坚持为人民服务、对人民负责、受人民监督，努力建设人民满意的新时代服务型政府。

（一）*忠诚为政，强化履职担当*。旗帜鲜明讲政治，坚持以习近平新时代中国特色社会主义思想为指导，不折不扣贯彻落实好党中央、国务院和上级党委、政府及县委决策部署，严格落实意识形态工作责任制，把党的领导落实到政府治理各领域全过程，推动制度优势更好转化为政府治理效能，以实际行动践行“四个意识”，坚定“四个自信”，做到“两个维护”。开展“比激情、比担当、比落实”活动，实施突破“难硬重新”工作行动，着力解决一批高质量发展中的深层次问题。

（二）*勤勉施政，提升履职效能*。建立健全“马上就办”常态化机制，推动“互联网+政务服务”升级，持续推进“放管服”改革，提高政务服务水平。持续深化机关效能建设，聚焦重点发力，以细化的目标、实化的任务、硬化的措施，推动各项部署做细做实做成。常态化评估调整政策措施，动态优化提升，增强政策措施的协同性、落地性和实效性。持续精简会议和文件，引导广大干部把精力集中到推动发展上。

（三）*依法行政，规范履职行为*。坚持依法科学决策，全面落实重大行政决策法定程序，制定“八五”普法规划，推进民法典贯彻实施，深化法治政府建设。主动接受县人大及其常委会的法律监督、工作监督和县政协的民主监督，自觉接受司法监督、审计监督、社会监督、舆论监督，高质量办理建议、提案。全面推进政务公开，强化执法能力和执法规范化建设，让群众在每一项政务服务、执法中感受到透明便捷、公平正义。

（四）*从严治政，净化履职生态*。严格落实党风廉政建设“一岗双责”，深入开展工程建设领域突出问题专项治理，进一步规范项目决策、用地审批、招投标、质量安全、资金使用等环节，加强重点领域、关键环节监管全覆盖。积极构建“亲”“清”新型政商关系，进一步优化营商环境。严格落实中央八项规定及其实施细则精神，持续纠治“四风”，力戒形式主义、官僚主义，坚决压缩一般性支出和三公经费支出，营造风清气正的政治生态。

各位代表，新时代赋予新使命，新征程需要新担当。德化新一轮大建设大发展的蓝图已经绘就。让我们更加紧密地团结在以习近平同志为核心的党中央周围，在县委的坚强领导下，提振精气神，凝聚正能量，奋力抓落实，实干勇争先，为打造闽中区域发展中心谱写新篇章，以优异成绩庆祝建党100周年。

统计资料

2016—2020年德化县主要统计数据

表17

项目	计量单位	2016年	2017年	2018年	2019年	2020年
一、人口						
1. 户籍人口						
年末总户数	户	95319	97232	100295	103082	105071
年末总人口	人	336374	341318	348644	351870	354276
其中：非农业人口	人	102540	108116	115947	128360	132881
人口出生率	‰	18.13	29.24	27.50	20.6	15.99
人口自然增长率	‰	14.44	17.64	25.05	14.5	11.70
2. 常住人口						
年末总人口	万人	28.70	29.30	29.6	29.7	33.21
#城镇	万人	21.27	21.92	22.32	22.45	25.95
乡村	万人	7.43	7.38	7.28	7.25	7.27
二、国民经济核算						
地区收入总值	万元	1968171	2237493	2493468	2812668	3028103
比上年增长	%	6.2	7.7	9.0	8.5	4.1
地区生产总值	万元	1943118	2210507	2465909	2781470	2876576
比上年增长	%	6.2	7.7	9.0	8.5	4.1
三、工农业总产值	万元	2883519	3163359	3519594	3955607	3979635
比上年增长	%	6.5	8.7	12.4	12.4	5.0
农业总产值	万元	196936	199359	217794	228807	246092
比上年增长	%	1.3	4.4	2.5	3.6	3.2
工业总产值	万元	2686583	2964000	3301800	3726800	3727559
比上年增长	%	6.9	9.0	13.1	12.9	5.0
四、固定资产投资总额	万元	1116525	1264062	—	—	—
五、贸易						
1. 社会消费品零售总额	万元	671344	744722	843547	946291	1363943

续表

项目	计量单位	2016 年	2017 年	2018 年	2019 年	2020 年
2. 出口商品供货总值	万元	1376430	1469900	1753880	1981907	2146405
其中：陶瓷出口	万元	1320860	1411900	1666186	1879474	1974693
自营出口	万美元	23734	26362	32461	40675	47083
六、财政金融						
1. 一般公共预算总收入	万元	156335	164542	182567	188243	193658
其中：一般公共预算收入	万元	109485	110166	118260	119735	128626
2. 一般公共预算支出	万元	252933	277299	276161	279072	309217
3. 税务总收入	万元	125905	140793	155785	163634	164375
4. 金融机构存款余额	万元	1881555	1980297	2109084	2201129	2400799
其中：储蓄存款	万元	831225	921425	1019257	1142005	1241252
5. 金融机构贷款余额	万元	1679776	1888756	1996908	2216082	2604936
七、人民生活						
1. 农村居民人均可支配收入	元	13015	14253	15465	16984	18105
2. 城镇居民人均可支配收入	元	28887	31337	33863	36608	37702
3. 城镇单位在岗职工平均工资	元	53049	63488	55372	61989	73795
八、科学、教育、卫生						
1. 申获专利数	件	1412	1686	2117	1961	3052
2. 版权登记数	件	17489	22000	22645	26593	37032
3. 各类学校在校学生数	人	55271	59365	63876	68399	73795
4. 教职员工数	人	4092	4262	4543	4527	4473
5. 床位数	张	1453	1479	1495	1519	1538
6. 卫生技术人员数	人	825	857	1513	1850	1919
九、陶瓷						
1. 企业单位数	个	4282	4538	4890	5135	5290
2. 从业人员	人	94641	94425	102460	103185	105042
3. 陶瓷产值	万元	2522048	2878734	3284597	3629483	4024734
其中：陶瓷工业产值	万元	1994940	2274200	2638131	2899272	3215763
十、电力						
1. 发电量	万千瓦时	128602	76629	72251	88600	61436
2. 用电量	万千瓦时	146673	153922	175842	179936	184586

2020 年德化县主要统计数字一览表

表 18

	单位	2019 年实绩	2020 年实绩	2020 年比 2019 年增长 %
一、户籍人口				
1. 年末总户数	户	103082	105071	1.9
2. 年末总人口	人	351870	354276	0.7
其中：乡村人口	人	223510	221395	−0.9

续表

	单位	2019 年实绩	2020 年实绩	2020 年比 2019 年增长 %
城镇人口	人	128360	132881	3.5
3. 年平均人口	人	350257	353073	0.8
4. 人口出生率	‰	20.6	16.0	回落 4.6 个千分点
5. 人口自然增长率	‰	14.5	11.7	回落 2.8 个千分点
二、综合经济				
1. 地区生产总值（GDP）	亿元	278.15	287.66	4.1
其中：第一产业增加值	亿元	13.62	12.75	4.3
第二产业增加值	亿元	166.83	170.08	5.0
第三产业增加值	亿元	97.69	104.83	2.3
2. 三次产业结构比	%	4.2 : 59.6 : 36.2	4.4 : 59.1 : 36.4	
三、农业				
1. 农业总产值	亿元	22.88	24.61	3.2
2. 全县耕地面积	万亩	25.34	25.34	0.0
3. 粮食播种面积	万亩	13.41	13.87	3.4
4. 茶叶面积	万亩	2.61	2.78	6.5
5. 水果面积	万亩	4.14	4.30	3.7
6. 主要农产品产量				
（1）粮 食	万吨	5.83	6.05	3.8
（2）茶 叶	吨	1540	1590	3.2
（3）水 果	吨	24055	24788	3.0
（4）蔬 菜	吨	111486	117181	5.1
（5）食用菌	吨	1740	1852	6.4
（6）肉 类	吨	16347	16264	−0.5
（7）蛋 品	吨	5619	5787	3.0
（8）水产品	吨	1467	1512	3.1
四、工业				
1. 工业总产值	亿元	372.68	372.76	5.0
其中：规模以上工业产值	亿元	337.30	320.57	5.4
2. 规模以上工业经济效益综合指数	%	249.2	252.6	提高 3.4 个百分点
3. 主要工业产品产量				
铁矿石（铁精粉）	万吨	41.55	39	−6.1
球团矿	万吨	30.16	28.13	−6.7
黄金	千克	538.42	489.19	−9.1
玻璃	万平方米	54	50	−7.4
铝型材	万吨	1.96	1.78	−9.2
铜材	万吨	2.81	4.87	73.3

续表

	单位	2019年实绩	2020年实绩	2020年比2019年增长%
铅金属含量	吨	110	75	-31.8
锌金属含量	吨	425	745	75.3
陶瓷产品	亿件	27.86	28.24	1.4
水泥	万吨	147.91	188.81	27.7
商品混凝土	万立方米	67	93	38.8
实心砖	万块	0	5930	—
发电量	亿千瓦时	8.86	6.14	-38.3
自来水供应量	万吨	1871.81	1672.84	-10.6
天然气供应量	万立方米	6389	6318	-1.1
五、建筑业				
资质以上建筑业总产值	亿元	27.52	30.04	9.1
六、固定资产投资总额	万元	—	—	6.9
1. 项目投资	万元	—	—	-0.7
2. 房地产开发	万元	369155	430031	16.5
七、交通邮电				
1. 公路通车里程	千米	2826	2826	0.0
2. 汽车数	辆	56330	61874	9.8
3. 电信业务总量	万元	26177	28367	8.4
4. 邮政业务总量	万元	67135	68683	2.3
八、商业外经				
1. 社会消费品零售总额	万元	946291	1363943	-1.4
2. 出口商品供货总值	万元	1981907	2146405	8.3
其中：自营出口	万美元	40675	47080	10.2
3. 合同利用外资	万美元	465	0	-100.0
4. 实际利用外资	万美元	331	376	13.6
九、能源消耗				
1. 全社会用电	万千瓦时	179936	184586	2.6
其中：工业用电	万千瓦时	131144	133574	1.9
2. 规模以上工业增加值单位能耗（上升或下降）	%	-18.4	-9.2	—
十、财税金融				
1. 一般公共预算总收入	万元	188243	193658	2.9
其中：一般公共预算收入	万元	119735	128626	7.4
2. 一般公共预算支出	万元	282641	309217	9.4
3. 税收总收入	万元	163634	164375	0.5
4. 年末各项存款余额	万元	2201129	2400799	9.1
5. 年末各项贷款余额	万元	2216082	2604936	17.5

续表

	单位	2019年实绩	2020年实绩	2020年比2019年增长%
6. 储蓄存款	万元	1142005	1241252	8.7
十一、人民生活				
1. 农村居民人均可支配收入	元	16984	18105	6.6
2. 城镇居民人均可支配收入	元	36608	37702	3.0
3. 城镇单位在岗职工平均工资	元	61989	67267	8.5
十二、科教文卫等社会事业				
1. 申获专利数	件	1961	3052	55.6
2. 版权登记数	件	26593	37032	39.3
3. 在校学生数	人	68399	73679	7.9
4. 学校教职员工数	人	4527	4724	4.4
5. 医院病床数	张	1519	1538	1.3
6. 专业卫生技术人员	人	1850	1919	3.7
7. 结婚登记总数	对	2060	1888	−8.3
8. 离婚登记总数	对	804	761	−5.3
9. 实行计划生育手术人数	例	133	19	−85.7
十三、林瓷电矿概况				
（一）林业				
当年造林面积	亩	485	192	−60.4
当年幼林抚育面积	万亩	4.86	5.14	5.8
主要林产品产量				
油茶籽	吨	2377	2891	21.6
松脂	吨	3174	3253	2.5
板栗	吨	486	598	23.0
竹笋干	吨	1568	1638	4.5
毛竹及篙竹采伐	万根	908	1045	15.1
木材采伐	万立方米	14.18	7.60	−46.4
（二）陶瓷产业				
1. 企业单位数	个	5135	5290	3.0
2. 从业人员	人	103185	105042	1.8
3. 陶瓷产值	万元	3629480	4024734	10.9
其中：陶瓷工业产值	万元	2899306	3215763	10.9
陶瓷占全县工业产值比例	%	77.8	78.8	提升1个百分点
（三）电力				
年末装机拥有量	千瓦	287345	287345	0.0
发电量	万千瓦时	99587	61436	−38.3
用电量	万千瓦时	179936	184586	2.6

2020年德化县纳税50万元以上企业名表

表19

纳税人名称	法人代表	税额（万元）
德化县农村信用合作联社	林丽茹	7665
德化阳光隆恩房地产开发有限公司	陈德恩	5253
德化东海开发有限公司	姚道义	3971
德化美伦房地产开发有限公司	刘 荣	3793
福建省海峡水泥股份有限公司	李小明	3551
德化恒光隆恩房地产开发经营有限公司	陈德恩	3099
泉州景盛置业有限公司	陈斯锦	2957
泉州市美景房地产开发有限公司	张子良	2717
德化金龙置业有限公司	蔡金山	2490
福建省双旗山矿业有限责任公司	陈志民	2067
百德（德化）置业有限公司	张伟斌	2030
国网福建省电力有限公司德化县供电公司	林文武	1808
百德（泉州）置业有限公司	林连堆	1662
福建省德化鑫阳矿业有限公司	李志铭	1610
德化广安天然气有限公司	张子钢	1490
景远（德化）建材有限公司	陈志武	1406
福建省浔益建筑工程有限公司	陈钢梁	1205
泉州市健德建材实业有限公司	郑易仁	1203
德化县鑫泓顺旅游置业有限公司	黄庆云	1077
中国人民财产保险股份有限公司德化支公司	李国嵩	917
泉州建坤房地产开发有限公司	陈志民	889
德化碧辉房地产开发有限公司	王鹏飞	829
德化县顺尔美工艺品有限公司	郑鹏飞	826
泉州裕正置业有限公司	张宝忠	822
德化县丘埕矿业有限公司	肖小华	784
德化碧桂园房地产开发有限公司	杨文杰	777
中国农业银行股份有限公司德化县支行	丁 一	773
德化县城镇房地产开发公司	连其文	765
福建省银厦建设工程有限公司	蒋耀坤	697
德化县星泓置业有限公司	李文凯	689
中建海峡建设发展有限公司德化分公司	龚中治	639

续表

纳税人名称	法人代表	税额（万元）
中国建设银行股份有限公司德化支行	万云峰	612
福建省德化同鑫陶瓷有限公司	曾俩相	606
美图（福建）铝业有限公司	洪志顺	588
中国工商银行股份有限公司德化支行	王宇强	570
陆升（福建）集团有限公司	陆镇源	551
中国平安财产保险股份有限公司德化支公司	许青松	520
中华联合财产保险股份有限公司德化支公司	赖瑞昶	492
德化县建筑工程公司	王文良	490
福建省鹏洲建设发展有限公司	肖美虹	490
德化华骏置业有限公司	吴端雅	466
泉州市榕建建设工程有限公司	林立峰	462
泉州市龙门滩引水工程管理处	苏荣薰	462
德化涌溪水电有限公司	苏府炯	454
福建华夏金刚科技股份有限公司	林贵基	451
福建省汤头建筑工程有限公司	郑海容	450
福建省德化龙峰陶瓷有限公司	苏建堆	448
福建省毅龙建筑工程有限公司	陈国单	444
飞阳建设工程有限公司德化分公司	徐华建	439
泉州市泉德盛房地产开发有限责任公司	陈清阳	401
福建省德化县欣德益现代家用有限公司	赖清波	399
福建省德化县佳美工艺品有限责任公司	苏尧鸿	398
德化县吉元瓷业有限责任公司	陈素梅	395
泉州市德化县恒峰陶瓷有限公司	郑荣怀	382
德化县高德工程项目管理有限公司	林忠清	365
中国人寿保险股份有限公司德化县支公司	柯雪咏	349
德化东华陶瓷有限公司	郑荣文	348
中鼎国际工程有限责任公司德化分公司	洪秀全	344
泉州市特房建设工程有限公司	郭启航	337
福建省永正建设发展有限公司	蒋清泰	320
福建省德化县晖德陶瓷有限公司	王光明	319
中国银行股份有限公司德化支行	林湘扬	315
中国农业发展银行德化县支行	林温镇	313

续表

纳税人名称	法人代表	税额（万元）
福建省德化友盛陶瓷有限公司	颜竟峰	308
德化县银厦房地产开发有限公司	苏德县	305
泉州市美岭新型建材有限公司	张国成	305
福建省三班投资开发有限公司	郑永生	298
福建省奕顺建设工程有限公司	许利亚	281
福建省德化县三峰陶瓷有限公司	郑永章	272
德化县物资公司	黄民贤	271
曼妮丝绸时装（德化）有限公司	林少民	261
福建省嘉顺艺品股份有限公司	陈金贵	254
德化建诚工程有限公司	王恩君	252
福建省阳山铁矿有限责任公司	李志铭	245
福建德化成功村镇银行股份有限公司	洪建全	242
福建省德化佳诚陶瓷有限公司	苏建源	240
中国邮政储蓄银行股份有限公司德化县支行	谢金山	237
德化百德房地产开发有限公司	张伟斌	223
福建龙元天地房地产开发有限公司	陶永春	218
德化县中冶房地产开发有限公司	孙文雄	203
福建省德化县全丰陶瓷有限公司	曾文昌	201
德化县市政建设工程公司	林明朗	200
福建省德化佳浩陶瓷有限公司	郑家坦	200
福建省德化县腾艺陶瓷有限公司	曾昭腾	200
德化县自来水公司	林积庆	199
德化县陶鑫建设发展有限公司	林加溱	199
福建省德化环宇陶瓷有限公司	黄美罗	198
德化鼎力机械有限公司	黄　平	197
德化县高圣工艺品有限公司	郑贵高	196
泉州银行股份有限公司德化支行	李辉盛	195
福建省德化顺盛建材有限公司	周国平	195
福建省德化正和陶瓷有限公司	郑进东	191
福建省德化县佳美彩印有限公司	苏尧鹏	190
福建省德化县嘉威陶瓷有限公司	林罡华	190
德化豪晟艺品有限公司	陈建文	188

续表

纳税人名称	法人代表	税额（万元）
德化全盛陶瓷有限公司	林文胜	186
德化县四星投资有限责任公司	苏尧政	184
福建省中建世晟工程有限公司（福建伍天建工有限公司）	邓世明	181
福建泉州顺美集团有限责任公司	郑泽洽	177
中石化森美（福建）石油有限公司泉州德化城龙加油站	林浦生	174
福建省德化县优扬工艺品有限公司	郭春材	174
福建省德化佳旺达陶瓷有限公司	郑秋菊	173
福建省德化县中信陶瓷有限公司	危江建	169
福建省德化县同兴瓷厂	温克仁	166
德化县洪崎坂水电有限责任公司	黄玉提	165
泉州亿兴电力工程建设有限公司德化分公司	苏进宝	165
福建兴洲建设有限公司	黄明亮	164
福建省威尔陶瓷股份有限公司	危连进	164
福建省惠房建设工程有限公司德化分公司	黄志坚	161
福建省德化县继裕陶瓷有限公司	李文质	161
福建省德化县驰宇陶瓷有限公司	张建榕	160
福建省德化县华兴陶瓷有限公司	苏锡坂	160
福建省德化县冠捷陶瓷有限公司	郭伙瑞	157
福建省德化新奇丽工艺有限公司	曾金钟	157
福建省德化臻峰陶瓷有限公司	李传芳	156
福建新磐固建设发展有限公司	苏丽盘	156
福建省德化县中昱陶瓷有限公司	危玉宝	155
德化县国地房地产有限公司	林渊硕	155
德化县太阳鸟工艺品有限公司	邱振科	154
福建省德化县联达陶瓷有限公司	颜华智	153
德化县宏顺陶瓷有限公司	曾新宇	150
德化盛宁建设发展有限公司	陈晓萍	149
泉州供电服务有限公司德化分公司	谢思发	149
交发建材（德化）有限公司	李　坛	149
福建省德化县晖龙陶瓷有限公司	张国平	149
福建省泉州市契合工贸有限公司	陈敦添	149
福建省德化县宏顺发陶瓷工艺有限公司	颜紫山	145

续表

纳税人名称	法人代表	税额（万元）
德化县兴业陶瓷科技有限公司	林毅铭	145
德化县中天惠建设工程项目管理有限公司	吕南忠	144
泉州德化县嘉欧利工艺品有限责任公司	颜丕云	144
福建省德化县华晨陶瓷有限公司	危大沣	143
福建省德化明英华陶瓷有限公司	林建华	143
福建省泉州市创意集团有限公司	温雅国	140
福建省华荣建设集团有限公司德化分公司	林景熙	140
福建省德化县臻晖陶瓷有限公司	苏启伟	139
福建省德化县宏跃陶瓷有限公司	刘秋霞	139
中国太平洋财产保险股份有限公司德化支公司	谢剑鸿	138
冠群建设（福建）有限公司	陈辉煌	137
福建省德化新博龙陶瓷有限公司	张金涵	137
福建省德化县先达瓷厂	叶文贤	136
福建省德化县誉佳工艺有限公司	苏育晓	136
福建省德化县冠鸿陶瓷有限公司	李桂贤	136
福建省泉州龙鹏集团有限公司	苏建堆	135
德化县群发水力发电厂（普通合伙）	苏力克	135
福建鼎畅建设有限公司	黄其泉	134
德化县畅德陶瓷配件有限公司	吴学畅	133
德化县嘉顺建筑工程有限公司	颜一鹏	133
福建省银美建设工程有限公司	蒋文明	133
福建省德化龙顺陶瓷有限公司	陈朝榜	132
德化华竑房地产开发有限公司	陈钢梁	132
德化县鑫美陶瓷有限公司	苏生辉	132
福建华星建设工程有限公司德化分公司	周兆全	130
德化县建生石料加工场	李建生	130
福建省德化县希尔凯陶瓷有限责任公司	王桂环	129
福建省德化县零度创意有限公司	曾国彬	129
福建省德化县昱晟工艺品有限责任公司	颜建煌	128
德化冠兴艺品有限公司	陈紫碧	123
泉州市德化县丰弘机械有限公司	郑友聪	122
福建省德化臻南陶瓷有限公司	苏昆仑	119

续表

纳税人名称	法人代表	税额（万元）
德化力标房地产开发有限公司	杜德森	118
福建德化五洲陶瓷股份有限公司	郭建洲	118
德化县万佳房地产开发有限公司	苏银凯	116
中国人寿财产保险股份有限公司德化县支公司	吕云琼	116
德化宏晟陶瓷有限公司	苏志勤	116
福建省德化新吉利工艺有限公司	颜志湧	116
福建省德化县富盛陶瓷有限公司	苏端阳	113
福建省德化县首信工艺品有限责任公司	李碧桔	113
福建省德化意达陶瓷有限公司	郭华松	113
福建省德化真泰尔陶瓷有限公司	颜真革	112
德化华骏房地产开发有限公司	吴为益	111
福建省德化县双龙陶瓷有限公司	陈梓耀	111
福建省南星建设工程有限公司德化分公司	洪志强	110
中化（泉州）石油销售有限公司德化雷峰加油站	杨梓坤	110
德化县建益瓷业有限责任公司	江恺洵	110
福建省德化县顺捷宏陶瓷有限责任公司	郑荣榆	110
德化儒苑礼品有限公司	徐添福	109
福建省德化县祥晖陶瓷有限公司	苏银章	108
德化开元瓷业有限公司	苏银凯	108
德化三路兴交通工程有限公司	陈仕鹏	108
福建省德化永盛瓷土有限公司	林国师	108
德化县城乡建设投资有限公司	蒋双卿	107
福建省德化县富盈工艺有限公司	林炯雄	106
中建海峡（厦门）建设发展有限公司德化分公司	龚中治	106
福建省德化县成艺陶瓷有限公司	郑成全	106
福建海西建设工程有限公司德化分公司	陈斯斯	106
福州华涛建筑设备租赁有限公司第二分公司	宋西桂	106
福建新景图玻璃科技有限公司	曾满婷	106
福建省德化县豪发陶瓷有限公司	曾昭波	105
福建省德化汇远陶瓷有限公司	曾俩丰	104
福建省德化县现代陶瓷有限公司	林思博	103
福建省德化县日顺陶瓷有限公司	谢生篡	103

续表

纳税人名称	法人代表	税额（万元）
福建省德化县鹏坤陶瓷有限公司	郑昌旺	103
福建省德化世盛陶瓷有限公司	苏玉书	102
福建省德化龙辉陶瓷有限公司	李成参	102
福建省德化县雅丽达陶瓷有限公司	颜志达	101
福建省德化县鹏欣陶瓷有限公司	李文韧	101
福建省德化县宏达陶瓷有限公司	吴洁清	101
德化县中晟工艺有限责任公司	卓仕国	101
中国大地财产保险股份有限公司德化支公司	李秀香	100
中国邮政集团公司福建省德化县分公司	赖宏文	100
福建省德化县灿东陶瓷有限公司	陈秀勉	100
泉州农村商业银行股份有限公司德化县支行	陈昆明	99
德化县上玖陶瓷创作有限公司	林瑞红	97
福建省德化新凯丰陶瓷有限公司	陈丽珍	97
福建省德化县兴业陶瓷有限公司	林东兴	97
福建省德化县唐丰陶瓷有限公司	李建阳	96
福建省德化隆南陶瓷有限公司	李文溪	95
福建省德化县君福陶瓷有限公司	魏成云	94
福建省德化县锦华陶瓷有限公司	颜东升	94
德化县齐禛陶瓷工艺有限公司	吴阿香	94
福建省民益建设工程有限公司德化分公司	黄修全	92
宏盛建业投资集团有限公司德化分公司	王培阳	92
福建省德化县溢茂工艺有限公司	黄美溢	92
福建省德化县龙耀陶瓷有限公司	颜裕乐	92
福建省德化县威诺陶瓷有限公司	叶永超	91
福建省德化县永煌陶瓷有限公司	林信增	90
德化县凯得利工艺品有限公司	徐振向	89
德化县隆杰陶瓷工艺品有限公司	林建明	89
福建省德化县紫嘉工艺有限公司	苏银斑	88
福建省万旗科技陶瓷有限公司	谢文清	88
福建省德化县晖鑫陶瓷有限公司	王晓兵	88
福建裕曼建筑有限公司	郑杰烜	87
福建省德化县信良陶瓷有限公司	林良壁	86

续表

纳税人名称	法人代表	税额（万元）
德化县万盛陶瓷有限公司	陈宏昆	85
泉州坤泰机械精工制造有限公司	柯国镇	84
福建省德化县天俊陶瓷有限公司	郑栋梁	84
德化县泉德福竹木加工厂	郑木茶	84
福建省德化益盛彩印有限公司	林东营	84
福建省华舜水利水电工程有限公司德化分公司	吴丽榕	84
德化县程远汽车运输有限公司	许振军	84
德化县京隆堂陶瓷有限责任公司	颜金启	83
德化县百盛房地产开发有限公司	陈书经	83
中国石化销售股份有限公司福建泉州德化添力加油站	林浦生	83
泉州新华都购物广场有限公司德化瓷都店	陈文杰	81
福建省德化胜东陶瓷有限公司	方丽珍	80
福建省德化县泉艺陶瓷有限公司	张泉兴	80
福建省银泉建设工程有限公司	蒋文明	79
福建省德化县东盛陶瓷有限公司	林东星	79
福建省德化县鑫洋陶瓷有限公司	林开渺	79
泉州德化芳盛工艺制品有限公司	苏明芳	79
福建省德化县豪顺丰陶瓷工艺有限公司	陈东南	78
福建省德化县双盈陶瓷有限公司	李碧丰	77
德化县润祥瓷土加工厂（普通合伙）	陈长盛	77
福建省德化县嘉发陶瓷有限公司	温桂园	77
福建省德化县霞玲水电有限公司	黄联煌	77
德化县顺德包装彩印有限公司	郑圻增	76
福建省德化县锦福陶瓷有限公司	吴学文	76
福建省德化县龙门爆破有限公司	方思明	76
德化县通宇纸浆工艺有限公司	林子哲	75
福建省德化县许氏陶瓷有限公司	许启彬	75
德化县后井窑瓷业有限责任公司	苏德华	75
福建亿兴电力设计院有限公司德化分公司	赖发强	75
福建省德化县隆华陶瓷有限公司	郑生泉	74
德化县德隆汽车运输有限公司	郑小炜	74
福建省德化县飞超陶瓷有限公司	卢普进	73

续表

纳税人名称	法人代表	税额（万元）
福建省德化县隆兴陶瓷有限公司	郭正沛	73
福建省德化县心友工贸有限公司	胡梅英	72
福建省德化金利丰陶瓷有限公司	陈章评	72
福建省泉州景玉纸业有限公司	邓玉堂	72
福建省德化明盛佳陶瓷有限公司	赖传基	71
福建省德化县恒利陶瓷有限公司	苏碧珍	71
福建省德化艺飞工艺品有限公司	黄飞巧	70
德化县润发建材有限责任公司	王传昶	70
德化县宏鹏瓷业发展有限公司	谢锦华	69
福建省德化县华泰陶瓷有限公司	庄锦贵	69
福建省德化昌森工艺有限公司	王义场	69
福建省德化县顺兴达陶瓷工艺有限公司	颜晓莎	69
福建供销石油有限公司德化泉德加油站	王河根	69
福建省南安市第一建设有限公司德化分公司	周存逸	69
福建省德化县鼎盛陶瓷有限公司	陈上鹏	69
福建省德化仟山艺品有限公司	苏春扬	68
德化泉润建筑工程有限公司	温　伟	68
泉州市旭鸿晟竹木制品有限公司	方一亭	68
福建省德化县沃德工艺有限公司	赖呈勋	67
福建省德化新艺龙陶瓷有限公司	颜尤波	67
福建省德化县亿加艺品有限公司	曾俊崴	67
德化县宏兴瓷土精制有限公司	林天赐	67
德化臻峰矿业有限公司	苏德本	67
福建省德化县火木工艺品有限公司	郑雨村	67
福建省德化县鸿意达陶瓷工艺有限公司	郭伟山	66
德化县泉龙工贸有限责任公司	曾欲晓	66
泉州市科创防护用品有限公司	陈尚杰	66
福建省泉州汇通安全防护用品有限公司	林士胤	66
德化县鸿日印刷有限公司	苏银阳	66
德化世平医卫防护用品有限公司	林文辉	66
福建省德化县金胜毅陶瓷有限责任公司	王胜钿	65
福建省德化县三诺陶瓷有限公司	孙逸婷	65

续表

纳税人名称	法人代表	税额（万元）
德化县祥泰建筑工程有限公司	郑志忠	65
福建省德化县金珠陶瓷有限公司	王佳耀	65
福建省德化县帝窑陶瓷有限公司	方锦聪	65
福建瑞凡轻工有限公司	侯宗权	65
德化县超越汽车运输有限公司	刘更生	65
福建省德化县中天陶瓷有限公司	刘小燕	64
福建省德化县祥盛工艺有限公司	颜德强	64
福建省德化县文瑞陶瓷有限公司	苏锡文	64
福建省德化乐想工艺品有限公司	陈永能	63
德化县德利建设工程有限公司	张祖华	63
福建省德化万顺达陶瓷有限公司	罗万文	63
德化县富东陶瓷工艺有限公司	林建全	63
德化县恒德建设工程有限公司	陈孝江	63
泉州市德化县拓牌瓷业有限公司	曾德涛	62
福建省德化县兴达陶瓷有限公司	陈斯协	62
泉州阳光创艺陶瓷股份有限公司	郑金鼎	62
福建省德化佳源盛工艺有限公司	苏桂程	62
福建省国筑建设工程有限公司德化分公司	郑秀娟	62
泉州万德置业有限公司	李龙连	61
中建骏宏集团有限公司德化分公司	刘德春	61
德化县尚德福汽车贸易有限公司	黄丽琴	61
福建省德化创佳工艺有限公司	黄辉鑽	61
福建省德化县哈维陶瓷有限公司	曾昭育	61
德化县方鑫建设工程有限公司	张东鹏	60
福建省德化县盛艺窑瓷业有限公司	颜美城	60
福建省德化县瓷典陶瓷有限公司	郭群胜	60
福建省德化县益华陶瓷有限公司	苏锦锋	60
福建省德化县宏泉工艺品有限公司	苏宏伟	60
福建省德化县秦顺陶瓷有限公司	陈星煌	60
福建省高盈建设发展有限公司	郑俊鹏	60
福建省德化县福德丰陶瓷有限公司	林昆佳	60
福建省德化鑫城美工艺有限公司	何志英	59

续表

纳税人名称	法人代表	税额（万元）
福建省德化县佳福工艺品有限责任公司	陈文智	59
福建天则电力工程有限公司泉州分公司	苏康乐	59
福建省德化县豪鹏机械有限公司	许光权	58
福建省德化万顺捷陶瓷有限公司	郑华娜	58
福建省德化县新创意工艺有限责任公司	曾晓红	57
福建省德化虹晨礼品有限公司	苏文渊	57
福建省德化佳汇陶瓷有限公司	陈继生	57
福建省德化铠宇陶瓷有限公司	赖晓彬	57
德化豪峰陶瓷有限公司	曾才贵	57
福建省德化县盛煌陶瓷有限公司	连建宗	57
德化祥盛建设有限公司	庄巧聪	56
福建省德化县创荣陶瓷有限公司	张学将	56
福建省德化县泰兴工艺有限公司	叶兴选	56
福建省春秋陶瓷实业有限公司	徐昌毅	56
福建省德化县有加陶瓷有限公司	曾俊崴	56
福建省德化县凯凯瓷业有限公司	王卫平	56
福建省德化县杰宝陶瓷有限公司	颜杰荣	56
福建德化集发轻工机械有限公司	林得松	55
福建金永达建筑工程有限公司德化分公司	戴四妹	55
福建省德化新艺美陶瓷有限公司	周德锋	55
福建春港建工有限公司	林凤玲	55
福建泉州青草明方生物科技有限公司	潘美玉	55
福建广电网络集团股份有限公司德化分公司	苏建生	55
福建省德化县华茂陶瓷有限公司	陈能谨	55
福建省德化华厦陶瓷有限公司	刘建红	55
福建省德化县圣齐工艺有限公司	郑金辉	54
德化恒瀚艺品有限公司	林锦明	54
福建省德化县顺华达瓷业有限责任公司	郑文敏	54
福建省德化必达陶瓷有限公司	林　鸿	54
福建省德化威航艺品有限公司	陈一丕	54
福建省德化县永川礼品有限公司	张清新	54
福建省中易工程管理有限公司	陈清洁	54

续表

纳税人名称	法人代表	税额（万元）
福建省德化县鹏明陶瓷有限公司	危培源	53
德化县迪森工艺品有限责任公司	杨厚魁	53
德化春秋置业有限公司	叶文海	53
福建省德化县豪达陶瓷有限公司	陈东南	53
福建省德化县百得隆陶瓷有限责任公司	陈桂华	53
福建省兴岩建设集团有限公司德化分公司	陈茂清	53
福建省德化县煌翔陶瓷有限公司	苏鹏翔	53
福建省德化县悦盛工艺有限公司	颜少萍	53
福建省德化弘展艺品有限公司	许德生	52
福建省德化煜坤陶瓷有限公司	曾新宇	52
福建德化铁甲建设工程有限公司	郑小炜	52
福建省泉州市晨曦陶瓷有限公司	郭伙瑞	51
福建省德化百合工艺品有限公司	颜文谦	51
福建省德化琦轩陶瓷工艺有限公司	郑美琼	51
福建省德化荣信陶瓷有限公司	林朱石	51
德化县永兴抗磨材料厂	许水冰	51
德化县金泓益工艺品有限公司	曾金练	51
德化县祥山大果油茶有限公司	林安娜	51
福建省德化华宇工贸有限公司	颜泽南	51
泉州鑫仁工艺品有限公司	杨光明	51
福建省德化上古陶瓷有限公司	陈玉娜	51
福建省德化县鹏煌陶瓷有限公司	赖礼煌	51
福建省德化中发陶瓷有限公司	曾思华	50
福建省德化新圣美陶瓷有限公司	曾国玺	50
福建省佳美集团公司	陈志翰	50
德化县源翔工艺有限责任公司	陈能千	50
福建省德化县飞腾陶瓷有限公司	颜杰林	50
德化县昕涛陶瓷工艺厂	易　辉	50
福建国鑫实业有限公司	孙少晖	50
福建省德化艺苑工艺品有限公司	庄孝德	50

附 录

2020年度德化县各组织机构领导名录

中共德化县委员会

书　记：梁玉华（女）
副书记：黄文捷
　　　　林祖传
常　委：王志安（至2020年10月）
　　　　刘惠煌
　　　　黄晓东
　　　　石渊文（至2020年10月）
　　　　陈维启
　　　　徐明侃
　　　　黄俊荣
　　　　马金鑫
　　　　（挂职，2020年5月任）
　　　　张秋英（女，2020年10月任）
　　　　李毓文（2020年10月任）
　　　　江新兴（2020年10月任）

办公室
主任、档案局局长：温明源
副主任：曾建清
　　　　黄发梓
　　　　苏荣禄
　　　　陈晓燕（女，挂职）
　　　　苏清景（挂职）
台港澳办主任：苏左丹
保密委办公室主任、机要局
（国家密码管理局）局长：曾建清

党群系统党委
书　记：徐陆平
副书记：林　微（女）

组织部
部　长：黄晓东
常务副部长：彭钦毅
副部长：陈兴才
　　　　黄鹏辉
　　　　出彩云（女）

宣传部
部　长：陈维启
常务副部长：颜如春
副部长：郑智强
社科联主席：郑清清
新闻出版广电局局长：林合虎

宣传系统党委
书　记：颜如春
副书记：苏莞尔（女）

统战部（民族与宗教事务局、侨务办）
部　长：徐明侃
常务副部长、主任：周启宗
副部长：林大利
副部长、局长：陈　峰（女）

政法委
书　记：王志安（至 2020 年 11 月）
　　　　刘惠煌（2020 年 11 月任）
常务副书记：林美兴
副书记：陈荣省
　　　　林华宏
　　　　郭新福

政法系统党委
书　记：林美兴
副书记：张文琳

编　办
主　任：李仁殿
副主任：刘春花（女）
事业单位登记管理局局长：苏伟鸿

巡察办
主　任：童宝春
副主任：王　斌
巡察一组组长：陈永忠
巡察一组副组长：林汉庚
巡察二组组长：苏宏亮
巡察二组副组长：徐顺玉
巡察三组组长：陈建军
巡察三组副组长：陈方焜

县直机关工委
书　记：黄晓东
常务副书记：黄秉文
副书记：张丽美（女）
纪工委书记：苏文清

非公企业和社会组织工委
书　记：黄鹏辉
副书记：叶培成

老干部局
局　长：出彩云（女）
副局长：赖素文（女）

文明办
主　任：郭昌筑
副主任：赖诗造

县委信访局
局　长：陈国跃
副局长：毛录闽
　　　　王丽明（女）

党　校
校　长：黄晓东
常务副校长：李远平
副校长：李辉城
　　　　苏晓岚（女）

党史和地方志研究室
主　任：刘劲松
副主任：郑文欣
　　　　许琼蓉（女）

档案馆
馆　长：赖清长
副馆长：陈文利

融媒体中心
副主任：林鸿伟
　　　　王晓玲（女）

德化县人大常委会

主　任：王传敬
副主任：苏惠生
　　　　郑荣尊
　　　　陈东明
　　　　陈德峰

监察和司法委员会
主任委员：郑荣尊
副主任委员：苏华廉

社会建设委员会
主任委员：郑荣尊
副主任委员：苏华廉

办公室
主　任：曾昭亮
副主任：吴楚莹（女）

人事代表工委

主　任：寇文策
副主任：林廉敬

环境与城乡建设工委

主　任：苏兴坚
副主任：杨建春

内务司法工委

主　任：苏华廉

农村经济工委

主　任：林耀雄
副主任：蒋世杰

财政经济工委

主　任：陈建辉

教科文卫工委（华侨民族宗教工委）

主　任：郑以文

德化县人民政府

县　长：黄文捷
常务副县长：李毓文（2020年12月任）
副县长：陈祥端
　　张秋英（女，至2020年10月）
　　苏锡培
　　赖有为（宁夏红寺堡区挂职至2020年12月）
　　蒋文强
　　刘振铭
　　苏达志（至2020年8月）
　　陈荣省
　　林玉萍（女，挂职）
　　苏毅君（2020年8月任）
党组成员：张佳棠
副处级干部：徐文福
　　黄世兴（2020年1月任）

办公室

主　任：甘建安
副主任：陈国跃
　　陈爱玲（女）
　　童双利
　　洪泉泉（挂职）
外事办公室主任：甘建安

政府系统党委

书　记：叶长占
副书记：陈志胜

发展和改革局

局　长：周益国
副局长：刘元春
　　颜全胜
　　陈　炜

发改系统党委

书　记：周成灿
副书记、纪委书记：苏轩凤（女）

工业信息化和商务局

局　长：赖诗坛
副局长：雷雪莲（女）
　　苏玉卿
　　陈能鹏
　　黄顾宗（2020年1月任）

教育局

局　长：黄文和
副局长：郑双智
　　陈海民
　　杨光照

教育系统党委

书　记：赖礼锋
副书记：陈为正

科学技术局

局　长：苏奕坦
副局长：陈明山

公安局

局　长：陈荣省
政　委：李海明
副局长：林亮旺
　　林剑峰
　　薛　伟
　　杨璨琛（挂职，2020年12月任）

公安局党委
书　记：陈荣省
副书记：李海明

民政局
局　长：郑宝林
副局长：张玉树
　　　　张奕宏
　　　　陈玲玲（女）

司法局
局　长：郑声威
副局长：李添发
　　　　江宝珍（女）

财政局
局　长：蒲贻水
副局长：吴荣枢
　　　　林国钰

财税系统党委
书　记：黄永怀
副书记：吴忠培

人力资源和社会保障局
局　长：黄全忠
副局长：岳丽君（女）
　　　　陈秋玉（女）
　　　　许全福
　　　　危丽清（女）

自然资源局
局　长：陈荣斌
副局长：林其逊
　　　　郑友端
　　　　毛寿群
　　　　陈春晓
　　　　赖雅芬（女，挂职）

住房和城乡建设局
局　长：程德强
党组书记：黄金沙
副局长：郑志勇
　　　　吴友体
　　　　林思荣
　　　　陈志雄

交通运输局
局　长：郑文导
副局长：苏玉建
　　　　颜志忠
　　　　苏添钦（挂职，2020年6月任）

农业农村局
局　长：曾华基
副局长：肖玉传
　　　　易昌兴
　　　　徐福前
　　　　蔡成智

农业系统党委
书　记：陈智钦
副书记：陈仁捷

林业局
局　长：连硕卿
副局长：查福恩
　　　　赖景旻

林业系统党委
书　记：郑剑平
副书记：连硕卿
　　　　李金宝

水利局
局　长：张金演
副局长：陈建飞

文化体育和旅游局
局　长：徐永生
副局长：郑建新
　　　　颜杰毅

旅游事业局
局　长：陈添树
副局长：蔡丹萍（女）

卫生健康局
局　长：连　婷（女）

党组副书记：郑全良
副局长：宋荣勋
林思燕
苏仁河
蒋丽萍（女）
张登相

县总医院党委
书　记：连　婷（女）
副书记：许瑜贤

退役军人事务局
局　长：陈大孝
副局长：蒋朝阳
郑国洪

应急管理局
局　长：徐剑峰
副局长：张玉霞（女）
寇正吉
颜鸿业
连俊强（挂职，2020 年 6 月任）

审计局
局　长：戴志辉
党组书记：陈宝星
副局长：甘文渊
林贵扬

市场监督管理局
局　长：王艳琦（女）
党组副书记：陈孝勇
副局长：苏进育
林国英
曾俊华
苏亲毕

市场监督管理局党委
书　记：黄激文
副书记：江丽红（女）

统计局
局　长：陈能慎
副局长：林玉燕（女）

县政府信访局
局　长：陈国跃
副局长：毛录闽
王丽明（女）

城市管理局
局　长：郑德全
副局长：郑耀辉
张诗煊
黄发叶（挂职）

市政管理局
副局长：姚晓辉
郑永峰

城市管理局党委
书　记：赖长城
副书记：黄德萍（女）

陶瓷产业园区管理委员会
主　任：苏开良
副主任：赖雄阳
曾全固

公安局森林分局
局　长：郑文国
教导员：林其辉
副局长：李仁谋

戴云山国家级自然保护区管理局
局　长：涂青云
副局长：李文周
徐建国

城镇集体工业联合社
主　任：彭建稽
副主任：曾滨辉

供销合作社联合社
主　任：王丽红（女）
副主任：江雅华（女）
赵伟斌

教师进修学校
校　长：余德兴
副校长：曾华伟
　　　　王双季

地震办
主　任：黄燕春（女）

国资办
主　任：黄永怀

行政服务中心管委会
主　任：杨庆丰
副主任：郑文欣（挂职）
　　　　林兴钐

效能办
主　任：甘建安
常务副主任：童双利

招商办
主　任：蒋文强
常务副主任：郑全谋
副主任：许丽燕（女）（借用）
　　　　曾华伟

金融办
主　任：赖礼基

县陶瓷发展委员会办公室
主　任：曾宪升
副主任：寇婉琼（女）
　　　　赖诗渊

人民政协德化县委员会

主　席：温文英（女）
副主席：刘志阳
　　　　张晓文
　　　　颜鸿祺

办公室
主　任：陆木庆
副主任：谢绍欣
　　　　叶剑华

专委办
主　任：郭玉旭
副主任：苏永魁

提案与文史办
主　任：林宜兴
副主任：郑金勤

经济科技与人口资源环境办
主　任：许原培
副主任：吴振伟

中共德化县纪律检查委员会

书　记：黄俊荣
副书记：许金标
　　　　许荣生
常　委：蒋声耀
　　　　张秋香（女）
　　　　温庆捷
　　　　周瑞佳

德化县监察委员会

主　任：黄俊荣
副主任：许金标
　　　　许荣生
委　员：蒋声耀
　　　　温庆捷
　　　　危泉美
　　　　赖礼铭

纪委监委办公室
主　任：黄霄鹏

纪委监委组织和宣传部
部　长：郭宏儒

纪委监委党风政风监督室
主　任：林国棣
纪委监委信访室
主　任：陈瑞海

纪委监委案件监督管理室
主　任：林明贵

纪委监委第一纪检监察室
主　任：陈泰山

纪委监委第二纪检监察室
主　任：吴一平

纪委监委第三纪检监察室
主　任：陈腾龙

纪委监委第四纪检监察室
主　任：林天佑

纪委监委第五纪检监察室
主　任：徐财金

纪委监委第六纪检监察室
主　任：陈学慧

纪委监委案件审理室
主　任：刘炳坤

纪委监委纪检监察干部监督室
主　任：王明忠

派驻县直有关单位纪检监察组
驻县委办公室纪检监察组
组长：方明辉
驻县委组织部纪检监察组
组长：郑秀亮（女）
驻县委宣传部纪检监察组
组长：郭禾艳
驻县委统战部纪检监察组
组长：张英森
驻县人大常委会办公室纪检监察组
组长：陈汉雄
驻县人民政府办公室纪检监察组
组长：陈传基
驻县财政局纪检监察组
组长：林中杰
驻县自然资源局纪检监察组
组长：苏德志
驻县农业农村局纪检监察组
组长：王天池
驻县政协办公室纪检监察组
组长：涂瑞挺
驻县人民法院纪检监察组
组长：邓瑞珊
驻县人民检察院纪检监察组
组长：苏志远
驻福建省戴云山自然保护区管理局
纪检监察组组长：苏瑞胜

德化县人民法院

院　长：苏益铮
党组副书记：苏德丰（2020 年 12 月任）
副院长：黄德梅（女）
　　　　林金盛
　　　　郑华峰（2020 年 12 月任）

德化县人民检察院

检 察 长：王声典（至 2020 年 12 月）
党组书记：叶小全（2020 年 12 月任）
副检察长：李文革（至 2020 年 12 月）
　　　　　徐建伟
　　　　　童其倡（2020 年 12 月任）

民主党派与群团组织

九三学社德化县支社
主　委：刘向阳
副主委：王培景
　　　　洪泉泉

德化县总工会

主　席：刘惠煌（至 2020 年 12 月）

　　　　张秋英（女，2020 年 12 月任）

常务副主席：陈章琳

副主席：连素琼（女）

　　　　林能斌

　　　　郑雄文（兼）

共青团德化县委

书　记：许从清

副书记：林檀靓（女）

　　　　陈晓燕（女）

德化县妇女联合会

主　席：郑素霞（女）

副主席：林丽芳（女）

　　　　颜敏属（女）

德化县工商业联合会（德化县总商会）

主席（会长）：苏建堆

常务副主席（常务副会长）：林大利

副主席（副会长）：苏光辉

　　　　　　　　　许丽燕（女）

德化县归国华侨联合会

主　席：周建阳

副主席：郭晓军

德化县科学技术协会

主　席：赖佳忠

副主席：颜夏锌

德化县计划生育协会

会　长：连继续

常务专职副会长：宋荣勋

专职副会长：孙仪仲

德化县文学艺术界联合会

主　席：曾世超

副主席：张志聪

德化县残疾人联合会

主　席：徐华军

副主席：徐玉萍（女）

德化县国际贸易促进委员会（国际商会）

会　长：颜光前

德化县红十字会

专职副会长：李双良

德化县老年大学

名誉校长：梁玉华（女）

　　　　　黄文捷

顾　问：涂健圻

校　长：林华武

常务副校长：许福海

副校长：赖素文（女）

校长助理：黄　怡（女，2020 年 6 月任）

德化县老年教育委员会

名誉主任：梁玉华

顾　　问：涂健圻

主　　任：黄晓东

常务副主任：林华武

副主任：张秋英（女，至 2020 年 12 月）

　　　　苏毅君（2020 年 12 月任）

　　　　出彩云（女）

　　　　黄文和

　　　　郑宝林

德化县关心下一代工作委员会

主　任：郑启梓

副主任：陈其乾

　　　　苏光彰

德化县老区建设促进会

会　长：陈明灿（2020 年 11 月任）

副会长、秘书：郑文贤（2020 年 11 月任）

副会长：陈玲玲（女，2020 年 11 月任）

　　　　陈钢梁（2020 年 11 月任）

德化县新四军研究会
会　长：林昌宝
副会长：赵银贵

县属有关企业

物资公司
经　理：许金昭（挂职）

阳山铁矿有限责任公司
董事长：李志铭
总经理：邹义标（2020年9月任）

阳山铁矿党委
书　记：李志铭（2020年6月任）
副书记、纪委书记：郑秀娟（女）

双旗山矿业有限责任公司
董事长：陈焕颖（2020年10月任）
总经理：陈志民

城建集团
董事长：周玉来
副总经理：胡天海
　　　　　卢俊杰
　　　　　黄晓茹（女，2020年6月任）

城建集团党委
书　记：周玉来
副书记：郑义先（挂职）
专职副书记：吴忠培

文旅集团
董事长：曾华峰
副总经理：赖诗军
　　　　　周增先

文旅集团党委
书　记：曾华峰
副书记：苏珠辉（挂职）
专职副书记：陈进喜（至2020年12月）

驻德单位

泉州工艺美术学院
党委书记：廖伏树
党委副书记、院长：张阿芬（女）
党委副书记、纪委书记：杨秀敏（女，2020年8月任）
副院长：吴志伟
　　　　李联益

泉州市龙门滩水资源调配中心
主　任：苏荣薰
副主任：苏中徽（至2020年8月）
　　　　郑富智（至2020年8月）
　　　　水兴勇（2020年8月任）

龙门滩管理处党委
书　记：颜建东
副书记：王惠力（至2020年8月）
　　　　苏中徽（2020年8月任）

泉州海关安溪办事处德化监督管理科
科　长：陈荣旭

国家税务总局德化税务局
局　长：谢培坤
副局长：朱　翔（至2020年10月）
　　　　徐文益（至2020年7月）
　　　　苏少飞（至2020年7月）
　　　　黄建生（至2020年7月）
　　　　林国涵
　　　　许伟胜
　　　　苏宗毅
纪检组长：吴齐华

国家税务总局德化税务局党委
书　记：谢培坤
副书记：朱　翔（至2020年10月）

气象局
局　长：颜新春（女）
副局长：胡晓兵（至2020年5月）
　　　　刘德和（2020年5月任）

公路分局
局　长：蔡国珊
教导员：郭献积
副局长：伊宏杰
　　　　林鹏飞

瓷研所
所　长：李双展
副所长：林志辉

消防大队
大队长：林福林
指导员：王志文

国家统计局德化调查队
队　长：林远华
纪检员：黄镜宇

葛坑国有林场
场　长：林贤山
副场长：林根旺
　　　　陈元品

泉州住房公积金德化管理中心
主　任：郑素兰（女）

九仙山气象站
站　长：陈为德
副站长：苏文元

水文局
局　长：陈志恒

德化邮政分公司
总经理：赖宏文（2020 年 9 月任）
副总经理：郭燕卿（女）
　　　　　吴志约（2020 年 8 月任）

彭村水库管理处
主　任：陈建福（2020 年 8 月任）
副主任：林添德
　　　　陈一雄

泉州市医疗保障局德化分局
局　长：林耀心
副局长：赖秋凤（女）

生态环境局
局　长：方文才
副局长：李艳誉
　　　　林志鹏

中国人民银行德化支行
行　长：李典棋（2020 年 4 月任）
副行长：苏胜利

泉州银保监分局德化监管组
主　任：陈行泉
副主任：陈丙林（女）

中国工商银行德化支行
行　长：王宇强
副行长：梁海生
　　　　林成传
　　　　林　萍（女）

中国建设银行德化支行
行　长：万云峰
副行长：陈建礼
　　　　庄东昇

中国农业银行德化支行
行　长：丁　一
副行长：郑国灿
　　　　谢剑平
　　　　林金福（2020 年 6 月任）
　　　　潘　军（2020 年 6 月任）

中国银行德化支行
行　长：林湘扬
副行长：傅栋梁

农村信用联社
理事长：林丽茹（女）
主　任：林荣答

监事长：陈建朴
副主任：苏丽琴（女）
蒋声坎

泉州银行德化支行
行　长：陈仁肇
副行长：陈雅宏（女）

农业发展银行
行　长：林温镇
副行长：洪毅聪

泉州农商银行德化县支行
行　长：陈昆明（2020年8月任）

民生银行
行　长：林镇将

成功村镇银行
董事长：洪建全（2020年10月任）
行　长：黄昌旭（2020年12月任）

邮政储蓄银行德化支行
行　长：谢金山（2020年6月任）
副行长：赖贤福
庄　嘉
苏珠勉（女，2020年11月任）

中国人寿保险股份有限公司德化县分公司
经　理：柯雪咏（女，2020年3月任）

中国人民财产保险股份有限公司德化支公司
经　理：李国嵩
副经理：叶伟霞（女）

中国人寿财产保险股份有限公司
经　理：吕云琼（女）

平安银行德化支行
行　长：童文琳

电信公司
总经理：施新德
副总经理：王天锡
陈笔然

移动通信公司
总经理：许胜峰
副总经理：姚布升

联通公司
总经理：黄智杰
副总经理：刘旭东
李思典

福建广电网络集团股份有限公司德化分公司
总经理：苏建生
副总经理：许秀霞（女）
林建阳

铁塔公司
总经理：张　雄（2020年9月任）
副经理：苏明长

国网德化县供电公司
总经理：林文武
副总经理：颜柳达
黄金铭
章煌辉
谢思发

国网德化县供电公司党委
书　记：颜柳达
副书记：林文武
纪委书记：郭文珍（2020年1月任）

福建省泉运实业集团有限公司德化分公司
经　理：王传晖（2020年10月任）

烟草公司
局长（经理）：李贵星
副局长：林文利
副经理：郑德群

新华发行（集团）有限责任公司
副经理：许文剧（2020 年 9 月起主持工作）
　　　　李建武

乡　镇

龙浔镇
党委书记（副处级）：林金雪（女）
党委副书记、镇长（副处级）：郭小强
人大主席：曾华艺
党委副书记：曾逸升
　　　　　　张光辉
企业党委副书记：林明将
纪委书记、监察组长：许剑强
组织委员：周盛全
宣传委员：陈能瀛
政法委员：曾逸升（2020 年 3 月任）
党委秘书：赖传双
统战委员：杨巧凤（女）
人大专职副主席：陈孝杜
副镇长：危文元
　　　　潘文剑
　　　　郑　欣（女）

浔中镇
党委书记（副处级）：黄世兴（至 2020 年 10 月）
　　　　　　　　　　黄振宇（2020 年 10 月任）
党委副书记、镇长（副处级）：
　　　　黄振宇（至 2020 年 10 月）
　　　　徐永生（2020 年 10 月任副书记，12 月任镇长）
人大主席：赖育朕
党委副书记：林玉萍（女，挂职）
　　　　　　赖发进
企业党委副书记：裴承祖
纪委书记、监察组长：周金燧
组织委员：罗良全
宣传委员：郑梅英（女）
政法委员：赖发进（2020 年 3 月任）
党委秘书：苏清景
统战委员：方萍萍（女）
人大专职副主席：陈孝模
副镇长：陈立峰
　　　　苏沂尧
　　　　郭庆宏
　　　　金　帝（挂职）
科技副镇长：余生锻

盖德镇
党委书记：王传换
党委副书记、镇长：林传景
人大主席：李光华
党委副书记：陈国安
　　　　　　林朝阳
　　　　　　郑旺兴（挂职，2020 年 1 月任）
纪委书记、监察组长：钟志华
组织委员：赖礼权
宣传委员：徐成武
政法委员：陈国安（2020 年 3 月任）
党委秘书、统战委员：林瑾瑜（女）
副镇长：郑金端
　　　　梁儒波
科技副镇长：杨叶芹（2020 年 12 月任）

三班镇
党委书记：陈正忠
党委副书记、镇长：张文都
人大主席：陈金玺
党委副书记：张璋印
　　　　　　林华实
　　　　　　黄秋舫（女，挂职，2020 年 1 月任）
纪委书记、监察组长：赖淑丽（女）
组织委员：陈艺斌
宣传委员：王丽琼（女）
政法委员：张璋印（2020 年 3 月任）
党委秘书、统战委员：许宝明
副镇长：罗贵贤
　　　　陈文彬
　　　　洪泉泉
科技副镇长：吴圣良

龙门滩镇
党委书记：方华宇
党委副书记、镇长：徐文昌

人大主席：赖宝彬（女）
党委副书记：王文发
　　苏宜发
纪委书记、监察组长：吴耐高
组织委员：连训明
宣传委员：郑声超
政法委员：苏宜发（2020 年 3 月任）
党委秘书、统战委员：王往杰
副镇长：彭珍珠（女）
　　查福祥
科技副镇长：陈能玺

雷峰镇

党委书记：林亮国
党委副书记、镇长：徐明晓
人大主席：吴勇民
党委副书记：郭仙仙（女）
　　郑泓圻
纪委书记、监察组长：郭昌棠
组织委员：陈能璧
宣传委员：陈胜发
政法委员：郑泓圻（2020 年 3 月任）
党委秘书、统战委员：张桂冬（女）
副镇长：陈允泰
　　赖兵莲（女，挂职）
　　连文溉（2020 年 1 月任）
科技副镇长：郑静瑜（女，2020 年 1 月任）

南埕镇

党委书记：李波宁
党委副书记、镇长：林忠营
人大主席：陈祖承
党委副书记：苏添钦
纪委书记、监察组长：郑秀春（女）
组织委员：赖思斯（女）
宣传委员：陈志明
政法委员：苏添钦（2020 年 3 月任）
秘书、统战委员：郑富源
副镇长：陈友福
科技副镇长：徐红梅（女，2020 年 1 月任）

水口镇

党委书记：林思毅
党委副书记、镇长：陈国金
人大主席：吴福联
党委副书记：林玉泉
　　黄兴源
纪委书记、监察组长：曾宪鹏
组织委员：徐巧珍（女）
宣传委员：曾良贤
政法委员：黄兴源（2020 年 3 月任）
党委秘书、统战委员：江双湖
副镇长：陈建平

国宝乡

党委书记：苏宏斌
党委副书记、乡长：苏文忠
人大主席：罗新章
党委副书记：陈文渊
　　徐凤伟
纪委书记、监察组长：陈志华（女）
组织委员：李文新
宣传委员：郑剑华
政法委员：徐凤伟（2020 年 3 月任）
党委秘书、统战委员：张其国
副乡长：林思锐
　　陈江艺
科技副乡长：苏双魁

赤水镇

党委书记：陈敏坤
党委副书记、镇长：涂瑞萍（女）
人大主席：赖礼基
党委副书记：蒋恭团
　　曾碧婷（女）
　　曾清燕（女，挂职，2020 年 1 月任）
纪委书记、监察组长：吴衍鸿
组织委员：林一岚（女）
政法委员：曾碧婷（女，2020 年 3 月任）
党委秘书、统战委员：徐星火
副镇长：郑世保
　　陈燕惠（女）

美湖镇

党委书记：陈子苹

党委副书记、镇长：郭启建（2020 年 1 月任镇长）

人大主席：林星波（2020 年 1 月任）

党委副书记：张利堤

　　　　　　郑新接

纪委书记、监察组长：周庆国

组织委员：李学谦

宣传委员：张章尧

政法委员：张利堤（2020 年 3 月任）

副镇长：江宏墩

大铭乡

党委书记：杨德源

党委副书记、乡长：林让苗

人大主席：徐良春

党委副书记：张炳滋

　　　　　　赖礼贯

纪委书记、监察组长：林长钜

组织委员：苏万森

宣传委员：陈仁杰

政法委员：赖礼贯（2020 年 3 月任）

党委秘书、统战委员：陈清峰

副乡长：陈仁杰

　　　　林长杰

春美乡

党委书记：林国旺

党委副书记、乡长：林埔填

人大主席：陈为富

党委副书记：许章槐

纪委书记、监察组长：郑晓铃

组织委员：曾晓玲（女，2020 年 10 月任）

宣传委员：邱宏伟

政法委员：许章槐（2020 年 3 月任）

党委秘书、统战委员：苏巧利（女）

副乡长：苏巧利（女，2020 年 1 月任）

上涌镇

党委书记：林其粮

党委副书记、镇长：林文滨（2020 年 1 月任镇长）

人大主席：林建兴

党委副书记：林德东

　　　　　　林志威

纪委书记、监察组长：徐仁茂

组织委员：宋鲁芳（女，2020 年 10 月任）

宣传委员：许幼明（女）

政法委员：林志威（2020 年 3 月任）

党委秘书、统战委员：林加乐

副镇长：林秀芳（女）

　　　　陈明全

汤头乡

党委书记：陈文锋

党委副书记、乡长：刘玉珊

人大主席：罗家渊（2020 年 1 月任）

党委副书记：彭金键

　　　　　　林修文

纪委书记、监察组长：涂春雷

宣传委员：李小霞（女）

政法委员：林修文（2020 年 3 月任）

党委秘书、统战委员：陈子杰

副乡长：陈子杰

　　　　连全政（2020 年 1 月任）

葛坑镇

党委书记：蒋声彬

党委副书记、镇长：周崇楚

人大主席：赖呈游

党委副书记：林承锻

　　　　　　苏朝进

纪委书记、监察组长：陈志春

组织委员：叶义旭

宣传委员：连俊强

政法委员：苏朝进（2020 年 3 月任）

党委秘书、统战委员：林秋云（女）

副镇长：林振发

　　　　赖雅芬（女，2020 年 1 月任）

桂阳乡

党委书记：涂世泽

党委副书记、乡长：蔡伟明

人大主席：李仁浩（2020 年 1 月任）

党委副书记：陈永生
涂双金
纪委书记、监察组长：赖发熙
宣传委员：刘玉对
政法委员：涂双金（2020 年 3 月任）
党委秘书、统战委员：
苏杰君（女，2020 年 10 月任）
副乡长：黄发叶（2020 年 1 月任）
刘玉对（2020 年 1 月任）

杨梅乡

党委副书记、乡长：柯进福（2020 年 1 月任）
人大主席：徐文曙
党委副书记：庄克强
纪委书记、监察组长：颜宏亮
组织委员：江振顺
宣传委员：郑金花（女，2020 年 10 月任）
政法委员：庄克强（2020 年 3 月任）
党委秘书、统战委员：方建辉
副乡长：蒋双增

注：本名录收录各乡镇、县直各单位、各系统党委 2020 年在职副科级及以上主要领导班子成员，县直各系统党委领导名单放置口办单位之后。

2020 年德化县委、县政府为民办实事项目落实情况汇总

表 20

序号	项目	工作内容及安排	责任单位	完成情况	备注
一、关爱特殊、困难群众方面（7 项）					
1	为低保和建档立卡贫困重度肢体残疾人发放居家养护补助	为具有本县户籍，持有第二代中华人民共和国残疾人证，未享受当年省级居家养护项目，建档立卡贫困重度肢体残疾人（含国定、省定、市定标准）和 2020 年 5 月 31 日前纳入低保的重度残疾人（约 400 人）提供养护补贴每人每年 1000 元。1 月份开始组织实施；7 月 31 日前完成	残联	6 月底向 369 人发放居家养护补助 36.75 万元（其中 366 人每人发放 1000 元，另外 3 人在申报至审批期间死亡，依照市残联通知要求，每人发放 500 元）	已完成
2	为“一户多残”家庭残疾人发放生活补贴	为具有德化县户籍，一本户口簿内家庭成员有 2 人（含 2 人）以上持有第二代中华人民共和国残疾人证，且共同生活、具有法定的赡（抚、扶）养关系家庭中的残疾人（约 1250 人）提供生活补贴（重度残疾人每人每年 1200 元，轻度残疾人每人每年 600 元）。1 月份开始实施，按季度做好申请对象的核增、核减及资金发放工作	残联	完成全县 600 户 1144 人审核及 110 万元资金核拨发放	已完成
3	实施农村低保（含特困人员）安居工程	2020 年计划帮助 15 户农村低保户、特困人员建设安居房。1—3 月，对居住在危房的低保家庭进行核实、筛选，确定受助对象；4—6 月，办理好土地及基建等手续，做好方案设计等各项准备工作；6 月，全面动工；12 月底，建设完成，并组织检查验收；春节前，迁入新居	民政局 有关乡镇政府	10 户完成建设，5 户进入装修，春节前可全部搬入新居	春节前完成

续表

序号	项目	工作内容及安排	责任单位	完成情况	备注
4	持续开展社会救助工作	持续开展社会救助工作，对突遇各类困难的“急难”对象进行救助、帮扶。1—3月，筹集救助资金并下拨到乡镇；1—6月，做好第一批“一事一议”大额救助；7—12月，做好第二批“一事一议”大额救助及生活不能自理的特困人员、低保对象、建档立卡贫困户入住养老机构救助工作	民政局 有关乡镇政府	2020年1-11月，共救助988人次，发放临时救助金381.93万元（含对100人防返贫控新贫“一事一议”大额临时救助131.52万元，对100人生活不能自理的特困人员、低保对象、建档立卡贫困户入住养老机构发放临时救助金44.11万元）	已完成
5	持续开展“计生特殊家庭”关爱行动	采取一系列帮扶关爱措施，全方位、多渠道、精细化帮助计生特殊家庭解决生活、生产、生育、医疗等实际问题。其中，对新发生的独生子女死亡家庭，每户给予一次性抚慰金5000—10000元；对新发生的独生子女伤残家庭，每户给予一次性抚慰金5000元。女方年满49周岁的失独家庭成员、独生子女伤残家庭的父母，纳入计生特别扶助对象，每人每月补助1400元的特别扶助金；为所有失独家庭办理住院医疗补充保险每人每年保费320元，住院护理补助保险每人每年保费100元；对采用人工辅助生育的失独家庭，给予一次性不低于1500元的补助金，对采用试管婴儿辅助生育的失独家庭，成功的每例给予一次性不低于2万元的补助	计生协会	对2020年新增的17户计生特殊家庭上门慰问，其中7户失独家庭给予每户1万元抚慰金，10户独生子女伤残家庭给予每户5000元抚慰金；对女方年满49周岁的失独家庭成员、独生子女伤残家庭的父母，纳入计生特别扶助对象51人，每人每月补助1400元的特别扶助金，共补助85.68万元；为全县32户计生失独家庭免费购买城乡居民医疗保险、住院津贴保险、住院医疗补充保险和意外伤害保险；11月7日，组织全县31户计生特殊家庭进行健康体检。持续开展“计生特殊家庭”关爱行动为抓手，建立“失独家庭心理慰藉援助中心”帮扶平台，为失独家庭在生活照料、心理疏导、精神慰藉、养老关怀、再生育服务等方面提供服务	已完成
6	实施“关爱女孩”五项工程	2020年继续实施“关爱女孩”五项工程（安居、成才、致富、保障、亲情），帮助贫困计生女孩家庭解决住房、就学、生产、生活、就医等方面遇到的困难，帮扶5918人次。1—3月调查摸底确定对象；4—9月完成全年计划数的75%以上；10—12月全面完成	卫健局	共投入402.06万元。其中“安居工程”23户，落实帮扶资金46万元；“致富工程”105户，落实帮扶资金27.63万元；“成才工程”302人次，落实帮扶资金42.80万元；“亲情工程”733人次，落实帮扶资金36.65万元；“保障工程”9959人次，落实帮扶资金248.98万元	已完成
7	开展巡回诊疗和提供健康服务	各乡镇卫生院组建医疗团队，按片定地点、定时间、定团队到各自然村落开展巡回医疗，为留守群众提供门诊治疗、家庭病床、健康咨询、康复指导等基本医疗服务。在龙浔和浔中两镇社区卫生服务中心组建孕产妇和儿童健康管理服务团队，为全县孕产妇、儿童提供一体化、均等化、常态化的健康管理服务	卫健局	以医共体为主体，在各乡镇组建“爱心巡回医疗”服务团队，至11月，为留守群众诊疗10000多人次；为糖尿病、高血压等慢性病患者入户体检5500余人、送药7000多人次。至11月，两镇社区卫生服务中心两个服务团队共为孕产妇服务2.5万余人次，为0–6岁儿童服务1.2万余人次	已完成
		二、关爱老、妇、幼方面（4项）			
8	新建19个农村居家养老服务站（农村幸福院）	在全县范围内选取条件较好的村，建设19个农村居家养老服务中心（站）。整合现有的老年活动中心、托老所、老年灶、日间照料室等公共服务设施和场所，为农村老年人提供生活照料、家政服务、短期托养、文化娱乐等服务，重点为留守老年人、空巢老年人及其他老年人提供服务；实现农村老年人老有所养、老有所乐的目标。3月底前确定项目；4—11月组织项目实施；12月检查验收	民政局 有关乡镇政府	新建水口镇村场村等23个农村居家养老服务站（农村幸福院），共下拨省市县补助资金371万元，全部项目均已完工并验收	已完成

续表

序号	项目	工作内容及安排	责任单位	完成情况	备注
9	实施呵护母婴健康工程	2020年为1500名农村适龄妇女（35—64岁）免费提供宫颈癌、乳腺癌检查。2020年为500名孕妇免费提供产前筛查诊断。以上项目2月底前下发方案；4—9月启动实施并完成80%以上工作量；12月底前完成	卫健局 妇幼所	2020年为1500名农村适龄妇女（35—64岁）免费提供宫颈癌、乳腺癌检查；2020年为500名孕妇免费提供产前筛查诊断	已完成
10	创建“儿童之家”	创建市级“儿童之家”1—2个、县级“儿童之家”3—5个。1—3月，择优筛选；4—12月，完善“儿童之家”服务软硬件设施，通过举办讲座、亲子活动、四点钟学校等方式，服务所在地的儿童；12月，材料归档，检查验收	妇联	在龙浔镇龙井社区、浔中镇凤凰社区创建市级儿童之家，在龙浔镇浔东社区、浔南社区、浔中镇富东社区、鹏祥社区创建县级儿童之家，完善室内外活动场所2000多平方米，开展四点钟学校、贫困儿童慰问、科普、我们的节日、家庭教育大讲坛等亲子活动52场次，服务儿童近5000人次	已完成
11	职工子女暑托班	7—8月，举办5—6周的职工子女暑托班，开5个班，每班35人（对象为小学2—5年级学生），切实帮助职工解决暑假孩子“看护难”问题，以基本看管服务为主，并提供学习辅导或兴趣教学	总工会	暑托班于8月3日开学，8月28日圆满结束。委托德化艾伦教育2个班、筑梦教育2个班、彩虹桥教育1个班，共开办5个班	已完成
三、公共安全方面（7项）					
12	农村公路提级改造和隐患整治	①桂阳乡至联三线（上涌村）公路，建设里程13.195千米，按公路二级标准设计，双向两车道，路基宽8.5米，年底完工。②三锦线道路拓宽工程，建设里程约6.5千米，水泥路面拓宽至6.5米，改造桥梁2座，年底完工。③县道312湖坂至石牛山段完善安保工程，实施钢筋混凝土防护墙0.7千米，年底完工。④10座简易桥梁栏杆改造为钢筋混凝土防护栏	交通局 桂阳乡政府 上涌镇政府 三班镇政府	①桂阳乡至联三线（上涌村）公路已完工。②三锦线道路拓宽工程已完工。③县道312湖坂至石牛山段安保工程已完工。④10座简易桥梁栏杆改造工程已完工	①④已完成，②③待验收
13	地震应急避难场所建设	建设3个Ⅲ类地震应急避难场所，年底完成。	应急局	完成并通过市级验收	已完成
14	汛期低洼地带隐患排查整治专项行动	结合防洪治理工程建设，对排查出来的5处低洼地带（龙浔镇、桂阳乡、汤头乡、水口镇、春美乡各1处）进行专项整治，年底前彻底消除低洼隐患	水利局 龙浔镇政府 桂阳乡政府 汤头乡政府 水口镇政府 春美乡政府	对各乡镇排查出来的5处临河临库低洼地带进行专项整治并全部消除低洼隐患：龙浔镇丁溪村16组低洼地带整治项目已完成丁溪段防洪堤建设1.25千米；桂阳乡梓溪村溪园角落低洼地带整治项目总投资80万元，完成河道清淤及250米防洪工程挡墙砌筑；汤头乡岭脚村洋满前154号低洼地带整治项目总投资23万元，完成280米护岸加高，疏浚河道3000米；水口镇毛厝村溪兜角落低洼地带整治项目总投资27万元，完成220米护岸建设，回填土石方5000立方米；春美乡尤床村梧村角落低洼地带整治项目总投资52万元，完成1000米护岸建设	已完成
15	城市安全系统8期建设	建设225路智能感知设备（含高清视频监控、治安卡口、人像卡口、RFID和智能门禁等各类信息感知单元）	公安局	完成全部智能感知设备布点、安装、调试工作，并于12月11日通过市公安局组织的节点验收	已完成

续表

序号	项目	工作内容及安排	责任单位	完成情况	备注
16	红绿灯电子警察升级改造增设单点测速建设	升级自动抓拍系统（税务局前、云龙桥、瓷国明珠酒店前、宝美开发区、土厝格）；高速出口连接线、南三环路鹏翔开发区路口至宝美开发区路段、浔中镇北三环唐寨山公园隧道往土坂长下坡路段，增设单点测速卡口3个。7月31日前完成	公安局	完成升级自动抓拍系统（税务局前、云龙桥、瓷国明珠酒店前、宝美开发区、土厝格）；已完成增设高速出口连接线、南三环路鹏翔开发区路口至宝美开发区路段、浔中镇北三环唐寨山公园隧道往土坂长下坡路段单点测速卡口	已完成
17	基层食品安全快速检测室建设	围绕保障百姓舌尖上的安全，以“一所一快检室”为目标，在全县基层市场监管所建设食品安全快检室，配备快检工作人员，构建食品安全初级“过滤网”，在日常监管、专项整治、活动保障、群众送检等方面，充分发挥快检室作用，营造食品安全监管在身边的社会氛围。4月底前出台建设方案，10月底前完成建设，11月底前投入使用	市场监管局	按时完成5个快检室建设并投入使用	已完成
18	重点区域重点品种食品安全风险评价监测和监督抽检	针对关系民生的重点食品药品开展监督抽检和风险检测，其中食品700批次、药品100批次，提升食品药品安全保障水平。通过公开招投标等方式，遴选具备相应资质的第三方检测机构承担。3月底出台相关方案，5月底前完成检测机构遴选，6月起开展抽检监测	市场监管局	完成食品监督抽检和风险监测900批次，药品类监督抽检和风险监测106批次，超额完成任务	已完成
四、文化教育方面（4项）					
19	改造提升2个村（社区）综合性文化服务中心示范点	改造提升2个村综合文化服务中心示范点，配齐盖德镇大乾村和赤水镇岭边村综合文化服务中心的“一栏一场一点五室”，建设室内建筑面积达200平方米以上，室外群众文体活动广场达600平方米以上。3月开始实施，12月底全部建设完成并投入使用	文旅局	完成盖德镇大乾村和赤水镇岭边村两个综合文化服务中心的改造提升并投入使用	已完成
20	建设1个人民群众满意的体育场地设施	在赤水镇西洋村，建设1个门球场，场地混凝土硬化铺设(24米×19米），人造草地，四周安装铁丝网和灯光系统，另配室外健身路径器材。3月开始实施，10月建设完成并投入使用	文旅局	于9月建成并投入使用	已完成
21	推进全县国保、省保单位的电气线路套管敷设及智慧安全用电系统建设	计划完成套管敷设及智慧用电5处（国保1处、省保4处）。1月份开始实施，12月底前完成	文旅局	完成1外国保单位（屈斗宫）和4处省保单位（九仙山弥勒洞、山后连氏祠堂、厚德堡、大兴堡）的套管敷设及智慧用电安装	已完成

续表

序号	项目	工作内容及安排	责任单位	完成情况	备注
22	城区学校扩容提质工程	抓好世科幼儿园、丁墘幼儿园、鹏祥小学、盖德中心小学、盖德初级中学、六中扩建等中小学幼儿园的建设，计划新增学位约5000个，规划建设面积约89554平方米。计划年底完成工程建设	教育局	世科幼儿园、丁墘幼儿园已竣工并投入使用；六中扩建、盖德初级中学、盖德中心小学已完成主体建设和装修，部分室外设施在扫尾	6所学校均待验收
五、农业农村方面（10项）					
23	“一清二整三美化”整治村创建活动	巩固提升2019年示范点，继续精心培育农旅路线，整村推进、巩固提升、创建沿线整治村。年底确保全县有一半以上的村（社区）参与“一清二整三美化”整治村创建	农业农村局	全县214个村、社区分为社区环境整治、巩固提升村、沿线重点村、长效清洁村4个类型进行创建，县财政补助资金1500万元，采取以奖代补形式进行补助	已完成
24	特色示范村和传统乡村建设	①有济村提升乡村振兴省级示范村，围绕“仙活有济，乐道传家”为主题，建设有济小河景观水泄工程10处、主题文化祖厝2座，提升改造全村路灯，发展百香果、荷花莲子特色产业和南坑内种植业及旅游休闲观光产业。②佛岭村创建泉州市特色乡村，实施古民居建筑修缮工程、民居走廊提升工程、宗祠民俗文化展示馆、农耕文化观光园、特色农产品展销馆、景观大道提升工程，打造具有明确产业定位、文化内涵、兼具旅游和社区功能的闽中特色传统村落。③龙塔村少数民族特色村寨建设，主要建设溪滨文化景观长廊、畲风广场、滨溪广场，硬化道路500米，立面改造畲族民房5000平方米	农业农村局 住建局 民宗局 ①盖德镇政府 ②国宝乡政府 ③葛坑镇政府	①建设有济小河景观水泄工程10处、主题文化祖厝2座，提升改造全村路灯及灯箱，发展100亩百香果、150亩荷花莲子特色产业，在南坑内筹建芳芳休闲家庭农场，发展草莓、西瓜、玉米、百香果等特色蔬菜水果种植，发展旅游休闲农业，列入全国乡村治理示范村。②佛岭村创建特色乡村完成年度投资960万元，完成集镇供水设施入户管道2400米，建成水厂并安装净水设备，完成龙魁堂、龙乾堂、龙蟠堂、福魁堂、和平堂、福美堂定线落图、测绘建档，完成龙魁堂历史建筑修缮及周边环境整治，实施民居走廊提升改善工程，“谷外云居”民宿配套设施建设完成并试营业。③龙塔村列入2020年“一清二整三美化”沿线重点村整治，建成畲族文化展示馆、畲风广场、滨溪文化景观长廊（包括墙体彩绘，畲族纹样彩绘等）；完成硬化道路500米	已完成
25	开展“百社百村带千户”创建活动	扶持10家市级以上合作社（联合社）示范社，采取实行“保底收益+按股分红”的分配方式，发展壮大集体经济并提高农民收入。7月30日前，筛选推荐名单上报市农业农村局；8月10日前，完成项目审核、遴选、下达资金、报备实施并组织实施；12月底完工并验收	农业农村局	实施“百社百村带千户”创建项目15家，补助资金300万元。现已将补助资金下拨至各相关乡镇，相关乡镇经验收后已将补助资金拨付到位	已完成
26	“菜篮子”工程	优化提升德化县英山珍贵淮山农民合作社、德化县戴云黑鸡养殖有限公司和泉州雄益养殖有限公司共3个省级副食品调控基地，努力提高基地产品市场供给能力。1—5月申报项目，6—8月完成项目建设，9—12月进行验收	工信商务局	德化县戴云黑鸡养殖有限公司、英山珍贵淮山农民合作社、泉州雄益养殖有限公司等3个省级无公害“菜篮子”基地得到巩固优化提升，基地基础设施持续完善，产品市场投放能力逐步增强。今年来，累计向上争取项目补助资金36.03万元	已完成

续表

序号	项目	工作内容及安排	责任单位	完成情况	备注
27	提升保障农业生产服务水平	①高标准农田建设。建设雷峰、南埕、水口、三班、上涌、桂阳、龙门滩、盖德、美湖、大铭、赤水等11个乡镇高标准农田1.7万亩，提升粮食生产水平，确保粮食安全。②建设市级示范庄稼医院。选址建设庄稼医院门店，配置测土配方仪等设备，配备庄稼医生，组织到田间地头会诊指导用肥用药，开展测土配方。③农业生产资料公司储备仓库项目。建设用地面积2911.01平方米，总建筑面积9167.99平方米，拟建地下一层，地上9层。年底竣工。④申报省、市农业科技特派员20名以上，凝练生成一批科技项目，补助5个以上农业科技项目；开展农业电商科技特派员10人，解决农业企业网上销售问题	①农业农村局 ④科技局	①完成田间道路建设20.2千米，水渠建成16.9千米，蓄水池9座，拦水坝9座，建成高标准农田1.5万亩，完成投资1500万元。②农资公司龙浔庄稼医院已完成改造提升，通过市社验收，获评“市级示范庄稼医院”，开展农资经营、农业知识推广、病虫害诊断、测土配方等多种便农服务。③农资储备仓库大楼已完成主体工程建设、内外墙装饰和水电安装，安全防护设施和消防设施全部安装到位。④新增省级个人科技特派员26名、团队科技特派员7个、法人科技特派员1个，市级个人科技特派员37个、团队科技特派员5个、科技特派员服务站2个；由科技特派员参与申报省级、市级星创天地各1个，获得省、市科技特派员补助经费67万元，实施市级科技特派员后补助项目5个经费50万元；县级科技特派员后补助项目19个经费132万元；创新科技特派员模式，共帮助企业建立天猫旗舰店2个、提升淘宝店6个、推广小程序9个，建立全县季节性农产品综合销售平台1个；创建科技特派员共享直播中心，组织电商科技特派员自办微信小程序“只扶墙”助农直播平台；吸引35家农业企业入驻直播平台，今年开展带货直播32期	①②④已完成，③农资储备仓库大楼启动验收
28	农村安全饮水工程	实施上涌、三班、龙门滩、赤水等4个镇饮水安全巩固提升工程，受益人口3.74万人。计划12月底完成建设任务	水利局 上涌镇政府 三班镇政府 龙门滩镇政府 赤水镇政府	全部完成并通过验收	已完成
29	水土流失综合治理工程	持续推进坡耕地、省级重点县、重点乡镇水土流失治理项目建设，计划综合治理水土流失面积1.2万亩。第一季度完成实施方案编制；第二季度完成预算招标等前期工作；第三季度完成主体工程的50%，第四季度完成主体工程的100%	水利局 有关乡镇政府	完成水土流失综合治理3.28万亩，完成总投资2117万元，重点抓好坡耕地水土流失综合治理试点工程和重点县水土流失治理等中央、省、市水土流失治理项目，建设蓄水池20口、截排水沟8.49千米、机耕道路11.2千米、生态护岸1.6千米	待验收
30	流域环境整治和污染防治项目	南埕重点流域水污染防治建设项目，新建污水配套管网工程3千米，进行河道清淤17.75万立方米，建设生态护坡9千米	南埕镇政府	完成，整理内业资料，进行完工验收准备工作	待验收
31	安全生态水系建设	①涌溪桂阳段10千米，建设生态隔离带，河道清淤岸坡整治，绿化美化，生态护岸。②浐溪（水口段）11.6千米，完成生态护岸700米，修建巡查步道1200米，完成蓝线界桩。③浐溪（赤水段）11.3千米，完成生态护岸500米，建设生态缓冲带9802.1平方米，完成蓝线界桩。④春美乡双瀚溪8.5千米，新建挡墙护岸4000米，修建步道1327.3米，完成生态景观工程，完成蓝线界桩。⑤雷峰镇蕉溪12.45千米，完成生态护岸2000米，生态景观工程和生态修复	水利局 桂阳乡政府 水口镇政府 赤水镇政府 春美乡政府 雷峰镇政府	①涌溪桂阳段项目于12月8日通过市水利局完工验收复核；②浐溪（水口段）项目于7月2日通过水利局完工验收复核；③浐溪（赤水段）项目于12月9日通过市水利局完工验收复核；④春美乡双瀚溪项目于11月13日通过市水利局完工验收复核；⑤雷峰镇蕉溪项目于11月27日通过市水利局完工验收复核	已完成

续表

序号	项目	工作内容及安排	责任单位	完成情况	备注
六、城市建设与管理方面（6 项）					
33	垃圾分类试点	至年底，①健全完善生活垃圾分类投放体系，实现浔中镇生活垃圾分类全覆盖；②健全完善生活垃圾分类收集转运体系，建成 1 个有害垃圾暂存点，完成生活垃圾分类运输车辆配置	城管局 浔中镇政府	城区两镇和公共机构基本完成标准分类垃圾桶和分类运输车辆的更新配置，合计更新分类垃圾桶 5000 多个，配置分类运输车 22 辆，浔中镇生活垃圾分类实现全覆盖；累计制作 35 幅固定宣传投放指南、垃圾分类宣传栏，200 多幅固定宣传牌，开展垃圾分类宣传活动 8 场次，印制分发宣传材料 56000 多份	已完成
34	污水处理厂配套管网工程	新建、改造城区污水管网 25 千米。第一季度完成招投标等前期工作及污水管网 3 千米；第二季度完成污水管网 5 千米；第三季度完成污水管网 7 千米；第四季度完成污水管网 10 千米	城管局	完成新建改造污水管网 34.2 千米	已完成
35	提升城市自来水供水系统	继续实施蒲坂水厂及配水管网工程，净水厂按远期规模 15 万吨 / 日设计，分两期建设，近期为 7.5 万吨 / 日。完成城东高位水池站工程及城东隧洞口至城东高位水池管道工程	城管局 自来水公司	蒲坂水厂一期工程完工并投入试运行；城东隧洞口至城东高位水池管道工程和城东高位水池站工程已完工	已完成
36	大中型小区单电源改造工程	为解决部分大中型小区单电源供电问题，2020 年计划对全县 10 个大中型小区进行改造，新增一路供电线路或应急接口，将单电源供电方式改造为双电源供电，着力保障居民可靠用电需求。第一季度计划完成年度任务的 35%；第二季度完成年度任务的 60%；第三季度完成年度任务的 80% 以上，12 月底前全面完成	供电公司	全部完成，并储备 2021 年项目	已完成
37	城区公共厕所建设	在城区新建公厕 2 座，改造公厕 5 座	城管局	新建乐兴小区、艺都 2 座公厕；城南嘉园、环卫处、人行后、德新街、世科 5 座公厕改造任务已全部完成	已完成
38	完善公共交通服务系统	新购置纯电动公交车 35 辆，补充现有线路运力，增加车次密度，减少乘客换乘时间，进一步方便群众绿色出行	交通局 闽兴公交公司	新采购新能源电动车 35 部，投入 15 部，还有 20 部即将投入运营	已完成

2020 年德化县民生“XIN”行动拓展项目进展情况汇总

表 21

序号	项目	牵头单位	完成情况	备注
一、规定项目（4 项）				
1	巩固延伸“解难题、化积案”工作成果	改革办	贯彻落实市委化解民生热难点问题“五期”做法，督促市化积案项目涉及德化部分的牵头单位按时向市相关牵头单位报送进展情况，德化牵头的 2 个项目按时完成整改	已完成

续表

序号	项目	牵头单位	完成情况	备注
2	开展物业管理示范住宅小区达标创建活动	住建局	①加强行业监管，规范物业企业履约行为，结合本次创建文明县城行动，对48个物业小区履约情况及创城工作进行检查，发出整改通知书42份，均及时整改落实到位。②提高住宅小区物业管理覆盖率，截至年底，全县有物业管理住宅小区48个，住宅小区物业管理覆盖率87.27%。③完善物业管理矛盾纠纷调处机制，在德化县矛盾纠纷多元化解中心设立物业纠纷调解分中心；要求条件允许的小区成立小区物业纠纷人民调解委员会，现已批准成立22个。④督促指导物业公司评先创优，目前碧桂园•御府、陶源新居两个项目已申报参与创建市级物业管理优秀示范项目。⑤推进小区智能化安防小区建设，目前5个小区已建设智能人脸识别系统。同时，协调智能安防建设纳入新建住宅工程建设总体规划。⑥推进老旧小区整治提升，目前我县今年第一批新开工改造提升的8个老旧小区已全部开工，其中7个项目已完工，龙门滩集资楼按计划将于2021年3月份完成。⑦结合全县房屋安全隐患大排查大整治工作及"生命通道"专项整治，督促指导全县17家物业服务企业对所管理的小区进行全覆盖式隐患自查工作，及时消除发现的隐患问题。⑧督促物业服务企业加强电梯安全管理、消防、电动自行车、防汛安全、疫情防控管理，今年以来，各物业公司共开展小区消防、防汛演练9次	完成年度任务
3	推动安置房不动产登记转入常态化办理模式	自然资源局	安置房不动产登记就转入常态化办理模式，推行安置房不动产登记线上统一申请、联网审核、网上反馈、现场核验、一次办结。今年4月，安置房办证服务窗口延伸到浔中镇龙东社区、龙浔镇龙鹏社区、党群城市家园，方便群众就近申请办理安置房不动产登记；安置房不动产登记办理时限已压缩至3个工作日内。今年来，办理安置房首次登记2宗，分户（转移）登记813件，涉及6个安置房项目	已完成
4	全面加强基层公共卫生风险管理	卫健局	①全面提升新冠病毒核酸检测能力，投入942.76万元快速建设3个PCR实验室和采购配置相关设备以及检测试剂，实现县域内有3家（疾控中心、县医院、县中医院）具备新型冠状病毒核酸检测能力PCR实验室，根据疫情防控需要，县疾控中心、县医院可灵活增加班次，最大日检测能力可达2400人份/天。②先后投入约425万元为县疾控中心购置尿碘分析仪、电动助吸器、百级洁净室、恒温恒湿培养箱、生物安全柜、移液器、石墨炉原子吸收光谱仪、血液分析仪（五分类）、多重PCR等，实验室检验设备达标率达到92%。具备病毒核酸检测能力，42项生活饮用水常规检测项目全覆盖。县医院完成职业病检测机构资质网上备案，县中医院完成职业病检测机构资质网上备案。③开展全县医疗机构传染病防控指导3次，组织专业人员对115所学校（包括托幼机构、校外培训机构）进行复学前评估；开展新冠肺炎防控应急演练3次；完成城市自来水监测88份、农村饮用水监测150份，开展餐饮具集中消毒单位餐饮具监测120份、食品从业人员核酸检测5945人次，每周对大型农贸市场、商超、冷藏冷冻库房等进口冷链食品和经营场所外环境开展不少于60份核酸抽检。④2020年发放健康教育宣传海报13920份，折页57600份，宣传单6000份，光盘1000份。微信公众号发布437篇健康科普防控知识等信息	已完成
二、特色项目（6项）				
5	逐步解决城区停车难问题	城管局	全力推进唐寨山森林公园、六中、浔中镇便民服务中心、飞龙桥头、德新大厦等5个公共停车场建设，科学施划路边临时泊位。唐寨山森林公园、六中、浔中镇便民服务中心等停车场已完工，新完成公共停车泊位773位，总泊位数达7983位，超额完成市下达的2020年建设任务（200位）	完成年度任务
6	加快推进"互联网+医疗健康"的新型医疗健康服务模式	卫健局	①投入1200多万元完成县域人财物一体化管理系统建设，完成县医院自动化流水线、结构化电子病历系统和中医院健康体检系统、"移动护理""移动查房"等建设，完成县医院和18家基层医疗卫生机构双向转诊、远程心电、电子病历等分级诊疗信息化系统改造，完成县医院、龙浔和浔中社区等视频系统建设。②建立远程会诊中心，开展县医院诊间结算、床旁结算接口对接改造。县医院、中医院开通微信门诊预约、缴费、查询等便民惠民服务，推广分时段预约诊疗	完成年度任务
7	开展汛期隐患排查整治专项行动	水利局 防汛办	丁溪15组低洼地带隐患整治已完成河道拓宽工程，隐患已消除	完成年度任务
8	提升就学服务水平	教育局	①8个教育项目方面：世科幼儿园、丁墘幼儿园、小天使幼儿园、鹏祥小学、第二实验小学分校已完工投入使用，新增学位4000个；盖德中学、盖德中心小学、六中扩建已完成主体建设和装修，部分室外设施在扫尾。②控辍保学方面：2020年8月底，义务教育控辍保学台账完成率达到100%	完成年度任务
9	持续开展"救急难"工作	民政局 财政局	2020年1—11月，共救助988人次，发放临时救助金381.93万元（含对100人防返贫控新贫"一事一议"大额临时救助131.52万元，对100人生活不能自理的特困人员、低保对象、建档立卡贫困户入住养老机构发放临时救助金44.11万元）	完成年度任务
10	逐步化解林电矛盾	供电公司 林业局	常态开展输配电设施森林火灾隐患排查治理工作，累计完成212处的隐患排查整治	完成年度任务

索 引

说 明

一、本索引采用内容分析法。

二、本索引按主题词首字汉语拼音字母（同音字按声调、多音字按其所在词发音）顺序排列。

三、每个检索词条后的数字表示该词条所在页码，页码后的字母 a、b、c 分别表示对应的左、中、右栏。

四、本卷中“专记”“大事记”“人物 荣誉”“重要文献”“统计资料”及“附录”不列入本索引检索范围。

A

B

C

D

E

F

G

H

K

L

M

N

P

Q

T

W

X

Y

Z